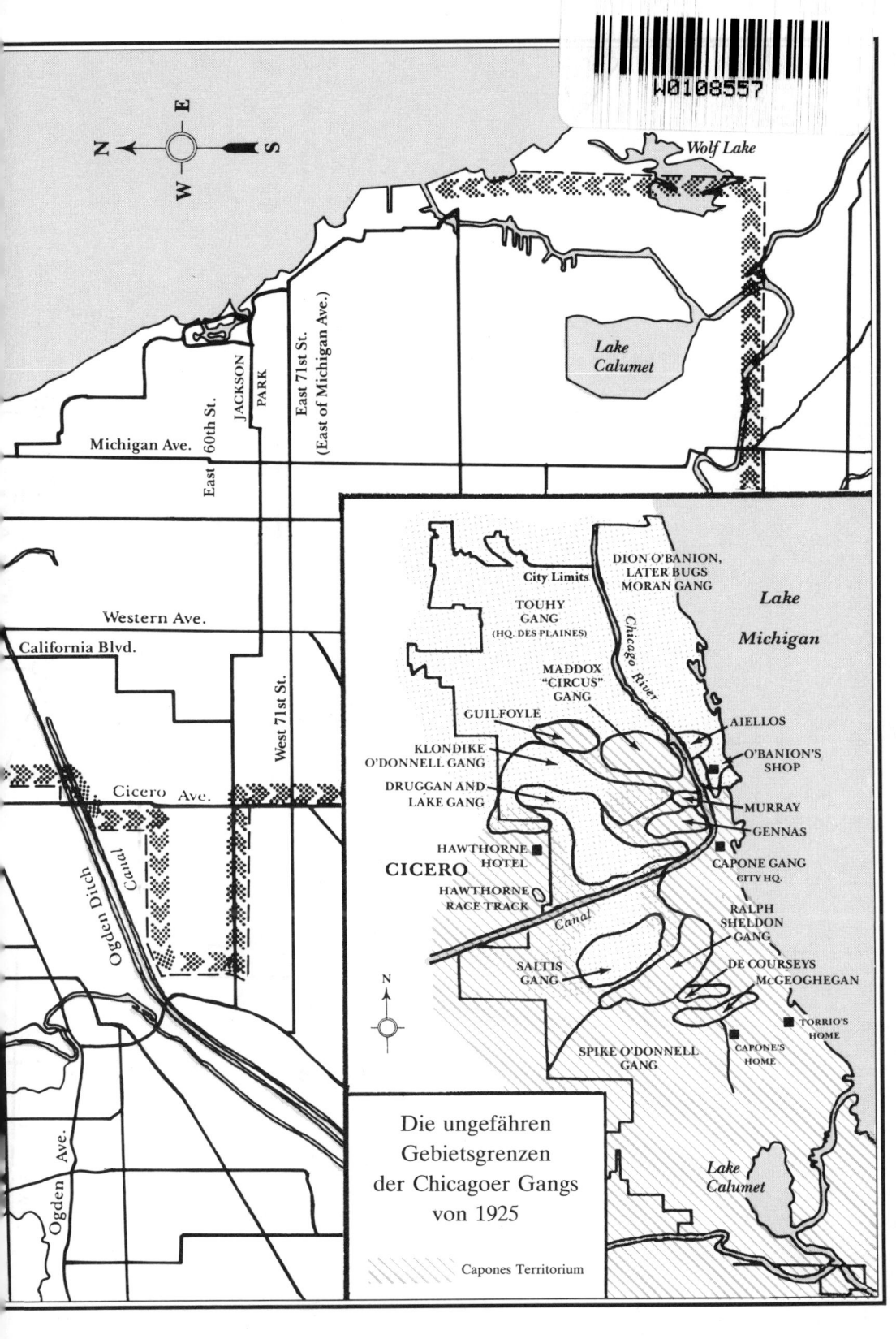

N E
W S

Wolf Lake

Lake Calumet

Michigan Ave.

East 60th St.

JACKSON PARK

East 71st St.
(East of Michigan Ave.)

Western Ave.

California Blvd.

West 71st St.

Cicero Ave.

Ogden Ditch

Canal

Ogden Ave.

City Limits

DION O'BANION,
LATER BUGS
MORAN GANG

Lake Michigan

TOUHY
GANG
(HQ. DES PLAINES)

Chicago River

MADDOX
"CIRCUS"
GANG

GUILFOYLE

AIELLOS

KLONDIKE
O'DONNELL GANG

O'BANION'S
SHOP

DRUGGAN AND
LAKE GANG

MURRAY

GENNAS

CICERO

HAWTHORNE
HOTEL

CAPONE GANG
CITY HQ.

HAWTHORNE
RACE TRACK

Canal

RALPH
SHELDON
GANG

DE COURSEYS
McGEOGHEGAN

SALTIS
GANG

TORRIO'S
HOME

SPIKE O'DONNELL
GANG

CAPONE'S
HOME

N

Lake Calumet

Die ungefähren
Gebietsgrenzen
der Chicagoer Gangs
von 1925

Capones Territorium

Al Capone

Robert J. Schoenberg

Al Capone

Die Biographie

Aus dem Amerikanischen
von Wolfgang Neuhaus
und Peter A. Schmidt

Die Deutsche Bibliothek — CIP-Einheitsaufnahme

Schoenberg, Robert J.:
Al Capone: die Biographie / Robert J. Schoenberg. Aus dem
Amerikan. von Wolfgang Neuhaus und Peter A. Schmidt. —
1. Aufl. — Köln: vgs, 1994
   ISBN 3—8025—2262—1

Titel der amerikanischen Originalausgabe:
Mr. Capone. The Real — and Complete — Story of Al Capone
Copyright © 1992 by Robert J. Schoenberg
Erstausgabe 1992 by William Morrow and Company, Inc. New York

1. Auflage 1994
© der deutschsprachigen Ausgabe: vgs verlagsgesellschaft, Köln 1994
Lektorat: Peter Klandt, Bonn
Produktion: Wolfgang Arntz
Satz: ICS Communications-Service GmbH, Bergisch Gladbach
Schutzumschlag: Papen Werbeagentur, Köln
Druck und Verarbeitung: Mohndruck, Gütersloh
Printed in Germany

ISBN 3-8025-2262-1

Für
Anita Kane und Dorace Schwartz
und
dem Andenken von
Sam Kane
(1904–1981)
und
Phil Schwartz
(1910–1975)

Inhalt

Vorwort 9

1. Ein Zweig wächst in Brooklyn – und wird gebogen. 13
2. Frühe Erwachsenenjahre 28
3. Eine Stadt beginnt zu tanzen 36
4. Günstige Gelegenheiten 58
5. Torrios Aufstieg 73
6. Capone im Kommen 86
7. Der Haken an der Sache 96
8. In Cicero und in Schwierigkeiten 109
9. Der wilde irische Junge 120
10. . . . ist aus dem Spiel 131
11. Torrios Aus 140
12. Capone gegen die Sizilianer 147
13. Zerfall 158
14. Wer hat McSwiggin umgebracht und warum? 169
15. Der blutige Weg zum Frieden 183
16. Auf dem Gipfel 198
17. Geistige Umnachtungen 215
18. Elba – und der erste Schritt nach Waterloo. 226
19. Falsche Polizisten 244
20. . . . und viele Theorien 254
21. Bruderliebe 270
22. Schnappt Capone! 283
23. Zu Hause ist's am besten 295
24. Die Rechtschaffenen schlagen zurück. 306
25. Staatsfeinde 322
26. Der Anfang vom Ende 338

Inhalt

27. Erwischt 357
28. . . . und verurteilt 369
29. Im Gefängnis 385
30. Zur Hölle und zurück 394
31. Ein Ende mit heiler Haut 411
32. Nichts bleibt, wie es ist 421

Danksagungen 434
Bibliographie 439
Anmerkungen 444
Bildnachweis 514
Register 515

Vorwort

In dem 1948 gedrehten Spielfilm »State of the Union« spielt Spencer Tracy einen Mann, der es bereut, seine Prinzipien verraten zu haben. »Ich habe mir gedacht, daß ich mir die Nominierung zum Präsidentschaftskandidaten der republikanischen Partei erkaufen könnte . . . Ich bin zu einem Al Capone der Politik geworden.« Capone war damals seit mehr als einem Jahr tot, und seine letzten sechzehn Lebensjahre hatte er im Gefängnis und als todkranker, geistig umnachteter Mann in Florida verbracht. Doch Frank Capra, der Regisseur des Films, ging davon aus, daß die Zuschauer genau wußten, was Spencer Tracy meinte.

Als Imelda Marcos im November 1991 aus dem Exil auf die Philippinen zurückkehrte, äußerte ihr Anwalt sich verächtlich über die Anklage der Regierung wegen Steuerhinterziehung. »Man kann meiner Mandantin keine schweren Vergehen zur Last legen«, erklärte er, »deshalb versucht man, Mrs. Marcos auf die gleiche Art und Weise fertigzumachen, wie die amerikanische Regierung es mit Al Capone getan hat.« Der Prozeß gegen Capone lag fast sechzig Jahre zurück, doch der Anwalt wußte, daß man auch auf den Philippinen ohne nähere Erläuterung begriff, was er damit sagen wollte. Dies trifft gleichfalls auf einen Journalisten der »New York Times« zu, der im Juni 1989 einen Artikel veröffentlichte, in dem er folgenden Vergleich anstellte: Die Bitte des Vizepräsidenten der Vereinigten Staaten, Dan Quayle, an den starken Mann El Salvadors, Roberto D'Aubuisson, dem neuen Präsidenten des Landes, Alfredo Cristiani, keine Schwierigkeiten zu bereiten, sei genauso zu werten, »als hätte man Al Capone gebeten, seine Steuern zu bezahlen«. Und in einer Leserzuschrift an die »Los Angeles Times« im Oktober 1991 bekundete der Schreiber seine Bestürzung über einen Artikel, in dem über einen verurteilten Mörder berichtet worden war, der die Namen und Anschriften der Geschworenen herausgefunden hatte; der Leser überschrieb seinen Brief: »Der Schatten von Al Capone«.

Dieser Bezug auf Capone läßt sich bei erstaunlich vielen Journalisten, Schriftstellern und Filmemachern beobachten: Sie alle rufen den Namen eines Mannes in Erinnerung, der vor 1926 und nach 1931 praktisch nichts getan hat, das ihm außerhalb Chicagos Bekanntheit hätte einbringen können. Julius Lucius Echeles, ein Strafrechtler aus Chicago, hat es sich zum Hobby gemacht, Beispiele dafür zu sammeln. »Es ist erstaunlich«, stellt er fest, »wie oft Capones Name benutzt wird, um Stories zu würzen.« Al Capone ist nicht nur eine historische Gestalt; er ist zu einem Symbol geworden.

Zweifellos war Al Capone der bekannteste Gangster der Welt und einer der berühmtesten Amerikaner. Und auch heute gilt: Nennt man den Namen Capone, bedarf es keiner näheren Erklärung, wer dieser Mann gewesen ist und wofür sein Name steht. In Cicero in Illinois denken die Stadtväter von Zeit zu Zeit ernsthaft darüber nach, ob es nicht besser wäre, ihre Stadt in »Hawthorne« umzubenennen: Die Einwohner sind es leid, mit schrägen Blicken bedacht zu werden, sobald sie den Namen ihres Heimatortes nennen, der Capones Hauptquartier war.

Doch abgesehen von den aufsehenerregenden Ereignissen, die aus einer Vielzahl von Filmen hinlänglich bekannt sind (wie etwa das Massaker am Valentinstag), ist meist so wenig über Capones Lebensgeschichte bekannt, daß Filmemacher keine Skrupel haben, sich lächerlicher Erfindungen zu bedienen und sich Freiheiten gegenüber den Tatsachen zu erlauben − im Vertrauen darauf, daß es die Zuschauer erheitert, weil sie die Wahrheit nicht kennen. Und den Stadtvätern von Cicero ist offensichtlich immer noch nicht aufgegangen, daß Capone zu dem Namen »Hawthorne« eine enge Beziehung hatte.

Die historische Wahrheit über Al Capone ist nicht nur komplexer, sondern auch viel faszinierender als die Fiktionen, mit denen man ihn umgeben hat. Die Lebensgeschichte dieses Mannes braucht nicht ausgeschmückt zu werden. Sie sollte objektiv und sachlich behandelt werden. In diesem Buch wird der Versuch unternommen, zu zeigen, *warum* Capone so gehandelt hat, *wie* er es tat, wie es aus *seiner* Sicht ausgesehen haben mag und welche Gründe er für seine Entscheidungen hatte. Es hat keinen Sinn, unentwegt seine kriminelle Energie zu beklagen, und es wäre nicht angemessen, lediglich eine bizarre Figur aus ihm zu machen. Interessanter und aufschlußreicher ist es, die Hintergründe zu verstehen, die jene aufsehenerregenden Vorfälle hatten. Capone war ein Geschäftsmann des Verbrechens, und er hatte klare, rationale Gründe für sein Handeln, die sich angeben lassen. Das gilt in gleichem Maße für die meisten Menschen, mit denen er auf beiden Seiten des Gesetzes zu tun hatte. Diese Biographie ist eine Geschichte über menschliche Wesen (vielleicht mit ein paar Ausnahmen, über die man streiten könnte), deren Handeln − und mag es noch so grausam und verwerflich sein − von durchaus erkennbaren Motiven bestimmt wurde.

»Es gibt drei Möglichkeiten, wie ein Gangster zu einer interessanten Gestalt wird«, schrieb der Filmkritiker John Simon. »Einmal kann er dermaßen brutal und gewissenlos sein, daß er schon deshalb unsere Faszination erregt. Zum anderen kann er ein Meisterganove sein, der so gerissen ist, daß er allen Strafen entgeht, bis ein unerwarteter Ausrutscher ihn zu Fall bringt. Und schließlich kann er, obwohl er ein Verbrecher ist, so sympathisch sein, daß man ihm bisweilen zuruft: ›Paß auf, da . . .‹«

Al Capone verkörpert abwechselnd alle drei Typen.

Das einzige, was ich je gemacht habe, ist Bier und Whiskey an ehrbare Bürger zu verkaufen. Ich habe nichts anderes getan, als einen ziemlich weitverbreiteten Bedarf zu decken. Die Leute, die sich am heftigsten über mich aufregen, sind genau diejenigen, die dafür gesorgt haben, daß meine Geschäfte florieren. Einige der angesehensten Richter trinken das Zeug.

Wenn ich Schnaps verkaufe, nennt man das Bootlegging. Wenn meine Wirte am Lake Shore Drive ihn auf silbernen Tabletts servieren, nennt man es Gastlichkeit.

AL CAPONE

1

Ein Zweig wächst in Brooklyn – und wird gebogen

Gabriel Capone wanderte mit seiner jungen Familie zu einer ungünstigen Zeit nach Amerika aus. Im Alter von achtundzwanzig Jahren[1] verließ er zusammen mit seiner dreiundzwanzigjährigen, schwangeren[2] Frau, die vor ihrer Hochzeit Theresa Raiola hieß, und dem einjährigen Sohn seinen Geburtsort Castellammare di Stabia[3], rund fünfundzwanzig Kilometer südlich der Bucht von Neapel. Die Capones kamen 1893 nach New York, auf dem Höhepunkt der Depression, die die Wirtschaft des Landes auf Jahre hinaus lähmte.[4] Klugerweise beschloß Gabriel, sich in Brooklyn niederzulassen und nicht in Mulberry Bend, der italienischen Einwandererkolonie in der Lower East Side von Manhattan, die noch übervölkerter war als Brooklyn, und in der noch erbärmlichere Lebensumstände herrschten.

Natürlich machte die Depression auch vor Brooklyn nicht halt. Binnen kurzer Zeit verlor ein Viertel der Einwohner dieses Stadtteils seine Arbeitsplätze, insbesondere die ungelernten Kräfte, zu denen die meisten italienischen Einwanderer zählten. Sie besaßen keine Ausbildung, die ihnen passende Jobs in einer Großstadt ermöglichte, denn die industrielle Revolution hatte sich auf Süditalien kaum ausgewirkt; nahezu 97 Prozent der Immigranten waren in ihrer Heimat Bauern gewesen.[5]

Es stellt sich die Frage, warum so viele der Einwanderer in den Städten blieben. Weshalb suchten sie sich keine Arbeitsplätze in der Landwirtschaft oder zogen weiter nach Westen, um dort auf dem letzten Freiland zu siedeln, das Farmern von der Regierung zugewiesen wurde? Zum einen lag es daran, daß diese Menschen gerade deshalb ausgewandert waren, weil sie dem ärmlichen bäuerlichen Leben in der Heimat entfliehen wollten, das ihnen unerträglich und menschenunwürdig vorkam;[6] sie waren in die Vereinigten Staaten gekommen, um ein besseres Leben zu führen, und nicht, um vom Regen in die Traufe zu geraten. Der zweite Grund hängt unmittelbarer mit den Erfahrungen zusammen, die Gabriel Capone in Amerika machte.

So schlecht es ihm auch ging, er hatte es leichter als die meisten anderen, da er ein Handwerk erlernt hatte, das ihm ein Leben in der Großstadt ermöglichte: Er war Friseur,[7] ein Beruf, der damals beträchtliches Geschick verlangte, da viele Kunden noch zum Barbier gingen, um dort auch einen Aderlaß vornehmen oder sich Zähne ziehen zu lassen.[8] Dennoch konnte Gabriel sein Handwerk nicht sofort ausüben, da er wie viele seiner Landsleute kein Geld hatte. In den neunziger Jahren des 19. Jahrhunderts besaß eine italienische Einwandererfamilie bei der Ankunft durchschnittlich 17 Dollar,[9] eine Summe, mit der sie höchstens zehn bis zwölf Tage lang ihren Lebensunterhalt bestreiten konnte.[10]

Die meisten Immigranten konnten es sich also schon aus finanziellen Gründen nicht leisten, weiter nach Westen zu ziehen, um in der Landwirtschaft zu arbeiten, selbst wenn sie es gewollt hätten. Sie nahmen, was zu bekommen war, und auch dies konnten sie nur selten selbst bestimmen, denn die meisten sprachen kein Englisch. Viele wurden praktisch zu Leibeigenen von *padroni*,[11] unternehmerisch tätigen Landsleuten, welche die Dienste der gerade Eingewanderten in Form von Arbeiterkolonnen verkauften, die zu niedrigsten Löhnen die härtesten Arbeiten verrichten mußten. Einer der Betroffenen erinnerte sich später mit Bitterkeit daran – für einen Dollar Tageslohn mußte er täglich zehn Stunden harte körperliche Arbeit verrichten. Zudem war er gezwungen, seinen Vorarbeiter zu bestechen: jeden Samstagabend einen Tageslohn und jeden Montagmorgen ein Hühnchen, sonst wäre er die Stelle losgeworden.[12] Doch das war ein Extremfall. Normalerweise bekam ein Handlanger für einen Zehnstundentag 1 Dollar und 50 Cent – fünfzehn Cent für jede Stunde, die er Ziegelsteine auf Leitern hinaufschleppte.[13]

Für Gabriel Capone bedeutete der Mangel an Kapital, daß er keinen eigenen Salon eröffnen konnte, und als angestellter Friseur war es unmöglich, mit Haarschnitten oder Rasuren für ein paar Cent[14] pro Kopf seine wachsende Familie zu ernähren. Diese »Fünf-Cent-Haarschnitte« verdeutlichen die Konsequenz der durch die Depression gedrückten Löhne: Die Preise mußten dem Einkommen angepaßt werden. Und die Immigranten konnten sich nur das Schlechteste leisten: Die Miete für eine kärgliche Zweizimmerwohnung mit Gemeinschaftstoilette, ohne Gas- und Stromanschluß – das Wasser mußte im Hof aus einem Brunnen gepumpt werden –, betrug vier Dollar im Monat.[15] Eine *wirklich* arme Familie benutzte ihren Petroleumbrenner nicht nur als Herd, sondern auch als einzige Heizquelle. Die Bessergestellten besaßen gußeiserne Kanonenöfen, die mit haselnußgroßen Kohlen befeuert wurden. Doch bei einem Preis von fünfunddreißig Cent für den Zentner Kohle[16] konnte niemand auch nur daran denken, beide Zimmer zu heizen. »Im Winter«, so erzählt ein ehemals Betroffener, »war es in unserer Wohnung kaum wärmer als im Freien.«[17] Seine Mutter benutzte das Schlafzimmer als Kühlkammer für die Lebensmittel. Anderen erging es nicht so gut: Ein städtischer Beamter entdeckte fünf Familien – zwanzig Menschen – in einem einzigen, knapp sechzehn Quadratmeter großen Zimmer mit zwei Betten, ohne Trennwände, Wandschirme, Tische oder Stühle.

Die Capones lebten besser als die meisten anderen. Obwohl Gabriel sein Handwerk zunächst nicht ausüben konnte, blieb ihm die schlecht bezahlte Schufterei erspart, denn er besaß eine Fähigkeit, die mit seinem Beruf einherging: Er konnte lesen und schreiben.[18] Sowohl in Italien als auch in Amerika erwarteten die Analphabeten unter den Kunden, daß ihr Friseur ihnen die Briefe vorlas.[19] Capones Bildung brachte ihm eine Anstellung in einem Lebensmittelladen ein.[20] Und als seine Ersparnisse ausreichten, eröffnete er im Erdgeschoß eines Mietshauses — 69 Park Avenue — seinen Friseursalon.[21]

Die Familie wuchs. Die Capones ließen ihre Kinder auf italienische Namen taufen, wenn dann auch fast alle mit amerikanischen Namen aufwuchsen. Vincenzo, ein Jahr nach der Heirat der Capones 1892 in Italien geboren, wurde Jimmy genannt. Raffalo, 1893 kurz nach der Einwanderung in die USA geboren, wurde Ralph gerufen. Salvatore, Jahrgang 1895, war allen als Frank bekannt.

Am Dienstag, dem 17. Januar 1899, einem außergewöhnlich milden Tag, brachte Theresa ihren vierten Sohn zur Welt.

Genau drei Wochen später, am 7. Februar, trug die Patin, Sophia Milo, den Jungen zur Taufe in jene Kirche, in der Theresa regelmäßig den Gottesdienst besuchte: die winzige St. Michael the Archangel Church, die sich im Kellergeschoß eines Gebäudes an der Lawrence Street, Ecke Tillary im Herzen Brooklyns befand. Reverend Joseph Garofalo taufte den Jungen auf den Namen Alphonsus, die lateinische Form von Alfonso, Capone. Später wurde behauptet, der *ursprüngliche* Name der Familie habe »Caponi« gelautet, und »Capone« sei nur eine amerikanisierte Form. Doch auf der Taufurkunde steht der Familienname mit der Endung e.[22] Da der Kirche ein Patenteil genügte, wuchs der Junge ohne Paten auf.

Als der kleine Al zur Welt kam, wohnten die Capones in der 95 Navy Street,[23] fünf Querstraßen von der St. Michael's Church entfernt, an der Grenze zum New York Naval Shipyard, besser bekannt unter dem Namen Brooklyn Navy Yard. Es war eine verrufene Gegend; besonders die Sands Street, die beim Navy Yard in die Navy Street mündete, bot jene Vergnügungen, die man mit dem Begriff »drunken sailor« verbindet: Kneipe neben Kneipe, Tanzschuppen, Absteigen, Bordelle, Pfandhäuser und Tätowier-Läden. An der Sands gab es »billigen Fusel und noch billigere Frauen«, wie einer ihrer Chronisten es ausdrückte. Reuige Sünder konnten im CVJM am Hafen Trost suchen.

Die wenigen ehrbaren Geschäfte dort unterstrichen nur den fremdartigen Charakter, den sie auf eine Familie mit Namen Capone machen mußte: McIntires Süßwarenladen, McLeans Pferdevermietung, Seeneys Sattlerei und Martin Connallys Saloon — lauter von Iren betriebene Geschäfte, denn die Sands bildete die südliche Grenze von Irishtown.[24] Zwar wurde der Navy Yard District selbst von Italienern bewohnt, doch die Capones lebten im irisch-italienischen Grenzland. Noch um die Jahrhundertwende konnte selbst die kleine St. Michael problemlos alle italienischen Gemeindemitglieder der Gegend aufnehmen.

Kurz nach Alfonsos Geburt zog Gabriel mit seiner Familie von der Sands Street in eine der drei Wohnungen, die sich über seinem Friseursalon in der Park Avenue befanden;[25] dadurch entfernten sie sich noch weiter von ihren italienischen Landsleuten. Sie hatten zwei Mitbewohner, um die Miete leichter zahlen zu können: Michael Martino, ebenfalls Friseur und möglicherweise Gabriels Angestellter, sowie einen gerade eingewanderten Musiker namens Andrea Callabrese. Die beiden anderen, jungen Familien im Haus waren Iren, die McBrides und die Ratigans. Obwohl in der Park Avenue und den umliegenden Straßen irische Namen vorherrschten, gab es dort auch Anwohner anderer Provenienz: Schweden und Deutsche, drei Chinesen in der Nummer 79 und – eine Seltenheit – eine seit mindestens zwei Generationen in den USA ansässige Familie, die Swifts, die in der Park Avenue lebten. Zwar wohnten in der Umgebung noch einige andere Italiener, etwa die »Drei-Familien-Enklave« an der Ecke Park Avenue und North Portland Avenue, doch der kleine Al verbrachte seine ersten sechs oder sieben Lebensjahre inmitten von »Fremden«, was dazu führte, daß er niemals das Gefühl entwickelte, auf einer Insel zu leben, wie die meisten Einwanderer, gleich welcher Nationalität, die sich in den ethnisch abgeschlossenen Ghettos drängten.[26] Diese Offenheit hatte prägenden Einfluß auf Capones Entwicklung zum Geschäftsmann des Verbrechens.

Wie die Capones stammten die meisten italienischen Einwanderer in den Jahren zwischen 1881 und 1911 aus dem verarmten und fortwährend unterdrückten Süden Italiens oder aus Sizilien. Diese Regionen hatten seit Jahrhunderten unter Raubzügen, Plünderungen und fremdländischer Tyrannei gelitten. Griechen, Karthager, Römer, Araber, Normannen, die Spanier, die Franzosen – sie alle hatten Sizilien und Süditalien mehr als zwei Jahrtausende lang ausgebeutet.[27] Schwelender Haß auf alle Fremden und ein tief verwurzeltes Mißtrauen gegenüber sämtlichen Formen staatlicher Autorität waren die Folge. Für diese unterdrückten Menschen war die Geschichte Italiens weder ein Objekt akademischer Betrachtungen noch eine stolze Erinnerung an nationale Ruhmestaten. Den meisten Immigranten begegneten Namen wie Michelangelo oder Leonardo zum erstenmal in Amerika,[28] und ein Denkmal des Kolumbus erschien ihnen wie das Monument eines weiteren *padrone*.[29] Für sie blieb die Historie eine stets lebendige Geschichte von Unterjochung und Unrecht, die sie zu ständiger Vorsicht gemahnte. »Vor langer Zeit«, erzählte ein Einwanderer aus Brooklyn seinen Neffen als Gute-Nacht-Geschichte, »gab es auf Sizilien viele *latifondi* (Landgüter). Doch als der *figlio puttana* aus Frankreich, der sich Napoleon nannte, in Sizilien einmarschierte, gab es großen Streit . . .«[30]

Doch schon vor der napoleonischen Eroberung gegen Ende des 18. Jahrhunderts glich Italien einem Flickenteppich: Der Fuß gehörte den spanischen Bourbonen, die beiden Schultern im Norden Österreich, der Rumpf der Toskana den spanischen Habsburgern, das Mittelstück dem Papst.[31] Nur das nordwestliche Piemont wurde von Italienern regiert. Die kurze Episode nationaler Einheit begann mit einer fremdländischen Invasion. Zweimal zog der *figlio puttana* mit seinen Armeen den Stiefel hinunter und schmolz bis auf das reaktionäre Königreich Neapel das ganze Land unter den spanischen Bourbonen zur »Republik Italien« zusammen.[32] Er selbst ließ sich zum Herrscher ausrufen; Familienangehörige und Generäle wurden zu Vizekönigen ernannt. Doch nach der Schlacht von Waterloo endete diese Episode scheinbarer nationaler Einheit. In der Folge des Wiener Kongresses zerfiel Italien wieder in ein Patchwork aus Kleinstaaten und wurde erneut ins politische Chaos gestürzt. Italien blieb rückständig, die Bevölkerung arm und geknechtet; das Land gehörte allen möglichen Herren, nur nicht dem italienischen Volk.

Erst das europäische Revolutionsjahr 1848 brachte eine Wende. Doch für den vernachlässigten Süden Italiens bedeutete die nationale Einheit kaum eine Verbesserung. Jetzt waren nicht mehr fremdländische Mächte die Unterdrücker, sondern der reiche Norden. Hungersnöte führten immer wieder zu Bauernaufständen. Die politische Macht war in Rom konzentriert, in den Händen der erfolgreicheren, gebildeteren Norditaliener. Um die Aufstände im Süden niederzuschlagen, rückte die Hälfte der italienischen Armee, zum größten Teil Norditaliener, aus, und erneut besetzte eine »fremde« Armee den Süden.[33]

Vor diesem historischen Hintergrund wurde das Mißtrauen Fremden gegenüber zu einer süditalienischen Tradition, die sich nicht nur gegen Menschen anderer Nationalität oder gegen die neuen Unterdrücker aus dem Norden richtete, sondern auch gegen die Landsleute aus den verschiedenen Regionen Süditaliens: Die Neapolitaner verachteten und fürchteten die Kalabresen; diese wiederum haßten die Apulier, die ihrerseits die Basilikateser (im Golf von Tarent) verachteten – und so fort; es war ein Teufelskreis gegenseitiger Abscheu. Doch allen gemeinsam war der Argwohn den Sizilianern gegenüber, denen *niemand* traute.

Auch der kleine Al hatte diese Einstellung von seinen neapolitanischen Eltern mitbekommen. Doch in seinem Fall wurde sie durch die prägenden Jahre des Heranwachsens in einer Umgebung, die aus lauter »Anderen« bestand, abgebaut. Dies zeigte sich später daran, daß Capone keinerlei Vorurteil gegenüber nationalen, regionalen oder religiösen Zugehörigkeiten hatte (von einer erstaunlichen Ausnahme abgesehen, von der noch die Rede sein wird), was ein entscheidender Schlüssel zu seinem Erfolg war.

Am 25. Mai 1906 schwor Gabriel Capone dem König von Italien die Treue ab, um anschließend seine amerikanische Einbürgerungsurkunde zu unterzeichnen.[34] Seinen Vornamen schrieb er italienisch, also Gabriele. Der in den Staaten geborene Al besaß bereits die amerikanische Staatsbürgerschaft.

Theresa brachte zwei weitere Söhne zur Welt: 1901 Amadeo Ermino, der John gerufen wurde und den Spitznamen Mimi erhielt (vermutlich von Ermino abgeleitet), und ein paar Jahre später Umberto, den jeder nur Albert oder förmlicher Albert John nannte.[35] 1907 waren die Capones zu einer achtköpfigen Familie angewachsen; sie waren nicht neun, da Jimmy zwei Jahre zuvor ausgerissen war.[36] Niemand wußte, was aus ihm geworden war, bis er Jahre später wieder auftauchte, als Polizist aus Nebraska.

Der vorwiegend irische Charakter der Park Avenue brachte für Gabriel keine beruflichen Probleme mit sich; fast die Hälfte aller Friseure im Großraum New York waren Italiener.[37] Man dachte, daß sie ein besonderes Talent zum Haareschneiden hätten, und jeder ging zu ihnen. Dennoch sehnten sich Gabriel und seine Frau danach – insbesondere Theresa, deren Englischkenntnisse äußerst mäßig blieben –, unter Landsleuten zu leben. 1907 konnten die Capones es sich dann leisten, anderthalb Meilen weiter nach Süden in eine bessere Wohngegend zu ziehen, South Brooklyn genannt, dem rauhen irischen Bezirk Red Hook benachbart, aber im Herzen von Little Italy in Brooklyn. Zuerst lebte die Familie in 21 Garfield Place, später im Obergeschoß eines Zweifamilienhauses mit der Nummer 38, ebenfalls Garfield Place.[38]

Little Al ging mittlerweile zur Schule; zuerst besuchte er die John Jay Public School 7 an der 141 York Street, unweit des Navy Yard.[39] Nach dem Umzug wechselte er auf die William A. Butler Public School 133 in der 355 Butler Street, sieben Blocks vom Garfield Place entfernt.[40] Bis zur sechsten Klasse konnte er einen Notendurchschnitt von 2 vorweisen – ein Beweis für seine Intelligenz, zumal er viel Zeit und Energie darauf verwendete, seiner Lieblingsbeschäftigung nachzugehen, dem Schuleschwänzen. Doch in der achten Klasse bekam er die Quittung: Da er statt der geforderten 90 nur an 31 Tagen die Schule besucht hatte, fiel er in Mathematik und Englisch so weit zurück, daß er die Klasse wiederholen mußte – was er nicht tat. Eines Tages schlug er in einem Wutanfall auf einen Lehrer ein, der ihn wegen schlechten Betragens gerügt hatte. Solche Gewaltausbrüche traten in Capones Leben immer wieder auf. Er wurde zum Schulleiter bestellt und erhielt eine Prügelstrafe, woraufhin er verbittert von der Schule abging. Doch er war vierzehn Jahre alt und wäre sowieso gegangen. Das war gewissermaßen eine Familientradition der Capone-Söhne: Frank hatte ebenfalls im achten Schuljahr die Butler verlassen. Nur der jüngste Sohn, der 1908 geborene Matthew Nicholas,[41] der nur Matthew gerufen wurde, brachte es bis zur High School.

Al spielte mit seinem Vater des öfteren Poolbillard in einer Spielhalle unweit ihrer Wohnung und erwarb sich dabei den Ruf eines ausgezeichneten Spielers.[42] Als Sandplatz-Baseballer zeigte er so großes Talent, daß er von einer Profikarriere träumte.[43] Aber auf sportlichem Gebiet hatte er das gleiche Problem wie auf schulischem: mangelnde Selbstbeherrschung. Er war groß und schwer für sein Alter, und er vereinte athletische Geschmeidigkeit mit Gewicht und Kraft – wie seine späteren Erfolge als Rausschmeißer *und* Tänzer[44] bewiesen. Als Jim Jeffries sich mit einem Gewicht von 175 Pfund bis zum Titel des Schwergewichtsweltmeisters durchboxte, war Al bereits knapp einsachtzig groß.[45]

Zwischen Poolbillardtischen und Baseball-Sandplätzen versuchte er sich in verschiedenen Berufen: als Verkäufer in einem Süßwarenladen, als Kegeljunge an einer Bowlingbahn.[46] Eine Zeitlang verdiente er in einer Munitionsfabrik 23 Dollar die Woche; dann arbeitete er in einer Buchbinderei und trat damit in die Fußstapfen seines älteren Bruders Ralph, der einen Job in einer Zeitungsdruckerei hatte. Doch seine wahren Lehrjahre verbrachte Al Capone auf den Straßen Brooklyns.

Die Immigranten in Brooklyn hausten in Mietskasernen, doch ihr *Leben* spielte sich auf den Straßen ab, was insbesondere für die Italiener galt. »Keine der Straßen in Brooklyn«, schrieb ein Sozialhistoriker, »waren so von lärmendem Leben erfüllt wie die in den Italienervierteln.« Die Einwanderer schufen sich eine Umgebung, die sie so getreu wie möglich der heimatlichen »Piazza-Atmosphäre« nachbildeten. »Wenn es irgend ging, spielte sich alles im Freien und in Gesellschaft von Nachbarn und Freunden ab.«[47]

Die Straßen, auf denen Capone seine Kindheit verbrachte, wurden von

Banden beherrscht, genauer gesagt von *Jugend*banden. Die meisten dieser Jungen konnte man nicht als Gangster bezeichnen; nach heutigem Verständnis würde man sie kaum als Straftäter betrachten. Mit Ausnahme von kleineren Diebstählen und harmlosen Erpressungen gab es nur wenige Fälle wirklich krimineller Energie. Eine dieser Banden machte sich einen Spaß daraus, eine Straße hinunterzustürmen, Milchkannen und Mülleimer umzukippen, Brotkästen zu zerschlagen und zu plündern, Fensterscheiben und Straßenlaternen einzuwerfen und alte Männer an den Bärten zu zerren.[48] Eine andere Bande pflegte Stöße aus herausgebrochenen Zaunlatten und dem Holz unbewachter Pferdekarren anzuzünden, wobei die Versammlungen gewöhnlich von Polizisten und Feuerwehrleuten aufgelöst wurden. Eine der jüdischen Gangs in Williamsburg trieb es ärger: regelmäßig warfen ihre Mitglieder die Fenster eines katholischen Missionshauses ein, das inmitten des vorwiegend von Juden bewohnten Viertels stand; eine rivalisierende jüdische Bande beschränkte sich darauf, hin und wieder Gebetsstunden in diesem Missionshaus zu stören, indem die Jungen in einer Polonaise durch das Innere zogen und sich mit Spottversen über die Christen lustig machten.

Einige Gangs, die seit längerer Zeit bestanden, besaßen »Klubhäuser«:[49] Zimmer in leerstehenden Gebäuden oder Läden, spartanisch eingerichtet, in denen die Jungen Karten spielen, würfeln, American-Beauty-Zigaretten[50] rauchen – vier Stück kosteten einen Cent – oder einfach die Zeit totschlagen konnten. Doch keine dieser Annehmlichkeiten war der wirkliche Grund für die Zugehörigkeit zu einer Gang. Jugendliche aus den Elendsvierteln waren gezwungen, sich Banden anzuschließen, um Schutz zu finden und überleben zu können – auf jeden Fall psychisch, nicht selten auch physisch. Kampf bestimmte ihr Leben. Ein ehemaliges Mitglied einer irischen Gang erinnerte sich, daß er bereits mit zwölf Jahren zwei- oder dreimal die Woche in Schlägereien verwickelt war.[51] Nicht etwa deshalb, weil er als schmächtiger Junge Zielscheibe der Schläger war – im Gegenteil, der Betreffende war kräftig für sein Alter, wie Capone. Die Herausforderung bestand darin, daß es diesen Jungen *gab*.

Zweikämpfe waren die harmloseste Form körperlicher Auseinandersetzungen. Sie dienten nur dazu, die Hackordnung innerhalb der Gang zu bestimmen, für Disziplin zu sorgen und Streitigkeiten beizulegen. Zu brutalen Schlägereien kam es zwischen rivalisierenden Gangs, wenn es um Prestigegewinn oder um Gebietsverletzungen ging. Alle dachten, daß sie von Feinden umzingelt wären, und sie hatten recht damit. Das Mitglied einer jüdischen Gang aus Brooklyn erinnerte sich, daß »die Iren sich aus Vergnügen prügelten, während die Juden immer aus Gründen der Selbstverteidigung dazu gezwungen waren«.[52] Der kräftige irische Bursche hat andere Erinnerungen an das damalige Brooklyn: Jedesmal, wenn er und seine Freunde die Grenze zu einem jüdischen Revier überschritten, selbst ohne böse Absicht, drohte eine Schlägerei. »Den jüdischen Jungs paßte es nicht, wenn jemand sich in ihrem Gebiet herumtrieb, der nicht so aussah wie sie«, schrieb er Jahre später, »und deshalb jagten sie uns fort.«[53]

Italienische Jugendliche waren der zusätzlichen Gefahr der traditionellen Feindseligkeiten ihrer Vorfahren ausgesetzt. Hätte Capone, der Neapolitaner, sich in den Osten zur Flushing Avenue gewagt, nicht weit von der ersten elterlichen Wohnung entfernt, wäre er vielleicht schon etliche Jahre früher »Scarface«, das Narbengesicht, geworden; denn hier hatten die Sizilianer das Sagen.[54] Er mußte wie die anderen Halbwüchsigen Mitglied einer Gang werden, um für die eigene Sicherheit zu sorgen.

Capone schloß sich den South Brooklyn Rippers an, einer Junior Gang; die Jüngsten waren elf Jahre alt.[55] Doch weil er sich auch öfter in der Lower East Side in Manhattan herumtrieb, wo sein Bruder Ralph arbeitete und bald schon die Aufmerksamkeit der Polizei erregte, da er einen betrügerischen Autohandel betrieb,[56] schloß sich Al außerdem den Fourty Thieves Juniors an – ein bezeichnender Entschluß. Die Juniors waren die Jugendorganisation der berüchtigten Five Pointers, und die Mitgliedschaft in dieser Gang bewies Capones Kampflust vor den Augen derjenigen, die diese Eigenschaft zu schätzen wußten und Verwendung dafür hatten, falls er sich entschloß, mit fünfzehn oder sechzehn Jahren einer Erwachsenengang beizutreten.

Es gibt keine authentischen Informationen über Als Aktivitäten in den frühen Teenagerjahren,[57] doch offensichtlich fiel er nicht besonders auf. Einige Jahre später bezeichnete ihn ein ehemaliges Mitglied einer Jugendgang aus Brooklyn als »eine Art Nobody, umgänglich, zurückhaltend und irgendwie mittelmäßig . . .« Deshalb sei es »eine Überraschung für seine alten Freunde und Bekannten« gewesen, »daß dieser Junge aus Brooklyn es so weit brachte.«[58] Natürlich wählte Capone jenen Weg, der von den Jugendbanden zu den Erwachsenengangs führte. Wie allerdings jenes ehemalige Mitglied weiter erklärte, wurde »die Mehrzahl zu braven Bürgern«. Sie traten aus den Banden aus, um einen Beruf zu erlernen oder die Schule weiter zu besuchen. Letztlich lag die Entscheidung bei jedem Jungen selbst. Doch bestimmte Umstände, Gelegenheiten und Verbindungen konnten diese Entscheidung beschleunigen; bei Capone war es die Zugehörigkeit zu den Fourty Thieves Juniors. Zwei Einflüsse – der erste unterschwellig und dauerhaft, der zweite unmittelbar – stellten die Weichen für Capones Zukunft.

John Torrio war der Typ des intelligenten Verbrechers. Er wurde 1882 in Orsara di Puglia geboren, knapp 90 Kilometer östlich von Neapel. Im Alter von zwei Jahren kam er mit seiner Mutter nach New York; der Vater war vor der Auswanderung bei einem Unfall ums Leben gekommen.[59] Maria Torrio wohnte mit John zwei Jahre bei ihrem Bruder; in dieser Zeit arbeitete sie als Näherin.

Dann heiratete sie Salvatore Caputo, und damit begann Torrios Aufstieg. Von welcher Art dieser Aufstieg war, hing ganz davon ab, welche Geschichte Torrio welchem Publikum aus welchem Anlaß erzählte. Einmal, als er den Urteilsspruch eines Richters erwartete, behauptete er, sein Stiefvater Caputo hätte ein »Speakeasy« in der 86 James Street, hinter der normalen Fassade eines Lebensmittelladens, geführt. Dort habe Caputo Whiskey und Bier ausgeschenkt – ohne Lizenz und unversteuert, und deshalb billiger. In diesem Laden habe der kleine Johnny als Türsteher gearbeitet; ein Job, den er im Alter von sieben Jahren übernommen habe, so daß er nur dreizehn Monate Schulbesuch aufweisen könne. Deshalb seien ihm einfach alle Chancen entgangen, anständig zu bleiben. Bei einer anderen Gelegenheit, als es darum ging, die amerikanische Einwanderungsbehörde davon zu überzeugen, daß er es wert sei, die Staatsbürgerschaft zu behalten, bezeichnete sich Torrio als jungen Mann, der nach einem anstrengenden Arbeitstag als Laufbursche für seinen Stiefvater (der diesmal ein normaler Lebensmittelhändler war) nachts für seine High-School-Ausbildung büffle. Torrio wußte immer, was die Leute von ihm hören wollten.

1901, mit neunzehn Jahren, wurde Johnny Boxveranstalter.[60] Damals waren in New York nur Amateurkämpfe erlaubt — ein sinnloser Versuch, betrügerischen Kämpfen einen Riegel vorzuschieben. Ausgefuchste Promoter wie Torrio, der auf den Werbeplakaten als J. T. McCarthy erschien, konnten die Wettquoten manipulieren und Absprachen sowohl mit Amateur- als auch mit Profiboxern treffen. Als Torrio zu gewissem Wohlstand gelangt war, erwarb er eine Bar an der Ecke James Street und Water. Kurz darauf mietete er unweit entfernt ein Haus mit möblierten Zimmern, aus dem er ein Bordell machte; einen bankrotten Laden ließ er zu einer Poolhalle umbauen. Hinter der Fassade des erfolgreichen Geschäftsmannes konnte er bald geeignete junge Männer einstellen, die später zu den James Street Boys wurden, Torrios Gang, deren Coups er selbst plante und deren Beute er an Hehler verkaufte. Bei der Aufteilung des Gewinns war er peinlich genau. Nie versuchte er, jemanden zu betrügen. Sein Wahlspruch, an dem er sein Leben lang festhielt, lautete: »Es ist genug für alle da.«

So wie Torrio hielten es damals nur wenige Bosse; doch er unterschied sich in vielerlei Hinsicht von seinen Kollegen, die es zumindest an Körperkraft mit ihren Schlägern aufnehmen konnten. Nicht, daß alle Gangster große, starke Burschen waren; die Polizei stellte fest, daß die verhafteten Bandenmitglieder eine durchschnittliche Körpergröße von nur einssechzig und ein Gewicht von weniger als 135 Pfund aufwiesen.[61] Doch die harte körperliche Arbeit seit frühester Jugend hatte die meisten von ihnen gestählt. Torrio hingegen war seinen muskulösen Schlägern durch seine Intelligenz, seinen Mut und seine Willenskraft überlegen; all diese Eigenschaften waren in seinem schmächtigen Körper mit dem leichten Bauchansatz, den zierlichen, weichen Händen und Füßen und den ausgeprägten Hamsterbacken vereint. Doch er wußte, wie er seine körperliche Schwäche in Stärke umwandeln konnte: Ein schmächtiger Mann ist furchteinflößender als ein Muskelprotz, sofern er die Macht hat, daß der brutalste Schläger sich vor ihm duckt, weil andere Schläger bereitstehen, jedem Befehl ihres Bosses zu gehorchen. Ebenso bedeutsam war die Tatsache, daß Torrio wußte, wann und mit wem er Bündnisse schließen mußte und wann es an der Zeit war, Bindungen zu durchtrennen, die sich zu Fesseln entwickelt hatten.

Monk Eastman war ein typischer Vertreter der Gangsterbosse jener Epoche.[62] Mit einer Körpergröße von einsfünfundsechzig und einem Gewicht von 150 Pfund lag er über dem Durchschnitt; er war ein Muskelpaket, der sich unter anderem damit brüstete, noch nie einer Frau ein blaues Auge geschlagen zu haben — jedenfalls nicht, ohne vorher seinen Schlagring abgestreift zu haben. Und niemals, wie heftig er auch provoziert worden sei, habe er eine Frau mit seinem Totschläger verprügelt.

Eastmans Bande führte ständig Krieg gegen Paul Kellys Five Points Gang, die Nachfolger der Whyos (deren Name vermutlich auf ihren Kriegsschrei zurückzuführen ist). Seit fast hundert Jahren hatten verschiedene Banden Lower Manhattan unsicher gemacht: zuerst, vor dem amerikanischen Bürgerkrieg, die Forty Thieves (die allerdings nur dem Namen nach Vorläufer von Al Capones Jugendgang waren), die Shirt Tails (ihre Uniform bestand darin, daß sie ihre Hemden über den Hosen trugen), die Plug Uglies (sie schützten ihre Köpfe mit gepolsterten Zylindern), die Dead Rabbits, die Chichesters, die Roach Guards und die Black Eagles. Um die Jahrhundertwende waren nur noch zwei Banden übrig, die die Gegend verunsicherten: Kellys Five Pointers und Monk Eastmans Gang. Die Five Pointers leiteten ihren Namen vom Zentrum ihres Territoriums ab, einem Knotenpunkt von fünf Straßen (wo sich heute nur noch drei Straßen befinden: die Baxter Street, die Worth Street und die Park Row). Dieser Knotenpunkt war damals als eine Art lasterhaftes Coney Island für Arme verrufen;[63] heute stehen in dieser Gegend mehrere Gerichtsgebäude. Von den neunundneunzig Vergnügungslokalen, die es 1898 an der Bowery gab, hielt die Polizei nur vierzehn für solide.[64] Ohne Konkurrenz beraubten die Five Pointers alles und jeden zwischen Broadway und Bowery, Fourteenth Street und City Hall Park. Monk Eastmans unangefochtenes Territorium erstreckte sich von der Bowery bis zum East River und von der Fourteenth Street bis zur Monroe. Der Grund für den Ausbruch des Krieges waren Streitigkeiten über die Rechte an Prostitution, Glücksspiel, Schnapsverkauf und Schutzgelderpressung im Gebiet zwischen der Pell Street und der Bowery.

Nach zwei Jahren Mord und Totschlag war nichts entschieden. Dann vereinte Torrio seine James Streeters mit der Five Points Gang; diese etwa 1500 Mann starke Bande[65] gewann schließlich den Krieg. Wichtiger war, daß der Boß der Five Pointers für Torrio das darstellte, was Torrio später für Capone sein sollte: Vorbild und Mentor, fast schon ein Abgott.

Paul Kellys richtiger Name lautete Paolo Antonini Vaccarelli. Gewissermaßen zwischen Torrio und Eastman, verkörperte Kelly den Typ des New Yorker Gangsterbosses zur Zeit der Jahrhundertwende. Er war kleiner als der Durchschnitt, hatte aber einen äußerst muskulösen Körper.[66] Zudem hatte Kelly viel gelesen und sich weitergebildet; er hörte gern klassische Musik, kleidete sich auf konventionelle Art geschmackvoll, redete leise und drückte sich gewählt aus; er beherrschte sogar ein paar Brocken Italienisch, Französisch und Spanisch – zur damaligen Zeit eine Art Markenzeichen des kultivierten Herrn (was natürlich nicht für Immigranten galt). Kelly bewunderte Torrios Verstand, der sich bei den Coups von dessen James Street Boys zeigte. Doch er erkannte, daß dieser Verstand noch unausgereift war und Anleitung brauchte. Er nahm Torrio unter seine Fittiche und erteilte ihm Ratschläge, die Torrio aufsaugte wie ein Schwamm. Kurze Zeit später flanierte auch er in schlichten dunklen Anzügen und mit steifer Melone statt in karierten Hosen und mit Schlägermütze durch sein Revier und summte Opernarien vor sich hin.

Unterdessen wurde der Krieg fortgeführt, bis eines Tages eine Schießerei allzu großes öffentliches Aufsehen erregte.[67] Drei Gangster wurden getötet, zwanzig

Personen verwundet – darunter drei Passanten, die sich nicht schnell genug in Deckung gebracht hatten. Die Tammany Society, die einflußreiche Organisation der Demokraten in New York, befürchtete politische Gegenreaktionen und befahl den verfeindeten Parteien einen Waffenstillstand. Dieser stand jedoch auf wackligen Beinen; immer wieder kam es zu einzelnen Zwischenfällen. Kurz nach der Jahrhundertwende zog Torrio die Konsequenzen aus der sich ständig verschlechternden Lage: In Lower Manhattan wurde es immer schwieriger, als friedlicher *Geschäftsmann* des Verbrechens zu agieren. Torrio verkaufte seinen Besitz an der James Street, wünschte seinen Jungs alles Gute, nahm Abschied von Kelly und verlegte sein Revier nach Brooklyn, wo er damit rechnen konnte, daß ehrbare italienische Landsleute nahmen, was er ihnen friedlich und würdevoll anbot, sei es als Kunden oder als Opfer.

Das gehörte zur Tradition der italienischen Immigranten und zu ihren Erfahrungen in Amerika.

Bis um das Jahr 1875 wurden die Italiener in den USA mit freundlicher Bewunderung, sogar mit Zuneigung betrachtet. Als Giuseppe Mazzini und Giuseppe Garibaldi, sein Schüler auf dem Schlachtfeld, Italien in den Kampf um Freiheit und nationale Einigung führten, erregten sie die Phantasie der Amerikaner. Die beiden Italiener schienen offensichtlich Gemeinsamkeiten mit den amerikanischen Gründervätern zu besitzen. In Washington versammelte sich eine Menschenmenge, um den »ruhmreichen Kampf des italienischen Volkes« zu feiern, »... das sich vom Joch der Gewaltherrschaft einer fremden Macht befreit hatte.«[68] Als die französischen Armeen – es waren dem Namen nach republikanische – in Italien einmarschierten, um dem alten Regime wieder zur Macht zu verhelfen,[69] wurde anläßlich der Feierlichkeiten zum amerikanischen Unabhängigkeitstag auf dem Independence Square in Philadelphia Louis Philippe von Frankreich als »Judas der Freiheit und Benedict Arnold der Alten Welt«[70] beschimpft. Sogar die Know-Nothings, die erste organisierte Bewegung in den USA, die als Gegenreaktion auf den wachsenden Einwandererstrom entstanden war, nahmen die Italiener von ihrem Fanatismus aus: wegen der Repressionen, die das italienische Volk hatte erdulden müssen, und wegen seiner Tapferkeit waren selbst in den Augen der Know-Nothings die italienischen Immigranten dafür entschuldigt, daß sie Fremde und dazu noch römisch-katholisch waren.[71] Zu dieser pro-italienischen Haltung trug allerdings erheblich bei, daß die meisten Italiener zunächst in Neapel, Palermo und Rom blieben, um dort zu leiden und zu sterben. Die Volkszählung von 1850 ergab, daß nur 3 045 Italiener in den Vereinigten Staaten lebten.[72] Bis 1870 kamen nie mehr als 2 000 italienische Immigranten jährlich in die Vereinigten Staaten.[73] Außerdem stellten die wenigen, die in die USA einwanderten, keine Bedrohung dar, nicht einmal für die Know-Nothings. Es waren größtenteils Handwerker und gelernte Arbeiter aus dem mittleren und nördlichen Italien. Im Jahre 1881 drückte es ein Schriftsteller (mit einem tiefen Seufzer über die »guten alten Zeiten«) folgendermaßen aus: »Den gehobenen Schichten der amerikanischen Gesellschaft . . . gehörten lange Zeit viele begabte und gebildete Italiener an«[74] – womit er sich auf Männer wie Lorenzo da Ponte bezog, Mozarts Librettisten, der im Jahre 1805 in die Staaten kam, oder auf Garibaldi, der 1850 ins amerikanische Exil flüchtete.[75]

Immer unerträglichere Lebensverhältnisse zwangen die Süditaliener zum Auswandern. Überfälle durch Freibeuter, die bis ins 19. Jahrhundert anhielten, hatten die Bewohner des Binnenlandes gezwungen, ihre Siedlungen an Berghängen oder auf Hügelkuppen anzulegen, um bessere Verteidigungsmöglichkeiten zu haben; die Dörfer in den Küstenregionen und den Ebenen mit ihren fruchtbaren Böden wurden aufgegeben — mit der Folge, daß sie sich in malariaverseuchtes Sumpfland verwandelten —, während die Flüchtigen sich ins karge Hochland zurückzogen.[76] Jahrhundertelange Monokultur und die Abholzung der Wälder hatten selbst die letzten landwirtschaftlich nutzbaren Bodenflächen vernichtet. Und nun stürzten politische Wirren die Wirtschaft noch tiefer in den Abgrund.

Zuerst wichen die ungelernten, arbeitsuchenden Einwohner in das wärmere Südamerika aus, das sie an die Heimat erinnerte. Viele arbeiteten dort während des südamerikanischen Sommers, um im Frühjahr zur Aussaat nach Italien zurückzukehren. Noch lange Zeit später nannten die Süditaliener den nord- *und* den südamerikanischen Kontinent *laggiu*, »dort unten«.[77] Doch in den 70er Jahren des 19. Jahrhunderts konnte Südamerika nicht mehr alle aufnehmen, die dem Hungertod in der Heimat, wo es bis auf einen Bissen an Weihnachten und Ostern das ganze Jahr kein Fleisch zu essen gab,[78] entrinnen wollten; wo nur die Männer sich ein Glas Wein leisten konnten, wenn sie von der Arbeit auf den Äckern nach Hause kamen und sich nach ein bißchen Entspannung sehnten. *Spaghetti* wurden zu einem Festessen. Noch in diesem Jahrhundert schrieb ein italienischer Journalist: »Millionen von Italienern lebten in geradezu prähistorischem Elend.«[79]

Im Zuge der geographischen Ausdehnung der Vereinigten Staaten nach dem Bürgerkrieg entstand ein großer Bedarf an ungelernten Arbeitskräften.[80] Obwohl im Jahre 1880 nur 12 354 italienische Einwanderer zu verzeichnen waren, lag diese Zahl höher als die Gesamtzahl sämtlicher italienischer Immigranten einschließlich aller Italo-Amerikaner im Jahre 1869, elf Jahre zuvor. Danach stieg die Einwandererzahl sprunghaft an: von 100 135 im Jahre 1900 auf über 200 000 im Jahre 1903; den Höhepunkt stellte das Jahr 1907 mit 285 731 Einwanderern dar.[81]

Diese Menschen waren jedoch keine Mazzinis, Garibaldis oder Da Pontes; nicht einmal John Martinis: Martini war Custers Trompeter, der bei der Schlacht am Little Bighorn nur deshalb mit dem Leben davonkam, weil Custer ihm den Befehl erteilte, Entsatztruppen zu Hilfe zu holen.[82] »Diese Menschen«, schrieb ein Journalist zu Beginn des Jahrhunderts, »waren die vom Schicksal am härtesten getroffenen und dennoch bescheidensten Weißen, die die anderen Amerikaner je zu Gesicht bekommen hatten.«[83] Um die Jahrhundertwende konnten 22,9 Prozent sämtlicher Einwanderer weder lesen noch schreiben. Bei den Norditalienern betrug diese Quote nur 11,4 Prozent, doch bei den Süditalienern lag der Prozentsatz der Analphabeten bei 57,3 Prozent.[84] Ihre Fremdartigkeit im Vergleich zu den anderen Immigranten wurde durch ihr äußeres Erscheinungsbild verstärkt: sie waren kleinwüchsiger und dunkelhäutiger.

In den 50er Jahren des 19. Jahrhunderts war in New Orleans eine Resolution verabschiedet worden, in der die Italiener wegen ihres »Kampfes für Recht und Gesetz gegen eine menschenverachtende Macht und eine Tyrannenherrschaft in ihrer verabscheuungswürdigsten Form« gepriesen wurden.[85] Doch am 14. März 1891 — inzwischen lebten dort tatsächlich Italiener — stürmte ein Lynchmob das Gefängnis von New Orleans und erschoß neun italienische Fischer in ihren Zellen; zwei weitere wurden erhängt.[86] Die elf Ermordeten waren unter dem zweifelhaften Verdacht verhaftet worden, daß unter ihnen jemand sein *könnte*, der am Attentat auf den Polizeichef der Stadt beteiligt war. Die Männer wurden gelyncht, obwohl sechs von ihnen schon freigesprochen, gegen drei noch verhandelt und zwei weitere noch nicht einmal vernommen worden waren. Auch in anderen Städten kam es zu Lynchmorden an Italienern: etwa in Tampa, Denver und Johnson City, Illinois, und zwar in den Jahren 1893, '95, '96, '99, 1901, '06, '10, '14 und '15.[87]

Doch ungeachtet der Vorurteile und des Mangels an Perspektiven waren die Italiener stolz darauf, unter sämtlichen Einwanderergruppen zu denen zu gehören, die am wenigsten von Verelendung betroffen waren; nur eine verschwindende Minderheit bat um Hilfe.[88] Diejenigen, die nicht schwer arbeiten konnten, sammelten Lumpen. Einige bezahlten die irischen Besitzer von Müllkarren, um die Ladungen durchsehen zu dürfen, wobei sie Lumpen, Knochen und andere Schätze auf die Seite schafften.[89] »Genau das verstehen die meisten Leute nicht«, meint ein ehemaliger Chief of Detectives aus Chicago, selbst Italiener. »Wenn man sich Capone und die anderen italienischen Gangster aus dieser Zeit anschaut, so ist der Schlüssel zu ihrem Verständnis die Aggressivität der Italiener. Sie hätten alles getan, um vorwärtszukommen.«[90] Und ein Journalist schrieb in einem Artikel: »Ein italienischer Immigrant, der nicht zum Kriminellen wurde oder den Verstand verlor, war ein Heiliger.«[91] Doch in Wahrheit traf diese Beschreibung auf die überwältigende Mehrheit der Italiener nicht zu. Als Dr. Antonio Stella sich 1924 über neuerliche Restriktionen der US-Regierung gegenüber den italienischen Einwanderern beklagte, betonte er, daß die »durchschnittliche Kriminalitätsrate bei den in Italien gebürtigen Immigranten . . . niedriger liegt als bei den meisten anderen Volksgruppen und nur um weniges höher als bei gebürtigen Amerikanern weißer Hautfarbe«.[92] Auf 100 000 Italiener kamen 158,1 Verhaftete, während diese Quote bei den Deutschen 218,9, bei den Briten 488,3 und bei den Iren sogar 1540,1 betrug; selbst die Schweizer übertrafen mit einer Quote von 167,4 die Italiener.

Dennoch galt in Süditalien das Verbrechen traditionell als einigermaßen ehrenhafte Möglichkeit, um weiterzukommen. In dem 1863 verfaßten Bericht eines italienischen Parlamentsausschusses über die Lebensbedingungen im Süden des Landes heißt es, daß es »für die armen Arbeiter dort sehr verlockend ist, ein Leben als Bandit zu führen . . .«, wobei diese Menschen »einen völligen Mangel an Vertrauen gegenüber den Gesetzen und der Rechtsprechung zeigen . . .«[93] In den Vereinigten Staaten hob ein verständiger Schriftsteller aus dem Osten hervor, daß die »unerträgliche Gewaltherrschaft in Süditalien« dazu geführt habe, daß »jeder Gesetzesbrecher die Herzen der unterdrückten Menschen erobert . . . Selbst wenn er diese Menschen beraubt, empfinden sie ihn als das geringere von zwei Übeln und gewähren ihm Schutz vor den Behörden.«

Die feindselige Einstellung, die ihnen in den Vereinigten Staaten entgegengebracht wurde, trug nicht dazu bei, die trüben Aussichten der Süditaliener zu verbessern und sie in ein Gesellschafts- und Rechtssystem zu integrieren, mit dem sie sich identifizieren konnten. Die Folge war, daß sie sich lieber den Repressalien von Menschen aussetzten, die wenigstens *ihre Landsleute* waren.

John Torrio gelang es schnell, in Brooklyn Fuß zu fassen. Möglicherweise war er gelegentlicher Kunde in Gabriel Capones Friseursalon.[94] Doch die steile Karriere Torrios konnte Al ohnehin nicht entgehen. Er sah jemanden vor sich, der es zu Geld und Einfluß gebracht hatte, ohne wie die meisten anderen dafür hart geschuftet zu haben. Die John-Torrio-Association, vermutlich sein Hauptquartier, war im ersten Stock eines Gebäudes über einem Restaurant an der Kreuzung Fourth Avenue (der in Nord-Süd-Richtung durch South Brooklyn verlaufenden Hauptverkehrsader) und der Union Street, einer der wichtigsten Einkaufsstraßen in dieser Gegend, untergebracht.[95] Al kam auf dem Weg zur Public School 133 an diesem Gebäude vorbei, so daß ihm die Aushänge und die schmucken, goldgerahmten Mitteilungen im Schaufenster ständig vor Augen führten, daß bestimmte Gesetzesübertretungen sich ganz schön bezahlt machen.

1909, lange bevor der zehnjährige Al in den Kreis um den 27 Jahre alten John Torrio geraten konnte, wurde der schmächtige kleine Gangster nach Chicago bestellt.[96] Wie später noch zu sehen sein wird, hatte dies einen der wichtigsten Einschnitte in Capones Leben zur Folge. Denn dadurch erregte er um so schneller das Interesse eines Mannes, der zu diesem Zeitpunkt den größtmöglichen Einfluß auf seine Karriere ausüben konnte: Das war Frankie Yale, sechs Jahre älter als Capone, jener Mann, der ihn gedrängt hatte, den Fourty Thieves Juniors beizutreten.[97] Als Capone fünfzehn Jahre alt wurde, nahm Yale ihn in seine Erwachsenen-Gang auf – und gab ihm einen Job.

Der Name, der sich auf den Taufscheinen und Sterbeurkunden der Familie Yale befand, war Ioele (ausgesprochen: *Dscho-eh-li*). Frank – Francesco, allgemein nur Frankie genannt – erblickte 1893 in Kalabrien, an der Spitze des italienischen Stiefels, das Licht der Welt und kam im Alter von neun Jahren nach New York.[98] Er war zuerst Mitglied der Five-Pointers-Jugendbande; als er das entsprechende Alter erreicht hatte, wurde er in die Erwachsenen-Gang aufgenommen. Die ruhmreichen Tage der Five Pointers gehörten zwar der Vergangenheit an, aber sie waren immer noch eine ernstzunehmende Straßenbande.

Um die Zeit von Torrios Abreise nach Chicago herum amerikanisierte (und verschleierte) Frank Ioele seinen Namen und nannte sich Uale. Obwohl er nur mittelgroß war und zur Fettleibigkeit neigte, war er ein zäher Bursche mit kantigem Gesicht, breiter, fleischiger Nase, wulstigen Lippen und eng anliegenden Ohren ohne Ohrläppchen. Wie Torrio hatte er kleine, beinahe zierliche Hände, die um so weniger zu seiner Körperfülle paßten, als er die Fäuste des öfteren mit Vergnügen benutzte.[99] Als Frank siebzehn war, jagten er und ein

Freund, der unter dem Namen Booby Nelson als Profi-Ringer auftrat, mit Billardkugeln als Wurfgeschossen und Queues als Schlagstöcken die Gäste aus Kister's Pool Hall auf Coney Island.[100]

Kister's Pool Hall war insofern bedeutsam, als Uale, ebenso wie Torrio, erkannte, daß sich in Brooklyn einträglichere Geschäfte machen ließen als in Lower Manhattan. Zwei Jahre später nahm die Polizei Uale wegen unerlaubten Waffenbesitzes fest,[101] was aber ebenso ohne größere Folgen blieb wie sein Diebstahl von Schaf- und Ziegenfellen im Wert von etwa 300 Dollar. Uale stellte fest, daß Erpressung mehr einbrachte. Nach ein paar einfallslosen jugendlichen Versuchen auf diesem Gebiet organisierte er bald den Speiseeis-Handel. Er verkaufte den Eishändlern Schutz und das Monopol für bestimmte Reviere, das er nachdrücklich durchsetzte.

Mit dem Geld, das er auf diese Weise kassierte, eröffnete er eine Bar auf Coney Island. Ungefähr zu dieser Zeit − 1917, mit vierundzwanzig Jahren − heiratete er Maria Delapia, mit der er zwei Töchter hatte, Rosa und Isabella.[102] Sie wohnten in einem Haus in Brooklyn, das Uales Schwiegereltern gehörte. Kurz darauf nahm er wiederum einen neuen Namen an und nannte sich Yale, sehr zum Mißfallen von Maria.[103] Zur damaligen Zeit war das College Inn der erfolgreichste Nachtclub auf Coney Island. Yale, der zeitweise versuchte, sein dichtes Haar zu einem Mittelscheitel zu kämmen (ein Versuch, dem Zeitgeschmack des »Collegeboy-Stils« zu entsprechen), hoffte, sich an den Erfolg des College Inn anhängen zu können, indem er seine Bar Harvard Inn nannte.[104] Die neue Schreibweise seines Namens wurde dadurch zu einem richtigen Kalauer − gut für's Geschäft. Außerdem war die Namensänderung eine weitere Verschleierung, ein weiterer Schutzschild für seine Familie.

Das Harvard Inn war eine Spelunke, allerdings eine große Spelunke, die ein ganzes eingeschossiges Gebäude an der Bowery einnahm. Die Bowery war eine kurze, schäbige Nebenstraße, die zwischen der Surf Street und der späteren Boardwalk verlief. Im hinteren Teil des Harvard Inn spielte ein Orchester für diejenigen, die dort aßen oder auf der zwölf mal sechs Meter kleinen Tanzfläche unbeachtet miteinander herumschmusen wollten. Die Drinks wurden an einem sechs Meter langen Tresen ausgeschenkt.

Hinter diesen Tresen stellte Frankie Yale Al Capone.

2

Frühe Erwachsenenjahre

Als Capone sein sechzehntes Lebensjahr erreichte – also in diesem Treibhaus von Gefahren, ständigem Druck und Verpflichtungen als Erwachsener galt –, kämpfte er sowohl in Manhattan als Mitglied der Five Pointers wie auch in Brooklyn für Frankie Yale. Die Verbindung zu Yale war die entscheidendere, zumal die Bedeutung und der Einflußbereich der Five Pointers immer mehr schwanden. Frankie Yales Macht hingegen wuchs unaufhörlich. »Capone lernte alles, was man über Schutzgeld-Erpressung wissen mußte, über Wucherzinsen, Einschüchterung und Schlägereien«, sagt William Balsamo, ein gebürtiger Brooklyner und bedeutender Chronist der New Yorker Verbrechensgeschichte. Yale führte das Harvard Inn weiter, begann aber, sich in verschiedenen geschäftlichen Bereichen zu betätigen: Er gründete ein Bestattungsunternehmen, legte sich Rennpferde zu, veranstaltete Boxkämpfe, eröffnete einen weiteren Club in unmittelbarer Nähe seines Hauses, das Sunrise Café, und vertrieb eine eigene Zigarrenmarke.[1] All diese Geschäfte hatten ein gemeinsames Fundament: brutale Gewalt.

Obwohl seine Männer auf eigene Faust hin und wieder Raubüberfälle und Einbrüche verübten, war Yale kein gewöhnlicher Dieb – was Capone später auch stolz von sich behauptete. Statt dessen spezialisierte er sich auf verschiedene Spielarten der Erpressung: Als Kredithai verlieh er Arbeitern Geld zu einem Zinssatz von 20 Prozent pro Woche. Von den Buchmachern, Zuhältern und Spielern in seinem Revier forderte er Gewinnanteile; er bot Geschäftsinhabern gegen einen regelmäßigen Beitrag seinen Schutz an und organisierte Zusammenschlüsse bestimmter Berufsgruppen unter seiner Schirmherrschaft – wie im Fall der Eisverkäufer –, um von den Mitgliedern Gebühren zu kassieren. Als Gegenleistung garantierte er den Schutz des Territoriums und lukrative Gewinnspannen durch künstlich überhöhte Preise; jeder, der es wagte, eine bestimmte Ware billiger zu verkaufen, wurde unverzüglich bestraft.

Die Androhung von Gewalt in der einen oder anderen Form war die Grundlage der meisten geschäftlichen Unternehmungen Yales. Sicher, er bot seinen Kunden bei Gesetzesübertretungen Schutz vor Verfolgung und Verhaftung, und ehrlichen Kaufleuten gewährte er außerdem Schutz vor unbefugten Räubern – *anderen* Schutzgelderpressern – sowie vor Geldforderungen von kleinen

Beamten wie Streifenpolizisten oder Inspektoren der Brandschutz- und Gesundheitsbehörde. Dennoch war der wichtigste Schutz, den Yale verkaufte, der Schutz vor ihm selbst. Ob Buchmacher, Zuhälter, Ladenbesitzer – alle mußten ihre Tributzahlungen leisten, ebenso wie die Schuldner die Wucherzinsen hinblättern mußten, und zwar pünktlich. Deshalb brauchte Yale eine Truppe von Schlägern, die nicht nur Arme brachen oder Schädel einschlugen, sondern auch töteten. Daß Yale eine solche Schläger- und Killertruppe befehligte, machte ihn, wie die meisten Gangsterbosse, zu einem umworbenen Mann, auch von Politikern, die Wahlhilfe brauchten und Yale als Gegenleistung jene Protektion vor dem Gesetz gaben, die er für seine Schutzgeldgeschäfte benötigte.

Das war das klassische Racketeering: Schieberei, verbrecherische Geschäftemacherei, das Einspannen von Schlägertrupps zur Durchsetzung politischer Ziele oder zur Einschüchterung der Gewerkschaften – um nur einige Beispiele zu nennen. In einer Studie des FBI wurde diese Praxis des Racketeering als so alt wie das Jahrhundert bezeichnet;[2] der Begriff läßt sich bis ins ausgehende 19. Jahrhundert zurückverfolgen, als Gangs wie die Five Pointers Tanzveranstaltungen organisierten, die sie »Rackets« nannten. Die Banden verkauften bündelweise Eintrittskarten an Geschäftsleute, die zwar nicht das geringste Interesse daran hatten, an den Veranstaltungen teilzunehmen, aber die Konsequenzen fürchteten, falls sie sich weigerten.

Sogar Yales scheinbar legale Geschäfte waren im Grunde nichts anderes als Rackets, denn auch sie basierten auf roher Gewalt. Die Yale-Zigarren zum Beispiel, auf deren Schachteln sein Konterfei abgebildet war, waren von minderer Qualität, nahmen aber den meisten Platz in den Regalen ein, da die Händler nicht nein zu sagen wagten.[3] Als Yale einen Geschäftsführer für sein Sunrise Café brauchte, verpflichtete er den bekannten Manager eines Konkurrenzunternehmens, ohne diesen Mann oder dessen Chef nach deren Einverständnis zu fragen.[4] Gleichzeitig erkannte Yale die Notwendigkeit, seine Geschäftspartner so weit als möglich wie Kunden und nicht wie Opfer zu behandeln. Sein Verkaufsmotto lautete jetzt nicht mehr: »Nimm die Dienste meines Bestattungsinstituts in Anspruch, sonst kannst du dich begraben lassen«, oder: »Wenn du tanzen willst, dann komm ins Harvard Inn, sonst lasse ich dir die Beine brechen.« Wie wir noch sehen werden, verschaffte diese größere Zurückhaltung Kunden und Geschäftspartnern gegenüber Capone die Möglichkeit, Yale seine Fähigkeiten unter Beweis zu stellen und dabei die ersten Konturen jenes Mannes zu zeigen, der zum berühmtesten Gangster seiner Zeit werden sollte.

Capone schloß sich Yale zu einem wichtigen Zeitpunkt an, denn sein neuer Boß begann gerade, Geschäfte in großem Stil aufzuziehen. In ganz Brooklyn hielt Yale jetzt Ausschau nach günstigen Gelegenheiten; er hatte es besonders auf das Hafengebiet mit seinen ungefähr sechzig Piers abgesehen[5] – eine saftige Weide, die nur darauf wartete, abgegrast zu werden.

Unglücklicherweise grasten dort bereits irische Gangs, allen voran Dennis Meehans White Handers. Die Iren hatten diesen Namen gewählt, um Yale und seine Leute, die in den Zeitungen als Black Hand Gang (damals eine Art Sammelbegriff für alle italienischen Gangster) bezeichnet wurden, zu ärgern.

Allerdings besaßen nur wenige Gangs offizielle Namen; meist wurden sie lediglich in Zeitungsartikeln so genannt. Ein Gangster, der seine Zugehörigkeit zu erkennen gab, sagte niemals: »Ich gehöre zur Black Hand«, sondern: »Ich gehöre zu Frankie Yale« oder: »Ich gehöre zu Torrio«, und schließlich: »Ich gehöre zu Capone.«[6]

Diejenigen, die zu Frankie gehörten, mußten erkennen, daß die Mitglieder von Dinny Meehans Gang ihr Revier erbittert verteidigten. Die Iren waren Jahrzehnte früher in die Staaten ausgewandert als die Italiener. Sie hatten die Docks seit langem organisiert, und die Schiffahrtslinien und Hafenarbeiter wurden nach Strich und Faden ausgenommen. Die Italiener konnten die irische Vorherrschaft nur brechen, indem sie Pier um Pier eroberten. Gleichzeitig mußten sie sich irischer Gegenangriffe erwehren. Obwohl die Kämpfe niemals in einen Bandenkrieg ausarteten, gab es regelmäßig Tote, und daher wurden immer wieder neue Kräfte gebraucht. Doch Yales Leute waren nicht ausschließlich damit beschäftigt, Hafenarbeiter einzuschüchtern und White Handers zu verprügeln oder zu erschießen; seine Männer halfen auch, die anderen Geschäfte weiterzuführen. Obwohl man zum Zigarrendrehen keine Schläger braucht − bei Beerdigungen sind sie ohnehin fehl am Platze −, in einem schäbigen Nachtclub sind sie wertvoll.

Coney Island, an der Südküste Brooklyns gelegen, war ursprünglich ein mondäner Bade- und Erholungsort am Atlantik gewesen, wo die wohlhabenden Besucher mit Vierspännern anreisten.[7] Die Eisenbahnen, die Straßenbahnen und schließlich die U-Bahn machten dieser Idylle ein Ende. »Nie wieder«, beklagte sich ein konservativer Historiker, »wird die gehobene Gesellschaft nach Coney Island kommen, höchstens noch kleine Gruppen von ihnen. Und die mischen sich unter das gemeine Volk.«[8] In noblen Restaurants hatte man Damen und Herren aus besseren Kreisen Muscheln und Champagner serviert. Aber diese Muscheln hatten der Entdeckung eines gewissen Charles Feltman weichen müssen, da heiße Würstchen im Teigmantel bei den neuen Besuchern besser ankamen (der Name *Hot Dog* kam erst sehr viel später auf). Und der Champagner? Um 1900, an einem warmen Sommertag, saß die Hälfte der Gäste in den New Yorker Ausnüchterungszellen von Coney Island, und daran trug der Champagner keine Schuld.[9] Das einst so mondäne Coney Island erlebte eine wahre Invasion von Prostituierten − sie wurden von den Einwohnern Coney Islands als »blisters« (Bläschen) bezeichnet. Einige boten ihre Dienste auf der Straße an, andere verdingten sich in berühmten Etablissements wie The Gut, Madame Korn's, Lillian Granger's Albatross und Mother Weyman's, wo Prinzessin Zaza ihre Kunden mit einem Fisch anlockte.[10]

Selbst in dieser zwielichtigen Gesellschaft galt das Harvard Inn als eine verrufene Spelunke. Deshalb erforderte Capones Job als Barkeeper und Rausschmeißer eine gewisse Geschicklichkeit. In einer Spelunke war schlechtes Benehmen selten ein Grund, den Gast am nächsten Tag nicht wieder willkommen zu heißen. Der Trick bestand darin, den Betreffenden auf eine Art und Weise vor die Tür zu setzen, daß ihm die Kneipe nicht verleidet wurde, und dies auch erst, nachdem Beschwichtigungsversuche fehlgeschlagen waren. Im Idealfall gab der Betroffene sich selbst die Schuld, daß man ihn hinauskomplimentiert hatte. Capone besaß sowohl die Körperkraft als auch die Intelligenz, seine Aufgabe mit Nachdruck und Takt zu erledigen. Yale gefiel, was er sah. Capone wurde sein Schüler; ihm wurde die Gunst gewährt, nach einem anstrengenden Abend im Harvard Inn in Yales Haus zu schlafen – so oft, daß Yales Töchter viele Jahre später Besuchern »Als Zimmer« zeigten.[11]

Auch Capone gefiel, was er sah. Yale war sechs Jahre älter als er, ein prahlerischer junger Mann, dessen Stern, obwohl er bereits ein Boß war, immer noch stieg. Es war unvermeidlich, daß Capone Yale sowohl als Vorbild als auch als einen Lehrer betrachtete.

Yale sorgte mit großer Brutalität für Disziplin, wobei er keinen Unterschied in der Person machte: Als er aus irgendeinem Grunde wütend auf seinen zehn Jahre jüngeren Bruder Angelo war, schlug er ihn krankenhausreif. Andererseits – und diese Eigenschaft brauchte Capone später nicht zu erlernen – konnte Yale hervorragend den großherzigen Don spielen: Er war eine niemals versiegende Quelle von Wohltätigkeiten und kleinen Gefälligkeiten für all jene, die ihn verehrten und respektierten. Ein armer Feinkosthändler, dem man die Ladenkasse geplündert hatte, fand am nächsten Morgen die geraubte Summe in bar auf seinem Ladentisch; das Geld kam von Yale. Als einem hausierenden Fischhändler der Karren gestohlen wurde, drückte Yale ihm 200 Dollar in die Hand und sagte: »Kauf dir Pferd und Wagen. Du bist zu alt, um zu Fuß zu gehen.« Und als zwei Ganoven, die keiner Gang angehörten, Frank Crespi, der in der Garderobe eines Restaurants unweit des Harvard Inn arbeitete und bekannt wie ein bunter Hund war, zu berauben versuchten, schlug Yale die beiden Eindringlinge persönlich k.o.[12] Ausgleichende Großzügigkeit war eine Eigenschaft, die auch Capone später auszeichnen sollte.

Vorerst hinterließ Yales Beispiel, wie man durch Brutalität und Rücksichtslosigkeit Geschäfte aufbauen konnte, einen tieferen Eindruck bei Capone. Doch mit achtzehn Jahren wäre beinahe seine innere Bestie jäh zum Leben erwacht – obwohl er gelernt hatte, daß auch Gelassenheit und Cleverness zum Geschäft gehörten. Es geschah an einem Abend, der im wahrsten Sinne des Wortes Narben hinterlassen sollte; ein Abend, an dem das Temperament des Achtzehnjährigen sich lauter als sein Hirn zu Wort meldete.

Frank Galluccio wurde allgemein nur »Galluch« genannt. Er hatte kurze Zeit als Matrose auf einem Handelsschiff gearbeitet, sich als Aushilfe in einem Friseursalon durchgeschlagen, bis er seine wahre Berufung zum Ganoven erkannte und es bis zum Laufburschen der Genovese-Familie brachte.[13] An einem Sommerabend des Jahres 1917 kam er ins Harvard Inn geschlendert, seine Freundin Maria Tanzio im Arm und dazu seine kleine Schwester Lena im Schlepptau. Lenas Anblick elektrisierte Capone. Den ganzen Abend versuchte er, sich an sie heranzumachen; jedesmal, wenn er an Galluccios Tisch vorbeikam, blieb er stehen und versuchte, ein Schwätzchen mit Lena in Gang zu bringen. Doch sie zeigte Al die kalte Schulter. Ihr Bruder, inzwischen halb betrunken, wußte zwar nicht, wer Capone war, ging aber davon aus, daß Lena ihn kannte, so vertraulich ging dieser mit ihr um. Dann aber drang der wachsende Zorn seiner kleinen Schwester sogar bis zu dem alkoholumnebelten Galluccio vor.

»Kennst du den Kerl?« fragte er.

»Ich habe ihn noch nie gesehen. Aber er geht mir ziemlich auf die Nerven. Er läßt mir keine Ruhe, Frank. Ich kann machen, was ich will, er kapiert's nicht. Ich kann ihn nicht leiden, und er stört mich. Vielleicht könntest du ihn bitten, mich in Ruhe lassen – in aller Freundschaft.«

Capone kam wieder zum Tisch geschlendert, und Galluccio wollte ihn zur Seite nehmen, um ihm von Mann zu Mann zu sagen: »Hör mal Mister, tu mir einen Gefallen, ja? Das Mädchen ist meine kleine Schwester, also . . .«

Doch es kam gar nicht erst zum Austausch von Freundlichkeiten. Bevor Galluccio auch nur ein Wort sagen konnte, blieb Al wieder am Tisch stehen, beugte sich zu Lena hinunter und »flüsterte« – laut genug, daß sogar die lärmenden Gäste am Nebentisch verstummten und verdutzt die Köpfe drehten: »Du hast einen süßen Hintern, Kleine. Das darfst du ruhig als Kompliment auffassen.«

Galluccio sprang auf. Eine solche Beleidigung war allein schon schlimm genug; in diesem Fall hatten sogar Fremde sie gehört, und das machte sie unverzeihlich. »So eine Frechheit lasse ich mir von niemandem bieten!« rief er. »Du entschuldigst dich sofort bei meiner Schwester! Kapiert?«

Für einen Augenblick übernahm Capones Hirn wieder das Kommando, vermutlich, weil er das Wort »Schwester« gehört hatte. Die Familie ging Italienern über alles, und daß dieser Gast sich darauf berief, setzte ihn unbestreitbar ins Recht. Mit einem besänftigenden Lächeln drehte sich Capone zu Galluccio um und breitete die Arme aus, die Hände nach oben gerichtet. »He, mach halblang, Kumpel. Das war ein kleines Mißverständnis, ein Scherz, keine Beleidigung . . .«

»Das ist kein verdammter Scherz, Mister!« brüllte Galluccio.

Al hörte auf zu lächeln und ging auf Galluch zu. Mit manchen Kerlen konnte man einfach nicht vernünftig reden . . .

Galluccio war nur einsfünfundsechzig groß und wog knapp 150 Pfund. Als Capone auf ihn zukam, sah es so aus, als würde sich ein Berg in Bewegung setzen. Galluccio wußte, daß er ernsthafte Verletzungen riskierte, wenn er nicht schnell und als erster zuschlug. Aber er war sich auch bewußt , daß er nicht stark genug war, um seinen Gegner mit den Fäusten zu überzeugen. Daher zog er sein Messer aus der Tasche und stieß, wie er es auf der Straße gelernt hatte, nach der Kehle des Angreifers. Berücksichtigt man Capones Erfahrungen als Rausschmeißer und seine geübten Reflexe, gleichzeitig die Tatsache, daß Galluccio einen sitzen hatte, so zielte der kleine Kerl ziemlich gut. Der erste Hieb schlitzte Capone die linke Wange auf; die Schnittwunde war mehr als zehn Zentimeter lang und verlief vom Ohr quer über das Gesicht bis knapp unter den Mundwinkel. Die beiden anderen Schnitte waren je etwa sechs Zentimeter lang: der eine am linken Kiefer, der andere am Hals, dicht unter dem linken Ohr.[14]

Galluccio schnappte sich seine Schwester und Maria Tanzio und machte, daß er rauskam. Irgend jemand brachte Capone ins Coney Island Hospital, wo die Ärzte seine Wunden mit etwa dreißig Stichen nähten.

Kurz darauf kam Galluccio zu Ohren, daß ein übel zugerichteter Hüne, der behauptete, zu Frankie Yale zu gehören, überall nach ihm fragte. Galluccio wandte sich an Joseph Masseria, den obersten Boß New Yorks, und bat um Gerechtigkeit. »Joe the Boss« befahl daraufhin ein Treffen im Harvard Inn, wo entschieden wurde, daß die Schuld in der Tat bei Capone liege und daß er sich nicht rächen dürfe. Galluccio mußte sich für seine unangemessene Reaktion entschuldigen – was er nur zu gern tat, als er reumütig sah, wie schlimm er Capone zugerichtet hatte.

Capone erkannte den Schiedsspruch als gerecht an – wie auch die Schande, die seine Narben über ihn gebracht hatten. Allerdings stellte er die Sache später so dar, daß er sich die Narben während des Ersten Weltkriegs zugezogen habe, als Angehöriger des Letzten Bataillons.[15] In Wirklichkeit war er niemals eingezogen worden. Bis Capone New York verließ und nach Chicago ging, war er stets freundlich zu Galluccio, wann immer sie sich begegneten. Capone nahm es ihm tatsächlich nicht übel, daß er ihm das Gesicht zerschnitten hatte. Einmal gestand er Galluccio, er habe eingesehen, daß es ein Fehler gewesen sei, seine Schwester zu belästigen, dazu noch in aller Öffentlichkeit. Und später, als Capone ganz oben war, engagierte er Galluccio bei Besuchen in New York sogar als zusätzlichen Bodyguard mit einem Wochenlohn von 100 Dollar.

Der Vorfall im Harvard Inn tat Frankie Yales hoher Meinung von seinem Musterschüler keinen Abbruch. Auch nicht die Tatsache, daß Capone dreimal mit dem Gesetz in Konflikt geriet. Beim ersten Mal war er vermutlich im Auftrag Yales unterwegs gewesen, als die Polizei ihn in Olean wegen »ungebührlichen Benehmens« festnahm. Was hatte ein Junge aus Brooklyn sonst bei den Bauerntrampeln im Norden des Staates New York zu suchen?[16]

Was die beiden ersten Morde Capones betrifft, so zeigten sie eine zweckdienliche Bereitschaft zum Töten. Zwar sind nur Einzelheiten über einen dieser beiden Morde überliefert, aber die lassen erkennen, daß Capone sowohl hitzköpfig als auch mit kühler Überlegung zu Werke ging: Ein Bekannter hatte in einer Würfelrunde durch Falschspiel etwa 1500 Dollar ergaunert. Im Flur trat Capone dem Mann in den Weg, drückte ihm eine Waffe in den Leib und nahm ihm das Geld ab.

»Warum tust du das? Du solltest dich schämen. Ich kenne dich doch gut!«

Das hätte der Mann besser nicht gesagt. Was sollte Capone tun? Die letzten Worte gaben deutlich zu verstehen, daß der Bursche sich an ihm rächen wollte, entweder persönlich oder – falls er die ungeschriebenen Gesetze brach – durch die Polizei. Capone erschoß den Dummkopf.

»Der Bursche hat einen Fehler gemacht«, sagte er zu Yale. »So etwas hätte er niemals sagen dürfen, das war falsch. Es war seine Schuld, daß er umgelegt wurde.«

Yale war seiner Meinung. Obwohl Capone von der Polizei vernommen wurde, konnte man ihm nichts anhaben. Niemand wußte irgend etwas; niemand hatte etwas gesehen oder gehört. Capone wurde zu einem gefährlichen Mann – genau, wie sein Boß Yale es sich vorgestellt hatte.

1918 lernte Capone auf einer Tanzveranstaltung ein irisches Mädchen kennen und verliebte sich in sie.[17] Sie war hübsch, schlank und hochgewachsen, mit einem rundlichen, aparten Gesicht und einer blonden Pagenfrisur. Obwohl sie auf den Namen Mary getauft war,[18] wurde sie ihr Leben lang nur Mae genannt. Sie war die Tochter von Michael Coughlin, einem Bauarbeiter, und dessen Frau Bridget, geborene Gorman. Am 4. April 1897 geboren, war Mae fast zwei Jahre älter als Al, was den beiden anscheinend peinlich gewesen ist, denn auf ihrer Heiratsurkunde machte sich Mae ein Jahr jünger und Al ein Jahr älter.[19] Capones Vorname lautet in den kirchlichen Unterlagen Albert, möglicherweise ein Versehen, vielleicht aber auch ein typischer Fall krimineller Verschleierung.

Ehen zwischen Italienern und Iren waren damals eine Seltenheit. Doch italienische Männer heirateten gern in jungen Jahren, wohingegen Iren als notorische Spätzünder galten − ein Pluspunkt für die Italiener bei den irischen Frauen. Und Capone hatte ohnehin keine Vorurteile. Bei Maes Eltern mag dies allerdings anders ausgesehen haben; vielleicht haben sie versucht, ihrer Tochter Al nicht nur wegen seiner Abstammung, sondern auch aufgrund seines Rufes und seiner zwielichtigen Freunde auszureden. Am 4. Dezember 1918 jedoch brachte Mae einen Jungen zur Welt.[20] Achtzehn Tage später standen Maes Schwester Kathleen und James DeVico, ein Freund Capones von äußerst zweifelhaftem Ruf, als Paten am Taufaltar des kleinen Albert Francis (»Sonny«) Capone. Da Al kurz darauf Mae bereitwillig heiratete (denn es fällt schwer, sich vorzustellen, wie ein rechtschaffener Bauarbeiter einen Schläger und Killer *zwingen* kann, seine schwangere Tochter zu heiraten), stellt sich die Frage, weshalb die Hochzeit erst nach Sonnys Geburt stattfand. Die Antwort kennt niemand mehr. Jedenfalls hatte Capone es eilig, mit Mae vor den Traualtar zu treten, und bat um kirchlichen Dispens, so daß er den öffentlichen Aushang des Aufgebots umgehen konnte. Am 30. Dezember, acht Tage nach der Taufe ihres Sohnes, wurden Mae und Capone in der St. Mary Star of the Sea, der Gemeindekirche der Coughlins, von Reverend James J. Delaney getraut. Brautjungfer war Maes Schwester Anna, und DeVico war Als Trauzeuge.

Bevor das Eheleben Capone sanfter machen konnte, ging nochmals sein Temperament mit ihm durch und veränderte alles. Eines Tages, als Capone seinen Rundgang machte, um Frankie Yales Schutzgelder zu kassieren, legte er in einer Kneipe am Hafen eine Pause ein, um einen Drink zu nehmen. Ein Fremder schlenderte herum, der zu Dinny Meehans White Hand Gang gehörte. Damals waren sowohl Arthur Finnegan als auch Capone noch weitgehend unbekannt (Finnegan sollte es sein Leben lang bleiben); die beiden hatten sich nie zuvor gesehen. Finnegan hatte ein ausgefallenes Hobby: Italiener beschimpfen. Doch an diesem Tag suchte er sich das falsche Opfer aus: Capone benutzte nur seine Fäuste, doch sie genügten, um Finnegan so zuzurichten, daß er ihn für tot hielt. Selbst die Ärzte gaben ihm kaum Überlebenschancen, und Finnegan lag viele Wochen im Krankenhaus.[21]

Die Polizei stellte kein Problem dar, weil − wie immer − niemand etwas gesehen, gehört oder jemanden erkannt hatte. Bei den White Handers sah die Sache allerdings anders aus, insbesondere bei William Lovett, Meehans Unterboß. Der zierliche Lovett war mit seinen knapp einssiebzig Körpergröße und 150 Pfund Gewicht keine einschüchternde Erscheinung; er hatte braunes Haar, einen schön geschwungenen Mund, Rehaugen und kleine, wohlgeformte Ohren. Doch der Eindruck täuschte. Sogar seine Freunde behandelten Lovett mit äußerster Vorsicht. Einen von ihnen hatte er nur deshalb erschossen, weil dieser eine Katze am Schwanz gezogen hatte, und wenn Lovett eins nicht ertragen konnte, dann war es der Anblick kleiner Tiere, die Schmerzen hatten.[22] Gangsterbosse begaben sich üblicherweise nur in Begleitung eines Gefolges von Bodyguards an die Öffentlichkeit; als Lovett nach Meehans Ermordung 1920 dessen Nachfolger wurde, verzichtete er jedoch auf jede Art von Geleitschutz. Allerdings trug er gewohnheitsmäßig eine Fünfundvierziger bei sich, und jedermann wußte, daß er nicht lange fackelte, sie zu benutzen.

Artie Finnegan bekleidete nur einen niederen Rang in der Gang. Doch jemand hatte es gewagt, einen White Hander so fürchterlich zu verprügeln, daß er dem Tod nur mit knapper Not von der Schippe gesprungen war, und das konnte Bill Lovett nicht ungestraft durchgehen lassen – erst recht nicht, wenn dieser Jemand höchstwahrscheinlich zu den schmierigen Spaghettifressern Frankie Yales gehörte. Die Frage war nur, wer genau es gewesen war. Weder Finnegan noch einer der Gäste in der Hafenkneipe wußte, wie der bullige junge Bursche hieß.

Bald kam Yale zu Ohren, daß Lovett es sich höchstpersönlich zur Aufgabe gemacht hatte, jenen Mann aufzuspüren, der Finnegan halbtot geschlagen hatte. In Anbetracht der Tatsache, daß dieser Mann ein von Narben entstelltes Gesicht hatte, würde Lovett wohl nicht allzu lange dafür brauchen. Jeder wußte, was dann geschehen würde; ein Todesengel saß Al Capone im Nacken.

Hätte Capone sich Lovett zum Kampf gestellt, wenn er ledig und kinderlos gewesen wäre? Die Frage ist müßig, denn Yale bestand auf einer anderen Lösung. Ein Anruf bei John Torrio, und die Sache war erledigt. Selbstverständlich hatte Torrio Verwendung für den aufstrebenden jungen Capone; er hatte immer Verwendung für einen brauchbaren Mann. Ein Jahr, höchstens zwei, bis Lovett sich beruhigt und die Suche eingestellt hatte . . .

»Dann kannst du sofort zurück nach Brooklyn kommen, Al. Hier in Brooklyn ist immer ein Platz für dich frei.«[23]

Doch erst einmal, gegen Ende des Jahres 1919, schickte Yale Capone nach Chicago.

3

Eine Stadt beginnt zu tanzen

Chicago und Al Capone gingen eine perfekte Ehe ein. Jeder von ihnen nahm freudig entgegen, was der andere zu bieten hatte. Da beide durch ihre gemeinsamen Jahre Verfeinerungen und neue Techniken erwarben, konnte keine Seite sich beklagen, von der anderen übervorteilt worden zu sein. Zum Tanzen gehören immer zwei, und Capone und Chicago waren wie füreinander geschaffen.

Chickagou oder Checagou, so nannten die Indianer vom Stamm der Potawatomi sowohl den Chicago River, der in den Michigansee mündet, als auch die Stinkende Zehrwurz, eine Pflanze, die in den Sumpfgebieten längs des Flusses wucherte. Das Wort hatte auch die Bedeutung »schlechter Geruch«.[1] Gegen Ende der 70er Jahre des 17. Jahrhunderts hatte der französische Händler Pierre Moreau in diesem Sumpfgebiet eine primitive Behausung errichtet und zwei Chicagoer Traditionen begründet: Er verkaufte den Indianern Feuerwasser, was schon im damaligen »Neu-Frankreich« illegal war, und er tat dies mit dem Segen seines Freundes, des Gouverneurs.[2] Dadurch wurde Moreau zum ersten Bootlegger — Schwarzbrenner und Schwarzhändler — Chicagos und Graf Frontenac der erste korrupte Regierungsbeamte in diesem Gebiet.

1779 erbaute ein Mulatte aus Haiti, Jean Baptiste Point du Sable, am Zusammenfluß des nördlichen und südlichen Arms des Chicago River eine Blockhütte und ließ sich dort als erster Siedler nieder.[3] Im Jahre 1804 erschien der erste Geschäftsmann und Förderer Chicagos: Der Silberschmied und Händler John Kinsie kaufte du Sables Anwesen; mit ihm begann jener schwungvolle Handel, der schon bald andere Siedler anlockte — eine dritte, dem Allgemeinwohl zuträglichere Chicagoer Tradition.

Obwohl die Ansiedlung bis zum Jahre 1825 so stark angewachsen war, daß die Bürger einen Sheriff ernannten,[4] sind erst ab 1833 Verhaftungen aktenkundig,[5] im gleichen Jahr, als Chicago eine städtische Verfassung erhielt:[6] Ein Landstreicher und ein Dieb wurden in ein behelfsmäßig eingerichtetes Gefängnis gesperrt. Im nächsten Jahr verhandelte Chicago seinen ersten Mordfall — und scheiterte auch das erste Mal mit einer Strafverfolgung. Ein Ire, der nachweislich seine Ehefrau getötet hatte, kam ungestraft davon, weil der Richter völlig mißverständliche Anweisungen erteilt hatte.[7] Am 4. März 1837 wurden Chicago die Stadtrechte verliehen. Drei Jahre später kam es zur ersten Hinrichtung: ein Vergewaltiger und Mörder, der zwar standhaft behauptete, unschuldig zu sein, jedoch erklärte, er würde nicht einmal dann etwas sagen, wenn er den wahren Täter kennen würde − der Beginn einer weiteren Tradition.[8]

Daß im Chicago jener Jahre nur wenige Verbrechen verübt wurden, ist eine Frage der Definition. Während der 30er Jahre des 19. Jahrhunderts blühte in der Stadt das Glücksspiel, das zwar gegen das Gesetz verstieß, aber bis auf wenige Ausnahmen toleriert wurde: Wenn ein Prediger vehement und beharrlich genug gegen dieses Laster gewettert hatte, kam es mitunter zu kurzen Gefängnisstrafen, was aber nicht verhinderte, daß es in Chicago bald mehr Spielhallen gab als irgendwo sonst nördlich von New Orleans und westlich von Pittsburgh.[9]

Das galt auch für die Prostitution. Obwohl sie seit 1835 verboten war, schossen die Bordelle wie Pilze aus dem Boden: In den 70er Jahren des 19. Jahrhunderts wurden allein an der Wells Street so viele Etablissements eröffnet, daß der Stadtrat sich gezwungen sah, den Namen der Straße in »Fifth Avenue« zu ändern, da die Bordelle das ehrenvolle Andenken an Captain Billy Wells in den Schmutz zu ziehen drohten, der viele Indianer getötet hatte und bei einem Indianeraufstand ums Leben gekommen war. Die Umbenennung der Straße stieß auf keinen ernsthaften Widerstand seitens der Bevölkerung Chicagos; viel lieber nahm man das Verschwinden Captain Wells' in Kauf als das der Bordelle und Spielhallen.[10] Diese Haltung, die dem Schein und nicht der Wirklichkeit den Vorzug gab, wurde zu einem weiteren Merkmal Chicagos. Ein Wanderprediger, der sich für Abstinenz einsetzte, verkündete lautstark, daß er »noch nie eine Stadt gesehen« habe, »die so sehr einer großen Kneipe gleicht wie Chicago«.[11] Es kann auch nicht überraschen, daß die Stadt eine Invasion von Schmarotzern erlebte. Die Zeitungen beklagten sich über den beängstigenden Anstieg der Kriminalität.

Dieser Anstieg führte zu einer weiteren kennzeichnenden Tradition. Bis 1855 hatte eine »Stadtwache« − ihrer Unfähigkeit wegen permanente Zielscheibe des Spottes − die Polizeigewalt in Chicago ausgeübt. Dies reichte nun nicht mehr aus. Die immigrantenfeindlichen Know-Nothings, die im Stadtrat von Chicago das Sagen hatten, obwohl 60 Prozent der Einwohner nicht in den Vereinigten Staaten geboren waren, ließen eine achtzig Mann starke Polizeieinheit aufstellen, deren Mitglieder ausnahmslos gebürtige Amerikaner waren und den Know-Nothings angehörten.[12] »Die politische Zusammensetzung der ersten Chicagoer Polizeibehörde«, schrieb ein langjähriger Chef des Amtes für Verbrechensbekämpfung in Chicago später, »wurde zu einer bleibenden Tradition, die von Anfang an dafür sorgte, daß gesetzliche Maßnahmen relativ wirkungslos blieben.«[13]

Doch auch andere Faktoren trugen dazu bei, in erster Linie die um sich greifende Korruption. Gegen Ende des 19. Jahrhunderts, als der Spieler Cap Hyman die Bordellbesitzerin Annie Stafford heiratete, nahm der stellvertretende Polizeichef Jack Nelson als Ehrengast an den Hochzeitsfeierlichkeiten teil.[14] Derartige Verbindungen sorgten dafür, daß die Polizei »bei Kriminellen wie bei den ehrbaren Bürgern gleichermaßen für ihre Bestechlichkeit und Unfähigkeit bekannt war«, wie ein Sozialhistoriker es ausdrückte.[15] Diese Einschätzung hat erheblich dazu beigetragen, daß Chicago schließlich »in der ganzen Welt als ›verruchteste Stadt der Vereinigten Staaten‹ bekannt war und diesen Ruf auch niemals wieder losgeworden ist.«

Doch nicht nur Korruption und Unfähigkeit verhinderten eine wirksame Polizeiarbeit. Auch das Erbe John Kinsies, der das Wachstum Chicagos hektisch vorangebracht hatte, blieb lebendig. Bald überflügelte Chicago den Konkurrenten New York auf den Gebieten der fleischverarbeitenden Industrie und der Verschiffung von Getreide;[16] die Stadt wurde zu einem Knotenpunkt von einundzwanzig Eisenbahnlinien und entwickelte sich zu einem neuen Industrie- und Handelszentrum. Während und nach dem amerikanischen Bürgerkrieg beschleunigte sich das Wachstum.[17] Chicago war das Tor zum Westen und ein Anziehungspunkt für unzählige Menschen, die in Chicago einen schnellen Dollar zu machen hofften. In einer solch brodelnden Atmosphäre hätte man eine gut ausgebildete, schlagkräftige und unbestechliche Polizeitruppe von personell angemessener Stärke gebraucht.

Der tatsächlich zur Verfügung stehende Polizeiapparat war hoffnungslos überlastet; außerdem hätte die Öffentlichkeit eine zu starke polizeiliche Einmischung in ihre gewohnten Vergnügungen nicht hingenommen; damals wie heute betrachtet die breite Masse der Bevölkerung das Glücksspiel nicht als lasterhaft. Und *daß* Glücksspiele veranstaltet werden oder Prostitution existiert, bedeutet ja keineswegs, daß die Ordnungshüter automatisch korrumpiert werden. Doch wenn ein Gemeinwesen solche Vergnügungen als lasterhaft deklariert, diese Entscheidung aber nur von einer Minderheit getragen wird, ist Korruption die Folge. In Chicago verlieh die große Mehrheit der Einwohner bei Umfragen oder Wahlen wiederholt ihrem Wunsch nach Legalisierung von Glücksspiel und Prostitution Ausdruck. Kurz vor Ausbruch des Bürgerkriegs wurde Bürgermeister John Wentworth von den Einwohnern Chicagos abgewählt, da er sich zu stark für die Einschränkung des Lasters eingesetzt hatte. Als Wentworth wieder ins Amt zurückkehrte, ging er behutsamer vor; er hatte erkannt, daß man in Chicago an der »Alles-ist-erlaubt«-Tradition hing — egal, welche Empfindungen sonntags mit einem Amen bekräftigt wurden.[18] Als im Jahre 1873 Bürgermeister Joseph Medill erneut Reformversuche unternahm, berief der Spielerboß Michael Cassius McDonald eine Massenversammlung der Saloonbesitzer, Spieler und Diebe der Stadt ein, um demonstrativ eine öffentliche Plattform für einen eigenen Bürgermeisterkandidaten zu schaffen, der daraufhin bei den Wahlen auch siegte.[19]

Solche Vorkommnisse bildeten die Grundlage für die Ära Capone. Wenn die Bürger einer Stadt keinen Wert darauf legen, daß die Gesetze greifen, wenn Polizeichefs und Politiker mit jenen Personen verkehren, die der Mehrheit der Bevölkerung das bieten, was eine Minderheit ihnen verwehren will, und wenn ein Polizist statt einer Beförderung Hohn und Spott erntet und sich lächerlich macht, falls er tut, was von den Gesetzen als seine Pflicht, von der Öffentlichkeit aber als »Paragraphenreiterei« und vom gesunden Menschenverstand als Dummheit bezeichnet wird, dann ist ein Polizist, der Bestechungsgelder zurückweist, entweder ein Fanatiker oder ein Narr.

In siebenundsiebzig amerikanischen Städten hofften einigermaßen vernünftige Kommunalpolitiker, die Öffentlichkeit zu besänftigen oder ihr gar zu gefallen, indem sie das Laster isolierten und es in gesonderten Vergnügungsbezirken gestatteten.[20] Mit der ihr eigenen Energie tat sich die Stadt Chicago auch auf diesem Gebiet besonders hervor: Das Bordell- und Spielhallenviertel war größer und freizügiger als in jeder anderen Stadt. Die meisten Etablissements befanden sich im ersten Bezirk, der sich damals vom Chicago River in südlicher Richtung bis zur Twelfth Street erstreckte (womit das Vergnügungsviertel den Loop, das Geschäfts- und Einkaufszentrum des heutigen Chicago, einschloß). Aus jedem der fünfunddreißig Bezirke wurden damals zwei Ratsherren in den Stadtrat gewählt. Von 1893 – in diesem Jahr wurde der dreiunddreißigjährige John J. Coughlin zum ersten Mal in dieses Amt gewählt – bis zum Zeitpunkt seiner »Entlassung« durch Capone, führten sich Coughlin und der zweite Ratsherr, der fünfunddreißigjährige Michael Kenna, im ersten Bezirk wie Lehnsherren auf, in dem sie Schutz nur gegen Abgaben gewährten.

Coughlin war aufgrund seiner früheren beruflichen Tätigkeit als Masseur auch unter dem Namen »Bathhouse John« bekannt – allerdings zu einer Zeit, bevor Badehäuser oder der Beruf des Masseurs mit gewissen sexuellen Praktiken in Verbindung gebracht wurden.[21] Er besaß die Figur eines Catchers, war aber zeitlebens ein gutmütiger Mensch, leutselig und auf Popularität bedacht, ein sanfter Riese mit einer Vorliebe für ausgefallene Kleidung. Auf einem Empfang veranlaßten sein billardtischgrünes Jackett, die fliederfarbene Hose und Krawatte, die malvenfarbene Weste, die Glacéhandschuhe in blaßem Lila und die leuchtendgelben Halbschuhe einen anderen Ratsherren zu der halbblauten, auf eine vornehme Vorstadt am Nordufer anspielenden Bemerkung: »Bathhouse, du siehst wie ein vom frischen Tau geküßter Rasen in Evanston aus.«[22] Er erweckte selbst unter denjenigen, die ihn wegen seiner Schiebereien und Abgabenforderungen mißbilligten, amüsierte Zuneigung. Bathhouse war ein in jeder Hinsicht einnehmender Mensch.

Bei seinem Ratskollegen Michael Kenna[23] hingegen war der Spitzname das Ausgefallenste: »Hinky Dink«, was »winzig« bedeutet, eine Anspielung auf den Zwerg Petey Dink, der damals berühmte Comicfigur war. Kenna war nur knapp über einsfünfzig groß, dürr, mürrisch und wortkarg. Er besaß zwei einträgliche Saloons, rauchte oder trank aber selbst nicht und mied Gesellschaft. Statt dessen fütterte Kenna – mit Blick auf Stimmen für die nächsten Wahlen – an den Freitischen seiner Lokale Stadtstreicher durch, zeitweise bis zu achttausend Personen pro Woche. Außerdem stellte er ihnen Schlafgelegenheiten in jenen Zimmern zur Verfügung, die nicht dem Glücksspiel vorbehalten waren. Nach einem Besuch erklärte H. G. Wells, daß Kenna wahrscheinlich »der einzige positive Einfluß« im Leben seiner Gäste sei. Noch heute trägt ein Lokal im Untergeschoß eines Einkaufszentrum im Loop stolz den Namen Hinky Dink.

Coughlin und Kenna verwalteten den korrupten ersten Bezirk genau so, wie es die Mehrheit seiner Bewohner von ihnen erwartete, was die erstaunlich langen politischen Laufbahnen der beiden erklärt. Und nicht zuletzt bereiteten sie damit den Bezirk für Capone vor.

1894 wurde John P. Hopkins zum Bürgermeister gewählt; ein Mann, der sichtlich ehrbare Ziele verfolgte, sein Amt aber zu einem Zeitpunkt antrat, als die Korruption in Chicago allgegenwärtig war.[24] Politiker, Polizei- und Justizbeamte, Staatsanwälte, Mitarbeiter der verschiedensten Behörden, biedere Bürger und Gesetzesbrecher bildeten durch Bestechungen, Vetternwirtschaft, Schmiergelder, Einschüchterungen und Erpressungen eine so kompakte Gemeinschaft, daß jeder ehrliche Mensch wie ein Exzentriker erschien. Ungefähr zu jener Zeit, als Capone in Chicago eintraf, erklärte eines dieser wenigen exzentrischen Ratsmitglieder: »Chicago ist einmalig. Es ist die einzige Stadt in Amerika, die durch und durch korrupt ist.«[25] In einer solchen Stadt waren das Auftreten und der Aufstieg eines Al Capone nicht nur logisch, sondern unvermeidlich.

Mittlerweile verkauften die Ratsherrn ihre Stimmen, ohne sich die Mühe zu geben, dies zu verschleiern, zum Beispiel, wenn es um die Erteilung von Konzessionen für Eisenbahnlinien oder den Bau von Straßen und öffentlichen Gebäuden ging.[26] Als Charles T. Yerkes sich um eine für die Stadt besonders unvorteilhafte Konzession bemühte, rief die Summe, die er dafür bot – bis zu 50 000 Dollar für die entscheidenden Leute –, allgemeine Bewunderung hervor. Die Höhe der Bestechungssummen war festgelegt: Eine Saloonkonzession etwa kostete 100 Dollar; wenn sie aberkannt wurde, brauchte man 500 Dollar, um sie zurückzubekommen.

Insbesondere das Glücksspiel und die Prostitution waren immun gegen jede gesetzliche Einmischung, egal, wie lautstark Reformer sich empörten. Einmal überreichte eine Gruppe von Glücksspielgegnern Bürgermeister Hopkins eine Liste mit den Anschriften von Spielhöllen und forderte ihn auf, sie durch die Polizei schließen zu lassen. Hopkins antwortete ausweichend und gestand schließlich, daß er den Betrieb »einiger weniger« Spielhallen zulasse, weil »es überraschend ist, wie viele ehrbare Geschäftsleute Wert darauf legen, daß diese Einrichtungen geöffnet bleiben. Ich bin von Vertretern bekannter Unternehmen aufgesucht worden, und diese Leute haben mir gesagt, daß sie große Schwierigkeiten haben, ihren Geschäftspartnern vom Lande ein bißchen Unterhaltung in Chicago zu bieten, falls sie diese Leute nicht in die Spielclubs einladen können.« Dazu paßt das Zitat eines analytisch begabten Chicagoer Bürgers: »Aus einem CVJM ist noch nie eine große Stadt erwachsen.«[27]

Ernstzunehmende Reformer – nicht bloß Pedanten oder einäugige Moralapostel wie die Prohibitionisten – konnten nie ergründen, weshalb die Bevölkerung nicht auf ihrer Seite stand und gleichfalls Entsetzen über die unverhohlene Korruption zeigte. Warum wurden bestechliche Ratsmitglieder nur in seltenen Fällen aus dem Amt entfernt, und warum – falls dies doch einmal geschah – wurden sie, oder noch schlimmere, bei den nächsten Wahlen wieder ins Stadtparlament gewählt? Die Reformer hatten nicht begriffen, daß die Korruption als Kavaliersdelikt betrachtet wurde und nur jenen ein Dorn im Auge war, die nichts anderes verlangten als eine ehrliche Stadtverwaltung. Die meisten

Wähler aber wollten gezielte Hilfen zur Milderung ihrer armseligen Lebensumstände.

Ein zeitgenössischer Historiker schrieb, daß ein Leben auf der Straße »endlose und sinnlose Bemühungen« bedeutete: »Einen Job für Tom zu finden, sich um Dicks kranke Mutter zu kümmern, und Harry aus den Klauen eines rücksichtslosen und unversöhnlichen Staatsanwaltes zu befreien.«[28] Falls ein Staatsanwalt, statt Härte und Feindseligkeit zu zeigen, einen überführten Täter gerecht behandelte, hatte dies sogar aufrichtige Dankbarkeit zur Folge. Ein langjähriger Richter in Chicago stellte fest, daß Reformer, die in Schwierigkeiten steckten, der Justiz normalerweise genausoviel Verachtung entgegenbrachten wie die meisten rückfälligen Kriminellen.[29] Al Capone hat es einmal folgendermaßen ausgedrückt: »Niemand hält sich an das Gesetz . . . Dein Vater oder dein Bruder kommen in Schwierigkeiten. Was tust du? Lehnst du dich zurück und schaust zu, wie sie fertiggemacht werden, ohne zu versuchen, ihnen zu helfen? Dann wärst du ein Waschlappen. Wenn es darauf ankommt, hält sich niemand an die Gesetze.«[30] *Niemand* ist vielleicht übertrieben, aber jedenfalls waren es nicht so viele, daß sie die Mehrheiten in den meisten Stadtbezirken bildeten.

Nur ein anormaler Bürger hätte sich bei Wahlen nicht für Vergünstigungen revanchiert und weitere erwartet. Und nur ein Selbstmörder hätte weltliche Heilige gewählt, die nach einem Wahlsieg der Korruption, der Vetternwirtschaft, der Beugung der Gesetze und all den anderen Künsten der Bezirkspolitik einen Riegel vorschieben wollten und die nichts als das Versprechen zu bieten hatten, »gute Politik« zu machen. Sicher, es gab aufrichtige Reformer, die sich konkreter zu Themen wie der gesetzlichen Verankerung von Mindestlöhnen und Arbeitszeit äußerten, zur Wohnungsnot und zu Maßnahmen, die die Abhängigkeit der Armen von den Bossen der Wahlbezirke mindern sollten. Aber bis es solche Reformen gab und ein allgemeiner relativer Wohlstand eintrat, stießen selbst gemäßigte Vorstellungen, die Stadtverwaltung »auszumisten«, auf taube Ohren.

Das soll nicht heißen, daß es in Chicago nicht auch ehrliche Kommunalpolitiker gegeben hätte. Vermutlich lag ihr prozentualer Anteil im Stadtrat genauso hoch wie in jeder anderen hochindustrialisierten Großstadt. Doch um politisch zu überleben, mußte auch der überzeugteste Reformer Zugeständnisse machen. Diese Notwendigkeit erklärt einige Bündnisse während der Ära Capone, die ansonsten unverständlich wären. »Aufrichtige Politiker mußten in diesen Zeiten häufig Kompromisse mit dem Teufel schließen, um Gutes zu bewirken«, beschrieb ein damals politisch Aktiver die Situation.[31] An den Schaltstellen der Macht saßen Korrupte und Kriminelle. »Man konnte ohne sie nicht gewinnen. Falls man nicht hin und wieder mit diesen Leuten zusammenarbeitete, riskierte man, die Wahl zu verlieren, bei der man einen anständigen Mann hätte wählen können. In der Tat waren viele Anständige gezwungen, in diese Art von Unterstützung einzuwilligen. Das ist für die Öffentlichkeit nicht leicht zu verstehen.« So, wie es sich entwickelt hatte, *verlangte* das System nach Korruption.

»Ich kann die Verhältnisse nicht ändern«, hat Capone einmal gesagt. »Ich nehme sie einfach hin, ohne wegzusehen.«[32] Der Mann, der dies für Capone in Chicago möglich machte, war James Colosimo.[33] Er kam im Alter von etwa zehn Jahren in die Vereinigten Staaten und verbrachte den größten Teil seines Lebens im ersten Bezirk Chicagos. Als Junge arbeitete er als Schuhputzer und Zeitungsbote und verkaufte Wasser an Schienenleger. Er wuchs zu einem stattlichen Burschen heran, breitschultrig, hochgewachsen, dunkelhäutig und gut aussehend, mit verwegenem Schnäuzer und tiefschwarzem Haar – ein beliebter, fröhlicher, extrovertierter Mann, der ehrgeizig, aber nicht verbissen war. Mit achtzehn Jahren beherrschte er die hohe Schule des Taschendiebstahls und beschäftigte ein halbes Dutzend Frauen, die ihn anhimmelten und für ihn auf den Strich gingen. Als er Mitte Zwanzig war, versuchte er sich ein oder zwei Jahre als Black Hander im Schutzgeldgeschäft. Dann ging irgend etwas schief; möglicherweise saß ihm die Polizei so dicht im Nacken, daß er es mit der Angst zu tun bekam. Doch was auch immer der Grund gewesen sein mag: 1897, im Alter von 26 Jahren, schloß Big Jim Colosimo sich den White Wings an. Ausnahmsweise verbirgt sich hinter diesem Namen keine Gang, sondern die Bezeichnung für die Chicagoer Straßenfeger, größtenteils Italiener, die ihren Namen den weißen Arbeitsanzügen verdankten. Witzbolde behaupteten, daß sie einfach den Pferden folgten.

Binnen kurzer Zeit organisierte Colosimo seine Berufskollegen in einem Sport- und Freizeitklub und sorgte dafür, daß dieser bei den nächsten Kommunalwahlen geschlossen für Coughlin und Kenna stimmte. Als Gegenleistung ernannten die beiden Stadträte Colosimo zum Wahlkreisleiter. Big Jims Aufstieg begann: Er eröffnete eine Poolhalle und trieb die Schutzgelder ein, die die beiden Ratsherrn von den Bordellen und Spielhallen kassierten. (Für jede Räumlichkeit waren 100 Dollar monatlich und dazu 25 Dollar pro Tag zu zahlen; wer seine Kneipe über die Sperrstunde hinaus geöffnet lassen wollte, mußte 50 Dollar die Woche berappen. Außerdem hatten sich sämtliche Kneipen und Vergnügungsbetriebe bei Coughlins Agentur zu versichern, und sie durften ihre Waren nur von vier Händlern beziehen, die wiederum die beiden Ratsherren prozentual am Umsatz teilhaben lassen mußten.) Big Jim war allseits beliebt, sogar bei den Bordellbesitzerinnen, bei denen er abkassierte, denn bei seinen Besuchen erheiterte Colosimo die Mädchen stets mit seinen fröhlichen und liebenswürdigen Scherzen.

Eine Bordellbesitzerin verliebte sich in ihn. Victoria Moresco besaß zwei große Häuser, die an Big Jims Route lagen. Sie war sechs Jahre älter als er, ziemlich unansehnlich und neigte zur Fettleibigkeit. Gegen die Schmeicheleien dieses Verführers war sie völlig wehrlos, selbst wenn sie ahnte, daß er es mehr auf ihre Reichtümer als auf sie selbst abgesehen hatte. 1902 heirateten die beiden. Anläßlich ihrer Hochzeit ließ Colosimo über einem der beiden Etablissements ein Schild mit der Aufschrift »The Victoria« anbringen. Seine Gattin bezeichnete dies als das schönste Hochzeitsgeschenk, das eine Frau sich wünschen könne. Colosimos Aufstieg ging weiter.

Ungefähr zu der Zeit, als Coughlin und Kenna Colosimo zum Wahlkreisleiter ernannten, mußten sie feststellen, daß die Basis ihrer Macht und ihre Reichtümer zu schrumpfen begannen. Bereits in den 80er Jahren hatte die Polizei – unter dem Druck der Wirtschaftsbosse Chicagos – die Spieler, Säufer und Prostituierten aus dem ständig wachsenden Banken- und Geschäftszentrum in das Viertel vertrieben, das später der »Loop« werden sollte. 1893 hatten weitere Spielhallen- und Bordellbesitzer ihre Betriebe freiwillig weiter nach Süden verlegt, um näher bei der Columbia Exposition zu sein, der ersten Weltausstellung in Chicago. Jetzt, gegen Ende der Jahrhunderts, befahl Bürgermeister Carter Harrison Junior der Polizei, den Loop und dessen Umgebung völlig zu reinigen. Der Großteil der Amüsierbetriebe wurde in das Gebiet verlegt, das von der Eighteenth und der Twenty-second Street sowie der Clark Street und der Wabash Avenue umschlossen wurde. Dort hatte es schon seit langer Zeit Bordelle gegeben; nun aber wurde diese Gegend weltweit als das »Levee«,[34] das Chicagoer Vergnügungsviertel, bekannt (vor der massenhaften Zuwanderung war Levee der Spitzname für ein besonders verkommenes Teilstück der State Street gewesen). Die Sache hatte jedoch einen Haken: Das neue Levee gehörte ausschließlich zum zweiten Bezirk. Und damit waren die Einnahmequellen für Coughlin und Kenna versiegt. Sie versuchten, die Grenzen des ersten Bezirks auszudehnen, um das Levee auf diese Weise wieder in ihren Einflußbereich zu bringen. Bürgermeister Harrison stand bei den zwei Ratsherren in der Schuld und hätte ihrem Plan mit Sicherheit zugestimmt, doch unglücklicherweise war ein Ratsherr des zweiten Bezirks eine seiner Hauptstützen im Bürgermeisteramt, und Harrison wagte nicht, diesen Mann zu brüskieren. Dennoch blieb ein Funke Hoffnung: Charles F. Gunther, dem demokratischen Ratsherren im vorwiegend republikanisch geprägten zweiten Bezirk, stand 1900 der Wahlkampf um seine Wiederwahl in den Stadtrat bevor. Und sein Gegenspieler sollte entscheidend dazu beitragen, den Boden Chicagos für Capone zu bereiten. William Hale Thompson Junior kandidierte nur deshalb, weil er von einigen Freunden geneckt worden war: Er war ein Millionär und versuchte, wegen einer 50-Dollar-Wette Stadtrat zu werden.

Big Bill Thompson ist ein Muster für die politischen Traditionen Chicagos. Bereits im Alter von 14 Jahren hatte er seine ersten Erfahrungen auf diesem Gebiet gemacht. Eine der Lieblingsbeschäftigungen von Billy und seinen Freunden, allesamt Kinder aus reichem Hause, bestand darin, auf ihren Ponys über die geschäftigen Brücken Chicagos zu preschen und Cowboy und Indianer zu spielen.[35] Im April des Jahres 1881 führte der Chicago River Hochwasser, und die Brücken waren so unsicher, daß die Brückenwärter die Jungen warnten, es nicht allzu wild zu treiben. Doch die kümmerten sich nicht darum, bis schließlich ein Wärter Billy in die Zügel fiel. Daraufhin begann der fast ausgewachsene Junge, sich mit dem viel kleineren Brückenwärter zu prügeln, bis schließlich die Polizei eintraf und Billy ins Gefängnis steckte. Um 2 Uhr früh holte ihn sein Vater dort ab, und in den meisten Städten wäre damit die Sache erledigt gewesen. Doch in Chicago standen einige Stunden später der Polizeichef der Stadt und der Leiter des Reviers, in dem Billy hinter Gittern gesessen hatte, im Büro des Bürgermeisters. Sie entschuldigten sich und versuchten, mit Schmeicheleien Thompson von seiner Forderung abzubringen, jeden Polizisten, der seinen Sohn angerührt hatte, in den Knast zu stecken. Billy erlebte zum erstenmal, was Macht und Einfluß in Chicago bewirken konnten.

Macht und Einfluß waren Billy in die Wiege gelegt worden.[36] Die Thompsons lebten seit sechs Generationen in den USA, seit Robert Thompson 1700 aus England nach New Hampshire ausgewandert war und durch Grundstücksspekulationen das Familienvermögen begründet hatte. Big Bills Ururgroßvater führte die Revolutionstruppen New Hampshires im amerikanischen Unabhängigkeitskrieg an; Bills Großvater kämpfte als Flottenoffizier im Krieg von 1812 gegen die Engländer. Sein Vater diente Admiral Farraguts als Marinezahlmeister im US-Bürgerkrieg. Noch während des Krieges heiratete er Medorah Eastham Gale, Tochter einer angesehenen Chicagoer Familie – ihr Vater hatte zu jenen Männern gehört, die die erste Satzung der Stadt ausgearbeitet hatten. Vor dem Krieg war William Thompson Senior nach Boston gezogen, wo er als Makler gearbeitet und sein ererbtes Vermögen vermehrt hatte. Doch 1867, als sein erster Sohn, William Junior, geboren wurde, war Thompson die engstirnige Kontor-Atmosphäre Bostons leid geworden; im Jahr darauf zog er mit seiner Familie ins belebte, aufstrebende Chicago.

Big Bills erster Biograph bezeichnete ihn als »ewigen Jungen«.[37] Billy sehnte sich danach, von der Schule abzugehen, nach Westen zu ziehen und Cowboy zu werden. Und nach dem Zwischenfall auf der Brücke gab ihm sein Vater die Erlaubnis dazu. Bill arbeitete von nun an in einem Lebensmittelladen; falls er genug zusammensparen könne, um seinen eigenen Weg zu gehen, erklärte sein Vater, werde er ihn nicht daran hindern – unter der Bedingung, daß er jeden Winter nach Chicago käme, um seine schulische Ausbildung weiter zu führen. Noch vor seinem 15. Geburtstag machte Bill sich auf den Weg nach Wyoming.[38] Sechs Jahre kam er jeden Winter nach Chicago, schloß die High School ab, besuchte das Metropolitan Business College und verbrachte den Rest des Jahres im Westen. Mit einundzwanzig Jahren hatte er im Rindergeschäft 30 000 Dollar verdient. Sein Vater war beeindruckt und kaufte sich in eine Ranch in Nebraska ein, die er von Bill führen ließ. 1891 starb William Senior; sein Sohn kehrte nach Chicago zurück und ließ sich dort nieder, nachdem ihn seine Mutter unter Tränen dazu gedrängt hatte. Er übernahm den überaus erfolgreichen Grundstücks- und Immobilienhandel der Familie.

Die Geschäfte wurden allerdings weiterhin vom Buchhalter des verstorbenen William Senior geführt, so daß der ewige Junge Bill die Möglichkeit hatte, sich ausschließlich dem Sport und dem Leben als Cowboy zu widmen. Über einsachtzig groß und durch die Arbeit im Freien sonnengebräunt, war Thompson eine eindrucksvolle Erscheinung. Er trat dem Chicago Athletic Club bei und wurde als Kapitän der Wasserballmannschaft amerikanischer Meister, um anschließend als Kapitän *und* Trainer auch noch die Footballmannschaft des Clubs zur US-Meisterschaft zu führen.[39] Als sich nach dem Endspiel herausstellte, daß einer der Spieler sechs Mannschaftskameraden regelmäßig das Abendessen spendiert hatte – ein krasser Verstoß gegen die Amateurbestimmungen –, erklärte Thompson den Direktoren des Chicagoer Sportverbandes: »Da gibt's nur eins.

Wir wollen zwar die Meisterschaft gewinnen, aber wir müssen diese Leute aus der Mannschaft werfen.« Als der Club dennoch Meister wurde, feierte Chicago Thompson als den tugendhaftesten aller Menschen.

Die Abende jedoch verbrachte er hin und wieder im Levee, in Gesellschaft Gene Pikes, einem Jugendfreund aus den Tagen des Brückenstürmens. Gemeinsam feierten sie Junggesellenpartys im Hotel Metropole. Pike war auch derjenige, durch den Thompson dazu kam, sich politisch zu betätigen. Er war selbst Stadtrat im zweiten Bezirk und überredete Billy, für die Republikaner anzutreten, als diese bei den Wahlen des Jahres 1900 einen Gegenkandidaten für den Demokraten Gunther brauchten.[40] Thompson, der im Frühjahr bei der Wahl zum Vorsitzenden des Sportverbandes gescheitert war, weigerte sich. »Ich möchte an keiner Wahl mehr teilnehmen, egal an welcher«, sagte er. »Wenn man gewinnt, ist es wunderbar, aber wenn man verliert, ist es miserabel.« Doch Pike blieb beharrlich, und eines Tages warf einer seiner Freunde bei einem Kartenspiel eine Fünfzigdollarnote auf den Tisch und wettete mit Pike, daß Billy zu feige sei, als Gunthers Gegenkandidat anzutreten. Ah, eine Herausforderung! Der große Junge legte seine fleischige Hand auf den Geldschein und nahm die Wette selbst an.

Als Coughlin und Kenna von dieser Kandidatur erfuhren, schöpften sie wieder Hoffnung. Wegen der gemischten Bevölkerungsstruktur des zweiten Bezirks räumten sie Thompson gute Chancen ein, Gunther zu schlagen, wodurch Bürgermeister Harrison das Levee wieder ihnen überlassen konnte. Die Reichen wohnten im Osten des zweiten Bezirks, in der Nähe des Lake Michigan, die Armen westlich der Michigan Avenue. Der sogenannte Black Belt, das Schwarzenghetto Chicagos, begann im südlichen Teil des zweiten Bezirks.

Das Undurchsichtige von Thompsons Charakter haben stets alle Leute betont, die ihn gesehen haben. Dennoch hat er immer brillante Wahlkämpfe geführt. Den reichen Bürgern im zweiten Bezirk waren die Wahlen zum Stadtrat bislang völlig gleichgültig gewesen. Sie betrachteten sowohl den Stadtrat als auch das Levee mit Verachtung. Obwohl sie Republikaner waren, hatten viele von ihnen bei den letzten beiden Wahlen zurückhaltend Gunther unterstützt, denn er war ein reicher Reformer. Die traditionell demokratisch gesinnten Armen sowie die umtriebigen Bewohner des Levee wiederum hatten sich genau aus diesem Grund nie für Gunther erwärmen können. Thompson rechnete damit, daß ihn die wohlhabenden Wähler ohnehin unterstützen würden; schließlich war er einer von ihnen. Also bemühte er sich um die Stimmen aus dem Levee. In jeder der 270 Kneipen stellten seine Wahlhelfer täglich 175 Dollar für Freibier zur Verfügung. Thompsons klügster Schachzug bestand darin, seinen Wahlkampf auf den Black Belt auszuweiten. Damals wählten Farbige noch die Partei Lincolns. Thompsons Ziel war es, so viele wie möglich an die Wahlurnen zu bringen, und er versprach, sich ihrer Probleme anzunehmen – ein Versprechen, das er hielt, denn das Elend dieser benachteiligten Menschen widersprach seinem Grundsatz des Fairplay.

Thompson besiegte Gunther mit 2516 zu 2113 Stimmen.

Von Coughlin und Kenna umworben und bedrängt, stimmte Thompson für die Bezirksumbildung, wodurch er nach Ablauf seiner Amtszeit den Sitz im Stadtrat verlor.[41] Sein Versprechen gegenüber den Schwarzen im Black Belt löste er ein, indem er den ersten öffentlichen Spielplatz Chicagos errichten ließ. Das sollte sich später bezahlt machen.

1902 errang er mit der zweithöchsten Stimmenzahl auf der Wahlliste einen Sitz in der Bezirksverwaltung. Anschließend wartete er, bis der richtige Zeitpunkt für ihn kam.

Inzwischen war Big Jim Colosimo von einem wohlhabenden zu einem reichen Mann geworden. Den Grundstein bildeten die zwei Bordelle seiner Frau Victoria. 1905 erwarb Big Jim seinen ersten Saloon und weitere billige Absteigen.[42] Außerdem betrieb er einen einträglichen Handel mit Prostituierten. Die Mädchen, zwischen drei- und vierundzwanzig, blieben selten länger als fünf Jahre in den Bordellen. Dann erwartete sie das Stundenhotel, und schließlich die Straße.[43] Die Nachfrage seitens der Zuhälter (auch »Kadetten« genannt) nach dem, was sie als »Frischfleisch« bezeichneten, riß nicht ab. Colosimo tat sich mit Maurice Van Bever zusammen, einem Zuhälter, der auf Eleganz hielt und stets mit einer Karosse, die von einem Kutscher in Zylinder und goldbetreßter Livree gelenkt wurde, vorfuhr.[44] Gemeinsam unterhielten sie den »Ring weißer Sklaven«, wie er allgemein genannt wurde.[45]

Der reißerische Begriff verharmloste die traurige Wahrheit auf perverse Weise. Im ersten Jahrzehnt des 20. Jahrhunderts berichteten die Zeitungen gern und ausführlich über minderjährige Farmerstöchter, die zu Besuch nach Chicago kamen, um dann von redegewandten Fremden, die von Heirat sprachen, mit entsprechend präparierter Limonade betäubt zu werden. Anschließend wurden sie in Bordelle verschleppt und mehrmals vergewaltigt. Diese Vorgehensweise bezeichnete man als »Einreiten«. Die Mädchen wurden geschlagen, fast nackt in den Zimmern festgehalten und so lange zur Prostitution gezwungen, bis es ihnen im Glücksfall gelang, eine Nachricht hinauszuschmuggeln und ihre Familie zu verständigen. Wenn man den damaligen Blättern glauben will, bestand die bevorzugte Methode darin, einen Zettel mit einer Nachricht aus einem unbewachten Fenster zu werfen.

In einer eingehenden Untersuchung gelangte ein Chicagoer Soziologe jedoch zu dem Schluß, daß solch schreckliche Fälle nur selten vorkamen.[46] Daß so etwas überhaupt geschehen sei, wäre nur ein zusätzlicher Beweis für die Gewissenlosigkeit der Zuhälter, denn Drogen, Schläge und Vergewaltigung seien überflüssige Mittel gewesen, sich neue Mädchen zu beschaffen. Die meisten Prostituierten gingen damals aus Verzweiflung auf den Strich. Ein Untersuchungsausschuß des Senats von Illinois nahm im Jahre 1913 folgende Aussage von William F. Bower zu Protokoll, einem Polizeisergeant in Chigaco mit dreizehn Jahren Diensterfahrung, von denen er die letzten vier im Levee verbracht hatte:

»Was ist Ihrer Meinung nach der häufigste Grund dafür, daß ein Mädchen als Prostituierte arbeitet, Sergeant?«

»Armut.«

»Armut? Sind Sie ganz sicher?«

»O ja. Es ließen sich Dutzende von Gründen nennen. Man könnte behaupten,

hen. Die Übergabe wurde für Mitternacht an einer Eisenbahnunterführung vereinbart. Zwei von Colosimos Revolvermännern, Joie D'Andrea und Mack Fitzpatrick, fuhren mit Torrio zum Treffpunkt und versteckten sich im Wagen. Als die drei Black Handers erschienen, eröffneten Torrio und seine Männer sofort das Feuer. Zwei Erpresser starben, der dritte wurde tödlich verwundet. Er lebte noch lange genug, um im Krankenhaus die Polizisten zu bitten, seinen »Freund« Big Jim an sein Bett zu rufen. Als Colosimo eintraf, verfluchte der Sterbende ihn auf Italienisch: »Du Verräter!« Ein Geschworenengericht befand wie gewöhnlich, daß die drei Männer, die aus Pittsburgh stammten, von »Unbekannten« erschossen worden waren. Der dreifache Mord dämpfte das Interesse anderer Black Hander an Colosimo schlagartig.

Verständlicherweise wollte Big Jim, daß Torrio in Chicago blieb, und dieser war einverstanden. Manhattan war zu der Zeit immer noch ein heißes Pflaster, und der Hafen war nach wie vor in der Hand der Iren, so daß Torrio seine Fähigkeiten in Chicago besser entfalten konnte. Mit siebenundzwanzig Jahren begann er eine neue Karriere als Geschäftsführer des Saratoga an der Twenty-second Street – einem der beiden Bordelle von Big Jim im Levee.

Von dieser Position aus stieg er zum Manager sämtlicher Unternehmen Colosimos auf, wurde zum Unterboß und war an den Gewinnen beteiligt.[54] Mit der Erlaubnis seines Chefs eröffnete er zwei eigene Etablissements: ein Bordell und einen Saloon unweit des Victoria. Als Geschäftsführer seines Bordells stellte Torrio einen Vetter von sich ein, Rocco Venillo, der sich gern mit »Roxy Vanilla« anreden ließ und behauptete, in Montana als Revolvermann gearbeitet zu haben.

Nur eine Wolke verdüsterte den Himmel. 1912 war Bürgermeister Harrison von einem einzelgängerischen Staatsanwalt, den lautstarke Reformer unterstützten, unter Druck gesetzt worden. Daraufhin bildete Harrison die fünfzehn Mann starke »Morals Division«, die von einem Offizier der Nationalgarde aus Illinois, Major Metellus Lucullus Cicero Funkhouser, geleitet wurde.[55] Funkhouser war ein Fanatiker, der sämtliche Filme, die in den Chicagoer Kinos gezeigt wurden, mit der gleichen Hingabe zensierte, mit der er seine Moralvorstellungen zur Schau trug. Darüber hinaus war Funkhouser völlig unbestechlich. Obwohl er offiziell den Rang eines »zweiten Stellvertreters des Commissioners der Polizei« innehatte, war er befugt, sich auch außerhalb des polizeilichen Aufgabengebiets zu betätigen. Binnen sechs Monaten hatte die Morals Division unter dem wachsamen Auge Funkhousers ungefähr 350 Prostituierte, Zuhälter, Kneipenbesitzer und Spieler aus dem Levee festgenommen und einige der verrufensten Läden schließen lassen.

Natürlich ging das Leben im Levee trotz dieser Maßnahmen so weiter wie zuvor, denn bei der regulären Polizei und den Gerichten fand Funkhouser kaum Unterstützung; im Gegenteil arbeitete ihm der Bezirkspolizeichef, Captain Michael J. Ryan, den Coughlin und Kenna in der Tasche hatten, tatkräftig entgegen.[56] Ryan warnte Kneipen- und Bordellbesitzer jedesmal, wenn eine Razzia der Division bevorstand. Wurde die Wirksamkeit von Funkhousers Tätigkeit auf diese Weise stark eingeschränkt, beschleunigte Torrio dennoch ein

Unternehmen, das er ohnehin geplant hatte. Die Zahl der in den Vereinigten Staaten zugelassenen Automobile war zwischen 1910 und 1912 um 100 Prozent gestiegen und verdoppelte sich bis 1915 noch einmal auf 2 309 666 Fahrzeuge.[57] Torrio erkannte, daß Rasthäuser, die von Handelsreisenden bereits gern besucht wurden, auch die Massen der Arbeiter anziehen konnten, die in den Getreide und Stahl verarbeitenden Städten beschäftigt waren, die sich im Einzugsbereich Chicagos befanden und von denen einige, wie zum Beispiel Gary und Hammond, unmittelbar hinter der Staatsgrenze zu Indiana lagen.[58]

Der ideale Ort für Torrios Pilotprojekt war Burnham, knapp fünfzehn Meilen Luftlinie südöstlich vom Levee und einen Steinwurf weit von der Grenze nach Indiana.[59] Burnham war nur eine Quadratmeile groß und hatte etwa tausend Einwohner. Probleme mit der Polizei waren nicht zu erwarten. Bürgermeister John Patton war den Zeitungslesern als der »Boy Major« bekannt, obwohl er in Wahrheit Dorfvorsteher war. Er hatte das Amt übernommen, als er noch keine zwanzig Jahre alt war, da kein anderer den Posten haben wollte. Bei der Verwaltung der Vergnügungsbetriebe wurde er einer von Torrios Topleuten; später spielte er die gleiche Rolle bei Capone. In kürzester Zeit hatten Torrio und Colosimo, die mittlerweile zu Partnern geworden waren, in Burnham drei Etablissements eröffnet, die zugleich Restaurant, Bordell und Spielhölle waren: zuerst das Burnham Inn, dann das Speedway und schließlich das Arrowhead. Letzteres wurde von Boy Mayor geleitet, der örtliche Polizeichef kümmerte sich um den Barbetrieb, und drei vertrauenswürdige Einwohner arbeiteten als Kellner.

Dieses Modell, bei Vergnügungsbetrieben in Vorstädten die gesamte Bezirks- und Polizeiverwaltung praktisch in Besitz zu nehmen und auf diese Weise die Unternehmen vor der Unberechenbarkeit der Großstadtpolizei und den Reformbewegungen zu schützen, wurde in der Ära Capone mit enormem Erfolg ausgeweitet. Allerdings bewies dieses System seine Effektivität und Nützlichkeit, dem Laster eine sichere Zuflucht zu schaffen, bereits viel früher.

Um die Mitte des Jahres 1914 herrschte im Levee eine gespannte Atmosphäre. Ein mutmaßlicher Informant der Morals Division war ermordet worden, den ermittelnden Detective hatte man ebenfalls getötet. Dem Besitzer der Kneipe, in welcher der Mord verübt worden war, wurde die Lizenz entzogen, woraufhin dieser verbittert und betrunken von einem Plan gefaselt hatte, Funkhouser und dessen Spitzenleute zu töten.

In dieser geladenen Atmosphäre nahm Funkhousers Truppe gegen neun Uhr am Abend des 16. Juli 1914 eine Razzia vor, unter anderem in einem Bordell an der Twenty-first Street.[60] Zur Bewachung der Festgenommenen ließ Funkhouser die beiden unerfahrensten Angehörigen seiner Einheit zurück; sie sollten auf den Abtransport warten, während der Rest der Truppe die Razzia fortsetzte. Nachdem die beiden Neulinge ihre Gefangenen schließlich übergeben hatten, machten sie sich zu Fuß auf den Weg, um sich wieder den anderen anzuschließen. Doch sie hatten kaum das Gebäude verlassen, als sie von einer ständig wachsenden Menge von Schlägern und Ganoven aus dem Levee verfolgt wurden, die Drohungen und Flüche gegen sie ausstießen. Als jemand einen Ziegelstein nach den beiden warf, blieben sie stehen und zogen ihre Waffen. Ein dritter Mann, der zuweilen als Informant für Funkhouser arbeitete, stellte sich zu ihnen.

Zwei Detective Sergeants der regulären Polizei waren an dem Menschenauflauf vorübergeschlendert, ohne ihn weiter zu beachten. Doch als sie den Ruf »Vorsicht, die Kerle haben Kanonen!« hörten, stürmten Stanley J. Birns und sein Partner zurück und entdeckten drei Fremde in Zivilkleidung, von denen zwei ihre Waffen auf die Menge gerichtet hielten. Natürlich zogen die beiden Polizisten daraufhin ihre Dienstrevolver.

Später konnte niemand sagen, wer mit der Schießerei angefangen hatte. Hinter der aufgebrachten Menge war Torrio in seinem neuen Roadster mit der unverwechselbaren feuerroten Farbe hergefahren, begleitet von Roxy Vanilla sowie Mack Fitzpatrick, jenem Revolvermann, der Colosimos Problem mit den Black Handers aus der Welt geschafft hatte. Einer der Ganoven aus dem Levee behauptete hinterher, daß ein Mann in hellgrauem Anzug und Strohhut zuerst gefeuert habe. Ein anderer Zeuge schwor, daß dieser Mann aus dem Roadster gesprungen sei, die Waffe im Anschlag, andere jedoch bestritten dies. Jedenfalls paßte die Beschreibung auf Roxy Vanilla, der sich zudem eine Kugel im Fuß eingefangen hatte. Ein anonymer »Officer 666« schickte einer Zeitung einen Brief, in dem er behauptete, Mack Fitzpatrick habe als erster geschossen. Und der korrupte Captain Ryan schließlich schob seinem Intimfeind Funkhouser mit gehässiger Freude die Schuld in die Schuhe, indem er behauptete, dessen »Möchtegernpolizisten« hätten »vor lauter Angst die Nerven verloren«.

Doch wer immer das Feuer eröffnet hatte, es endete damit, daß Sergeant Birns tot auf dem Bürgersteig lag. Sein Partner war in den Oberschenkel getroffen worden, und der eine von Funkhousers Neulingen hatte einen Hüftschuß abbekommen, der zweite einen Streifschuß am Bein, und der Informant einen Bauchschuß.

Torrio tauchte eine Zeitlang unter. Colosimo wurde zu seiner Erheiterung verhaftet und mußte ein paar Stunden hinter Gittern verbringen; es war sein einziger Gefängnisaufenthalt. Keiner der Beteiligten wurde vor Gericht gestellt, bis auf den Mörder des mutmaßlichen Informanten, und der kam straflos davon, da einem Gnadengesuch stattgegeben wurde.

Dennoch wirbelte der Skandal so viel Staub auf, daß die Stadtverwaltung sich gezwungen sah, ein wachsameres Auge auf das Levee zu werfen. Captain Ryan wurde vom Bürgermeister seines Amtes enthoben und durch Max Nootbaar, einen rechtschaffenen Polizeibeamten, ersetzt.[61] Ike Bloom – ein ehemaliger Boß der Levee-Halbwelt und bekannter Besitzer eines Tanzlokals – versuchte zwar, sich an Nootbaar heranzumachen und die üblichen »Abmachungen« mit ihm zu treffen, doch dieser warf ihn zur Tür hinaus und ließ anschließend demonstrativ ein gerahmtes Foto Blooms entfernen, das seit langer Zeit einen Ehrenplatz im Mannschaftsraum eingenommen hatte. Zudem entzog Bürgermeister Harrison vielen Besitzern diverser Etablissements die Konzession, unter anderem – wenn auch nur vorübergehend – Colosimo und Torrio, die jedoch diese Zwangspause nutzten, um ihre Aktivitäten in Burnham zu verstärken. Ein Kneipenbesitzer, der mit einer Bordellbesitzerin aus dem Levee verheiratet war,

zahlte seine Angestellten aus, schloß seinen Laden und verkündete, daß es »zum erstenmal so aussieht, als würden die Reformer ihren Kopf durchsetzen«.[62]
Doch er hatte nicht das letzte Wort. Das hatte Big Bill Thompson.

Die Schlacht um die Nominierung für die Präsidentschaftswahlen 1912 zwischen den Republikanern Theodore Roosevelt und William Howard Taft hatte dem Demokraten Woodrow Wilson zur Präsidentschaft verholfen und die Republikaner in Illinois in verfeindete Splittergruppen zerfallen lassen. Fred Lundin, ein schwedischer Immigrant mit dem politischen Genius der wahren amerikanischen Hinterbänkler, erkannte die Chance, aus dem chaotischen Zustand der Republikaner Kapital zu schlagen und bei den Bürgermeisterwahlen des Jahres 1915 einen eigenen Kandidaten aufzustellen. Er entschied sich für Thompson und begann zwei Jahre vor den Vorwahlen damit, in klassischer Manier einen Wahlkreis nach dem anderen zu bearbeiten.

Lundin war im Alter von 12 Jahren in die Vereinigten Staaten gekommen, kurz nach dem großen Brand von Chicago im Jahre 1871.[63] Er hatte sich mehr schlecht als recht durchs Leben geschlagen, indem er die üblichen Jobs armer Kinder ausübte, bis er sich mit zwanzig Jahren als Verkäufer von Wundermedizin selbständig gemacht hatte und mit einem Planwagen durchs Land gezogen war, begleitet von zwei Banjospielern, die durch ihr Geklimper die Menge anlocken sollten. Lundin kleidete sich in ein Phantasiekostüm, das aus einem schwarzen taillierten Frack, einer Fliege, einem breitkrempigen Filzhut und einer Brille mit runden Gläsern bestand und das sein ungewöhnliches Aussehen – vorstehende Zähne und eine wilde Haarpracht – unterstrich.

Er pries sein selbstgebrautes Wacholderkonzentrat mit erfrischenden Werbesprüchen an: ». . . ein gesundes, wohlschmeckendes, unvergleichliches, erfrischendes, aber nicht-alkoholisches Getränk . . . Von allen Ärzten empfohlen . . . Es ist billig! Es schmeckt! Geben Sie einen Teelöffel davon in vier Liter Wasser! Geben Sie hinzu, was Sie wollen! Greift zu, Leute, greift zu!« Er machte seine Sache gut, wechselte zur Politik, wurde in den Senat des Staates Illinois gewählt und kam 1908, für die Dauer einer Amtsperiode, ins Repräsentantenhaus. Doch seine Stärke bestand darin, hinter den Kulissen tätig zu sein, wobei er sich selbst am liebsten als »armen Schweden« und »unbedeutenden Mann« bezeichnete.[64]

Während Lundin die Fäden zog und Thompson sich in seinen Reden als »Kandidat ohne Boß« bezeichnete, zögerten die ordentlichen Parteimitglieder und stellten erst knapp einen Monat vor den Vorwahlen im Februar ihren Kandidaten vor. Es war der Amtsrichter Harry Olson, der allerdings wenig Lust hatte, zu kandidieren, denn er war sicher, daß Emporkömmlinge keine Chance hatten, etwas gegen das politische Establishment auszurichten. Thompson ging derweil bei den Frauen, die gerade erst das Wahlrecht bekommen hatten, auf Stimmenfang und umwarb, wie schon 1900, die Farbigen. Während in Europa der Erste Weltkrieg tobte, wetterte Thompson vor den 600 000 deutsch- und österreichstämmigen Einwohnern Chicagos gegen die Kriegspropaganda der Briten. Kurz vor der Vorwahl verteilten seine Helfer Flugblätter, auf denen davor gewarnt wurde, daß Olsons katholische Ehefrau darauf drängen würde, die Public Schools abzuschaffen.[65]

Thompson siegte bei den Vorwahlen mit 3591 Stimmen.

Im April mußte er sich mit dem Verwaltungschef der Bezirksregierung, Robert M. Sweitzer, auseinandersetzen, der Carter Harrison bei den Demokraten geschlagen hatte. Bereits während des Wahlkampfs hatte Sweitzer sich darüber beklagt, daß Thompson jedem genau das erzählen würde, was dieser hören wolle. Oder, wie Sweitzer sich in einem Zeitungsinterview ausdrückte: »Thompson versucht, sich immer so zu geben, wie sein Publikum es von ihm erwartet. In den von Polen bewohnten Bezirken ist er anti-deutsch. In den deutsch bewohnten Bezirken rufen seine Wahlhelfer: »*Unser Wilhelm für Bürgermeister!* . . . In den irischen Bezirken verteufelt er den König von England.«[66] Sweitzer hatte recht. Thompson redete seinen Zuhörern nach dem Mund und sprach direkt die unterschiedlichen Interessen der Wähler an. Frauen gegenüber erklärte er: »Ich werde eine Frau ins Schulamt berufen! Wer weiß besser als eine Mutter, was gut für Kinder ist?« In besseren Wohngegenden versprach er den Wählern: »Ich werde diese Stadt reinigen und sämtliche Gauner zum Teufel jagen!«, während er in Arbeitervierteln in seinem besten Whiskey-Bariton verkündete: »Ich weiß wirklich nicht, was manche Leute gegen einen kleinen Drink in einer gemütlichen Eckkneipe einzuwenden haben.« Und im Black Belt hieß es: »Sollte ich Bürgermeister werden, wird die Polizei wichtigere Dinge zu tun bekommen, als eine freundschaftliche Würfelrunde hochzunehmen.« Gezielter auf die Probleme der farbigen Bevölkerung anspielend, versprach er: »Ich werde euch Jobs besorgen!« Und allen stellte er in Aussicht: »Wir werden neue, breitere Straßen bekommen, neue Wohnhäuser, neue Fabriken und höhere Gehälter! Wir werden allgemeinen Wohlstand und reichlich gedeckte Tafeln haben!«

Während seiner ganzen Karriere blieb Thompson, trotz aller Schatten und Schandflecken, mit seinen Reden und bisweilen mit seinem Handeln ein beliebter Politiker. Wie wir noch sehen werden, ist dies der Schlüssel zum Verständnis der ansonsten verworrenen Politik im Chicago der 20er Jahre. Sein Konkurrent Sweitzer war ein ziemlich ehrlicher Politiker und auch sehr geschätzt, »der Mann mit einer Million Freunden«. Doch jedermann wußte, daß hinter ihm Roger Sullivans stand, Vorsitzender der demokratischen Partei, der in den 90er Jahren in den Skandal um die Erdgasgebühren verwickelt gewesen war. »Jungs«, erklärte Thompson gegenüber Reportern, »um was es in diesem Wahlkampf wirklich geht, sind die großen Gasversorgungsunternehmen! Sie ergaunern ihre Gewinne, indem sie vom kleinen Mann überhöhte Preise kassieren . . . Die entscheidende Frage bei dieser Wahl lautet: ›Wollen die Einwohner Chicagos diese Stadt in die Hände eines Roger Sullivan und der Versorgungsbetriebe geben?‹ Fragen Sie einen Mann, der Familie hat . . . Fragen Sie eine Mutter, die ihren Kindern das Essen aus dem Mund nehmen muß, um die gierigen Geldsäcke der Gasunternehmen zu füttern. Schauen Sie sich Ihre eigenen Gasrechnungen an . . .« Eine Woche vor der Wahl reichte er bei der Verwaltung der Gaswerke demonstrativ den Antrag ein, die Preise um dreißig Prozent zu senken. Derweil zog Lundin noch immer im Hintergrund die Fäden. Der Demokrat Carter

Harrison haßte seinen Parteigenossen Sullivan so sehr, daß er Thompson zuarbeitete und ihm einige seiner Topleute zur Verfügung stellte, darunter seinen Verwaltungschef, Charles C. Fitzgerald, der als Gegenleistung von Thompson in diesen Posten übernommen und später zum Polizeichef ernannt wurde.

Am Vorabend des Wahltags wandte Sweitzer sich an eine Gruppe führender Politiker, während Thompson klüger vorging und die Farbigen im zweiten Bezirk umwarb. Jess Willard, die sogenannte »weiße Hoffnung«, hatte am Nachmittag beim Kampf um die Boxweltmeisterschaft im Schwergewicht Jack Johnson geschlagen, einen Schwarzen. »Nur ein guter Cowboy wie Willard«, tröstete Thompson seine Zuhörer, »konnte einen so guten Mann wie Johnson besiegen. Morgen wird der Cowboy auf eurer Seite stehen. Denkt daran: Bill Thompson wird die Wahl für euch gewinnen . . .« Die Farbigen wußten, daß er wirklich auf ihrer Seite stand. Er hatte es schon einmal gezeigt und würde es wieder tun. Am nächsten Tag siegte Thompson mit 390 691 Stimmen gegen 251 502 Stimmen für Sweitzer − beinahe genau mit jenem Vorsprung, den Lundin vorausgesagt hatte. Es war der deutlichste Sieg, den ein Republikaner jemals in Chicago errungen hatte.

Nachdem Thompson sein Amt angetreten hatte, versetzte er den ehrlichen Captain Nootbaar schleunigst in die Provinz und feuerte Francis D. Hanna von der Sittenbehörde, weil dieser einen Bericht verfaßt hatte, in dem er behauptete, daß die Bordelle wieder ohne polizeiliche Kontrolle betrieben würden.[67] Auch Major Funkhouser stand unter Beschuß; ständig warf Thompson ihm Knüppel zwischen die Beine und brachte den Stadtrat dazu, der Morals Division die Mittel zu kürzen.

Dennoch war es Torrio und Colosimo klar, daß die ruhigen Zeiten vorbei waren; die Geschäfte im Levee würden nie mehr so einträglich sein. Doch Colosimo war das egal. 1910 hatte er in der 2126 South Wabash im südöstlichen Teil des Levee, Colosimo's Café eröffnet.[68] Wenn man von den Zimmern im Obergeschoß absieht, in denen Glücksspiele veranstaltet wurden, gab Colosimo seinem Café mit Samt, Blattgold und Edelhölzern einen noblen Anstrich. Er beschäftigte einen erstklassigen Koch, im Weinkeller wurden erlesene Tropfen gelagert, und er engagierte berühmte Bands und Top-Entertainer. Colosimo's Café wurde zur ersten Adresse für die damalige Chicagoer Schickeria, eine exklusive Luxus-Oase inmitten dieses verrufenen Viertels. Bald sah man Big Jim fast nur noch durch sein Lokal schlendern und die Rolle des liebenswürdigen Gastgebers spielen. Allerdings strich er im Monat auch mindestens 50 000 Dollar Gewinn ein, was er zum großen Teil seinem Partner zu verdanken hatte.[69]

Denn Torrio kümmerte sich derweil um die eintönigere Seite des Geschäftes. Er übertrug das Burnham-Modell auch auf andere Kleinstädte im Süden und Südwesten Chicagos.[70] Aber selbst dort, wo die lokalen Größen so leicht zu bestechen waren wie John Patton, ging Torrio vorsichtig vor. Er suchte die Anwohner auf, die in der Nähe der geplanten Vergnügungsbetriebe wohnten, und machte sich Freunde, indem er Hypothekenschulden bezahlte, Reparaturen an Häusern vornehmen ließ und den Anwohnern jeden Wunsch erfüllte, sofern sie sich bereit erklärten, keine Schwierigkeiten zu machen.

Im Levee erwarb Torrio ein vierstöckiges Ziegelsteingebäude, das Four Deuces, das als Hauptquartier dienen sollte; es befand sich an der South Wabash 2222, unweit von Colosimo's Café.[71] Die Einrichtung spiegelte den neuen, zurückhaltenden Stil des Levee wider. Im Erdgeschoß befand sich eine Gaststätte, schlichter und gediegener als die meisten anderen in dieser Gegend. Im hinteren Teil des Schankraums führte eine Treppe in die oberen Stockwerke, eine weitere befand sich an einer Seitenmauer des Gebäudes. Im zweiten Stock ließ Torrio Büros für die Verwaltung und die Buchhaltung einrichten, während im dritten Geschoß, hinter einer stählernen Tür, die Glücksspiele veranstaltet wurden, und in der obersten Etage befand sich ein Bordell.

Eine Sorge jedoch blieb, nämlich daß jemand den umgänglichen Thompson bei den Bürgermeisterwahlen 1919 schlagen könnte.

»Thompson ist ein geschäftstüchtiger und rücksichtsloser Opportunist«, schrieb die »New York Times«.[72] »Einer der schlechtesten Bürgermeister in der Geschichte der Stadt«, behauptete der »Republican« in Springfield. »Armes altes Chicago«, überschrieb der »Star« in Kansas City einen Artikel, in dem Thompson als ein »unmöglicher Bürgermeister« bezeichnet wurde. Und als er wieder nominiert wurde, breitete sich in Illinois allgemeines Entsetzen aus. Hatten die Wähler in Chicago den Verstand verloren? Was fanden sie an Thompson?

John Bright, ein kritischer Zeitgenosse, hat eine Erklärung versucht: Thompson ist »genau der Typ, den die meisten Chicagoer mögen und respektieren« − groß, forsch, vertrauenerweckend und »ausgesprochen gutmütig«. Er steht selbstbewußt vor ihnen, »wie ein erfolgreicher Onkel«. Nachdem er »ihren Respekt erworben hatte, eroberte er auch ihre Herzen, indem er sich ihrer saloppen und vulgären, aber lebendigen Sprache bediente . . . Dadurch wurde er zu einem der besten Showmaster der Vereinigten Staaten.«[73] Doch Thompson hatte mehr zu bieten als Unterhaltung. »Einige Politiker«, schrieb ein Journalist, »sind, ohne es zu wissen, die Verkörperung ihrer Epoche. Sie besitzen ein intuitives und prophetisches Gespür für die Wünsche ihrer Landsleute. Man kann ihre oft lächerlichen Erklärungen ignorieren . . . Sie reden, als würden sie die stummen Gefühle der Masse in Worte kleiden.«[74]

Und Thompson hatte ein Gespür dafür, was die Mehrzahl seiner Wähler wollte, denn er wollte, zumindest teilweise, das gleiche wie sie. Das läßt sich auf die Vergangenheit dieses »ewigen Jungen« zurückführen, dem Appelle an Fairplay und Loyalität in Fleisch und Blut übergegangen waren. Wenn er vor Publikum redete, wurde er zum wahren Gläubigen und verlor dabei leicht den Bezug zur Realität, was ihn harmlos erscheinen ließ. Seine Beteiligung an den städtischen Versorgungsbetrieben brachten ihm zum Beispiel 1,67 Million Dollar, was ihn aber nicht daran hinderte, die Bosse der Gaswerke mit ehrlicher Überzeugung als Halsabschneider zu bezeichnen.[75] In seinen Augen *war* es ungerecht, daß sie seine Freunde, die ihn gewählt hatten, übers Ohr hauten. Und ebensowenig spielte es für diese Freunde keine Rolle, daß ihr Bürgermeister niemals etwas gegen die Gaswerke unternahm, solange er sich nur lautstark für niedrigere Preise einsetzte.

Daß er sich bei den Bürgermeisterwahlen 1919 keinem ernstzunehmenden Herausforderer stellen mußte, trug entscheidend zu Thompsons Erfolg bei. Der Vorsitzende der demokratischen Partei, Roger Sullivan, hatte erneut Robert Sweitzer ins Rennen geschickt. Dieser stand an der Spitze einer Liste von Kandidaten, deren Bestechlichkeit im Vergleich zu den derzeitigen Amtsinhabern nur um soviel geringer war, als sie weiter von den Futtertrögen öffentlicher Ämter entfernt waren. Ihr Wahlkampf konzentrierte sich nur auf ein Thema: Korruption. Ein Sozialarbeiter erklärte, er würde nur deshalb für Thompson stimmen, weil die Opposition »keinen einzigen konstruktiven oder fortschrittlichen Grundsatz in ihrem Programm hat«. Derweil verkündete Thompson, daß sämtliche Berichte über seine Bestechlichkeit »Lügen, alles Lügen!« seien; es handle sich um »Machwerke der betrügerischen und verlogenen Zeitungen Chicagos«,[76] und führte dagegen an: »Ich bin für eine autonome Stadtverwaltung. Ich bin für eine Senkung der Gasgebühren. Ich bin für einen Straßenbahn-Fahrpreis von fünf Cent. Ich bin für die Bürger und gegen selbstsüchtige Interessengruppen!« Wieder umwarb Thompson die Farbigen; er sorgte dafür, daß einige von ihnen Jobs im öffentlichen Dienst und in der Verwaltung bekamen und ernannte Louis B. Anderson, den Ratsherren aus dem Black Belt, zum Stadtratsvorsitzenden. Er nahm einige Farbige in die Liste der neuzubesetzenden Stellen auf und ging jeden an, der von Scheinheiligkeit sprach.[77]

Ein Zeitschriftenredakteur faßte das folgende Wahlergebnis mit den Worten zusammen: »Die Wahrheit ist, daß der Verwaltungsapparat nunmehr die Möglichkeit bekommen hat, zum Aushängeschild fortschrittlicher Ideen und demokratischer Reformen zu werden.«[78] »Jeder nach seinem Geschmack, sagte die alte Frau und küßte ihre Kuh«, lautete der Kommentar des »State Journal« in Lincoln, Nebraska. »Die Mehrheit der Wähler in Chicago will Bürgermeister Thompson auch weiter im Amt sehen . . . Das ist ihre Sache und ihre Beerdigung.«[79]

Denn am 1. April 1919 hatte Big Bill Thompson zum zweiten Mal die Bürgermeisterwahlen in Chicago gewonnen, diesmal aber nur mit knapp über 21 000 Stimmen Vorsprung.

Dies war das Jahr, in dem Frankie Yale dafür sorgte, daß Al Capone solange in Chicago untertauchen konnte, bis Bill Lovett die Suche nach ihm leid war.

Capone rückte nicht gleich nach seiner Ankunft in eine gehobene Position auf. Möglicherweise hat er in der Kneipe im Four Deuces für 35 Dollar die Woche als Rausschmeißer angefangen. Vielleicht hat er auch als Aufreißer für das Bordell gearbeitet. Ein Reporter behauptete, er habe Capone »ein dutzendmal vor dem Four Deuces gesehen, an Winterabenden mit hochgeschlagenem Mantelkragen, die Hände tief in den Taschen; hin und wieder sprach er einen Passanten an, wies mit dem Kopf auf das Gebäude und murmelte: ›Ich habe da ein paar hübsche Mädchen.‹«[80] Wie dem auch sei – Capone blieb nicht lange ein Nobody. Anfang 1920 war Yale in Brooklyn den unerbittlichen Krieg mit den Iren leid geworden. Er plante einen Coup, der dieser Auseinandersetzung ein für allemal ein Ende machen sollte, obwohl er dabei Gefahr lief, öffentliches Aufsehen zu erregen.

Um seinen Plan verwirklichen zu können, brauchte er fähige Killer von außerhalb, die nicht wiedererkannt werden konnten. Yale setzte sich daher mit Capone in Verbindung, denn er wußte, daß sein ehemaliger Rausschmeißer bereits das Vertrauen Torrios erworben hatte und dieses Thema anschneiden und die nötigen Schritte unternehmen konnte.[81]

Trotz Capones Unerfahrenheit — er war einundzwanzig Jahre alt — zeigten sich bereits seine Intelligenz und sein Einfallsreichtum. Außerdem hatte er das Glück, von Torrio angelernt zu werden — genauso, wie es ein Glücksfall für Torrio gewesen war, Paul Kelly als Lehrmeister gehabt zu haben. Was Torrio betraf, so hatte er die Qualitäten Capones schnell zu schätzen gelernt, denn dieser ließ erkennen, daß Fähigkeiten in ihm schlummerten, die weit über denen der Männer lagen, die Torrio normalerweise zur Verfügung standen. So befand sich zum Beispiel im Erdgeschoß des Four Deuces ein leerstehendes Ladenlokal, das eine eigene Anschrift besaß: 2220 South Wabash. In Übereinstimmung mit dem neuen Bestreben des Levee, sich den Anstrich von Anständigkeit zu verleihen, stattete Capone das Schaufenster mit einigen Kleinigkeiten aus Leder aus. Innen brachte er ein Piano, drei Tische, einen Übertopf, einen Schaukelstuhl, einige Teppiche und ein Aquarium unter. In einem Buchregal stand sogar eine Familienbibel. Er ließ Geschäftskarten drucken:

ALPHONSE CAPONE
Gebrauchtmöbelhändler
2220 South Wabash Avenue[82]

und sich im Branchenverzeichnis als »A. Capone, Antiquitätenhändler« eintragen. Zwar war diese Fassade nicht undurchdringlich, aber sie verlieh Capone zumindest den Anschein eines ehrbaren Geschäftsmannes.

John Torrio war humorlos, jedoch von solchem Einfallsreichtum und dieser Weitsicht beeindruckt. Capone war ein Mann, wie Torrio ihn brauchen konnte, und was die Bitte betraf, Yale Revolvermänner aus Chicago zu Hilfe zu schicken, so lautete die Antwort ja. Denn es konnte sein, daß Yale sich für diese Gefälligkeit revanchieren mußte, und zwar bald. Das Geschäft blühte, und die neue Marktlücke, die durch die erst seit kurzem geltende Prohibition entstanden war, versprach eine Goldgrube zu werden. Doch um abkassieren zu können, mußte Torrio erst einmal etwas in bezug auf Big Jim Colosimo unternehmen.

4

Günstige Gelegenheiten

Al Capone hätte zu keiner unruhigeren Zeit nach Chicago kommen können. John Torrio brauchte ihn dringend und wußte dessen Fähigkeiten besonders zu schätzen. Big Jim Colosimo hingegen war für Capone ohne Bedeutung. Von Anfang an galten seine Bewunderung und Ergebenheit ausschließlich Torrio, und im Laufe der Zeit übernahm er auch dessen Ansichten. Obwohl Colosimo der Meinung war, daß die Geschäfte nicht besser laufen könnten, erkannte Torrio das Problem, das sich hinter dieser bequemen Haltung verbarg. Colosimo würde weder die einzigartige Gelegenheit nutzen, die Torrio erkannte, noch würde er ihm erlauben, dieses Feld für ihn abzugrasen.

Zweifellos hatte Colosimo allen Grund zur Zufriedenheit. Er war mächtiger als Coughlin und Kenna geworden,[1] verfügte über die italienischen Stimmen im ersten Bezirk – die Italiener hatten die Bevölkerungsmehrheit der Iren in kurzer Zeit überholt – und besaß damit eine so sichere Basis, daß er seinen eigenen Anspruch auf politische Beachtung und polizeiliche Rücksichtnahme geltend machen konnte. Nicht, daß irgendein Streit Colosimos Beziehungen zu den Stadträten trübte. Eher begrüßte Bathhouse John Coughlin die deutlichere Trennung. Denn die Gewalt, für Colosimo und Torrio die tragende Säule der Macht, hatte den eher sanften Coughlin schon immer beunruhigt. Die neuen Verhältnisse gefielen ihm besser. Coughlin und Kenna verkauften weiterhin Alkohol an die meisten Kneipen im ersten Bezirk und besaßen weiterhin die politische Macht, wobei Colosimo den beiden wie gewohnt die Stimmen lieferte. Jetzt aber kontrollierte Colosimo allein die Bordelle und Spielhallen in diesem Gebiet.

Als Bürgermeister Thompsons Kandidaten bei den Wahlen im Jahre 1920 einen triumphalen Sieg errangen, jubelte er: »Der Weg ist frei!«[2] Die weitere Entwicklung Chicagos während seiner Amtszeit verdeutlichte, was er damit meinte. Seine Mannschaft und seine politischen Verbündeten waren, mit einer Ausnahme, durch und durch korrupt. Nachdem Thompson sich mit dem scheidenden Gouverneur von Illinois, Frank O. Lowden, dessen Amtsführung von der New York Times als »Beispielfall der Integrität, der Effektivität und des klugen Wirtschaftens«[3] bezeichnet worden war, überworfen hatte,[4] torpedierte Thomp-

58

son mit Erfolg dessen Bemühungen, sich zum republikanischen Präsidentschaftskandidaten nominieren zu lassen. Statt dessen verhalf er den Vereinigten Staaten zu ihrem Präsidenten Warren G. Harding. Als Lowden aus seinem Amt schied, unterstützte Thompson auch nicht den designierten Nachfolger, sondern Len Small, Bankier und Farmer aus Kankakee und ein Günstling Fred Lundins.[5] Als Gouverneur wurde Small später wegen Unterschlagung angeklagt und entging nur durch Einschüchterung und Bestechung der Geschworenen einer Verurteilung. Außerdem betrieb er einen schwungvollen Handel mit Begnadigungen für Kriminelle, die gute Verbindungen besaßen.

Der einzige wichtige Verbündete Thompsons, der nicht so korrupt war, war Robert E. Crowe, von 1920 bis 1928 Bezirksstaatsanwalt.[6] Er wurde 1879 in Peoria geboren, hatte in Yale seinen Abschluß gemacht und als Ire in die einflußreiche italienische Familie Cuneo eingeheiratet. Sein Schwiegervater war der Gründer des ältesten Großhandelsunternehmens der Stadt. Crowe war mittelgroß, kräftig und besaß ein herausforderndes vorstehendes Kinn, das zu seinem herrischen Auftreten paßte.

Fast alles an ihm war zweideutig. Er hatte als stellvertretender Staatsanwalt und Stadtverordneter von Chicago gute Arbeit geleistet. Anschließend war er vier Jahre als Richter am Bezirksgericht tätig. Mit achtunddreißig Jahren wurde er bereits zum Oberrichter ernannt. Crowe war ein ausgezeichneter Jurist. Als Staatsanwalt zögerte er nicht, aus eigenem Antrieb Prozesse anzustrengen – ungewöhnlich für einen Mann in einer politisch derart empfindlichen Position, in der eine Niederlage sich bei den Wahlen bitter rächen konnte.

Andererseits wurde in den Fällen, die Crowe verhandelte, kein einziger führender Gangster wegen eines schweren Verbrechens verurteilt, und es findet sich bei ihm keine einzige Verurteilung wegen Bandenmordes. Am fragwürdigsten ist die Tatsache, daß in mindestens zwei Verfahren, die für Capone von entscheidender Bedeutung waren, überhaupt keine Verurteilung erfolgte, da Crowes geschickte Prozeßführung dies unmöglich machte. Außerdem setzte er regelmäßig Schläger aus den Gangs als Wahlhelfer ein (wenngleich er damit keine Ausnahme darstellte). Und was seine politischen Prinzipien anging, so schlug Crowe sich beim Wahlkampf 1920 auf Thompsons Seite, obwohl er ihn verachtete.

John Garrity repräsentierte den herkömmlichen Typus eines Günstlings von Thompson. Er war der zweite in einer langen Reihe von Polizeichefs, die der Bürgermeister auf öffentliche Proteste hin entlassen mußte, denn Garrity wurde dabei erwischt, wie er auf plumpe Art und Weise Bestechungen vertuschen wollte. Aller Wahrscheinlichkeit nach hatte er Verbindungen zu Mike Heitler, einem verrufenen Zuhälter, der die Finger auch im Alkoholgeschäft hatte. Thompson ersetzte Garrity durch Charles Fitzmorris, mit sechsunddreißig Jahren der jüngste Polizeichef, den Chicago jemals hatte.[7] Thompson erteilte ihm öffentlich und lautstark den Auftrag, »die Gauner aus der Stadt zu jagen«.[8] Fitzmorris' Bemühungen führten zu einem Höchstmaß an Aufwand und einem Mindestmaß an zählbaren Erfolgen.[9] Empört stellte er fest, daß in Chicago Glücksspiele veranstaltet wurden, woraufhin ein paar Pokerrunden hochgenommen und drei Roulettische von Izzy Lazarus zertrümmert wurden. Außerdem ließ Fitzmorris Hunderte von Stadtstreichern und Ruhestörern verhaften, von denen einige sogar ein Vorstrafenregister hatten. Doch schon bald ließen diese plan- und wirkungslosen Razzien nach.[10]

Überraschenderweise begrüßte Torrio Fitzmorris' Maßnahmen, solange sie währten. Denn es war nicht nur Colosimos Lethargie, die seine Pläne bedrohte: Seit Kriegsende hatte die Straßenkriminalität alarmierend zugenommen. 1919 wurden in Chicago mehr als 300 Morde begangen, und in einer einzigen Novemberwoche wurden 250 Raubüberfälle verübt – ein Rekord.[11] Zu Anfang des Jahres hatten prominente Bürger der Stadt eine Kommission zur Verbrechensbekämpfung gebildet, in der Hoffnung, daß diese Organisation das unternahm, was die Polizei ganz offensichtlich nicht in Angriff nahm. Obwohl die Vereinigten Staaten nach dem Ende des Krieges eine tiefe wirtschaftliche Rezession erlebten, behauptete diese Kommission hartnäckig, daß die Verbrechen in Chicago nicht auf »die schweren Zeiten und die Armut zurückzuführen seien. Hier sind die Verbrechen ein Geschäft.«[12] Diese Art »Geschäft« wiederum bedrohte Torrios Art des Geschäftemachens, da sie Entrüstung in der Öffentlichkeit hervorrief, die wiederum ein Durchgreifen gegen *sämtliche* Formen der Illegalität auslösen konnte. Und ein entschlossenes Durchgreifen konnte Torrios Plan, eine illegale Dienstleistung anzubieten, die einträglicher zu werden versprach als alle anderen, zunichte machen.

»In der menschlichen Natur ist kein Wesenszug so ausgeprägt«, schrieb William Howard Taft, »wie der Wunsch, Verhaltensmaßregeln für die Mitmenschen festzulegen.«[13] Sehr wahrscheinlich hat die Mehrheit der Amerikaner die Prohibition nie gewollt, aber wie sich herausstellte, spielte das ohnehin keine Rolle. Die Anti-Saloon-Liga, die 1893 in Oberlin in Ohio gegründet wurde, war ernsthaft der Meinung, daß die Menschen ohne Alkohol besser leben würden.[14] Wie ein Historiker schrieb, hatte die Organisation das Ziel, »eine Welt zu schaffen, die frei war . . . von Begierden und Verbrechen und Sünden, eine Art tausendjähriges Kansas . . .«[15] Ihr Feldzug, den sie bald im ganzen Land führte, vereinte solch hehren Idealismus mit einem rohen, beinharten Pragmatismus. Der Kongreß sah sich regelrechtem Terror ausgesetzt.[16] Im Text eines damals populären Liedes mit dem Titel »Was weiß man über dich, Herr Abgeordneter«[17] kommt zum Ausdruck, daß die Liga-Mitglieder Akten führten, in denen die Bestechungsgelder und außerehelichen Aktivitäten von Mitgliedern des Kongresses verzeichnet waren. Eine »falsche« Stimmabgabe, und schon wurden diese Berichte im entsprechenden Wahlkreis von einigen der fünfzigtausend Helfer der Liga publik gemacht.

Der Kriegseintritt der Vereinigten Staaten am 6. April 1917 ließ das Anliegen der Alkoholgegner selbst in den Augen der zweifelnden Mehrheit der Bevölkerung als patriotische Haltung gerechtfertigt erscheinen.[18] Bei der Herstellung von Alkohol werden solche Mengen an Getreide verschlungen, daß man dafür täglich elf Millionen Brote backen könnte, rechnete die Liga einer staunenden Öffentlichkeit vor. Außerdem könnten betrunkene Fabrikarbeiter kein Kriegsmaterial mehr produzieren und betrunkene Soldaten keine gezielten Schüsse mehr abgeben.

Der Kongreß sah sich schließlich gezwungen, dem Druck nachzugeben, und verabschiedete einen Gesetzentwurf, um die Prohibition verfassungsmäßig zu verankern. Dieser Entwurf wurde im Dezember 1917 den Regierungen sämtlicher US-Bundesstaaten vorgelegt. Am 16. Januar 1919 sorgte Nevada als dreiundsechzigster Bundesstaat für die notwendige Dreiviertelmehrheit. Nach Ablauf eines Jahres sollte das Eighteenth Amendment, die achtzehnte Verfassungsergänzung, in Kraft treten.

Doch so lange wollte die Liga nicht warten. Sie nötigte den Kongreß, ein Gesetz durchzubringen, das der Prohibition bereits für die Dauer des Krieges Geltung verschaffte.[19] Bis die achtzehnte Verfassungsergänzung am Freitag, dem 16. Januar 1920, in Kraft trat, wurde jedem Bürger der Vereinigten Staaten durch dieses Interimsgesetz verboten, »jede Art von Getränk herzustellen und zu veräußern (außer mit entsprechender Erlaubnis), das mehr als 0,5 Prozent Alkohol enthält«. Diese Bestimmung umfaßte wohlweislich nicht den Besitz, den Genuß und den Erwerb alkoholischer Getränke.[20] Die Liga war vorsichtig genug, weder die Wähler noch die Kongreßmitglieder zu brüskieren, denn viele waren notorische »Wets« − Alkoholkonsumenten −, mochten sie noch so »trocken« gestimmt haben.

In einem der ersten populären Songs jener Epoche hörte es sich bei Sophie Tucker so an, als würden die Bürger der Vereinigten Staaten das Gesetz beachten, denn es hieß:

Falls Küsse so berauschend sind, wie man sagt,
Hast du, Prohibition, deinen Stachel verloren.[21]

Doch schon bald sollten in Amerika andere Töne angeschlagen werden. In den Ziegfeld Follies von 1919 beschwerte sich Irving Berlin: »Mit Tee bekommt dein Shimmy nicht den rechten Schwung.«

Für John Torrio war die Prohibition die Erhörung seiner Gebete. Er war immer bestrebt, kriminelle Geschäfte in legale umzuwandeln. Jetzt hatten diese Dummköpfe ihm dadurch einen Gefallen getan, indem sie ein legales Geschäft, den Handel mit Alkohol, kriminalisiert hatten − mit der Folge, daß Torrio ins Alkoholgeschäft einsteigen konnte und nur wenig Konkurrenz von jenen fürchten mußte, die in dieser Branche tätig gewesen waren. Außerdem bot die Prohibition die Möglichkeit, immense Gewinne zu machen. Für ein Glas Bier, das bisher fünf Cent gekostet hatte, oder ein Glas Schnaps, das für zehn Cent zu haben gewesen war,[22] konnte nun das Doppelte, sogar das Zehnfache verlangt werden.[23] Und bei wenig Konkurrenz, aber gleichbleibender Nachfrage, konnten die Zulieferer die Preise praktisch selbst bestimmen. Außerdem konnten die Bootlegger sich die besten Mitarbeiter auswählen, denn in diesem Geschäft war bei geringem Risiko sehr viel Geld zu verdienen, und die Strafen lagen niedriger als auf jedem anderen Gebiet krimineller Betätigung.

Nur ein Umstand gab Torrio zu denken: Obwohl im Text des Prohibitionsgesetzes von »gemeinsamer Zuständigkeit« der Einzelstaaten und der Bundesregierung bei der Durchführung der Bestimmungen die Rede war, änderte dies nichts daran, daß das Prohibitionsgesetz ein *Bundes*gesetz war (zur damaligen Zeit unter der Bezeichnung »Volstead Act« bekannt – nach Andrew J. Volstead, dem Abgeordneten aus Minnesota, der den Gesetzantrag eingebracht hatte).[24] Die Überwachung lag somit in den Händen von Bundesbeamten; die zuständige Behörde war das US-Schatzamt. Torrio konnte sich an einen Vorfall erinnern, als im Rahmen ihres »Austauschprogramms« eine Prostituierte nach Bridgeport in Connecticut geschickt worden war.[25] Sie hatte geplaudert und den Namen Colosimo genannt, was beinahe eine Verurteilung wegen eines Verstoßes gegen den Mann Act[26] und eine hohe Haftstrafe nach sich gezogen hätte. Die beiden hatten die Frau schließlich ermorden lassen, da die ermittelnden Bundespolizisten sich als hartnäckig und unbestechlich erwiesen. Welche Gefahr würden diese Bundesagenten jetzt darstellen? Mit wieviel Nachdruck würden sie *diesem* Gesetz Geltung verschaffen?

Die Antwort kam schnell. Die Anti-Saloon-Liga, treibende Kraft beim Zustandekommen des Prohibitionsgesetzes, hatte keine großen Schwierigkeiten erwartet, was die Durchsetzung der Bestimmungen betraf. Die Nation teilte die Abneigung der Liga gegen Spielhallen und Kneipen, die zu Lasterhöhlen und zum Symbol für korrupte Politik geworden waren. Doch die Liga-Mitglieder machten den Fehler, diese Haltung mit ihrem eigenen, unversöhnlichen Haß gegen den Alkohol gleichzusetzen. Sie gingen davon aus, daß die Öffentlichkeit diese Abneigung teilte, und rechneten deshalb damit, daß die aufgebrachten Amerikaner, insbesondere die Frauen, jeden der Polizei meldeten, der sich des Verbrechens schuldig machte, ein Glas Bier zu trinken.[27] Die Liga war der Ansicht, daß die Durchsetzung und Kontrolle des Volstead Act ganz in staatlichen Händen liegen sollte. Doch die Prohibitionsagenten wurden nicht von vornherein in den öffentlichen Dienst übernommen. Zuerst mußten sie sich einer speziellen Ausbildung unterziehen und eine Prüfung ablegen, die nach zwei möglichen Versuchen nur zwei Fünftel der Kandidaten bestanden. Außerdem wurden sie schlechter bezahlt als Müllmänner (zu Anfang lag das Gehalt zwischen 1000 und 1200 Dollar jährlich, 1930 betrug es 2300 Dollar), was geradezu einer Einladung zur Korruption gleichkam. Jeder zwölfte Prohibitionsagent wurde wegen eines Dienstvergehens entlassen – eine Quote, die ein »trockener« Senator mit den Worten kommentierte, daß sie nicht schlechter wäre als »die Fehlerquote, die Jesus mit seinen Aposteln erlebt hat«.

Ein hoher Beamter bezeichnete die Prohibitionsagenten abfällig als »Handlanger und Speichellecker, die von Politikern ernannt werden, die um keinen Deut besser sind«. Aber selbst, wenn sie allesamt Wunder an Ehrlichkeit und Einsatzwille gewesen wären – es gab zu wenige, als daß sie ihren Auftrag hätten erfüllen können. Zu Anfang waren es bundesweit 1 500 Mann, und ihre Zahl überschritt niemals 2 300. Wichtiger war, daß diese Bundesbeamten Torrio von Anfang an insofern ermutigten, als sie eine Korruptionsbereitschaft von Chicagoer Ausmaßen an den Tag legten. Der Direktor der Finanzbehörde des Staates Illinois und

zwei seiner Mitarbeiter wurden schon wegen erwiesener Bestechlichkeit angeklagt, als das Prohibitionsgesetz noch Interimscharakter trug. Nach Schätzungen
des US-Schatzamts wurden in diesem Zeitraum allein in Chicago 200 000 Dollar
Bestechungsgelder gezahlt.[28]

Nicht minder ermutigend war das vergleichsweise geringe Strafmaß für über-
führte Alkoholschmuggler. Die Höchststrafe für einen Ersttäter lag bei 1 000
Dollar Geldbuße und einem Jahr Gefängnis. Doch selbst von Bundesrichtern
wurde die höchste Geldbuße nur selten verhängt, Gefängnisstrafen noch seltener.[29] Von Anfang an wurde das Prohibitionsgesetz allgemein als Witz betrachtet. Beispielsweise konnte die Regierung jedes Fahrzeug, das zum Transport von
Alkohol benutzt wurde, beschlagnahmen und verkaufen. Das Schicksal des
Wagens von Charles N. Thomas, Direktor einer Chicagoer Bank, sorgte für
einiges Aufsehen, denn Thomas wurde erwischt, als er in besagtem Wagen zu
einem Nachtklub unterwegs war und einen Flachmann bei sich hatte. Würden die
Vereinigten Staaten deshalb seine Edelkarosse versteigern?[30]

Torrio hatte keinerlei Sorgen, was das energische Durchgreifen der Behörden
in Chicago betraf. Die Chicagoer standen ohnehin nicht hinter dem Prohibitionsgesetz. Kurz zuvor hatten sie sich mit 391 260 zu 144 032 Stimmen dagegen
ausgesprochen, auch nur die zugegebenermaßen schäbigen Kneipen schließen zu
lassen.[31] Mittlerweile traf die Prohibition auf offene Ablehnung. Gemeinsam mit
dem Rest der Nation, aber mit besonders großem Vergnügen, sangen die
Chicagoer ein Lied, in dem erklärt wurde, warum »alle Jungs Mary lieben«: Sie
mochte zwar das »unscheinbarste Girl der Stadt« sein, aber die »hübschen
Mädchen hatten nicht, was Marys Daddy hatte«, nämlich den »Keller voll
Schnaps«.[32]

Im übrigen waren der Prohibition Jahrzehnte der Korruption vorausgegangen.
Eine Gruppe von Reformern zählte fünfundsiebzig Zeitungsinserate von »Kneipen, heruntergekommenen Nachtclubs, Hotels und Restaurants, die bekanntermaßen gegen das Alkoholverbot verstoßen«.[33] »Die Durchführung des Prohibitionsgesetzes in Chicago«, beklagte sich Bezirksstaatsanwalt Charles Clyne, »ist
ein Witz.«[34] Polizeichef Fitzmorris gab zu, daß die Hälfte seiner Beamten in den
Alkoholschmuggel verstrickt sei − nicht nur indem sie Bestechungsgelder kassierten, sondern indem sie sich aktiv daran beteiligten. Und die Öffentlichkeit
staunte über Geschichten von Prohibitionsagenten, die beschlagnahmten
Schnaps in Parteibüros brachten, und über Berichte, daß Abgeordnete betrunken über die Flure des Senats und des Repräsentantenhauses taumelten. Auslän-
dische Besucher der Vereinigten Staaten fragten: »Wann geht's eigentlich mit der
Prohibition los?«[35]

Torrio konnte an vielen Beispielen beobachten, wie man aus der Prohibition *kein*
Kapital schlagen sollte. Am frühen Morgen des 16. Januar 1920 zum Beispiel
− das Prohibitionsgesetz war eine Sekunde nach Mitternacht in Kraft getreten
− wurde an der West Lake Street eine Lkw-Ladung Whiskey gestohlen.[36] Sechs
Mann, die vermutlich von Herschel Miller, dem Boß einer jüdischen Gang aus
der West Side, angeführt wurden, fuhren mit einem Lastwagen auf einen

Güterbahnhof. Maskiert und mit Revolvern bewaffnet, fesselten und knebelten sie zwei Wachmänner, sperrten sechs Eisenbahner in einen Schuppen, brachen zwei versiegelte Waggons auf und machten sich mit Whiskey im Wert von 100 000 Dollar aus dem Staub. Am anderen Ende der Stadt raubte eine andere Gang rund 640 Liter Alkohol aus einem Lagerhaus.

Torrio erkannte, daß diese Jungs in zu kleinen Maßstäben dachten. Sie verkauften den Schnaps nur in der Gegend, in der sie zu Hause waren.[37] Außerdem war es in dreifacher Hinsicht dumm, einen Schnaps- und Bierhandel ausschließlich auf gestohlener Ware aufzubauen. Zum einen war der Dieb gefährdet, weil seine Opfer – insbesondere andere Bootlegger – meist ebenfalls bewaffnet und nicht minder gewalttätig waren. Zum zweiten war der Diebstahl als solcher ein schwereres Delikt als der Verkauf der Beute, und das Strafmaß lag entsprechend höher. Und drittens mußte eine auf Diebstahl gegründete Organisation ein Kleinunternehmen bleiben, denn der Nachschub richtete sich zwangsläufig danach, was andere besaßen oder herstellten. Torrio dachte in viel größeren Kategorien.

Er konnte aus einem aktuellen Beispiel lernen. Terence J. Druggan und Frank Lake waren Jugendfreunde. Beide waren Mitte Zwanzig, als das Prohibitionsgesetz in Kraft trat. Sie waren im Valley geboren und aufgewachsen, einem flachen Ödland mit tristen Mietskasernen südwestlich des Loop. Nachdem sie als Jugendliche erste Erfahrungen auf dem Gebiet des Einbruchdiebstahls gesammelt hatten, arbeitete Druggan als Fahrer des Lumpensammler-Lkws seines Vaters, während Lake zuerst als Weichensteller bei der Eisenbahn und dann als Feuerwehrmann tätig war. Zur Zeit der Interimsprohibition hatte Lake, unter Anleitung eines älteren Feuerwehrkollegen, mit dem Verkauf von 5-Gallonen-Kanistern mit schwarz gebranntem Schnaps an Kneipen begonnen. Er brachte es damit so schnell zu Geld, daß Druggan sich ihm anschloß.[38] Nach kurzer Zeit hatten die beiden ein Verteilernetz aufgebaut, das sogar Torrio beeindruckte – ein Vorbild, an dem er sich orientieren würde.

Die Familie Stenson besaß seit langer Zeit Brauereien.[39] Dünnbier – »near beer« –, das weiterhin verkauft werden durfte, enthielt weniger als 0,5 Prozent Alkohol. Um dieses »near beer« herzustellen, mußte zuerst normales Bier gebraut werden. Dann wurde ihm soviel Alkohol entzogen, daß der gesetzlich vorgeschriebene Grenzwert nicht überschritten wurde. Die Folge war, daß die Brauereien in normalem Bier ertranken, das nur darauf wartete, ausgeliefert zu werden. Man mußte nur Leute finden, die bereit waren, das Gesetz zu brechen. Was das betraf, legten die Stensons schnell großen Eifer an den Tag. Noch vor Ablauf des ersten Monats der Interimsgesetze stand die Stenson Brewing Company wegen Verstoßes gegen das Prohibitionsgesetz vor Gericht. Drei der vier Stenson-Brüder, darunter Joseph, der jüngste und aktivste, wurden zu Geldstrafen verurteilt.[40] Doch schon kurze Zeit darauf vereinbarte dieser mit Druggan und Lake, sie mit Bier zu beliefern. Später erwarben die beiden Anteile an fünf Stenson-Brauereien, doch ihr Revier blieb aufgrund ihrer Einfallslosigkeit von Anfang an auf das Valley beschränkt. Der einziger Fühler, den sie ausstreckten, war der Erwerb des Little Bohemia, eines Saloons in der North Side.

Gerüchten zufolge hatte Torrio eine bankrotte Brauerei gekauft, um sie zu einem seiner kasernenähnlichen Bordelle umbauen zu lassen, doch dann ging ihm ein Licht auf. Die Verbindung von Druggan und Lake mit den Stensons hatte allen äußeren Glanz, der einen Kopf wie Torrio fesseln mußte. Doch er steckte seine Ziele noch sehr viel höher: Er wollte eine Verschmelzung und Ausweitung sämtlicher Organisationen, wodurch das ganze durstige Chicago sowie die bereits bestehenden Vorstadtbetriebe versorgt werden konnten. Nur zwei Hindernisse standen Torrio im Weg: die Liebe und die Angst, die Big Jim Colosimo demoralisiert hatten.

Die Liebe lief Big Jim in der reizenden Gestalt einer Sängerin namens Dale Winter über den Weg.[41] Auf Fotografien ist sie als hochgewachsene Frau mit einem apart-runden Gesicht zu sehen, einnehmend hübsch, vollbusig, aber schlank; eine Übergangsgestalt der ausgehenden Lillian-Russell-Ära mit ihrem rundlich-kurvenreichen Schönheitsideal und der beginnenden »Flapper«-Epoche der 20er Jahre, die eine knabenhaft-schlanke Figur favorisierte.

Dale Winter war 1917 im Alter von etwa fünfundzwanzig Jahren nach Chicago gekommen, um einen Job als Nachtklubsängerin anzutreten. Wie sich herausstellte, gab es das Lokal gar nicht. Völlig abgebrannt, sah sie sich gezwungen, auf Arbeitssuche zu gehen. Im Loop lief ihr Arthur Fabri über den Weg, Geiger der fünfköpfigen Band in Colosimo's Café. Fabri erkannte die hinreißende Dale Winter sofort wieder, denn sie waren etwa drei Jahre zuvor in Grand Rapids im gleichen Programm aufgetreten. Damals waren sie enge Freunde (wenn nicht sogar ein Liebespaar) geworden, so daß Fabri ihr nun einige Bühnenkostüme kaufte und arrangierte, daß sie Big Jim vorsingen durfte, der sich in der Rolle des Impresarios gefiel. Dale kam, sang und siegte.

In der ersten Zeit besserte sie ihr Gehalt noch als Solosängerin in der ehrwürdigen Methodistenkirche an der South Park Avenue auf. Als die Gläubigen dahinterkamen, welchem Hauptberuf ihre Sängerin nachging, konnten nicht einmal die Appelle des Geistlichen: »Wer von euch frei von Sünde ist, der werfe den ersten Stein«, die Herzen seiner Gemeindeglieder erweichen.[42] Dale mußte das Handtuch werfen, aber das spielte keine Rolle. Colosimo wurde ihr Förderer und Beschützer. Einerseits rührte er die Werbetrommel und sorgte für Publikumszulauf, andererseits hielt er betrunkene Bewunderer davon ab, sich an Dale heranzumachen. Bei ihren Auftritten trug sie ein dünnes weißes Kleid mit einer roten Rose im Ausschnitt, wodurch ihr schwarzes Haar und ihr Liebreiz betont, ihre vermeintliche Unschuld unterstrichen und gleichzeitig ihre Figur gezeigt wurde. Ihr Aussehen, ihre Anmut, ihre Stimme, ihr Auftreten, von einem Journalisten als »unwiderstehlich charmant« bezeichnet, blieben auf Colosimo nicht ohne Wirkung. Er verliebte sich in seinen Star.

Big Jim hatte einige Affären mit Damen der gehobenen Gesellschaft gehabt, die es als aufregendes Abenteuer betrachteten, mit dem gutaussehenden, bekanntermaßen gefährlichen, jedoch sichtlich liebenswerten Besitzer des ersten Cafés der Stadt zu verkehren.[43] Der ehemalige Spaßvogel der Prostituierten und Puffmütter des Levee hatte auf diese Weise einen »verfeinerten Geschmack« für

Frauen entwickelt. Nur waren diese Frauen immer die Frauen anderer Männer. Dale Winter hingegen konnte seine eigene werden. Colosimo sorgte dafür, daß Enrico Caruso und Tito Ruffo sich an ihrer Stimme erfreuen und sich ein Urteil darüber bilden konnten.[44] Als der Chefdirigent der Chicagoer Oper, Cleofonte Campagnini, ihre Stimme als ausbildungsfähig bezeichnete, ließ Colosimo sie prompt am Chicago Music College einschreiben.

Etwa zu dieser Zeit begannen Colosimo und seine Frau Victoria Moresco, sich auseinanderzuleben. Später behauptete Dale Winter: »Ich wollte erst dann mit ihm ins Bett gehen, wenn feststand, daß wir heiraten können, und das habe ich ihm auch gesagt. Aber ich habe ihn geliebt − ich habe ihn von ganzem Herzen geliebt!« Seine Liebe zu ihr war offensichtlich. Trotz Colosimos Vergangenheit und seines Charakters wäre es sogar möglich, daß Dales Beteuerung der vorehelichen Enthaltsamkeit der Wahrheit entsprachen. Denn Big Jims Fahrer Woolfson behauptete, niemals gesehen zu haben, daß die beiden sich auch nur einen Gutenachtkuß gaben, wenn Colosimo Dale nach Feierabend auf der Fahrt zu ihrer Wohnung in der South Side begleitete. Er brachte sie bis zur Tür, wo er sich sittsam von ihr verabschiedete, ohne daß sie irgendwelche Zärtlichkeiten miteinander austauschten.[45] Woolfson fiel auf, daß Colosimo anschließend immer aufgedreht war und sich wie ein Junge benahm, der gerade die Königin des Schülerballs nach Hause gebracht hatte.

Big Jim verliebte sich genau zu dem Zeitpunkt, als die Prohibition in Chicago günstige Geschäftsmöglichkeiten eröffnete. Er hatte die Leitung seiner Bordelle, Spielhallen und Kneipen mehr und mehr in die Hände Torrios gelegt, während er sich selbst in seiner Rolle als Salonlöwe gefiel. Die elegante Dame Dale Winter schien ihm die Möglichkeit zu bieten, ein ruhiges, gesellschaftlich angesehenes Leben zu führen. Was wäre sie für eine Gattin für den plötzlich vornehmen Mr. Colosimo! Doch diese Hoffnungen, von Liebe genährt, führten zur Angst.

Denn ein neues Leben und ein neuer Colosimo waren undenkbar, falls er König der Bootlegger wurde, wie Torrio es wollte. Weder seine jetzige Position als Boß der Unterwelt noch seine Einnahmen waren allzu deutlich erkennbar. Der Alkoholschmuggel hingegen wurde von der Presse von Beginn an aufmerksam beobachtet, und niemand konnte sagen, ob man Bootlegger jemals für gesellschaftsfähig halten würde. Außerdem war es eine gefährliche Sache. Daß Bundesbehörden zuständig waren, machte Colosimo mehr Angst als Torrio. Darüber hinaus würde dessen ersehntes Alkoholimperium unausweichlich massivem Druck durch Black Handers ausgesetzt sein, so, wie Colosimo es vor kurzem wieder erlebt hatte: Im Herbst 1919 hatte er erneut Erpresserbriefe erhalten, und diesmal kam erschwerend hinzu, daß die Drohungen auch gegen Dale Winter ausgestoßen wurden. Dann gab es auch all diese Raubüberfälle auf Alkohollieferungen. Ob nun von Prohibitionsagenten gejagt, von Erpressern aufs Korn genommen oder von rivalisierenden Bootleggern bekämpft − Colosimo hatte Angst vor den Konsequenzen, die eine Ausweitung der Geschäfte nach sich ziehen konnte. Wozu das Ganze? Bathhouse John Coughlin hatte häufig einen Ratschlag seines Mentors, Senator William Mason, zitiert: »Laß die Finger von den großen Sachen. Kleinvieh macht auch Mist. Und ist sicherer.«[46]

Natürlich hatte Colosimo beim Alkoholschmuggel bereits die Finger im Spiel — aber nur in kleinem Stil und ohne Risiko. Torrio hatte ihn dazu gebracht, Jack Guzik unter die Arme zu greifen, einem untersetzten Gelegenheits-Zuhälter, der unangenehm, aber schlau war.[47] Guzik hatte sich mit 25 000 Dollar von Colosimo in eine kleine Brauerei eingekauft, die mittlerweile zu einem wichtigen Bierlieferanten der gemeinsamen Amüsierlokale in den Vorstädten geworden war. Außerdem hatte Torrio selbst im Frühjahr 1919 die Malt-Maid-Brauerei gekauft. Aber diese Unternehmungen waren unbedeutend. Das Alkohol-Imperium, das sich Torrio erträumte, sollte ganz Chicago umfassen.

Falls Colosimo Torrio aber weiterhin freie Hand ließ, während er sich selbst aus den Geschäften heraushielt, würde dies eine zusätzliche Gefahr darstellen: Torrio bekäme auf diese Weise praktisch alle Macht in die Hand — und er würde sie brauchen, um seinen neuen, riskanten Geschäftszweig zu schützen. Wieder stellte sich die Frage: wozu? Warum sollte man riskieren, in den Knast zu wandern, sich eine Kugel einzufangen oder enteignet zu werden, wo das Leben plötzlich so angenehm geworden war?

Big Jim war nicht bereit, sein Ansehen durch diese Pläne aufs Spiel zu setzen, doch ohne ihn an der Spitze war Torrio nicht in der Lage, sein Imperium zu errichten. Dabei wurden Verstöße gegen das Prohibitionsgesetz immer nachlässiger verfolgt, und Torrio mußte mit ansehen, wie Druggan, Lake und andere — wenn auch nur in kleinem Umfang und sporadisch — das verwirklichten, was er selbst in großem Maßstab systematisch aufziehen wollte.

Der letzte Hoffnungsschimmer Torrios, Colosimo umstimmen zu können, erlosch, als dieser ihm anvertraute, daß er sich von Victoria scheiden lassen und Dale Winter heiraten wolle. Bis heute ist die höchst unglaubhafte Geschichte überliefert, daß Torrio geantwortet habe: »Das ist deine Beerdigung.«[48] Torrio hätte so unkluge Worte auf keinen Fall zu einem Mann gesagt, der immer noch der Boß war. Außerdem entsprach es nicht Torrios Einstellung, was Liebe und Ehe betraf.

Torrio hatte 1912 eine Frau geheiratet, die dieselben Eigenschaften hatte, die Colosimo bei Dale schätzte. Sie hieß Anna Jacobs und war acht Jahre jünger als der dreißigjährige Torrio. Anna war eine zwar nicht atemberaubende, aber doch attraktive Rothaarige. Im Levee konnte niemand herausfinden, wo oder wie Torrio sie kennengelernt hatte. Sie stammte aus einer Kleinstadt unweit von Lexington in Kentucky, und es war deutlich zu erkennen, daß sie nicht der Welt des Levee angehörte.[49] Ein Rechtsanwalt, der einmal zum Abendessen bei den Torrios eingeladen war, berichtete später, daß Anna Torrio eine »liebenswerte, intelligente Person aus gutem Hause«[50] sei.

Kurz nach der Hochzeit zog Torrio aus seinem Hotel im Herzen des Levee in eine Wohnung an der Ninteenth und Archer Street, an der nördlichen Grenze des ersten Bezirks, um seine Gattin nicht der rauhen Atmosphäre des Vergnügungsviertels auszusetzen. Torrio trank nicht, rauchte nicht und machte auch von keiner anderen der Waren Gebrauch, mit denen er handelte. Er redete leise und drückte sich gewählt aus. Ein Reporter, der in Torrios Revier lebte, hörte ihn niemals fluchen.[51] Jeden Abend, in der Regel um achtzehn Uhr, fuhr er auf direktem Weg nach Hause, wo seine Frau und er die Abende so ruhig verbrachten, wie sie es beide gern mochten. Anna bezeichnete Torrio einmal als den »besten und liebsten Ehemann der Welt«, und ihre Ehe beschrieb sie als »immerwährende, unbeschwerte Flitterwochen«.[52]

Am 20. März 1920 ließ Colosimo sich von Victoria scheiden.[53] Er zahlte ihr eine Abfindungssumme von 50000 Dollar, für die Victoria sich des schuldhaften Verlassens bezichtigen ließ, und Big Jim einen unanfechtbaren Gerichtsentscheid erhielt. Victoria behauptete später, es wäre ein mieser Trick gewesen, und sie hätte von allem nichts gewußt.[54] Sie litt jedoch nicht untröstlich. Bereits zwei Wochen nach der Scheidung heiratete sie den zwanzig Jahre jüngeren Antonio Villano, der sich als Grabsteinmetz und kleiner Ganove durchschlug.[55]

Colosimo und Dale brannten nach French Lick in Indiana durch, wo man besonders schnell heiraten konnte. Big Jim verpflichtete einen Wanderzirkus, der die Gäste seines Hochzeitsempfangs unterhalten sollte (wobei einer der Anwesenden von einem Bärenjungen gebissen wurde). Anschließend reiste das Paar nach West Baden, um dort die Flitterwochen zu verbringen. Hinterher ging es zurück in Colosimos Anwesen an der 3156 South Vernon Avenue, ungefähr eine Meile südlich vom Café.[56]

Inzwischen traf Torrio seine Vorbereitungen, um Colosimo aus dem Verkehr zu ziehen. Er zog Capone, seinen aufstrebenden jungen Unterboß, zu Rate. Dieser sollte einen geeigneten Mann für den Job suchen und die entsprechenden Vorbereitungen treffen. Von Capones Entscheidung hing sehr viel ab, denn es handelte sich nicht um einen »Allerweltsmord« im Zuge der Bandenkriege. Torrio wußte, daß die Polizei sich in diesem Fall besondere Mühe geben würde. Er und Capone durften nicht die geringsten Hinweise und Spuren hinterlassen. Denn wie sorgfältig das Mordkomplott auch geschmiedet wurde, es konnten sich unerwartete Hindernisse ergeben. Und wenn nicht alles auf den Punkt genau stimmte, mußte der Killer die Möglichkeit haben, die Sache hinauszuschieben. Doch so kühle Köpfe waren nicht leicht zu finden.

Während Colosimo noch in den Flitterwochen war, rief Capone deshalb Frankie Yale an und bat um eine Gefälligkeit, die ihm nicht verweigert wurde. Weniger als ein Jahr später sollten Torrio und Capone sich dafür revanchieren.

Etwa eine Woche nach Colosimos Rückkehr war es soweit.[57] Torrio rief ihn an und teilte ihm erfreuliche Neuigkeiten mit: Jim O'Leary – in der Scheune seiner Mutter war vermutlich der große Brand von Chicago ausgebrochen – konnte Colosimo zwei Lkw-Ladungen Whiskey anbieten, gute, alte Vorkriegsware. O'Leary würde sich mit ihm am Dienstag, den 11. Mai 1920, um 16.00 Uhr im Café treffen, um die Übergabe zu besprechen.

Dale wollte an diesem Tag mit ihrer Mutter, die mit im Haus wohnte, einen Einkaufsbummel machen. Colosimo versprach, ihr seinen Fahrer zu schicken, sobald dieser ihn am Café abgesetzt hatte. Während der Fahrt machte er einen nervösen Eindruck und murmelte auf Italienisch vor sich hin, was Woolfson, der Fahrer, aber nicht verstehen konnte.

Im Café angekommen, begab sich Colosimo in ein kleines Büro im hinteren Bereich, wo sein Buchhalter Frank Camilla über den Abrechnungen saß. Die Männer begrüßten sich wie jeden Tag:

»Hallo, Frank«, sagte Colosimo, lachend wie immer. »Na, was ist los?«

»Nichts«, lautete Camillas Antwort, lakonisch wie immer.

Colosimo erkundigte sich, ob jemand auf ihn warte oder angerufen habe. Nein. Sie redeten eine Zeitlang über geschäftliche Dinge; dann rief Colosimo seinen Anwalt an. Kurz darauf verließ er das Büro, hielt ein Schwätzchen mit ein paar Angestellten, die sich in einem Hinterzimmer aufhielten, und ging dann zur Ausgangstür, um das Café zu verlassen. Zwei Türen, ungefähr fünfzehn Meter voneinander entfernt, führten auf die Wabash Avenue hinaus. Zwischen ihnen befand sich die Vorderfront des Cafés. Colosimo wollte durch den Hauptausgang mit der Schwingtür gehen. Dazu mußte er eine Vorhalle durchqueren, von der aus eine Tür zur Garderobe führte. Durch eine weitere, gläserne Tür gelangte man zum eigentlichen Ausgang.

Ungefähr eine Minute, nachdem Colosimo gegangen war – knapp eine Viertelstunde nach seiner Ankunft –, hörten die Angestellten, die sich im Hinterzimmer aufhielten, zwei kurz aufeinanderfolgende, nicht zu identifizierende Geräusche, gerade laut genug, um die Aufmerksamkeit der Versammelten zu erregen. Im ersten Augenblick dachte niemand an Revolverschüsse. Es hatte sich eher so angehört, als wären Autoreifen geplatzt, und die Geräusche hätten genausogut von der Rückseite des Cafés stammen können wie von der Straße. Chefkoch Antonio Caesarino suchte die Gasse hinter dem Café ab. Frank Camilla verließ sein Büro und sah vorn auf der Straße nach, wobei er das Café durch den südlichen Eingang verließ. Dabei fiel hinter ihm die Tür ins Schloß, so daß er, nachdem er festgestellt hatte, daß nichts Ungewöhnliches zu sehen war, den Haupteingang im Norden benutzen mußte. Im gleichen Moment, als er die Schwingtür aufstieß, sah er Colosimo durch die Glastür. Dieser lag mit dem Gesicht nach unten auf dem gefliesten Fußboden der Eingangshalle, und unter seinem Kopf hatte sich eine Blutlache gebildet. Der Körper lag so dicht an der Glastür, daß Camilla sich nur mühsam durchzwängen konnte.

Torrio hatte recht gehabt: Die Polizei entfaltete eine hektische Aktivität. Nach kurzer Zeit befanden sich der Polizeichef von Chicago, sein Stellvertreter und der Chief of Detectives unter den Beamten, die sich im Café drängten. Die Lage des Leichnams und der Schußwinkel ließen erkennen, daß Colosimo sich herumgedreht hatte, als die Kugel ihn traf. Zwei Theorien boten sich als Erklärung an: Entweder war Colosimo in die Eingangshalle gegangen, um durch die Glastür das Eintreffen seines Anrufers zu beobachten, und der Killer, der sich in der Garderobe versteckt gehalten hatte, war plötzlich hinter ihm aufgetaucht, hatte dabei dann ein Geräusch verursacht, das Colosimo im letzten Moment herumfahren ließ. Oder: Der Killer war ins Café gekommen und hatte sich mit Colosimo unterhalten; dann hatte Big Jim sich abrupt abgewandt (man wußte, daß er die Gewohnheit hatte, Gespräche, die ihm mißfielen, auf diese Art und Weise zu beenden). Während Colosimo sich umdrehte, hatte der Killer dann die Waffe gezogen und gefeuert. Die eine Kugel hatte ungefähr sechs Meter von der Leiche entfernt ein Loch in die Wand geschlagen, hinter der sich das Kassenhäuschen befand, die andere war Colosimo hinter dem rechten Ohr in den Kopf gedrungen. Seine Achtunddreißiger mit Perlmuttgriff steckte unangetastet in seiner Gesäßtasche.

Im Café fanden die Polizisten zwei geheimnisvolle Notizen. Auf einem Tisch lag ein Bestellzettel, auf den die Telefonnummer einer Firma gekritzelt war − National Rubber Products −, sowie die wenig hilfreichen Worte: »Bis dann, Vampir« und »Bis dann, Lefty«, mit dem Zusatz »Samstagabend« und dem Namen Samuel Lavine, den niemand kannte. Die zweite Notiz, in Colosimos Handschrift, wurde auf dem Ablagebrett eines Wandtelefons in der Eingangshalle gefunden. Der Ermordete erteilte einem gewissen »Swan«, dessen Identität nie aufgedeckt wurde, die harmlose Anweisung: »Nimm nicht mehr als dreizehn Mann. Wenn du mehr hast, schick den Rest weg.« Darunter stand: »P.S. Alles, was du über 50 Dollar hinaus kassierst, gehört mir.«[58]

Die sensationelle Mordnachricht verbreitete sich blitzartig in ganz Chicago. Dale, die noch mit ihrer Mutter beim Einkaufsbummel war, brach fast zusammen, als sie davon erfuhr. »Jim ist tot«, schluchzte sie zwei Tage später, »und mit ihm alles andere . . . Ich werde nie mehr glücklich sein.«[59]

Die Polizei hatte eine Reihe von Verdächtigen auf ihrer Liste, klammerte sich jedoch zunächst an Victorias Brüder, Louis und José, die aber kurz darauf schon wieder auf freien Fuß gesetzt wurden. Beide hatten stichhaltige Alibis. Victoria war mit ihrem Mann zu Besuch bei ihrem neuen Schwiegervater in Los Angeles. Arthur Fabri, der Geiger, der seine alte Freundin Big Jim vorgestellt hatte und der sich durch ihre Romanze vermutlich vor den Kopf gestoßen fühlte, wurde nur kurze Zeit verdächtigt, ebenso wie ein geisteskranker Ausbrecher, der Colosimo Rache geschworen hatte, da dessen Zeugenaussage dazu beigetragen hatte, daß man ihn des Mordes überführen konnte. Andere Theorien besagten, daß die Black Handers sich gerächt hätten, da Colosimo sich geweigert habe, Schutzgelder zu bezahlen − oder das Gegenteil: daß das Opfer einer Erpressung von Colosimo die Tat begangen habe. Vielleicht war es ein Spieler, den eine Pechsträhne zur Verzweiflung getrieben hatte, oder die Tat war ein Racheakt. Möglicherweise hatte ein Rivale aus der eigenen Gang, der vielleicht mit Alkoholschmuggel zu tun hatte, den Mord begangen, oder er hing mit einem Krieg zwischen Gewerkschafts-Racketeers zusammen. Kurz gesagt: Trotz aller Bemühungen stand die Polizei vor einem Rätsel.

Natürlich wurden auch Torrio und Capone − von dem man bereits wußte, daß er Torrios Unterboß war − verhört. Torrio hatte nach dem Mord seine Trauer gleich öffentlich kundgetan. »Ich und Jim ermorden?« rief er. »Wir waren wie Brüder!«[60] Aber Torrio und Capone konnten Alibis vorweisen. Auch dies war einer der Gründe, warum sie Yale nach Chicago hatten kommen lassen.

Was Yale betraf, so rückte die Polizei ihm so dicht auf den Pelz, wie man es erwarten konnte. Da zwei der Mordtheorien New Yorker Bürger einbezogen,[61] bat die Polizei von Chicago ihre Kollegen an der Ostküste, die dürftige Beschreibung des Mörders zu überprüfen, die man bekommen hatte, denn ein Portier des Cafés, Joseph Gabrela, hatte einen flüchtigen Blick auf einen Mann werfen können, der mit großer Wahrscheinlichkeit der Killer war.[62] Der Mann hatte kurze Zeit draußen vor dem Café gewartet, bevor Colosimo eingetroffen war. Gabrela beschrieb ihn als gedrungen, höchstens einsfünfundsiebzig groß, mit feistem Gesicht, dunkler Haut und rundem Filzhut mit steifer Krempe. Die Beschreibung traf ziemlich genau auf Frankie Yale zu, so daß man aus New York ein Foto aus dem Verbrecheralbum anforderte. »Das ist der Mann!« sagte Gabrela. Detectives aus Chicago brachten ihn zur Gegenüberstellung nach New York. Doch Auge in Auge mit Yale, sagte der Portier klugerweise: »Der Kerl, den ich gesehen habe, ist nicht dabei.«[63]

Niemand bezweifelte, daß Yale der Mörder war und daß er im Auftrag Torrios gehandelt hatte. Aber die Polizei besaß keine Beweise, und der Mord wurde als ungelöst zu den Akten gelegt.

Die Kirche hatte ihre eigenen Gewißheiten. Colosimos bekanntermaßen »sündige« Lebensführung − die Tatsache, daß er selten zur Kirche gegangen war, seine Scheidung und die zweite Heirat −, das alles brachte George Mundelein, den Erzbischof von Chicago und späteren Kardinal, zu der Überzeugung, daß es nur recht und billig sei, dem Ermordeten die kirchlichen Trauerfeierlichkeiten sowie die Beisetzung in geweihter Erde zu verwehren. Damit durchkreuzte er die ursprüngliche Absicht, in der Sancta Maria Incoronata einen Gottesdienst für Colosimo abhalten und ihn anschließend auf dem Mount Carmel beerdigen zu lassen. Der Erzbischof empfahl, die Beisetzung »schlicht und in aller Stille« stattfinden zu lassen, wobei er die Einzelheiten der Familie und den Freunden überließ.[64]

Die Hinterbliebenen entschieden für das Bizarre.[65] Lange vor Beginn des Gottesdienstes hatte sich vor Colosimos Haus eine Menschenmenge versammelt. Im Innern drängten sich dreiundfünfzig Sargträger, teils bezahlt, teils ehrenamtlich. Neben drei Richtern waren auch so viele Stadträte anwesend, daß im Fall einer Sitzung eine beschlußfähige Mehrheit zustande gekommen wäre. Außerdem zählten zur Trauergemeinde: ein Kongreßabgeordneter, ein Staatsanwalt, die Parteivorsitzenden zweier Bezirke, Stars der Chicagoer Oper, die Besitzer der exklusivsten Restaurants der Stadt, praktisch sämtliche anerkannten Berufsspieler, Saloonbesitzer, Zuhälter und Bordellbesitzer, einschließlich John Torrio. Die Gästeliste war »ein seltsamer Kommentar zu unserem Rechts- und Justizsystem«, schrieb eine Zeitung.[66]

Nach einem Gebet von Reverend Pasquale R. de Carlo, einem Geistlichen der italienischen Presbyterianerkirche, sank Stadtrat John Coughlin vor dem 7500-Dollar-Sarg aus Mahagoni mit Silberbeschlägen[67] auf die Knie und begann, einen Rosenkranz für den Toten zu beten, worauf die Trauergemeinde in das Gebet einfiel. Während das Apollo-Quartett dem Ereignis angemessene Lieder sang, wankte Dale die Treppe hinunter, gestützt von Colosimos Anwalt, Rocco De Stefano. Unter den Klängen einer Kapelle, die »Näher, mein Gott, zu dir« spielte, trugen die Sargträger den Toten aus dem Haus.[68]

Dale und De Stefano folgten dem Sarg in einer Limousine, die mit einem Leichentuch bedeckt war. Hinter Coughlin und Kenna gingen eintausend Bewohner des ersten Bezirks. Die Zahl erhöhte sich bald auf fünftausend, so daß schließlich ein drei Meilen langer Leichenzug durch die Straßen des Levee zog. Vor Colosimos geliebtem Café, wo zwei Blasorchester Trauerlieder spielten, machte er kurz halt. Die Zuschauermassen versperrten die Straßen der Umgebung; manche stiegen auf Feuerleitern, um besser sehen zu können.

Auf dem nichtkirchlichen Oakwood-Friedhof begann De Stefano, die Grabrede zu halten. Als ihm, von Gefühlen überwältigt, die Stimme versagte, setzte Bathhouse John Coughlin die Rede fort. John Torrio trauerte. Vermutlich hat er es ehrlich bedauert, daß jener Mann, der ihm in Chicago auf die Sprünge geholfen hatte, hatte sterben müssen. Al Capone hatte sich in den Tagen zwischen dem Mord und der Beerdigung nicht rasiert, eine alte Tradition aus der Heimat.[69] Colosimos Beerdigung löste unter den Gangstern einen wahren Wettstreit darin aus, was die Großzügigkeit der Geldspenden betraf.

Ein Testament wurde nicht gefunden. Colosimo starb unverheiratet, denn nach den Gesetzen des Staates Illinois mußte zwischen einer Scheidung und einer Wiederheirat mindestens ein Jahr vergehen.[70] Deshalb erbten weder Victoria noch Dale Colosimos Hinterlassenschaft – die sich zum allgemeinen Erstaunen als relativ dürftig erwies. Man hatte damit gerechnet, daß Colosimo zwischen 250 000 und 500 000 Dollar allein an Bargeld hinterlassen würde, von Beteiligungen und Wertpapieren ganz abgesehen.[71] Statt dessen tauchten im Safe seines Büros sowie im Banksafe nur 28 000 Dollar in Form von Staatsanleihen, ein Brillantanhänger im Wert von 2 000 Dollar, ein wenig Kleingeld sowie der Anteilsschein an einem Hotel auf. Der Wert der Hinterlassenschaft belief sich auf insgesamt 81 000 Dollar. Colosimos Vater Luigi besaß bereits das Recht auf die Villa; das Nachlaßgericht sprach ihm auch die 81 000 Dollar zu. Luigi schenkte Dale 6 000 Dollar in Form von Staatsanleihen und Brillanten, Victoria 12 000 Dollar.[72] Dale wandte sich wieder dem Showgeschäft zu und heiratete 1924 einen Schauspieler und Produzenten. Victoria ließ sich ein Jahr nach dem Mord wieder scheiden und verschwand aus Chicago.

Für Torrio, und mehr noch für seinen Schüler Capone, hatte Colosimos Leben eine Bedeutung, die sich in zwei Äußerungen aus dessen Nachruf zusammenfassen läßt. »Colosimo war überaus großzügig«, sagte Ike Bloom. »Was er auch getan hat, er hat immer den geraden Weg gewählt. Er hat dafür gesorgt, daß die gehobene Gesellschaft und die Millionäre ins Rotlichtviertel gekommen sind. Er half jedem, und viele Lokale verdanken ihr Überleben seinem großem Herzen. Niemals hat er einen Freund übervorteilt, niemals hat er einen guten Mann abgewiesen, und immer hat er den Mund gehalten.«[73] Eine Zeitung schrieb später, daß Big Jims Name, immer noch ein Symbol der Macht, »im Laufe der Jahre in immer hellerem Licht erstrahlte«.[74]

Er hatte gezeigt, daß es vernünftig war, den Handel mit Verbotenem zu einem Geschäft zu machen, nicht zu einem tödlichen Wettstreit; zu einem Geschäft, bei dem die Lieferanten geschätzte (und möglichst bekannte) Unternehmer und keine gefürchteten Gangster waren. Colosimo hatte nur deshalb sterben müssen, weil er versucht hatte, der Logik seines Lebens zu entfliehen.

5

Torrios Aufstieg

John Torrio rechnete damit, daß der Alkoholschmuggel boomen würde wie die Industrie im 19. Jahrhundert, mit Gesellschaften, die sich unter den erfreulichen Bedingungen von Handelsbeschränkungen betätigen konnten. Er wußte, daß genug für jeden zu holen war, und das mit verhältnismäßig geringem Risiko. Ein hoher Beamter der neu geschaffenen Prohibitionsbehörde bezeichnete Chicago bald als die »feuchteste Stadt der Vereinigten Staaten«.[1] Torrio erkannte, daß es nur der richtigen Organisation bedurfte. Für diese Aufgabe brachte er eine ihm angeborene Eigenschaft mit: seine Leidenschaft für das Organisieren. Dieser Charakterzug war unter jenen Süditalienern besonders ausgeprägt, die ihn durch generationenlange Arbeit auf dürrem, nahezu unfruchtbarem Ackerland erworben hatten.

Der italienische Journalist Luigi Barzini behauptete, daß sich hinter der »leidenschaftlichen Vorliebe der Italiener für geometrische Muster . . . und ganz allgemein für Symmetrie und Harmonie« eine Furcht verberge, und zwar »insbesondere die Furcht vor den unkontrollierbaren und unvorhersehbaren Gefahren durch das Leben und die Natur . . .« Diese Furcht und die damit verbundene Affinität zur Symmetrie glaubte Barzini in allem möglichen zu erkennen, seien es die kunstvollen Pyramiden aus Früchten und Gemüse auf den Karren italienischer Markthändler, oder die komplizierten Muster ihrer Gärten, oder die »strenge Symmetrie« der Straßen in den italienischen Stadtvierteln, und nicht zuletzt in ihrer beinahe uneingeschränkten Bewunderung für die Bürokratie. »Die richtige Bezeichnung hierfür«, schrieb Barzini, »lautet *sistemazione*. Alles zu systematisieren ist für den Italiener die wichtigste, vielleicht einzige Aufgabe des Menschen auf Erden . . . *Sistemare* ist gleichbedeutend mit einem Sieg über die Natur . . . ›*Ti sistemo io*‹ ist eine vielfach mißbräuchlich verwendete Drohung. Sie bedeutet sinngemäß: ›Ich werde deine rebellischen Instinkte zügeln‹ . . . Industrielle träumen häufig davon, die Fähigkeit zu besitzen, den freien Wettbewerb zu systematisieren, indem sie mächtige Kartelle errichten und unverbrüchliche Abkommen schließen . . .«[2]

Schon bald sollte Al Capone seinen Mentor übertreffen, was das *sistemare* betraf. Ein zeitgenössischer Beobachter meinte, daß Capone ein »wahres Organisationsgenie« sei.[3] Es ist Torrio anzurechnen, daß er Capones Begabung erkannte und förderte. Beide standen vor der Aufgabe, aus Schlägern und Ganoven seriöse Geschäftsleute zu formen.[4]

Torrios Wohlwollen brachte Capone schnell zu der Überzeugung, daß seine Zukunft in Chicago lag, und nicht daheim in Brooklyn. Dort hatte zudem der rachsüchtige Bill Lovett mittlerweile die Führung der White Handers übernommen, nachdem Dinny Meehan am 31. März 1920 ermordet worden war – ein Mord, der auf Frankie Yales Konto ging, wie die Ermordung Colosimos gut einen Monat zuvor.[5] Torrio wurde Pate von Capones Sohn Little Sonny und schenkte dem Jungen an jedem Geburtstag 5000 Dollar, die auf ein Konto eingezahlt wurden.[6] Diese Geste zielte darauf ab, Capones Sympathie zu gewinnen, der in dem Ruf stand, besonders loyal und nicht selten sentimental bis hin zur Rührseligkeit zu sein.

Doch Capones Loyalität gegenüber Torrio hatte auch eine zweckmäßige Basis. Ike Bloom behauptete, daß Colosimo »hatte, was viele von uns nicht haben – Klasse«. Capone erkannte sehr schnell, daß Torrio dieselbe Eigenschaft besaß, wenn auch auf einer ganz anderen Ebene als Colosimo oder Yale. Torrio hatte die Bewunderung Capones viel eher verdient als die beiden anderen, denn sein Stil war nutzbringend und wichtig für die *sistemazione* der Gangs zu einem funktionsfähigen Bootlegger-Kartell.

Beispielsweise hatte Torrio stets darauf bestanden, die Willfährigkeit der Nachbarn seiner Vorstadt-Bordelle durch Zugeständnisse oder Bestechung zu gewinnen, nicht durch Zwang und Einschüchterung. Capone lernte von ihm, »den Wert eines verbindlichen Lächelns und eines kräftigen Handschlags zu schätzen«, wie einer der ersten Beobachter es ausdrückte.[7] Torrios Wahlspruch wurde auch zu Capones Devise: »Wir wollen keinen Ärger.«[8] Torrio bestand sogar darauf, daß sein Schützling die Abendschule besuchte, um seine Ausdrucksweise zu verbessern.[9] Es hat den Anschein, als hätte Capone selbst den verbissenen Wunsch gehabt, sein ungestümes Temperament zu zügeln, das jedoch, selbst bei geringfügigen Provokationen, immer wieder durchbrach. Die Verwandlung vom Schläger aus Brooklyn in einen Chicagoer Geschäftsmann des Verbrechens war ein langwieriger, aber stetig voranschreitender Prozeß.

Viele Jahre später behauptete Capone aus steuerlichen Gründen, daß Torrio ihm zur damaligen Zeit ein wöchentliches Gehalt von 75 Dollar gezahlt habe.[10] Weniger zweckgebundene Quellen hingegen bezifferten sein Jahreseinkommen auf ca. 25000 Dollar.[11] Er erhielt ein Viertel der Gewinne aus den Bordellen und die Hälfte von dem, was der Alkoholschmuggel abwarf. Capone brauchte auch sehr viel Geld, da sein Verantwortungsbereich sozusagen geometrisch größer wurde.

Zuhause in Brooklyn befand sich sein Vater bereits seit längerer Zeit wegen einer Herzschwäche in ärztlicher Behandlung. Am Abend des 14. November 1920 brach Gabriel Capone, fünfundfünfzig Jahre alt, in einer Poolhalle unweit seiner Wohnung zusammen und starb an Herzversagen, bevor Hilfe eintraf.[12] Al Capone ließ sein Grab später auf den Mount Olivet in Chicago verlegen, wo Gabriel sich einen Grabstein mit Als Bruder Frank teilte, mit dessen Ermordung wir uns später beschäftigen werden.

Es machte Capone Freude, die ganze Familie auf die eine oder andere Weise zu unterstützen, als Zeichen seines Erfolges und gewissermaßen als Ausgleich dafür, daß er vor nicht allzulanger Zeit so unehrenhaft aus Brooklyn hatte fliehen müssen.[13] Diese Unterstützung umfaßte eine stattliche Anzahl von Personen: Neben seiner Mutter und den Brüdern waren inzwischen Rosalia (genannt Rose),[14] damals ungefähr zehn Jahre alt, und die achtjährige Mafalda Capone (ihr Name, der auf eine italienische Prinzessin zurückging, entzog sich erfolgreich jedem Versuch der Amerikanisierung) hinzugekommen. Kurze Zeit später zog die Familie zu Capone nach Chicago, mitsamt den drei Vettern Charles, Rocco und Joseph Fischetti.

Der ältere Bruder Ralph war schon früher nach Chicago gekommen, da Capone ihm dort einen Job verschaffen konnte.[15] Seit Ralphs betrügerischer Autohandel 1916 aufgeflogen war, hatte er vorwiegend legale Tätigkeiten ausgeführt. Er hatte als Telegrammbote gearbeitet, in einer Buchbinderei, als Straßenbahnfahrer, als Verkäufer und als Hafenarbeiter. Im Ersten Weltkrieg hatten die Marines ihn wegen seiner Plattfüße aus dem Ausbildungslager zurück nach Brooklyn geschickt, wo er dann als Kellner in einer Flüsterkneipe arbeitete und zweimal festgenommen und verurteilt wurde – obwohl die wenigsten Ralphs Verhalten als kriminell betrachteten. Auch seine Karriere in Chicago begann er als Barkeeper, trat aber schon kurze Zeit später als Geschäftsführer des Four Deuces in die Fußstapfen seines Bruders. Zusammen mit Al und Mae wohnte er in einem Apartment in der Nähe des Four Deuces. Die Fischettis, die mittlerweile auch für Torrio arbeiteten, hatten eine eigene Wohnung im gleichen Gebäude.

Für den Rest der Familie kaufte Capone ein Zweifamilienhaus mit fünfzehn Zimmern an der 7244 South Prairie. Die Nachbarschaft bot ihnen kleinbürgerliche Behaglichkeit. Das Haus befand sich in schmeichelhafter Nähe zu der neuen Wohnung John Torrios, einem Apartment an der 7011 South Clyde.

Die Bewohner Chicagos liebten Carl Sandburgs Beschreibung ihrer Heimat als einer »Stadt mit breiten Schultern«, als nüchterne, arbeitende Stadt, die »funktionierte«. In den 20er Jahren rühmten ihre Verehrer, Bewunderer und Freunde ihr explosives Wachstum, ihre industrielle Macht und ihren Wohlstand.

Dieses Bild, wie es die Liebhaber von Chicago zeichneten, fand jedoch nicht ungeteilte Zustimmung. Ungefähr zu der Zeit, als Al Capone dorthin kam, erklärte ein Besucher, daß die Stadt »wie ein Tal aus Fabriken« aussehe, ein schäbiger Mischmasch aus Brauereien, Kneipen, Läden, Telefonleitungen, Schienensträngen und »scheußlichen kleinen Häusern«.[16] Er nannte Chicago »die häßliche Stadt«. Chicago hatte zu dieser Zeit bereits das hinter sich, was andere Großstädte später als Flucht in die Vorstädte vor dem Pesthauch des Zentrums beklagen werden. Die Gold Coast lag zwar immer noch wohlbehütet am Ufer des Michigansees, hinter dem Schutzwall der Michigan Avenue, aber die wohlhabenderen Einwohner waren längst in die Vororte am Nordufer oder im Süden umgezogen.[17] So waren die Capones im Jahre 1929 die einzigen Italiener unter den vierunddreißig Familien, die den Häuserblock an der Prairie

Avenue bewohnten.[18] Unter den anderen Bewohnern waren drei Polizeibeamte – damals ein unterbezahlter, aber dennoch höchst lukrativer Beruf –, ein Bekleidungsunternehmer, ein Drogist, ein Lebensmittelhändler und ein pensionierter presbyterianischer Geistlicher.

Das ethnische Gemisch der Chicagoer Bevölkerung trug in gleichem Maße zur Ausweitung des Alkoholschmuggels bei wie zur industriellen und kulturellen Entwicklung der Stadt. Die Volkszählung von 1920 ergab folgendes Bild: Von den 2 701 705 Einwohnern waren 11,81 Prozent »Polen«, 10,55 Prozent »Deutsche«, 5,4 Prozent »Iren«, 4,8 Prozent »Italiener« und so weiter, bis hinunter zu 0,29 Prozent »Belgiern« und 0,11 Prozent »Inder, Chinesen usw.«.[19] Für viele dieser Menschen bedeutete das Verbot, den gewohnten, für ihr soziales Leben beinahe notwendigen Krug Bier, ihren Sliwovitz oder ihr Glas Chianti zu trinken, das eigentliche Verbrechen, und keineswegs das Trinken selbst. Aber auch ohne diese kulturellen oder traditionellen Gegebenheiten teilten die 23,8 Prozent »Amerikaner« in Chicago die heftige Abneigung gegenüber der Abstinenz.

Während Chicago für Torrios Pläne die richtige Stadt zur richtigen Zeit war, blieben die meisten anderen Gangsterbosse dort bei der Form des gelegentlichen, unorganisierten Alkoholschmuggels, hielten am »crime as usual« fest.[20]

Das galt auch für Terry Druggan und Frankie Lake. Sie hätten es eigentlich besser wissen müssen, denn für sie hatte sich das althergebrachte Verbrechen *nicht* bezahlt gemacht. Erst das Bootlegging bewahrte sie später vor einem Leben als ehrliche, aber arme Hunde, und machte sie so wohlhabend, daß der IRS[21] ihnen 1923 steuerlich auf den Zahn fühlte. Doch in den ersten Jahren der Prohibition führten sie ihre Geschäfte im Stil ihrer jugendlichen Valley-Gang-Zeiten weiter. 1921 und 1922 wurde Druggan wegen Beteiligung an einem läppischen Juwelenraub verhaftet, der 11 000 Dollar Beute eingebracht hatte. Lake wurde festgenommen, da er den ehemaligen Polizisten Timothy Mulvihill im Nachtklub seines Partners, dem Little Bohemia, erschossen hatte. Darüber hinaus wurden beide wegen mehrerer Raubüberfälle verhaftet, die ihnen im Ganzen nicht mehr als eine Lkw-Ladung Bier eingebracht hatten – zu einer Zeit, als sie Anteile an fünf Brauereien erworben hatten. Übrigens wurden sie wegen dieser Verbrechen nie vor Gericht gestellt.[22]

Genauso sinnlos, jedoch folgenreicher war der Mord, den Druggan und Lake im Juli 1921 an Steven Wisniewski begingen. Wisniewski war ein kleiner Fisch, dem ein schäbiges Eßlokal gehörte und der sich nebenbei als Alkoholschmuggler betätigte. Und eines Tages raubte er die Alkoholbestände aus einem Lagerhaus, bevor Druggan und Lake zuschlagen konnten. Der cholerische Druggan beschimpfte Wisniewski daraufhin wegen dieser Dreistigkeit. Doch Wisniewski war ein gefürchteter Schläger. Die Zeitungen nannten ihn »den blonden Riesen« oder »Big Steve«. Er schlug Druggan k.o. Aber drei Wochen später erwischten Druggan und Lake den angetrunkenen Big Steve in einer Kneipe im Valley. Mit Hilfe zweier Kumpane verfrachteten sie ihn gewaltsam in einen Wagen. Später wurde seine Leiche am Straßenrand in der Nähe von Libertyville gefunden, ungefähr fünfundzwanzig Meilen nordwestlich von Chicago. Wisniewski war das erste eindeutig identifizierte Mordopfer des Alkoholschmuggels und der erste, den man zu einer »Spritztour« eingeladen hatte: Er wurde lebend an einen Ort gebracht, wo man ihn unbeobachtet ermorden konnte.[23]

Bei Herschie Miller, dem Boß der West Side Gang, und Samuel Morton lagen die Fälle ähnlich. »Nails« Morton − sein richtiger Name lautete Markovitz − hatte im Ersten Weltkrieg das Croix de Guerre sowie das Offizierspatent erhalten, weil er seinen Trupp durch die feindlichen Linien führte, obwohl er zweifach verwundet worden war. Morton war ein professioneller Glücksspieler, der sich gemeinsam mit Miller nebenher als Bootlegger betätigte.

Am 23. August 1920, kurz nach ein Uhr morgens, der damals gesetzlich vorgeschriebenen Sperrstunde in Chicago, verließen Miller und Morton Ike Blooms Tanzhalle und gingen zum Pekin Inn. Dort befand sich im Obergeschoß das Beaux Art, ein Saloon, der noch Hochbetrieb hatte, nachdem das Pekin Inn längst geschlossen worden war. Gegen drei Uhr früh kam Detective Sergeant James A. Mulcahy ins Beaux Art, während sein Kollege William E. Hennessy draußen wartete und ein Schwätzchen mit einem ehemaligen Prohibitionsagenten hielt. Miller, Morton und Mulcahy zogen sich in einen Nebenraum zurück, um über ein Alkoholgeschäft zu reden, das bereits abgeschlossen war. Als es jetzt um die Aufteilung der Beute ging, kam es zum Streit, der sich rasch zu einer Prügelei zwischen Morton und Mulcahy entwickelte. Morton schlug den Polizisten zusammen und verwandelte dessen Mund in eine blutige Masse. Zeugen beobachteten, wie Morton über dem am Boden liegenden Detective stand, während Miller versuchte, ihn zurückzuhalten. Mulcahys Kollege Hennessy hörte den Tumult, stürmte die Treppe hinauf und in den Raum hinein. Der am Boden liegende Mulcahy zog einen Revolver und brüllte: »Mach sie fertig!«, worauf Hennessy ebenfalls seine Waffe zog.

Nails Morton wollte sich daraufhin aus der Weinschenke zurückziehen, stolperte jedoch über einen Stuhl und stürzte zu Boden. Mulcahy sprang auf, rannte zu Morton und trat ihm vor den Kopf. In diesem Moment zog Miller seine Waffe. Er und Hennessy feuerten. Hennessy starb mit vier Kugeln im Leib, nach dem er selbst nur einmal zum Schuß gekommen war und einen Spiegel zertrümmert hatte. Mit seiner fünften Kugel tötete Miller Mulcahy.[24]

Das war's dann auch schon. Das Pekin Inn wurde geschlossen; später wurde dort ein Polizeirevier untergebracht.[25] Miller und Morton behaupteten vor Gericht, in Notwehr geschossen zu haben, und wurden freigesprochen.

Doch was für eine Art von »Geschäftsführung« war das? Zwei Jahre später lieferte Capone zwar auch in volltrunkenem Zustand einen Beweis seiner Hitzköpfigkeit, aber bei ihm endete die Sache mit einem unscheinbaren Zeitungsartikel im Innenteil und nicht mit der Schlagzeile »Polizistenmord!« auf der Titelseite. Torrio lehrte Capone, immer das *Geschäft*, nämlich die verbotenen Wünsche der Öffentlichkeit zu erfüllen, in den Vordergrund zu stellen und sich nicht mit Juwelenraub, Plünderungen von Lagerhäusern oder nebensächlichen Morden abzugeben.

Das krasseste Beispiel solcher Verbohrtheit war Dion O'Banion. Er hatte seine Karriere als Dieb und »Jackroller« (ein Straßenräuber, der Betrunkene überfällt) begonnen[26] und war dann zum Reisenden in Sachen Safeknacken geworden, wobei er dieses Geschäft »im kleinen Maßstab« betrieb, wie eine Zeitung es ausdrückte.[27] Einmal hatte er es fertiggebracht, in Ausübung seiner Tätigkeit eine ganze Gebäudefassade in die Luft zu jagen, wobei der Safe allerdings unversehrt blieb. Ein Vermögen hatte er sich in dieser Branche nicht erworben. Im Jahre 1918 brachten ihm fünf Raubzüge nur 9919 Dollar ein.[28] Dann kam die Prohibition.

Möglicherweise war O'Banion der erste Hijacker dieser Ära − der erste, der einen mit Alkohol beladenen Lastwagen überfiel, entführte und die Ladung (und meist auch den Lkw) verkaufte.[29] An dem bitterkalten Morgen des 30. Dezember 1919 − noch vor Ablauf der Interimsprohibition und damit dem Beginn der nationalen Prohibition − stellte Deany (wie er von seinen Freunden genannt wurde) fest, daß im Loop ein Bürgersteig von einem Tieflader versperrt war. Der Fahrer saß am Steuer und träumte vor sich hin, ohne von den Passanten Notiz zu nehmen. Der Lastwagen stand in einer Seitenstraße unweit des Bismarck Hotel und war mit einer Lieferung Whiskey der Marken Grommes und Ullrich beladen. Kurz entschlossen stieg O'Banion auf das Trittbrett, packte den Fahrer durchs Fenster an den Haaren und schlug ihn mit bloßer Faust bewußtlos. Dann warf er ihn aus dem Führerhaus, setzte sich hinters Steuer und fuhr los. »Ich hatte keine Ahnung, was ich mit dem Fusel machen sollte«, sagte er später. »Darum bin ich eine Viertelstunde durch die Gegend und dann zu Mortons Reparaturwerkstatt in die Maxwell Street gefahren.« Denn neben seinen Jobs als Spieler und Bootlegger verdiente Morton sich noch als Hehler gestohlener Wagen ein Zubrot. Nach zwanzig Minuten mit Telefongesprächen war der Whiskey an Saloons verkauft. Der Lkw wurde an eine Brauerei in Peoria verscherbelt.

Schnell verdientes Geld bei mäßigem Risiko. Und dennoch − die Gewinnspanne war klein, der Job nicht ungefährlich und der Profit nicht mit dem zu vergleichen, den die Schnapsbrenner und Bierbrauer machten. O'Banion erkannte das, kaufte sich in Brauereien ein und wurde zu einem der reichsten Alkoholschmuggler Chicagos − dennoch machte er mit seinen riskanten Überfällen auf Lagerhäuser und Lastwagen weiter. Die Folge war, daß er wegen eines Überfalls auf die Prince Flavouring Extract Company am 14. März 1921, bei dem er zwanzig Barrel Alkohol im Wert von 5500 Dollar erbeutete, vor Gericht gestellt wurde.[30] Dann ein weiteres Mal wegen Hijackings am 12. April 1922, bei dem er 225 Behälter Schnaps von der Susquemac Distilling Company im Wert von 6075 Dollar gestohlen hatte.[31] Daß er es immer wieder schaffte, einer Verurteilung durch Bestechung oder Drohungen zu entgehen, steht auf einem anderen Blatt. Entscheidend ist, daß das Risiko in keinem vernünftigen Verhältnis zur möglichen Beute stand. Dennoch konnte O'Banion bis zu seinem Ende solchen Versuchungen nicht widerstehen. Mitte 1922 beschäftigte er sich sogar noch einmal mit seiner alten Liebe, dem Safeknacken − mit dem Erfolg, daß er 30 000 Dollar Bestechungsgeld für ein »Nicht schuldig« bezahlen mußte, nachdem man ihn auf frischer Tat ertappt hatte.[32]

Führt man sich derartiges Treiben vor Augen, wird Torrios Problem deutlich und auch der Grund, weshalb er Capone an sich zu binden versuchte. Denn Torrios Musterschüler lernte bereitwillig und war angesichts der Erfolge von Frankie Yale ebenfalls überzeugt, daß man das Verbrechen genauso sachlich wie ein Geschäft aufziehen mußte. Und Torrio strebte nach *sistemazione*. Wilde irische Burschen wie O'Banion hingegen sehnten sich nach Taten. Torrio blieb nur die Möglichkeit, seinen Plan mit Hilfe Capones weiter zu verfolgen und darauf zu hoffen, daß der Erfolg das überzeugendste Argument für seine Richtigkeit sein würde.

Selbstverständlich standen die Stadträte Coughlin und Kenna dem Plan wohlwollend gegenüber.[33] Wie Torrio, wollten auch sie Aufsehen vermeiden. Torrio besaß nicht das Charisma Colosimos und hatte auch nicht dessen Einfluß auf die italienischen Bewohner des Bezirks, aber seine Wirkungsmöglichkeiten fußten auf Geld, Gewalt und Schutz, so daß die Tatsache, daß Torrio nun das Sagen hatte, den Mangel an Beliebtheit letzten Endes wettmachte.

Torrio ging sofort daran, seine Machtbasis zu festigen und zu erweitern. Er übertrug Capone die Aufgabe, auch noch die letzten Poolhallen und Zigarettenläden auf die Schutzgebührliste zu setzen.[34] Und wurde dabei ein gewisser Nachdruck erforderlich, benutzte Capone eine Methode, die genau nach Torrios Geschmack war: Aufgrund seines einschüchternden Auftretens mußte Capone nur in seltenen Fällen die Samthandschuhe von den eisernen Fäusten streifen. »Er konnte ohne sichtliche Anstrengung eine Atmosphäre tödlicher Bedrohung schaffen, während er gleichzeitig Bitte sagte«, beobachtete ein Zeitgenosse.[35] Für schwierige Fälle hatte er den »Look« in Reserve – den berüchtigten »Capone-Blick«.[36] Wie die meisten Gangster hatte er schon in jungen Jahren den Kniff angewandt, ein Opfer durch bloßes Anstarren einzuschüchtern – ein Kunstgriff, den er seither oft und erfolgreich eingesetzt hatte: Er ahmte dann eine giftige Puffotter nach, indem er die Hals- und Schultermuskulatur anschwellen ließ und die Augen weit aufriß. Dieses Anstarren besagte: »Das ist kein Scherz. Gib lieber nach, bevor ich dich zusammenschlage.« Es ist durchaus möglich, daß aufstrebende Gangster ihren »Blick« vor dem Spiegel geübt haben, um ein Höchstmaß an Entsetzen hervorrufen zu können. Capone dagegen schien diese Kunst angeboren zu sein.

Während Capone seinen Aufgaben in der Stadt nachging, weitete Torrio seine Aktivitäten in den Vororten aus: in Stickney, Forest View, Posen, Burr Oaks, Blue Island, Steger, Chicago Heath und anderen Städten und Dörfern im Süden und Westen der Metropole. Die Bordelle in den Vororten erwiesen sich als Goldgruben.[37] Einige konnten dem Ansturm nur Herr werden, indem sie in drei 8-Stunden-Schichten rund um die Uhr arbeiteten, wobei bis zu sechzig Prostituierte die Kunden bedienten. Torrio schätzte die Kontrollmöglichkeiten, die die Provinz bot. Obwohl es in der Stadt mehr als genug Bordelle gab, konnte dort jetzt nur noch in kleinerem Stil gearbeitet werden, beinahe verstohlen.[38] Das Four Deuces mit seinen ungefähr dreißig Damen war geradezu ein Großunternehmen, obwohl sich diese diskret im vierten Stock aufhalten mußten. Die unteren drei Etagen wurden anderweitig genutzt. Typischer war das Court an der Twenty-third Street, das sich den Anschein eines Hotels gab und in dem nur acht Prostituierte beschäftigt waren, oder das Covart an der West Madison, das tagsüber nur mit drei Damen aufwarten konnte. Während der Nachtschicht waren es höchstens acht, manchmal nur sechs.

Vor allem aber waren die Bordelle in der Stadt zu tristen Stätten geworden. Im Four Deuces zum Beispiel saßen lustlose Kunden auf rohen Holzbänken, die an kahlen Wänden in einem ansonsten unmöblierten, grell beleuchteten Empfangszimmer standen. Sie warteten darauf, daß sie bei einer der ansehnlicheren Damen an die Reihe kamen, während eine fettleibige Puffmutter mit rot gefärbtem Haar in einem Schaukelstuhl wippte und rief: »Macht voran, Jungs, macht voran, sucht euch eine aus«, um die Kunden zu bewegen, von der angebotenen »Ware« gleichmäßiger Gebrauch zu machen.[39]

Im Gegensatz dazu konnten die Vorstadt-Bordelle offen und ungestört arbeiten, und dank Torrios Großzügigkeit den Einwohnern und den lokalen Behörden gegenüber war es sogar möglich, die Etablissements zu erweitern. Auf diese Weise erlangte Torrio praktisch eine Monopolstellung und konnte so seine Betriebe besser kontrollieren, problemloser leiten und sicherer schützen.[40] Diese Offenheit machte es ihm außerdem möglich, kombinierte Etablissements zu betreiben, wie das Arrowhead in Burnham, das Bordell und Kneipe unter einem Dach vereinte und den Kunden eine fröhliche Party-Atmosphäre bot. In einigen Vorstadtbetrieben war die Stimmung derart ausgelassen, daß die Geschäftsführung sich gezwungen sah, Tische und Stühle festzuschrauben, da sie bei den unvermeidlichen Schlägereien zwischen Betrunkenen gerne als Waffen benutzt wurden.[41]

Daß hin und wieder solche Bruchschäden anfielen, war in Anbetracht der Umsätze leicht zu verschmerzen. Die Geselligkeit in den Vergnügungsbetrieben trug nämlich dazu bei, daß die Bierlieferungen erheblich ausgeweitet werden konnten, und Bier hatte in Chicago schon immer 90 Prozent des gesamten Alkoholumsatzes ausgemacht.[42] Nachdem Torrio den Handel mit den Stensons abgeschlossen hatte, konnte er sein eigenes Bier ausliefern – ein weiterer Schritt auf dem Weg zu seinem Alkoholimperium.

Die politische Entwicklung beschleunigte nicht nur Torrios Flucht in die Vorstädte, sondern verlieh auch seinen Argumenten für einen organisierten Zusammenschluß der Gangs größeres Gewicht. Denn in der Mitte des Jahres 1921 sah Bürgermeister Thompson sich immer stärkeren Anfeindungen ausgesetzt. Das Getriebe seines durch Korruption und Vetternwirtschaft geschmierten Verwaltungsapparats lief heiß. Er hatte sich mit Fred Lundin überworfen, der sich übergangen fühlte, weil Thompson ihn bei der Ernennung von Charles Fitzmorris zum Polizeichef nicht um seine Meinung gefragt hatte. Thompson wiederum ärgerte sich über Lundin, da dieser sich offenbar dazu berufen fühlte, bei der Vergabe *aller* Ämter ein Wort mitzureden. Außerdem hatte Lundin sich aus der Wahlkampfkasse Thompsons bedient und vergeblich versucht, die Wiederwahl eines besonders unangenehmen Bezirksrichters zu finanzieren. Im übrigen hatte es der Bürgermeister satt, sich das nicht enden wollende öffentliche

Gerede anhören zu müssen, daß er seinen Posten Lundin verdanke und dieser in Wahrheit die Fäden ziehe. Und am allerwenigsten gefiel Thompson der peinliche Skandal, den Lundin durch Mauscheleien bei der personellen Besetzung einer Schulverwaltung verursacht hatte, was zu einer Reihe gerichtlicher Klagen geführt hatte, darunter gegen Lundin selbst und seinen Neffen Vitus Rohm.[43]

Doch ungeachtet seines angeschlagenen Verwaltungsapparats legte Thompson für die Justizwahlen im Juni 1921 eine Liste mit Kandidaten vor, deren einzig erkennbare Empfehlung Loyalität zum Bürgermeister zu sein schien. Die Anwaltskammer, die Reformer, die Öffentlichkeit, sogar Hearsts »American« – die einzige Stütze Thompsons im Zeitungswald[44] –, alle zeigten sich entrüstet. Und bei den Wahlen wurden Thompsons Kandidaten förmlich niedergewalzt. Die Pressekommentare sprachen von einer »vernichtenden Niederlage«[45] und warnten, das ganze Land werde die 1923 anstehenden Chicagoer Bürgermeisterwahlen genau beobachten, um festzustellen, »ob Chicago ernst gemeint hat, was es 1921 versprach«.[46] Thompson war am Ende.

Obwohl Torrio nicht vorhersehen konnte, wieviel Ärger ihm Thompsons Nachfolger machen würde, war kaum damit zu rechnen, daß Chicago wieder einen Bürgermeister bekam, der so gut für sein Geschäft war. Den Schwerpunkt noch mehr auf die Provinz zu verlagern, um aus der Reichweite möglicherweise gefährlicher städtischer Reformen zu gelangen, erschien vor diesem Hintergrund immer sinnvoller.

Genauso sinnvoll, wie für das politische Überleben des Gouverneurs zu sorgen. Len Smalls Handel mit Begnadigungen hatte ihn praktisch zu einem persönlichen Angestellten John Torrios gemacht.[47] Sein Entgegenkommen hatte entscheidend dazu beigetragen, daß Torrios Geschäfte in den ländlichen Gebieten ungestört abgewickelt werden konnten, denn in der Provinz war die Staatspolizei zuständig. Aber jetzt steckte der Gouverneur in Schwierigkeiten. Er war im Juli 1921 wegen Bestechlichkeit angeklagt worden: Während des Krieges hatte Small in seiner Funktion als Schatzkanzler Staatsanleihen bei der Grant Park Bank deponiert, eine Institution, die nur in den Köpfen der beiden Curtis-Brüder existiert hatte und deren einziger Anleger der Staat Illinois gewesen war. Selbstverständlich wurden dem Staat für seine Geldeinlagen Zinsen gezahlt – aber nur zwei Prozent, obwohl der Zinssatz sich wegen des Krieges vervielfacht hatte. Insgesamt hatte der Betrug, den Anklägern zufolge, in vier Jahren einen Nettogewinn von 819 690 Dollar und 31 Cent abgeworfen.[48]

Torrio schickte Bestechungs- und Einschüchterungsspezialisten nach Waukegan, wo Small vor Gericht gestellt werden sollte.[49] Und, wie nicht anders zu erwarten war, sprachen die gekauften und tyrannisierten Geschworenen Small nach zwei Abstimmungen frei. Der Gouverneur sollte sich später als angemessen dankbar erweisen.

Bei den Wahlen zum Stadtparlament im Februar 1921 verdeutlichte eine andere Art von Politik allen Chicagoer Gangs, warum Torrio mit seiner Forderung nach einer gemeinsamen Front recht hatte.

Anthony D'Andrea – möglicherweise ein ehemaliger Priester, ohne Zweifel aber ein überführter Falschmünzer – hatte beschlossen, bei den Wahlen den Ratsherrn John Powers im neunzehnten Bezirk herauszufordern. D'Andrea war bei früheren Wahlen bisher immer gescheitert, doch inzwischen hatte man ihn zum Vorsitzenden der Unione Siciliana in Chicago ernannt. Nach außen hin widmete sich diese Organisation landsmännischen und wohltätigen Aktivitäten, doch diente das nur zur Tarnung ihrer eigentlichen Tätigkeit, nämlich verbrecherischen Unternehmungen. Die Unione war eine solide Grundlage für D'Andrea, die ihn zu einem ernstzunehmenden Rivalen von Powers machte – woraufhin Powers ihm die Luft aus den Segeln zu nehmen versuchte, indem er D'Andrea den Posten des Parteivorsitzenden des Bezirks anbot. Doch das oberste Gericht des Staates Illinois schob diesem Kuhhandel einen Riegel vor, weil D'Andrea vorbestraft war. D'Andrea wollte ohnehin nur alles oder nichts und erklärte Powers jetzt den Krieg.[50]

Ende September 1920 jagte eine Bombe die Veranda von Powers' Haus in die Luft. Kurz darauf verkündete D'Andrea, daß er bei den Wahlen am 22. Februar 1921 Powers' Stadtratssitz erobern wolle. »Warum sollen die Italiener nicht durch einen der ihren im Stadtrat vertreten sein?« fragte er. »Im neunzehnten Bezirk wohnen fast ausschließlich Italiener. Deren Stimmen sind mir sicher. Und ich möchte Ihnen noch etwas sagen – auch die Iren sind für mich!«

Doch in beiden Fällen irrte er sich. Weder die Italiener noch die Iren wollten D'Andrea. Sowohl bei alltäglichen Angelegenheiten und der Vergabe von Arbeitsplätzen als auch wenn es darum ging, politische Macht zu teilen, hatte Johnny Powers immer schon über Rassenschranken hinweggeschaut und sich dadurch die Sympathien vieler italienischer Wähler erworben, die ihn scherzhaft »Gianni Pauli« nannten. Nach einer Reihe weiterer gegenseitiger Bombenanschläge, Schießereien und Schlägereien siegte Powers dann auch bei den Wahlen – allerdings mit nur 435 Stimmen Vorsprung, die nach einer Anfechtung wegen Wahlbetrugs noch blieben. Nun kam die Zeit der Abrechnung.

Paul A. Labriola, Gerichtsdiener am Amtsgericht und Powers' Wahlkreisleiter, hatte alle Appelle D'Andreas, die Seite zu wechseln, ungehört verhallen lassen. Die beiden Gangster Salvatore Ammatuna (genannt »Samoots«) und Frank Gambino waren mit den Genna-Brüdern verbündet, D'Andreas wichtigste Stütze. Als Labriola Ammatuna und Gambino vor den Wahlen erklärte, daß er den Italienern nichts schulde, den Iren aber um so mehr, und daß er fest zu seinem Wohltäter Powers stehe, wurde er von den beiden bedroht. Die Drohungen wurden nach den Wahlen wiederholt, so daß Labriola einem befreundeten Polizisten anvertraute: »Ich habe gehört, die sind hinter mir her.«

Am 8. März, zwei Wochen nach den Wahlen, lauerten drei Revolvermänner an einer Hausecke im Osten von Labriolas Wohnung in der 735 West Congress Street. Zwei weitere warteten im Westen, an der Ecke Halstead Street. Kurz nach neun Uhr morgens verließ Labriola das Haus, um sich auf den Weg zur Arbeit zu machen. Die beiden Revolvermänner, die an der Halstead gelauert hatten, gingen auf ihn zu. Labriola glaubte, einen von ihnen zu kennen, nickte und wollte gerade etwas sagen, als das Feuer eröffnet wurde. Die anderen drei Männer stürmten von hinten auf Labriola zu und schossen ebenfalls, bis dieser zu

Boden fiel. Einer stellte sich über ihn und gab ihm den letzten Schuß. Im Ganzen hatte Labriola neun Kugeln im Leib. Seine Frau, die die Schüsse gehört hatte, kam aus der Tür gestürmt, sah die Leiche ihres Mannes und brach zusammen. Labriola war neununddreißig Jahre alt und hinterließ zwei Kinder. Zu den Revolvermännern gehörten Ammatuna und Gambino, außerdem John Gaudino und Angelo Genna, der jüngste, brutalste und niederträchtigste der Genna-Brüder. Wer der fünfte Killer war, konnte nie ermittelt werden.[51]

Um ein Uhr mittags, als in den Zeitungen bereits über diesen Mord berichtet wurde, schlugen die Revolvermänner ein zweites Mal zu. Vier Männer kauften an der Ecke Garibaldi Place und Taylor Street bei einem Zeitungsjungen die Mittagsausgabe, lasen den Artikel und gingen die Garibaldi Street hinunter, wobei sie sich über den Mord unterhielten. Auf halbem Weg zwischen Taylor und Polk Street befand sich der Zigarettenladen von Harry Raimondi, der sich selbst »Raymond« nannte, nur in Little Italy nicht. Bis zu den Wahlen waren Raimondi und D'Andrea Freunde gewesen, doch dann hatte Raimondi für Powers gestimmt.

Zwei der vier Männer betraten den Laden und schauten sich um. Nachdem sie das Geschäft wieder verlassen hatten, gingen die beiden anderen hinein und kauften einige Zigarren. Als Raimondi das Wechselgeld aus der Kasse nehmen wollte, zogen sie ihre Revolver und feuerten. Eine Kugel traf Raimondi in die linke Schläfe, zwei weitere in die Brust.

D'Andrea bezeichnete die Morde als »bedauerlich« und beteuerte: »Ich habe nichts davon gewußt, und ich verstehe nicht, weshalb mein Name in diese Sache hineingezogen werden sollte.« Powers setzte eine Belohnung von 5000 Dollar für Hinweise aus, die zur Aufklärung der Morde führten, und zitierte seinen Kollegen, den Ratsherrn Bowler: »Das ist schlimmer als im finstersten Mittelalter.«

Das Gemetzel nahm in der Tat mittelalterliche Ausmaße an und drohte auch fast so lange zu dauern wie diese Epoche. Auf beiden Seiten kam es zu weiteren Morden. Möglicherweise war D'Andrea nicht unmittelbar dafür verantwortlich, auf jeden Fall versuchte er, den Morden ein Ende zu setzen. Er verkündete, in Zukunft auf kein politisches Amt im neunzehnten Bezirk mehr Anspruch zu erheben. Doch es war zu spät. Mitte April entdeckte ein gewisser Abraham Wolfson zwei Zettel in seinem Briefkasten. Er wohnte im Erdgeschoß eines Hauses, das D'Andrea gehörte und in dem er selbst mit seiner Frau und drei Töchtern im dritten Stock wohnte. Auf dem einen Zettel standen die düsteren Worte: »Er hat andere ermordet. Wir werden das gleiche tun.« Darunter: »Rache.« Auf dem zweiten Zettel wurden bestimmte Anweisungen erteilt:

An den Mieter in 902 South Ashland Avenue, Erdgeschoß:
Du solltest in fünfzehn Tagen ausgezogen sein. Wir werden das Haus in die Luft jagen und die ganze Familie D'Andrea töten. Er hat andere getötet. Wir tun das gleiche. Zieh aus, rette dein Leben und das der Deinen.

Rache.

Die Polizei hielt die beiden Schreiben für einen Scherz. D'Andrea war der Meinung, sie stammten von den Black Handers, und die ganze Sache wäre es nicht wert, sich deswegen Sorgen zu machen. Wolfson, ein Immobilienmakler, hielt es jedoch für angebracht, sich schleunigst nach einer neuen Bleibe umzusehen. Noch vor dem 1. Mai 1921 zog er aus der Erdgeschoßwohnung aus.

Am 11. Mai, gegen zwei Uhr morgens, setzte D'Andreas Fahrer und Bodyguard seinen Boß vor dessen Haustür ab und fuhr weiter. D'Andrea hatte den ganzen Abend im Amato's Karten gespielt. Als er jetzt die neun Treppenstufen zur Haustür hinaufstieg, wurde links von ihm aus dem Erkerfenster einer leerstehenden Wohnung mit einer Schrotflinte auf ihn gefeuert. D'Andrea wurde von dreizehn Kugeln getroffen. Er brach zusammen, doch bevor er starb, schaffte er es noch, seine Waffe zu ziehen und auf das nun leere Fenster zu schießen. Die Killer waren durch ein Kellerfenster auf der Hinterseite des Gebäudes eingestiegen. Einer hatte sich dabei die Hände mit Kohlenstaub beschmutzt und Spuren an der Wand hinterlassen. Als sie nach hinten zu einem wartenden Wagen flüchteten, ließen sie eine neue Schrotflinte mit abgesägtem Lauf und einen Hut in Größe 7 zurück, unter dessen Hutband eine Zwanzigdollarnote und ein Zettel mit den Worten »Für Blumen« steckte.

D'Andreas Bodyguard, Joseph Laspisa, wurde knapp einen Monat später ermordet. Man verdächtigte ihn, seinen Boß verraten zu haben. Joseph Sinacola, Laspisas engster Freund, schwor daraufhin, sich an dem Mörder zu rächen. Er wurde am 6. Juli 1921 niedergeschossen, praktisch auf der Türschwelle seiner Wohnung. Das wechselseitige Morden dauerte den Sommer und Herbst über an und insgesamt starben dabei an die dreißig Menschen. Obwohl in mehreren Fällen Augenzeugen die Täter identifizieren konnten, kam es in Chicago zu keiner einzigen Verurteilung.

Unmittelbar nach dem Mord an D'Andrea erklärte ein Mitglied aus der Unione Siciliana, daß dieser Vorfall das Ende der gewaltsamen Auseinandersetzungen sei. »Es ist zwar möglich, daß D'Andreas Nachfolger seinen Tod rächen werden, aber das bezweifle ich sehr«, sagte er. »Diese Männer wissen, daß ihnen der politische Einfluß verlorengegangen ist, den D'Andrea hatte, und es ist nicht damit zu rechnen, daß sie so energisch sind wie er . . .«[52] Obwohl der Mann sich irrte, war seine Schlußfolgerung grundsätzlich richtig. Das Ergebnis der Herausforderung Powers' durch D'Andrea war für sämtliche Chicagoer Gangster eine Lektion, die sie zu einem für Torrio günstigen Zeitpunkt erteilt bekamen. Denn der Mord verdeutlichte die gewachsene Bedeutung der *politischen* Macht in der ganzen Stadt. Von den Gennas und ihren gedungenen Mördern abgesehen, gab es in Chicago keine gefürchtete Killertruppe mehr. Selbst als die Genna-Brüder noch D'Andreas politische Macht im Rücken hatten, war es ihnen nicht gelungen, die Wähler des neunzehnten Bezirks einzuschüchtern, denn diese Menschen wußten, daß sie einen mächtigen Ratsherrn auf ihrer Seite hatten. Ohne D'Andrea hätten die Genna-Brüder sehr schnell erkennen müssen, daß sie keine Chance hatten. Denn trotz des Blutbads, das auf ihr Konto ging, hatten die Gennas einer Kraft, die genauso rücksichtslos und entschlossen war wie sie selbst, aber einen mächtigen Politker hinter sich wußte, nichts entgegenzusetzen.

Macht bedeutete alles. Angesichts der ungewissen Zukunft, die sich durch die Talfahrt Bürgermeister Thompsons abzeichnete, konnte niemand sagen, welche Bindungen hielten und wer wem noch Schutz bieten konnte. Die Chicagoer Gangs *mußten* sich zusammenschließen.

Was die Form dieses Zusammenschlusses betraf, machte Torrio genau den richtigen Vorschlag. Den kleinen bot er Beschäftigung und Schutz an, den großen, unabhängigen Zusammenarbeit, gesicherten Nachschub und geschützte Absatzmärkte. Jedes Mitglied hatte die Territorien der anderen zu respektieren, kein Außenstehender durfte dem Kartell beitreten, die Flüsterkneipen durften ihre Ware nur vom Boß des jeweiligen Territoriums beziehen. Für die Einhaltung dieser Regeln sorgten alle gemeinsam. Obwohl die einzelnen Gangs Bier und Schnaps von jeder beliebigen Quelle beziehen oder, wie Druggan und Lake, selbst herstellen durften, stand Torrio dafür ein, sie mit jeder benötigten Ware zu beliefern, und das zu durchaus fairen Preisen, wenn man die überhöhten Preise zugrunde legt, die die durstigen Kunden erwiesenermaßen zu zahlen bereit waren.[52]

Und Torrio brachte etwas noch Wertvolleres in den Zusammenschluß ein: Erfahrung und Beziehungen, was die routinemäßige Abwicklung der Bestechungen betraf − eine unerläßliche Voraussetzung für den Alkoholschmuggel. Und ein Mechanismus, der viel komplizierter war als die gelegentlichen Bestechungen, die Ganoven stillschweigend tätigten, wenn sie erwischt wurden. Das Bootlegging mußte sich hinreichend offen geben, so wie die Bordelle in den Vorstädten, und durfte nicht zum Gegenstand eifriger polizeilicher Nachforschungen werden. Torrio wußte bereits, wie man die notorisch Bestechlichen bei der Stange halten konnte.

Er stellte keine Forderungen und setzte niemanden unter Druck, sondern überredete und überzeugte. Und er hatte Erfolg. Als das zweite Jahr der Prohibition begann, gab es in Chicago zumindest das Gerüst eines kriminellen Kartells.[53]

6

Capone im Kommen

Für die Chicagoer Verbrecherwelt brachen goldene Zeiten an. Bereits 1921, noch bevor Torrio richtig angefangen hatte, schäumte aus mindestens acht Brauereien geradezu ein Amazonas aus Bier. Der Umsatz stieg so schnell, daß am 6. Januar 1921 drei von Torrios Leuten eine eigene Spedition gründeten, die World Motor Service Company. Da die Spedition eine eingetragene Gesellschaft war, konnten die Gesetze, welche die Beschlagnahmung von Fahrzeugen betrafen, leichter umgangen werden. Die Besitzer der Lkws, die beim Alkoholschmuggel eingesetzt und erwischt wurden, beteuerten, keine Ahnung gehabt zu haben, zu welchem Zweck ihre Fahrzeuge benutzt worden waren, so daß man sie ihnen wieder zurückgeben mußte.[1]

1922 mußten die Chicagoer Bootlegger eine gewaltige, ständig wachsende Nachfrage befriedigen. Ein städtischer Volksentscheid über eine Änderung des Prohibitionsgesetzes (der Ausschank von Bier und Wein sollte erlaubt werden) erbrachte eine Fünf-zu-eins-Mehrheit. Der Entscheid war juristisch zwar bedeutungslos, doch die Menschen hatten nicht nur mit dem Kopf, sondern auch mit den Kehlen gewählt.

Eine von Capones Aufgaben bestand darin, Lastwagen für Torrios Kartell zu kaufen, das von seinen Mitgliedern »Outfit«[2] genannt wurde, insbesondere, nachdem Capone der Boß geworden war. Der Begriff »Outfit« ist ohne tiefere Bedeutung, genauso wie die von Gerichtsreportern oder Schriftstellern reißerisch benutzte Bezeichnung »Syndikat«. Die Mitglieder verwendeten den Namen beiläufig, etwa um Außenstehenden ihre Mitgliedschaft in der Organisation zu verdeutlichen. Wenn jemand sagte: »Ich bin seit zwei Jahren im Outfit«, bedeutete es soviel wie: »Ich gehöre zu Capone«. Für die meisten von ihnen bedeutete die Zugehörigkeit zur Gang kaum mehr, als daß sie als Lkw-Fahrer arbeiteten. Das war der normale Einsteiger-Job. Wer sich als geeignet erwies, stieg zum Geldeintreiber oder Racketeer auf. Was den Kauf der Lastwagen anbelangte, stützte Torrio sich jedoch nur auf wenige, bewährte Leute. Einer von ihnen war Capone. Bereits Mitte des Jahres 1922 war Capone zu Torrios zweitem Mann aufgestiegen, was aber lange Zeit durch eine Fehlinterpretation, die sich auf den folgenden Vorfall bezieht, im Dunkeln geblieben ist.

Am frühen Morgen des 30. August 1922 jagte Capone mit seinem Wagen in östlicher Richtung über die Randolph Street und alberte dabei mit seinen vier Mitfahrern, drei Männern und einer Frau, herum.[3] Der Wagen prallte gegen ein Taxi, das an der Randolph Street Ecke Wabash Avenue parkte, worauf Capones Begleiter wohlweislich das Weite suchten. Capone hingegen suchte Streit. Wütend stürmte er zum Taxi, und es kam zu einem seiner typischen Temperamentsausbrüche, verstärkt durch Alkoholkonsum. Den Revolver in der einen Hand, den Stern eines Special Deputy Sheriff in der anderen, beschimpfte Capone den Taxifahrer Fred Krause, der über das Lenkrad gesunken und schwer verwundet war. Capone drohte Krause, ihn zu erschießen. Patrick Burgall, der in diesem Moment mit seiner Straßenbahn vorüberfuhr, hielt an und sagte Capone, er habe beobachtet, was geschehen sei. Warum er den Taxifahrer mit seinem Revolver bedrohe? *Er* sei doch der Schuldige. Daraufhin drohte Capone Burgall, ihn ebenfalls zu erschießen. Glücklicherweise trafen in diesem Augenblick Polizei und Notarztwagen ein. Die Ambulanz brachte Krause auf schnellstem Weg ins Krankenhaus, während die Polizisten Capone zum nächsten Revier brachten, in die Zelle sperrten und eine Kaution verhängten, um ihn am nächsten Tag wegen dreier Vergehen vor das Polizeigericht zu stellen: tätlicher Angriff mit einem Automobil, Fahren unter Alkoholeinfluß und unerlaubter Waffenbesitz.

Soweit war alles klar. Capone war dreiundzwanzig; Torrio konnte nicht über Nacht einen neuen Unterboß aus dem Hut zaubern, und nichts würde jemals Capones aufbrausendes Temperament und seine Vorliebe für Ausschweifungen zügeln können. Die Mißverständnisse begannen 1930, als Capones erster Biograph, Fred Pasley, nur den ersten Zeitungsbericht über diesen Vorfall erwähnte und ihn mit den Worten, daß Capone damals »relativ unbekannt« gewesen sei, kommentierte. Außerdem behauptet er, nur eine einzige Zeitung habe über den Zwischenfall berichtet, irgendwo im Innenteil. Und daß man den Täter fälschlicherweise als »Alfred Caponi« bezeichne, sei als weiteres Indiz zu werten, daß Capone zum damaligen Zeitpunkt ein Nobody gewesen sei.

Der Bericht, auf den Fred Pasley sich bezog, stammte aus dem City News Bureau, einer Agentur, die sämtlichen großen Chicagoer Zeitungen gemeinsam gehörte – eine Art lokale »Associated Press« von Chicago, die mit jungen, unerfahrenen Redakteuren besetzt war. Im Artikel des City News Bureau hieß es, daß »Caponi« im »berüchtigten Four Deuces« wohne; der Bericht endete mit der Schilderung seiner Verhaftung.

Der »Tribune« redigierte die Story vor der Veröffentlichung. Die versierteren Zeitungsredakteure wußten, daß Capone der »angebliche Besitzer des Four Deuces« war. Außerdem war ihnen bekannt, was nach der Festnahme Capones auf dem Polizeirevier vorgefallen war. Laut des Berichts im »Tribune« habe Capone,

»die Beamten bedroht; er verlangte sofortige Freilassung und schwor, er werde durch seine Beziehungen dafür sorgen, daß der Vorfall schlimme Folgen für seine Ankläger haben würde. ›Ich werde die Sache so schnell regeln, daß ihr gar nicht wißt, wie euch geschieht!‹ soll er geprahlt haben.«

Polizei und Reporter bekamen solche Angebereien täglich ein dutzendmal zu hören, und in den meisten Fällen war es Schaumschlägerei. Doch Capone sagte die Wahrheit. Binnen kürzester Zeit wurde seine Kaution hinterlegt. Der Fall kam nie vor Gericht, und die Protokolle wurden vernichtet. Capone hatte bereits die Macht, so etwas zu bewirken, was wohl kaum für einen Nobody spricht.

Es gab einen Polizisten, der nie bezweifelt hat, daß Capone schon zu diesem frühen Zeitpunkt eine wichtige Stellung einnahm.[4] Charles Trilling war 1921 in den Polizeidienst getreten, und im Sommer 1922, als der Unfall passierte, regelte er häufig den Verkehr an der Ecke Twenty-second und Wabash Avenue. Capone hat immer Wert darauf gelegt, sich Polizisten zu Freunden zu machen, und den jungen Trilling fand er sympathisch. »Hi, Red«, rief er ihm aus dem Wagen zu, wenn er auf dem Weg zum Four Deuces war. »Hi, Al.« Eines Tages sagte Capone: »Hi, Junge« – er war zwar nur ein Jahr älter als Trilling, aber er redete praktisch jeden so an – »wenn du Lust hast, Sergeant zu werden, dann sag mir Bescheid.« Trilling ließ sich dieses Angebot durch den Kopf gehen, lehnte aber ab, da er wußte, daß dieser Mann ihn dann in der Hand hätte. Doch alles an Capone – wie er sich gab, den Respekt, den man ihm erwies, und was Trilling über ihn hörte – bewies, daß dieser es zu etwas gebracht hatte.

Auch dem IRS war 1922 bereits bekannt, daß Capones Einnahmen die eines Laufburschen weit überstiegen, und der IRS-Beamte Edward P. Waters erkundigte sich in einem Saloon in Cicero nach einem gewissen »Al Brown«, um mit ihm über seine Steuerzahlungen zu reden.[5] Wie die meisten Gangster hatte auch Capone sich einen Decknamen zugelegt, um die Identifizierung zu erschweren und seiner Familie Unannehmlichkeiten zu ersparen. Später sollte die Anrede »Mr. Brown« ein Zeichen des Respekts werden.

Daß im Zeitungsbericht Capones Vorname falsch geschrieben war, hatte keine Bedeutung. Zur damaligen Zeit nahm man es in dieser Hinsicht nicht so genau. Und die falsche Schreibweise des Nachnamens war noch bedeutungsloser. Der »Tribune« von Colonel Robert Rutherford McCormick hatte es nicht nötig, irgend jemandem Rechenschaft über *irgendeine* Schreibweise abzulegen. Die Zeitung hielt noch bis zum 31. Dezember 1928 an »Caponi« fest, als Capone bereits ein weltweit bekannter Gangster war und selbst das »Journal«, die einzige andere Chicagoer Zeitung, die ständig die falsche Schreibweise benutzt hatte, längst »Capone« schrieb.

Wie auf der Karte am Ende dieses Buches zu sehen ist, macht die Küstenlinie des Lake Michigan ab Waukegan eine Wendung in südsüdöstlicher Richtung.[6] Auf der Höhe der Chicagoer Innenstadt verläuft sie in etwa auf der Nord-Süd-Achse – ungefähr von der North Avenue bis zur Cermak Road (zur damaligen Zeit die Twenty-second Street, das Herz des alten Levee). Der nördliche Arm des Chicago River fließt parallel zur Küstenlinie des Sees. Sechs Meilen von der Küste entfernt liegt der Chicagoer Vorort Evanston. Der Zusammenfluß des nördlichen und südlichen Arms des Chicago River ist etwas mehr als eine Meile von Evanston entfernt. Von dort aus fließt der Strom nach Osten in den Michigansee. Der südliche Arm des Chicago River verläuft zunächst genau nach

Süden, bis er kurz vor der Cermak Road scharf nach Südwesten abknickt. Die Küstenlinie und die beiden Arme des Flusses bilden ein mißratenes H, wobei der Hauptarm den Querbalken darstellt.

Die Madison Street, die sich vier Blocks unterhalb dieses Balkens befindet, bildete die Grenze zwischen den nördlichen und südlichen Straßennummern, die State Street die zwischen den östlichen und westlichen. Da die State und die Michigan Avenue – der letzte große Boulevard vor dem Lake Shore Drive – nur durch drei Blocks getrennt sind, gibt es in der Innenstadt von Chicago fast keine östlichen Straßennummern.

Unabhängig von den Straßennummern begann die Chicagoer North Side nördlich des vom Flusses gebildeten T-Balkens. Zu Torrios Zeiten umfaßte die West Side sämtliche Gebiete, die westlich der vom Fluß gebildeten Senkrechten lagen. Zu Torrios Revier gehörten insbesondere der südliche und südwestliche Teil dieses Territoriums. Die South Side begann nicht unmittelbar südlich des Flusses, denn der Loop war ein Gebiet für sich. Mit dem Loop war jenes Rechteck gemeint, das von den Schienen der Hochbahn gebildet wurde, die das größte Einkaufs- und Geschäftsviertel Chicagos umgrenzten. Die State Street zum Beispiel wurde erst dort »jene großartige Straße«, wo sie in den Loop hineinführte. In der Nähe der Roosevelt Road (der Twelfth) lag (und liegt) das Hauptgebäude der Polizei. Hier ist auch die östliche Grenze des Eisenbahnnetzes. Die South Side erstreckte sich bis zu den Viehhöfen, die sich ein gutes Stück südlich der Twenty-second Street befanden.

Bevor Torrios Plan in die Tat umgesetzt wurde, waren die Territorien der Gangs relativ bedeutungslos, denn die meisten Banden beschränkten sich auf Diebstähle und Einbrüche, die dort verübt wurden, wo sich eine Gelegenheit bot. Das jeweils bevorzugte Revier entsprach dabei weitgehend dem Wohngebiet der Gangmitglieder. Erst Torrio sorgte für eine systematische Gebietseinteilung. Die alten Sammelplätze wurden als neue Territorien bestätigt, in denen die Gangs jetzt die exklusiven Bootlegging-Rechte besaßen.

Der größte Teil der North Side gehörte zu Deany O'Banion. Wie er selbst, waren auch seine Unterbosse erfahrene Safeknacker und Schläger. Die O'Banion-Gang besaß ein so ausgeprägtes Zusammengehörigkeitsgefühl wie keine andere Gang in Chicago. Nach dem Tod ihres Chefs kursierte sogar kurze Zeit das Gerücht, daß er keinen unmittelbaren Nachfolger habe, sondern eine Gruppe von sechs Unterbossen die Führung der Gang übernommen hätte. Außerdem hatte O'Banion die Fähigkeit, Menschen an sich zu binden; vermutlich übertraf er darin sogar Capone, als dieser auf der Höhe seiner Macht und Popularität stand. Zugleich war O'Banion ein furchteinflößender Feind und gefährlicher Killer. Nach Aussage eines Polizeichefs hat er fünfundzwanzig Menschen eigenhändig getötet, nach anderen Schätzungen bis zu dreiundsechzig.[7] Doch seine Freunde hatten in Deany einen guten Boß und Partner. Sofern er nicht gerade mordete, muß er tatsächlich ein sympathischer Zeitgenosse gewesen sein, beinahe die Karikatur des lächelnden Iren, kumpelhaft, von überschäumender Fröhlichkeit. »O nein!« rief er, als jemand einen seiner Todfeinde schlecht zu machen versuchte, »das ist ein prima Kerl!«[8] Kurz darauf erteilte er aber möglicherweise einem seiner Killer den Befehl, diesen prima Kerl zu töten, oder tat es auch selbst. Einmal entdeckte O'Banions Fahrer Blutspritzer auf dem Polster eines Sitzes, nachdem sein Chef von einer langen, einsamen Autofahrt zurückgekehrt war. »Wisch das weg«, sagte Deany lässig, ohne irgendeine Erklärung abzugeben. Kaltblütiger Mord schien kein Grund zur Traurigkeit zu sein, jedenfalls nicht für einen Charakter, dem ein Psychologe »fröhliche Brutalität« zuschrieb.[9]

O'Banion war jedoch kein besonders kluger Kopf, und vielleicht wußte er das, denn hin und wieder holte er sich Ratschläge. Sein intelligentester Untergebener war Earl Wojciechowski, ein gebürtiger Pole, der im Alter von drei Jahren mit seinen Eltern in die USA gekommen war.[10] Aus Gründen, die nicht überliefert sind, nannte er sich später Hymie Weiss,[11] ein seltsam jüdisch klingender Name für einen überzeugten Katholiken, der stets ein Kruzifix trug und häufig einen Rosenkranz durch die Finger gleiten ließ.[12] Er war hager, hinterhältig, mit scharf geschnittenen Gesichtszügen und stechendem Blick, reizbar und jähzornig, besaß aber mehr Weitblick und einen kühleren Kopf als sein Boß.[13] Die Polizei hielt ihn für denjenigen, der O'Banion überredet hatte, in den Alkoholschmuggel einzusteigen.[14]

Vincent Drucci (sein richtiger Name lautete Di Ambrosio[15]) war der einzige Italiener, der bei O'Banions North Siders eine Führungsposition innehatte. Drucci hatte früh angefangen und schon als Junge Münzfernsprecher geknackt.[16] Seine Jungenhaftigkeit hatte er sich in gewisser Weise bewahrt. In der Gang nannte man ihn »Schemer« − »Planer« − wegen seiner hirnrissigen Entführungs- und Überfallpläne.[17] Wie Weiss, hatte auch Drucci sich schon als Halbwüchsiger O'Banion angeschlossen. (O'Banion selbst war bei Beginn der Prohibition erst achtundzwanzig Jahre alt gewesen, die meisten der Gang erst Anfang Zwanzig.)

Louis Alterie, mit dem Namen Leland Varain als Sohn eines französischen Einwanderers in Kalifornien geboren, war der Exzentriker der Gang.[18] Er hatte früher erfolglos als Profiboxer gearbeitet, besaß eine Ranch in Colorado und ließ sich gern mit »Two-Gun« anreden, da er zwei Achtunddreißiger in Schulterhalftern trug (eine dritte lag stets in seinem Wagen).[19] Ein Reporter bezeichnete ihn als »verrückten Chicago-Revolvermann und wirrköpfigen Colorado-Rancher«.[20] In Chicago hatte er seine Karriere als Komplize Terry Druggans bei einem haarsträubenden Juwelenraub begonnen.[21] Dann hatte er einen Spielsaloon betrieben und sich schließlich Herschie Miller und Nails Morton angeschlossen,[22] bevor er zu O'Banion übergewechselt war, den er abgöttisch verehrte.[23] Um den Beginn eines Mordprozesses hinauszuzögern, spielte Alterie einmal einem Gericht so lange den Verrückten vor, bis die Zeugen eingeschüchtert worden waren. Er war völlig überzeugend.

George Moran war ein eher phlegmatischer Angehöriger der Führungsriege O'Banions, ein Mann, der so langsam dachte, wie er sich bewegte.[24] In regelmäßigen Abständen bekam er jedoch derart heftige, unkontrollierbare Tobsuchtsanfälle, daß die Zeitungen ihn »Bugs«, den »Irren«, nannten.[25] Er bevorzugte den Namen »Morrissey«[26], obwohl er eigentlich aus Polen stammte. Wie er wirklich hieß, war den damaligen Zeitungsleuten und Behörden entweder nicht bekannt, oder der Name war in Vergessenheit geraten.

Noch zwei weitere Männer gehörten zur Spitze der Gang. Der eine war Daniel J. McCarthy, den die Zeitungsleute für so elegant hielten, daß sie ihn »Dapper Dan« nannten, den »schmucken Dan«.[27] Er war ursprünglich ein Gewerkschafts-Racketeer und hatte für die Journeyman Plumbers Union gearbeitet. Als er im Jahr 1918 wegen Fahnenflucht festgenommen werden sollte, erschoß er einen Polizisten. McCarthy wurde O'Banions Verbündeter und Teilhaber einer seiner ersten Brauereien, der Cragin Products. Der andere Topmann, Nails Morton, war weniger ein reguläres Gangmitglied, eher ein Freund und gelegentlicher Partner bei O'Banions Eskapaden.[28] Gemeinsam mit O'Banion wurde er Teilhaber eines Blumenladens,[29] der der Gang als Hauptquartier diente und O'Banion gleichzeitig die Möglichkeit bot, seinem Hobby nachzugehen: Blumen. Morton hatte sich während des Krieges als Offizier auch die Umgangsformen eines Gentlemans angeeignet und wurde jetzt so etwas wie O'Banions Lehrer für gesellschaftlichen Schliff.[30] Unter anderem machte er O'Banion mit dem Smoking bekannt, woraufhin dieser die Smokingjacke zum modischen Markenzeichen der Chicagoer Gangster machte.[31]

Little Sicily, die südwestliche Ecke von O'Banions Territorium, war eine kleine Enklave, die Deany nur mühsam und auch nur teilweise ausplündern konnte. Auf der anderen Seite erstreckte sich das Gebiet, in dem O'Banion die Bootlegging-Rechte besaß, bis zur Madison Avenue, südlich des Chicago River. Dort begann das Territorium Capones.

Die Gang O'Banions war (sowohl unter seiner Führung als auch der seiner Nachfolger) im Kampf um die Vormachtstellung in Chicago die einzige ernstzunehmende Herausforderung für Torrio und Capone. Die Stärke und der Zusammenhalt der North Siders waren zu einem wesentlichen Teil auf die große persönliche Ausstrahlung ihrer Bosse zurückzuführen, was bei den meisten anderen Chicagoer Gangs nicht der Fall war. Dies zeigte sich zum Beispiel, als Torrio seine Unternehmungen ausweitete: Spike O'Donnell, der führende Kopf in der South Side, saß hinter Gittern, und seine führerlose Truppe war dermaßen geschwächt, daß sie praktisch bedeutungslos wurde – was zu Konsequenzen führte, auf die wir noch zu sprechen kommen. Weitere Gründe für die Macht der North Siders waren die Größe ihres Territoriums und der Wohlstand seiner Bewohner.

Gut eine Meile südlich von O'Banions Gebietsgrenze, und genauso weit nördlich des Four Deuces, lag Little Italy – der alte neunzehnte Bezirk (der 1920 im Zuge einer Neuaufteilung in den fünfundzwanzigsten Bezirk umgewandelt wurde), das einstige Schlachtfeld von D'Andrea und Powers. Dies war das Revier der sechs Genna-Brüder[32] Samuel, James, Peter, Antonio, Michael und Angelo.[33] Vor Beginn der Prohibition waren die Gennas so gut wie unbekannt gewesen. Damals wußten selbst die sonst so genau informierten Zeitungsreporter nicht, ob die Gennas bereits im Kindesalter oder erst als Erwachsene in die USA gekommen waren. Bekannt war nur, daß sie aus Marsala auf Sizilien stammten.[34] Doch wie auch immer – sie hatten sich in Little Italy fest etabliert. Sam war

Black-Hand-Erpresser, und seine Brüder Angelo und Mike arbeiteten als Geld-eintreiber und Schläger für ihn. Peter und James besaßen Saloons; später kauften sie eine Poolhalle und ein Obstgeschäft und importierten Gemüse und Käse. Tony hatte gewisse künstlerische und intellektuelle Ambitionen. Er war ein begeisterter Opernbesucher und beschäftigte sich mit Architektur. Später ent-warf er Pläne für Wohnhäuser in Billigbauweise. Die Gennas waren gedrungene, massige Männer. Nur Tony, den man auch »Tony the Aristocrat« oder »Tony the Gentleman« nannte, war vergleichsweise schlank und elegant. Was an geistiger Arbeit in die Unternehmungen der Genna-Brüder investiert werden mußte, stammte größtenteils von ihm.

Die Folgen der Schlacht zwischen Powers und D'Andrea trafen die Gennas härter als alle anderen Chicagoer Gangs, und liebend gern gingen sie auf das Bündnis mit Torrio ein. Denn dies verschaffte ihnen die Möglichkeit, aus einer Idee Kapital zu schlagen, die von Angelos späterem Schwager, dem Rechtsan-walt Henry Spignola, stammte. Die Gennas organisierten das Schwarzbrennen von Alkohol als Heimarbeit in ganz Little Italy und führten auf diese Weise so viele Kleinbetriebe zusammen, daß sie bald zu Besitzern eines gewaltigen Schnapsbrenner-Unternehmens geworden waren, einer sprudelnden Geldquelle.

Ihr Territorium war allerdings nicht sehr groß. Das Zentrum Little Italys befand sich an der Taylor Street und Halstead Avenue und erstreckte sich von dort aus entlang der Taylor bis etwa zur Western Avenue (2400 west). Die Congress Avenue (500 south) und die Sixteenth Street bildeten ungefähr die nördlichen und südlichen Grenzen. Auf der Karte sieht das Gebiet wie ein kleiner, verlockender Happen aus, der von einem riesigen Maul verschluckt zu werden droht, dessen Kiefer die Territorien zweier anderer Gangs bildeten, der Oberkiefer das von O'Banion.

Der Unterkiefer gehörte Druggan und Lake, deren Gebiet mittlerweile über die Grenzen ihres angestammten Reviers, dem Valley, in östlicher Richtung bis zum Chicago River und in nördlicher Richtung bis zur Madison hinausgewachsen war. Im Westen erstreckte es sich etwa bis zur Laramie Street. Die nördliche Ausbuchtung grenzte unmittelbar an das Territorium der West-Side-O'Donnells (nicht zu verwechseln mit den South-Side-O'Donnells). Das Gebiet der West-Side-O'Donnells wiederum reichte von der Halstead nach Westen bis zur Austin Street und dann in südliche Richtung. Diese südliche Ausbuchtung umschloß die westliche Grenze des Territoriums von Druggan und Lake und reichte bis hinunter in die Randbezirke der Stadt Cicero.

Von den drei West-Side-O'Donnells hatte nur der älteste, William, wirklich Führungsqualitäten. Aus unbekannten Gründen wurde er immer »Klondike« genannt.[35] Er war ein fettleibiger Mann mit rotem Gesicht und schwarzem Haar und war älter als die meisten führenden Chicagoer Gangster der damaligen Zeit. Als Klondike Ende der 20er Jahre ins Gefängnis mußte, schied seine Gang als Machtfaktor aus, denn Klondikes weitaus jüngerer Bruder Myles, ein schwächli-cher, kränklicher Bursche, besaß nicht die nötige Energie, um die Leitung der Gang zu übernehmen. Und der zweitälteste der O'Donnell-Brüder, Bernard, gab sich damit zufrieden, überhaupt einen Job zu haben. Nach Klondike war James J.

Doherty das fähigste Mitglied dieser irischen Gang. Er hätte vermutlich das Zeug gehabt, die Stelle Klondikes einzunehmen, bis dessen Zwangspause beendet war, doch wurde er 1926 erschossen.

Etwas mehr als zwei Kilometer südlich der Gennas befand sich ein nierenförmiger Bereich, der sich von der Fourty-third Street nach Südwesten bis etwa zur Kedzie und Sixty-third Street erstreckte und die Viehhöfe einschloß. Dies war das Territorium der Sheldon Gang, benannt nach ihrem Anführer Ralph Sheldon. Sie waren die Nachfolgegang der Ragen's Colts, einem alten irischen Club, der sich sportlichen, geselligen und politischen Aktivitäten verschrieben hatte und dessen Veranstaltungen durch Schlägereien gewürzt wurden. Ursprünglich das Baseballteam des Morgan Athletic Club, hatten sie sich aufgelöst und unter dem Namen »Ragen's Athletics and Benevolent Club« wieder neu zusammengeschlossen. Auf diese Weise blieben sie von einer Schadenersatzklage verschont, welche die Santa Fe Railraod gegen den Club erhoben hatte: Vereinsmitglieder hatten auf der Fahrt zum jährlichen Picknick die Einrichtungen mehrerer Waggons demoliert. Und aus diesem Verein wurden die Ragen's Colts, ein einprägsamerer Name, der nach kurzer Zeit für die gesamte Organisation stand.[36]

Frank Ragen war der Vorsitzende dieses Clubs, ein Bursche, der den schlagkräftigen Einfluß der Vereinsmitglieder benutzte, um einen Posten als Commissioner zu erhalten. In seiner Jugendzeit war der Chicagoer Bürgermeister Richard J. Daley ebenfalls Mitglied der Colts gewesen – und wahrscheinlich auch ein Schläger. Die Colts vereinten fanatischen Patriotismus mit Rassismus und leichtfertiger Gewalttätigkeit. Knapp ein Viertel der zweitausend Mitglieder hatte am Ersten Weltkrieg teilgenommen. Ungeachtet der Mitgliederzahl lautete ihr Wahlspruch: »Wer einen Colt umlegt, legt tausend Mann um.«[37] Nach dem Krieg tat sich die Gang während der fünftägigen Rassenunruhen im Juli 1919, bei der dreiundvierzig Menschen ums Leben kamen, als besonders brutal hervor.[38]

Und aus diesen Reihen rekrutierte dann Ralph Sheldon die Männer seiner Gang. Auch Torrio – und später Capone – bedienten sich aus diesem Pool. Sheldon war ein zierlicher, schmächtiger junger Mann. Zu Beginn der Prohibition war er erst achtzehn Jahre alt, aber bereits ein mit allen Wassern gewaschener Veteran des Verbrechens.[39] Mit sechzehn stand er wegen eines Autobahnüberfalls zum erstenmal vor Gericht. Im Gegensatz zu seinen beiden Kumpanen kam er ungeschoren davon, da er den Richter dazu brachte, die Geschworenen wegen Rechtsbeugung zu tadeln. Obwohl die überwiegende Mehrheit seiner Gang vergleichsweise junge Leute waren, war das nach Sheldon prominenteste Mitglied Daniel Stanton, der beträchtlich älter und auch viel kräftiger als Sheldon war.[40] Als Jugendlicher hatte Stanton in den Viehhöfen als Handlanger gearbeitet, dann als Fahrer und Bodyguard für einen Gewerkschafts-Racketeer, bevor er mit der Illinois 131st Infantry in Frankreich gekämpft hatte und wegen Tapferkeit ausgezeichnet worden war.

Sheldon, Stanton und die anderen hatten eine tiefe Abneigung gegen die Italiener. Vor allem die Bordelle Torrios störten ihre katholischen Seelen. Doch sie wußten auch um den Wert politischer Beziehungen, und die besaß John Torrio. Ein weiteres überzeugendes Argument für den Italiener war, daß sie keine andere Bezugsquelle für Bier hatten, und die mögliche Gewinnspanne bei Torrios Großhandelspreisen – ein Barrel kostete 35 Dollar, politischer Schutz inbegriffen – war nicht zu verachten. Sheldon schloß sich Torrio an.[41]

Im Westen der Sheldon Gang lag ein Bezirk, den man »Back of the Yards« nannte. Hier war Joseph Saltis' Revier.[42] Saltis war ein zwei Zentner schwerer, breitschultriger, gut einsneunzig großer Mann mit faltigen Hängebacken und käsigem Gesicht, der sich schlurfend voranbewegte. Man hätte ihn als eine wandelnde Witzfigur bezeichnen können, doch er war mörderisch.[43] Denn jemanden, der angeblich eine alte Frau zu Tode geprügelt hatte, nur weil sie sich weigerte, ihm an ihrem Erfrischungsstand Bier zu verkaufen, kann man kaum als eine scherzhafte Gestalt betrachten. Alles andere an Saltis war trist und glücklos; nicht einmal jene, die ihn fürchteten, respektierten ihn wirklich.

Saltis war 1894 in Ungarn geboren worden und im Alter von elf Jahren nach Chicago gekommen.[44] Er trug den Spitznamen »Polack Joe«, den er zeitlebens nicht mehr los wurde. Saltis schrieb seinen Namen mit einem o – Soltis –,[45] doch die Polizei, die Gerichte, die Prohibitionsagenten und die Zeitungsreporter schrieben ihn alle mit a. Einmal glaubte er, seine große Stunde sei gekommen, als die Polizei ihm einen Haftbefehl zur Unterschrift vorlegte. Er unterzeichnet mit »Soltis«, doch sein Anwalt, der in den Akten eine einheitliche Schreibweise wünschte, erklärte: »Mein Mandant heißt S-A-L-T-I-S!« Der Detective warf dem Verhafteten einen verdutzten Blick zu und fragte: »Sagen Sie mal, wissen Sie nicht, wie man Ihren eigenen Namen schreibt?«

»Schreiben Sie ihn, wie Sie wollen«, entgegnete er nur müde.

Torrio hatte keine Schwierigkeiten, Saltis von seinem Plan zu überzeugen. Bald darauf leitete Saltis mindestens drei der Brauereien Torrios; eine gehörte ihm selbst.[46] Zu Beginn der Prohibitionszeit hatte er versucht, Bier aus Wausau in Wisconsin zu importieren, doch der Transportweg erwies sich als zu lang und zu unsicher, zumal Saltis 200 000 durstige slawische Kehlen versorgen mußte, die südwestlich der Viehhöfe auf Nachschub warteten.

Indirekt versorgte Torrio Saltis auch mit der brutalen Durchsetzungskraft, an der es letzterem selbst mangelte – ausgenommen bei alten Frauen. Frank McErlane sah in den Augen eines Reporters wie ein »harmloser Kleinstädter« aus. Er war ein massiger, einsachtzig großer, 95 Kilo schwerer Mann mit blauen Augen, der immer einen Rosenkranz in der Tasche trug.[47] Doch wenn sein stets düsteres Gesicht vor Wut rot anlief (was häufig vorkam), oder wenn er betrunken war (was noch häufiger vorkam), und wenn er dann glasige Augen bekam, machten sich selbst seine besten Freunde aus dem Staub. Die Presse bezeichnete McErlane als den »brutalsten Revolvermann, der in Chicago je den Finger am Abzug hatte«.[48] Als George Karl, einem Freund Torrios, 1922 eine neuerliche Gefängnisstrafe drohte, bat er Torrio um Hilfe.[49] Und dieser gab Karl die erforderlichen 12 000 Dollar, um die Sache aus der Welt zu schaffen – durch McErlane und Saltis, die sich dabei zusammentaten.

Es gab noch ein paar unbedeutendere Gangs, die froh waren, ihre kleinen Territorien zu behalten, und die sich glücklich schätzten, daß man ihnen Ware und wirkungsvollen Schutz bot. Zu ihnen gehörten beispielsweise die Gang von Claude

Maddox und die von Martin Guilfoyle, die beide in der North Side, aber westlich des Flusses, zu Hause waren.[50] Sie sollten später beim Krieg Capones gegen die Nachfolger O'Banions eine wichtige Rolle spielen.

Anfang des Jahres 1923 hatte Torrio eine Übereinkunft zwischen sämtlichen Gangs herbeigeführt, mit einer Ausnahme: Die South-Side-O'Donnells schienen in der Versenkung verschwunden zu sein. Bis 1920 hatten die vier O'Donnells unter der Führung des ältesten Bruders − Edward »Spike« O'Donnell, damals dreißig Jahre alt − den Süden der South Side, unterhalb der Sixty-third durch Raubüberfälle und Einbrüche unsicher gemacht.[51] Dann wurde Spike, der schon zweimal von einer Anklage wegen Mordes freigesprochen worden war, obwohl mindestens ein halbes Dutzend Opfer auf sein Konto gingen, erneut erwischt. Diesmal konnte man ihm nachweisen, daß er bei einem Einbruch in die Stockyards Bank and Trust 12 000 Dollar erbeutet hatte.[52] Als die Prohibition begann, saß Spike in Joliet hinter Gittern. Auf sich allein gestellt, waren seine Brüder Walter, Thomas und Steven hilflos. Sie trieben sich im Four Deuces herum, in der Hoffnung, daß irgend etwas für sie abfiel, und übernahmen jeden Job, den Torrio ihnen verschaffte. Verständlicherweise hielt dieser die O'Donnells für Nullen. Er irrte sich, aber ironischerweise sollte gerade dieser Irrtum die Richtigkeit seines Plans demonstrieren.

7

Der Haken an der Sache

Zu Beginn des Jahres 1923 war die Stadtverwaltung unter Bürgermeister Thompson völlig zerstritten. Ein Jahr zuvor hatten drei Angestellte des Schulamts dem Bezirksstaatsanwalt Crowe Einzelheiten über ein schmutziges Immobiliengeschäft anvertraut.[1] Crowe, der sich mit Thompson überworfen hatte, ging der Sache nach, und der Schulamtsleiter wurde schließlich zu einer Haftstrafe von einem Jahr und fünfjähriger Bewährung verurteilt. Dann untersuchte Crowe, welche Rolle Lundin bei diesem Skandal gespielt hatte.

Als 1923 eine Grand Jury schließlich Anklage gegen Lundin erhob, zog Thompson seine Kandidatur für die Wiederwahl zum Bürgermeister zurück.[2] Bei der Verhandlung gegen Lundin war deutlich geworden, daß der Immobilienskandal nur die Spitze des Eisbergs dessen war, was sich während Thompsons Amtszeit abgespielt hatte.[3] Dieser beklagte sich später: »Meine Freunde haben mich ans Messer geliefert.«[4]

Lundin und die anderen wurden im darauffolgenden Sommer freigesprochen. Die Verteidiger, eine Mannschaft um Staranwalt Clarence Darrow, erwiesen sich als überaus geschickt.[5] Obwohl Darrow heute als integerer Mann betrachtet wird, war er ein Strafverteidiger, der sich für beinahe jeden einsetzte, der sein Honorar bezahlen konnte. (Einige Zeit später verteidigte er auch Frank McErlane, Chicagos »brutalsten Revolvermann«.) Allerdings wurde der Verteidigung ihre Aufgabe auch dadurch erleichtert, daß sie praktisch jeden Zeugen ins Schwitzen bringen konnte, denn die meisten hatten mit den Beschuldigten unter einer Decke gesteckt. Thompson unterbrach seinen Urlaub auf Hawaii, um in diesem Prozeß noch einmal zugunsten Lundins auszusagen — es war das Ende ihrer Zusammenarbeit.

Um aus dem Desaster der Republikaner Kapital schlagen zu können, brauchte der Demokrat George E. Brennan, Nachfolger von Roger Sullivan als Vorsitzender der Partei, einen Bürgermeisterkandidaten, der ausnahmsweise nicht den regierungswilligen Flügel der Partei brüskierte. Seine Wahl fiel auf William E. Dever.[6]

Der sechzigjährige Dever war zehn Jahre Stadtrat und zwölf Jahre Richter gewesen, und in keinem dieser beiden Ämter war auch nur der Verdacht eines Skandals auf ihn gefallen. 1887 war Dever von Woburn in Massachusetts nach

Chicago gekommen, hatte als Gerber gearbeitet und auf der Abendschule Jura studiert.[7] Dever war einer der fünf Demokraten, die von einer aus beiden Parteien gebildete Kommission als Kandidaten für die Bürgermeisterwahlen im April 1923 vorgeschlagen worden waren.

Obwohl Dever auch bei den Reformern hoch im Kurs stand, wußte Brennan, daß sein Kandidat nicht nur ein ehrgeiziger Mann, sondern darüber hinaus auch bereit war, sich vor den demokratischen Parteikarren spannen zu lassen. Er irrte sich nicht: Als Gegenleistung für die Unterstützung durch den Parteiapparat erklärte Dever sich einverstanden, daß Brennan Parteifreunde in kommunale Ämter schleuste und vertat damit die Chance, der Korruption in Chicago vielleicht ein Ende bereiten zu können.[8] Um so erstaunlicher ist es, daß dieser Mann dennoch imstande war, Torrio und Capone viel Ärger zu machen.

Dever siegte bei den Wahlen mit 100 000 Stimmen Vorsprung. Sein Biograph bezeichnete ihn als einen »triefenden ›Wet‹, der sich für die Prohibition stark machte«.[9] Auf einer Versammlung biertrinkender deutscher Immigranten erklärte Dever: »Ich habe nie so getan, als wäre ich Prohibitionist. Ich war keiner und bin keiner!«[10] Denoch sollte er für Recht und Ordnung sorgen und dem Gesetz »bis an die Grenzen juristischer Vertretbarkeit« Geltung verschaffen.

Dever ernannte Captain Morgan A. Collins zum Polizeichef.[11] Collins war ein ehemaliger Medizinstudent und Saloonbesitzer. Die Reformer schätzten ihn als einen ehrlichen und fähigen Mann. Sicher, als er im Rang eines Captains gestanden hatte, war ein Ermittlungsbeamter auf sechzehn illegale Wettbüros in seinem Bezirk gestoßen,[12] doch Collins trat den Anschuldigungen mit dem Argument entgegen, daß er mindestens dreihundert Leute mehr gebraucht hätte, um die Vorder- und Rückseite jedes Hauses beobachten zu lassen und die heruntergekommene Gegend um die Chicago Avenue dauerhaft schützen zu können.[13]

Binnen eines Monats hatten Collins' Männer in ganz Chicago Razzien vorgenommen – »mit ungebrochener Begeisterung«,[14] wie ein Reporter sich ausdrückte – und einmal fünfhundert Personen[15] auf einen Schlag festgenommen, ein andermal vierhundertfünfzig.[16] Nach insgesamt sechs Monaten hatten Collins' Männer mehr als viertausend Kneipen und ungefähr fünfhundert »Erfrischungshallen« (in denen Bier verkauft wurde) schließen lassen.[17] Doch Collins erklärte, seine Captains wären jetzt erst so richtig auf den Geschmack gekommen. »Wenn wir nicht weitermachen können«, erklärte er später gegenüber der Presse, »werden sich einige von ihnen nach anderen Jobs umsehen.«[18] Solche Töne waren in Chicago schon einmal angeschlagen worden. Doch zwei Wochen später waren weiteren vierhundert Kneipen die Lizenzen entzogen worden.[19]

Was für Torrio, Capone und all die anderen noch erschreckender war: Collins schlug die großzügigsten Bestechungsangebote aus. Auch das Four Deuces, das mittlerweile zum Hauptquartier des Kartells geworden war, ließ er nach einer Razzia schließen.[20] Das war zwar keine Katastrophe, denn man besaß Ausweichquartiere im Pershing Hotel[21] an der Sixty-fourth Street und der Cottage Grove Avenue, aber die Entwicklung nahm bedrohliche Formen an. Torrio bot Collins 1 000 Dollar pro Tag, falls er endlich aufhörte, und steigerte das Angebot bald auf 100 000 Dollar monatlich.[22] Eine andere Gang bot Collins einen Anteil von fünf Dollar pro Barrel Bier bei 250 Barrel täglich, nur um das Bier transportieren zu dürfen.[23] Doch Collins schlug alles aus und ließ sogar zweihundert Wettbüros von Mont Tennes schließen, der schon seit ewiger Zeit Glücksspielunternehmer war und sich immer völlige Immunität hatte kaufen können.[24]

Es dauerte nicht lange, und die ersten Journalisten schrieben, daß »Chicago austrockne«.[25] Das ist zwar nie passiert, doch allein der Gedanke ließ es Torrio angeraten sein, seine Pläne mit noch mehr Nachdruck zu verwirklichen. Die Art und Weise, wie die Organisation auf die Herausforderung durch Spike O'Donnell reagierte, gab den Ausschlag.[26]

O'Donnell sagte einmal: »Ich kann Capone, dieses Nichts, jederzeit mit bloßen Fäusten erledigen. Er braucht nur aus seinem Rattenloch zu kommen und wie ein Mann zu kämpfen.«[27] Es wäre eine Straßenschlägerei geradezu epischen Ausmaßes geworden. Spike war ein Kämpfertyp, groß, sehnig und zäh. Doch die Falten in seinem langen, scharf geschnittenen Gesicht, die ihm das Aussehen eines besonders melancholischen Bassetts verliehen, waren Lachfalten. Er war schlagfertig und humorvoll. Später, als man seine besten Leute ermordet hatte und ihm selbst dicht auf den Fersen war, sagte er: »Für mich ist das Leben nichts weiter als eine Kugel nach der anderen. Man hat schon so oft auf mich geschossen und mich verfehlt, daß ich mir ernsthaft durch den Kopf gehen lasse, ob ich nicht professionelle Zielscheibe werden soll.«[28]

Nachdem Freunde ihm eine der Begnadigungen von Gouverneur Smalls gekauft hatten − etwa zu der Zeit, als Dever Bürgermeister wurde −, rief Spike seine Brüder zusammen und ließ ungefähr ein Dutzend Fahrer, Schläger und »Verkäufer« anwerben, um seine Gang wieder zu mobilisieren. Die Männer waren allesamt auf Bewährung frei. Der Bekannteste unter ihnen war Jerry O'Conner, der wie Spike in Joliet gesessen hatte. Die neue Gang hatte einen guten Start. Ihre erste Versorgungsquelle waren gekaperte Bier-Lkws, darunter viele von Torrio. Dann begann O'Donnell, mit eigenen Lastwagen Bier von einer Brauerei in Joliet nach Chicago zu fahren. Es war richtiges Bier, nicht jenes »near beer«, dem wieder Alkohol zugefügt worden war; ein billiger Trick, mit dem Kunden oft hereingelegt wurden.[29] Außerdem verkaufte Spike sein Bier für 45 Dollar pro Barrel, Torrio hingegen für 50 Dollar.[30] O'Donnell eröffnete eigene Saloons in der South Side und dehnte sein Revier rasch nach Norden aus, bis hin zu Saltis' Territorium.

Ironischerweise war es ausgerechnet Devers Politik des harten Durchgreifens, die O'Donnells Erfolge erst möglich machten. Bordelle, Spielhallen, Brauereien und Flüsterkneipen waren relativ große, komplexe Betriebe, die »nicht einmal zehn Minuten geöffnet haben konnten, ohne daß der Polizeichef des Distriktes es erfährt«, wie ein Zeitzeuge es ausdrückte. Sie mußten also »beschützt« werden. Bevor Dever Bürgermeister geworden war, hatte das Rathaus diesen Schutz durch Bezirksbosse wie Coughlin, Kenna und Powers verkauft, die sich ihre »Schützlinge« aussuchten und bei ihnen abkassierten. Ein Captain, der mehr als nur Scheinrazzien unternahm, wurde schleunigst in die Provinz oder in den vorzeitigen Ruhestand geschickt.

Bürgermeister Dever und Polizeichef Collins hatten dies geändert und der zentralisierten Korruption ein Ende gemacht. Obwohl die Captains nunmehr die Anweisung hatten, jeden Vergnügungsbetrieb in ihrem Bezirk schließen zu lassen, beinhaltete dies auch die Möglichkeit, diesen Befehl zu ignorieren. Schließlich konnte niemand beweisen, ob die Captains überhaupt davon wußten, daß eine Flüsterkneipe betrieben wurde. Diese »Chancengleichheit« der Korruption nutzte Spike O'Donnell, um für seinen eigenen Schutz zu sorgen. Bald darauf zog Captain Thomas C. Wolfe, der Polizeichef des Bezirks, in Begleitung seines Sergeants Edward Nelsons seine Runden und verlangte von den Kneipenbesitzern, ihr Bier von O'Donnell zu kaufen und nicht mehr von Torrio, der es durch Saltis vertrieb.[31]

Zu Beginn war es ein friedlicher Wettstreit. Torrio reagierte, indem er seinen Bierpreis um 10 Dollar auf 40 Dollar pro Barrel senkte.[32] Spike konnte nicht mithalten. Der Beginn des großen Bierkriegs von 1923 kann somit als klassisches Beispiel freier Marktwirtschaft gelten, bei der das Ziel verfolgt wird, den Konkurrenten durch günstigere Preise vom Markt zu drängen. Die Lage blieb im Frühjahr und bis in den Sommer hinein unverändert.

In dieser Zeit ereigneten sich drei Vorfälle, die wesentlich zu Capones Machtzuwachs beitrugen, auch wenn das zum damaligen Zeitpunkt noch nicht zu erkennen war.

Der erste schien nur ein grotesker Unfall zu sein, der einem Slapstick zur Ehre gereicht hätte.[33] O'Banion und Nails Morton waren dicke Freunde geworden. Morton war neunundzwanzig, zwei Jahre jünger als O'Banion. Er war Junggeselle und wohnte im Congress Hotel. O'Banion hatte zwei Jahre zuvor geheiratet.

Am Sonntag, dem 13. Mai 1923, wollten die beiden Freunde − in Reithosen, gestiefelt und gespornt − zusammen mit Mrs. O'Banion und einem Handelsmakler namens Peter Mundane einen Ausritt unternehmen. Morton hielt sich offensichtlich für einen hervorragenden Reiter. Bei der Lincoln Riding Academy in der North Clark Street 300 suchte er sich ein Pferd aus, das später als »besonders reizbar und feurig« bezeichnet wurde.[34] Auf der Straße angelangt, bäumte das Tier sich plötzlich auf, ging durch und galoppierte nach Süden in Richtung Clark Street. Der ziemlich korpulente Morton stellte sich in die Steigbügel, um die Zügel besser packen zu können. Doch einer der Steigbügelriemen riß, und Morton flog kopfüber vom Pferd, ohne die Zügel loszulassen. Das erschreckte Tier trat aus und traf Morton am Kopf. Ein Hotelportier und ein Polizeibeamter, die als erste den Unfallort erreichten, fanden Morton besinnungslos vor. Er starb, ohne das Bewußtsein wiederzuerlangen.

Louis Alterie war untröstlich. Er holte das Pferd aus dem Stall, führte es auf einen Acker nördlich der Stadt und erschoß es.[35] Dann rief er beim Mietstall an. Ein Reporter behauptete später in dem zurückhaltenden Stil eines Familienblattes, daß Alterie gesagt habe: »Wir haben eurem − − − Pferd eine Lektion erteilt. Wenn ihr den Sattel haben wollt, dann holt ihn euch.«

O'Banion hatte mehr als nur einen Kumpel und gelegentlichen Partner verloren. Morton hatte mäßigenden Einfluß auf ihn gehabt. Wer sollte ihn in Zukunft bändigen, wenn sein Temperament mit ihm durchzugehen drohte? Hymie Weiss wohl kaum; auf seine Weise war er noch impulsiver als O'Banion. Und Moran trug seinen Spitznamen »Bugs« zu Recht. Drucci war cholerisch und bösartig, und Alterie hatte nicht alle Tassen im Schrank. Wäre Morton am Leben geblieben, hätte er O'Banion wahrscheinlich davon abgeraten, nun jene Schritte zu unternehmen, die den entscheidenden Zusammenstoß mit Torrio und Capone herbeiführten.

Ein aufsässiges Pferd hatte dazu beitragen, daß Capone der »Big Fellow« der amerikanischen Verbrecherwelt werden sollte.

Das zweite bedeutungsvolle Ereignis reichte ins Jahr 1921 zurück. Harry und Alma Guzik, die eines von Torrios Bordellen leiteten und offenbar eine gemeinsame Vorliebe für Sklaverei besaßen, hatten eine sechzehnjährige Farmertochter eingestellt, die über ein Zeitungsinserat eine Stelle als Hausmädchen in der Stadt gesucht hatte. Nachdem man das Mädchen fünf Monate lang zur Prostitution gezwungen hatte, brachte es einen Freier dazu, ihrem Vater eine Nachricht zu überbringen. Der kam, zusammen mit zehn Freunden, und holte sie wieder nach Hause.[36]

Die Guziks hatten sich unstrittig eines Verbrechens schuldig gemacht. Nach vielfältigen Hinauszögerungen und einem Versuch, den Vater des Mädchens zu bestechen, wurden sie vor Gericht gestellt. Vergeblich baten sie um eine nochmalige Überprüfung. Mit weit größerem Erfolg wandten sie sich daraufhin an Torrio, denn dieser schätzte Guzik sowohl als erfahrenen, energischen und profitbringenden Bordellmanager wie auch als brauchbaren, vertrauenswürdigen Überbringer von Bestechungsgeldern an Polizisten und Politiker. Torrio beschloß, den Guziks aus der Klemme zu helfen, denn wie konnte er seine Macht besser beweisen – zu einer Zeit, als seine Autorität und die Durchführbarkeit seiner Pläne durch O'Donnells Herausforderung in Frage gestellt wurden? Wie konnte jemand anders hoffen, einen derart unangenehmen und unverbesserlichen Typen wie Guzik nach einem so verabscheuungswürdigen Verbrechen herauszupauken?

Jetzt mußte Gouverneur Small sich für seinen Freispruch revanchieren, den die Organisation im Jahr zuvor finanziert hatte. Am 20. Juni 1923, noch während die Verhandlung lief und ohne daß sie einen Tag hinter Gittern verbracht hatten, wurde einem Gnadengesuch Harry und Alma Guziks stattgegeben, trotz eines Sturms der Entrüstung im ganzen Land. *Das* war Macht. Und daß der Outfit dies bewirkt hatte, ließ erkennen, daß er eine institutionelle Gewalt war, die auf Capone übertragen werden konnte und ihm im entscheidenen Moment den Weg ebnete.

Eine Woche nach der Begnadigung der Guziks hätte Torrio selbst eine gebrauchen können, obwohl der Vorfall auf den ersten Blick unbedeutend erschien.

Auf den ersten Blick wirkte Brice F. Armstrong unfähiger als die meisten Prohibitionsagenten: klein, untersetzt, ein hektisches Nervenbündel mit sich lichtendem Haar und eulenhaften Augen hinter einer riesigen Hornbrille. Während des Dienstes trug er stets zwei Revolver und eine Handvoll Fünfcentstücke bei sich, um bei den Zeitungen anrufen zu können. Außerdem verstärkte er seine guten Verbindungen zur Presse, indem er den Reportern nach erfolgreichen Razzien erlaubte, ein oder zwei Flaschen mit nach Hause zu nehmen, nachdem er sich für Fotos in Positur gestellt hatte. Seine Chefs versetzten Armstrong häufig in die Provinz, zum einen wegen seiner Wichtigtuerei, zum anderen wegen seiner unwillkommenen Erfolge. Während eines solches Exils, Anfang 1923, hatte Armstrong die Aufgabe, die Puro Products in West Hammond, südöstlich von Chicago, zu observieren.

Die Brauerei hatte 1915 Pleite gemacht. Joseph Stenson, Torrios Verbindungsmann zu den Brauereien außerhalb der Stadt, hatte die Puro im Oktober 1920 erworben. Zwei Jahre später übertrug er die Eigentumsrechte auf Torrio. Am 23. Februar und am 9. März 1923 beobachtete nun Armstrong, wie von der Puro-Brauerei Bier an Chicagoer Flüsterkneipen geliefert wurde. Am 27. Juni ließ er eine Razzia vornehmen.

Der Staat erhob gegen Torrio und zwei andere Männer Anklage.[37] Einer war ein ehemaliger Deputy Marshal, dem Aktien der Puro-Brauerei gehörten. Torrio erklärte sich für nicht schuldig, um Zeit zu schinden. Nicht, daß er die Klage anfechten wollte oder Angst vor Konsequenzen gehabt hätte, denn ein erster Schuldspruch hatte immer nur eine Geldstrafe sowie die Schließung der Brauerei für die Dauer eines Jahres zur Folge. Aber Torrio konnte sich zur Zeit aus einem ganz bestimmten Grund keine Verurteilung erlauben.

Seine Mutter und sein Stiefvater wohnten immer noch in Brooklyn. Als die Mutter den Wunsch äußerte, ihren Lebensabend in Italien zu verbringen, beschloß Torrio, sie und den Stiefvater zu begleiten und die beiden in der alten Heimat unterzubringen. Doch Torrios Stiefvater, Salvatore Caputo, mußte ihm die Wahrheit sagen: Torrio würde Schwierigkeiten haben, einen Paß zu bekommen. Um die Wartezeit bis zur Einbürgerung zu verkürzen, hatte Caputo damals auf dem Antragsformular einige falsche Angaben gemacht. Man war ihm jedoch auf die Schliche gekommen und hatte seine Einbürgerung widerrufen, so daß Caputo nicht die amerikanische Staatsbürgerschaft besaß und damit auch sein Stiefsohn nicht. Torrio mußte sich deshalb erst einmal um seine eigene Einbürgerung kümmern. Am 18. Juli 1923, drei Wochen nach der Razzia in West Hammond, reichte Torrio ein Bittgesuch ein. Er mußte schwören, nie von einem Gericht verurteilt worden zu sein. Das konnte er wahrheitsgemäß tun, denn die Verhandlung war ja erst für Oktober angesetzt. Natürlich mußte er außerdem schwören, nie eines Verbrechens *angeklagt* worden zu sein, aber dieses kleine Risiko konnte er getrost eingehen. Torrio gab als Wohnsitz einfach die elterliche Adresse in Brooklyn an, so daß er mit einer Gerichtsverhandlung, die tausend Meilen entfernt und erst in drei Monaten stattfand, praktisch nicht mehr in Verbindung gebracht werden konnte.[38]

Bis zum Herbst reiste Torrio zwischen Chicago und Brooklyn hin und her. Ein Bundesrichter verfügte, die Puro-Brauerei am 10. Oktober zu schließen und setzte den Verhandlungsbeginn auf den 19. Oktober fest. Am 1. November wurde Torrio eingebürgert. Daraufhin erklärte er sich für schuldig und kehrte nach Brooklyn zurück, um am 11. November den Treueid auf die Verfassung der Vereinigten Staaten abzulegen. Am 17. Dezember 1923 verurteilte ein Richter Torrio in Sachen Puro-Brauerei zu 2500 Dollar Geldstrafe. Eine zweite Verurteilung würde unausweichlich eine Gefängnisstrafe zur Folge haben.

Derweil gab es in der Chicagoer South Side für Spike O'Donnell nur eine Möglichkeit, auf die Billigpreise des Kartells zu reagieren: Er und seine Brüder gingen zusammen mit Jerry O'Connor und den anderen Schlägern in die Saloons, wobei sie ihre Revolver am Gürtel trugen, und teilten den Inhabern mit, daß diese ab sofort eine neue Bezugsquelle für ihr Bier hätten. Wo sie auf Ablehnung stießen, wurden Möbel und Bierkrüge zertrümmert, Fensterscheiben und Schädel eingeschlagen.

Auch Torrio hatte nie Skrupel gehabt, kräftig zuschlagen zu lassen, aber in der Regel war Gewalt nicht nötig. Die meisten Kneipenbesitzer waren entweder einverstanden oder klug genug, sich mit dem von Saltis gelieferten Bier Torrios zufriedenzugeben – solange der Liefervertrag Schutz vor O'Donnell und den Behörden beinhaltete.

Torrios großer Plan ging auf. Ralph Sheldon, der mit seinen Ragen's Colts jenes Territorium beherrschte, das unmittelbar an das der O'Donnells grenzte, teilte zwar Spikes Verachtung, was Saltis betraf, doch Torrios Gebietszuteilungen machten Sheldon und Saltis zu Verbündeten. Gemeinsam sollten sie die Eindringlinge zurückschlagen.

Am frühen Abend des 7. September 1923 waren Walter, Steve und Tom O'Donnell zusammen mit Jerry O'Conner und zwei anderen O'Donnell-Schlägern, George Bucher und George Meeghan, unterwegs, um handfeste Verkaufsgespräche über Bier zu führen. Ein paar Tage zuvor hatte Jacob Geis – ein Saltis-Kunde – sich nicht nur geweigert, den Bierlieferanten zu wechseln, er hatte sogar den Burschen von O'Donnell aus seiner Kneipe an der West Fifty-first Street geprügelt. An diesem trüben Freitagabend nun waren Geis und sein Barkeeper, Nicholas Gorysko, gerade damit beschäftigt, etwa ein halbes Dutzend Gäste zu bedienen, als der O'Donnell-Trupp hereinmarschiert kam, um Geis die Gelegenheit zu geben, sich die Sache doch noch anders zu überlegen. Als dieser sich weigerte, prügelten sie ihn durch seine Kneipe und schlugen ihm einen Revolver auf den Kopf – so unsanft, daß Geis' Schädel brach. Er überlebte nur dank seiner robusten Gesundheit. Als der Barkeeper eingreifen wollte, schlugen sie ihn k.o. Dann zogen sie ab, um noch mit fünf weiteren Saloonbesitzern Besprechungen dieser Art zu führen.

Einer von ihnen, Frank Kveton, dessen Kneipe anderthalb Querstraßen von Geis' Saloon entfernt war, rief beim Polizeirevier von New City an und beschwerte sich. Außerdem rief er – was viel sinnvoller war – Saltis, Sheldon oder Torrio an. Es ist aber auch möglich, daß einer der Beamten, der auf der Schmiergeldliste von Torrios Kartell stand, die Nachricht weitergab. Nach getaner Arbeit versammelte Spike O'Donnell seine Jungs an diesem Abend bei ein paar Drinks und einem Imbiß in Joseph Klepkas Kneipe unweit der Fifty-third und Lincoln Street, ein bevorzugter Treffpunkt der O'Donnells.[39]

Vier Revolvermänner überraschten Spike und dessen Leute dort in der Bar. Ihr Anführer war Ralph Sheldon, und an seiner Seite war Daniel McFall, ein Ragen's Colt, der zeitweise auch als Deputy Sheriff bei der Landpolizei arbeitete.[40] McFall, der eine Achtunddreißiger in der Hand hatte, rief: »Nehmt die Hände hoch, oder ich puste euch um!«[41] Walter O'Donnell erwiderte herausfordernd: »Gib uns eine Chance. Komm nach draußen, und wir kämpfen es mit den Fäusten aus.«[42] Die Antwort McFalls bestand darin, daß er dicht über Walters Kopf eine Kugel in die Wand jagte. Dann packte sich McFall Jerry O'Conner und drückte ihm die Waffe an den Kopf, während die O'Donnells, Bucher und Meeghan zu der Hintertür und den Seitenausgängen liefen. Ein weiterer Schuß, den McFall Steve O'Donnell hinterherjagte, beschleunigte die Flucht. In diesem Augenblick kamen zwei Männer durch die Eingangstür. Einer war Frank McErlane, Joe Saltis' mörderischer Partner. Er trug einen Regenmantel und eine abgesägte doppelläufige Schrotflinte. McFall nickte ihm zu, woraufhin McErlane die Kneipe verließ. Dann stieß McFall Jerry O'Connor auf die Straße. Ein Schuß aus der Schrotflinte, und von O'Connors Kopf war nicht mehr viel übrig.

Die ganze Aktion trug unverkennbar Torrios Handschrift. Es war eine Lektion und eine Warnung gewesen, kein Massaker, das für Schlagzeilen gesorgt hätte. Jerry O'Conner war der beste Überredungskünstler der O'Donnells gewesen, wenn es galt, einen neuen Kunden zu gewinnen. Andererseits war er ein Nobody, ein »Lebenslänglicher« auf Bewährung. Sein Tod würde für weniger Aufruhr sorgen, als wenn es einen der O'Donnells erwischt hätte. Doch der Verlust schwächte die Gang mehr, als es beim Tod eines der O'Donnell-Brüder der Fall gewesen wäre. Allerdings erschreckte die Warnung Spike nicht so sehr, daß er ihr gefolgt wäre. Und als Chef der O'Donnells blieb seine Person tabu. Erst wenn Torrio es als unumgänglich betrachtete, befahl er (wie später auch Capone) die Ermordung des Bosses einer rivalisierenden Gang. Denn so etwas rief unweigerlich öffentliches Aufsehen hervor, das zu *wirklich* entschlossenen Gegenmaßnahmen seitens der Behörden führen konnte. Außerdem konnte niemand wissen, wo es enden würde, wenn auch die Anführer der Gangs exekutiert wurden – und es wäre ein Präzedenzfall gewesen, hätte Torrio Spike beseitigen lassen. Doch wie die Dinge lagen, trug Torrio von nun an ständig einen Revolver bei sich, für den er wohlweislich *zwei* Waffenscheine erwarb.[43]

Zehn Tage später, am 17. September 1927, schlug das Kartell noch einmal zu, und diesmal härter, da Spike die Warnung nicht beachtet hatte.

Zwei Blocks östlich der Ashland verläuft die Laflin Street in Nord-Süd-Richtung. Bei 5500 South Street kreuzt die Laflin den Garfield Boulevard, bei dem die beiden Fahrspuren durch einen Grünstreifen in der Straßenmitte getrennt sind. Wie immer fuhr Georgie Meeghan in seinem klapprigen Ford am frühen Abend in Begleitung »Spot« Buchers nach Hause, nachdem er an diesem Tag wieder einmal für das Bier O'Donnells geworben hatte. Die beiden Männer fuhren in südlicher Richtung über die Laflin, an der sie beide wohnten. An der ersten Kreuzung der Laflin mit dem doppelspurigen Garfield Boulevard mußte Meeghan halten, um die Wagen auf der nach Westen führenden Spur des Garfield vorbeizulassen. Als er zur zweiten Kreuzung fuhr, bog eine grüne

Limousine, die am Straßenrand des Garfield gewartet hatte, nach links in die Laflin Street ein und schloß zu Meeghans Ford auf. Meeghan mußte erneut halten, um den Verkehr auf der zweiten, nach Osten führenden Spur des Garfield vorbeizulassen.

In der grünen Limousine saßen Frank McErlane und Danny McFall, beide bewaffnet. Der Fahrer war Thomas Hoban.[44] Die beiden Revolvermänner eröffneten sofort das Feuer, nachdem ihr Wagen sich neben Meeghans Ford gesetzt hatte. Der Mann auf dem Vordersitz schoß mit Revolvern, der auf dem Rücksitz benutzte Schrotflinten. Beide Killer feuerten mehrere Waffen ab, die geladen bereitgelegen hatten. Sie schossen ihre Opfer, die auf der Stelle tot waren, regelrecht in Stücke.[45] Meeghan wurde in Kopf, Brust, Unterleib sowie in beiden Armen und Beinen getroffen.[46]

Bürgermeister Dever kritisierte Polizeichef Collins und den Chief of Detectives Michael Hughes in aller Schärfe. Er suspendierte den Chef des Polizeibezirks, Captain Wolfe, vom Dienst (noch bevor er erfuhr, daß Wolfe Bier schmuggelte), und ersetzte ihn durch den hartnäckigen William H. Shoemaker. Der Bürgermeister befahl, daß – bis die Killer gefaßt waren – »jeder Polizist und jeder Beamte, gleich welcher Vollzugsbehörde, seine anderen Pflichten beiseite stellen und sich der gemeinsamen Aufgabe anschließen muß: der Wiederherstellung von Recht und Ordnung«.[47] Er versprach, daß »die Polizei diesen Fall sowie alle anderen Fälle bis ans Ende verfolgen wird«. Natürlich. Polizeichef Collins zeigte mehr Realitätssinn: »Es ist nur eine Fehde zwischen Bierschiebern«, sagte er, »und ich bin froh, daß kein ehrlicher Bürger getötet wurde.«[48]

Daß Waffenscheine an bekannte Gangster ausgegeben wurden, sagt nicht nur etwas über die Gesetze in Chicago aus, sondern hat auch eine weitere Bedeutung. Einer der beiden Waffenscheine Torrios war von Joseph Mischka ausgestellt worden, der Friedensrichter in Cicero war, einer Stadt unmittelbar im Westen Chicagos. Die nördliche Grenze Ciceros bildete die Roosevelt Road, an der sich eine heruntergekommene Kneipe an die andere reihte. Von dort aus erstreckten sich die Stadtgrenzen über gut drei Meilen von der 1200 bis hin zur 3900 South Street. Das Stadtgebiet Ciceros begann etwa acht Meilen westlich der State Street. Die östliche Grenze befand sich ungefähr 4600 East Street und verlief von dort nach Westen bis kurz hinter die 5600 Austin Street. Die Hauptverkehrsstraße war die Twenty-second Street (die heutige Cermak Road).

Ungeachtet seiner zahlreichen Kneipen und bereitwillig ausgestellten Waffenscheine war Cicero eine solide Stadt. Die Bewohner waren mitteleuropäischer Abstammung, hauptsächlich aus Böhmen, die in der ersten oder zweiten Generation in den Vereinigten Staaten ansässig waren. 68 Prozent besaßen Eigenheime, und viele arbeiteten in dem riesigen Firmenkomplex der Western Electric, der sich am östlichen Stadtrand befand. Mit seinen siebzigtausend Einwohnern war Cicero die fünftgrößte Stadt in Illinois.[49] Was den Prozentsatz der Lese- und Schreibkundigen an der Gesamtbevölkerung anging, rangierte Cicero wahrscheinlich an erster Stelle. Obwohl die Stadt zum Cook County gehörte, besaß sie eine eigene Polizei und Stadtverwaltung. Die Amtsgewalt des Bürgermeisters von Chicago erstreckte sich nicht auf Cicero.

Torrios Bestrebungen, seine Betriebe in die Vorstädte zu verlagern, fanden in Cicero ihren logischen Höhepunkt. Natürlich war er schon seit längerer Zeit in der Stadt vertreten, wie die Waffenscheine bewiesen (Capone besaß übrigens auch einen). Und in Cicero hatte jener Mitarbeiter des IRS im Jahr zuvor auch nach Capone gesucht. Im allgemeinen aber war die Stadt Fremden gegenüber ziemlich verschlossen. Edward D. Vogel, ein Bürger der Stadt, herrschte über das Glücksspiel, insbesondere über die in Cicero allgegenwärtigen Spielautomaten.[50] Vogel strich 60 Prozent des Reingewinns ein, den die Automaten abwarfen.[51] Von den übrigen 40 Prozent konnten die Kneipen- und Ladenbesitzer, die Vogels Automaten aufstellten, die Miete, die Nutzungsgebühren und vielleicht den Lohn eines Kellners oder einer Aushilfe bezahlen.

Daß Torrio seine Geschäfte nach Cicero verlagerte, verstieß nicht gegen die Abmachungen des Kartells. Zwar gehörte die Roosevelt Road noch zu Klondike O'Donnells Revier, doch ansonsten war Cicero keinem Territorium angegliedert. Zweifellos sahen die West-Side-O'Donnells Torrio lieber von weitem, aber sie waren nicht das Problem, sondern Vogel, dem es in seiner mitteleuropäischen Prüderie ganz und gar nicht gefiel, daß sich ein italienischer Zuhälter in Cicero breitmachte. In der Stadt lebten kaum Italiener, gab es kein einziges Bordell, und Vogel wollte, daß das so blieb. Mit der Unterstützung von Edward Tancl, einem Ex-Boxer und Saloonkeeper, der zahlreiche Wählerstimmen kontrollierte, hatte Vogel Stadtverwaltung und Polizei von Cicero fest in der Hand.

Im Oktober 1923, während einer Waffenpause im Bierkrieg in der South Side, schickte Torrio nun Capone nach Cicero. Capones Puffmutter aus dem Four Deuces, die bereits erwähnte Rothaarige mit dem Schaukelstuhl,[52] mietete ein Haus mit möblierten Zimmern an der Roosevelt Road. Capone brachte dort eine halbes Dutzend Prostituierte unter und stellte einen Aufreißer vor die Eingangstür. Doch schon wenige Stunden später schloß die Polizei Capones Laden. Dieser eröffnete ein zweites Bordell an der Fifty-second Street und Ogden Avenue, einer Hauptverkehrsader, die diagonal durch die Stadt führte. Unverzüglich erschien wieder die städtische Polizei, schlug das Etablissement kurz und klein und verhaftete jeden, der sich dort aufhielt.[53]

Doch Vogel hatte vergessen, wo er war. Weil Cicero zum Cook County gehörte, waren sowohl die Polizei Ciceros als auch der County Sheriff zuständig. Dieser Sheriff war Peter B. Hoffman, ein Mann, den Torrio fest in der Hand hatte. Auf Torrios Befehl hin begann Hoffman jetzt einen Sturmangriff auf die Spielautomaten in Cicero – was sein Recht (und seine lange vernachlässigte Pflicht) war. Bei dieser Razzia ließ Hoffman jeden Automaten beschlagnahmen, den er finden konnte, und da die Automaten in aller Öffentlichkeit betrieben worden waren, wußte er sehr genau, wo er sie zu suchen hatte. Plötzlich sah Eddie Vogel sich seiner Haupteinnahmequelle beraubt. Die Lektion war deutlich: Vogel mochte vor Ort einigen Schutz genießen, aber der Mann, der die Macht besaß, einem Harry Guzik eine Begnadigung des Gouverneurs zu verschaffen, konnte einen kleinen Sheriff nach seiner Pfeife tanzen lassen, egal, welche Arrangements er vorher mit den Bewohnern getroffen hatte. Wenn Torrio und Capone in Cicero nicht ungestört arbeiten konnten, dann konnte es niemand.

Klondike O'Donnell und Vogel baten Torrio um eine Friedenskonferenz. Torrio demütigte die beiden nicht. Statt dessen gab er Hoffman den Auftrag, die Spielautomaten unverzüglich wieder aufstellen zu lassen und bestätigte Klondikes territoriale Ansprüche auf die Roosevelt Road und andere Gebiete, die dieser sich bereits einverleibt hatte. Torrio wollte nur das Recht, in den anderen Stadtteilen Ciceros sein Bier zu verkaufen, sowie eine Spielhalle an der Twentysecond Street zu betreiben. Er versprach, Cicero nicht mit Bordellen zu besudeln; Capone hatte jene beiden nur versuchsweise aufgemacht. Für Torrio war es eine Kleinigkeit, sämtliche Prostituierten über die Stadtgrenze nach Stickney und Forest View im Süden oder nach Berwyn im Westen zu schaffen.

Bald war Eddie Vogel als »Partner Capones im Glücksspielgeschäft«[54] bekannt, und Klondike O'Donnells Bruder Myles half sogar, einen lästigen Dickkopf zu ermorden, der es wagte, Torrios Bier zurückzuweisen.

Als die Lage in Cicero geklärt war, wandten Torrio und Capone ihre Aufmerksamkeit wieder den South-Side-O'Donnells zu. Spike war der Unruhestifter geblieben, der er schon immer gewesen war, zumal ihm seine Verluste schwer zu schaffen machten. Das Kartell hatte drei seiner Spitzenleute eliminiert und jetzt würde es den Versuch unternehmen, seine Bierquellen versiegen zu lassen.

Gegen halb zwei am frühen Morgen des 1. Dezember 1923, einem Samstag, verließen zwei Lastwagen O'Donnells mit siebzig Barrel Bier die Brauerei in Joliet und fuhren auf der Sag Road in nordwestlicher Richtung. Bis Chicago waren es ungefähr dreiundzwanzig Meilen. Hinter dem Steuer des vorderen Lkw saß Thomas Morris »Morrie« Keane, sein Beifahrer war William »Shorty« Egan. Den zweiten Laster fuhren Martin Brandl und Joseph Belice. Nach etwa einem Drittel der Strecke kamen sie durch die Kleinstadt Lemont, wo sie plötzlich von zwei Limousinen überholt wurden, deren Insassen mit Schrotgewehren das Feuer eröffneten und die Fahrer zwangen, am Straßenrand zu halten.

Shorty Egan berichtete später, was dann geschah. Zwei der Hijacker − Frank McErlane und William Channell, der bei einem Raubüberfall eine Frau ermordet hatte und auf Bewährung frei war − zwangen Egan und Keane, aus dem Führerhaus zu steigen. Die beiden anderen kümmerten sich um den zweiten Lkw. In diesem Augenblick kam ein Pkw vorbei, in dem Edward Triebel und seine Familie saßen, die sich nach einem Ausflug am Thanksgivingday auf dem Rückweg nach Chicago befanden. Im Licht der Scheinwerfer konnten sie erkennen, was dort geschah. Die Hijacker feuerten mit ihren Schrotflinten auf den Pkw, doch Triebel blieb unverletzt und raste davon. McErlane und Channell fesselten ihre Gefangenen, brachten sie auf die Rückbank ihres Wagens und fuhren mit ihnen die Straße hinunter. Channell saß am Steuer, McErlane auf dem Beifahrersitz.

Channell hielt, als er einen Lkw und eine Limousine am Straßenrand stehen sah. Doch als er und McErlane ausstiegen, wurden sie von einem Bleihagel begrüßt, der auf den Wagen prasselte. Shorty Egan hatte keine Ahnung, wer die Schützen waren. Andere Hijacker? Die Polizei? Jedenfalls sprangen seine Entführer zurück in den Wagen und rasten davon.

Kurze Zeit später sagte der hochgewachsene, magere Willie Channell zu McErlane: »Wo willst du dir die Kerle vom Hals schaffen?«

McErlane lachte. »Ich werde mich sofort darum kümmern«, sagte er und klopfte auf die doppelläufige Schrotflinte, die er auf dem Schoß liegen hatte. Er blickte über die Schulter auf die beiden Gefangenen und richtete die Läufe der Flinte auf Keane. Ohne ein Wort zu sagen, feuerte er los. Die Schrotladung traf Keane in die linke Seite. Er wand sich im Krampf auf der Rückbank herum, woraufhin McErlane ein zweitesmal feuerte und Keane in die ihm nun zugewandte rechte Seite traf.

Gelassen, immer noch schweigend, lud er nach und jagte Keane die Ladung beider Läufe in den Leib. Wieder lud er nach, starrte Egan an und sagte: »Ich glaube, jetzt solltest du auch mal eine verpaßt kriegen.« Er schoß Egan in die Seite.

»Es hat höllisch weh getan«, berichtete Egan später, »und als ich sah, wie er wieder nachlud, habe ich mich herumgedreht, damit er mich nicht noch mal an der gleichen Stelle erwischen konnte. Diesmal schoß er mir ins Bein, mit dem ersten Lauf. Die Ladung aus dem zweiten Lauf hat er mir genau ins Gesicht gejagt.«

Egan rutschte von der Rückbank und blieb auf dem Wagenboden liegen. Er hörte, wie McErlane noch einmal auf Keane schoß und sich dann über den Sitz beugte. Mit einem letzten Schuß traf er Egans unverletzte Seite.

McErlane, ein dicker, aber beweglicher Mann, kroch über den Sitz auf die Rückbank. Er öffnete die Hintertür und stieß Morrie Keanes Körper mit einem Fußtritt aus dem Wagen. Dann zerrte er Egan zur Tür. »Den Fahrgeräuschen nach, hatten wir so um die fünfzig Sachen drauf«, erinnerte sich Egan. McErlane schleuderte ihn aus dem Wagen. Egan landete in einer halb gefrorenen Pfütze im Straßengraben.

Es grenzt an ein Wunder, daß Shorty Egan überlebt hat, obwohl die Schrotladung ihm das halbe Gesicht zerfetzt hatte. Nachdem er zu sich gekommen war, schleppte er sich über die Straße zum nächsten Gebäude, dem Palos Park Golf Club, in dem sich bis auf den Hausmeister niemand mehr aufhielt. Der Mann rief den Notarztwagen, und Egan wurde ins Krankenhaus gebracht, wo er, immer noch unter Schock, Channells Verbrecherfoto »zum Teil identifizierte«. Er widerrief jedoch seine Aussage, nachdem er Zeit zu überlegen hatte. Ein Automechaniker, der die von Kugellöchern durchsiebte und im Inneren blutbespritzte Limousine reparierte, identifizierte zuerst ebenfalls Channell und McErlane. Channell hatte den Wagen bei Tagesanbruch in die Werkstatt gebracht. Nachdem der Mechaniker ein paar Wochen als Hauptzeuge unter Polizeischutz verbracht hatte, zog aber auch er seine Aussage zurück, nachdem er, wie Egan, über die Konsequenzen nachgedacht hatte.[55]

Der Staatsanwalt ließ McErlane verhaften und Anklage erheben, doch Crowe sorgte für seine Freilassung, nachdem er eine Einstellung des Verfahrens aufgrund fehlender Zeugen erwirkt hatte.

Die beiden anderen Fahrer, Brandl und Belice, wurden von der Polizei verhaftet. Brandl tischte den Beamten ein Märchen auf: Er habe das Bier sechs

Highway-Polizisten übergeben (die somit dem unsäglichen Sheriff Peter Hoffman unterstanden). Sie hätten sich um die Auslieferung kümmern wollen. Hoffman versprach, der Sache nachzugehen.

Nachdem massiver Druck auf Crowe ausgeübt worden war, stellte eine Grand Jury Danny McFall wegen Mordes an Jerry O'Conner unter Anklage. Doch an dem fraglichen Abend hatte McFall eine Achtunddreißiger bei sich gehabt, und es war eine Schrotflinte, mit der O'Conner getötet worden war. Der Fall wurde eingestellt. McFall, McErlane und Hoban wurden wegen Mordes an Meeghan und Bucher angeklagt. Nachdem aber der Mordfall O'Conner zu den Akten gelegt worden war, wurde auch dieser Fall nicht weiterverhandelt.[56]

Obwohl Spike O'Donnell noch fast ein Jahr für Unruhe sorgte, war seine Gang auf dem Rückzug.

Als an allen Fronten mehr oder weniger Ruhe eingekehrt war, reiste Johnny Torrio mit seinen Eltern nach Italien. Er kaufte seiner Mutter eine Villa, stellte fünfzehn Bedienstete ein und machte sie zum beneideten Mittelpunkt der Freundinnen und Bekannten aus ihren Mädchenjahren.[57] Außerdem zahlte er heimlich etwa eine Million Dollar bei verschiedenen Banken in Italien und der Schweiz ein — vorsorglich, für Notzeiten.[58] Torrio machte eine lange, geruhsame Reise. Es gab keinen Grund für eine eilige Rückkehr: Torrio hatte Capone die Verantwortung übertragen.

8

In Cicero und in Schwierigkeiten

Während Torrio sich im Winter und Frühjahr 1923/24 in Italien aufhielt, festigte Capone ihre gemeinsame Machtposition. Dabei achtete er sorgfältig darauf, Auseinandersetzungen mit anderen Gangs zu vermeiden. Vor allem hielt er sich von Deany O'Banion fern, was nicht einfach war, da dieser immer dreister und unberechenbarer wurde. Doch Capone reifte sichtlich heran. Obwohl es immer noch geschehen konnte, daß sein Temperament mit ihm durchging – die Gelegenheiten wurden seltener.

Beispielsweise versuchten Gangster normalerweise, Fotografen aus dem Weg zu gehen, um eine mögliche Identifizierung zu erschweren.[1] In jungen Jahren hatte »Al Brown« in der Öffentlichkeit reflexhaft die Hände vors Gesicht geschlagen, sobald eine Kamera auftauchte. Als er noch keine Berühmtheit war, kam es sogar vor, daß Capone Fotografen k.o. schlug. Ein Fotograf erinnert sich lebhaft an einen Vorfall auf einem Polizeirevier im Jahre 1922. Man hatte Capone wegen irgendeiner Geringfügigkeit verhaftet. »Capone und ein paar andere Kerle«, sagt Anthony C. Berardi, »haben die Fotografen so verdroschen, daß man seinen Augen nicht traute.« Die Polizisten, die ihre wichtigsten Brötchengeber regelmäßig verhaften mußten, um dem Druck der Presse nachzugeben, beschränkten sich aufs Zuschauen und amüsierten sich köstlich.

Kurze Zeit später war Capone so bekannt, daß die Gefahr einer Identifizierung in seinem Fall kein Thema mehr war. Berardis Zeitungsverleger redete mit Capone, als hätte er einen wichtigen Anzeigenkunden vor sich, dem er Tips gab. »Möchten Sie in der Öffentlichkeit wirklich als ein mieser Typ gelten? Warum sind Sie nicht freundlich und geben sich wie ein Gentleman? Sie stehen im Rampenlicht, und Sie sollten sich entsprechend verhalten. Wir sollten keine Fotos mehr von Ihnen bringen, auf denen Sie Ihr Gesicht verdecken.«[2]

Das wirkte. Capone wurde der mit Abstand pressefreundlichste Gangster, der Liebling aller Zeitungsleute – was natürlich zu seinem späteren Ruhm beitrug. (Bezeichnenderweise weigerte er sich viele Jahre später in Florida, als er besorgt war, *nicht* als Berühmtheit zu gelten, beim Anblick einer Kamera das Gesicht zu verdecken.)[3]

Capones Reifeprozeß zeigte sich auch bei der Festigung und Ausweitung des

Imperiums in den Vorstädten, das Torrio und er errichtet hatten. Capone blieb starrköpfig und eisern entschlossen, wenn es darum ging, die Zügel so fest in der Hand zu halten, wie die jeweilige Situation es erforderte, doch seine Einschüchterungsmethoden änderten sich, wie sich an den unterschiedlichen Vorgehensweisen in Forest View und in Cicero zeigt.

Forest View war ursprünglich von Veteranen des Ersten Weltkriegs als Gedenkstätte für ihre gefallenen Kameraden gegründet worden. Es war ein hübsche Gegend, die Gelegenheit bot, mit der Familie dem hektischen Rummel in der Stadt zu entfliehen. Als Joseph W. Nosek, ein Rechtsanwalt aus Chicago, in Forest View einen Mandanten besuchte, kam er auf die Idee, diese Ansammlung mehrerer Farmen – sie lagen ungefähr eine Meile südlich und zwei Meilen westlich von Cicero – zu einer Kleinstadt auszubauen. Noseks Kameraden von der American Legion, dem 1919 gegründeten Frontkämpferverband, taten sich mit ihm zusammen. Nosek wurde Polizeirichter, sein Bruder Bürgermeister. Die Noseks wählten William Dillon zum Polizeichef, der behauptete, ebenfalls ein Kriegsveteran zu sein, vermutlich aber zum Heer der von Gouverneur Small begnadigten Gangster gehörte.[4]

Kurze Zeit später teilte Polizeichef Dillon Nosek mit, daß zwei Brüder namens Capone die Absicht hätten, in Forest View ein Hotel und einen Club zu errichten. Nosek war begeistert. »Damals wußte ich noch nicht, wer diese Capones waren«, erklärte er später. »Aber es sah nach einer guten Gelegenheit für unsere kleine Stadt aus.« Als Nosek merkte, daß er es mit Gangstern zu tun hatte, versuchte er, ihren Plänen einen Riegel vorzuschieben und gab Polizeichef Dillon den Auftrag, die ganze Bande fortzujagen. Am nächsten Tag drohte Ralph Capone Nosek, ihn in den Abwasserkanal des Dorfes zu werfen. Nosek ging davon aus, daß der untersetzte, düster aussehende Mann einen Scherz gemacht habe – was nicht gerade für Noseks Menschenkenntnis spricht. Jemand, der Ralph gut gekannt hat, erinnert sich an ihn als einen »ausgemachten Hurensohn, grausam, gemein – ein Irrer!«

Um vier Uhr früh am nächsten Morgen drangen zwei bewaffnete Männer in Noseks Haus ein und zerrten ihn zum Gemeindehaus, wo bereits weitere sieben Bewaffnete warteten. Sie sagten, daß sie ihn jetzt umbringen würden, was Nosek ihnen aufs Wort glaubte. Doch erst einmal schlugen sie ihm die Kolben ihrer Revolver auf den Schädel, und als Nosek blutüberströmt zu Boden sank, traktierten sie ihn mit Fußtritten. »Ich schäme mich nicht«, sagte Nosek später, »wenn ich heute zugebe, daß ich auf die Knie gefallen bin und zu Gott gefleht habe, daß die Männer mich am Leben ließen.«

Der Preis, den Nosek für sein Leben zahlen mußte, bestand darin, daß er auf der Stelle aus der Kleinstadt, die er gegründet hatte, verschwinden mußte. Dann zogen Capones Männer los, trieben ungefähr zwanzig weitere »Störenfriede« zusammen, verprügelten sie und jagten sie davon. Bei den nächsten Gemeindewahlen trugen Kandidaten den Sieg davon, die sehr viel entgegenkommender waren, und Capone ließ in Forest View das größte seiner Bordelle errichten: das Maple Inn, besser bekannt unter dem Namen Stockade (Lattenzaungehege), den es seiner Größe und seiner tristen Einrichtung wegen erhielt. Bald wurde Forest

View in den Zeitungen nur noch »Caponeville« genannt (im »Tribune« natürlich »Caponiville«).[5]

Capone hatte Forest View durch Terror eingeschüchtert und sich gar nicht erst die Mühe gemacht, mit Querulanten zu verhandeln. Deshalb war er dort verhaßt.

In Cicero sah die Sache anders aus. Capone setzte Gewalt nur in dem Maße ein, wie es nötig war, seine Machtposition noch einmal klarzumachen. Ansonsten bestach er Amtsinhaber und versuchte stets, einflußreiche Widersacher zur Zusammenarbeit zu gewinnen, statt sie zu terrorisieren. Er war sogar darum bemüht, sich bei den Bürgern der Stadt einzuschmeicheln. In Cicero war Capone für viele ein Held.

Zu Beginn des Jahres 1924 richtete er im Hawthorne Hotel – 4823 Twenty-second Street – ein Hauptquartier ein. Das Hotel lag zwei Querstraßen westlich der Ostgrenze Ciceros und eine Querstraße westlich der Cicero Avenue, der in Nord-Süd-Richtung verlaufenden Hauptverkehrsader. Capones Leute bezogen mindestens ein ganzes Stockwerk des dreigeschossigen Hotelgebäudes.[6] Vor den Fenstern ließ Capone stählerne Läden anbringen. Besucher mußten durch einen acht Meter langen Durchgang gehen, der von Wachtposten, die Capone in der Eingangshalle aufstellen ließ, unter ständiger Beobachtung gehalten wurde. Die Sessel, der Empfangsschalter, der kleine Verkaufsstand – alles in der Eingangshalle war auf diesen Durchgang ausgerichtet.

Bald florierten Capones Glücksspielbetriebe. Das Flaggschiff war der Hawthorne Smoke Shop, der sich unmittelbar nebenan im Anton Hotel befand.[7] Nach und nach wurden weitere Spielhallen eröffnet, darunter das Subway unweit der Twenty-second Street sowie das Radio. Gelegentlich wurden Scheinrazzien durchgeführt, doch wenn einer der Clubs am Morgen geschlossen wurde, nahm ein anderer am Nachmittag den Betrieb wieder auf.

Capone und Torrio versuchten nicht, die Kontrolle über sämtliche Spielhallen an sich zu reißen.[8] Das Ship an der 2131 South Cicero Avenue beispielsweise hatte vier Eigentümer, denen Capone, Torrio und später O'Banion sich als Partner anschlossen.[9] Die größten Spiele in der Stadt, wenn nicht im ganzen Staat, fanden im Lauterbach's statt, das einen unabhängigen Besitzer hatte. Es kam vor, daß dort auf einem der Roulette- oder Würfeltische bis zu 100 000 Dollar lagen.[10]

1924 betrug der Gewinn des Outfit, der Organisation von Torrio und Capone, nach staatlichen Schätzungen allein im Glücksspielgeschäft mehr als 300 000 Dollar. Zusätzlich kassierten die beiden in Form von Schutzgebühren einen Anteil von 25 bis 50 Prozent an den Gewinnen anderer Glücksspielunternehmen, wobei sie in jedem Club einen Beobachter hatten, der darauf achtete, daß die Abrechnung stimmte. Es war nicht direkt Erpressung, sondern eine Dienstleistung. Torrio und Capone konnten den Spielhallenbesitzern Schutz garantieren, da ihnen die Stadtverwaltung von Cicero gehörte.

Als sich die Gelegenheit bot, vollbrachte Capone dann ein Meisterstück. Edward G. Kovalinka, in Cicero geboren, war erst zum Wahlkreisleiter, dann zum Stadtrat aufgestiegen und schließlich von Gouverneur Small zum republikanischen Parteivorsitzenden des Bezirks ernannt worden.[11]

Die Wahlen in Chicago im Jahre 1924 machten Kovalinka Sorgen. Die

Stadtverwaltung Ciceros – seit 1917 war der Republikaner Joseph Z. Klenha ihr Chef – war seit langem korrupt, in fröhlicher Unbekümmertheit und über die Parteigrenzen hinweg. Nun aber forderten die Demokraten in Cicero, nach dem Vorbild Devers, politische Reformen. Deshalb legten sie für die Wahlen am 1. April 1924 eine eigene Kandidatenliste vor. Da sich der Wahlapparat des Bezirks in demokratischen Händen befand, und der Wahlleiter Anthony Czarnecki 3063 republikanische Wahlhelfer, Wahlbeobachter und Stimmzähler durch Demokraten ersetzte, ging Kovalinka zu Recht davon aus, daß seine Partei Hilfe brauchte. Ed Vogel schickte ihn zu Louis La Cava, einem der vier Partner, denen das Ship ursprünglich gehört hatte. La Cava machte Kovalinka mit Capone bekannt, der die Gelegenheit sofort beim Schopf packte. *Natürlich* würde er helfen, daß Klenha und dessen Mannschaft wiedergewählt wurden![12]

Capone sprach sich bei seinem Angriff mit den O'Donnells ab. Außerdem lieh er sich einen Schlägertrupp von O'Banion aus, der als Anteilseigner der Mid-City-Brauerei Torrios und Capones Partner geworden war.[13] Am Montagabend vor der Wahl begann ein Spektakel, das die Zeitungen als »bisher unübertroffene Gesetzesmißachtung bei sämtlichen politischen Entscheidungen im Cook County« bezeichneten. An diesem Abend drangen Revolvermänner in das Büro von William K. Pflaum, dem demokratischen Kandidaten für das Amt des Gemeindeschreibers, ein, schlugen ihn zusammen und zerschossen die Einrichtung.

Am nächsten Tag patrouillierten mindestens ein Dutzend große, siebensitzige Limousinen durch die Straßen, besetzt mit Revolvermännern. Gangster standen mit gezogenen Waffen an den Wahlurnen und ließen die Bürger nur solche Wahlzettel in die Urnen werfen, auf denen sich das Kreuz an der richtigen Stelle befand. Als Anton Bican, Polizist aus Cicero, sich vor einem Wahllokal über diesen Skandal zu beschweren versuchte, fand er sich im Krankenhaus wieder. Oppositionsmitglieder und Bürger der Stadt, die aktive Gegenwehr leisteten oder bereits vor den Wahlen als Führer potentieller Widerstandsgruppen gegolten hatten, wurden gekidnappt und so lange festgehalten, bis die Wahllokale geschlossen hatten.

Die Beschwerden der Bürger drangen schließlich bis zu dem Kreisrichter Edmund K. Jarecki vor. Er war entsetzt – nicht zuletzt, weil er Demokrat war – und traf mit Bürgermeister Dever unverzüglich die geheime Absprache, ausnahmsweise das Gesetz zu umgehen, das es der Chicagoer Polizei verbot, ihre Amtsgewalt außerhalb der Stadtgrenzen geltend zu machen. Jarecki schickte Beamte als Sonderbeauftragte des Kreisgerichts nach Cicero.

Die siebzig uniformierten Polizisten, neun Mannschaftswagen und fünf Streifenwagen der Detectives erreichten die Straßen Ciceros am späten Nachmittag, sahen sich aber außerstande, den Ort schnell genug wieder sicher für die Demokratie und die Demokraten zu machen. Gut eine Stunde vor Schließung der Wahllokale stürmten etwa zehn Revolvermänner einen Wahlbezirk und prügelten fünfundsiebzig Einwohner aus dem Wahllokal. Klenha brachte der Sieg in diesem Bezirk fast ein Viertel seiner Gesamtstimmenzahl ein. Er siegte mit 7878 gegen 6993 Stimmen. Auch der Rest von Kovalinkas alter Mannschaft siegte, alle mit verblüffend ähnlich knappem Stimmenvorsprung.

Aber Jareckis Sonderbeauftragte hatten eines erreicht: Sie hatten Capones älteren Bruder Frank getötet.

Bei Anbruch der Dämmerung hatte eine Streife unter Führung von Sergeant William Cusack in der Nähe des Wahllokals an der Cicero und Twenty-second Frank Capone, dessen Vetter Charley Fischetti und einen kleinen, untersetzten Revolvermann, der ihnen unbekannt war, entdeckt. Die Detectives hielten daraufhin auf der gegenüberliegenden Straßenseite, sprangen aus ihrem Streifenwagen und stürmten mit vorgehaltenen Waffen auf die drei Männer zu.

Einigen Zeugenaussagen zufolge, die aber möglicherweise nicht unparteiisch waren, gaben die drei Revolvermänner keinen einzigen Schuß ab.[14] Nach Angaben der Polizei hingegen eröffnete Frank Capone als erster das Feuer. Bei der gerichtlichen Untersuchung der Todesursache präsentierten die Detectives eine Waffe, aus deren Trommel drei Kugeln fehlten und aus der − wie sie schworen − Frank Capone die Schüsse abgefeuert hatte. Wahrscheinlich sagten sie die Wahrheit. Zur damaligen Zeit sahen die Streifenwagen der Detectives genauso aus wie die großen, siebensitzigen Limousinen, die von den Gangstern benutzt wurden, und sie waren auch nicht besonders gekennzeichnet.[15] Die Detectives trugen normalerweise Zivil. Es ist durchaus möglich, daß Frank und seine Kumpane, die an diesem Tag noch keinem Polizisten gegenübergestanden hatten, die bewaffneten Angreifer irrtümlich für Mitglieder einer verfeindeten Gang hielten und zuerst feuerten. Jedenfalls erhält man so eine glaubhafte Erklärung für den ansonsten unerklärlichen Schußwechsel. Die Verwirrung, die darauf zurückzuführen war, daß Frank Capone und seine Begleiter die Beamten nicht als solche erkannten, spielte auch bei einem späteren Polizistenmord, der sensationelle Nachwirkungen hatte, eine Rolle.

Falls Frank geschossen hat, traf er daneben. Die Sergeants Phillip J. McGlynn und Lyle Grogan erwiderten das Feuer. McGlynn traf Frank ins Herz. Charlie Fischetti versuchte noch, über ein freies Feld zu flüchten, gab aber auf, als Cusack und die beiden anderen Sergeants die Verfolgung aufnahmen. Der dritte Revolvermann flüchtete in südliche Richtung, wobei er beidhändig feuerte. Er entkam in der rasch einsetzenden Dunkelheit. Später kursierte das Gerücht, daß dieser Mann Al Capone gewesen sei, doch es handelte sich um einen Mann namens David Hedlin, wie sich später herausstellte.[16] Die Detectives hatten auch ihn verwundet.

Wie immer rasierte Al sich nicht, bis sein Bruder begraben war. Die Beisetzung Frank Capones war eine eindrucksvolle Zurschaustellung bombastischen Beerdigungs-Pomps.[17] Allein die Kränze und Blumen hatten mehr als 20 000 Dollar gekostet und waren von O'Banion, dem offiziellen Blumenlieferanten der Chicagoer Unterwelt, arrangiert worden. Über das Haus der Capones an der South Prairie ergoß sich eine solche Flut von Blumen, daß Veranda und Garten regelrecht überschwemmt wurden. Franks Sarg war mit Silber beschlagen und mit Satin ausgelegt, und der Trauerzug war sehr lang. Capone gab die Anweisung, als Zeichen des Respekts während der Beisetzungsfeierlichkeiten sämtliche Kneipen in Cicero zwei Stunden geschlossen zu halten. Es war die längste Trockenperiode, die der Ort jemals erlebt hatte.

Es mag den Anschein haben, daß Capones Vorgehen in Cicero nicht weniger rücksichtslos war als in Forest View, doch die Art und Weise, wie er seine Macht sicherte, waren deutliche Zeichen einer tatsächlichen Veränderung. Joseph Klenha wurde nach kurzer Zeit größenwahnsinnig. Er vergaß, daß er ein Abkommen geschlossen hatte, und vor allem mit wem. Klenha faselte, daß er die Gangster bald aus der Stadt jagen würde. Schlimmer war, daß er Capones Befehlen nicht mehr gehorchte. Capone fuhr zum Rathaus von Cicero und ließ Klenha nach draußen kommen. Als er zusammen mit einem Polizisten erschien, beachtete Capone die Begleitung gar nicht. Statt dessen begann er, den höchsten Beamten Ciceros zu beschimpfen und prügelte ihn die Treppe des Rathauses hinunter. Währenddessen hatte der Polizist sich klugerweise verzogen.[18] Als der Stadtrat einige Zeit später Verordnungen erlassen wollte, die Capone nicht paßten, schickte er seine Männer in den Sitzungssaal. Sie sprengten die Versammlung, zerrten ein Ratsmitglied aus dem Saal und schlugen es zusammen.[19]

Capone neigte noch immer zu unkontrollierten Wutanfällen, aber solche Vorfälle boten zweifellos keinen Anlaß. Er dachte über mögliche Konsequenzen nach. Einem Zeitungsreporter erklärte er, ihm sei klar geworden, daß er Leuten, die er gekauft habe, solche Freiheiten nicht erlauben könne. Er müsse jemanden töten, falls der Widerstand andauere. Es sei natürlich besser, zu weniger drastischen Maßnahmen zu greifen. »Auf diese Weise lernen sie ihre Lektionen«, sagte er, »und niemand wird ernstlich verletzt.«[20]

Von nun an erwies Capone Klenha öffentlich seinen Respekt und beteiligte ihn so großzügig an seinen Geschäften, daß Klenha sich ein paar Jahre später vor einem Bundesgericht verantworten mußte (zusammen mit Kovalinka sowie dem Polizeichef von Cicero und einigen anderen Stadtvätern).[21] Capone hatte es jetzt nicht mehr nötig, den neuen, sehr kooperationsbereiten Stadtrat zu disziplinieren. Als Gegenleistung für das Entgegenkommen der Ratsherren nahm Capone auf ihr sittliches Empfinden Rücksicht und sorgte dafür, daß die Bordelle außerhalb der Stadt blieben und daß die Glücksspielbetriebe sich nicht bis in die Wohnviertel ausbreiteten. Was die Straßenkriminalität anbelangte, so machte Capone aus Cicero eine Stadt, wie Klenha sie den Bürgern versprochen hatte: einen Ort, der »wie keine andere Stadt im Staat stolz auf seine Ordentlichkeit und die Gesetzestreue seiner Einwohner sein kann«[22] (sofern man das Prohibitionsgesetz außer acht läßt). Die fünftgrößte Stadt in Illinois kam mit jeweils siebzehn Polizisten in drei Schichten aus: Es gab durchschnittlich nur drei Überfälle und acht Einbrüche im Monat − begangen von Menschen, die mutig, dumm oder verzweifelt genug waren, um Capones Maßnahmen für den Fall zu ignorieren, daß der Outfit sie erwischte.[23]

Capone hielt sich an den Wahlspruch Torrios und versuchte stets, Ärger aus dem Weg zu gehen. Wenn es dennoch welchen gab und Mitglieder des Outfit aus Gewohnheit mit Gewalt reagierten, statt erst einmal die Möglichkeit unauffälliger Bestechung, vereint mit nachdrücklichen Drohungen, auszuschöpfen, schäumte Capone vor Wut über ihre Dummheit. So war es auch im Fall von Robert St. John.

Im Jahre 1922 hatte St. John in Cicero eine Zeitung gegründet, den »Tribune«.

Von Anfang an hatte er Angriffe gegen Capone und die korrupte Stadtverwaltung geführt. Er enthüllte, daß öffentliche Aufträge, die Straßen zu pflastern, durch Bestechungen vergeben wurden. Er schrieb endlose Artikel über ein Bordell, das Capone unmittelbar an der südlichen Stadtgrenze eröffnet hatte, in der Nähe des Hawthorne Race Track in Stickney. Es waren Artikel, die darauf abzielten, die Einwohner Ciceros auf die Barrikaden zu treiben.

Capone und Klenha versuchten, St. Johns Zeitung vom Markt zu drängen, indem sie dem Konkurrenzblatt »Life« die Veröffentlichung sämtlicher amtlichen Bekanntmachungen zuschoben und die Geschäftsleute der Stadt unter Druck setzten, im »Tribune« keine Anzeigen mehr zu veröffentlichen. Andernfalls hatten sie mit steuerlichen Nachteilen zu rechnen oder mußten plötzlich feststellen, daß sich vor ihren Läden ein Wald von Parkverbotsschildern befand. Gleichzeitig ließen Capone und Klenha wiederholt bei St. John und dessen beiden Partnern nachfragen, wieviel sie für ihre Zeitung verlangten.

Nachdem St. John einen besonders beißenden Artikel veröffentlicht hatte, schickte Ralph Capone einen Boten zu ihm, um ausrichten zu lassen, daß er sehr verärgert sei. St. John beachtete die Drohung nicht. Ralph platzte der Kragen. Als St. John zwei Tage später am frühen Morgen die Straße zu seinem Büro überquerte, raste eine der großen Gangsterlimousinen auf ihn zu und bremste mit quietschenden Reifen. Ralph Capone und drei Schläger sprangen aus dem Wagen. Ralph schaute zu, während seine drei Gorillas mit Revolverkolben und Socken, die mit Seifenstücken gefüllt waren (eine bevorzugte Waffe der Jugendgangs), auf St. John einschlugen. Dieser stürzte auf die gepflasterte Straße und hielt schützend die Arme über den Kopf, doch ein Schlag durchbrach die Deckung, so daß er bewußtlos wurde. Die beiden uniformierten Polizisten, die den Überfall beobachteten, machten keine Anstalten, ihm zu Hilfe zu kommen. Die Polizei in Cicero wußte, was zu tun oder zu lassen war.

Als St. John nach seiner Entlassung aus dem Krankenhaus die Behandlungskosten bezahlen wollte, wurde ihm mitgeteilt, daß ein kräftiger, sehr elegant gekleideter Fremder in blauem Anzug und mit brillantbesetzter Krawattennadel die Rechnung bereits beglichen habe.

St. John humpelte zum Polizeirevier und bat einen Freund, den Polizeichef Theodore Svaboda, Haftbefehle gegen Ralph Capone, gegen einen der Schläger, den St. John erkannt hatte, sowie gegen zwei »John Does«[24] zu erlassen. Sein Freund versuchte, ihm diesen sinnlosen und wahrscheinlich gefährlichen Wunsch auszureden. St. John erinnerte sich, daß Svaboda sagte: »Du kennst doch Al. Du weißt, wie er sich Freunden seiner Familie gegenüber verhält. Falls Ralph wegen sämtlicher Verbrechen verurteilt wird, die du aufgezählt hast, würde er für den Rest seines Lebens hinter Gitter wandern. Aber glaubst du im Ernst, daß Al dabei tatenlos zusehen wird?«

Doch St. John ließ nicht locker, und der Polizeichef bat ihn schließlich, wegen der Ausstellung der Haftbefehle am nächsten Morgen noch einmal aufs Revier zu kommen. Als St. John am nächsten Tag erschien, schickte ihn sein Freund in ein Büro im ersten Stock, um dort zu warten. Er hatte kaum Platz genommen, als die Tür geöffnet wurde und Capone hereingeschlendert kam.

»Er lächelte, während er auf mich zuging und die Hand ausstreckte«, schrieb
St. John fast dreißig Jahre später. Capone wollte den ganzen Wirbel friedlich
beilegen und sich lieb Kind machen. »Ich bin ein netter Kerl, St. John«, erinnerte
der Zeitungsmann sich an Capones Worte, »da können die Leute reden, was sie
wollen. Ja, sicher, ich mach' ein paar illegale Sachen, aber wer tut das nicht.«
Und die meisten Leute, die illegale Sachen machen, fuhr er fort, hätten Schläger,
und die würden anderen Leuten Schmerzen zufügen. Aber so etwas wäre nicht
seine Art. »Ich tue keinem was zuleide, am allerwenigsten euch Zeitungsleuten.«
Denn von den Zeitungsleuten bekäme er kostenlos, was er nicht kaufen könne.
»Nehmen Sie zum Beispiel das Ship. Ein sehr großer Laden mit hohen Betriebs-
kosten. Wie soll ich das Geld reinholen, wenn ich nicht mal inserieren darf? Am
liebsten würde ich jeden Tag eine ganzseitige Anzeige im »Tribune« von Chicago
aufgeben. Kommen Sie mal ins Ship. Ist die schönste Spielhalle im ganzen Land,
und ich darf keine Werbung machen! Aber ihr Zeitungsleute schreibt ja
Geschichten darüber, Enthüllungsstories oder wie ihr das nennt, und die kommen auf die Titelseiten, und dann habe ich meine Werbung umsonst.« Außerdem
wußte Capone, daß Zeitungsleute auch leben mußten, und *ihre* Schläger waren
ihre Artikel. »Also, warum sollte ich wütend sein?«

Er zündete sich eine Zigarette an und schnippte einen imaginären Fussel von
der rasiermesserscharfen Bügelfalte seiner blauen Anzughose, wobei die brillant-
besetzte Krawattennadel funkelte.

»Und was diesen kleinen Streit zwischen Ihnen und Ralph betrifft«, fuhr
Capone fort. »Zu dumm. Hätte nie passieren dürfen. Natürlich waren die Jungs
sauer auf Sie.« Aber was sie getan hätten, sei eine Dummheit gewesen. »Dabei
hatte ich ihnen gesagt: ›Laßt den Jungen in Ruhe.‹« Und normalerweise wäre die
Sache damit auch beendet gewesen. Aber Ralph und die anderen, so Capone,
hätten die ganze Nacht durchgesoffen, diese Idioten. »Dabei sage ich ihnen
immer wieder: ›Wir verkaufen das Zeug, aber wir trinken es nicht . . .!‹ Aber die
Jungs waren besoffen und hatten vergessen, was ich ihnen gesagt habe, und
deshalb haben sie einen Fehler gemacht. Jetzt muß ich die Sache ausbügeln.
Immer muß ich für sie den Karren aus dem Dreck ziehen. Verdammt, ich kann
Blödmänner nicht ausstehen.«

Capone begann, von einer Rolle Banknoten − die meisten waren Hunderter −, die er aus der Tasche gezogen hatte, einen Schein nach dem anderen
abzuzählen. Das Geld sollte St. John für die Unannehmlichkeiten entschädigen,
für die verlorene Zeit, für die zerrissene Kleidung, für gewisse Nebenkosten . . .
Nach dem siebten Hunderter hörte St. John auf, mitzuzählen.

»Ich war«, schrieb St. John,

»noch jugendlich genug, um eine Schwäche für dramatische Gesten zu haben.
Deshalb bin ich, ohne ein Wort zu sagen, einfach aufgestanden, habe die Tür
aufgerissen und bin hinausgegangen, wobei ich die Tür so laut wie möglich
hinter mir zugeschlagen habe. Jahre später habe ich nur bedauert, daß ich das
Gesicht von Mr. A. Capone, Antiquitätenhändler, nicht beobachten konnte,
nachdem ich ihn einfach hatte stehenlassen.«[25]

Wahrscheinlich hätte St. John eine Mischung aus Enttäuschung und Wut beobachten können. Capone hatte versucht, sich freundschaftlich mit ihm zu einigen, denn Zusammenarbeit hätte weniger Ärger bedeutet. Schließlich hätte Capone einfach befehlen können, was er verlangte, da er die Aktienmehrheit am »Tribune« besaß. Ursprünglich hielten St. John und ein Geschäftspartner jeweils 49 Prozent der Aktien. Die restlichen zwei Prozent gehörten einem Freund, da nach den Gesetzen des Staates Illinois drei Geschäftsführer erforderlich waren. Während St. John im Krankenhaus war, hatte der Geschäftspartner, dem St. John zu Recht mißtraute, seine Aktien bereitwillig an Capone veräußert. Und der Freund hatte seine zwei Prozent an einen Mittelsmann verkauft, nachdem dieser ihm eine (gefälschte) Nachricht überbracht hatte, in der St. John ihn darum bat.

Als Torrio aus Italien zurückkehrte, stellte er fest, daß Capone und er praktisch die Eigentümer Ciceros geworden waren. Die Stadt war eine Goldgrube. Neben ihren eigenen Saloons und Spielhallen gab es in Cicero jede Menge Kneipen, die Ortsansässigen gehörten und beliefert werden konnten. Auf den ungefähr sechs Quadratmeilen des Stadtgebiets befanden sich mindestens 120, nach anderen Angaben 165 gut besuchte Kneipen.[26]

Capone machte ein Vermögen. Es gibt viele, wenn auch unterschiedlich verläßliche Schätzungen des Nettogewinns, den die verschiedenen Betriebe abwarfen. Dabei stützte man sich auf Unterlagen, die bei Razzien beschlagnahmt wurden – im Stockade etwa kam man auf einen Wochendurchschnitt von 5000 Dollar, und so weiter.[27] Aber dieser Gewinn gehörte dem Outfit. Der Staat Illinois bezifferte Capones Gewinnanteil im Jahre 1924 – nur am Glücksspielgeschäft und nur in Cicero – auf 123 101 Dollar und 89 Cent, eine lächerlich niedrig angesetzte Summe, die aber so belegt ist.[28] In diesem Jahr kaufte Capone sich für 12 500 Dollar einen McFarland, eine nach seinen Wünschen ausgestattete Spezialanfertigung[29] – ein viertüriger Maxwell kostete damals 1335 Dollar und ein Chevrolet-Coupé 680 Dollar. Für den McFarland gab Capone seinen Lincoln in Zahlung und beglich die Differenz von 4500 Dollar in bar. Torrio hatte Capone zu seinem gleichberechtigten Partner gemacht, da er mit den Erfolgen seines Schützlings mehr als zufrieden war.[30] Die Mitglieder des Outfit respektierten, bewunderten und gehorchten Capone offensichtlich.

Er war alles andere als ein Pfadfinderführer. In Zeitungs- und Nachrichtenredaktionen wurde gemunkelt, daß der muskulöse junge Ex-Rausschmeißer, um die Disziplin in der Organisation aufrechtzuerhalten, Aufsässige gern wie Kaninchen bei den Ohren packte, zu Boden schleuderte und die Opfer, die sich wohlweislich nicht zu wehren versuchten, mit Fußtritten traktierte.[31] Aber ansonsten behandelte er seine Leute gerecht, verständnisvoll und oft großzügig. George Meyer, mittlerweile in den Achtzigern, erinnert sich noch daran, wie er Capone zum erstenmal zur Pferderennbahn fuhr. »Wieviel Geld hast du, Junge?« fragte Capone vom Rücksitz aus, als sie ankamen. Ungefähr achtzig Dollar. Capone blätterte vier oder fünf Hundertdollarnoten von der Rolle und steckte sie Meyer zu. »Nach dem sechsten Rennen bist du wieder hier, klar?« sagte er im Weggehen.[32]

Genauso typisch für ihn war, Vertrauen in Untergebene zu setzen und sie auf diese Weise zu ermutigen. Der Mittelsmann beim Geschäft mit Robert St. John, dem Zeitungsherausgeber aus Cicero, war ein schmächtiger Mann namens Louis Cowan, der nur knapp einsfünfundfünfzig maß. Cowan besaß einen Zeitungsstand in Cicero. Capone erkannte, daß mehr in dem Mann steckte, als sein Äußeres vermuten ließ, und machte ihn zum offiziellen Kautionsbürgen des Outfit, indem er Wohnhäuser im Wert von 500 000 Dollar auf Cowans Namen eintragen ließ, die dieser dann als Sicherheit einbringen konnte. Außerdem ernannte er Cowan zum Herausgeber des »Tribune«, nachdem er St. John ausmanövriert hatte. Cowan verehrte Capone abgöttisch, aber das war bloß ein Extrem des Normalfalls.[33]

»Die Unterwelt unterscheidet sich nicht von der übrigen Welt«, sagt Jesse George Murray, der als junger Reporter Capone zu einem Zeitpunkt interviewt hat, als dessen Stern bereits zu sinken begann. »Sie wird durch Arbeitsplätze und Aufstiegsmöglichkeiten zusammengehalten und durch Loyalität. Mehr kann man auch nicht von der U.S. Steel sagen. Die Jungs wußten, daß sie sich auf Capone verlassen konnten.«[34]

Das bewies Capone auch im Fall von Jack Guzik, des kleinen, nicht minder unangenehmen Bruder Harrys. »Ich habe diesen Kerl aus tiefstem Herzen gehaßt«, sagt George Meyer, der manchmal für Guzik als Fahrer gearbeitet hat. »Man konnte an den Flecken auf seiner Weste erkennen, was er in der Woche vorher gegessen hatte. Und dieser Körpergeruch!« Doch Capone waren Guziks Äußeres, seine Persönlichkeit und seine Lieblingsgerichte egal. Er hielt Guzik für einen fähigen und brauchbaren Mann. Und einige Zeit später koordinierte der kleine, fette Ex-Zuhälter Capones Unternehmungen.[35]

Doch wie abstoßend Guzik auch gewesen sein mag – am frühen Abend des 8. Mai 1924 hätte er wahrscheinlich selbst das Mitleid des wählerischsten Menschen erregt, als er mit blutüberströmtem Gesicht ins Four Deuces getaumelt kam. Wer hat das getan, fragte Capone.

Joseph L. Howard war ein kleiner Fisch, auch wenn er des dreifachen Mordes verdächtigt wurde. Man hat später vermutet, daß Guzik Howard ein Darlehen verweigert habe. Andere glaubten, daß er sich an eine der vielen Freundinnen des gut aussehenden, achtundzwanzig Jahre alten Schlägers herangemacht hatte. Was immer der Grund gewesen sein mag, an diesem Donnerstagabend im Mai verprügelte Howard den nicht besonders kräftigen Jack Guzik. Dieser hatte vergeblich um Gnade gewinselt. Erst als Blut floß, hatte Howard von seinem Opfer abgelassen, das sich jammernd zum Four Deuces schleppte.

Kurz vor halb sieben stürmte Capone in die Kneipe von Henry Jacobs, die sich einen halben Häuserblock vom Four Deuces entfernt an der Wabash Avenue befand, und marschierte auf Howard zu, der am Tresen lehnte.

»Hallo, Al«, sagte Howard, der nie auf die Idee gekommen wäre, daß jemand etwas dagegen haben könnte, wenn ein Typ wie Guzik verprügelt wurde.

Capone packte Howards Jacke und grub seine Hand in dessen Schulter. Was er sich dabei gedacht habe, seinen Freund zu verprügeln? Howard knurrte irgend etwas wie: »Verzieh dich zu deinen Nutten, du dämlicher Itakerlude.«[36]

Mit diesen Worten fällte Howard sein eigenes Todesurteil, statt nur eine exemplarische Tracht Prügel zu beziehen. Capone zerrte ihn zu sich heran und brachte ihn aus dem Gleichgewicht, während er einen Revolver aus der Tasche zog. Er drückte Howard die Mündung an die Wange und feuerte. Anschließend schoß er noch fünf weitere Kugeln in den Dummkopf.[37]

Niemand in »Heinie« Jacobs' Saloon hatte irgend etwas gesehen oder gehört, das der Polizei hätte weiterhelfen können. Dennoch mußte Capone für einen Monat verschwinden, während seine Freunde für ein sicheres Alibi sorgten. Am späten Nachmittag des 11. Juni 1924 kam Capone ins Polizeirevier an der Cottage Grove Avenue. »Ich hab' gehört, ihr Bullen sucht mich«, sagte er zum Dienststellenleiter. »Da bin ich neugierig geworden und wollte mal fragen, warum.« Man brachte ihn zu Robert Crowes Assistenten, dem Wunderkind William H. McSwiggin, der damals vierundzwanzig Jahre alt war. Natürlich wußte Capone gar nichts über Howard. Er war nachweislich am Tag des Mordes nicht in der Stadt gewesen. Der Fall blieb ungelöst.[38]

Strategisch gesehen war es vermutlich der wichtigste Mord in Capones Karriere.[39] Er geschah acht Monate, bevor er die Führung des Outfit übernahm. Jetzt konnte sich selbst das unwichtigste Mitglied der Organisation sagen: Wenn Al für Guzik, dieses ausgemachte Schwein, soviel riskiert – was wird er dann erst für mich tun?

9

Der wilde irische Junge . . .

Ironischerweise stammt folgendes Zitat von Deany O'Banion: »Jeden Monat wird in Chicago für dreißig Millionen Dollar Bier verkauft, und eine Million geht dafür drauf, um die Polizei, Politiker und Prohibitionsagenten zu schmieren, damit dieses Bier fließen kann. Niemand, der bei Verstand ist, schlägt einen Anteil von einer Million Dollar im Monat aus.«[1]

Doch wie war es dann um den Geisteszustand derjenigen bestellt, die leichtfertig *ihren* Anteil an diesen dreißig Millionen gefährdeten, von ihrem Leben ganz zu schweigen? Dabei muß man noch berücksichtigen, daß sie diese Risiken in der Hoffnung eingingen, ihren Anteil um eine vergleichsweise geringe Summe zu steigern, obwohl sie ihr Geld ohnehin nicht so schnell ausgeben konnten, wie sie es verdienten. Doch in Wahrheit ging es ihnen gar nicht um das Geld, sowenig wie den heutigen Wirtschaftskriminellen und Börsenkönigen, die mit Milliarden um sich schleudern, nur um noch mehr für sich herauszuholen. Das Ego kann sogar die eigenen Interessen verdrängen.

Wie anders könnte man das Verhalten von O'Banion erklären?

Er war wie Big Bill Thompson ein »ewiger Junge«, und auch bei ihm hatte diese Eigenschaft zur Folge, daß seine Freunde und Partner ihm unverbrüchlich treu blieben. Ein Unfall in seiner Kindheit hatte dazu geführt, daß sein rechtes Bein zehn Zentimeter kürzer war als das linke. Doch trotz des daherrührenden schaukelnden Gangs, trotz seiner kleinen, zarten Hände mit den schlanken Fingern (auf die er sehr stolz war) und der zunehmenden Schwerfälligkeit blieb er das Rauhbein aus seinen Jugendtagen, als er sich seinen Lebensunterhalt noch als Zeitungsbote, Schläger und Straßenräuber verdient hatte. Seine breiten Schultern und die muskulösen Arme, sein Stiernacken und sein rundes Gesicht ließen den mittelgroßen Mann kleiner erscheinen, als er war. Dazu trug die Eigenart bei, beim Sprechen häufig den Kopf auf die Seite zu legen. Niemals handelte er gewalttätig. Seine Angewohnheit, selbst Feinde als »prima Kerle« zu bezeichnen, spiegelt seinen unerschütterlichen Frohsinn und sein gefälliges Benehmen wider. Er ging immer mit strahlender Miene durch die Welt, was mit der Zeit dazu führte, daß er ständig zu grinsen schien. Nur seine starr blickenden, kalten blauen Augen straften diesen Eindruck Lügen. Er war ein begeisterter

Händeschüttler und Schulterklopfer, obwohl er nie beides gleichzeitig tat: Mindestens eine Hand hielt er stets frei, um sie in eine der drei Revolvertaschen schieben zu können, die in jedes seiner Kleidungsstücke eingenäht waren.[2]

Wie Anna Torrio, empfand auch O'Banions Frau das Privatleben mit ihrem Ehemann als Idylle. Sie hielt das häusliche Benehmen ihres Ehemanns für untadelig, ohne zu ahnen, wie brutal er in seinem Beruf vorging. Sie hatten sich auf einer Weihnachtsfeier kennengelernt, nachdem Viola Kaniff gerade in Iowa die Schule abgeschlossen hatte, und heirateten am 5. Februar 1921. Damals war sie um die achtzehn Jahre alt, er war neunundzwanzig. Obwohl O'Banion ein Haus in der North Side besaß, an der 6081 Ridge Street, bezogen die Frischvermählten eine große Wohnung an der 3600 North Pine Grove Avenue, näher zur Stadtmitte hin. Deany war Nichtraucher und trank nur mäßig. Zum Abendessen war er gewöhnlich zu Hause und blieb auch dort; den gemütlichen Teil des Abends begann er häufig mit dem Singen von Liedern, wobei er sich auf seinem heißgeliebten 14 000-Dollar-Flügel selbst begleitete. »Er war kein Mann, der Nacht für Nacht unterwegs war, nur um mich zu irgendeiner Show mitzunehmen«, erzählte Viola einem Reporter nach Deanys Tod. »Und er gehörte erst recht nicht zu den Männern, die laufend von irgendwelchen Frauen angerufen wurden. Deany war ein sehr häuslicher Mensch, der gern seine Freunde um sich hatte und nie das Haus verließ, ohne mir zu sagen, wohin er ging.«[3]

Die größte Freude machte ihm die Arbeit in seinem Blumengeschäft. Auch hier zeigte sich eine verblüffende Divergenz zwischen seinem freundlichen Auftreten als Ladenbesitzer und seinen verrückten Eskapaden als Gangster.

O'Banion liebte Blumen und steckte sie gern zu stilvollen Sträußen zusammen. Als er und Nails Morton beim Schofield's einstiegen, hatten sie sich nicht hineingedrängt, sondern hineingekauft, und Bill Schofield war tief bekümmert, als die beiden starben. Besonders O'Banions Tod ging ihm ans Herz. Er nannte ihn den »nettesten Kerl, der je gelebt hat«.[4] O'Banion und Morton besaßen zwar noch einen zweiten Blumenladen im Norden der Stadt, doch Deany hielt sich meist im größeren der beiden Läden auf, dem in der North State Street 738, gegenüber der Holy Name Cathedral, inmitten jenes Stadtteils von Chicago, der sich den Anstrich eines Künstlerviertels zu geben versuchte. O'Banion ging geradezu salbungsvoll mit seinen Kunden um und nahm auch von Fremden Schecks auf eine Weise entgegen, als wäre es der Kunde, der ihm einen Gefallen erwies. Das Schofield's wurde zum offiziellen Blumenlieferanten der Chicagoer Gangs – ein phantastisches Geschäft, da Kränze, die weniger als ein paar hundert Dollar kosteten, als Beleidigung betrachtet wurden.[5] Bestellungen, deren Preis in die Tausende ging, waren ein Muß, falls der verstorbene Gangster sich einer gewissen Berühmtheit erfreut hatte.

Wenn O'Banion keine Blumen verkaufte, nahm sein Übermut oft derart groteske Formen an, daß ein Reporter sich veranlaßt sah, in einem Artikel von den »auf kindliche Weise unverantwortlichen Gangstern« zu sprechen, mit denen Torrio und Capone es zu tun hätten.[6] O'Banions Verhalten konnte manchmal witzig und gutmütig zugleich sein. An einem glühend heißen Sommertag zum Beispiel sah er zwei Polizisten, die schwitzend vor seiner Malt-Maid-Brauerei standen und offensichtlich den Auftrag hatten, sie zu observieren. »Ist doch viel zu heiß da draußen«, rief er den beiden zu, »kommt rein, trinkt ein kühles Bier und sprecht die Sache mit mir durch.«[7] Mitunter waren seine spontanen Einfälle edelmütig. Als er einmal wegen Mordverdachts zum Verhör gebracht wurde, sah er ein verwahrlostes Mädchen aus Missouri, zwanzig Jahre alt, das man aufs Revier gebracht hatte, weil es als blinder Passagier in einem Güterzug nach Chicago gekommen war. Auf der Stelle organisierte er eine Geldsammlung, damit das Mädchen sich neue Kleider kaufen konnte.[8]

Manchmal war sein Verhalten auch so unbedacht, daß es ihm gefährlich werden konnte. Einer seiner frühen Coups als Safeknacker hatte zu einer Anklage geführt (die wie immer ohne Folgen blieb), weil ein Wachtmann um drei Uhr morgens O'Banion und seine Kumpane sah, die »auf einem Müllcontainer am Straßenrand hockten und einen bekannten Schlager grölten«.[9] Ein umsichtiger Safeknacker hätte eigentlich damit rechnen müssen, daß er auf diese Weise Aufmerksamkeit erregen und man sich an ihn erinnern würde.

Sehr schnell und impulsiv konnte O'Banion auch mörderisch reagieren. Einmal wurde mittels einer im Blumenladen angebrachten Abhöranlage ein Telefongespräch belauscht: Einer von O'Banions Männern, der mit einem Lkw Bier von Torrio transportierte, teilte mit, daß er von zwei Polizisten angehalten worden sei. Der Fahrer hatte 250 Dollar dabei, aber die Polizisten verlangten noch 300 Dollar mehr für die Freigabe des Biers. »Dreihundert Dollar mehr?« brüllte O'Banion. »Fünfhundertfünfzig Dollar für diese Vagabunden? Weißt du was? Ich laß die beiden für die Hälfte umlegen!« Und sofort schickten die Mithörer Verstärkung zum Ort des Geschehens. Doch der Fahrer hatte mittlerweile mit Torrio telefoniert und rief nun wieder O'Banion an. »Hör mal, Deany, ich hab' gerade mit Johnny gesprochen. Wir sollen den Bullen die dreihundert Dollar drauflegen. Er sagt, er will keinen Ärger.«[10]

Charles Dion O'Banion war am 8. Juli 1892 in Aurora, etwa fünfundzwanzig Meilen westlich von Chicago, geboren worden. Sein Vater, Charles H. O'Banion, war zunächst Farmer gewesen und hatte dann als Anstreicher und Stukkateur gearbeitet. Mitte der 90er Jahre war Charles mit seiner Familie in die Kleinstadt Maroa gezogen, etwa 150 Meilen südlich von Chicago. Nachbarn erinnern sich, daß er dort als Friseur gearbeitet hat. Viele Jahre später behauptete Charles, im Ölgeschäft tätig zu sein, da er sich über das Gerede, daß sein Sohn für seinen Lebensunterhalt sorge, ärgerte.

Von seinen Schulkameraden in Maroa wurde O'Banion »Brinigan« genannt. Sie sagten, er habe »den Schalk im Nacken« gehabt und sei »immer zu Späßen aufgelegt« gewesen — obwohl es häufig eine hektische Fröhlichkeit war, die über einen Hauch von Hinterhältigkeit hinwegtäuschte. Er war ein »richtiger Draufgänger, der immer der Beste sein wollte«. Deany brach sich einmal den Arm, weil er auf Stelzen gelaufen war, die so hoch waren, daß sich kein anderer Klassenkamerad getraut hatte, es zu versuchen.

Seine Mutter Emma starb 1898 im Alter von dreißig Jahren an Tuberkulose. Jahre später ließ O'Banion einen schlichten Grabstein aufstellen, in den oben

»Mutter« eingemeißelt war; darunter standen ihr Name und ihr Geburts- und Sterbedatum. Drei Jahre nach dem Tod seiner Frau zog Charles mit dem neunjährigen Dion und dessen jüngerer Schwester Ruth nach Chicago. Dions älterer Bruder Floyd war lange zuvor von zu Hause ausgerissen und in die Navy eingetreten.

O'Banion hat sich offenbar gern an seine Kinderjahre in Maroa erinnert. Als er es zu Wohlstand gebracht hatte, bat er einen Bankier aus Maroa, ihm immer Bescheid zu geben, wenn jemand aus dieser Stadt in einem Chicagoer Krankenhaus lag. Er ließ dem Kranken dann täglich Blumen schicken. Er hätte sogar die Behandlungskosten bezahlt, wenn jemand darum gebeten hätte. Einmal ließ er ein verkrüppeltes Kind in der Mayo-Klinik behandeln.[11] Als die Behandlung erfolglos blieb, unterstützte er das Kind, bis es starb. Deany ließ sich seine Wohltätigkeit etwas kosten, doch zeigte sich auch hier seine Impulsivität. Wenn Menschen sein Mitleid erregten, konnte er sehr großzügig sein und ihnen persönlich Bargeld, Kleidung oder Nahrungsmittel schenken. Andererseits wetterte er gegen jede Art von organisierter Wohltätigkeit. »Mein Geld geht direkt an die Leute, die es brauchen«, sagte er einmal.

O'Banion muß das Leben in Maroa paradiesisch vorgekommen sein im Vergleich zu dem, was ihn in Chicago erwartete.[12] Die Familie zog in eine Wohnung an der Chestnut Ecke Wells Street, ein Viertel in der North Side, das man »Little Hell« nannte. Sein Vater behauptete später, Dion sei vier Jahre Meßdiener bei Pater William D. O'Brien in der Holy Name School gewesen. Die Bürger von Maroa bezweifelten das, denn die O'Banions hatten dort nie die Kirche besucht. Und die Zweifler hatten recht: Falls überhaupt, hätte Dion höchstens ein Jahr Meßdiener gewesen sein können − und selbst das ist unwahrscheinlich. Reverend D. L. McDonald taufte den Jungen am 29. Januar 1905, als er bereits zwölf Jahre alt war, und am 11. Juni 1905, weniger als einen Monat vor seinem dreizehnten Geburtstag, empfing er zum erstenmal die Kommunion. Er blieb dann noch ein Jahr in der Holy Name und mußte sie verlassen, nachdem er die sechste Klasse abgeschlossen hatte, denn nur Schüler durften Meßdiener sein.[13]

Von Religiosität blieb bei O'Banion ohnehin nichts hängen. Nachdem er die Schule verlassen hatte, arbeitet er als Zeitungsjunge und besserte seinen Lohn dadurch auf, daß er sich der Market Street Gang anschloß, die aus Dieben und käuflichen Schlägern bestand. Mit sechzehn arbeitete er als Kellner und Sänger in einer Kneipe, die McGovern's hieß, und verdiente sich ein Zubrot durch Straßenüberfälle auf Betrunkene. Ein Jahr darauf, 1909, verbrachte er seine ersten beiden Kurzaufenthalte im Bridewell, der Jugendbesserungsanstalt von Chicago, und zwar wegen Einbruchs. 1911 war er ein drittes Mal dort, diesmal wegen tätlichen Angriffs mit einem Totschläger. Insgesamt verbrachte er weniger als zwölf Monate im Bridewell; es waren die einzigen Gefängsaufenthalte seines Lebens.

Ein Job als Austräger des »Tribune« − sein Boß war der Vertriebsleiter Max Annenberg − war die nächste Station. 1917 lernte O'Banion Charles Reiser kennen, der ihn, wenn auch nur unvollkommen, im Safeknacken unterwies. Die dürftigen Erfolge auf diesem Gebiet machten es erforderlich, daß er weiterhin

Zeitungen austrug. 1919 wechselte er zum Hearst-Konzern. Sein neuer Chef war Moses L. Annenberg, der verfeindete Bruder von Max und Vater von Walter Annenberg, der später Ronald Reagans Botschafter in Großbritannien wurde.

Die Prohibition befreite O'Banion aus seinem beruflichen Hin und Her und machte ihn zu einem reichen Mann, was seiner impulsiven Natur keinen Abbruch tat.

Er begann im Jahre 1924 bezeichnenderweise damit, daß er 1 750 Kästen Whiskey aus dem Sibley-Lagerhaus entwendete, indem er gefälschte Papiere einreichte, mit denen eine Umlagerung der Ware angeordnet wurde. Lieutenant Michael Grady und fünf seiner Kollegen von der Polizei waren ihm beim Abtransport der Beute behilflich. O'Banion setzte dem Ganzen dadurch die Krone auf, daß er einen seiner Komplizen hereinlegte, indem er dessen Anteil in Form eines beglaubigten Schecks über 41 000 Dollar auszahlte, den er beim gleichen Fälscher, der die amtlichen Papiere gemacht hatte, für 100 Dollar gekauft hatte.[14]

Am nächsten Abend − Sonntag, dem 20. Januar − strömten die Besucher der Premierenvorstellung einer Komödie mit dem Titel »Give and Take« aus dem La-Salle-Theater hinaus in die Kälte. Unter ihnen befand sich Davy Miller, der als Profi-Ringrichter bei Boxkämpfen arbeitete und Partner seines Bruders, des Gangsterbosses Herschie Miller, bei den Glücksspiel-, Erpressungs- und Bootlegging-Geschäften der Familie in der Westside war. Davy hatte die Aufführung in Begleitung seines jüngsten Bruders Max und dessen Frau besucht. Seine eigene Gattin war zu Hause geblieben, um eine Erkältung auszukurieren.

O'Banion entdeckte die Millers vor der Eingangshalle. Vielleicht hatte er die Vorstellung selbst besucht, oder er kam gerade am Theater vorbei. Jedenfalls hatte er den Millers nicht nachspioniert. Neben O'Banion standen Hymie Weiss sowie eine obskure Gestalt namens Julius Schwartz, den jedermann nur »Yankee« nannte. Schwartz hatte sich als mittelmäßiger Boxer auf Wettkämpfen in New York herumgetrieben, bevor er von dort nach Chicago fliehen mußte, da seine Beteiligung an Wettgeschäften bei den Endrundenspielen der US-Baseballmeisterschaft des Jahres 1919 aufgeflogen war. Er hatte sein Betätigungsfeld auf den Alkoholschmuggel verlegt und war freundschaftliche Geschäftsbeziehungen mit den Millers eingegangen, besonders mit Davy. Doch ein paar Wochen zuvor hatte Miller Schwartz beschuldigt, bei einem Alkoholgeschäft einen Freund übers Ohr gehauen zu haben. Seitdem weigerte er sich, mit Schwartz zu reden, und schnitt ihn öffentlich.

O'Banion hatte schon immer gute Verbindungen zu den Millers gehabt, denn sie waren Kumpel seines inzwischen verstorbenen Freundes Nails Morton gewesen. Hätte Nails noch gelebt, wäre bestimmt nicht passiert, was im folgenden geschah. Schwartz hatte sich bei O'Banion eingeschmeichelt und beklagte sich darüber, wie schlecht ihn die Millers behandelt hätten. Vermutlich versuchte er auch, seinen neuen Chef davon zu überzeugen, daß Davy schlecht über O'Banion geredet hatte.

Die Millers begrüßten O'Banion und Weiss freundlich, während sie Schwartz wie Luft behandelten. O'Banion betrachtete dies als persönliche Beleidigung, und damit fing der Ärger an.

»O'Banion kam zu mir rüber«, erzählte Davy später Herschie, »und zog mich zur Seite.«

Er fragte, was Davy gegen Yankee Schwartz habe.

»Er ist nichts wert, und ich will nichts mehr mit ihm zu tun haben«, sagte Davy und wollte zu Max, der ein Taxi angehalten hatte.

O'Banion hielt ihn fest. »Yankee ist genausoviel wert wie du, du . . .« (wie es mit vornehmer Zurückhaltung im Zeitungsbericht heißt).

»Da ist mir der Kragen geplatzt«, erzählte Davy seinem Bruder. Er schnauzte O'Banion an: »Ich könnte allen drei die Fresse polieren, aber hier ist nicht der richtige Ort.« O'Banion schubste ihn. Miller schlug O'Banions Arm zur Seite, woraufhin O'Banion einen Revolver aus einer seiner drei Spezialtaschen zog und Davy aus kürzester Entfernung eine Kugel in den Bauch jagte.

Als er den Knall hörte, wirbelte Max herum und stürmte zu den beiden hinüber. O'Banion feuerte ein zweites Mal. Die Kugel prallte von Max' Gürtelschnalle ab und schleuderte ihn zu Boden. Im allgemeinen Aufruhr tauchten O'Banion und seine beiden Kumpane in der Menge unter.[15]

Als die Polizei sich im Krankenhaus bei Davy erkundigte, wer auf ihn geschossen habe, hatte er zuerst in gewohnter Gangstermanier gemurmelt: »Spielt keine Rolle. Ich nehm' die Sache selbst in die Hand.« Doch als die Ärzte ihn für die Operation vorbereiteten und ihm mitteilten, daß es nicht gut für ihn aussähe, ließ Davy seinen Bruder Herschie zu sich kommen und packte aus. Herschie schockierte sämtliche aufrechten Gangster und verblüffte jedenfalls die anwesenden Polizisten, als er ihnen die Geschichte erzählte.

Davy überlebte, erholte sich und weigerte sich, Anklage zu erheben.

Vielleicht hatte Herschie irgendwelchen Blödsinn erzählt. Schnell waren die Reporter überzeugt, daß es nur deshalb zur Schießerei gekommen war, weil O'Banion glaubte, die Millers hätten ihn bei einem Schnapsgeschäft um 60 000 Dollar betrogen.[16] O'Banion bestritt dieses Gerücht in aller Schärfe. Er leugnete sogar, den Streit vom Zaun gebrochen zu haben, und stellte die Frage: »Hätte ich Miller fertigmachen wollen – glaubt ihr, ich hätte es mitten im Loop getan?« Er gab gleich selbst die Antwort: »Ich hätte ihn mir in einer dunklen Seitenstraße geschnappt, irgendwo in der South Side.« O'Banion behauptete, daß Miller zuerst eine Waffe auf ihn gerichtet habe, aber ein Motiv dafür konnte er nicht angeben. Eine andere Version besagt, daß Yankee Schwartz so tat, als habe er eine giftige Bemerkung von Davy aufgeschnappt. »He, Deany, hast du gehört, wie er dich gerade genannt hat?«[17]

Die einzige Erklärung O'Banions, die einleuchtend war und tatsächlich den Schlüssel enthielt, um den Vorfall zu erklären, lautete: »Tut mir leid, daß es passiert ist. Die Sache ist nur aus Hitzköpfigkeit und Dummheit geschehen.«[18]

Die Angelegenheit war beunruhigend für Capone und Torrio, der im Frühling aus Italien zurückgekehrt war. O'Banions Worte ließen *jede Version* glaubhaft erscheinen.[19] Niemand bezweifelte, daß er imstande war, ein Opfer vor tausend Augenzeugen über den Haufen zu schießen, um die Beleidigung eines Freundes zu rächen *oder* um sich für einen 60 000-Dollar-Betrug zu revanchieren *oder* um jemandem eine herablassende Bemerkung heimzuzahlen. Und mit diesem Mann mußten sie Geschäfte machen!

Deany O'Banions Verhalten nahm noch schlimmere Züge an. Im Februar ermordete er einen Mann aus höchst fragwürdigen Motiven. Yankee Schwartz hatte einen gewissen John Duffy mit einigen Unterweltgrößen Chicagos bekannt gemacht. Duffy, der auch unter dem Namen Dougherty auftrat, war ein großmäuliger Trinker aus Philadelphia. Er versuchte, Kontakt mit den Millers aufzunehmen, die ihn aber zurückwiesen. Sogar O'Banion hielt Duffy für verrückt − besonders, als Duffy ihm sagte, daß die Millers ihm zehntausend Dollar geboten hätten, wenn er O'Banion umbringen würde.

Duffy lebte mit Maybelle Exley zusammen, einer Farmertochter aus Ohio, die er in einem Bordell in Louisville kennengelernt hatte. Am 20. Februar 1924 kam es bei einem gemeinsamen Saufgelage der beiden mit William Engelke, einem jungen Ganoven, zum Streit. Duffy und Maybelle gerieten sich in die Haare, und es kam zu einer Schlägerei, die Duffy mit einem Schuß beendete. Maybelle lag tot am Boden. Plötzlich wieder nüchtern, wurde Duffy und Engelke klar, daß sie Hilfe brauchten. Sie wandten sich an O'Banion.

Eine Teufelei im Sinn, versprach dieser, Duffy zu helfen und verabredete sich mit ihm vor dem Four Deuces. Engelke begleitete Duffy dorthin und beobachtete, wie die beiden sich trafen und mit einem Wagen fortfuhren. Als die Polizei Duffys Leiche später in einer Schneewehe an der Straße nach Joliet fand, war Capone plötzlich in die Sache verwickelt, weil Engelke der Polizei erzählte, wo er das Opfer zum letztenmal gesehen hatte.[20]

Capone meldete sich in Begleitung seines Anwalts bei der Polizei. »Ich bin ein ehrbarer Geschäftsmann«, sagte er mit so aufrichtiger Entrüstung, wie sie nur jemand aufbringen konnte, der völlig unschuldig ist − was ja ausnahmsweise zutraf. »Ich bin nicht der Besitzer des Four Deuces, und ich habe auch sonst nichts damit zu tun. Mir gehört ein Antiquitätengeschäft im Erdgeschoß, und das ist auch schon alles. Aber ständig versucht irgend jemand, mich grundlos in irgendwas reinzuziehen.«[21] Capone kannte weder Duffy noch Engelke, und O'Banion hatte er seit drei Wochen nicht gesprochen.

Engelke, der sich schon als toter Mann sah, nachdem die Polizei die Geschichte aus ihm herausgebracht hatte, packte die Möglichkeit beim Schopf, seine Aussage zu widerrufen, als O'Banion ihm gegenübergestellt wurde. »Wenn das O'Banion ist«, sagte er, »dann habe ich jemand anderes mit Duffy wegfahren sehen. Ich habe O'Banion noch nie getroffen, aber ich habe gehört, daß er der Bursche gewesen sein soll, zu dem Duffy an dem Abend in den Wagen gestiegen ist, nachdem er Maybelle Exley getötet hat. Aber das ist nicht der Mann.«

Warum hatte O'Banion Duffy erschossen? Vielleicht hatte er vermeiden wollen, daß Duffy in seiner Verzweiflung das Angebot der Millers annehmen, ihn töten und die Prämie kassieren würde. Oder Duffy hatte irgend etwas von sich gegeben. Aber das wußte nur O'Banion. Was immer der Grund gewesen sein mag, die Sinnlosigkeit des Mordes und die Tatsache, daß O'Banion das

Four Deuces in die Geschichte hineingezogen hatte, bestärkten Capone in der Überzeugung, daß er etwas mit diesem Mann unternehmen mußte.

Aber noch war die Zeit nicht reif. Noch immer nahm die Eroberung Ciceros Capones ganze Kraft in Anspruch. Außerdem konnte nur Torrios persönliche Autorität das wirkliche Problem lösen, denn es betraf dessen wichtigste und engste Verbündete, die Gennas. In Wahrheit war es nicht O'Banion, sondern diese Gang, die immer wieder gegen die wichtigsten Abmachungen des Kartells verstießen. Das Ergebnis war, daß sowohl O'Banion als auch die Gennas bereit waren, einander zu vernichten.

Ein Zeitgenosse bezeichnete die Gennas als »Wurf einer streunenden Katze«.[22] Schon vor der Prohibitionszeit hatten sie in Little Italy das Sagen gehabt. Das Alkoholverbot brachte ihnen jetzt ein Vermögen ein. Sie hatten sich eine staatliche Lizenz für den Handel mit Industrie-Alkohol beschafft, redestillierten den denaturierten Alkohol und verwandelten ihn in trinkbaren Schnaps.[23] Sie mieteten ein dreistöckiges Lagerhaus in der 1022 Taylor Street, das ihnen als Hauptquartier und Lager diente, mußten aber feststellen, daß die Nachfrage in kurzer Zeit so groß wurde, daß sie mit den Lieferungen nicht mehr nachkommen konnten. Henry Spignola − Besitzer einer Autowerkstatt, Lokalpolitiker und Anwalt mit relativ weißer Weste, dessen Schwester 1925 den jungen, brutalen Angelo Genna heiratete − fand die Lösung des Problems.[24] Von Torrio finanziert[25], ließen die Gennas in Hunderten, schließlich in Tausenden von Wohnungen in ganz Little Italy primitive Destillierapparate aufstellen.[26] Nach kurzer Zeit konnte man »die Taylor Street heruntergehen und dabei allein von den Dämpfen schon betrunken werden«, wie Howard Browne es ausdrückt, der als Neunzehnjähriger in dieser Gegend Milch und Butter auslieferte.

»Die Durchschnittsfamilie, in deren Wohnung ein Destillierapparat betrieben wurde«, schrieb ein Reporter, »bekam täglich fünfzehn Dollar von den Gennas. Für die Sizilianer war es ein Geschenk des Himmels. Der Herr des Hauses brauchte nicht viel mehr zu tun, als seine Pfeife zu rauchen, die Destille in Betrieb zu halten und sich den Rücken zu kratzen.«[27]

Ganz so war es nicht. Die Alkoholkocher mußten Maische mit Zucker und Hefe vermischen, warten, bis der Gärungsprozeß einsetzte, und dann mit dem Aufkochen beginnen. Außerdem mußten sie den Destillierapparat sorgfältig im Auge behalten, denn die primitiven Dinger konnten schnell explodieren. Aber Spignolas Plan, diese zeitraubende Arbeit zu dezentralisieren, erwies sich als brillant. Die Gennas lieferten den Familien alles, was sie brauchten: die Destillierapparate, Maische, Zucker, Hefe. Sie zeigten den Schwarzbrennern, wie man die Gas- und Wasserleitungen anzapfen konnte − nicht nur, um Geld zu sparen, sondern weil der große Gas- und Wasserverbrauch der Destillierapparate auf den Betrieb eines solchen hindeuten konnte, wenn der städtische Ableser kam.[28] Und sobald ein Polizist eine Schwarzbrennerei entdeckte, für die er noch kein Schmiergeld kassierte, erhöhte er seine Forderung entsprechend.

Auf dem Gipfel ihrer Macht hatten die Gennas fünf Polizeicaptains sowie etwa vierhundert uniformierte Beamte der Wache an der Maxwell Street, nur vier

Querstraßen vom Lagerhaus entfernt, auf ihrer Schmiergeldliste. Hinzu kamen mehrere Einheiten aus dem Central Detective Bureau sowie Beamte aus dem Büro des Staatsanwalts. Im Lagerhaus an der Taylor Street gingen so viele Polizeibeamte ein und aus, daß die Bewohner der Gegend das Gebäude bald nur noch »das Polizeirevier« nannten.[29] Die Brüder bekamen jeden Monat eine aktuelle Besoldungsliste von der Wache übermittelt, auf der die Dienstnummern standen, so daß kein fremder Polizist abstauben konnte. Als einige Lkw-Lieferungen außerhalb des Bezirks von der Polizei angehalten wurden, beschwerten die Gennas sich. Von da an bekamen ihre Konvois polizeilichen Geleitschutz, sobald sie sich außerhalb des Bezirks befanden. Die Höhe der Bestechungsgelder reichte bei Streifenpolizisten von 15 bis zu 125 Dollar monatlich[30] – zufällig genau die Summe, die ein Polizist als Jahresprämie für außergewöhnlichen Diensteifer bekommen konnte.[31] Captains kassierten 500 Dollar im Monat.[32]

Die vielen Kleinbetriebe lieferten solche Mengen Schnaps, daß die Gennas nach kurzer Zeit mehr im Lager hatten, als die Kunden innerhalb ihres Territoriums verlangten. Daraufhin erweiterten die Brüder ihr Verkaufsgebiet nach Norden und Osten und begannen, auch Kunden von O'Banion zu beliefern. Sie brachten minderwertigen Schnaps auf den Markt, während der von O'Banion vergleichsweise schmackhaft war, doch machten sie diesen qualitativen Nachteil wett, indem sie ihre Ware billiger anboten: 3 Dollar pro Gallone gegenüber 6 bis 9 Dollar, die O'Banion als Mindestpreis verlangte.[33]

Natürlich konnte O'Banion sich so etwas nicht bieten lassen. Zwar war der Handel mit Bier sein mit Abstand wichtigstes Geschäft, und die Gennas vertrieben kein Bier, so daß sie durch den Verkauf ihres Fusels nur eine Nebenerwerbsquelle O'Banions abschnitten. Aber niemand nahm dem Iren ungestraft etwas weg. Da er Torrio respektierte, beklagte er sich zuerst bei ihm. Torrio gelang es, die wilden Gennas gerade so weit zu mäßigen, daß ein Krieg zwischen ihnen und O'Banion vermieden werden konnte, obwohl es zu einigen Scharmützeln an den Territoriumsgrenzen kam. Auch Capone schaffte es, O'Banion die streunenden Katzen vom Leibe zu halten, während Torrio in Italien war.

Torrio und Capone konnten nicht zulassen, daß die Gier der Gennas das Kartell gefährdete. Im übrigen hielten sie die Brüder für fast so unberechenbar wie den notorischen Quertreiber O'Banion selbst. Binnen eines Jahres sollte Capone vor dem unausweichlichen Problem stehen, die Gennas beseitigen zu müssen. Doch vorerst bekamen sie Hilfe von Mike Merlo.

Merlo wurde 1880 auf Sizilien geboren und kam im Alter von neun Jahren in die USA. Er war Nachfolger Anthony D'Andreas als Chef der Unione Siciliana in Chicago geworden. Das hohe Ansehen, das er bei seinen Landsleuten genoß, war auf sein sichtliches Bemühen um ihr Wohlergehen zurückzuführen. Zwar nutzte er den Einfluß der Italiener für seine Karriere und billigte ihre Ausbeutung durch die Gennas. Er bemühte sich jedoch, ihre Lebensbedingungen zu verbessern und war immer bestrebt, friedliche Lösungen zu finden.[34] »Er wies den Mord als Waffe mit Nachdruck zurück«, formulierte es ein Journalist.[35] Merlo erlaubte den Gennas keinen offenen Angriff gegen O'Banion, und in Little Italy war sein Wort Gesetz.

Das Patt zwischen O'Banion und den Gennas blieb bis zum Frühjahr 1924 bestehen. Ungefähr zu dieser Zeit kehrte Torrio von den Wahlen aus Cicero zurück, zeigte sich hochzufrieden mit den Erfolgen Capones und übernahm selbst die Aufgabe der Friedensüberwachung. Auch nachdem O'Banion eine Lkw-Ladung Schnaps von den Gennas gekapert hatte,[36] hielten Torrio (und Merlo) die Brüder von Vergeltungsmaßnahmen ab, obwohl Torrio sich zu diesem Zeitpunkt schon gefragt haben muß, wie lange dieser Zustand noch andauern konnte. Plötzlich erschien O'Banion bei ihm und machte einen Vorschlag, der für alle Beteiligten einen Ausweg zu bieten schien.

O'Banion war die ganze Sache leid. Die Gennas waren *keine* prima Kerle, sie waren verrückt. Wer konnte sagen, was noch alles geschah? Und wofür? O'Banion hatte genug. Er war zweiunddreißig Jahre alt. Er liebte Colorado und genoß die Urlaube, die er dort auf Louis Alteries Ranch verbrachte. Er wollte sich ebenfalls dort niederlassen. Falls Torrio ihm seine Anteile an der Sieben-Brauerei für, sagen wir, eine halbe Million abkaufte, würde er aussteigen.[37]

O'Banion bekam die halbe Million. Er verabredete mit Torrio, sich am frühen Morgen des 19. Mai 1924 an der Brauerei mit ihm zu treffen. An diesem Tag sollte eine besonders große Lieferung losgeschickt werden. Torrio konnte die Gelegenheit nutzen, den Männern O'Banions die Zusage zu machen, sie auch in Zukunft mit Bier zu versorgen, das sie weiterhin in der North Side ausliefern durften.

Die Sieben-Brauerei befand sich auf einem großen und gut einsehbaren Gelände an der 1464-1475 North Larrabee Street, unweit der Einmündung der Ogden in die North Street. Im vorangegangenen Sommer, am 29. August 1923, hatten Prohibitionsagenten der Brauerei einen Besuch abgestattet, die überhaupt nur mit der Auflage brauen durfte, ausschließlich »near beer« herzustellen. Dabei hatten sie in einer Lagerhalle Fässer mit richtigem Bier entdeckt. Der Braumeister und vorgebliche Eigentümer der Sieben, George Frank, erklärte: »Tut mir ehrlich leid, daß ich erwischt wurde.« Obwohl der Staat der Brauerei daraufhin die Lizenz entzog, liefen Produktion und Vertrieb auf vollen Touren weiter.

Polizeichef Collins bekam Wind davon und beschloß, eine geheime, überraschende Razzia zu unternehmen. Unglücklicherweise erzählte er einigen Kollegen davon. Einer von ihnen teilte O'Banion Tag und Stunde der Razzia mit, der daraufhin schleunigst sein Geschäft mit dem ahnungslosen Torrio abschloß.

Collins und sein neuer Bezirkschef, Captain Michael Zimmer, schlugen mit mehreren Einheiten um fünf Uhr morgens zu. Sie nahmen bewaffnete Gangster fest, die mit mehreren Wagen das Firmengelände bewachten. Hinter den Toren der Brauerei fanden sie vier Lastwagen, die mit 144 Barrel Bier beladen waren. Ein anderer Laster stand vor einem Lagerraum, in dem weitere 300 Barrel gefunden wurden. Insgesamt wurden an diesem Morgen 128 500 Gallonen Bier auf dem Gelände der Brauerei sichergestellt. Collins riß persönlich zwei Streifenpolizisten, die vor längerer Zeit in der Brauerei postiert worden waren, um die Einhaltung des Lizenzentzugs zu kontrollieren, die Dienstmarken von der Uniform. Die beiden Beamten sowie ein dritter, der gerade dienstfrei hatte, wanderten ins Gefängnis.

Alles in allem wurden bei der Razzia dreizehn Lastwagen, sechs Limousinen, ein ganzes Arsenal von Revolvern und Schrotflinten beschlagnahmt sowie einunddreißig Bootlegger festgenommen, darunter auch Torrio und O'Banion. Außerdem entdeckte man ein kleines schwarzes Buch, das George Riley Jacobs gehörte, einem Verwandten von Torrios Frau Anna Jacobs. In diesem Buch waren die Namen von sechs Sergeants notiert, die in dem Bezirk in der Nähe von Torrios Manhattan-Brauerei Dienst taten. Jacobs hatte auch gleich die Höhe der Schmiergelder vermerkt: 40 Dollar für die Frühschicht, 30 Dollar für die »Hundewache« (die Nachtschicht von Mitternacht bis acht Uhr morgens) und 25 Dollar für die Spätschicht. Außerdem fand sich die Eintragung, daß Jacobs noch am 7. Februar telegraphisch 3 000 Dollar an Torrio nach Mailand überwiesen hatte.

Capone blieb von dem ganzen Wirbel verschont, denn er hielt sich wegen des Mordes an Howard elf Tage zuvor noch versteckt, um abzuwarten, bis sämtliche Zeugen eingeschüchtert oder geschmiert worden waren.

Collins übergab den Fall an die Bundesbehörden, nicht an Crowe, was ein gezielter Schlag gegen den Bezirksstaatsanwalt war. Die Regierung sei auf die Mitarbeit vorbereitet, teilte Collins freundlich mit.

Auf dem Polizeirevier gab Torrio, »still und bedrückt«, sein übliches Pseudonym »Frank Langley« an. O'Banion hingegen machte einen bemerkenswert munteren Eindruck. Er schlenderte in Begleitung von zwei Detectives aus der Zelle, pfiff fröhlich vor sich her und drückte einem Pförtner 20 Dollar in die Hand, um für alle ein Frühstück zu besorgen. Er machte sich keine Sorgen. Es war sein erster Verstoß gegen das Prohibitionsgesetz, so daß er mit einer geringen Geldstrafe davonkommen würde.

Bei Torrio sah die Sache anders aus. Nachdem man ihn zum Untersuchungsverhör geführt hatte, zog er sein Geldbündel aus der Tasche und zahlte 7 500 Dollar Kaution für sich selbst sowie weitere 5 000 Dollar für einen geheimnisvollen »James Casey«. Dieser entpuppte sich als demokratischer Politiker namens Daniel J. O'Conner, der die Öffentlichkeitsarbeit für William McAdoo machte, einen fanatisch trockenen Kandidaten für die Nominierung der Demokraten zu den Präsidentschaftswahlen 1924. Torrio hoffte, den Namen O'Conner heraushalten zu können, bevor die Polizei oder Reporter sein Alias aufdeckten. Er verließ die anderen, auch seine eigenen Leute, um auf das Eintreffen der offiziellen Kautionsbürgen des Kartells, Ike Roderick und Billy Skidmore, zu warten; der kleine Louis Cowan bekam diesen Job erst später von Capone.

Daß Torrio bedrückt war, ist verständlich. Ihm drohte eine Haftstrafe. Er versuchte indirekt, wenn auch vergeblich, den stellvertretenden Bezirksstaatsanwalt William F. Waugh mit 50 000 Dollar zu bestechen, damit dieser die Anklage fallen ließ, aber letztlich gelang es ihm nur, die Verhandlung durch Vertagungen acht Monate hinauszuschieben. Doch es war seine zweite Verurteilung. Johnny Torrio mußte hinter Gitter.

Drei Tage später wurde die Leiche von Bobby Franks an der Stelle gefunden, an der Leopold und Loeb sie hatten liegen lassen. Diese Geschichte ließ Chicago die Schlagzeilen über die Razzia in der Sieben-Brauerei vergessen.

10

... ist aus dem Spiel

Nicht nur, daß Torrio wegen O'Banions Verrat im Gefängnis gelandet war – jetzt weigerte sich dieser Kerl auch noch, das Geld zurückzuzahlen, mit dem Torrio eine Brauerei bezahlt hatte, die von Amts wegen geschlossen worden war.[1] Vielleicht wäre Torrio bereit gewesen, das alles hinzunehmen, wenn dadurch der Frieden gewahrt und der Zusammenhalt des Kartells gesichert worden wäre. Vermutlich betrug die Haftstrafe weniger als ein Jahr, und amtliche Schließungen einer Brauerei waren auch nur auf ein Jahr befristet. Damit war Torrio rechtmäßiger Besitzer einer einträglichen Bier- und Geldquelle. Doch O'Banion ließ ihm keine Wahl.

Gerüchte besagten, daß eine bemerkenswert dumme Geschichte zur endgültigen Auseinandersetzung mit all ihren Konsequenzen führte. Wie es hieß, hatte Hymie Weiss beim Kampf gegen die Gennas zur Vorsicht geraten, worauf O'Banion erwidert haben soll: »Ach, zum Teufel mit diesen Sizilianern!«[2] Angeblich gaben diese Worte, als sie den Gennas, Torrio und Capone zu Ohren kamen, den Ausschlag für alles folgende.

Nur wenige Männer, darunter O'Banion, mordeten aus nichtigen Gründen. Und diese Männer waren keine empfindlichen Typen, deren Gefühle leicht verletzt werden konnten, schon gar nicht durch Beleidigungen aus zweiter Hand. Außerdem gab es damals relativ wenig ethnische und religiöse Ressentiments. Die Gennas haben die Bezeichnung »Sizilianer« bestimmt nicht als tödliche Beleidigung aufgefaßt. Und weder Torrio noch Capone waren überhaupt Sizilianer.[3] Vermutlich waren ihre Vorbehalte den Sizilianern gegenüber sogar größer als die O'Banions. Wie ein ehemaliger Untergebener Capones berichtet, habe dieser einmal erklärt: »Man kann den verdammten Sizilianern nicht trauen«, denn »sie sind gar keine richtigen Italiener und taugen nichts«.[4] Falls Capone dies wirklich gesagt hat, wäre es der einzige Beleg, daß er Vorurteile hatte. Aber das ist unwahrscheinlich, denn Capone arbeitete eng und erfolgreich mit vielen Sizilianern zusammen und vertraute ihnen vorbehaltlos. Dennoch spiegelt das Zitat gewiß Capones Meinung über die Gennas wider. Die Gier und der Ehrgeiz der Brüder wurden zur unerträglichen Belastung. Wäre jemand mit dem Wunsch an Torrio und Capone herangetreten, die Gennas beseitigen zu dürfen – die beiden hätten ihren Segen gegeben.

Nicht, was O'Banion sagte, kostete ihn das Leben, sondern was er tat. »Dion war in Ordnung«, faßte Capone es später zusammen,

> »aber es lief besser für ihn, als er's verdient hatte. Ihm war der Erfolg zu Kopf gestiegen. Hymie Weiss war auch so einer. Johnny Torrio hatte O'Banion alles beigebracht, was er wußte, und dann schnappte O'Banion sich einige von unseren besten Jungs und beschloß, Boß des Schnaps-Rackets von Chicago zu werden. O'Banion hatte es einfach, uns das Leben schwerzumachen, und das hat er getan. Er hatte die Aufgabe, die Cops zu schmieren, und wir haben ihm bei den Schnaps- und Bierkunden freie Hand gelassen. Nachdem er ausgestiegen war, lief es eine Zeitlang gar nicht nicht gut. Er hatte die nötigen Verbindungen, und er hat uns zur Verzweiflung getrieben, hat uns allen das Geschäft vermasselt. Cops, denen Torrio und ich ein paar Hunderter bezahlt haben, hat er Tausender in die Hand gedrückt. Er hat die Bullen verdorben. Wir konnten nichts dagegen tun. Das war seine Beerdigung.«[5]

Drei Gründe hielten Torrio davon ab, sofort loszuschlagen, nachdem O'Banion ihn mit der Sieben-Brauerei hineingelegt hatte. Erstens mußte sein Feldherr Capone wegen des Howard-Mordes noch bis Juni untertauchen. Zweitens sträubte Mike Merlo sich weiterhin gegen die Ermordung O'Banions. Und drittens hatte O'Banion, trotz aller kleineren Auseinandersetzungen, den Gennas noch nicht wirklich den Krieg erklärt, da er im Frühjahr 1924, bis in den Sommer hinein, zu sehr damit beschäftigt war, sich gegen die gerichtlichen Konsequenzen seiner früheren Eskapaden zu wehren.

Obwohl Bezirksstaatsanwalt Crowe alle drei Klagen zurückgezogen hatte, war O'Banion von einer Grand Jury vernommen und wegen des Hijackings zwei Tage nach den Schüssen auf Miller sowie wegen der Plünderung des Sibley-Lagerhauses angeklagt worden. Der Richter setzte den Verhandlungstermin für den ersten Fall auf Juli an. Der zweite war für Dezember vorgesehen, fand aber nie statt, denn im Dezember war O'Banion bereits tot. Der Prozeß im Juli jedoch ist typisch für Verhandlungen gegen Gangsterbosse in jener Zeit, und er verdeutlicht, warum es so selten zu Schuldsprüchen kam. Zuerst einmal hatte das Gericht erhebliche Probleme, Geschworene zu finden. »Also wirklich«, sagte O'Banion, als das Verfahren sich hinzog, »die brauchen länger, Geschworene aufzutreiben, als die Demokraten, um ihren Präsidentschaftskandidaten zu wählen« (tatsächlich waren 103 Wahlgänge erforderlich).[6] In einem früheren Fall hatte ein Geschworener vor Beginn der Verhandlung erklärt, er werde aus Angst, zusammengeschlagen oder erschossen zu werden, für »nicht schuldig« stimmen, obwohl er von der Schuld des Angeklagten überzeugt war.

Darüber hinaus mußte das Gericht zwölf Personen auftreiben, die zu schwören bereit waren, nichts über bekannte Gangster zu wissen, die doch fast täglich in den Schlagzeilen waren, und vor allem, daß sie vorbehaltlos hinter dem Prohibitionsgesetz standen − was noch unwahrscheinlicher war. Einer von O'Banions Anwälten, Michael J. Ahern, wandte sich an einen Geschworenen, der sich für die Einhaltung des Gesetzes ausgesprochen hatte.

Ahern: Sie sind in keiner Weise befangen?

Geschworener: Na ja, vor sieben Jahren habe ich einer Organisation von Alkoholgegnern ein bißchen Geld gespendet.

Ahern: Könnte es sein, daß Sie in den letzten fünf Jahren Ihre Meinung geändert haben?

Geschworener: Ja, Sir. Ich habe meine Meinung geändert.[7]

Als die Zeugenvernehmungen begannen, erlitt Charles Levin einen Anfall von »Chicago-Amnesie«, wie O'Banion es bezeichnete.[8] Levin war nicht imstande, die Männer zu identifizieren, die seinen Lastwagen überfallen hatten. Der Ankläger zeigte Levin das Protokoll der Aussage, die er unmittelbar nach dem Hijacking gemacht hatte. Er müsse damals vollkommen verwirrt gewesen sein, erklärte Levin. Um die Wahrheit zu sagen, könne er sich von dem Moment an, als die Limousine seinen Laster an den Straßenrand gedrängt habe, an nichts mehr erinnern. Der Ankläger wollte wissen, was mit seiner zweiten, identischen Aussage sei, die er zu einem späteren Zeitpunkt vor der Grand Jury abgegeben habe. Wieder ein Blackout. Nein, er könne nicht sagen, ob es die Männer seien oder nicht.

Zehn der zwölf Geschworenen zeigten lobenswerten Mut, nachdem die Polizisten ihre Aussagen gemacht hatten. Doch nach sechsunddreißig Sitzungen erklärte die Jury sich als nicht entscheidungsfähig, da zwei Geschworene auf »nicht schuldig« plädierten. Einer der zehn anderen war um Mitternacht, nachdem man acht Stunden auf die zwei Abweichler eingeredet hatte, auf die Knie gesunken und hatte zu Gott gefleht, daß die beiden sich wenigstens die Argumente der Mehrheit anhören sollten. Die Klage wurde abgewiesen. Späteren Berichten zufolge erhielten die beiden Geschworenen 50 000 Dollar.

Wegen Verdachts auf Meineid verfügte der Richter eine Vernehmung Levins durch eine Grand Jury. Daraufhin gab Levin zu, daß man ihn unter Druck gesetzt hatte. »Die haben mich gewarnt«, meinte er. »Man sagte mir, ich solle den Mund halten, oder ich bekäme ihn für immer gestopft. Und es spricht viel dafür, daß dies keine leere Drohung ist.«[9] Levin machte das Angebot, sich selbst von jedem Verdacht reinzuwaschen, indem er noch einmal in den Zeugenstand trat. Aber was hätte das genutzt? Der Staat hätte O'Banion allenfalls noch einmal verklagen können, und das auch nur wegen einer Nichtigkeit, der Einschüchterung von Zeugen. Und vermutlich erlitt Levin dann einen weiteren Anfall von »Chicago-Amnesie«.

Nach dem Prozeß, im Spätsommer, hielt O'Banion sich aus allem heraus, was Ärger bringen konnte. Vor allem hielt er sich von Torrio fern. Er machte einen langen Urlaub in Colorado und kehrte im November 1924 nach Chicago zurück, um bei der Wiederwahl Bob Crowes zu helfen.[10]

Am Tag vor der Wahl war O'Banion, ohne es zu wissen, ein toter Mann. Für seine Hilfe in Cicero im vergangenen April hatte Torrio ihm Beteiligungen am Ship geschenkt. Am 3. November 1924 kam O'Banion dorthin, um seinen wöchentlichen Anteil zu kassieren. Zu dieser Zeit war Capone der Boß, denn

Torrio war anderweitig beschäftigt. Und bei ihm saßen Frank Maritote (alias Diamond), Frank Rio (Capones Hauptbodyguard) und Frank Nitti, der später Capones Nachfolger wurde. Capone sagte O'Banion, daß Angelo Genna so große Spielverluste gemacht habe, daß die Wocheneinnahmen besonders hoch seien. Genna hatte ein Bündel Banknoten sowie einen Schuldschein von beträchtlicher Höhe hinterlassen. Capone schlug vor, den Schuldschein zu zerreißen, als Zeichen der Höflichkeit unter Kollegen. O'Banions Antwort bestand darin, daß er zum nächsten Telefon humpelte, Angelo anrief und kategorisch verlangte, den Schuldschein binnen einer Woche einzulösen.[11]

Das gab den Ausschlag. Als Torrio von der Geschichte hörte, schickte er O'Banion dessen Anteil und zerknüllte dann den Schuldschein. Aber die Gennas, insbesondere Angelo, konnten O'Banion diese Beleidigung nicht verzeihen. Das war keine geschäftliche Angelegenheit mehr, das war ein persönlicher Affront. Jetzt konnte niemand mehr die Gennas zurückhalten, Torrio nicht und nicht einmal Mike Merlo.

Aber Torrio wollte es auch nicht mehr. Immer wieder setzte O'Banion den Zusammenhalt des Kartells aufs Spiel. Seine Ermordung mochte eine Vendetta auslösen, aber konnte die wirklich schlimmer sein als die sich ganz offensichtlich verschlechternden Zustände? O'Banions wahrscheinlicher Nachfolger, Hymie Weiss, war intelligenter als sein Boß. Zwar war auch er ein Hitzkopf, würde aber vielleicht erkennen, daß Vergeben und Vergessen manchmal zum Geschäft gehörte. Natürlich würde die Ermordung eines Gangsterbosses unerwünschten Presserummel und Druck durch die Polizei auslösen. Aber so kostspielig das alles auch sein mochte − es war eine vorübergehende Sache, wohingegen O'Banion wer weiß wie lange noch für Unruhe gesorgt hätte. Und Torrio war mit seiner Geduld am Ende.

Im übrigen hatte Mike Merlo Krebs und war todkrank. Die Ärzte gaben ihm nur noch ein paar Tage, und seine merkwürdigen Vorbehalte gegen Morde würden mit ihm sterben. Tatsächlich starb Merlo am Samstag, dem 8. November 1924 − für mehr als fünf Jahre war er der letzte Boß der Unione Siciliana in Chicago, der im Bett starb.

Wieder rief Capone Frankie Yale an. Sie brauchten ihn aus den gleichen Gründen wie damals, als Colosimo beseitigt worden war: Der Mörder mußte dem Opfer unbekannt und von möglichen Zeugen schwer zu identifizieren sein. Vor allem war Yale ein Mann, der stets die Nerven behielt und die Sache abblies, falls Vorsicht geboten war.[12]

Merlos Beerdigung am Donnerstag, dem 13. November, hatten Capone und Carmen Vacco, Chef des städtischen Eichamts, als ein verschwenderisches Schauspiel inszeniert. Unter den ehrenamtlichen Sargträgern befanden sich Bürgermeister Dever, Bezirksstaatsanwalt Crowe, Polizeichef Collins und Anton J. Cermak, Chef der Bezirksverwaltung des Cook County. Dreitausend Trauernde drängten sich vor Merlos Haus am Diversey Parkway und folgten dem Sarg durch den Regen zur St. Clement's Church, in der die Trauermesse stattfand. Bei der Ansprache sagte ein Priester zu Recht: »Wegen seiner Sanftmut und Freundlichkeit war er bei allen Menschen beliebt.« Anschließend zogen zehntausend

Trauernde zum Mount-Carmel-Friedhof. Ein offener Wagen, in dem eine lebensgroße Wachsfigur Merlos in einem Anzug aus blauen Blumen saß, führte den Leichenzug an, gefolgt von achtundachtzig Limousinen mit Mitgliedern der Unione Siciliana. Der Rest des Trauerzuges folgte hinter dem Leichenwagen. Die Prozession, in der insgesamt 226 Wagen mitfuhren, war eine Meile lang.[13]

Viele Fahrzeuge waren reich mit Blumen im Gesamtwert von etwa 100 000 Dollar geschmückt. Der größte Teil dieser Blumen stammte von O'Banion, denn Beerdigungen bedeuteten Waffenstillstand. Von Torrio stammte ein Gebinde für 10 000 Dollar, Capone hatte sich, wie es sich für einen Untergebenen gehörte, mit einem 8 000-Dollar-Gebinde begnügt. Aus gegebenem Anlaß hatte O'Banion sogar die Gennas beliefert, ohne übermäßige Vorsicht zu zeigen. Am Sonntag vor der Beerdigung war Jim Genna in Begleitung Carmen Vaccos im Schofield's erschienen, um einen 750-Dollar-Kranz abzuholen – und um den Laden in Augenschein zu nehmen.[14] Am Abend, als O'Banion gegangen war, nachdem er den ganzen Tag Bestellungen für die Beerdigung aufgenommen hatte, rief Yale an. Er gab bei Bill Schofield eine Bestellung für 2 000 Dollar auf.[15] Ob er morgen gegen Mittag vorbeikommen und die Blumen abholen könne?

Am Morgen des 10. November 1924, einem Montag, kam O'Banion gegen halb elf in den Laden. Er rechnete damit, an diesem Tag noch einmal kräftig Umsatz zu machen. Der Verkaufsraum war etwa acht Meter breit und sechzehn Meter lang. Ein Wirrwarr aus Blumen und anderen Zierpflanzen bedeckte die Wände. Im hinteren Teil des Ladens befand sich eine Vitrine, die vom Boden bis zur Decke reichte und fast die gesamte Breite des Raumes einnahm; in dem einsfünfzig tiefen Glaskasten waren prächtige American-Beauty-Rosen ausgestellt. Zwischen der Ladenwand und der einen Seitenwand der Vitrine befand sich ein schmaler Durchgang, der in einen Arbeitsraum sowie in die Büros führte. In den Arbeitsraum gelangte man durch ein Tor aus Weidengeflecht, das meist offenstand.

Kurz vor halb zwölf war O'Banion in diesem Arbeitsraum damit beschäftigt, einen Strauß Chrysanthemen zu binden. Der Geschäftsführer des Ladens, der Buchhalter sowie ein Auslieferungsfahrer befanden sich in den Büros im hinteren Teil. »Bill«, sagte O'Banion zu William Crutchfield, einem Schwarzen, der als Hilfskraft im Laden arbeitete, »feg mal die Blätter da drüben zusammen.« Er wies mit dem Kopf auf den Boden neben den Blumengestecken, die im Verkaufsraum zum Abholen bereitlagen. Crutchfield war gerade mit der Arbeit fertig, als die Eingangstür geöffnet wurde. Er hatte die drei Männer, die in den Laden kamen, nie zuvor gesehen. Der mittlere von ihnen war glatt rasiert, gut gekleidet und größer als seine beiden Begleiter. »Er sah wie ein Jude oder ein Grieche aus«, meinte Crutchfield später. Seine Gesichtshaut sei heller gewesen als die der beiden anderen Männer, die Crutchfield als »klein, untersetzt und ziemlich brutal aussehend« beschrieb.

O'Banion kam in den Verkaufsraum gehumpelt, die Blumenschere noch in der linken Hand; die Rechte hielt er ausgestreckt, um den Männern die Hände zu schütteln, wie allen Kunden. »Hallo, Jungs«, sagte er, während Crutchfield zum Durchgang schlenderte, um wieder in den Arbeitsraum zurückzukehren, »seid ihr wegen Mike Merlo gekommen?«

Frankie Yale, der zwischen John Scalise und Albert Anselmi, den beiden brutalsten Killern der Gennas, stand, sagte: »Ja« und streckte gleichfalls seine Hand aus. Bevor Crutchfield im Arbeitsraum verschwand, warf er einen kurzen Blick über die Schulter und sah, wie die Männer sich die Hände schüttelten.

Yale ließ O'Banions rechte Hand jedoch nicht mehr los. Wahrscheinlich packte er auch dessen linken Arm, während die beiden Killer ihre Achtunddreißiger hervorrissen.

Sekunden später hörte Crutchfield kurz hintereinander fünf Schüsse. Zwei Kugeln trafen O'Banion in die Brust, zwei in die Kehle, und eine fünfte zerschmetterte seinen rechten Kieferknochen. Durch die Wucht der Einschläge wurde O'Banion zurückgeschleudert. Er prallte gegen die Vitrine und stürzte zu Boden. Einen Augenblick später hörte Crutchfield einen sechsten Schuß, als sich einer der Killer über den auf dem Rücken liegenden O'Banion beugte, ihm die Mündung seiner Achtunddreißiger an den Kopf drückte und ihm, um ganz sicher zu gehen, einen letzten Schuß gab. Dabei versengte das Pulver O'Banions linke Wange.

Die drei anderen Angestellten Schofields verließen durch den Hinterausgang fluchtartig den Laden. Crutchfield stürmte in den Verkaufsraum und sah noch, wie die Revolvermänner durch die Tür verschwanden.

Vor dem Geschäft beobachteten Zeugen, wie die drei Männer im Laufschritt um die Ecke in die Superior Street bogen, die wenige Meter vom Laden entfernt lag. Dort sprangen sie in einen dunkelblauen Jewett, der mit laufendem Motor gewartet hatte. Am Steuer saß, wie sich später herausstellte, Mike Genna.[16]

Daß Fluchtwagen mit laufendem Motor warteten, war nichts Neues. Doch als der Jewett in westlicher Richtung davonraste, lösten sich sechs weitere Fahrzeuge vom Straßenrand und blockierten den Verkehr auf der Kreuzung von Superior und State Street, so daß eine Verfolgung der Mörder unmöglich war. Erst als der Jewett weit im Süden in die Dearborn einbog und das Heulen einer Polizeisirene näherkam, setzten die sechs Wagen zurück und jagten davon. »Das war«, wunderte sich die »New York Times«, »soweit man sich erinnern kann, etwas ganz Neues.« Gerade in der Einfachheit dieses Manövers »habe sich ein brillanter Verstand offenbart«.[17]

Bill Shoemaker leitete die Untersuchungen, jener ehrliche Cop, den Dever zum Nachfolger des Captains bestimmt hatte, der für Spike O'Donnell Bier verkauft hatte. Seine erste Vermutung ging dahin, daß O'Banion seine Mörder gekannt hatte, weil er sie der Aussage Crutchfields zufolge mit Handschlag begrüßt hatte. »Er schüttelte fast jedem die Hand, das stimmt«, sagte Shoemaker, »aber keinem Fremden . . . Er muß die Mörder gekannt haben, zumindest vom Ansehen, und er mißtraute ihnen nicht.« O'Banion stand Fremden normalerweise mit leicht gespreizten Beinen gegenüber, lauernd, wachsam, die Hände in die Hüften gestemmt, die Daumen nach hinten, die Finger leicht gekrümmt, um blitzschnell nach einem Revolver in einer der eingenähten Taschen greifen zu können. Shoemaker irrte sich. Es gibt keinen Grund zu der Annahme, daß O'Banion Yale jemals kennengelernt hat. Und niemand, der Scalise und Anselmi erkannt hätte, würde entspannt dastehen. Die Gennas hatten die beiden

Killer aus Sizilien in die Staaten geholt. 1920, als Frankie Yale zwei entschlossene Revolvermänner brauchte, um einen irischen Tanzschuppen in Brooklyn zu stürmen und die dort versammelten White Handers umzubringen, hatte er Capone angerufen. Die beiden Killer, die Capone damals seinem alten Boß geliehen hatte, waren Scalise und Anselmi gewesen. Aber noch waren sie nicht so berüchtigt, daß die meisten ihrer Feinde oder auch Zeugen sie erkannten. Auch hier zeigte sich der Vorteil, wenn man um Fotografen einen Bogen machte.

Und außerdem, warum hätte O'Banion fragen sollen: »Seid ihr wegen Mike Merlo gekommen?«, wenn er seine Mörder erkannt hätte? Yales Blumenbestellung, nachdem Torrio, Capone und Jim Genna ihre Bestellungen bereits aufgegeben hatten, war ein noch größeres Meisterstück als der Trick mit den sechs Wagen. Auf diese Weise erreichte Yale, daß O'Banion kaum Grund hatte, mißtrauisch zu sein, und damit rechnete, tatsächlich Fremde vor sich zu haben, die gekommen waren, um eine der vielen Bestellungen abzuholen.

Captain Shoemaker ließ die üblichen Verdächtigen vernehmen. Capone stand ganz oben auf der Liste, dicht gefolgt von Torrio. Doch niemand wußte irgend etwas. Torrio behauptete, er und O'Banion wären Freunde gewesen – eine 10 000-Dollar-Bestellung sei ja wohl Beweis genug! Shoemaker machte auch den Versuch, von O'Banions betrübten Nachfolger etwas zu erfahren. Als er Hymie Weiss fragte: »Wenn Sie etwas über den Mord wüßten, würden Sie es mir sagen?«, erhielt er zur Antwort: »Na ja, um ehrlich zu sein, ich glaub' nicht.«

Nur Louis Alterie gab eine Erklärung ab, wobei er natürlich genau das Falsche sagte. »Wenn ich wüßte, wer Dion umgebracht hat«, sagte Alterie, »dann würde ich es noch vor Sonnenaufgang mit den Killern ausschießen . . .« Und falls es ihn, Alterie, erwische? »Dann sterbe ich mit einem Lächeln, denn ich weiß, daß ich zwei oder drei von ihnen mitgenommen habe.«[18]

Diese Dreistigkeit brachte bei Bürgermeister Dever das Faß zum Überlaufen. Da lag der »König der Unterwelt«, wie die Zeitungen O'Banion unablässig nannten, feierlich aufgebahrt – 40 000 Menschen flanierten am Sarg vorbei – in einem Bestattungsunternehmen, das einem stellvertretenden Staatsanwalt gehörte, dem späteren Amtsrichter John Sbarbaro, und dann kam auch noch dieser Gangster daher und hatte die Frechheit, in aller Öffentlichkeit zum Duell herauszufordern. Der Bürgermeister erteilte der Polizei die strikte Anweisung, auf jeden, der sich der Festnahme oder einem Verhör widersetzte, »gezielt zu schießen«, und im übrigen alle Gangster aus der Stadt zu jagen oder ins Gefängnis zu werfen.

Wie üblich untersagte Kardinal Mundelein die Totenmesse und verweigerte die Bestattung O'Banions in geweihter Erde. Ein Sprecher erklärte, daß »jemand, der im Leben die Dienste der Kirche zurückgewiesen hat, nicht erwarten darf, daß ihm diese Dienste im Tod zuteil werden«.

Dieses Verbot konnte nicht verhindern, daß die North Siders O'Banions am 14. November, dem Tag nach Mike Merlos prunkvoller Beerdigung, einen nicht minder bombastischen Trauerzug veranstalteten. Es gab ein Meer von Blumen (darunter einen Korb mit Rosen, in dem die Beileidskarte eines gewissen »Al

Brown« steckte), einen geschmackvoll mattierten 10 000-Dollar-Sarg aus versilberter Bronze, der in aller Eile von einem Spezialtransporter aus Philadelphia herangeschafft worden war und auf einem marmornen Sockel stand, sowie einen zwei Meilen langen Trauerzug, der zum nichtkirchlichen Teil des Mount-Carmel-Friedhofs zog. Die Straßen waren so voll, daß Halsabschneider für die Fensterplätze in den umliegenden Gebäuden einen Dollar verlangten. Die Jungs von der North Side machten Deany und sich selbst alle Ehre.

Fünf Monate später ließ Viola O'Banion die sterblichen Überreste ihres Gatten in aller Stille auf den kirchlichen Teil des Friedhofs umbetten, in die Nähe eines Mausoleums, in dem drei hohe Kirchenvertreter begraben waren, was einen erbosten Polizeicaptain zu dem Ausruf veranlaßte: »Jetzt sieh mal einer an. Nicht einmal dreißig Meter von einem Bischof entfernt!«

Wie nicht anders erwartet, führten die polizeilichen Nachforschungen zu gar nichts. Polizeichef Collins sagte: »Nur wenn wir großes Glück haben, werden wir die Killer fassen.« Und selbst wenn man sie faßte, stand zu bezweifeln, daß man einen Prozeß führen konnte. Der wertvollste Zeuge, Crutchfield, erklärte, daß er nicht imstande sein würde, die Mörder wiederzuerkennen. Die Polizei versuchte es weiter. »Wir sind tausendundeinem Hinweis nachgegangen!« erklärte der Chief of Detectives Hughes eingeschnappt, »nur um festzustellen, daß sie allesamt nichts wert sind.« Niemand wollte reden. »Je länger wir in der Gegend herumlaufen, desto fester sind wir davon überzeugt, daß wir nur unsere Zeit verschwenden.«

Das stimmte nicht ganz. Kurz nach O'Banions Beerdigung hatte man bei einer Großfahndung Frankie Yale geschnappt – mit einem Revolver in der Tasche. Doch die Polizei hatte ihn wieder auf freien Fuß gesetzt, weil die Feststellung seiner Identität keine Alarmglocke auslöste. Am folgenden Dienstag, dem 18. November, bekam Polizeichef Collins dann den Tip, daß Yale, der schon beim Mord an Colosimo vier Jahre zuvor der Hauptverdächtige gewesen war, in die Sache verwickelt und noch in der Stadt sei. Die Polizei schnappte Yale am Bahnhof an der La Salle Street, ein paar Minuten, bevor sein Zug nach New York abfuhr.

Yale war außer sich. Er besaß einen Waffenschein, von einem New Yorker Richter ausgestellt. Er sei zu Merlos Beerdigung nach Chicago gekommen und ein paar Tage länger geblieben, um einige alte Freunde zu besuchen. Als O'Banion erschossen wurde, habe er mit einem dieser Freunde zu Mittag gegessen, nämlich mit Samoots Ammatuna, einem Mitarbeiter der Gebrüder Genna. Ein Ober im Palmer House könne das bezeugen. Nick Delassandro konnte es selbstverständlich nicht nur bezeugen, er konnte sich sogar noch genau daran erinnern, was die beiden gegessen und getrunken hatten.[19]

Yale fuhr mit dem nächsten Zug nach Hause.

Es ist seltsam, daß jene Leute, die bald damit beginnen sollten, das Kartell aufzulösen, nun eine letzte Demonstration lieferten, wie hervorragend es arbeitete.

Eddie Tancl war Profiboxer gewesen, ein Leichtgewichtler, aber mit einem dermaßen harten Schlag, daß er einen Gegner im Ring zu Tode geprügelt hatte. Nach dem Ende seiner Boxkarriere war er in Cicero erfolgreicher Saloonbesitzer geworden. Das Hawthorne Park Café an der Fourty-eighth und Ogden Avenue verschaffte ihm so viel Einfluß in der Stadt, daß er schließlich der Meinung war, das Kartell bekämpfen zu können. Obwohl Tancl Torrio und Capone verachtete, kaufte er anfangs über die O'Donnells als Zulieferer ihr Bier. Als Devers Maßnahmen 1923 zur Folge hatten, daß die Versorgung mit normalem Bier abgeschnitten wurde, lieferten die O'Donnells zwangsläufig gepanschtes Bier. Tancl weigerte sich, diese Brühe zu kaufen, und verkündete, er werde sich in Zukunft seinen Bierlieferanten selbst aussuchen.

Das Kartell ließ Tancl mitteilen, daß er entweder Vernunft annehmen oder aus Cicero verschwinden müsse. Tancl lachte. Zwei Männer, der eine aus der O'Donnell-, der andere aus der Sheldon-Gang, wurden entdeckt, als sie gerade ein Streichholz an die Zündschnur von fünfundsechzig Stangen Dynamit hielten, die sie vor Tancls Lokal aufgestapelt hatten. Phillip Corrigans von Kugeln durchsiebte Leiche wurde einige Wochen später gefunden, Joseph Brooks tauchte unter.

Jetzt, da O'Banion nicht mehr lebte, war die Zeit gekommen, sich näher mit Tancl zu beschäftigen, der zwar nur ein kleines Ärgernis war, jedoch andere gleichfalls zum Widerstand ermutigen konnte. Nachdem sie am Abend des 22. November 1924, einem Samstag, ein Saufgelage in Tancls Saloon veranstaltet hatten, kamen Klondike O'Donnells jüngerer Bruder Myles und der gefährlichste Revolvermann der O'Donnells, Jim Doherty, am Sonntagmorgen um sechs Uhr in die Kneipe zurück und fingen wieder zu trinken an. Um elf Uhr provozierten Myles und Doherty wegen einer Rechnung von 5 Dollar und 50 Cent einen Streit. Myles schlug dem Kellner Martin Simet seinen Revolver auf den Schädel. Tancl griff zur Waffe. Als die Schießerei endete, lagen Barkeeper Leo Klimas sterbend und Eddie Tancl tot am Boden, während Myles und Doherty verwundet flüchteten.[20]

Im nächsten Frühjahr, nachdem die Vernehmungen beendet und die Zeugen verschwunden waren, brauchten die Geschworenen nur neun Minuten, um Myles O'Donnell und Jim Doherty für nicht schuldig zu befinden. Der Richter hatte gedroht, jedes andere Urteil für nichtig zu erklären.

Eine spezielle Jury, die den Mordfall O'Banion untersuchte, gab bekannt, daß sie nicht in der Lage sei, Verdächtige zu benennen. Die Geschworenen beklagten sich, daß sie »mit vielen widersprüchlichen Zeugenaussagen« konfrontiert wurden und daß »einige Zeugen offensichtlich die Wahrheit verschwiegen haben, andere sich grundsätzlich weigerten, Erklärungen abzugeben, während einige der wichtigsten Zeugen, um die gebeten wurde, nicht ausfindig gemacht werden konnten.«[21]

Diejenigen, die O'Banion überlebt hatten, wußten, woran sie waren.

11

Torrios Aus

Im Zuge der polizeilichen Nachforschungen über den Mord an O'Banion wurde im Dezember 1924 auch das Four Deuces geschlossen, obwohl es mittlerweile nur noch als Geschäftsgebäude diente.[1] Capone richtete ein neues Hauptquartier ein, zwei Querstraßen weiter im Osten, 2146 South Michigan Street. Hinter dem Namensschild »A. Brown, MD« fanden Besucher das scheinbar ganz normale Wartezimmer eines erfolgreichen Arztes, einschließlich alter, zerlesener Illustrierten. Im hinteren Teil des Zimmers waren Regale angebracht, auf denen Flaschen mit Schnäpsen unterschiedlicher Sorten standen, um den Kunden bei der Bestellung die Wahl zu erleichtern. Hier arbeitete Jack Guzik als Chefbuchhalter der Organisation Capones, des Outfit, inmitten von Akten über die wichtigsten Kunden, Einzelheiten über die Belieferung, geschmuggelten Schnaps, Brennereien und Brauereien, Bilanzen der Bordelle und Spielhallen und Terminplänen für die Schmiergeldzahlungen an Politiker und Polizei.[2]

Möglicherweise war Torrio nicht in der Stadt, als Capone das neue Büro aufmachte. Eine Zeitung berichtete, daß man ihn zum letztenmal kurz nach O'Banions Beerdigung gesehen habe und daß er erst in der zweiten Januarwoche 1925 wieder aufgetaucht sei. Gerüchte besagten, daß einige Unbändige aus der Trauergemeinde um O'Banion Torrio und dessen Frau nach Hot Springs, New Orleans, St. Petersburg, Palm Beach und auf die Bahamas verfolgt hätten. Auf dieser unsicheren Grundlage wurde die Reise später von einigen Schriftstellern zu einer Odyssee mit haarsträubenden Fluchtszenen dramatisiert, bei denen die Revolvermänner die Torrios »manchmal nur um Stunden« verfehlten.[3]

Es kann sein, daß Torrio und Anna tatsächlich eine solche Reise unternommen haben, doch Torrios späteres Verhalten macht eine Verfolgungsjagd unwahrscheinlich: Er verzichtete auf jegliche Sicherheitsvorkehrungen, sogar auf einen Bodyguard – bis zu dem Tag, als O'Banions Rächer ihn vor der eigenen Haustür erwischten. Offensichtlich betrachtete er sich nicht als potentielle Zielscheibe, ein Irrtum, den er wohl kaum überlebt hätte, wären ihm die Killer schon auf der Reise an den Golf, durch Florida und in die Karibik auf den Fersen gewesen. Er betrachtete sich selbst dann noch als immun, nachdem man versucht hatte, Capone zu ermorden.

Am frühen Morgen des 12. Januar 1925 drängte eine Limousine mit Vorhängen an den Seitenfenstern und abgedeckten Nummernschildern Capones Wagen an der Ecke Fifty-fifth und State Street an den Straßenrand. Dann hämmerten Schußsalven aus den Vorder- und Rückfenstern der Limousine. Capones Wagen wurde von Revolverkugeln und Schrotflintenladungen durchlöchert. »Die haben ja nur noch den Tank heil gelassen«, sagte ein Sergeant beeindruckt, als er das zerschossene Wrack zu Gesicht bekam.

Capone war jedoch nicht in Gefahr, weil er gar nicht im Wagen gesessen hatte. Erstaunlicherweise bekamen zwei der drei Insassen nicht einmal einen Kratzer ab. Nur Capones Fahrer, Sylvester Barton, hatte sich zur Seite geworfen, als die Limousine den Wagen abdrängte, und eine Kugel in den Rücken bekommen. Dann war er zu Boden gefallen, so daß die anderen Schüsse über ihn hinweggingen. Die beiden Männer, die auf der Rückbank saßen – einer von ihnen war Capones Vetter Charley Fischetti –, hatten sich bereits auf den Wagenboden geworfen, bevor die Revolvermänner das Feuer eröffneten.[4]

Später kursierte das Gerücht, Capone sei unmittelbar vor den Schüssen in ein Restaurant gegangen, aber das ist unwahrscheinlich. Es war zu früh am Morgen, als daß Capone bereits unterwegs hätte sein können, und schon gar nicht, um seine Restaurants zu inspizieren. Es wird auch in keinem Zeitungsartikel erwähnt, daß Capone dabeigewesen ist.

Obwohl der Anschlag mißglückte, war Capone so eingeschüchtert, daß er sofort einen Cadillac mit gepanzertem Chassis und kugelsicheren Fenstern bestellte.[5] Eine normale Cadillac-Limousine wog um die zwei Tonnen und kostete 7000 Dollar. Capones rollende Festung wog sieben Tonnen und kostete 20 000 Dollar. Es war der erste in einer Reihe gepanzerter Wagen, die er sich zulegte.

Am 17. Januar 1925 bekannte Torrio sich der Anklagepunkte in bezug auf die Sieben-Brauerei als schuldig. Wie erhofft, verurteilte ihn Bundesrichter Adam C. Cliffe zu einer lächerlichen Geldstrafe von 5000 Dollar und nur neun Monaten Haft im Gefängnis des Du Page County, unmittelbar im Westen des Cook County.[6] Wer von einem Bundesgericht zu einer derart kleinen Haftstrafe verurteilt wurde, verbrachte diese Zeit in Bezirksgefängnissen. Bestimmt wußte Torrio bereits zum Zeitpunkt seiner Verurteilung, was Chicago erst später in diesem Jahr erfahren sollte: Terry Druggan und Frank Lake, die kürzlich ebenfalls verurteilt worden waren, da sie Standard-Brauerei trotz richterlichen Verbots weiter betrieben hatten, verbrachten genausoviel Zeit außerhalb wie innerhalb der Gefängnismauern des Cook County Jail. Dieses Gefängnis wurde von Torrios altem Gefolgsmann geleitet, Sheriff Peter Hoffman. Torrio konnte damit rechnen, daß die Gefängnisleitung des Du Page County Jail genauso entgegenkommend sein würde.

Zwei der drei Polizisten, die den Auftrag gehabt hatten, die Sieben-Brauerei zu überwachen, wurden zu je drei Monaten Gefängnis verurteilt. Nick Juffra, ein hohes Tier im Outfit, bekam sechs Monate. Edward O'Donnell – nicht »Spike«, sondern ein Politiker – war Aktionär der Sieben und wurde zu acht Monaten Haft verurteilt. Sechs Lkw-Fahrer erhielten von Richter Cliffe Geldstrafen zu je

500 Dollar. Zweiundzwanzig weitere Angeklagte wurden freigesprochen. Cliffe gewährte Torrio zehn Tage Haftaufschub, um seine Angelegenheiten zu regeln. Nach Ablauf dieser Frist mußte er sich melden, um seine Strafe anzutreten.

Am 20. Januar 1925 feierte Torrio seinen dreiundvierzigsten Geburtstag, drei Tage, nachdem Capone sechsundzwanzig Jahre alt geworden war.

Am Sonntag, dem 24. Januar 1925, hatte Torrio geschäftlich in der Innenstadt zu tun; unter anderem stand ein Besuch bei Michael Kenna auf dem Programm. Im Zuge der Umstrukturierung der Stadtbezirke gab es jetzt nur noch einen Stadtrat pro Bezirk. Hinky Dink war nun Parteivorsitzender im ersten Bezirk, während John Coughlin Stadtrat geblieben war.

Torrio, Anna und ihr Bruder Tom Jacobs wurden gegen elf Uhr vormittags von einem Fahrer in die Innenstadt gebracht, was ungewöhnlich war. Torrios eigener Wagen war in der Werkstatt, und er beschäftigte keinen ständigen Fahrer. Jack Guzik, der geschäftlich in New Orleans war, hatte Torrio seinen Lincoln sowie seinen Chauffeur Robert Barton zur Verfügung gestellt. Barton, ein Bruder von Capones Fahrer, war ein kleiner, dunkelhaariger Mann, den jeder nur Bobby nannte. Während Torrio seine Geschäftsbesuche machte, unternahm Anna einen Einkaufsbummel. Am Nachmittag traten sie die Heimfahrt zu ihrer Wohnung in der South Clyde Street 7011 an, beladen mit Paketen. Tom Jacobs fuhr nicht mit zurück.

Kurz nach vier Uhr an diesem für Chicagoer Verhältnisse ungewöhnlich milden Nachmittag im Januar sah Walter Hildebrandt freudig seinen Samstagabendsvergnügungen entgegen, denn er war mit seinen Wäscheauslieferungen für die Oriental Laundry Company so gut wie fertig. Er hatte nur noch eine Tour in die South Clyde zu erledigen.

Peter Veesaert, der siebzehnjährige Sohn des Hausmeisters in der South Clyde Street 6054, schräg gegenüber von Torrios Wohnung, lungerte auf der obersten Stufe der Eingangstreppe.

Mrs. James Putnam wohnte im Haus Nummer 7016, direkt gegenüber dem Apartment der Torrios. Als sie aus dem Fenster schaute, fiel ihr ein in dieser Mittelklassegegend ungewohnter Anblick auf: Ein großer, schwarzer, funkelnder Lincoln – mit einem Chauffeur in brauner Livree! – hielt gegenüber vor dem Haus 7011. Bevor der Chauffeur aussteigen und seinen Fahrgästen die Tür öffnen konnte, trat ein Mann mit grauem Filzhut und dunkelblauem Mantel auf den Gehsteig. Das war ja Mr. Langley, der seiner mit Paketen beladenen Frau aus dem Wagen half. Wie die anderen Bewohner des Blocks, kannte Mrs. Putnam die beiden nur flüchtig. Die Langleys (Torrios üblicher Deckname) waren freundliche, aber zurückhaltende Nachbarn. Soviel Mrs. Putnam wußte, arbeitete Mr. Langley als eine Art Makler in der La Salle Street.

Gleich um die nächste Ecke, in der Seventieth, parkte seit ungefähr einer Stunde ein grauer Cadillac mit laufendem Motor, von dem aus man das Haus sehen konnte, in dem die Torrios wohnten.

Anna Torrio wartete nicht auf ihren Mann, sondern ging mit schnellen Schritten die kurze Treppe hinauf, die zum Wohnungseingang führte. Dort drehte sie sich um, in beiden Armen Pakete, um die Tür mit dem Rücken aufzustoßen. Sie sah, wie ihr Mann rückwärts aus dem Lincoln stieg. Torrio war ebenso wie Barton mit Paketen beladen. Anna Torrio sah auch die zwei Männer, die genau in diesem Moment den Cadillac verließen.

Vincent Drucci blieb am Steuer sitzen, während Hymie Weiss mit einer Schrotflinte und George Moran mit einer Fünfundvierziger aus dem Wagen sprangen und zum Lincoln stürmten. Sie teilten sich: Weiss rannte von hinten auf den Lincoln zu, Moran von vorn, und dann machten sie den ersten Fehler. Sie eröffneten das Feuer auf den schweren Wagen, statt ein paar Schritte weiter zu laufen, so daß sie ihre Opfer direkt vor den Mündungen gehabt hätten.

Eine Kugel traf Barton dicht unter dem Knie ins Bein. Torrio blieb unverletzt. Er ließ die Pakete fallen und rannte, so schnell seine kurzen, dicken Beine ihn tragen konnten, auf den Wohnungseingang zu. Ein halbes Dutzend Schritte, und Johnny Torrio bot den Schützen das deutliche Ziel, das ihnen zuvor fehlte. Eine Kugel aus Morans Fünfundvierziger traf Torrio in den rechten Arm und wirbelte ihn herum. Torrio stieß die Hand in die Tasche und versuchte, rückwärts taumelnd, seine eigene Waffe zu ziehen, doch in diesem Augenblick erwischte ihn eine Ladung aus Weiss' doppelläufiger Schrotflinte, zerschmetterte ihm den Kieferknochen und drang in den Hals ein. Drei weitere Schrotladungen trafen ihn in Brust und Bauch. Insgesamt waren es fünf Treffer.

Torrio brach zusammen. Moran stürmte auf ihn zu, um ihm einen letzten Schuß zu geben. Doch wegen der sinnlosen Schüsse auf den Lincoln war das Magazin jetzt leer. Moran versuchte, schnell ein neues Magazin in seine Fünfundvierziger zu schieben, um der Sache ein Ende zu machen. Anna stand vor Entsetzen wie versteinert da.

In diesem Augenblick bog Walter Hildebrandt mit seinem Lieferwagen in die South Clyde ein.

Drucci drückte auf die Hupe, um das Warnsignal zu geben. Für Moran mußte es so aussehen, als sei ein Gnadenschuß überflüssig, denn in Torrios Leib klafften zahlreiche Einschußlöcher. Die untere Gesichtshälfte und der Hals waren nur noch blutiges Fleisch. Moran lud nicht weiter nach und rannte hinter Weiss zum Cadillac. Sie sprangen in den Wagen, dessen Fenster mit Vorhängen zugezogen waren, und rasten über die Seventieth nach Westen in Richtung Stony Island. Hildebrandt hatte alles beobachtet und nahm die Verfolgung des Cadillac auf, der keine Nummernschilder trug. Doch zu seinem Glück zog die stärkere Limousine dem Lieferwagen rasch davon.

Bobby Barton humpelte zurück zum Lincoln und fuhr los.

Anna Torrio rannte zu ihrem Mann und zerrte ihn an den Schultern in den Hauseingang.

Auf der anderen Straßenseite rief Mrs. Putnam bereits in heller Aufregung das nächste Polizeirevier in Woodlawn an, woraufhin zwei Beamte in die South Clyde geschickt wurden. Ein Rettungswagen brachte Torrio ins Jackson Park Hospital.[7]

Der frühere Sergeant Thomas J. Conley war zwar bereits pensioniert, doch als er Bartons von Kugeleinschlägen ramponierten Lincoln vorbeifahren sah, verfolgte er den Wagen auf dessen zielloser Fahrt, bis der Chauffeur schließlich vor einem Drugstore hielt, nur zwei Querstraßen südlich und drei östlich von Torrios Wohnung. Er humpelte in den Laden, um Capone im Hawthorne in Cicero anzurufen.

Capone kam völlig aufgelöst ins Krankenhaus. »Haben sie Johnny erwischt?« rief er.[8] Als man ihm berichtete, was geschehen war, murmelte er mit Tränen in den Augen: »Das hat die Gang getan! Das hat die Gang getan!« Als man ihn drängte, Namen zu nennen, sagte er zum stellvertretenden Staatsanwalt (und Beerdigungsunternehmer der Gang) John Sbarbaro: »Ich erzähle euch mehr, wenn er wieder gesund wird.«[9]

Selbst wenn Capone es ehrlich gemeint hatte, sah es nicht so aus, als müßte er sein Versprechen einlösen. Torrio hatte schwere Schußwunden davongetragen. Auch wenn er die Verletzungen überleben sollte, bestand – wie er selbst glaubte – eine weitere Gefahr. Sizilianische Revolvermänner schworen jeden Eid darauf, daß Kugeln, die in kochendes Zwiebelwasser getaucht und dann mit Knoblauch eingerieben wurden, Wundbrand hervorriefen. Dieser Aberglaube, daß Knoblauch, vermischt mit Schießpulver, beim Opfer Gangrän verursachte, war bei allen Gangs gleichermaßen verbreitet. Die heutige Medizin betrachtet diese Theorie als blanken Unsinn. Knoblauch verursacht oder fördert den Wundbrand ebensowenig wie jede andere ungiftige pflanzliche Substanz. Und selbst wenn dem so wäre, würde die Hitze der Kugel jeden Giftstoff verdampfen lassen – von Zwiebelwasser und Knoblauchextrakt ganz zu schweigen. Doch Mitte der 20er Jahre hielten Torrios behandelnde Ärzte, die Doktoren Omens und Byrne, die Möglichkeit einer solchen Vergiftung für nicht ausgeschlossen.[10] Daher bat Torrio, seine Schußwunden auszubrennen, was man in Unterweltkreisen als das wirksamste Mittel betrachtete, um Wundbrand zu verhindern.

Kurz darauf schlug auch Capones Gangsterdisziplin wieder durch, und er hörte auf zu schwatzen. Er hatte jetzt nicht mehr die leiseste Ahnung, wer für den Anschlag verantwortlich sein könnte. Vielleicht waren es dieselben Täter gewesen, die zwölf Tage zuvor seinen Wagen zerschossen hatten? Er fügte hinzu: »Die Theorie, daß Freunde von O'Banion auf Torrio geschossen haben, ist unsinnig. Sie waren selbst die besten Freunde.«[11]

Torrio weigerte sich von Anfang an, die Namen der Attentäter zu nennen. »Natürlich weiß ich, wer es getan hat«, erklärte er am Krankenbett einem Reporter. »Aber mehr werde ich jetzt nicht darüber sagen.«[12] Jetzt nicht, und auch später nicht. Als Anna Torrio die gleiche Frage gestellt wurde, fragte sie – nicht ohne Grund – zurück: »Was nützt es, wenn wir der Polizei sagen, wer es getan hat?«

Der junge Peter Veesaert erzählte, was er wußte. Als man ihm Fotos vorlegte, zeigte er ohne zu zögern auf das Foto von George Moran. Er erkannte ihn an dem ausgeprägten Grübchen am Kinn. Später identifizierte er ihn zweimal bei Gegenüberstellungen.

»Nein«, sagte Anna Torrio, als die Polizei Moran ans Krankenbett ihres Mannes brachte, »der war nicht dabei.«[13] Wie ihr Mann, hatte auch Anna erklärt, daß sie die Attentäter niemals würde identifizieren können. Dennoch schleppte die Polizei Moran an Torrios Krankenbett, ebenso Hymie Weiss und Drucci und noch so viele andere, daß die Ärzte schließlich protestierten. Die dauernden Störungen könnten Torrios Genesungsprozeß beeinträchtigen. Torrio sagte: »Es hat keinen Sinn, jemanden hierherzubringen, ich werde sowieso keinen identifizieren.«

Die Polizei wußte nicht weiter. Man nahm Capone fest, verhörte ihn die ganze Nacht und ließ ihn wieder gehen. Noch während die Beamten sich mit Capone befaßten, hielten gegen zwei Uhr früh drei voll besetzte Pkws vor dem Krankenhaus. Einer der Insassen marschierte hinein und teilte der Nachtschwester Dorothy Beck mit, daß er seinen Kumpel Torrio besuchen wolle. Die Schwester erklärte schroff, um zwei Uhr morgens sei keine Besuchszeit. Außerdem habe Mrs. Torrio jeden Besuch verboten, ausgenommen Familienangehörige und enge Freunde. Der Mann beharrte darauf, vorgelassen zu werden, bis die Schwester erklärte, daß sich zwei Wachposten der Polizei in Torrios Zimmer aufhielten. Am nächsten Tag, als Capone hörte, daß jemand versucht hatte, seinen Boß endgültig zu erledigen, zog er zu Torrio ins Krankenhaus. »Solange ich bei ihm bin«, sagte Capone, »wird ihn keiner mehr belästigen.«[14] Torrio lag im mittleren Zimmer einer Drei-Zimmer-Suite. Anna Torrio bewohnte das rechte, Capone das linke Zimmer. Zwei uniformierte Polizisten bewachten die Tür, zwei weitere das Treppenhaus. Andere patrouillierten über die Flure, während wieder andere von draußen die Eingangstüren im Auge behielten.

In den ersten zwei Tagen trieb Torrios Zustand die Ärzte an den Rand der Verzweiflung. Der Verwundete bekam hohes Fieber, und sein Herz schlug unregelmäßig, weil die Halswunde sich entzündet hatte. Doch am fünften Tag konnten die Ärzte mitteilen, daß der Zustand ihres Patienten sich »stabilisiert« habe. Einen Tag später erklärten sie, daß Torrio »auf dem Weg der Besserung« sei.[15] Am 9. Februar, knapp drei Wochen, nachdem die Schüsse gefallen waren, schmuggelte Capone Torrio über eine Feuerleiter an der Rückwand des Gebäudes hinunter in eine Limousine und fuhr mit ihm davon.

Torrio trat gleich darauf seine Gefängnisstrafe an. Sein Anwalt hatte dafür gesorgt, daß er die neun Monate nicht im Du Page Jail in dem kleinen, ländlichen Wheaton absitzen mußte. Statt dessen wurde er nach Waukegan verlegt, einer Stadt etwa dreißig Meilen nördlich. In diesem Gefängnis konnte der noch angeschlagene Gefangene eine bessere ärztliche Versorgung bekommen. Obwohl das Gericht Torrio weiteren Strafaufschub bis zum 27. Februar gewährt hatte, hielt dieser es für klüger, sich sofort in die Sicherheit einer Zelle hinter dicken Gefängnismauern zu begeben.

Ein Amtsrichter ließ Moran gegen Hinterlegung von 5 000 Dollar Kaution auf freien Fuß, ungeachtet der Proteste seitens der Polizei und Torrios Anwälten. Doch wegen Torrios beharrlicher Weigerung, Moran oder sonst jemanden zu identifizieren, und wegen eines falschen Alibis, das Peter Veesaerts Identifizierung widerlegte, machte der Staatsanwalt sich nicht einmal die Mühe, Anklage gegen Moran zu erheben.

Obwohl das Lake County Jail wie ein Verlies aussah – mit dicken Mauern, die ein riesiger Kuppelbau überragte, war das Gefängnis für Torrio eine ausgesprochen angenehme Zufluchtsstätte. Der Gefängnisleiter, Sheriff Edwin Ahlstrom, war nur wenig strenger als sein Kollege aus dem Cook County, Peter Hoffman. Er erlaubte Torrio, sich seine außergewöhnlich geräumige Zelle, die zudem den Luxus von fließendem Wasser bot, nach eigenem Geschmack einzurichten: mit Sesseln, einem Messingbett, Teppich, Bücherregalen, Kleiderschrank, Plattenspieler und – eine Seltenheit in einem Gefängnis – einem Radio. Ahlstrom gestattete Torrio auch, die Gitter mit einem schweren, kugelfesten Eisennetz zu sichern. Das Innere der Zelle blieb durch Vorhänge vor Blicken von draußen verborgen, so daß nicht einmal ein Schatten einem Scharfschützen ein Ziel bieten konnte, wenn abends in der Zelle das Licht brannte. Er ließ es zu, daß Torrio Deputy Sheriffs als persönliche Wächter engagierte, ebenso wie er erlaubte, daß Anna Torrio ihrem Mann Gesellschaft leistete und mit ihm zu Mittag aß. Und natürlich sorgte er dafür, daß Torrio nicht gestört wurde, wenn er Besprechungen mit Kollegen von draußen führen wollte.[16]

Es war wahrscheinlich im März, als Torrio Capone und seine Anwälte zu sich bestellte. Denn Torrio wollte aussteigen. Schon so früh im Jahr war abzusehen, daß das Kartell zerfiel. Sämtliche Gangs in Chicago, nicht nur O'Banions Nachfolger, schienen entschlossen zu sein, es zu vernichten. Als die Auswirkungen der Attacken schlimmer wurden, erkannte Torrio, daß die friedliche geschäftliche Zusammenarbeit wiederhergestellt und durch Gewalt, nicht durch Diplomatie, aufrechterhalten werden mußte. Doch er war zu alt, um dies bewältigen zu können.

Torrio übergab alles an Capone. Sobald seine Haftstrafe beendet war, wollte er Chicago verlassen und vielleicht nach Italien zurückkehren. Capone sollte ihm einen Gewinnanteil überweisen – man sprach von 25 Prozent für die nächsten zehn Jahre –, und als Berater würde er weiterhin zur Verfügung stehen.[17]

Verschiedene Autoren behaupteten später, daß Torrio »zwar austeilen, aber nicht einstecken konnte«. Sicher hatten der Schock des Attentats und Annas Kummer ihn erschüttert. Aber er hatte sich nie wie ein Feigling benommen. Es ist wahrscheinlicher, daß der Mann, der niemals Ärger wollte, erkannt hatte, was im Gange war und was dies für die Zukunft bedeutete. Capone kam da gerade recht.

12

Capone gegen die Sizilianer

Was Torrio vorausgesehen hatte, wird durch die Morde in den Chicagoer Gangs deutlich. Während der Prohibitionszeit waren es insgesamt mehr als siebenhundert. Selbst 1922, dem friedlichsten Jahr in der Geschichte des Kartells, wurden siebenunddreißig Menschen umgebracht. Bedingt durch Spike O'Donnells Übergriffe stieg diese Zahl 1923 auf siebenundfünfzig Morde. Das scheinbare Einvernehmen im Jahr 1924 ließ die Zahl der Morde auf sechzehn sinken, die aber 1925 wieder auf sechsundvierzig hochschnellten. Im folgenden Jahr waren es bereits sechsundsiebzig.[1]

Obwohl Torrios eigene Befehle viel zu diesem Anstieg beigetragen haben, war das nicht der entscheidende Punkt. Es ging vielmehr darum, daß die Morde die Geschäfte beeinträchtigten, ganz gleich, wer die Exekutionen befohlen hatte und ob es aus zwingenden Gründen geschah oder nicht. Einen Rivalen zu töten, mochte zum Schutz oder zur Erweiterung des eigenen Territoriums beitragen, doch die Morde brachten niemandem auch nur einen Cent ein. Eher war das Gegenteil der Fall, denn es war eine kostspielige Sache, wenn die Morde, sei es wegen der Bekanntheit eines Opfers oder der hohen Zahl der Toten, staatliche Maßnahmen zur Folge hatten, wie befristet sie auch sein mochten.

Die Tendenz war steigend. Was Torrio noch mehr erschreckte, war die Erkenntnis, daß es seine und Capones mächtigsten Verbündeten waren, die schnellstens eliminiert werden mußten.

Die Gennas, mittlerweile die uneingeschränkten Herrscher von Little Italy, waren zu Beginn der Prohibitionszeit kleine Fische gewesen. James und Angelo hatte man noch 1920 wegen unbedeutender Vergehen zum erstenmal verhaftet, Angelo zum Beispiel wegen des Besitzes von vier Litern Schnaps.[2] Doch die Gennas hatten einen bösartigen Charakter, selbst wenn es um Kleinigkeiten ging. Anfang des Jahres 1921, als Mike Genna wegen des Transports eines gestohlenen Autos ins Gefängnis kam, riß er aus und setzte damit die Existenz zweier armer Teufel aufs Spiel, die ihr Haus als Kaution für ihn eingebracht hatten.[3]

Angelo, schon immer der mürrischste Genna, wurde überheblich, als er in einem einzigen Jahr zwei Mordanklagen abschmettern konnte: die erste wegen der Ermordung Paul Labriolas während der Schlacht zwischen D'Andrea und Powers, die zweite wegen des Mordes an Paul Notti.[4] Obwohl Notti noch auf dem Sterbebett ausgesagt hatte, daß Angelo Genna der Täter sei, wurde er nicht verurteilt, weil die Verteidigung beweisen konnte, daß Notti unter dem Einfluß von Schmerzmitteln stand, als er seine Aussage machte. Daraufhin ließ der Richter die Anklage mit der Begründung fallen, daß Notti seine Beschuldigung möglicherweise nicht mehr bei klarem Verstand vorgebracht habe. Das war im Juni 1922.

Im August wurde Angelo von zwei Freunden um Hilfe gebeten. Sie hatten die fünfzehnjährige Genevieve Court nach Milwaukee gebracht und sie dort »mißhandelt«, wie es das Mädchen vor Gericht zurückhaltend ausdrückte. Am Tag vor dem Verhandlungsbeginn trat Angelo Genevieve auf offener Straße in den Weg und sagte ihr, er werde sie und ihre Mutter töten, sollte sie gegen seine beiden Kumpel aussagen. Als der Prozeß ins Stocken geriet, erzählte Genevieve von der Einschüchterung. Im November wanderte Angelo für ein Jahr ins Bundesgefängnis Leavenworth.[5]

Doch die Haftstrafe dämpfte seine Selbstüberschätzung nur für kurze Zeit; immerhin hatte man Bundesbeamte gebraucht, um ihn in den Knast zu bringen. Und als mit den Destillen in Little Italy der Aufstieg der Gennas begann, war bald die ganze Familie so arrogant wie Angelo. Obwohl noch immer gehaßt und gefürchtet, floß durch sie genug Geld in die Taschen der Bewohner Little Italys, mit dem die Gennas sich Respekt erkaufen konnten. Nach kurzer Zeit waren sie so mächtig wie ihr politischer Schutzherr, der Bezirksboß Joseph Esposito, genannt »Diamond Joe«.[6]

Ende 1924, als sämtliche Beamten des Polizeibezirks auf ihrer Schmiergeldliste standen, fühlten sich die Gennas stark genug, um Torrio und Capone herauszufordern. Wer Präsident der Unione Siciliana wurde, bestimmten sie – zur großen Enttäuschung Capones, der seinen Freund Anthony Lombardo gern als Nachfolger Mike Merlos gesehen hätte. Der besonnene Makler und Käsegroßhändler Lombardo, der gute Verbindungen zu Kreisen der Bootlegger hatte, war ein allseits geachteter Mann. Er hätte dafür gesorgt, daß niemand die Unione als Druckmittel gegen Torrio und Capone mißbrauchen konnte.[7] Doch die Gennas profitierten von den Problemen, die Capone nach dem Mord an O'Banion hatte, und verschafften unauffällig ihrem Bruder Angelo den Posten. Der endgültige Bruch zwischen beiden Gangs war besiegelt.

Kurz vor dem Mordanschlag auf Torrio hatte Angelo Genna die achtzehnjährige, hübsche Lucille Spignola geheiratet. Sie stammte aus einer angesehenen Familie – eine weitere Demonstration der wachsenden Macht der Gennas. Lucilles Bruder Henry, der die Idee mit den häuslichen Destillen gehabt hatte, war Anwalt und hatte die McKinley High und die John Marshall Law School absolviert. Er war eng befreundet mit den Stars der Oper von Chicago. Die Spignolas waren nicht so recht glücklich mit dem neuen Familienangehörigen, aber Lucille liebte Angelo. Außerdem schlug niemand mehr den Gennas etwas aus.

Nach der prunkvollen kirchlichen Trauung nahmen ungefähr dreitausend Gäste am Hochzeitsempfang teil. Die Hochzeitstorte war dreieinhalb Meter hoch und wog buchstäblich eine Tonne. Auf der Spitze standen Braut und Bräutigam aus Zuckerguß, und darunter stand in großen Lettern »Home Sweet Home«. Allerdings wohnte das Brautpaar vorerst nicht im trauten Heim, sondern in einer Suite im Belmont Hotel an der Sheridan Road, gegenüber von Big Bill Thompsons Villa, in einer Enklave des Chicagoer Geldadels nordwestlich der Gold Coast.[8]

Doch eine fröhliche Hochzeit konnte aus Angelo ebensowenig einen umgänglicheren Menschen machen, wie der geschäftliche Erfolg die Gier seiner Brüder befriedigen konnte – womit Capone ein weiteres Problem hatte. Nach dem Anschlag auf Torrio hatten die North Siders keine nennenswerten Drohgebärden gezeigt, aber die Lage blieb angespannt. Wie konnte Capone mit »Verbündeten« wie den Gennas einen Angriff beginnen, falls es dazu kam? Er mußte sie beseitigen und gleichzeitig die Schwächung vermeiden, die ein offener Kriegsausbruch zur Folge haben würde.

Ein Element von Capones Strategie wurde am Abend des 10. April 1925 deutlich, jedoch so unauffällig, daß es die Gennas nicht alarmierte.

Am Montag zuvor hatte Bürgermeister Dever eine Razzia in Dr. Browns »luxuriös eingerichteter Suite« an der 2146 South Michigan Street befohlen.[9] Man hatte den Plan geheimhalten können, so daß nicht einmal Capones Spitzel davon wußten. Der leitende Beamte, Detective Sergeant Edward Birmingham, war entweder ein ehrlicher Mann oder man schaute ihm zu genau auf die Finger, denn er schlug die 5000 Dollar aus, die Jack Guzik ihm bot, falls er später noch einmal wiederkäme.[10]

Birminghams Männer erbeuteten bei dieser Razzia sämtliche Akten des Outfit, doch hohe Polizeibeamte ebenso wie Bill McSwiggin, der junge, ehrgeizige stellvertretende Staatsanwalt, der in diesem Fall zuständig war, gelangten zu der Ansicht, daß es »illegal« sei, die Namen der Kunden oder Einzelheiten über die geschäftlichen Transaktionen der Öffentlichkeit zugänglich zu machen.[11] Am Donnerstag ließ Amtsrichter Howard Hayes die Akten liebenswürdigerweise beschlagnahmen, da die Anwälte der Organisation behaupteten, daß die Polizei sie sich auf verfassungswidrige Weise angeeignet hätten. Daraufhin teilte Bundesstaatsanwalt Edwin A. Olson Richter Hayes umgehend mit, daß die Regierung sämtliche Unterlagen zu überprüfen wünsche. Nötigenfalls werde man sie sich mittels einer staatlichen Vollmacht beschaffen.

Am nächsten Tag hielt Richter Hayes in aller Stille eine Verhandlung ab, ohne die Regierung oder den Bundesanwalt davon in Kenntnis zu setzen, und übergab die Akten Capones Anwalt. Olson war empört und bezeichnete Richter Hayes' Maßnahme in aller Öffentlichkeit als »bestenfalls absonderlich«. Das Büro des Bezirksstaatsanwalts lehnte es ab, in die Beschimpfung des Richters einzustimmen.

Am Abend dieses Tages entdeckte eine Streife Capone in einer Limousine auf der Roosevelt Road. Es war zwar kein ungewohnter Anblick, doch weil Bürgermeister Dever und Polizeichef Collins vor Wut schäumten, hielten die Detectives

Capone wegen angeblicher Geschwindigkeitsübertretung an und nahmen ihn und seine Begleiter fest, als sie im Wagen zwei Revolver entdeckten. Bei dem einen von Capones Begleitern handelte es sich um John Scalise, einer der beiden Elitekiller der Genna-Brüder. Da Capone enge geschäftliche Beziehungen zu Scalise unterhielt, schöpften die Gennas keinen Verdacht, daß die beiden zusammen waren. Doch rückblickend kann man davon ausgehen, daß Capone bereits dabei war, den Gennas ihre besten Killer abzuwerben.

Am Morgen des 25. Mai 1925 fuhr Angelo Genna in seinem 6000-Dollar-Roadster mit 11000 Dollar in der Tasche los, um ein Haus anzuzahlen, das er und Lucille in Oak Park kaufen wollten, dem Vorort von Chicago, aus dem Ernest Hemingway stammt. Angelo war ein kurzes Stück auf der Ogden Steet gefahren, als eine geschlossene Limousine mit vier Insassen zum Überholen ansetzte. Als die beiden Wagen auf gleicher Höhe waren, donnerten Schrotflinten los. Angelo gab Gas, riß eine der beiden Waffen, die er bei sich trug, aus dem Schulterhalfter und feuerte auf die Limousine, während er mit mehr als sechzig Meilen weiterraste.

Die Limousine, die zuerst ein Stück zurückgefallen war, holte wegen ihres stärkeren Motors rasch wieder auf. Angelo versuchte, seine Verfolger abzuschütteln, indem er mit quietschenden Reifen an einer Kreuzung abbog. Dabei verlor er die Kontrolle über den Wagen und prallte in der Nähe der Hudson Avenue gegen eine Straßenlaterne. Er saß benommen im Wagen, den leergeschossenen Revolver neben sich, als die Limousine neben dem Roadster hielt. Wieder schossen die Schrotflinten und trafen Angelo Genna ungeschützt. Eine Ladung zerschmetterte ihm das Rückgrat. Passanten fanden ihn halb bewußtlos im Wagen, die linke Hand um den Griff des zweiten Revolvers geklammert.

Er blieb lange genug am Leben, um die Achseln zu zucken, als ihn im Krankenhaus ein Detective fragte, wer die Täter gewesen seien, und auch lange genug, daß Lucille eintreffen und »mein lieber Schatz« zu ihm sagen konnte. Doch er starb, bevor sein Bruder Sam bei ihm war, so daß niemand von ihm erfuhr, wer ihn erschossen hatte.[12]

Ohne weitere Erklärungen ließ die Polizei verlauten, daß man zufrieden sei, drei der vier Revolvermänner identifiziert zu haben: Hymie Weiss, George Moran und Vincent Drucci. Man glaubte auch, als Fahrer Frank Gusenberg erkannt zu haben, einen von drei Brüdern, die der Gang angehörten. Die Umstände des nächsten Genna-Mordes lassen allerdings erkennen, daß die Polizei lediglich vermutete, daß Angelo von den North Sidern erschossen worden war, um O'Banion zu rächen. In Wahrheit hatten die Killer mit großer Wahrscheinlichkeit für Capone gearbeitet.

Die Gennas glaubten offenbar der Polizei. Zuerst einmal wurde Angelo auf gebührende Weise beerdigt.[13] Der Sarg kostete demonstrativ 1000 Dollar mehr als der von O'Banion. Das Hauptaugenmerk beim Trauerzug, der den Verkehr vollständig zum Erliegen brachte, galt jedoch dem zerschossenen Wrack von Angelos Roadster, der, mit Trauerkrepp behangen, Teil der Prozession zum nichtkirchlichen Gelände des Mount-Carmel-Friedhofs war. Dieses Schauspiel bezeichnete der »Tribune« als einen »interessanten Kommentar zu unserer Stadt«. Dann machten die Gennas sich daran, North Siders zu erschießen.

Am frühen Morgen des 13. Juni 1925, einem Samstag, achtzehn Tage nach Angelos Tod, lauerten fünf Mitglieder der Genna-Gang, darunter Mike Genna sowie Scalise und Anselmi, in einer Seitengasse unweit der Ecke Sangamon und Congress Street, an der Nordgrenze von Little Italy. Irgendwie war es ihnen gelungen, die North Siders in einen Hinterhalt zu locken. Als George Moran und Vincent Drucci langsam an der Gassenmündung vorübergefahren kamen, eröffneten die Revolvermänner der Gennas mit Schrotflinten das Feuer auf den Wagen. Drucci und Moran schossen zurück und entkamen. Drucci war durch Streifschüsse verwundet, und der Wagen war so ramponiert, daß die beiden Männer ihn stehenließen. Moran flüchtete nach Hause und erzählte der Polizei später, der Wagen sei gestohlen worden.

Natürlich wußten die Angreifer nicht, daß ihre Opfer nur vorübergehend außer Gefecht waren. Eine Stunde später, gegen halb zehn, fuhren Mike Genna, Scalise, Anselmi und ein nicht identifizierter Fahrer auf der Western Avenue nach Süden. Zufällig kam ihnen an der Ecke Fourty-seventh, etwa vier Meilen vom Ort der ersten Schießerei entfernt, ein Streifenwagen entgegen, der nach Norden unterwegs war. Der Chef der Streife, Michael J. Conway, erkannte Mike Genna und befahl seinem Fahrer, Harold F. Olson, umzudrehen und dem Wagen zu folgen. Vielleicht konnte man die Gennas ja bei einem Alkoholgeschäft oder einer anderen Gaunerei überraschen.

Wahrscheinlich war es das Wendemanöver der großen, zivilen Limousine, die den Gangstern auffiel. Der Fahrer der Gennas gab Gas.

Einen Augenblick später konnten Fußgänger beobachten, wie zwei Fahrzeuge sich eine klassische Verfolgungsjagd im 70-Meilen-Tempo auf dem vom morgendlichen Regen noch nassen Asphalt lieferten. Die beiden Wagen schlingerten durchs Verkehrsgewühl und verschwanden in südlicher Richtung. Obwohl über diesen Punkt später gestritten wurde, hatten die Detectives wahrscheinlich ihren Gong angestellt, der damals häufiger benutzt wurde als die Sirene.

An der Ecke Sixtieth schob sich ein Lastwagen auf die Kreuzung. Der Fahrer der Gennas stieg auf die Bremse, um einen Zusammenstoß zu vermeiden, worauf der Wagen schleudernd zum Stehen kam. Die Kühlerhaube war halb auf der Straße, das Heck halb auf dem Bürgersteig, und der rechte hintere Kotflügel war gegen eine Laterne geprallt. Dann schleuderte das Polizeiauto heran und blieb im rechten Winkel zum Fahrzeug der Gennas stehen, so daß die Gangster, als die gegnerische Partei aus ihrem Wagen sprang, hinter ihrem Fahrzeug in Deckung gehen konnten, während die Detectives ihnen schutzlos gegenüberstanden.

Zeugen lieferten später verschiedene Berichte, wer zuerst geschossen habe. Wahrscheinlich waren es die Gangster, nicht zuletzt dewegen, weil ihr Wagen von nur einer einzigen Kugel getroffen wurde, wohingegen mehr als siebzig Schüsse aus den Schrotflinten in den Streifenwagen eingeschlagen waren. Harold Olson war als erster aus dem Wagen gesprungen. Er hatte einen Fuß noch auf dem Trittbrett, als er von einer Schrotladung getroffen und getötet wurde. Officer Charles B. Walsh stürzte als nächster tödlich verwundet auf die Straße.

Conway und der vierte Officer, William Sweeney, verschanzten sich im Wagen und erwiderten das Feuer, bis Conway von einer Schrotladung in die Brust getroffen wurde. Er fiel schwer verwundet nieder, kam aber mit dem Leben davon.

Sweeney stieg gedeckt aus dem Wagen und feuerte seine Dienstpistole leer, ohne einen Treffer zu landen – außer vielleicht dem einen, den der Wagen der Gangster abbekam.

Der Fahrer der Gennas war verschwunden, kaum daß die Schießerei angefangen hatte. Jetzt flüchteten die drei anderen nach Westen über einen freien Platz, wobei einer von ihnen seine leergeschossene Schrotflinte zur Seite warf.

Sweeney schnappte sich die Waffen von zwei seiner Kollegen und nahm die Verfolgung auf. Als die Gangster die gegenüberliegende Seite des Platzes erreichten, hatte Sweeney sie fast eingeholt. Während Scalise und Anselmi zwischen zwei Häusern verschwanden, wirbelte Mike Genna herum, richtete den Lauf seiner Schrotflinte genau auf Sweeneys Brust, zog den Abzug durch und hörte, wie der Hammer auf eine leere Patronenhülse stieß. Sweeney hob den Revolver und drückte ab. Er traf Genna zwanzig Zentimeter über dem linken Knie. Der Gangster humpelte zum Durchgang zwischen den beiden Häusern, Sweeney auf den Fersen, der weiter feuerte. Verzweifelt nach Deckung suchend, bog Genna um die Hausecke, sah ein Kellerfenster, schlug mit seiner nutzlos gewordenen Schrotflinte die Scheibe ein und sprang kopfüber ins Dunkel. Er verschwand genau in dem Augenblick, als Sweeney um die Ecke kam.

Während dieser sich noch über die veränderte Situation klar zu werden versuchte, eilten zwei Kollegen, die dienstfrei hatten, heran. Einer hatte die Verfolgungsjagd aus der Straßenbahn beobachtet, der andere aus seiner Wohnung, die sich in unmittelbarer Nähe befand. Gemeinsam traten die drei Männer die Kellertür ein. Mike Genna lag auf dem Boden. Er stützte sich auf, als er die Eindringlinge sah, richtete seine Achtunddreißiger auf sie und drückte einmal ab. Der Schuß ging weit daneben, und Mike sank wieder zu Boden. Die Polizisten rannten zu ihm und sahen, wie das Blut heftig aus der Wunde am Bein strömte. Der einzige Treffer hatte eine Schlagader zerrissen.

Bevor er starb, verpaßte der dreißigjährige Mike Genna einem Ambulanzhelfer, der ihm helfen wollte, noch einen kraftlosen Tritt ins Gesicht und knurrte: »Da, du Hurensohn!«

Derweil sah es für Scalise und Anselmi so aus, als ob sie es geschafft hätten. Sie hatten bereits mehrere Häuserblocks hinter sich gelassen und traten in einen Laden, um sich Mützen zu kaufen wie diejenigen, die sie auf der Flucht verloren hatten. Unbedeckte Köpfe waren in jenen Jahren ein ungewöhnlicher Anblick. Dem Ladenbesitzer gefiel ihr Aussehen oder ihr Zustand nicht, und er warf die beiden hinaus. Daraufhin gerieten sie offenbar in Panik, denn sie machten kehrt und rannten zurück zur Western Street – und der Polizei in die Hände. Am Ort des Geschehens war ein Streifenwagen vorbeigefahren; die Polizisten hatten die Schießerei gehört, und jetzt sahen sie zwei verdächtig unordentlich aussehende Männer, ohne Kopfbedeckung und außer Atem, die in eine Straßenbahn stiegen. Die Beamten stoppten die Bahn und zerrten die inzwischen waffenlosen Revolvermänner heraus. Natürlich hatte sich die Nachricht schnell verbreitet, daß zwei Kollegen erschossen worden waren. Scalise und Anselmi erschienen durchgeprügelt auf dem Revier, wo sie in der Zelle landeten, weil sie sich »der Verhaftung widersetzt« hatten – was ihre einzige wirkliche Strafe blieb.[14]

Später teilte ein Italiener, der nur als »prominent« bezeichnet wurde, der Polizei mit, daß Mike Genna an diesem Tag ohnehin ein toter Mann gewesen sei. Capone hatte Scalise und Anselmi endgültig auf seine Seite gezogen. Als Conway und seine Männer den Wagen der Gangster entdeckt hatten, waren diese gerade mit Mike Genna auf dem Weg in die südlichen Vororte Chicagos gewesen, um ihn dort diskret zu beseitigen.

Der nächste war Anthony Genna. Am frühen Morgen des 8. Juli 1925 wurde »Tony the Gent« von jemandem angerufen, den er gut genug kannte, um sich gegen halb elf vormittags in der Nähe des Lebensmittelladens von Charles und Vito Cutaia an der Grand Avenue mit ihm zu treffen. Als Anthony erschien, begrüßte der Anrufer ihn mit festem Händedruck und packte dann auch Tonys Linke, genau, wie man es bei O'Banion gemacht hatte. Dann traten zwei Revolvermänner von hinten an Genna heran und jagten ihm fünf Kugeln in den Rücken.

Im Krankenhaus blieb er noch bis gegen vier Uhr nachmittags am Leben. Als man ihm sagte, daß er sterben müsse, und sein Bruder Sam und seine Freundin Gladys Bagwell ihn drängten, hauchte Tony mit keuchender Stimme dreimal einen Namen, den die nichtitalienischen Ohren der Polizisten zuerst mißverstanden, denn sie nahmen sofort die sinnlose Suche nach einen Revolvermann namens »Cavallero« auf.

Doch bald wurde klar, daß Tony *Il Cavaliere* gesagt hatte – der Spitzname von Joseph Nerone, alias Anthony Spano, den man wegen seiner aristokratischen Erscheinung und seinen Manieren den »Kavalier« nannte. Der ehemalige Mathematiklehrer war auf Sizilien zum Kriminellen geworden und um 1921 nach Chicago geflüchtet. Nerone war der Meinung gewesen, daß sein mathematischer Scharfsinn eine der tragenden Säulen des wirtschaftlichen Erfolgs der Gennas sei. Deshalb hatte er Anteil daran verlangt, den die Brüder ihm jedoch verweigerten. Statt dessen hatten sie Nerone mit einem kläglichen Lohn abgespeist, wahrscheinlich um die 50 Dollar pro Woche. Der verstimmte Kavalier hatte sich daraufhin mit einem Alkohol schmuggelnden Vetter in Chicago Heights, einem Vorort im Süden der Stadt, zusammengetan.[15]

Daß Nerone daran beteiligt war, Tony Genna in eine Falle zu locken, erhärtete den Verdacht, daß Capone sämtliche Morde an den Gennas befohlen hatte. Die Verbindung war offensichtlich: Capone duldete, daß Nerone und sein Vetter in Chicago Heights, das lange Zeit von Torrio kontrolliert worden war, gute Geschäfte machten. Und als Nerone mehr als ein Jahr später ermordet wurde, hatte der Mörder nichts mit den Gennas zu tun, sondern gehörte zu einer Familie, die versuchte, Capone auszubooten. Eingeweihte versichern, daß Tony Genna nur deshalb das nächste Opfer gewesen sei, weil sein Bruder Jim, der Boß der Gang, zu dieser Zeit auf Sizilien war. Wie man es auch betrachtet, das Schema war klar: zuerst die Ermordung von Angelo und Mike, die Kämpfer der

Gang, um Gegenschläge zu vermeiden; anschließend der Schlag gegen Jim, den Kopf, oder gegen Tony, das Hirn.

Der Plan ging auf. Die drei Brüder waren innerhalb von zweiundvierzig Tagen getötet worden. Danach war die Macht der Gennas zerbrochen. Sam und Pete trafen Anstalten, um nach Marsala zu flüchten.[16] Jim blieb gleich dort. Später mußte er auf Sizilien für zwei Jahre wegen Beteiligung an einem Juwelenraub ins Gefängnis. Als er nach ungefähr fünf Jahren nach Chicago zurückkehrte, hielt er sich aus allem heraus und betätigte sich nur noch als Importeur von Käse und Olivenöl.

Mit der Ermordung der Genna-Brüder waren Capones Probleme mit den restlichen Mitgliedern der Gang jedoch noch nicht völlig gelöst. Salvatore Ammatunas Vorname verwandelte sich in den Spitznamen »Samuzzo«, dann in »Samoots«. Ein Zeitzeuge erklärte, daß Samoots »Seidenhandschuhe über der Seele trage.«[17] Er war früher Profimusiker gewesen, ein beachtlich guter Geiger, und er konnte es von allen Gangstern Chicagos am ehesten mit Bathhouse John Coughlin aufnehmen konnte, was ausgefallene Kleidung betraf. Doch er war alles andere als sanftmütig. Als der Auslieferer einer Wäscherei einmal eines von Samoots Seidenhemden mit einem Brandfleck zurückbrachte, zog er seinen Revolver und richtete ihn auf den Mann, zügelte dann aber seine Wut soweit, daß er bloß dessen Pferd erschoß. Und als er noch als Musiker gearbeitet hatte, war er zusammen mit drei Berufskollegen wegen Mordversuchs verhaftet worden. Das Quartett hatte mit einer Schrotflinte auf einen Funktionär der Musikergewerkschaft geschossen.

Als Samoots es zu Wohlstand gebracht hatte, schwor er, nie wieder eine Waffe zu tragen. Er behauptete, Waffen wären in seinem Beruf überflüssig. Er leitete mittlerweile das Citro's, ein Café, das er gemeinsam mit John Scalise als stillem Teilhaber besaß. Nebenher arbeitete er als Überbringer von Schmiergeldern für die Gennas.

Nach deren Niedergang erlag Ammatuna, waghalsig wie immer, der Versuchung, die zerrüttete Gang wieder zu alter Größe zu führen. Die beste Methode, die Macht über Little Italy zu erlangen, bestand darin, Präsident der Unione Siciliana zu werden. Dieses Ziel versuchte Ammatuna zu erreichen, indem er den Saloonkeeper Edward Zion und den Alkoholschmuggler Abraham »Bummy« Goldstein anwarb. Beide waren erfahrene Revolvermänner aus der West Side. Alle drei drangen in die Zentrale der Unione ein, wo Ammatuna sich selbst zum Nachfolger Angelo Gennas ernannte.[18]

Doch Capone hatte sich nicht all die Mühe mit den Gennas gemacht, damit Ammatuna nun Kapital daraus schlug. Er hatte den Chefsessel der Unione für seinen eigenen Kandidaten räumen lassen, Tony Lombardo. Ammatuna war ihm zwar zuvorgekommen, aber Capone sollte noch ein Wort mitreden.

Im Herbst 1925 wurden Scalise und Anselmi wegen Mordes an Officer Olson vor Gericht gestellt. Der Mord an Walsh sollte später verhandelt werden. Im Juni hatte Ammatuna einen Fonds zur Verteidigung von Scalise und Anselmi ins

Leben gerufen, dessen Beitragszahler 100 000 Dollar aufgebracht hatten. Mit diesem Geld wurden die Strafverteidiger Mike Ahern und Thomas D. Nash sowie Patrick O'Donnell verpflichtet. Letzterer war ein weißhaariger Juryschmeichler der alten Schule, der die Gerichtsdiener erst einmal mit ein paar Flaschen Schnaps versorgte.

Die Anklagevertretung, die Staatsanwalt Crowe persönlich übernahm, schien vor einer leichten Aufgabe zu stehen. Die Verteidigung konnte die Beteiligung Scalises und Anselmis an der Schießerei nicht leugnen. Natürlich bestritt sie, daß die Angeklagten einen Mord begangen hatten, und plädierte auf Totschlag im schlimmsten Fall, auf Selbstverteidigung im günstigsten – eine Theorie, die den ungewohnten Vorzug besaß, daß sie der Wahrheit entsprach. Bereits drei Monate vor Prozeßbeginn hatte ein Reporter geschrieben, sogar die Polizei würde eingestehen, daß das Killerpaar »nicht einen Augenblick dachte, daß es sich um Polizisten im Einsatz handelte, sondern an eine Fortsetzung der Schießerei mit den zwei Mitgliedern der O'Banion-Gang glaubte, die eine Stunde vorher stattgefunden hatte . . .«[19] Wieder einmal waren die zivilen Streifenwagen der Detectives schuld, die wie die Limousinen der Gangster aussahen! Frank Capone hatte den gleichen Fehler begangen, und sogar unschuldige Bürger.[20] Kurze Zeit später nahm die Polizei sich dieses Problems an, indem sie zwei Flugzeugladungen Fahrer nach Detroit brachte, um bei der Firma Cadillac leuchtendgelbe Streifenwagen für die Detectives zu holen.[21]

Verteidiger Ahern legte seinen Standpunkt allzu deutlich dar: »Wenn ein Polizeibeamter Sie auch nur für einen Augenblick gegen Ihren Willen festhält, und wenn Sie ihn daraufhin töten«, sagte er, »haben Sie sich nicht des Mordes schuldig gemacht, sondern nur des Totschlags. Und wenn der Polizeibeamte Waffengewalt anwendet, könnten Sie ihn in Notwehr töten und wären vor dem Gesetz unschuldig.« Bob Crowe und die Presse stürzten sich auf diese Darlegung und sagten, sie wäre eine Einladung, Polizisten abzuschlachten. Ahern hatte es ungeschickterweise versäumt, deutlich zu machen, daß er Polizisten gemeint hatte, die ohne ersichtlichen Verdacht Personen festhielten, von denen sie vermuteten, daß sie ein Verbrechen begangen hatten. Selbst dieser Standpunkt war sehr zweifelhaft (denn eine Festnahme ohne gesetzliche Grundlage gibt dem Festgenommenen noch lange nicht das Recht zu töten), doch das rechtliche Prinzip, das Ahern zum Ausdruck bringen wollte, war grundsätzlich richtig.

Als aber die Geschworenen anfragten, ob sie die Angeklagten des Totschlags für schuldig befinden könnten, sagte der Richter nein. Einmal war die Jury soweit, daß acht Geschworene auf schuldig plädierten, drei auf Totschlag, und einer auf nicht schuldig. Schließlich, am 12. November 1925 um halb vier nachmittags, einigte man sich trotz des Nein des Richters auf Totschlag und eine Haftstrafe von vierzehn Jahren.[22]

Der Prozeß wegen des Todes von Officer Walsh begann am 10. Februar 1926.[23] Der Geschworene Orval W. Payne legte sein Mandat mit der Begründung nieder: »Ich müßte für den Rest meines Lebens eine Waffe tragen, wenn ich mich als Geschworener zur Verfügung stelle und die beiden für schuldig befinde . . .« Diesmal überließ Crowe seinem ersten Assistenten, George E. Gorman, und Bill

McSwiggin die Anklagevertretung. Nach normalem Prozeßverlauf gelangte Gorman zu einem sehr merkwürdigen Resümee. »Es darf kein halbherziges Urteil geben«, sagte er zu den Geschworenen. »Entweder ist es ein Fall, der die Todesstrafe verlangt, oder ein Fall von gerechtfertigter Tötung.«[24] Vor dem Hintergrund des ersten Urteils führte dies dazu, daß die Verteidigung auf Freispruch plädierte. Die Geschworenen waren einverstanden: Nach nur drei Sitzungen befanden sie die beiden Revolvermänner für nicht schuldig an der Ermordung von Officer Walsh.

Die beiden Killer schüttelten ihren Verteidigern und einigen Beitragszahlern des Fonds die Hände. Nach der ersten Verhandlung hatte Olsons taubstumme Mutter durch Zeichen gesagt: »Das Urteil ist ein Schlag ins Gesicht des Rechts.« Jetzt starrte Walshs Witwe auf die Gratulationsszene und sagte: »Mein Mann und seine Freunde sind von diesen Männern getötet worden, auf die jetzt eine Menschenmenge wartet, um ihnen die Hände zu schütteln. Ich gebe auf.« Ihr blieb der Anblick der Szene erspart, die sich unten in den Zellenräumen abspielte, wo Anselmi und Scalise auf ihren Rücktransport nach Joliet warteten. Sie tollten herum, fielen sich in die Arme und stießen Freudenschreie aus.

Am 23. Dezember 1926 gab der Oberste Gerichtshof des Staates Illinois ihrem Antrag auf Wiederaufnahme des Olson-Prozesses statt — mit der Begründung, daß Anselmi und Scalise mit vierzehn Jahren Haft zu hoch bestraft worden seien, falls es sich um Totschlag gehandelt habe, und daß das Urteil eine Rechtsverzerrung sei, falls sie sich des Mordes schuldig gemacht hätten. Im nächsten Monat wurden die beiden gegen eine Kaution von 25 000 Dollar auf freien Fuß gesetzt. Am 9. Juni 1927, vier Tage vor dem zweiten Jahrestag der Schießerei, begann das Revisionsverfahren. Zwei Wochen später befanden die Geschworenen, daß Scalise und Anselmi in Notwehr gehandelt hätten, um sich »gegen polizeiliche Aggression ohne rechtliche Grundlage zu wehren«, wie die Verteidigung es ausdrückte. Sie verließen den Gerichtssaal als freie Männer — die noch zwei Jahre zu leben hatten, bis Capone sie mit eigenen Händen tötete.

Inzwischen hatte Capone das Problem Ammatuna am 10. November 1925 um halb acht abends aus der Welt geschafft, ein Jahr nach dem Mord an O'Banion.

Ammatuna war an diesem Abend in Isidore Pauls Friseursalon an der Roosevelt Road gegangen. Anschließend wollte er mit seiner Verlobten Rose Pecorara und einem weiteren Paar eine Aufführung von Aida besuchen. Samoots hatte sich gerade aus dem Frisierstuhl erhoben, als zwei Männer den Laden betraten, einer war groß gewachsen, der andere von ziemlich kleiner Statur. Der Kleine feuerte zuerst, viermal; eine Kugel traf Ammatuna in den Hals. Der Große schoß ebenfalls viermal, traf aber nicht. Dann stürmten sie aus dem Laden und flüchteten in einem Auto, das draußen gewartet hatte. Ammatuna starb am 13. November im Alter von sechsundzwanzig Jahren.[25]

Drei Tage später wurde Eddie Zion auf der Heimfahrt von Ammatunas Beerdigung erschossen. Und wieder drei Tage später stahl irgend jemand ein Schrotgewehr aus einem Streifenwagen und setzte die Waffe erfolgreich gegen Bummy Goldstein, Ammatunas zweiten Verbündeten, ein.

Capone unterstrich seine Entschlossenheit, Tony Lombardo zum Präsidenten der Unione Siciliana zu machen, doch brachten ihn all diese Morde nicht wieder zurück an die Spitze. Genausowenig wurde dadurch Torrios Kartell wiederhergestellt.

Im Oktober 1925 – nach den Genna-Morden, aber noch vor der Ermordung Ammatunas – endete Torrios Haftzeit. Drei mit Revolvermännern besetzte Wagen, Capone vorneweg, geleiteten Johnny Torrio unauffällig aus Chicago. Er stieg in einen Zug nach Gary in Indiana. Wäre Torrio in Chicago geblieben, hätte nichts von dem, was er sah, seinen Entschluß ändern können, die Stadt zu verlassen.

13

Zerfall

Während des gesamten Jahres 1925 waren die Gewinne des Outfit, der Organisation Capones, drastisch zurückgegangen.

Das kleinere Übel waren jene Maßnahmen, die von der Justiz und von wackeren Bürgervereinigungen in Gang gesetzt wurden. Unmittelbar bevor auf Torrio geschossen wurde, hatte die Juvenile Protektive Association, ein Jugendschutzbund, einen Richter dazu bewegen können, Sheriff Peter Hoffman zur behördlichen Schließung des Harlem Inn anzuweisen.[1] Es war Capones wichtigstes Bordell in Stickney. Das von Hoffman verkörperte Auge des Gesetzes blickte zwar sehr milde, so daß das Etablissement bald wieder öffnen konnte. Dennoch waren derartige Schließungen keineswegs umsatzförderlich.

Das Vorgehen der Gesetzesorgane gab auch jenen Kreisen Auftrieb, die sich zu bürgerlicher Selbsthilfe aufgerufen sahen. Die »West Suburban Ministers' and Citizens Association«, ein Bürgerverein unter der Ägide von Kirchenleuten aus den westlichen Vorstädten, veranstaltete eine Razzia im Harlem Inn und schloß den Laden ein weiteres Mal. Im Mai fühlte man sich stark genug, um sogar in Cicero zuzuschlagen.

Am frühen Nachmittag des 16. Mai 1925 lag Capone im Hawthorne Hotel in seiner Suite immer noch im Schlaf. Im Gegensatz zu Torrio war er ein Nachtmensch, der bei der Überwachung seiner Alkohol- und Bordellgeschäfte gern das Nützliche mit dem Angenehmen verband und Stichproben machte. Jetzt riß man ihn mit der Meldung aus dem Schlaf, daß es auf der anderen Seite der Twenty-second Street in Nummer 4818, einem der vielen Spielsalons der Organisation, Ärger gebe, weil Mitglieder des Bürgervereins dort eine Razzia vornehmen würden. Capone zog sich das kragenlose Hemd und ein Paar Hosen über seinen Schlafanzug und trottete unrasiert und noch leicht schlaftrunken zur anderen Seite der Straße hinüber.

Chester Bragg, ein stämmiger Versicherungsvertreter aus Berwyn, bewachte den Eingang. Capone lehnte sich gegen die Tür und zwängte sie einen Spalt weit auf.

»Was glauben Sie eigentlich, was hier los ist, eine Party vielleicht?« raunzte Bragg und stemmte sich dagegen.

»Dann wäre das wohl meine Party«, knurrte Capone und verstärkte seine Anstrengung. »Der Laden gehört nämlich mir!«

»Ach, dann kommen Sie doch rein, Al! Wir haben schon auf Sie gewartet«, rief Bragg.

Capone lief in großen Sätzen die Treppe hinauf nach oben, wo sich der Hauptspielsalon befand, gefolgt von David Morgan, der mit vierzig Dollar Wochenlohn als Ermittler für Braggs Versicherungsgesellschaft arbeitete und ebenfalls in Berwyn wohnte. Capone lief durch den ganzen Spielsaal, vorbei an den Würfel- und Kartentischen, den Rouletträdern und den Anzeigetafeln für Pferde- und sonstige Wetten (es war der Tag, an dem das Kentucky Derby stattfand). Eine Gruppe von Besetzern fauchte er im Vorbeigehen an: »Das ist eure letzte Razzia gewesen!« und strebte weiter auf das vom rückwärtigen Teil des Saales abgetrennte Büro zu.

Reverend Henry C. Hoover, der Kirchenmann der Congregational Church von Berwyn, hatte die Razzia angeführt. Der Kneifer auf seiner langen, schmalen Nase und das gewichtige Gehabe kaschierten nur unvollkommen die Jugendlichkeit seines hageren, aber rosigen Gesichts. Er stand bei einer Gruppe von drei Staatsdienern: dem Polizeichef von La Grange (einer kleinen Ortschaft südwestlich von Berwyn), dem Gemeinderichter des Ortes, der den für die Razzia nötigen Hausdurchsuchungsbefehl ausgestellt hatte, und dem Polizeischutz der Herren, einem Lieutenant, der Crowes Dienststelle zugeordnet war.

Die Gruppe ging in das Büro zu Capone hinein und kam gerade noch rechtzeitig, um zu sehen, wie er aus einer Kassenschublade Geld in seine Taschen stopfte.

»Wer ist dieser Mann?« fragte Hoover den Polizisten.

Capone unterbrach seine Tätigkeit und sah auf. »Ich bin Al Brown, wenn Ihnen das genügt.«

»Ooh«, sagte Hoover, »ich hatte eigentlich mit jemand gerechnet, der mindestens so mächtig ist wie der Präsident der Vereinigten Staaten.«

»Warum hackt ihr Kerle eigentlich immer auf mir herum?« fragte Capone.

Es sei nicht persönlich gemeint, erklärte Hoover, es gehe hier lediglich ums Prinzip.

Auf Capones Geheiß hin kümmerte sich sein Buchhalter Leslie Shumway um das restliche Geld. Capones Vetter Charley Fischetti half Shumway, das Geld auf die andere Seite der Straße ins Hotel zu schaffen.

Capone folgte ihnen. Er rasierte sich und kehrte mit Schlips und Kragen zurück. Passend gekleidet machte sich der Mann, der in erster Linie allem Ärger aus dem Wege zu gehen wünschte, an Hoover heran und versuchte es auf die sanfte Tour. »Reverend«, sagte er, »sollte es nicht möglich sein, daß Sie und ich zu einer Übereinkunft gelangen und uns irgendwie verständigen?«

»Was meinen Sie damit?«

»Ich würde mich aus Stickney zurückziehen, wenn Sie mich in Cicero in Ruhe lassen.«

»Mr. Capone, die einzige Übereinkunft, zu der Sie und ich kommen können, ist die, daß Sie sich entweder an die Gesetze halten, oder aus allen westlichen Vorstädten verschwinden.«

Damit war die Diskussion beendet. Einer der Eindringlinge schlug dem

Richter vor, für den Mann, der sich als Hausherr dieses illegalen Unternehmens ausgegeben hatte, einen Haftbefehl auszustellen. Während der Richter noch die Papiere ausfüllte, war Capone schon verschwunden.[2] Ein gefügiger Richter in Cicero wies alle Anklagen zurück, die bei der Razzia festgestellt worden waren.[3] Dennoch, solche Vorgänge schadeten dem Geschäft.

Im Jahr 1925 war der in der ganzen Stadt tobende Bandenkrieg allerdings die größere Beeinträchtigung. Keiner kümmerte sich ums Geschäft; das Jahr verging damit, daß man aufeinander schoß. Im April 1925 erreichte die Mordrate einen städtischen Rekordstand.[4] Und im Oktober verzeichnete Cook County im Durchschnitt mehr als einen Mord pro Tag.[5] Nicht alles waren Bandenmorde, aber es war ihr Anteil, der die Quote auf Rekordhöhe schnellen ließ. Die gleiche Mischung aus Raffgier und Egoismus, die schon O'Banion zum Verhängnis geworden war, ließ das Kartell fast über Nacht zerfallen.

Eine Gang nach der anderen wurde abtrünnig, bis jeder jedem an die Gurgel ging. Capone konnte sich aussuchen, wem er um den Bart gehen, wem er eins auf die Nase geben und welchen Mord er gar außer acht lassen wollte, bis seine Macht weit genug gediehen war. Die früher so gefestigte South Side wurde ein ebenso blutiges Schlachtfeld, wie die North Side und Little Italy.

Wieder einmal war Spike O'Donnell die Zielscheibe, aber diesmal gab es einen entscheidenden Unterschied. Capones Verwarnung von wildernden Kollegen lautete in der Regel: »Du wirst dich in Zukunft raushalten, verstanden!«[6] Die unfreiwilligen Todesfälle der Jahre 1923 und 1924 hatten Spike genügend beeindruckt, und er hatte sich aus fast allem herausgehalten. Jetzt versuchte er jedoch ein Comeback. Als er aus New Jersey den Killer Henry C. Hassmiller kommen ließ und zwischen Winter und Frühjahr 1925 erneut versuchte, den Fuß in die Tür zu bekommen, da stand ihm kein Kartell mehr entgegen, mit dem er es hätte aufnehmen müssen.[7] Die Gangs von Saltis-McErlane und Sheldon gingen sich jetzt gegenseitig ans Leder.

Dann geschah alles auf einmal. Während Capone sich im Juni noch mit den Gennas ins Benehmen setzen wollte, töteten Sheldons Leute Hassmiller und Walter O'Donnell.[8] Am 25. September, als Capone sich mit Ammatuna auseinandersetzte, unternahm McErlane den ersten von zehn Versuchen, Spike O'Donnell umzubringen.[9] Am nächsten Tag versuchte Spike Ralph Sheldons Mentor Walter Stevens zu ermorden. Am 4. Oktober unternahm Frank McErlane einen Feuerüberfall auf das Klubhaus der Ragens Colts, wobei zwei von Sheldons Leuten ums Leben kamen. Mitte Oktober, als Torrio Chicago verließ, richtete McErlane seine Waffe erneut auf Spike O'Donnell. Er traf ihn zwar nicht, aber seine Schüsse verletzten Spikes Bruder Tom. Einen Monat später mußte Joe Saltis mit zwei Kugeln im Leib ins Krankenhaus. Zehn Tage später gab es einen Feuerüberfall auf McKeones Saloon, einen Treffpunkt der Saltis-McErlane-Gang. Es entspann sich ein Feuergefecht, bei dem drei Männer umkamen. In der Woche darauf, am 2. Dezember 1925, trafen vierzehn Geschosse Ralph Sheldons Wagen. Zwei Tage später fing sich Danny Stanton, der später Sheldons Nachfolger werden sollte, zwei Kugeln ein.

1 Das elterliche Haus in der
21 Garfield Street

2 Frankie Yale, Capones erster Boß

3 Capone als Teenager mit
Pickeln (New Yorker
Polizeifoto, 1917/18)

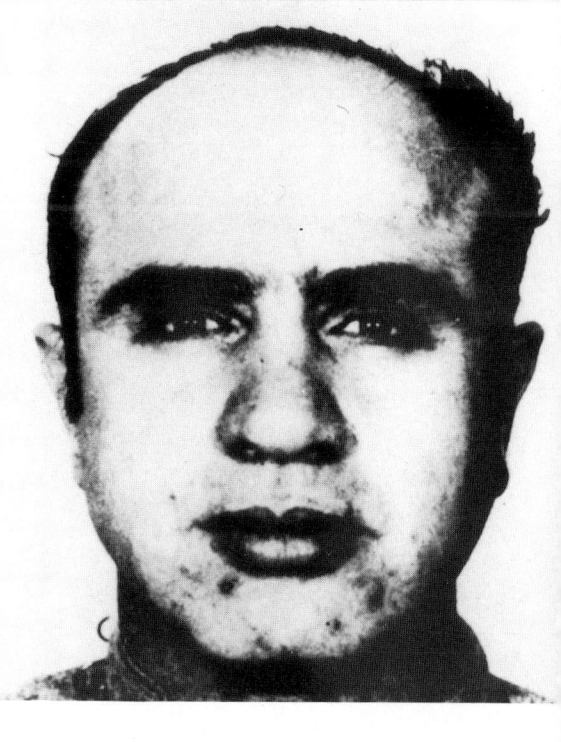

4 Dale Winter mit Jim Colosimo, dem Herrscher der Unterwelt von Chicago, als Capone dorthin kam

5 Er nahm Capone unter seine Fittiche: John Torric Gefängnis, nachdem der Anschlag auf ihn verübt

6 Wahlplakat für Thompson (1927)

7 Big Bill Thompson nach seiner ersten Wahl zum Bürgermeister von Chicago (1915)

Vote for Big Bill the Bu
He Cannot Be Bought, Bossed or E

8 Der Reformer: Chicagos Bürgermeister William Dever (1923—1927)

9 Ratsherr Michael »Hinky Dink« Kenna (1903)

10 Ratsherr »Bathhouse« John Coughlin feiert das Ende der Prohibition (1933)

11 Die gesamte Polizeitruppe von Cicero, aufgenommen 1921 — bevor Capone die Macht übernahm und Joseph Klenha (oben Mitte) die Treppe des Rathauses hinunterprügelte

12 »Spike« O'Donnell kämpfte gegen das Kartell von Torrio und Capone

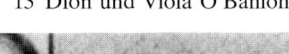

13 Dion und Viola O'Banion

14 O'Banions Blumenladen, das Schofield's, Hauptquartier der North Side Gang (1924 nach der Ermordung O'Banions); hier wurde 1926 auch Hymie Weiss erschossen

15 Trauerzug bei der Beerdigung von O'Banion

FAMILIE CAPONE

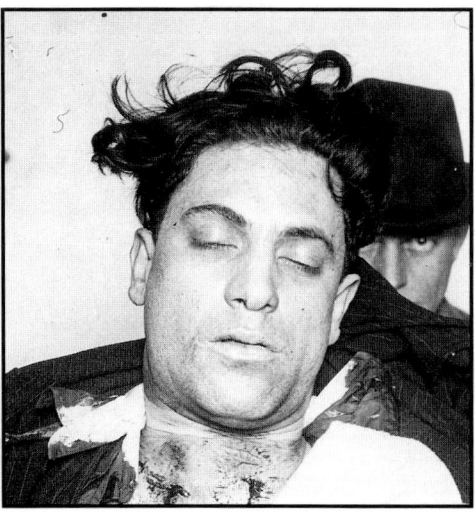

16 Unterschriften von Capone (1930), seiner
Mutter (1937) und seinem Vater (1906)

17 Al Capones berüchtigter Blick
(»The Look«)

19 Ralph Capone bringt den Reportern Bier, die
sich vor Als Anwesen in Palm Island versammelt
haben, als Capone im Sterben liegt (1947)

18 Frank Capone, von Polizisten erschossen (1924)

20 Matt Capone

21 John »Mimi« Capone

22 Capones lange verschollener ältester Bruder Jimmy als Gesetzeshüter während der Prohibition

23 Rocco Fischetti, Charleys jüngerer Bruder

24 Mae Capone, die äußerst selten fotografiert wurde, auf dem Weg zu Al nach Alcatraz (Aufnahme mit einem Teleobjektiv)

25 Hochzeitsfoto von Capones Schwester Mafalda (1930)

26 Charley Fischetti, Capones Vetter

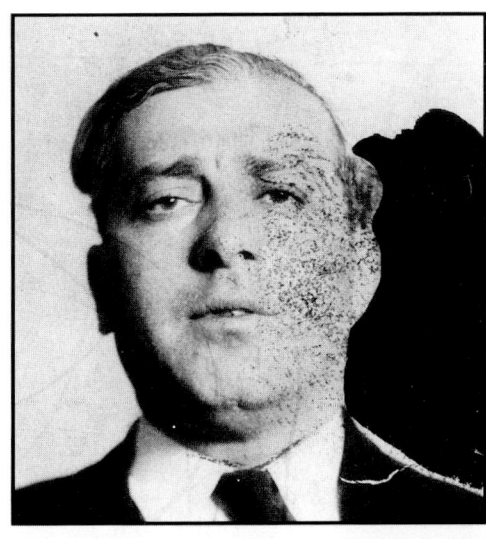

27 Staatsanwalt Bob E. Crowe

28 Joseph L. Howard, den Capone
1924 eigenhändig ermordete

29 Twenty-second Street, Hauptverkehrsstraße von Capones Stützpunkt Cicero

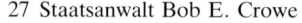

Wenn Torrio und Capone die Attentate nicht selbst planten, kamen die Gangsterbosse meist verwundet davon und wurden nicht getötet – falls sie überhaupt etwas abbekamen. Der Schuß mußte im Laufen plaziert werden. Gangsterbosse traten selten ohne Leibwächter auf und man konnte sie daher kaum in aller Ruhe abschießen.

Drei Tage vor Weihnachten machte ein Doppelmord deutlich, wo der Unterschied lag. An diesem Abend verließen zwei Männer der Ragens Colts, beide Mitte Zwanzig, gegen achtzehn Uhr zusammen einen Saloon. Der eine war Joey Brooks. Er war Kneipenwirt und erst seit einer Woche verheiratet. Im Vorjahr, als die Gangs sich noch vertrugen, hatte er versucht, Eddy Tancl mit Dynamit hochgehen zu lassen. Der andere war Edward Harmening, ein Polizist. Ungefähr zwei Stunden, nachdem sie das Lokal verlassen hatten, wurden ihre Leichen auf dem Rücksitz von Harmenings Wagen gefunden, der in einer Schneewehe im Marquette Park im äußersten Südwesten der Stadt steckte. Die beiden Opfer waren vom Vordersitz aus erschossen worden, Brooks mit sechs Kugeln, Harmening mit zwei Kugeln. Man hatte ihnen aufgelauert, sie zum Einsteigen in den Wagen gezwungen und in den verlassenen Park gefahren. Die Polizei vermutete einen Racheakt McErlanes für die Opfer des Überfalls auf McKeones Bar, der einen Monat zuvor stattgefunden hatte.[10]

Das war die bevorzugte Methode der Bandenmorde: ohne Hast, die Schußdistanz nicht weiter als vom Vordersitz bis zum Rücksitz eines Autos. Das Opfer war unbewaffnet und in einem Augenblick der Schutzlosigkeit von der Straße entführt worden.

Ein Leibwächter Capones, Philip d'Andrea, war bezeugtermaßen in der Lage, mit der Waffe durch eine in die Luft geworfene Vierteldollarmünze ein Loch zu stanzen.[11] Chicagos Kriminelle waren jedoch zumeist miserable Schützen. Es waren Großstadtlümmel, denen jegliche Erfahrung mit für Schießkünste geeigneten Waffen fehlte. Die Revolvermänner aus New York übten ihre Künste auf den Schießständen von Coney Island und am Broadway. Capones Leute übten gelegentlich in den Kellerräumen seiner verschiedenen Hauptquartiere.[12] Dennoch war der Mordanschlag auf Samoots Ammatuna keineswegs untypisch. Acht Schüsse in einem Friseurladen, von denen nur einer trifft, und das noch per Zufall: Kein Mensch feuert gezielt auf den Hals. Die Vorliebe der Italiener für Schrotflinten erklärte sich leicht aus der Tatsache, daß bei diesen Gangs niemand wußte, wie man einen gezielten Schuß abfeuert.

Frank McErlane versuchte einen anderen Weg. Sein erster Mordversuch an Spike O'Donnell ist zugleich der erste Anschlag in Chicago, bei dem vom Einsatz einer Maschinenwaffe berichtet wird. Sie sollte die Schrotflinte von ihrem Platz verdrängen. McErlane erwischte O'Donnell im Freien, als sich jener gerade vor einem Drugstore in der South Side mit einem Zeitungsjungen unterhielt. Eine Limousine brauste heran, und eine Stimme rief: »Hallo, Spike!« – was zwar ein hübscher Showeffekt, aber auch ein taktischer Fehler war. Spike O'Donnell fuhr herum und begriff sofort, was los war. Er warf sich zu Boden und riß den Zeitungsjungen mit. Hinter ihm ging das Schaufenster von einem Schrotschuß in tausend Stücke. Dann legte die Maschinenpistole los.[13]

Die Waffe war so ungebräuchlich, daß die Polizei zunächst ratlos war. Die Beamten fanden »eine fein säuberlich gezogene Linie von Einschüssen unterhalb des Schaufensters des Drugstore, etwa dreißig Zentimeter über dem Bürgersteig«, wie ein Reporter schrieb. Man spekulierte, die Lochreihe sei durch »ein Maschinengewehr irgendeiner Machart« verursacht worden. Ein anderer Reporter hielt es für ein Werk des Zufalls, für die bemerkenswerte Salve einer Schützenriege.[14]

Die Unwissenheit war verzeihlich. John T. Thompson war 1914 bei der Armee ausgeschieden, um eine Tätigkeit bei der Waffenfirma Remington aufzunehmen. Die Grabenkriege des Ersten Weltkriegs ließen ihn über eine Waffe nachdenken, mit der angreifende Infanteristen dem verheerenden Abwehrfeuer schwerer Maschinengewehre etwas entgegenzusetzen hätten. Es mußte eine Waffe sein, die der einzelne Infanterist beim Angriff auf den Feind mit sich tragen konnte. Im Sommer 1916 gründete Thompson für die Entwicklung einer solchen Waffe die Firma Auto-Ordnance.

Das Funktionsprinzip jeder Maschinenwaffe besteht darin, daß die Rückstoßkraft der jeweils explodierenden Patrone dazu ausgenützt wird, die leere Patronenhülse auszuwerfen und die nächste Patrone in Abschußposition zu bringen, während der Schlagbolzen in den Verschlußmechanismus zurückfährt. Eine Maschinenwaffe feuert solange, wie der Schütze den Abzug durchgedrückt hält, wobei sie ihre Bleiladung so schnell ausspeit, wie die Mechanik des hin- und herhämmernden Schlagbolzens es erlaubt. Thompson fand heraus, daß Pistolenpatronen mit einem 45er Kaliber die schwerste Munition waren, die von einer tragbaren Maschinenwaffe in Dauerfeuer verschossen werden konnte; größere Kaliber hätten eine Schmiervorrichtung benötigt. Das war aber keineswegs ein Nachteil, denn die 45er Munition hatte eine beträchtliche Durchschlagskraft, und wegen ihres relativ geringen Gewichts konnte der Schütze um so mehr Patronen mit sich führen. Die »Submachine Gun« von Thompson entsprach genau dem, was in der deutschen Version als Maschinenpistole bezeichnet wurde. Die deutsche Waffe war nach dem Muster der italienischen Revelli gebaut und verschoß 9-Millimeter-Luger-Munition. Thompson nannte seine Erfindung den »Grabenbesen«, der die Boches wegfegen sollte.

Bevor die Firma aber auch nur einen einzigen »Grabenbesen« verschiffen konnte, wurde der Waffenstillstand geschlossen. Die »Tommygun« sollte im Ersten Weltkrieg nie zum Einsatz kommen, wodurch ihr öffentlicher Bekanntheitsgrad gleich Null blieb. In der Nachkriegsperiode gab es folglich kaum Nachfrage. Im Jahr 1923 senkte Auto-Ordnance den Stückpreis von 225 auf 175 Dollar. Dennoch waren im Jahr 1925 erst etwa dreitausend Waffen verkauft worden, und die Tendenz war fallend.

Es war eine recht wirksame Waffe, die da unbeachtet blieb. Nackt wog sie knapp vier Kilo. Mit Kolben und Hundertschuß-Trommelmagazin kam das Gewicht auf ziemlich genau zwölf Kilo, womit die Waffe immer noch absolut handlich war. Ihre Feuergeschwindigkeit war eintausend Schuß pro Minute, und jeder Schuß konnte eine Stahlplatte von einem Zentimeter Dicke durchschlagen. Mit dieser Waffe konnte man ein fahrendes Automobil fahruntauglich schießen und zerstören. Man brauchte keinerlei Lizenz, um eine solche »Submachine Gun« zu besitzen oder bei sich zu führen. Man konnte die Waffe bei Sportartikelfirmen, in Eisenwarengeschäften oder im Versandhandel erwerben.

Als das Militär schließlich die Thompson anschaffte – während des Zweiten Weltkrieges kamen zwei Millionen zum Einsatz –, verlangte die Vorschrift kurze Feuerstöße und keinen Dauerbeschuß. Wie auch immer, wenn es möglich war, eine große Zahl von Schüssen nahezu gleichzeitig in ein Ziel hineinzupumpen, dann war Schützenpech kein Thema mehr. Nicht weniger wichtig war die Tatsache, daß diese Waffe dem Gegner kaum eine Möglichkeit ließ, sich zur Wehr zu setzen. Bisher war es so, daß der Schütze A einzelne Schüsse auf B abfeuerte. Selbst wenn er ein Schrotgewehr hatte, blieb dem Schützen C (etwa dem Leibwächter von B) genügend Zeit, um mit einem relativ ruhigen und gezielten Schuß das Feuer zu erwidern. Hatte A jedoch eine Maschinenpistole in Händen, dann steckte jeder, der sich auch nur in der Nähe von B aufhielt, so unmittelbar und so offensichtlich in Schwierigkeiten, daß A selbst von einer ganzen Wagenladung von Leibwächtern kaum mehr als eine allgemeine Suche nach Deckung zu erwarten hatte.[15]

McErlane schoß zwar am 25. September an Spike O'Donnell vorbei, aber er leitete mit seiner Tommy Gun eine neue Epoche der Bandenkriege in Chicago ein. Als er am 4. Oktober das Clubhaus der Ragens Colts zusammenschoß, hatten Polizei und Zeitungen die Botschaft begriffen. Die Maschinenpistole war auf den Plan getreten.

Trotz des Theaters um ihn herum und obwohl sich ein Angriff Klondike O'Donnells auf seine Geschäfte in Cicero abzuzeichnen begann, verbrachte Capone Weihnachten in New York, wo drei Mordanschläge auf ihn verübt wurden.

Wenn man Capones eigener Erzählung glaubt, dann begann alles völlig unverdächtig. Sein kleiner Junge, der siebenjährige Sonny, hatte eine lebensberohliche Mastoiditis bekommen. Capone brachte das Kind nach Manhattan in die Klinik von Dr. Lloyd am St. Nicholas Place und bot dem renommierten Spezialisten 100 000 Dollar für die Rettung des Jungen. Der Arzt berechnete sein übliches Honorar von 1 000 Dollar. Die Operation rettete Sonny das Leben, kostete ihn aber den größten Teil seiner Hörfähigkeit.[16]

Capone erzählte später: »Es war Heiligabend, als meine Frau und ich nach Hause geschickt wurden, damit wir uns ein bißchen hinlegen und ausruhen sollten. Als wir bei unseren Verwandten ankamen, waren sie gerade dabei, für unsere kleinen Nichten und Neffen den Weihnachtsbaum zu schmücken. Das hat meiner Frau den Rest gegeben.« Auch Capone selbst war ziemlich am Ende.

In der Nacht des ersten Weihnachtstages – genauer gesagt, in den frühen Morgenstunden des 26. Dezember 1925 – ergab sich für Capone die Gelegenheit, sich einen großen Teil seiner Wut und Niedergeschlagenheit von der Seele zu schaffen. Er spielte später die Sache herunter, wenn er erzählte: »Ein Bekannter kam vorbei und lud mich auf ein Glas Bier zu sich ein. Seine Wohnung lag direkt um die Ecke. Meine Frau sagte mir, ich solle ruhig mitgehen, es würde mir bestimmt gut tun. Kaum, daß wir dort sind, geht die Tür auf, sechs Kerle kommen herein und fangen an zu schießen. Mein Bekannter hatte mir eine Falle gestellt. In dem Gemenge wurden zwei von den Kerlen getötet und einer bekam einen Schuß ins Bein. Und ich mußte die Weihnachtstage im Gefängnis verbringen.«

Die Erzählung stimmte allerdings nicht ganz. Sie war bestenfalls eine Annäherung an die Ereignisse.

Die Sache hatte in Wirklichkeit gegen Ende des Jahres 1923 angefangen, als ein paar von Frankie Yales Männern den fast bis zur Bewußtlosigkeit betrunkenen Bill Lovett überraschten und umbrachten.[17] Lovetts Schwager Richard Lonergan übernahm die Führung der Gang. Wenn er es nicht hören konnte, wurde er »Pegleg« (Holzbein) genannt. Als er noch ein Junge war, mußte ihm sein linkes Bein nach einem Unfall unterhalb des Knies amputiert werden.[18] Lonergan erklärte Yale den Krieg.[19] Zwei Jahre und viele Morde später hatte Lonergan praktisch seine gesamte Streitmacht verloren. Er ließ trotzdem nicht locker. Als er Yale vor einem Speakeasy aufgelauert und nur knapp verfehlt hatte, war für Yale der Moment gekommen, den Schüssen aus dem Hinterhalt ein für alle Mal ein Ende zu setzen.[20]

Yales Chance kam Anfang Dezember 1925, als ihn Eddy Lynch von der White Hand Gang anrief, um ein Treffen zu vereinbaren. Lynch und Lonergan sprachen nicht mehr miteinander. Sie waren sich wegen eines Mädchens in die Haare geraten, aber den Ausschlag hatte Lonergans kränkende Behauptung gegeben, Lynch sei ein Feigling.[21]

Lonergan hatte Lynch und Aaron Harms, zwei seiner letzten brauchbaren Killer, auf James DeAmato – man nannte ihn Jimmy Files, oder einfach nur Filesy[22] – angesetzt. Er war ein alter Freund Al Capones, der in Brooklyn geblieben war und der White Hand empfindlich auf die Füße trat.

Eines Sonntagabends waren Lynch und Harms DeAmato in eine für ihr Vorhaben geeignete verlassene Seitenstraße gefolgt. Sie waren gerade nahe genug an DeAmato herangekommen, als dieser die Gefahr bemerkte und um die Ecke in die belebte Fulton Street rannte. Harms sagte zu Lynch, er solle die Sache vergessen, aber Lynch sprintete alleine hinterher. Er holte den Flüchtenden ein, aber dann versagte seine Pistole. DeAmato prügelte seinen Verfolger quer über den ganzen Bürgersteig. Lonergan fand es passend, zur Erklärung der Schande zu behaupten, Lynch sei das Herz in die Hosen gefallen.

Das brachte das Faß zum Überlaufen. Lynch wußte ohnehin, daß er auf einem sinkenden Schiff saß. Als Gegenleistung für einen Job bei Yale hatte er einige Informationen anzubieten. Lonergan plante, Heiligabend im Adonis Social Club einzudringen, wenn dort die jährliche Herrenparty stattfand, die Yale für die Leute von der Black Hand Gang veranstaltete. Der Plan war ein weiterer Beleg für Lonergans verzweifelte Situation. Er konnte lediglich fünf Bewaffnete aufbieten, und die beiden einzigen erfahrenen Leute, die er hatte, waren Aaron Harms und Cornelius Ferry (wegen seiner Nebenbeschäftigung als Drogenhändler nannte man ihn »Needles«). Die anderen drei, Patrick Maloney, Joseph Howard und James Hart, waren Lastwagenfahrer der White Hand Gang, die als Ersatzgorillas verpflichtet worden waren. Lonergan baute auf den Überraschungseffekt. Er wollte erst sehr spät zuschlagen, wenn die Reihen der Gäste sich schon gelichtet hatten und das Zahlenverhältnis sich etwas zu seinen Gunsten gebessert hatte. Wenn es ihm gelang, eine gebührende Anzahl von Gegnern, möglicherweise sogar Yale selbst, zu erledigen, konnte er das Ruder vielleicht noch einmal herumwerfen.

Yale nahm mit Capone Kontakt auf. Es ist durchaus möglich, daß Yale im Ausgleich für den Gefallen, den er Capone mit Colosimo und O'Banion getan hatte, diesen aus Chicago kommen ließ, so daß sein Besuch in New York nur zufällig mit der Operation seines Sohnes zusammenfiel. Lonergan kannte zwar Capones Namen, aber dessen Bild war bisher in keiner New Yorker Zeitung erschienen.

Das Adonis lag im Erdgeschoß eines Fachwerkgebäudes. Darüber befand sich eine Wohnung. Ein langer Korridor führte in einen Schankraum mit Mahagonibar und Messingtrittstange. Durch eine Tür gelangte man nach hinten in einen Saal, in dem Tanzveranstaltungen stattfanden, sowie die von Partner Angelo »Fury« Agoglia ausgerichteten lukullischen Banketts, für die der Club berühmt war. Die Wände waren rundum, von der Decke bis zum Boden, mit anthrazitgrauen Vorhängen bedeckt. Ein verstimmtes Klavier stand in einer Ecke, klapprige Tische, umgeben von durchgesessenen Stühlen mit Peddigrohrlehnen, balancierten auf wackeligen Beinen. Aus Anlaß der Festtage hatte man den Saal mit einem orangefarbigen Band aus Fahnentuch geschmückt, auf dem in Analphabetenschrift »Merry Christmas and Happy New Year« stand. Auch ein paar Mistelzweige hingen herum.[23]

Capone hielt sich an Eddie Lynchs Tip und kam nach Mitternacht. Lonergan und seine Leute erschienen nach drei Uhr morgens und gingen nach hinten in den Saal. Die Eindringlinge saßen dem von Capone und Yale inszenierten Täuschungsmanöver auf. Capone hatte ein paar seiner eigenen Leute mitgebracht. Sie waren Lonergan nicht weniger fremd als Capone. Den irischen Augen der Eindringlinge bot sich der gewohnte Anblick von Adonis Personal – einschließlich der Clubsängerin Helen Logan und des Zigarettenmädchens Elvira Callahan – und ein paar unbekannte Italiener, die an einigen Tischen saßen. Es waren nur noch ganz wenige bekannte Gesichter der Black Hand Gang zu sehen, und Yale fehlte überhaupt. Anstatt sofort den Rückzug anzutreten, setzten sich Lonergan und seine Leute und begannen zu trinken. Sie gaben sich alle Mühe, daß ihre beleidigenden Bemerkungen über »Itaker« nicht überhört wurden.

John Stabile, einer der beiden Partner von Fury Agoglia im Adonis, war gemäß seinem Lieblingsausruf unter dem Namen »Stick-em-up« (Hände hoch) bekannt.[24] Ein Reporter, der nur die Hälfte begriffen hatte, schrieb irrtümlich von einem »John Stickum«. Stabile kam mit seiner Flamme Mary Wilson am Arm herein.[25] Ihr Mann Ed saß praktischerweise gerade eine Strafe in Elmira ab. Mary war eine hellhäutige hübsche Person und höchstwahrscheinlich irischer Abstammung; Stabile war von dunklem und unübersehbar italienischem Typus. Als Lonergan das Pärchen sah, raunzte er die Frau an und verlangte, sie solle sich gefälligst mit »weißen« Männern abgeben.[26] Es ist sogar möglich, daß er zu

Capone hinüberging, um dessen Meinung zu hören. Ein Überlebender des folgenden Gemetzels berichtete, daß Lonergan mit einem der an den Tischen sitzenden Gäste einige Worte gewechselt hat.

Kurz nach drei Uhr morgens ging Fury Agoglias Bruder Sylvester auf Capones Wink hin zu Aaron Harms hinüber und hieb ihm mit einer Art Fleischhauerbeil über den Schädel. Auf dieses Zeichen hin legte Fury den Hauptschalter für das Licht um. Im ganzen Raum brannte nur noch ein kleiner Leuchter über dem Tisch der White-Hand-Leute und tauchte die Eindringlinge in sein Licht.

Capones Leute zogen ihre Waffen. Als die Schießerei begann, hielt sich Mary Wilson die Ohren zu, drehte sich mit dem Gesicht zur Wand und kreischte solange, bis alles vorüber war. Im Schankraum hörte der Barmann Anthony Desso das Kreischen, die Schreie von Verwundeten und das Trampeln von Füßen, die in panischer Eile an ihm vorbei die Eingangstür zu erreichen suchten. Zwei der zwangsrekrutierten Fahrer der White-Hand-Gang, »Happy« Malone und »Ragtime« Howard, entkamen unverwundet. Lonergan und Ferry wurden von Capone und seinen drei Tischgenossen erschossen, als sie hinter dem Klavier Deckung suchen wollten. Die Opfer hatten noch nicht einmal Zeit, ihre Waffen zu ziehen. Lonergan stürzte mit zwei Kugeln im Leib als erster zu Boden, Ferry fiel auf ihn. Sie lagen ungefähr einen Meter vom Klavier entfernt übereinander. Alles war so schnell gegangen, daß Lonergan noch einen Zahnstocher zwischen den Lippen hatte, als die Polizei ihn fand. Der Pianist George Carozza hatte gerade »She's My Baby« gespielt, als die Schießerei begann. Ein abgenutztes Notenblatt lag immer noch auf dem Notenhalter am Klavierdeckel.[27]

Auch Aaron Harms schaffte es noch, bis auf die Straße hinaus zu kommen, aber zusätzlich zu der Kopfwunde hatte er noch einen Schuß abbekommen. Er brach zusammen und starb vor dem Club. James Hart hatte mehr Glück. Sein Ohr war von Kugeln gestreift, sein Arm leicht getroffen worden, ein Geschoß steckte in seinem Schenkel. Auch er konnte durch die Eingangstür entkommen. Ein Polizist fand ihn, wie er auf Händen und Knien über die Flushing Avenue kroch.

Um 3.35 Uhr fand der Streifenpolizist Richard Morano die Leiche von Harms in der Twentieth Street. Fred Kavanaugh, der diensthabende Captain des Reviers an der Fifth Street, kam zur Verstärkung. Die Beamten folgten der Blutspur zur offenstehenden Eingangstür des Adonis Club. Beim Licht ihrer Taschenlampen bahnten sie sich den Weg durch den Schankraum — ein Gewirr aus umgestürzten Tischen und Stühlen — nach hinten in den Saal, der inzwischen vollkommen dunkel war. Wie schon in der Bar erfaßte der Lichtkegel ihrer Lampen auch hier ein Trümmerfeld, diesmal garniert mit zerbrochenen Gläsern, Schnapsflaschen und Zigarettenkippen mit Goldmundstück. Über der ganzen Szene lag Alkoholdunst. Alles war voller Blut.

In einer Ecke lagen zwei weggeworfene Mordwaffen. Es waren Achtunddreißiger. Die Polizei konnte noch eine weitere sicherstellen. Sie steckte, ohne daß ein Schuß fehlte, in Lonergans Schulterholster. Eine voll geladene Automatikpistole fand sich in Needles Ferrys Gesäßtasche. Der Plan war genau aufgegangen.

Die drei entkommenen White Hander wurden von der Polizei verhaftet. Es gab noch sieben weitere Festnahmen, wobei es sich zumeist um Angestellte des Adonis handelte. Unter ihnen befand sich, wie der »Eagle« aus Brooklyn berichtete, auch ein gewisser »Alphonso Capone, Rausschmeißer des Clubs und vermutlich ein Revolvermann aus Chicago«.[28] Außerhalb von Illinois war Capone der Presse noch nicht aufgefallen. Die »New York Times« folgte bei der seltenen Erwähnung seines Namens noch der beharrlichen Schreibweise des »Tribune« mit ihrem »Caponi«. Die »Times« hielt ihn für den Türsteher des Clubs.

Als Anwalt für Capone und die anderen bestellte Yale Samuel Liebowitz. Bevor Liebowitz Richter mit einer entschiedenen Neigung zu Todesurteilen wurde, war er New Yorks prominentester Strafverteidiger.

Keiner seiner Mandanten gab auf Fragen Antwort, »auf anwaltlichen Rat«, wie es so schön hieß. Anna Lovett, Pegleg Lonergans Schwester und die Witwe von Bill, sagte: »Sie können sich darauf verlassen, daß irische Amerikaner wie wir niemals einen so gemeinen Mord am Heiligen Abend begehen würden.«[29] Als Hart wieder auf dem Weg der Besserung war, behauptete er, er sei gar nicht im Adonis gewesen, die Kugeln seien aus einem vorbeifahrenden Auto gekommen. Die Familie, die in der Wohnung über dem Saal wohnte, sagte aus, man hätte nichts gehört. Da die einzigen verfügbaren Zeugen stumm blieben, wurden die Inhaftierten alsbald gegen Kaution freigelassen und die Verfahren mangels Beweisen niedergeschlagen.[30]

Die White-Hand-Gang hatte sich in nichts aufgelöst. Capone konnte wieder nach Chicago zurückkehren.

In der South Side ging immer noch alles drunter und drüber. Am 24. Januar 1926 wurde Robert L. McCullough vor der Wohnungstür seiner Mutter von drei Kugeln getroffen.[31] Am 2. Februar wurde Ralph Sheldons geparkter Cadillac von Dynamit auseinandergerissen. Eine mit der Zündanlage gekoppelte Bombe war vorzeitig hochgegangen. Sieben Tage später überfiel Frank McErlane mit einer Maschinenpistole Buff Costellos Bar.[32] Das Lokal war ein Treffpunkt der Sheldons. Er verwundete einen von Sheldons Führungsleuten, John Foley (der aus nicht mehr rekonstruierbaren Gründen stets »Mitters« genannt wurde), und einen zum Fußvolk gehörenden Gangster namens William Wilson. Der durchschlagende Erfolg dieses Angriffs ließ Detective Captain John Stege am nächsten Tag die Forderung erheben, daß er für seine Jungs auch ein paar von diesen Thompsons haben wolle.

Capone war nicht minder beeindruckt. Er schickte den früheren Manager des Four Deuces, Charles Carr, umgehend los, um »Tommy Guns« zu beschaffen.[33] Carr und ein Begleiter, beide Mitte Zwanzig, wurden bei dem Eisenwarenhändler Alex Korecek vorstellig und behaupteten, Bankboten zu sein, die zu ihrem Schutz eine Maschinenpistole brauchten. Korecek verkaufte ihnen ein Exemplar und das zugehörige Trommelmagazin mit einhundert Schuß für 210 Dollar. Seine Käufer kamen noch einmal, um zwei weitere Waffen zu bestellen, aber Korecek hatte Bedenken, da ihm die Sache nicht koscher vorkam. Carr verlieh seiner Bestellung etwas Nachdruck: Entweder besorgte Korecek die Waffen, oder er würde sterben. Damit waren alle Zweifel ausgeräumt und Korecek lieferte.

Capone mußte sich für eine der South-Side-Gangs entscheiden. Er haßte das, aber die Wahl ergab sich sozusagen von alleine. Spike O'Donnell kam nicht in Frage. Frank McErlane war im Kopf nicht ganz richtig, sein Partner Joe Saltis unzuverlässig und ihr wichtigster Bündnispartner Joe Oberta war von Kindesbeinen an nach einem Comic Strip mit dem Spitznamen »Dingbat« gesegnet. Im Gegensatz dazu machte Ralph Sheldon einen geradezu bewundernswert loyalen Eindruck und hatte zudem von Anfang an Torrio und Capone als Lieferanten und Verbündete akzeptiert.

Mit Saltis und McErlane vollzog Capone keineswegs einen offenen Bruch, und er beteiligte sich auch nicht an den Auseinandersetzungen. Capones Läden wurden ebensowenig wie seine Leute von der South-Side-Gang angegriffen, solange sie sich im Territorium des Outfit bewegten. Capone konnte es sich somit erlauben, vorläufig über gewisse Unregelmäßigkeiten hinwegzusehen. Bob McCullough zum Beispiel, auf den am 2. Februar geschossen wurde, war einer von Capones fähigsten Scharfschützen. Aber keine der Schußwunden war tödlich und schließlich hatte sich McCullough auf fremdem Terrain bewegt. Capone suchte keine Vergeltung. Am 15. April 1926 passierte etwas Schlimmeres. In einer Limousine, die praktisch vor Sheldons Tür abgestellt worden war, fand man die Leichen von Frank de Laurentis und John Tuccello.[34] Sie hatten im Territorium von Saltis und McErlane Alkohol verhökert. Allerdings waren sie für Capone Hilfskräfte von eher untergeordneter Bedeutung, die versucht hatten, einem guten Kunden einen Gefallen zu tun.

Auch diesmal mußte Capone beide Augen zudrücken. Er war an einer anderen Stelle des Dschungels einfach zu sehr beschäftigt.

14

Wer hat McSwiggin umgebracht und warum?

Oberflächlich betrachtet hatten die Morde, die zu Beginn des Jahres 1926 in Little Italy die Wogen der Erregung hochschlagen ließen, weder mit Capone, noch mit der Ermordung des stellvertretenden Staatsanwalts Bill McSwiggin im Frühjahr zu tun. In Wirklichkeit bildeten sie jedoch den Nährboden für jene Zustände, die im Mord an McSwiggin gipfeln sollten, da diese Morde Klondike O'Donnells Vorstellung zu bestätigen schienen, er könne sich unbeschadet in Capones Geschäfte in Cicero hineindrängen. Es war eine törichte Vorstellung, die Capone dazu bewog, einen entscheidenden Schritt gegen den dauernden Aderlaß seiner Geschäfte und seines Rufs zu unternehmen.

Die Unruhen in Little Italy hatten ihren Grund in einer zweiten Sammelaktion für die Verteidigung von Scalise und Anselmi, als ihnen der Prozeß für den Mord an Officer Walsh bevorstand. Der furchteinflößendste Spendeneintreiber, den Samoots Ammatuna für den ersten Fonds herumgeschickt hatte, war Orazio Tropea gewesen. Er war damals vierundvierzig Jahre alt und von jedem gehaßt und gefürchtet. Man kannte meist nur seinen Vornamen, oder nannte ihn »The Scourge«, die Geißel. Er war eine hagere, dunkle, habichtsgesichtige Schrek-kensgestalt und hatte angeblich den bösen Blick.[1]
    Nun, da Ammatuna tot war, ernannte sich Orazio zum Veranstalter der zweiten Sammelrunde, wobei er natürlich den Hauptanteil selbst behalten wollte. Diesmal lehnte mancher Spender ab, der zuvor großzügig gewesen war. Tropea brachte sie einfach um. Der erste war Henry Spignola, der am 10. Januar 1926 ermordet wurde. Als nächste kamen die Gebrüder und Pastahersteller Agostino und Antonio Morici an die Reihe.
    Die Spendenfreudigkeit nahm daraufhin entschieden zu, mit ihr aber auch die Verzweiflung und der Zorn in Little Italy. Am Abend des 15. Februar wurde Orazio aus einem vorbeifahrenden Auto von einer Ladung Schrot in den Kopf getroffen. Sechs Tage später starb Vito Bascone, einer von Orazios Sammlern, mit einer Kugel in der Stirn. Zwei Tage danach lag auf einem Müllhaufen die Leiche von Ecola Baldelli, auch er war einer von Orazios Leuten. Philip Gnolfo, ein Komplize des Mordes an Henry Spignola, tauchte unter, nachdem ein auf ihn verübtes Attentat statt seiner einen Unschuldigen getroffen hatte.

Als Capone aus Brooklyn zurückkam, mußte er erleben, wie sich Little Italy förmlich selbst zerfleischte. Klondike O'Donnell meinte, einen Capone vor sich zu haben, der noch nicht einmal in der Lage war, in seinem eigenen Gebiet für Ruhe und Ordnung zu sorgen, geschweige denn in der ganzen South Side, wo nach wie vor Morde an der Tagesordnung waren. Er hielt seine Stunde für gekommen.

Wenn einmal das dümmste Geschwätz prämiert werden sollte, das es im Laufe der Zeit über Capone gegeben hat, dann wäre Favorit jene Geschichte, nach der Capone sich in jener Aprilnacht deshalb zum Morden aufgemacht habe, weil ihm seine Spione eine Bemerkung Klondike O'Donnells hinterbracht hätten, die darauf hinauslief, daß die O'Donnells gepflegteres Bier verkauften als das Spülwasser, das Capone den Leuten andrehte.[2] Diese Geschichte zeichnet »Scarface« als ein hirnloses Monster, das aus einer Laune heraus Menschenleben auslöscht, von nichts anderem als von verletztem Stolz getrieben. Um den Unsinn glaubwürdiger zu machen, wird ein Croupier aus Cicero zitiert, der etwa eineinhalb Stunden vor den Morden Capone in »erregtem Gespräch« mit Ralph und anderen Revolvermännern des Outfit in einem Restaurant in Cicero gesehen haben will. Der Croupier sagte angeblich, daß sich Capone aus einem in der Wandtäfelung verborgenen Geheimfach eine Maschinenpistole nahm, während die anderen sich mit Pistolen »versehen« hätten. Anschließend seien alle hinausgerannt.[3]

In Wirklichkeit waren die Morde dieser Nacht die Entscheidungsschlacht eines Krieges, der schon seit einigen Monaten tobte.

Nachdem alles vorbei war, behauptete Henry Madigan (er wurde immer Harry genannt), von »Al Brown« gezwungen worden zu sein, sein Bier vom Outfit zu beziehen. Aber, so sagte der Mitinhaber des Pony Inn an der 5613 Roosevelt Road,[4] »vor ein paar Monaten kamen [Jim] Doherty und Myles O'Donnell zu mir und sagten, sie könnten mir besseres Bier verkaufen als das von diesem Brown, das damals noch gespritzt war . . .« Das Bier sollte sogar noch billiger sein! »Ich habe also gewechselt«, sagte Madigan. »Auf meine Empfehlung hin sind eine Reihe anderer Wirte in Cicero meinem Beispiel gefolgt.«[5]

Madigan und sein Partner Michael J. Windle[6] waren Klondikes Gang lose verbunden.[7] Die anderen Wirte bezogen ihr Bier bei den O'Donnells, bei Capone oder wo auch immer.

James Sammons, den man stets Fur Sammons nannte, war der gefährlichste und unberechenbarste von Klondikes Revolvermännern.[8] Es dauerte nicht lang, und man sah Fur Sammons und Myles O'Donnell durch Cicero flanieren, wobei sie, wie ein Reporter berichtete, »stolz mit dem Geld herumwedelten, das sie bei Wirten eingetrieben hatten, die sie überzeugen konnten, bei O'Donnell Bier zu kaufen«.[9] Die O'Donnell-Gang hatte vielleicht sogar schon angefangen, sich in Capones Glücksspielgeschäfte zu mischen, indem sie einen neuen Spielsalon aufmachte, der täglich 5 000 Dollar umsetzte.[10]

Zweifellos waren die O'Donnells noch nicht bis zu Capones eigentlichem Territorium an der zweiundzwanzigsten Straße vorgedrungen. Auch konnten

5 000 Dollar, die täglich in andere Kanäle flossen, Capones Unternehmungen kaum an den Bettelstab bringen. Später wurden Hauptbücher sichergestellt, aus denen hervorging, daß schon der tägliche Nettogewinn dreier Kasinos diesen Betrag ausmachte,[11] wobei der in Cicero erzielte Gesamtgewinn bei mindestens drei Millionen Dollar pro Jahr lag.[12]

Der Trend als solcher war jedoch besorgniserregend. Wenn man zudem noch in Rechnung stellte, daß die letzten Angriffe aus der South Side ungeahndet geblieben waren, dann konnte langsam der Eindruck aufkommen, Capone sei bereit, selbst schwere Übergriffe einer weniger bedrohlichen Gang wie die der West-Side-O'Donnells stillschweigend hinzunehmen. Das wiederum mochte den Rest der Unterwelt von Chicago auf unliebsame Gedanken bringen, insbesondere den inzwischen zum Anführer der North-Side-Gang aufgestiegenen Hymie Weiss. Er war eine echte Bedrohung. Manche hielten Weiss für den einzigen Menschen, den Capone wirklich fürchtete.[13]

Capone mußte sich dem Krieg stellen.

Wie immer gab es die Schwierigkeit, die wichtigen Angriffsziele voneinander zu isolieren. Zur Sondierung des Terrains schickte er William (stets »Willie« genannt) Heeney und Edward F. Moore aus, zwei seiner weniger bekannten Leute.[14]

Der erste Mord geschah am 3. April 1926. John Ryan, einer von Sheldons Revolvermännern, erschoß in einem Saloon am South Loomis Boulevard 1700 Walter Quinlan, der einer von Klondike O'Donnells verläßlicheren Männern gewesen war.[15] Der Tatort lag im Randbereich von Little Italy im Niemandsland zwischen den Territorien. Die Tat sah nach einem schlichten Rachemord aus. Quinlan hatte sechs Jahre zuvor Ryans Vater »Paddy the Bear« erschossen, den respekteinflößenden Herrscher des Valley. Die Polizei wußte, daß dieser Mord keine Privatsache war. Es steht außer Zweifel, daß Ryan den Auftrag gerne ausgeführt hat. Der Zeitpunkt legt jedoch den Schluß nahe, daß die Tat auf Capones Drängen verübt wurde, zumal seine Späher das Opfer für den jungen Ryan ausfindig gemacht hatten.

Die Polizei erfuhr, daß Myles O'Donnell und Jim Doherty Zeugen des Mordes gewesen waren. Sie fand die beiden in Dohertys Saloon an der 4071 Roosevelt Road und stellte dabei gleichzeitig kugelsichere Westen sicher, die später im Mordfall Bill McSwiggin eine Rolle spielen sollten. Zur Überraschung der Polizei gaben O'Donnell und Doherty bereitwillig an, daß Ryan der Mörder gewesen war.

Der Mord an Quinlan hatte für Capone den Vorteil, daß er indirekt den Tod eines weiteren Gefolgmannes von O'Donnell zur Folge hatte. William »Rags« McCue machte für Klondike Werbung mit der Brechstange, um dann das Bier auszuliefern, für das Quinlan kassierte.[16] Nach dessen Ermordung machte McCue schnell die Runde, um das Geld in die eigene Tasche zu stecken. Er rechnete damit, daß den O'Donnells die Differenz zwischen Quinlans letzter Runde und der ersten eines neuen Kassierers nicht auffallen würde. Die meisten Revolverleute waren eben keine besonderen Geistesleuchten. Als Klondike Jim Doherty losschickte, erfuhr er von den Wirten, daß man die letzte Lieferung schon bei Rags McCue bezahlt habe.

Am 18. April wurde McCue mit hängendem Kopf und auf den Rücken gefesselten Händen von Doherty und einem anderen Gorilla O'Donnells von Kneipe zu Kneipe geschleppt. »Ist das der Typ, der bei euch kassiert hat?« fragte Doherty, wobei er jedesmal McCues Kopf nach oben riß. Am nächsten Tag wurde Rags McCue von der Polizei tot in einem Straßengraben aufgefunden.

Die Gangs hatten für den Tag der Vorwahlen am 13. April 1926 einen Waffenstillstand vereinbart.[17] Alle legten sich ins Zeug, damit die Kandidaten auf Bob Crowes Liste durchkamen. Besonderes Bemühen galt dem stellvertretenden Staatsanwalt Joseph P. Savage, den Crowe zum Bezirksrichter machen wollte. Diesem Amt war die Kontrolle über den Wahlvorgang vorbehalten. Die Gangster bekamen Schützenhilfe. Als ein Wahlbeobachter der Oppositionspartei dagegen protestierte, daß Jim Doherty einen Polizisten zusammenschlug, war Crowes forscher junger Assistent Bill McSwiggin gleich zur Stelle. »Halt bloß die Klappe«, warnte McSwiggin den Wahlhelfer – sonst würde er sich alsbald im Büro der Staatsanwaltschaft wiederfinden. Wie nicht anders zu erwarten, siegten Crowes Kandidaten mit überwältigender Mehrheit.

Vier Tage nach der Vorwahl besuchte Bill McSwiggin Capone im Hawthorne Hotel.[18] »Wenn ich erzählen würde, um was es damals ging«, sagte Bill McSwiggins Vater nach dem Tode seines Sohnes, »dann würde uns ganz Chicago um die Ohren fliegen. Die Sache steckt voller Sprengstoff. Es wäre gefährlich, darüber zu sprechen.«[19] Anthony McSwiggin war ein ehemaliger Detective Sergeant mit dreißig Dienstjahren. Capone bestätigte, daß der fragliche Besuch stattgefunden hatte, aber auch er schwieg sich über Einzelheiten aus. Er wehrte sich vehement gegen Behauptungen, daß er in die Ermordung von Bill McSwiggin in irgendeiner Weise verwickelt sei. »Selbstverständlich habe ich ihn nicht getötet!« sagte er. »Weshalb sollte ich auch? Ich mochte den Jungen. Am Tag zuvor war er noch bei mir in meinem Büro. Ich habe ihm eine Flasche Scotch für seinen alten Herrn mit auf den Weg gegeben.«

William Harold McSwiggin wurde am 7. Februar 1901 geboren.[20] Er war nur ciner von Staatsanwalt Crowes neunundsechzig bevollmächtigten Amtsvertretern, hatte aber im Alter von fünfundzwanzig Jahren schon die Aufmerksamkeit der Öffentlichkeit gewonnen.[21] McSwiggin zeichnete für sieben der elf erfolgreich abgeschlossenen Mordprozesse verantwortlich, die Crowes Dienststelle im Jahr 1925 bearbeitet hatte.[22] Von diesen Fällen hatte allerdings kein einziger mit Alkoholschmuggel zu tun. Die Zeitungen nannten McSwiggin »Strangankläger« und »Little Mac«. Bei manchen Kollegen hieß er wegen seiner eulenhaften Hornbrille »Specks«, andere nannten ihn »Billy«. Zu Hause wurde er »Harold« gerufen.[23] Er war unverheiratet und wohnte zusammen mit vier Schwestern, die ihn verehrten, bei den Eltern am Washington Boulevard 4946. Sein Wohnort lag in Klondike O'Donnells Kerngebiet am Rande der West Side, ungefähr fünfzehn Blocks nördlich von der Roosevelt Road in Cicero.

Nach der katholischen Grundschule war McSwiggin auf die De Paul Academy gegangen, wo er auch Boxsport und Baseball betrieb. Anschließend hatte er an der De Paul University Jura studiert und sich bis zum Examen durchgebissen. Er war bestenfalls mittelgroß, leicht untersetzt und hatte ein Doppelkinn, war aber stabil genug für Gelegenheitsjobs als Rausschmeißer eines Tanzschuppens, als Lastwagenfahrer und im Sicherheitsdienst der American Railway Express.[24] Andererseits fehlte es ihm auch nicht an den nötigen Umgangsformen, um in einem Warenhaus den Verkäufer zu spielen. Er trug sein glattes, schwarzes Haar mit Mittelscheitel, hatte blaue Augen und versprühte gern humorvolle Bemerkungen.[25] Er kleidete sich gut und legte Wert auf modische Hüte.

Schon einen Monat nach dem Examen erhielt er die Zulassung als Anwalt. Kurz darauf trat er in Crowes Behörde ein. Ein Abschluß mit Auszeichnung trug dazu ebenso bei wie das starke Engagement für Crowes politische Kampagnen.

McSwiggin machte sich bald einen Namen als unverdrossener Arbeiter, guter Anwalt und erfolgreicher Verfechter schwieriger Fälle, die allerdings keine Berührungspunkte mit der Unterwelt hatten.[26] Wenn er vor den Geschworenen sein Plädoyer hielt, wurde er zum Raubtierdompteur und Volkstribun. Er sprach ihre Sprache. »Die Durchschnittsjury«, erklärte er, »besteht aus lauter Biedermännern. Ich habe mich immer so ausgedrückt, daß sie damit etwas anfangen können. Wenn ich ›Biedermänner‹ sage, dann meine ich damit, daß dort Leute sitzen, die ihr Essen lieber mit dem Messer aufspießen, als es mit der Gabel zu essen, Leute, die am Samstag ihr Bad nehmen, gelegentlich gern ein Spielchen machen und über den Verkehrspolizisten fluchen, der sie am Loop nicht parken läßt.«[27]

McSwiggin wußte sich mit Reportern gut zu stellen und hatte ein Gespür dafür, wie man mit aufsehenerregenden Fällen in die Presse kommt.[28] Er hatte im Mordfall Joe Howard Capone verhört, im Mordfall O'Banion hatte er es geschafft, zusammen mit John Sbarbaro als Crowes Stellvertreter benannt zu werden, und beim zweiten Prozeß gegen Scalise und Anselmi hatte er ebenfalls mitgewirkt. Die Zeitungsleute widmeten ihm seitenweise Artikel. Als er jedoch bei der Strafverfolgung des Mordes von Myles O'Donnell und Jim Doherty an Ed Tancl scheiterte, schien niemand zu bemerken, daß McSwiggin und Doherty sich von klein auf kannten und ihre Freundschaft immer noch pflegten.

Im Frühjahr 1926 galt McSwiggin als Crowes erster Mann.

Am 23. April 1926 fuhren Capones Leute zu Pearl Hrubys Schönheitssalon in Cicero und jagten mit den neuen Maschinenwaffen im Vorbeifahren zweiundneunzig Geschosse in das Etablissement.[29] Pearl Hrubys Freund Fur Sammons wurde dabei schwer verletzt. Jim Doherty entkam den Schüssen nur ganz knapp.[30]

Am 27. April fand eine erneute Auszählung der für die Vorwahl abgegebenen Stimmen statt. Klondike O'Donnell und drei seiner Kumpane wohnten dem Vorgang als offizielle Beobachter Crowes bei. Gegen neunzehn Uhr brachten sie Klondikes Cadillac zu einer kleineren Reparatur in eine Werkstatt und fuhren mit Jim Dohertys grünem Lincoln davon.[31] Die drei Begleiter von Klondike waren Myles O'Donnell, Jim Doherty und entweder Edward Hanley – ehemaliger Polizist und Boxer und jetzt der Fahrer von Myles –, oder Thomas Duffy.[32]

Duffy wurde allgemein »Red« genannt und war Crowes Wahlkreisleiter im dreißigsten Bezirk, in dem die O'Donnells, Doherty und auch McSwiggin wohnten. Red Duffy besaß einen Friseursalon und wußte sich mit kleineren Alkoholgeschäften und als Glücksspielunternehmer für die O'Donnells einen Nebenverdienst zu verschaffen. Es ist zwar nie eindeutig geklärt worden, wer genau in dem Lincoln saß, aber es ist anzunehmen, daß Duffy unterwegs zu Myles, Doherty und Hanley dazustieg und daß Klondike an seiner Wohnung abgesetzt wurde. Gegen 19.30 Uhr fuhr der Lincoln an McSwiggins Haus vor und Duffy stieg aus.

Bill telefonierte gerade mit einem Wahlbezirksleiter und versprach ihm, sich um das Parkknöllchen eines Freundes zu kümmern.[33] Bills Vater sah zum Fenster hinaus und sagte: »Da kommt Red Duffy.« Auch Duffy war, wie Doherty, ein Jugendfreund Bills. Verschiedenartigen Berichten zufolge kündigte Bill entweder an, er wolle sich zum Kartenspielen auf den Weg nach Berwyn machen, oder einfach nur ausgehen, um ein Bier zu trinken oder Bekannte zu treffen.[34] Er verabschiedete sich von seinem Vater und fuhr in Dohertys grünem Lincoln davon.

Kurz darauf muß Willie Heeney entweder die Gruppe gesehen oder den Wagen erkannt haben.[35] Er gab die Meldung des Standorts sofort an Capone weiter, der daraufhin seine Anordnungen erteilte. Ein Wagen sollte vorausfahren und Polizeifahrzeuge nötigenfalls durch Rammen am Eingreifen hindern. Zwei weitere Fahrzeuge sollten dem Führungswagen rechts und links folgen und etwaigen Querverkehr blockieren, wie damals bei der Flucht nach dem Anschlag auf O'Banion. Capones neuer Fahrer Tommy Ross sollte mit der gepanzerten Limousine, in der Capone und drei Schützen des Outfit saßen, in etwa fünfzehn Meter Abstand hinter dem Geleitzug der anderen Fahrzeuge herfahren. Schließlich sollte ein fünfter Wagen die Flucht decken und gegebenenfalls einen Unfall verursachen, um Verfolgern den Weg zu versperren.[36]

Capones Gruppe stellte den Kontakt zu Dohertys Lincoln her und folgte diskret, bis der Wagen an Harry Madigans Pony Inn an der Roosevelt Road vorfuhr.

Das Pony Inn war ein zweistöckiger cremefarbiger Klinkerbau, der einzeln auf einem Grundstück an der südlichen Seite der Roosevelt Road stand. Das Gebäude hatte zwei Eingangstüren mit den Hausnummern 5613 und 5615. Durch eine der Türen gelangte man zu einer Wohnung im zweiten Stock.

Während McSwiggin, Doherty und Duffy aus dem Lincoln ausstiegen, näherte sich Capones Cadillac langsam von Osten. Die Polizei ermittelte später, daß Capone als Ansporn für seine Männer eigenhändig mit einer Maschinenpistole schoß. Seine Limousine glitt an dem Lincoln vorbei, die Männer feuerten los, dann donnerten sie davon. Mrs. Bach, die über dem Saloon wohnte, berichtete, sie habe gesehen, wie »ein geschlossener Wagen davonbrauste und aus dem Rückfenster ragte etwas heraus, das aussah wie ein Telefonhörer und Feuer spuckte.«[37]

Die Westwand des Gebäudes wies zweiundzwanzig Einschläge auf. Sechs Geschosse hatten den Stamm eines kleinen Baums vor dem Haus zersplittert.[38]

Duffy war kaum mit den Füßen auf dem Bürgersteig, als der Kugelhagel auf ihn einprasselte.[39] Er verlor das Gleichgewicht und kroch dann mit fünf Kugeln im Leib auf dem unbebauten Areal hinter einem Baum in Deckung. Doherty lag von sechzehn Kugeln getroffen auf dem Boden.[40] McSwiggin schaffte es beinahe bis zur Tür von Nummer 5615, bevor er zusammenbrach. Fahrer Hanley und Myles O'Donnell waren noch nicht ausgestiegen, als die Schießerei begann.[41] Sie hatten sich während des Angriffs auf den Wagenboden des Lincoln geworfen.

Frank J. Misek hörte den Tumult und lief aus seiner Wohnung auf der anderen Seite der Straße. Er konnte noch sehen, wie sich Hanley und Myles damit abmühten, die leblosen Körper von McSwiggin und Doherty in den Lincoln zu schaffen.[42] Sie schienen Duffy nicht gesehen zu haben, vielleicht hielten sie ihn auch für tot; sie fuhren jedenfalls ab, ohne ihn mitzunehmen. Ein vorbeikommender Fahrer hielt an und brachte Duffy zum West Suburban Hospital, wo er sechs Stunden später starb.[43] In seinen Taschen fand die Polizei einen Beschwerdebrief, der die Versetzung eines lästigen Sergeants forderte,[44] sowie ein Notizbuch, in dem eine Reihe von Speakeasies und Glücksspielläden aufgeführt waren.[45]

Myles und Hanley fuhren zu Klondikes Haus und holten McSwiggin und Doherty wieder aus dem Wagen. Klondike konnte nur noch ihren Tod feststellen und ordnete ihre Beseitigung an. Die Leichen wurden irgendwo in Berwyn ausgeladen, der verwüstete, blutverschmierte Lincoln in Oak Park stehengelassen. Fünf Filzhüte und McSwiggins Brille lagen noch darin.

McSwiggin wurde von seiner Familie am 2. Mai beerdigt. Würdenträger der Stadt gaben ihm als ehrenamtliche Sargträger das Geleit. Das Aufgebot an Honoratioren war nicht kleiner als bei den Begräbnissen hochrangiger Gangster. McSwiggin wurden darüber hinaus jedoch auch noch militärische Ehren zuteil, da er Reserveoffizier des Offizierskorps der De Paul Universität war. Und noch eines hatte er den Gangstern voraus: Man las ihm eine Totenmesse und setzte ihn in geweihter Erde auf dem Mount-Carmel-Friedhof bei.

Als Bob Crowe von der Ermordung McSwiggins erfuhr, sagte er: »Der Schock hat mich fast um den Verstand gebracht.« Er gab ein Versprechen: »Wir werden diesen Fall aufklären.«[46] Die Zeitungen schrieben Trauerlitaneien mit dem endlos wiederholten Refrain: »Wer hat McSwiggin umgebracht – und warum?«

Das »Warum« war eng verbunden mit der Frage, wieso ein Vertreter des Staatsanwaltes mit bekannten Gangstern in der Gegend herumfuhr. Crowe versicherte vor der Öffentlichkeit zunächst unbekümmert, McSwiggin habe sich »aus Gefälligkeit« mitnehmen lassen.[47] Wie vorauszusehen war, wollte ihm das keiner abnehmen. Als nächstes deutete Crowe an, McSwiggin habe versucht, Beweise gegen den bekannten Mörder Martin Durkin aufzuspüren, vielleicht habe er auch bloß »kriminologische Studien« unternommen.[48] Einer Zeitung zufolge wurde zwei Tage nach dem Mordanschlag in Erfahrung gebracht, daß McSwiggin versucht hatte, eine kugelsichere Weste sicherzustellen.[49] Von den fünf Westen, die die Polizei in Dohertys Saloon vor einigen Wochen gefunden hatte, waren vier noch immer unter Polizeiverschluß. Die fünfte fehlte jedoch und McSwiggin habe sie gesucht. Crowe machte sich diese Westentheorie sofort zu eigen und legte sie dankbar der Grand Jury vor.

Aber warum wurde McSwiggin getötet?[50] Manche anfänglich vertretenen Theorien zielten darauf hin, daß einige der Leute, denen McSwiggin den Prozeß gemacht hatte, Vergeltung geübt hätten. Besonders Scalise und Anselmi kamen dafür in Frage. Vielleicht hatte er sich auch mit seinen politischen Aktivitäten gefährliche Gegner geschaffen.

Sein Vater wußte die richtige Antwort, und der inzwischen zum stellvertretenden Chef der Detectives aufgerückte John Stege kannte sie auch. Bezeichnenderweise stieß der Bezirksbürgermeister von Cicero, Joseph Klenha, ebenfalls in dieses Horn.[51] Vielleicht sprach er für den wirklichen Boß von Cicero.

»Diese Schüsse galten gar nicht meinem Jungen«, hatte Anthony McSwiggin sofort gesagt, kaum daß er die traurige Neuigkeit erfuhr.[52] Als jemand die Bemerkung fallen ließ, die Täter seien wohl Mörder von jener Sorte gewesen, die kaum, daß sie einen sehen, auch schon abdrücken, antwortete John Stege: »Und manchmal noch schneller.«[53] An diesem Tag war um 19.44 Uhr Sonnenuntergang gewesen, also fast eine Stunde vor der Schießerei. Ein paar leichte Schauer waren niedergegangen. Im ungewissen Licht und in der Hitze des Gefechtes hatten Capone und seine Leute den Beamten schlichtweg nicht erkannt.

Wer Bill McSwiggin getötet hatte, war von Anfang an kein Geheimnis. »Dieses Maschinenpistolengemetzel geht auf das Konto der Gang von Brown und Torrio aus Cicero«, verkündete Stege schon am nächsten Tag.[54] Als die Namen erst einmal genannt waren, hieben Crowe und der neue Chef der Detectives, Bill Shoemaker, sofort in die gleiche Kerbe.[55] Shoemaker bekam umgehend einen Haftbefehl ausgehändigt, um Capone wegen Mordverdachts festzunehmen. Es galt jetzt nur noch, diesen Haftbefehl zu vollstrecken.

Capone verschwand auf der Stelle. Die Ermordung eines stellvertretenden Staatsanwalts – selbst, wenn er sich mit Kriminellen eingelassen haben sollte – rief so jähe und heftige Empörung hervor, daß Capone allen Ernstes damit rechnete, von der Polizei sofort erschossen zu werden.[56] Wenn er geschnappt würde, hätte er mit einem brutalen Verhör zu rechnen, das üblicherweise heftige Prügel in den Kellern der Polizeistation bedeutete – und das wäre noch ein glimpflicher Verlauf gewesen. Die Wahrung seiner Rechte durfte bei einer solchen Erbitterung niemand erwarten.

Die Behörden bestraften Capone auf die einzige Weise, die ihnen möglich war. Sie führten Razzien durch, schlugen Capones Läden kurz klein und schlossen sie. Die Maßnahmen verursachten Schäden in Höhe von etwa einer Million Dollar und kosteten Capone vermutlich einen noch größeren Betrag an entgangenem Gewinn.[57] Diesmal wurden sogar Lokale verwüstet, die zuvor noch nicht einmal Scheinrazzien zu befürchten hatten.[58] Nachdem Bill Shoemaker die Amtsbefugnisse für das County übernommen hatte, veranstaltete er im Harlem Inn in Stickney eine Razzia.[59] Ungeachtet einer vor langer Zeit ergangenen gerichtlichen Verfügung, das Lokal zu schließen, war der Betrieb fröhlich weitergegangen. In den Wänden des Schankraums fand Shoemaker durch Bilder getarnte

Schießscharten, von denen aus der ganze Raum bestrichen werden konnte. Ferner gab es Zimmer für sechsundzwanzig Prostituierte. Auch diese Räume hatten verborgene Luken und Geheimtüren. Ein Beobachter berichtete: »Es war ein Haus, in dem alles hätte geschehen können.«

Es hielt zwar nur kurze Zeit vor, aber in Chicago war tatsächlich alles dicht. Polizeichef Morgan Collins machte persönlich die Runde, um sicherzustellen, daß seine Anordnungen befolgt wurden.[60] Bei soviel Rigorosität witterten selbst die inzwischen völlig verzagten Veteranen von Forest View bzw. »Caponeville« wieder Morgenluft. In Capones Renommierschuppen Maple Inn, dem »Stokkade« mit seinen fünfunddreißig Puffstübchen im Obergeschoß, hatte ebenso wie in den anderen Lokalen eine Razzia stattgefunden, und das Lokal war jetzt geschlossen. In der Stadt wurde aber – keineswegs zu Unrecht – gemunkelt, daß das Etablissement wieder aufmachen würde, sobald sich die Gemüter etwas beruhigt hätten. Am Morgen des Memorial Day, es war der 30. Mai, fuhren drei Wagen einer selbsternannten Bürgermiliz vor.[61] Man überwältigte den schwarzen Wachmann und zündete den Laden an. Die aus Berwyn herbeigerufene Feuerwehr sorgte lediglich dafür, daß das Feuer nicht übergriff. Auf die Frage, warum nichts weiter unternommen werde, hieß es lakonisch, man habe kein Löschwasser. Captain Stege erklärte, die Polizei werde nicht versuchen, die Brandstifter ausfindig zu machen. Er hoffe vielmehr, daß noch weitere solcher Häuser niedergebrannt würden; das sei einfacher und wirksamer, als sich um Gerichtsbeschlüsse zu bemühen.

Richter William V. Brothers, der zu Crowe gehörte, setzte eine spezielle Grand Jury ein, die für die Staatsanwaltschaft die Untersuchung führen und Anklage erheben sollte. Damit zog er jedoch den Zorn von Harry Eugene Kelly auf sich. Kelly war Präsident der elitären Union League und hatte eine Grand Jury gefordert, deren Aufgabenbereich neben der Klärung des Mordfalles auch die gerichtliche Untersuchung von Crowes Amtsführung und seines politischen Gebarens umfassen sollte. »Kann es angehen«, fragte Kelly, »daß Mr. Crowe die Untersuchungen selbst in die Hand nimmt, und wird die Bevölkerung mit einer solchen Untersuchung zufrieden sein?«[62]

Der Widerhall, den Kellys Zorn fand, überzeugte Crowe davon, daß die Bevölkerung nicht zufrieden war. Er trat elegant einen Schritt beiseite und bat Oscar Carlstrom, den Generalstaatsanwalt von Illinois, der früher sein Gegner, jetzt aber ein politischer Verbündeter war, die Grand Jury einzusetzen.[63] Carlstrom versicherte: »Staatsanwalt Crowe und ich werden in enger Zusammenarbeit vorgehen.« So weit, so gut.

Carlstroms Geschworene blieben ziemlich untätig, obwohl man fairerweise zugeben muß, daß die Jury mit zwei unüberwindlichen Schwierigkeiten zu kämpfen hatte. Laut Gesetz hat eine Grand Jury ihre Untersuchung innerhalb eines Monats zu beenden, diese Jury hatte aber den größten Teil dieser Zeit gar kein Gegenüber, das irgend etwas gewußt hätte. Capone hatte sich davongemacht, und Myles und Klondike O'Donnell waren am Tag nach den Morden in aller Herrgottsfrühe mit dem Taxi zu der Werkstatt gefahren, die ihren Cadillac repariert hatte, und hatten sich anschließend ebenfalls davongemacht. Sie blieben genau einen Monat lang verschwunden. Der Fahrer Hanley war unauffindbar. Eisenwarenhändler Alex Korecek, der Capone die ersten drei Maschinenpistolen beschafft hatte, jammerte bei der Polizei: »Wenn ich etwas sage, bin ich ein toter Mann.«[64] Capones Leute hätten geschworen, »daß sie mit mir meine letzte Spazierfahrt machen, wenn ich sie verrate«. Ein Anwalt, den er überhaupt nicht kannte, und der, wie Korecek sagte, »es nicht gut mit mir meint«, hatte seine Haftentlassung beantragt. Der Richter wies den Antrag ab, nachdem der Inhaftierte inständig gebeten hatte, man möge ihn doch in Gewahrsam behalten.[65] Nunmehr erzählte Korecek alles. Das Wissen um die Tatsache, daß Capone mindestens drei Maschinenpistolen besaß, brachte die Untersuchung jedoch auch nicht sonderlich voran.

Am 27. Mai, dem letzten Tag, bevor die Grand Jury sich wieder auflösen mußte, arrangierten die Gebrüder O'Donnell ihre Festnahme.[66] Nachdem sie zuerst ostentativ geschwiegen hatten, worauf man ihnen mit der Drohung einer Haftstrafe wegen Mißachtung des Gerichts zusetzte, schlossen sie sich der Geschichte von der kugelsicheren Weste an, die sie mit imaginären Details ausschmückten:[67] Sie seien in Dohertys Saloon gewesen, als Duffy hereinkam, um zwischen McSwiggin, der nach der Weste fahndete, und Doherty, der sie vielleicht in seinem Besitz hatte, zu vermitteln. Doherty sei auf McSwiggin nicht gut zu sprechen gewesen, weil sein alter Kumpel im Tancl-Prozeß zu sehr auf die Tube gedrückt hatte. Dann seien sie alle zusammen mit zwei weiteren Personen, die den O'Donnells aber unbekannt gewesen waren, in den Wagen gestiegen. Myles und Klondike hätten sich aber noch frisch machen wollen und seien deshalb schon vor dem Zwischenstop bei McSwiggin ausgestiegen. Die beiden Unbekannten hätten sie erst nach der Schießerei wiedergesehen, als sie McSwiggin und Doherty zu Klondike gebracht hatten. Über den Mord selbst wüßten sie nichts.

Die Wahrheit lag auf der Hand und war zudem erheblich einfacher. McSwiggin wollte mit seinen Freunden einen trinken gehen, und die besagten Freunde waren sehr davon angetan, sich in den Kneipen von Cicero mit einem allseits bekannten Beamten von der Staatsanwaltschaft sehen zu lassen. So konnten sich die Wirte mit eigenen Augen davon überzeugen, wer jetzt am längeren Hebel saß und nicht nur Bier, sondern auch Protektion verschaffen konnte.

Nach zwei Tagen entließ das Gericht die O'Donnells wieder.

Carlstroms Grand Jury legte einen Abschlußbericht vor, der McSwiggin und Crowe von jeglicher Schuld freisprach und zutreffenderweise feststellte, daß »die Mörder von der Identität und Stellung . . . ihres Opfers keine Kenntnis hatten«. Der Bericht endete mit der Versicherung, daß »im ganzen betrachtet zum gegenwärtigen Zeitpunkt kein besonderer Grund zur Beunruhigung besteht«.[68]

Das Gericht setzte eine neue Grand Jury ein. Den Vorsitz führte diesmal der ehemalige Richter Charles A. McDonald, ein rechtschaffener Mann, der in keinerlei politische Machenschaften verstrickt war.[69] Richter McDonald sollte noch weitere Grand Jurys zugeteilt bekommen, aber keine Antworten auf die offenen Fragen finden. Eines jedoch leistete er trotzdem: Er entzog dem Gerede,

McSwiggin sei an diesem Abend mit den Gangstern in offizieller Mission oder aus sonstigen achtbaren Gründen unterwegs gewesen, endgültig den Boden.

Als die dritte Jury aufgeben mußte, tauchte Capone wieder auf. Drei Monate nach den Morden wollte er sich an der Grenze zwischen Illinois und Indiana am 28. Juli 1926 um zehn Uhr morgens stellen – aber nur der Bundespolizei.[70] Denn Capone fürchtete immer noch das Jucken in den Fingern der Polizei von Chicago.

Am Abend zuvor ließ er sich in seinem Versteck vor Reportern ausgiebig über seine Motive aus.

»Ich bin kein Klatschmaul«, sagte er, »aber ich werde alles sagen, was ich über diesen Fall weiß. Ich bitte nur, daß man mir die Chance gibt, zu beweisen, daß ich mit der Ermordung meines Freundes Billy McSwiggin nichts zu tun habe.

Es ist jetzt ein schlechter Augenblick, etwas zu sagen. Ohne angehört worden zu sein, bin ich schon vorab für sämtliche Verbrechen auf dem Verhandlungskalender des Gerichts für schuldig befunden worden. Ich bin aber in jeder Hinsicht unschuldig und werde auch nicht lange brauchen, um das zu beweisen. Ich verlasse mich auf meine Anwälte, die dafür sorgen werden, daß man mich wie ein menschliches Wesen behandelt, und daß ich nicht von Polizisten herumgeschubst werde, die mich aus persönlichen Interessen fertigmachen wollen.«

Er verließ sich auch auf die Versicherung seines Anwalts, daß die Behörden nichts gegen ihn in der Hand haben konnten, nachdem es drei Grand Jurys nicht gelungen war, Anklage zu erheben. Aber wie stand es um Capones Beziehung zu McSwiggin und den anderen, wollten die Reporter wissen.

»Zehn Tage, bevor der Mord geschah, habe ich noch mit McSwiggin gesprochen«, gab Capone Auskunft. »Ich befand mich in Begleitung meiner Freunde. Wenn wir vorgehabt hätten, McSwiggin zu töten, dann hätten wir es damals machen können, und kein Mensch hätte je etwas davon erfahren. Aber wir wollten es damals genausowenig, wie wir es überhaupt je wollten.

Die Polizei hat eine Menge Geschichten erzählt. Sie hat mir eine ganze Reihe von Morden in die Schuhe geschoben. Die Polizei machte das, weil sie die wirklichen Mörder nicht finden konnte und mich für einen geeigneten Sündenbock hielt. Es hieß, ich sei sauer auf McSwiggin, weil er Anselmi und Scalise wegen des Mordes an zwei Polizisten den Prozeß gemacht habe. Aber bitte, was soll das? Er hat mir gesagt, daß er die beiden nach Möglichkeit an den Galgen bringen wollte, und mir war das nur recht.«

So war es auch. Wie wir gesehen haben, führte im zweiten Prozeß der Druck auf die Geschworenen, die beiden entweder zu hängen oder freizusprechen, zu ihrem endgültigen Freispruch.

»Doherty und Duffy waren ebenfalls meine Freunde«, fuhr Capone fort und glitt ins Reich der Fantasie ab. »Ich war in keiner Weise hinter ihnen her. Doherty hat sich bei mir immer Geld geliehen. Ich war wieder einmal der liebe Al mit dem großen Herzen, der einem Freund aus der Patsche hilft. Ich hatte mit dem Biervertrieb nichts zu tun, und mir war es egal, wo sie ihre Geschäfte machten. Ein paar Tage vor der Schießerei war mein Bruder Ralph mit Doherty und dessen Partnern, den O'Donnells, noch zusammen auf einer Party.«

Dann erklärte Capone, zum Zeitpunkt der Schießerei sei er in einem Restaurant in Cicero gewesen. Aber weil er befürchtet habe, daß man ihn auf der Stelle erschießen würde, habe er das Weite gesucht. »Es hätte mir natürlich besser zu Gesicht gestanden, mich zu stellen und meine Unschuld zu beweisen«, sagte er. »Aber was hätte das genutzt? Ich hätte eine lange Zeit in einer Zelle verbracht, unnötige Verhöre über mich ergehen lassen müssen und wäre für alles verantwortlich gemacht worden. Also bin ich gegangen. Jetzt bin ich bereit, wieder zurückzukommen. Ich werde mich nicht bei den Bundesbeamten verkriechen. Jeder Polizeibeamte, der berechtigt ist, mich zu verhören, wird von mir auch alles erfahren. Wenn die Polizei etwas anderes als heiße Luft gegen mich vorliegen hat, dann soll sie damit herausrücken. Jede Frage, die man mir bezüglich des Mordes stellt, werde ich auch beantworten.«

Am nächsten Morgen begab sich Benjamin Epstein, Capones Anwalt für Strafverfahren auf Bundesebene, zusammen mit Patrick J. Roche und Clarence W. Converse zu Capone. Die beiden waren Topleute der Special Intelligence Unit, einer Sonderfahndungskommission des Schatzamts. Capones Gefolgsmann Louis Cowan aus Cicero hinterlegte 25 000 Dollar als Sicherheit für ein im Mai eröffnetes Verfahren der Bundesbehörden, die Capone wegen Verstoßes gegen das Prohibitionsgesetz anklagten. Als Capone aus dem Gerichtssaal trat, legte ihm Chief Shoemaker den Haftbefehl vor, der unmittelbar nach den Morden erlassen worden war, und nahm ihn unter Arrest.[71] Capone mußte die Nacht im Gefängnis verbringen. Es sollte der einzige Denkzettel sein, den ehrliche Polizisten Capone für drei Morde verpassen konnten.

Am nächsten Tag warteten die Anwälte Nash und Ahern, die Capone gewöhnlicherweise bei Strafverfahren des Bundesstaates vertraten, auf die Eröffnung der Gerichtssitzung durch den Obersten Richter Thomas J. Lynch. Und sie behielten recht mit ihrer Annahme über die Beweisnot des Staates Illinois. Die Geschichte, Capone habe sich in jenem Restaurant in Cicero eine Maschinenpistole aus einem geheimen Wandfach gegriffen, wurde von dem eingeschüchterten Croupier widerrufen. Captain Stege nahm das Lokal unter die Lupe – von einem Geheimfach war keine Spur. Soviel zu diesem ohnehin mehr als dürftigen Beweis, der eine Verbindung zwischen Capone und den drei Morden hätte schaffen können.[72]

»Dieser Tatverdacht«, sagte der leitende Staatsanwalt George Gorman zum Richter, »beruht auf flüchtigen und unüberprüften Informationen von Chief Shoemaker. Genauere Nachforschungen konnten den gesetzeswidrigen Gehalt der Informationen nicht bestätigen.« Die Klage war somit abgewiesen. Capone hinterlegte noch 5 000 Dollar Kaution wegen einer aus den Vorwahlen im April anhängigen Klage wegen Wahlbetrugs, die später vom Obersten Gerichtshof von Illinois wegen eines Formfehlers kassiert wurde, und verließ die Verhandlung als freier Mann.

»Man hat ihm geradezu einen Orden verliehen«, sagte Sergeant Anthony McSwiggin, »und ihn laufenlassen.«

»Ich bin absolut überzeugt, daß Capone hinter diesen Morden steckt«, sagte Chief Shoemaker, »aber persönliche Überzeugung und ein über alle Zweifel erhabener Beweis sind zwei verschiedene Dinge.«

Anthony McSwiggin startete seine eigenen Nachforschungen. Er war verzweifelt und sagte, die Kugeln, die seinen Sohn getötet hatten, hätten auch ihn ins Herz getroffen. »Ich dachte, mein Berufsleben sei vorbei. Aber es hat jetzt erst begonnen. Ich werde keine Ruhe finden, bis ich die Mörder meines Jungen getötet habe, oder gesehen habe, wie sie hängen. Das ist jetzt mein einziger Lebensinhalt geworden.«[73]

Später wurde erzählt, Capone habe ihn beim Wort genommen. Als sie aufeinandertrafen, habe Capone ihm eine Automatikpistole hingehalten und gesagt: »Wenn Sie denken, daß ich es war, dann erschießen Sie mich doch.«[74]

Als der Gangster Robert Touhy viel später im Gefängnis saß, behauptete er, die Polizei hätte damals, als sie Capone in Gewahrsam hatte, eine Falle gestellt, damit Anthony McSwiggin Capone erschießen konnte. Touhy wollte die Geschichte von einem Lieutenant erfahren haben, der angeblich dabeigewesen war. »Sergeant McSwiggin,« sagte er,

»sollte in einem bestimmten Raum auf zwei Detectives warten, die mit Capone in der Mitte hereinkommen wollten. Die beiden Detectives sollten dann zur Seite treten und Capone alleine dort stehen lassen. Sergeant McSwiggin sollte dann den Mörder seines Sohnes über den Haufen schießen.

Keiner hätte sich Sorgen machen müssen, daß der Sergeant ein Verfahren an den Hals bekommen hätte. Er hätte vermutlich viel eher eine Medaille erhalten. Eine kleine Geschichte wäre erzählt worden, in der von Selbstverteidigung die Rede gewesen wäre.

Es wurde also alles entsprechend arrangiert. Man führte Capone in den Raum. Im letzten Moment jedoch versagten McSwiggin die Nerven. Er war einfach zu anständig, einen Menschen kaltblütig zu erschießen, und sei es auch Capone.«[75]

Anthony McSwiggin war ein guter Detektiv mit guten Informanten. Der stichhaltigste Beweis für Capones Schuld mag folglich in McSwiggins trockener Feststellung liegen, die Mörder seien Capone, sein Hauptleibwächter Frank Rio, Frank »Diamond« Maritote und der Revolvermann Bob McCullough gewesen, und Willie Heeney und Ed Moore ihre Helfer.

Doch das war leider nur die Wahrheit und keine Beweisführung.

»Ich bin überzeugt, den Mörder von McSwiggin zu kennen, und Sergeant McSwiggin kennt ihn vermutlich auch«, sagte Richter McDonald, während seine fünfte Jury tatenlos bleiben mußte. »Aber ohne Beweise können wir nichts machen. Wenn Sergeant McSwiggin diese Beweise hat, dann soll er sie . . . der Grand Jury vorlegen . . . Ich brauche Beweise. Gerüchte helfen mir nicht weiter.«[76]

Capone war das Gerede über den ermordeten Vertreter des Staatsanwaltes eines Tages leid. »Ich habe McSwiggin geschmiert«, sagte er schließlich. »Ich habe ihm viel Geld bezahlt. Was ich dafür wollte, habe ich auch bekommen.«[77]

Damit soll es mit McSwiggin und der Drohung der O'Donnells sein Bewenden haben. Bill McSwiggin kam zu Tode, weil er zur falschen Zeit am falschen Ort war, was übrigens auch für Red Duffy gilt. Duffy war eine Randfigur, kein Revolvermann. Für ihn hätte Capone keine Kugel verschwendet, und schon gar nicht die folgende allgemeine Empörung riskiert.

Capone mußte wissen, daß die Morde notwendigerweise den Druck der Polizeirazzien verstärken würden. Nach McSwiggins Tod wurden diese Aktionen noch intensiver und umfangreicher. Capone wußte auch, welche Folgen der Tod von O'Banion gezeitigt hatte, und kannte ebenfalls die Reaktion der Behörden auf die vielfachen Morde während der Bierkriege des Jahres 1923.

All dies war jedoch nicht ausschlaggebend. An diesem Abend machte sich Capone auf, um fünf Menschen zu erschießen. Er konnte sich ausrechnen, wie aufgebracht die Öffentlichkeit reagieren würde; die Zeitungen berichteten auf der ersten Seite von einem Massaker, wenn mehr als zwei Opfer zu beklagen waren.

Aber er mußte angreifen, wollte er nicht die Attacken aus den Reihen der anderen Gangs und die Übergriffe der O'Donnells hinnehmen. Es war den Preis wert. Willie Heeneys Behauptung, Klondike sei eines der Ziele gewesen, mochte stimmen oder nicht: Wenn Capone Doherty ausschalten konnte (wobei der verläßliche Killer Quinlan schon tot war, und der bösartige Sammons schwer verletzt), dann durfte er sicher sein, daß die Probleme mit den O'Donnells sich entscheidend verringern oder gänzlich aufhören würden. Er hatte sich nicht verrechnet. Obwohl Myles und Klondike nichts geschehen war, machte ihm die O'Donnell-Gang keine Scherereien mehr. Die Strategie, die Gegner Stück für Stück zu erledigen, hatte funktioniert.

Und jetzt zu Hymie Weiss.

15

Der blutige Weg zum Frieden

Das Führungskomitee der North-Side-Gang überstand mit Mühe und Not O'Banions Begräbnis. Zwei der Mitglieder des Sechserrates standen der Gang noch nicht einmal ganztags zur Verfügung: Maxie Eisen war damit beschäftigt, jüdische Hühnchenschlachter und ähnliche Gewerbetreibende zur Kasse zu bitten,[1] und Dan McCarthy mußte seine Gewerkschaften ausplündern. Louis Alteries drohende Ankündigung, er werde mit O'Banions Mördern in einem offenen Feuergefecht abrechnen, hatte den allgemeinen Druck der Polizei nur verstärkt.[2] Als er Ende Januar 1926 dann auch noch im Friars' Inn mit der Pistole herumfuchtelte, sagten ihm seine eigenen Leute, er rede zuviel und schickten ihn auf seine Ranch in Colorado.[3]

Die Führung verlagerte sich unter den verbliebenen drei Leuten immer mehr zu Hymie Weiss. Im Vergleich zu dem hastigen Strategen Drucci umgab ihn eine Aura solider Kompetenz, und neben dem Mehlsack Bugs Moran hatte seine Persönlichkeit einen ganz anderen Glanz.[4]

Weiss verkörperte eine furchteinflößende Mischung aus Intelligenz, Phantasie, Tatkraft, gnadenloser Brutalität und bösartigem Temperament. Wenn Fotografen einen Schnappschuß von ihm wollten, spielte er sich weder auf, wie Capone, noch ging er vor ihnen in Deckung, wie die meisten anderen. Er sah die Reporter scharf an und knurrte: »Wenn du mich knipst, dann bringe ich dich um!«[5] Sein Bruder sagte, sie hätten sich in den vergangenen zwanzig Jahren nur einmal gesehen: »Das war vor sechs Jahren, als er auf mich schoß.« Als ein Deputy Marshal in eine Party platzte, um einen Gast festzunehmen, scheuchte ihn Weiss mit gezogenem Revolver davon. Als die Beamten anschließend in Mannschaftsstärke anrückten und eine Razzia veranstalteten, bei der Spirituosen und Champagner, Handschellen und Waffen sichergestellt wurden, strengte Weiss einen Prozeß an, um Seidenhemden und Socken zurückzufordern, die die Beamten angeblich ebenfalls hatten mitgehen lassen.[6]

Das war es, was Weiss so gefährlich machte: Er war verrückt und unberechenbar, dabei aber nie unkontrolliert. Seine Handlungen waren von Überlegung und wachem Verstand gekennzeichnet und verrieten eine gewisse Reife. So hitzköpfig und jung dieser Mann auch war (als er starb, war er achtundzwanzig Jahre alt), hatte man in ihm keineswegs nur einen wildgewordenen Halbstarken vor sich. Einmal beklagte sich ein befreundeter LKW-Fahrer bei ihm über sein mühseliges und schlechtbezahltes Dasein. Weiss antwortete ihm: »Mit dir würde ich gerne tauschen.«[7]

Capone hatte recht, wenn er Weiss fürchtete. Der Führer der North-Side-Gang wollte ihm an den Kragen.

Am Nachmittag des 3. August 1926 wollten zwei Brüder, elf und dreizehn Jahre alt, an einer Zisterne im heutigen Erholungsgebiet des Argonne Forest Preserve südlich der Stadt ihre Pferde tränken. Die Pferde scheuten vor dem Wasser. Die Jungen stocherten in der Zisterne herum und fanden die Leiche von Anthony Curinglone.[8] Er war besser bekannt unter dem Namen Tommy Rossi oder Ross und hatte Sylvester Barton als Capones Fahrer abgelöst. Die North-Side-Gangster hatten ihn vor über einem Monat entführt, als Capone sich noch wegen der McSwiggin-Affäre versteckt hielt. Ross' Hände und Füße waren mit Draht gefesselt. Er war geprügelt und gefoltert worden. Schließlich hatte man ihn mit einem Kopfschuß getötet und die mit Ziegelsteinen beschwerte Leiche in die Zisterne geworfen.[9]

»Und da heißt es, ich sei gemein, wie?« sagte Capone. »Ross wurde gefoltert, weil er meine Geschäftsgeheimnisse an Weiss verraten sollte. Dabei wußte er nicht das Geringste.«[10]

Vielleicht nicht. Aber immerhin kannte er Capones Tagesablauf genau, und das war eine Information, von der Weiss bald Gebrauch machen sollte.

Die O'Donnells waren neutralisiert. In der South Side war es ruhig. Saltis und McErlane saßen in Untersuchungshaft und warteten auf einen Mordprozeß (auf den wir später noch eingehen werden). Capone, der erst seit zwei Wochen wieder in der Stadt war, führte den ersten Schlag gegen die North Side, der insofern ungewöhnlich war, als er in aller Öffentlichkeit stattfand und auffallend improvisiert wirkte. Erst Monate später zeigte sich an der Identität eines Schützen, daß Capone dahinter steckte.

Vincent Drucci wohnte in einer Suite des Congress Hotel an der 500 Michigan Avenue. Der Vormittag des 10. August war heiter und sonnig. Weiss frühstückte zusammen mit Drucci. Um zehn Uhr spazierten sie zusammen vier Blocks weit die Michigan Avenue hinunter. Drucci hatte 13 200 Dollar in der Tasche. Später behauptete er, das Geld sei für ein Immobiliengeschäft bestimmt gewesen. Auf der Höhe der Ninth Street gingen sie jedoch zur südwestlichen Straßenecke hinüber, wo das Gebäude der Standard Oil aufragt, in dem sich auch die Büros der Stadtreinigung von Chicago befanden. Dieses Dezernat war das korrupteste der ganzen Stadtverwaltung. Morris Eller, der Boß des zwanzigsten Bezirks, war in seinem Büro und unterhielt sich mit John Sbarbaro.

Während Drucci und Weiss noch vor dem Eingang des Gebäudes standen, schwenkte ein Wagen zum Bordstein. Aus drei Pistolen bellten Schüsse aus dem Wagenfenster. Weiss warf sich wie alle anderen Passanten der belebten Kreuzung auf den Boden. Drucci ging hinter einem Briefkasten in Deckung und erwiderte mit seiner Automatikpistole das Feuer. Mindestens dreißig Geschosse ließen kleine Betonbrocken aus den Fassaden springen, bohrten sich in Fahrzeugkarosserien und zertrümmerten Fensterscheiben. Trotzdem wurde nur eine einzige Person verwundet.

Zwei der Männer waren gerade aus dem Wagen gesprungen, um in bessere Schußposition zu kommen, als ein Streifenwagen der Polizei eintraf. Der Fahrer der Angreifer machte sich mit qualmenden Reifen davon und ließ seine beiden Kumpane zurück.

Weiss und einer der Schützen verschwanden in der Menge. Drucci sprang in ein haltendes Auto, drückte dem Fahrer die leergeschossene Pistole an die Schläfe und brüllte: »Bring mich sofort hier weg, aber dalli!« Der Fahrer Basset war noch nicht losgefahren, da hatte die Polizei den Wagen schon umstellt.[11]

»Das war keine Bandenschießerei«, ließ Drucci die Beamten wissen, »bloß ein Raubüberfall. Die wollten meine Kohle.« Die Polizei hatte auch einen der Angreifer festgenommen. Dieser hatte zwar schon die Pistole weggeworfen, fiel aber auf, weil er davonrennen wollte. Er behauptete, sein Name sei Paul Valerie. Die von ihm angegebene Adresse stellte sich als falsch heraus. Er wurde aber aus dem Polizeigewahrsam entlassen, als Drucci bei einer Gegenüberstellung behauptete, er habe diesen Mann noch nie gesehen.

Bei Weiss bestanden über den Verantwortlichen für das Attentat keinerlei Zweifel. Hinter den eisernen Rolläden des Hawthorne Hotel war an Capone nicht heranzukommen, aber über Tommy Ross wußte Weiss, wann und wo Capone verwundbar war.

Die zweiundzwanzigste Straße war die Lebensader von Cicero. Sie war gut dreißig Meter breit und in ihrer Mitte verliefen Straßenbahnschienen. Das Hawthorne Hotel lag an der südlichen Straßenseite, das Anton Hotel war eine Tür weiter. Eine Ladenzeile schmückte die beiden Häuserfronten: Angelo Gurdis Friseursalon, der Hawthorne Schönheitssalon, Dunovskys Feinkostladen und eine Wäscherei. Im Anton befand sich außerdem ein Spielsalon Capones, der Hawthorne Smoke Shop. An der östlichen Ecke des Blocks lag das Hawthorne Restaurant, eine Schnellgaststätte. Ross hatte gewußt, daß Capone dort oft zu Mittag aß.

Capone war auf einer seiner häufigen Reisen in den Osten gewesen, wo er den Alkoholnachschub organisierte. Er war soeben zurückgekehrt und hatte am Samstag mit großem Aufwand die Spielsalons wiedereröffnet, die nach dem Mord an McSwiggin dichtgemacht worden waren.

Am Nachmittag des darauffolgenden Montags, dem 20. September, saßen um 13.15 Uhr Capone und sein loyaler Leibwächter Frank Rio am hintersten der fünfzehn weißgekachelten Tische des Hawthorne Restaurant bei einer Tasse Kaffee. Wie immer saßen sie dem Eingang zugewandt, damit niemand unbemerkt hereinkommen konnte. Das siebeneinhalb mal fünfzehn Meter große Lokal war voll besetzt, einschließlich der Plätze an der Bartheke. Wegen der Eröffnung der Rennsaison im südlich von Cicero gelegenen Hawthorne Park wimmelte es in der Vorstadt nur so von Menschen.

Das von draußen hereindringende unverkennbare Geräusch einer ratternden Maschinenpistole versetzte die beiden Männer sofort in höchste Alarmbereitschaft. Das Rattern schwoll an, und ein Wagen, aus dessen Fenstern gefeuert wurde, fegte vorbei. Er sah aus wie eins der Fahrzeuge des Detective Bureau, selbst die große Glocke fehlte nicht. Sobald der Wagen das Restaurant passiert hatte, war nichts mehr zu hören.

Capone kam die Sache komisch vor, und er trat ein paar Schritte nach vorne, um zu sehen, was los war. Die plötzliche Stille — keine Schreie, kein splitterndes Glas, kein Prasseln einschlagender Geschosse — weckte Frankie Rios Argwohn, und er durchschaute den Trick: Aus dem Wagen war mit Platzpatronen geschossen worden, um die Neugier auf sich zu ziehen. Er konnte gerade noch von seinem Platz aufspringen und Capone zu Boden werfen, als der Tanz erst richtig losging.

Einen Straßenblock hinter dem Führungswagen zurück rollte eine Kolonne von zehn Limousinen gemächlich die Straße hinunter. Die Schießerei begann auf der Höhe des Anton, und auf die beiden Hotels, die Läden und das Restaurant prasselte ein Kugelhagel. Vor dem Restaurant hielt die Kolonne an. In einer Kaskade von Glassplittern gingen die Fenster zu Bruch. Capone und Rio preßten sich zusammen mit den anderen Gästen unter den Tischen auf den Boden. Holzsplitter, geborstene Täfelung und Deckenputz fielen herunter. Rio hatte seine Pistole zwar schon beim Knallen der Platzpatronen gezogen, aber niemand hatte in diesem Feuersturm die Kühnheit, den Kopf oder die Hand zu heben.

Aus dem neunten Wagen stieg ein Mann mit braunem Overall und khakifarbenem Hemd. Er hatte eine Thompson in den Händen. Während einige Männer aus dem zehnten Wagen mit Schrotgewehren Schmiere standen, ging der Mann mit der Maschinenpistole in unerträglicher Langsamkeit auf den Eingang des Restaurants zu. An der Tür ließ er sich auf einem Knie nieder und feuerte die einhundert Schuß des Trommelmagazins in den verwüsteten Raum. Dieser letzte Salut währte genau zehn Sekunden.

Die Attentäter stiegen wieder in ihre Fahrzeuge, und nach einem dreifachen Hupsignal rauschte die Kolonne ostwärts davon und verschwand über die nur zwei Straßenblocks entfernte Stadtgrenze nach Chicago.[12]

Nach späteren Schätzungen der Polizei waren mindestens eintausend Schuß abgefeuert worden. Fünfunddreißig Fahrzeuge, die entlang der Straße geparkt waren, hatten Einschüsse abbekommen — dennoch waren wie durch ein Wunder nur vier Menschen getroffen worden, zwei davon hatten nur leichte Kratzer abbekommen. Clyde Freeman aus Louisiana hatte mit seiner Frau Anna und dem fünfjährigen Clyde Junior in einem der Autos gesessen. Eine Kugel streifte Clydes Knie; zwei weitere Schüsse ließen den kleinen Clyde schreiend über den Bürgersteig das Weite suchen. Seine Kopfhaut war von einem Streifschuß geritzt, das Jäckchen von einer Kugel zerrissen worden. Ein weiteres Geschoß verletzte Anna leicht am Arm. Unglücklicherweise blieb ein Splitter der berstenden Windschutzscheibe in ihrem rechten Auge stecken.

Das letzte Opfer war Louis Barko. Er gab an, er sei »nur ein einsamer Wolf und Spieler« und wohnte im Hawthorne Hotel. Eine Kugel erwischte ihn an Schulter und Nacken. Der Chief of Detectives Bill Shoemaker erkannte ihn auf den ersten Blick als den »Paul Valerie«, der nach der Schießerei vor dem

Gebäude der Standard Oil versucht hatte, davonzulaufen. Daß er im Hawthorne Hotel wohnte, zeigte ziemlich eindeutig, wer hinter dem Anschlag an der Michigan Avenue gesteckt hatte.

Barko hatte vor dem Hawthorne gestanden und alles mitbekommen. Bei der Gegenüberstellung hielt er sich aber an die Etikette und verpfiff keinen – insbesondere deckte er Weiss, Drucci, Moran und Peter Gusenberg, einen der wichtigsten Killer der Gang.

Capone verstand es, der Sache auch eine gute Seite abzugewinnen. »Für die Behörden hat sich jetzt gezeigt«, sagte er, »daß ich kein Monopol auf Maschinenpistolen habe. Als das Hawthorne vor ein paar Tagen zusammengeschossen wurde, kam eine Maschinenpistole zum Einsatz, und das kann mir niemand anhängen. Du liebe Zeit, ich bezahle immer noch an dem Schaden, der den Eigentümern der geparkten Autos bei der Schießerei entstanden ist, und ich gebe mir alle Mühe, daß das Augenlicht der armen unschuldigen Frau, die draußen im Wagen verwundet wurde, gerettet werden kann. Ich bin für alle ihre Ausgaben aufgekommen, und für ihre Betreuung haben wir die besten Ärzte engagiert.«[13]

Allein schon Anna Freemans Augenlicht kostete Capone 5 000 Dollar. Er kam auch für die beschädigten Geschäfte auf. Es tat ihm nicht leid um sein Geld. Man könnte zynischerweise sagen, daß er sich damit die Sympathie der Öffentlichkeit erkaufte. Aber davon abgesehen war es tatsächlich so, wie einer seiner Untergebenen sagte: »Der Big Fellow möchte nicht, daß Unbeteiligte in Mitleidenschaft gezogen werden.«

Diese Zahn-um-Zahn-Gefechte hatten für Capone außer Reparaturkosten auch noch andere Schäden zur Folge. »Das ist Krieg!« fuhr eine Zeitung auf. Im Zuge der selbstverständlich folgenden Demonstration polizeilicher Einsatzbereitschaft wurden die Pforten der Lokale, die Capone soeben wiedereröffnet hatte, aufs neue zugenagelt.[14] Capone brauchte einen Ratgeber.

Als John Torrio aus dem Gefängnis gekommen war und Chicago verlassen hatte, war er nach Italien gegangen. Nach Mussolinis Drohung, Gangster in Käfigen zur Schau stellen zu lassen, hatte er seine Zelte aber schnell wieder abgebrochen.[15] In New York war er zu einer väterlichen Figur für Leute wie Lucky Luciano oder Meyer Lansky geworden, denen er half, Repliken des früheren Kartells in Chicago auf die Beine zu stellen, das Urmodell für alle heutigen Formen des organisierten Verbrechens in den Vereinigten Staaten. Torrio verbrachte seine Zeit zur Hälfte in New York und zur anderen Hälfte in Florida, wo er sich ein Anwesen gekauft hatte. Schon wenige Tage nach dem Anschlag auf das Hawthorne steckten Capone und Torrio in Florida die Köpfe zusammen und berieten das Problem Hymie Weiss.[16]

Torrio war natürlich für Frieden, und bei aller Hitzköpfigkeit dürfte Capone sich wohl auch gefügt haben. Er selbst sagte einige Zeit später: »Sofort nach den Schüssen auf Torrio – und Torrio wußte, wer sie abgegeben hatte – habe ich mich mit Weiss unterhalten.[17] ›Was willst du eigentlich‹, sagte ich. ›Willst du vielleicht ins Gras beißen, bevor du dreißig bist? Es wäre besser, wenn du zur Vernunft kommst, solange noch ein paar von uns am Leben sind.‹ Es hätte zwischen uns immer noch klappen können, aber er wollte ja nicht hören.« Capone erklärte, über längere Zeit »bin ich zum Frieden bereit . . . gewesen. Diese Kämpfe bringen nichts ein. Wenn die Gangs ihre Streitigkeiten beilegen würden, dann könnten wir alle mehr Geld verdienen als jetzt. Es ist genug für alle da, wir müssen uns nur einig werden.«[18]

Er machte noch einen weiteren Versuch.

Capone ließ von Tony Lombardo, dem Präsidenten der Unione Siciliana, für den 4. Oktober im Hotel Sherman eine Zusammenkunft mit Weiss arrangieren. Capone selbst würde am Treffen nicht teilnehmen – bei Männern, die versucht haben, sich gegenseitig umzubringen, ist persönliche Gegenwart dem Verhandlungsklima nicht unbedingt förderlich. Um die Friedfertigkeit der Verhandlung zu garantieren, wurde möglicherweise auch ein höherer Polizeifunktionär hinzugebeten. Lombardo sollte Capones einfache Botschaft überbringen: Welche Gegenleistung wollte Weiss für den Frieden? Capone war bereit, auf jede vernünftige Forderung einzugehen.

Weiss war über den Mord an O'Banion immer noch nicht hinweg. Nüchterne Überlegung brachte ihn dazu, gegenüber dem Drahtzieher Capone nachsichtig zu sein, aber die eigentlichen Mörder mußten weg. Capone mochte seinen Burgfrieden haben, aber er durfte im Gegenzug nichts dagegen unternehmen, daß Scalise und Anselmi abserviert wurden. Sie saßen zwar immer noch in Joliet ihre Strafe wegen Totschlags ab, aber ein Arrangement war überall möglich.

Lombardo gab die Bedingung telefonisch an Capone weiter.

»Noch nicht einmal mit einem gelben Hund würde ich so etwas machen«, schnaubte Capone. Weiss stolzierte aus dem Verhandlungssaal.[19]

Als Captain John Stege davon berichtet wurde, sagte er verächtlich: »Wenn es aber Capones Interessen dient, dann gibt es auf der Welt keinen Menschen, den er nicht bereitwillig in den Tod schicken würde.«[20]

Chief Collins bezweifelte die Geschichte, da sich Weiss niemals mit weniger als Capones Tod zufriedengegeben hätte.[21] Die beiden Polizisten unterschätzten Weiss' Verstand und Capones Herz.

Zur Beratung der nächsten Schritte begab sich diesmal Torrio nach Chicago.[22] Capone hatte für alle Fälle vorgesorgt. Schon einige Zeit vor den abgebrochenen Friedensverhandlungen – sicher ist sicher – hatte ein gewisser »Oscar Lundin« den einzigen freien Platz im Schlafsaal einer Pension neben Schoefield's Blumenladen angemietet.[23] Im zweiten Stock gab es ein Zimmer, das er für sich reservieren ließ, um dort einzuziehen, sobald es frei geworden war. Am Dienstag, dem 5. Oktober, wurde der zweite Stock frei, und die Verwalterin Anna Rotariu ließ Lundin dort einziehen.

Das Zimmer sah nicht danach aus, daß es des Wartens wert gewesen wäre. Es war trist und schmuddelig und bestand aus einer Bettstelle mit blind gewordenem Messinggestell, einer Kommode aus gebleichtem Eichenholz, ein paar Stühlen, einem Gaskocher und einem Blechkasten für Lebensmittelvorräte. Aber vom Fenster aus hatte man eine gute Aussicht. Die Pension mit der Hausnummer 740 schloß sich nördlich an Schoefield's Blumengeschäft mit der Nummer 738 an.

Der Blumenladen sprang etwas nach vorne, wodurch seine Nordwand die Eingangstür verdeckte. Dennoch bot das Fenster einen weiten Blick auf die Straße vor dem Geschäft und auf die an der gegenüberliegenden Straßenseite aufragende Holy Name Cathedral, deren südliches Langschiff längs der kreuzenden Superior Street verläuft.

Etwa zu der gleichen Zeit mietete eine hübsche junge Frau, die ihren Namen mit Mrs. Thomas Schultz angab, auf der anderen Seite der Superior Street ein Zimmer im dritten Stock eines Hauses.[24] Von dort hatte man Einblick in die kleine Gasse, die zum Hintereingang von Schoefield's führte.

Lundin und Mrs. Schultz bezahlten ihre Miete im voraus und verschwanden dann. An ihrer Stelle zogen andere Mieter ein. Anna Rotariu erinnerte sich, zwei von ihnen in ihrem Haus gesehen zu haben.[25] Dort und in der Wohnung auf der anderen Seite der Straße verbrachten die Neuankömmlige die meiste Zeit auf einem ans Fenster gerückten Stuhl. Um die Stühle herum bedeckten Zigarettenkippen den Boden. Die Beobachter auf der anderen Straßenseite vertrieben sich die Langeweile mit einem gelegentlichen Schluck Wein. In der State Street Nummer 740 gönnten sie sich ein gelegentliches Nickerchen auf dem Messingbett, wobei sie mit ihren Schuhen den Bettüberwurf schmutzig machten.[26]

Am Nachmittag des 11. Oktober 1926 wurde der zwölfte Geschworene für den Mordprozeß gegen Joe Saltis und dessen Fahrer Frank Koncil, genannt »Lefty«, eingesetzt. (Wir werden uns bald mit diesem Prozeß beschäftigen.) Die Zeugenvernehmungen sollten am nächsten Vormittag beginnen. Staatsanwalt McDonald sah gute Chancen für eine Verurteilung, obwohl Gerüchte umliefen, daß Weiss mit 100 000 Dollar einen Freispruch für Saltis erkaufen wollte. Weiss war an diesem Tag ein interessierter Beobachter des Auswahlverfahrens der Geschworenen gewesen.

Weiss und der Verteidiger William W. O'Brien verließen zusammen das Gerichtsgebäude, um dann getrennt zu Schoefield's zu fahren. Weiss ließ sich von seinem Chauffeur Sam Peller fahren. Außerdem befand sich Patrick Murray bei ihm, der beim Alkoholschmuggel Hilfsdienste leistete und möglicherweise auch sein Leibwächter war.[27] O'Brien fuhr mit Benjamin Jacobs, einem politischen Hinterbänkler aus Morris Ellers zwanzigstem Bezirk, der sich für Anwälte wie O'Brien als Ermittler betätigte. O'Brien hatte vier Jahre zuvor nur knapp verhindern können, daß man ihm seine Zulassung als Anwalt entzog.[28]

Die beiden Wagen hielten in der Superior Street. Die Insassen gingen nacheinander über die State Street zu Schoefield's Blumenladen hinüber. Weiss und Murray gingen voran, O'Brien folgte dichtauf, Peller und Jacobs lagen ein ganzes Stück zurück. Plötzlich wurden Schüsse aus Maschinenpistolen und Schrotflinten aus dem Fenster im zweiten Stock der Pension abgegeben. Sie erwischten Weiss und Murray, als sie ziemlich genau vor dem Blumenladen angelangt waren. Murray stürzte mit sieben Einschüssen in Kopf und Körper leblos zu Boden. Weiss taumelte und brach von zehn Geschossen getroffen zusammen. Er starb kurz darauf im Henrotin Hospital, ohne noch einmal das Bewußtsein wiedererlangt zu haben.

Die Schützen hatten die Straße mit einem Kugelhagel überzogen. Der Anwalt

O'Brien, der seitlich von Weiss gestanden hatte, wurde von vier Schüssen in Arm, Seite und Unterleib getroffen. Die Schüsse waren allerdings nicht tödlich. Er konnte noch in einen Kellerabgang kriechen und schaffte es, sich von dort in die Praxis eines Arztes zu schleppen.

Peller hatte nur eine kleinere Bauchverletzung. Jacobs bekam einen Treffer in den Fuß. Sie machten kehrt und humpelten zu einem einen Block weit entfernten Arzt. Schüsse fegten hinter ihnen her, bis sie sich um die Ecke der Holy Name in Sicherheit gebracht hatten.

Nachdem sie ihre Aufgabe erledigt hatten, liefen die Attentäter den rückwärtigen Treppenabgang des Hauses hinunter, kletterten zu einem Fenster hinaus und rannten durch kleine Gäßchen zwischen den Häusern zur Dearborn Street hinüber, wo sich ihre Spur in der Menge verlor. Einer von ihnen hatte unterwegs seine Maschinenpistole samt hundertschüssigem Trommelmagazin über einen Zaun geworfen. Sie war auf einer Hundehütte gelandet.

In der Tasche von Hymie Weiss fand die Polizei 5200 Dollar – und die komplette Liste der Bürger, die als Geschworene für den Prozeß gegen Saltis und Koncil gewählt werden sollten. Das Zimmer im Haus State Street 740 wurde sofort durchsucht. Außer den ans Fenster gerückten Stühlen, den Zigarettenstummeln und dem beschmutzten Bettüberwurf entdeckte die Polizei auf dem Boden fünfunddreißig Patronenhülsen von 45er Munition und drei leere Schrothülsen sowie einen grauen Filzhut mit dem Etikett eines Herrenmodengeschäfts in der Nähe von Cicero. Im Tresor von Schoefield's Blumenladen fiel der Polizei ein vollständiges Verzeichnis der von der Staatsanwaltschaft gegen Saltis aufgebotenen Zeugen in die Hände.

Die Besatzung des anderen Maschinenpistolennestes, die keinen einzigen Schuß abgegeben hatte, machte sich in aller Ruhe davon. Daß sie überhaupt dagewesen waren, wurde erst eine Woche später bemerkt, als sich die unter dem verlassenen Apartment wohnende Mieterin über einen Wasserfleck an ihrer Zimmerdecke beschwerte. Das Wasser kam aus einem tropfenden Heizkörper. Der Hausmeister mußte die Tür aufbrechen – und rief sofort die Polizei. Die Beamten fanden auf dem Bett ein mit vier Kartuschen vollgeladenes Repetierschrotgewehr, die üblichen, von Zigarettenkippen umgebenen Stühle am Fenster und zwei leere Weinflaschen.[29]

»Ich möchte Vorfälle dieser Art nicht herbeireden«, sagte Polizeichef Collins, »aber wenn schon jemand ermordet wird, dann ist es gut, wenn sich die Gangster gegenseitig umbringen. Das erspart der Polizei eine Menge Ärger.«[30]

Capones Kommentar war etwas elegischer. »Ich bedauere, daß Weiss getötet wurde«, sagte er zu Reportern, die sich im Hawthorne Hotel eingefunden hatten, »aber ich hatte mit der Sache nichts zu tun. Ich habe dem Detective Bureau telefonisch mitgeteilt, daß ich hinkommen würde, falls man etwas von mir will, aber es hieß, das sei nicht der Fall. Ich wußte sofort, daß man mich wieder verantwortlich machen würde, aber warum hätte ich Weiss töten sollen?«[31]

»Er weiß genau, warum«, raunzte später der Chief des Detective Bureau Bill Shoemaker.[32] Ein zeitgenössischer Reporter wies auf das böse Blut zwischen den beiden Männern und auf ihren Machtkampf hin. Aber Capone war nicht in der Stimmung für Kasuistik. »Mich jedesmal für den Mörder zu halten, wird langsam zum Treppenwitz«, sagte er. »Wenn ich nur den Kopf aus der Tür stecke und bin nicht mit einem Bataillon bewaffneter Männer umgeben, dann versucht sofort jemand, mich zu erschießen.« Und wenn er mit seinen Leibwächtern ausging, dann versuchte die Polizei, ihn festzunehmen, wie damals beim Fall McSwiggin, »und das alles nur, weil sie glauben, mich ungestraft einen Mörder nennen zu können, und weil sie wissen, daß ich mich nicht wehren kann.«[33]

Capone empfing die Presse zwanglos in Hemdsärmeln und Pantoffeln – zu jener Zeit eine bemerkenswerte Unbekümmertheit. Er bot Zigarren an (darüber wurde berichtet) und zweifellos auch »Erfrischungen« (darüber wurde allerdings während der Prohibitionszeit nicht berichtet).

»Hymie Weiss ist tot, weil er mit dem Kopf durch die Wand wollte«, sagte Capone. »Ich nehme an, wenn Sie ihm vor einer Woche gesagt hätten, daß er heute tot sein würde, dann hätte er Ihnen nicht zugehört.« Immer wieder klingelte in dem spärlich möblierten Raum das Telefon. Einige Anrufe waren dringend genug, um seinen Redefluß zu unterbrechen. Dann wandte er sich wieder den Reportern zu. Er wolle eine Bemerkung korrigieren. Er hatte gemeint, er bedaure, daß Weiss auf diese Weise getötet wurde. Er nannte es eine »Schlächterei«. »Aber verstehen Sie mich nicht falsch. Niemand soll denken, es täte mir leid, daß Weiss tot ist«, fuhr Capone fort. »Er war darauf aus, mich zu erledigen – er und die O'Banion-Gang, eine Bande von Entführern, Schlächtern, Straßenräubern und Einbrechern. Als ehrlicher Mann macht man mit denen keine Geschäfte.«

Aber nun mal ganz im Ernst, das mußte endlich aufhören. »Ich habe einen Jungen«, sagte Capone und zeigte den Reportern ein Foto von Sonny. »Ich liebe diesen Jungen mehr als alles andere auf der Welt, und direkt danach kommt für mich seine Mutter, dann meine eigene Mutter und meine Schwestern und Brüder. Es ist schon ziemlich traurig, wenn man sich vorstellt, daß ich seit vierzehn Monaten nicht mehr dazu gekommen bin, zu meiner Frau und meinem Sohn nach Hause zu gehen.

Ich habe keine Lust zu sterben. Und ganz besonders möchte ich nicht von den Kugeln einer Maschinenpistole durchlöchert auf der Straße sterben.

Das ist der Grund, weshalb ich Frieden wollte. Ich habe diese Leute angefleht, die Pistolen wegzustecken, damit wir einmal vernünftig miteinander reden. Sie haben doch auch eine Familie. Die meisten haben zwar noch keine Kinder, sie sind ja selbst noch halbe Kinder, aber sie haben doch Mütter und Schwestern.

Ich weiß nicht, welcher Teufel sie reitet, daß sie es darauf anlegen, auf einer Bahre im Leichenschauhaus zu enden, und ihren Müttern bricht allemal das Herz, weil sie so schändlich umgekommen sind. Ich habe versucht, das herauszufinden, aber es ist mir nicht gelungen. Eines aber weiß ich: Seit in diesem Kampf zum ersten Mal eine Pistole gezogen wurde, habe ich versucht, diesen Burschen klarzumachen, daß es für uns alle genug zu tun gibt. Wir brauchen uns nicht auf der Straße umzubringen wie die wilden Tiere. Konkurrenz muß doch nicht zu Mord führen. Aber das begreifen sie nicht.«

Capone kannte die Vorliebe seiner Zuhörer für Banalitäten. »In der Zeitung habe ich gelesen, daß die Mutter von Hymie Weiss zu seiner Beerdigung aus New York hierhergekommen ist. Sie ist eine wunderbare Mutter. Als ich mit Hymie noch geschäftlich zu tun hatte, habe ich oft in seinem Haus übernachtet und an seinem Tisch gegessen. Warum hat er sich auf diese Schießereien eingelassen, anstatt ein bißchen Verstand zu zeigen?«

Er berichtete den Journalisten von seinem Friedensangebot an Weiss und von der Bedingung, die Weiss gestellt hatte. Bei aller Friedensliebe: Weder die North Side noch andere Gangs sollten sich einbilden, Capone wolle Frieden um jeden Preis: »Ich habe nicht vor, aus diesem Spiel auszuscheiden, und ich katzbuckle vor niemandem. Wer glaubt, er könne mich töten, der soll es ruhig versuchen. Man weiß, wo ich zu finden bin. Und wenn jemand Frieden will, bin ich jederzeit bereit, zuzuhören.«

Es sei ihm gleichgültig, was über ihn gesagt und geschrieben werde, aber er habe dieser Pressekonferenz zugestimmt »in der Hoffnung, daß die Leute mich besser verstehen.« Er gab eine Mischung aus Fakten und Fiktion zum Besten. »Ich bin ein Glücksspieler und Geschäftsmann«, sagte er, »und nichts sonst. Noch nie in meinem Leben habe ich jemanden ausgeraubt. Noch nie in meinem Leben habe ich jemanden getötet oder irgendwo einen Einbruch verübt oder einen Tresor aufgesprengt.« Das Gerede über den Mörder Capone sei schlichtweg Unsinn, beispielsweise habe keine der vielen Grand Jurys im Fall McSwiggin gegen ihn Anklage erhoben. Gewiß, die Polizei habe ihn zu Vernehmungen vorgeführt, aber nie habe es einen Mordprozeß gegen ihn gegeben, und eine Verurteilung schon gar nicht. Rein technisch gesehen habe er nicht einmal einen Eintrag im Strafregister!

Er stehe für Sonderstaatsanwalt McDonald, für Crowe oder jeden anderen, der ihn sehen wolle, zur Verfügung. Er verstecke sich nicht. »Aber wenn ich allzuviel plaudere«, sagte er mit bösem Grinsen, »dann könnte es für manchen peinlich werden.«[34]

Niemand wollte etwas von ihm. Ein resignierter Polizeichef Collins ließ wissen, es sei reine Zeitverschwendung. Man habe das alles schon einmal durchgespielt: »Brown hat natürlich ein Alibi. Er war zum Zeitpunkt der Schießerei in Cicero.« Eine Verhaftung habe lediglich dann einen Zweck, »wenn wir ihn mit wasserdichten Beweisen konfrontieren können. Vorher nützt ein Verhör überhaupt nichts.«[35]

Die Kampfmoral der Polizei hatte einen Tiefpunkt erreicht. Spötter nannten Capone den »Bürgermeister von Crook [Gauner] County«.

Die übriggebliebenen Mitglieder der North-Side-Gang waren ebenso resigniert wie die Polizei. Der Beerdigungspomp zum Troste von Weiss' armer alter Mutter hielt sich in Grenzen (die alte Dame hatte sich nach einem besonders brutalen Mord an den Kosten für Frank McErlanes Kaution beteiligt). Es fanden sich lediglich zweihundert Trauernde oder Neugierige in Sbarbaros Leichenhalle ein. Die Sargträger waren Weiss' frühere Klassenkameraden von der St. Malchy's School; Drucci, Moran und Eisen die ehrenamtlichen Sargträger. Diesmal gab es keine Richter oder bekannte Politiker zu sehen, wenn auch an der Stoßstange des Leichenwagens angebrachte Plakate dafür warben, bei der im Herbst stattfindenden Wahl die Stimme für Sbarbaro als Gemeinderichter und für Joe Savage (Crowes Günstling) als Bezirksrichter abzugeben sowie Morris Eller und seine Komplizen vom Stadtreinigungsdezernat wiederzuwählen.[36]

Die Kirche blieb hartnäckig. Trotz all seiner Rosenkränze erhielt Weiss keine Messe und durfte nicht in geweihter Erde auf dem Mount-Carmel-Friedhof begraben werden.

Für die Presse war die Geschworenenliste in Weiss' Tasche und die Zeugenliste in seinem Safe ein großer Fund: »Mord an Weiss entlarvt Hintermänner von Saltis« lautete eine Schlagzeile.[37] Capone konnte kaum überrascht sein. Er hatte viele Hinweise bekommen, daß Saltis und McErlane seinem Kunden Sheldon schon seit einem Jahr das Leben schwermachten. Das zeigte sich endgültig, als Frank McErlane sich plötzlich im Gefängnis wiederfand und seine Auslieferung nach Indiana zu verhindern suchte.

Am 4. Mai 1924 stand McErlane betrunken an der Bar eines Saloons in Crown Point, Indiana. Seine Saufkumpane John O'Reilly und Alex McCabe stachelten ihn an, seine Schießkünste unter Beweis zu stellen. McErlane nahm willkürlich einen Mann als Ziel, der am anderen Ende der Bar stand. Es war der Anwalt Thaddeus S. Fancher. McErlane tötete ihn mit einem Kopfschuß.

O'Reilly und McCabe wurden auf der Stelle verhaftet. O'Reilly bekam lebenslänglich Zuchthaus. Auch McCabe wurde verurteilt, aber unmittelbar vor einem Wiederaufnahmeverfahren wurde der Hauptbelastungszeuge mit einem Hammer erschlagen.

McErlane konnte nach Illinois entkommen. Dank der verständnisvollen Handhabung des Auslieferungsrechtes durch Gouverneur Small wurde er bis zum 22. April 1926, zwei Jahre nach dem Mord an Fancher, noch nicht einmal verhaftet. Aber dann mußte er bis zur für August angesetzten Auslieferung nach Indiana in Illinois ins Gefängnis. Bei einem Gerichtstermin erschien er völlig betrunken, sein Wärter war nicht minder alkoholisiert. Ein Jahr (und viele widerrufene Zeugenaussagen) später wurde er von einer Jury in Indiana freigesprochen.[38]

Joe Saltis mußte daher die Morde des Sommers 1926 selbst erledigen. Im Juli schaffte er es, Sheldons Mann Jules Portuguese, dessen Wagen beim Mord an O'Banion benutzt wurde, ruhig und unbeobachtet im Auto zu erledigen.[39] Im nächsten Monat, am 6. August, brachte er Mitters Foley um, einen von Sheldons tüchtigeren Bierverkäufern, der sich ins Geschäft gedrängt hatte.[40] Saltis lockte ihn mit einem Telefonanruf von zu Hause fort und drängte Foleys Wagen an den Bordstein. Foley stürzte heraus und lag der Länge nach auf dem Pflaster. Er wollte davonlaufen, aber Saltis setzte sich rittlings auf ihn, drückte ihm eine doppelläufige Schrotflinte auf die Brust und zog ab. Der Haken war, daß zwei Zeugen ihn beobachtet hatten. Sie identifizierten auch Saltis Fahrer Lefty Koncil, Saltis politischen Mentor und Partner John Oberta und den Revolvermann Edward Herbert.

»Diesmal haben wir sie erwischt«, triumphierte John Stege. Es war, wie er sagte »das erste Mal bei all diesen . . . Biermorden, daß wir richtige Beweise haben.«

Als Saltis und Koncil im Oktober der Prozeß gemacht wurde (über Oberta und Herbert sollte später verhandelt werden), brauchte Saltis entschieden Hilfe, die ihm Hymie Weiss verschaffen wollte. Der Staatsanwalt Charles McDonald hatte zwar die beiden Augenzeugen, aber zwei weitere wichtige Belastungszeugen waren aufgrund von Bestechung oder Einschüchterung aus der Stadt verschwunden, und außerdem waren die Prozeßakten zweimal nachts durchwühlt worden.[41] Und dann stand noch das Gerücht von den 100 000 Dollar im Raum, das Weiss ausgestreut hatte.

Der Prozeß verlief dann auch sehr unspektakulär, daran änderten auch die Morde vom 11. Oktober nichts. Aber wie sollte es jetzt weitergehen? Capone hatte auf der ganzen Linie freie Hand gewonnen, McErlane war noch im Gefängnis, und Saltis sah sich schon als toter Mann, wenn kein neuer Helfer auftauchte. Saltis suchte Rat bei John Oberta, der wiederum Maxie Eisen konsultierte. Eisen galt als der besonnenste Mann bei den North Sidern.

Max Eisen war unmittelbar vor Weiss' Ermordung von einer Weltreise zurückgekehrt, die er mit Frau und Sohn unternommen hatte. Er war einigermaßen entsetzt über die fatale Entwicklung. Die übriggebliebenen North Sider sahen in ihm immer noch eine Art vertrauenswürdigen Sprecher, und bei seiner Distanz zum Tagesgeschehen konnte auch nicht gleich der Verdacht aufkommen, er habe sich dazu hergegeben, eine Falle zu stellen. Durch Vermittlung des relativ neutralen Kautionstreuhänders Billy Skidmore wurde für Samstag, den 16. Oktober, ein erstes Treffen mit Tony Lombardo vereinbart.[42] Die beiden waren sich einig, daß dieser Krieg ein Ende haben mußte. »Laßt uns aufhören, einander fertigzumachen«, sagte Eisen auf der anschließenden Friedenskonferenz.[43] »Wir benehmen uns wie ein Haufen Trottel, die sich gegenseitig umbringen, und die Bullen dürfen sich totlachen.«

Eisen und Lombardo vereinbarten für den nächsten Tag ein weiteres Treffen. In der Zwischenzeit wollten sie die Meinung ihrer jeweiligen Führungsriege einholen.

Capone war hocherfreut. Die Aussicht auf Frieden war bei weitem attraktiver als die Bestrafung eines Trottels wie Saltis.

George Moran wollte zunächst nichts von der Sache wissen, wurde aber von Vincent Drucci überstimmt. Eisen und Lombardo handelten die Spielregeln für das Treffen aus: Nur Führungsleute, keine Waffen, keine Leibwächter. Die Männer, die in der Unterwelt von Chicago das Sagen hatten, trafen sich am Mittwoch, dem 20. Oktober 1926, vermutlich wieder einmal im Hotel Sherman.[44]

Eisen führte gewissermaßen mit Lombardo den Vorsitz. Capone brachte Jack Guzik mit, sein Verbündeter Ralph Sheldon kam allein. Stellvertretend für die North-Side-Gang waren Drucci und Moran erschienen. Aus den Bezirken des äußersten Nordens, des Nordostens und des Westens hatte sich ein buntes Gemisch von Verbündeten eingefunden. Der Zuhälter Jack Zuta und seine rechte Hand Frank Foster gingen eine Koalition mit den Leuten von der North Side ein. Klondike und Myles O'Donnell begruben endgültig ihre Streitigkeiten mit Capone. Auch Ed Vogel aus Cicero schloß sich ihnen an. Julian »Potatoes« Kaufmann von der East Side hatte schon immer mit den North Sidern zusammengearbeitet. Billy Skidmore und Christian P. Bertsche nahmen als Unabhängige an der Konferenz teil. Skidmore war neben seinen Kautionsgeschäften auch noch an Glücksspielunternehmen beteiligt, und Christian P. Bertsche (man nannte ihn immer »Barney«)[45] unterhielt wie Skidmore im Nordwesten Raststätten mit Kasinobetrieb. Die beiden sollten sich jedoch bald Zuta anschließen.

»Wir machen aus einem großartigen Geschäft einen Schießplatz«, warf Capone den Versammelten vor. »Unsere Arbeit ist auch ohne gegenseitigen Haß schon hart und gefährlich genug. Und wenn jemand hart arbeitet, ganz gleich in welchem Beruf, dann will er abends nach Hause kommen und alles vergessen können. Man möchte nicht immer Angst haben müssen, wenn man sich an ein Fenster oder an eine offene Tür setzt.«[46]

Das Übereinkommen sah grundsätzlich eine allgemeine Amnestie vor: Ende der Schießereien und Schlägereien, alle Auseinandersetzungen der Vergangenheit waren als abgeschlossen zu betrachten. Jeder verpflichtete sich, Provokationen zu unterlassen und zu ignorieren. Die Gangs würden Zuwiderhandlungen in ihren eigenen Reihen ahnden, womit die gefährlichste Reibungsfläche zwischen den Gangs neutralisiert war. Und schließlich – der kritischste Punkt – Schluß mit dem Verdrängungswettbewerb. Die Gangs hatten sich auf vorgegebene Territorien zu beschränken.

Das bedeutete im großen und ganzen einen Rückgriff auf die ursprüngliche Aufteilung von 1923. Nördlich und westlich der Schlachthöfe war Sheldons Revier, das von Klondike und Myles O'Donnell befand sich im Westen, direkt nördlich von Cicero. Der Zugang zur Roosevelt Road blieb ihnen aber nach wie vor garantiert. Drucci und Moran bekamen das ursprüngliche Territorium O'Banions nördlich der Madison Street und östlich vom Chicago River. Capone behielt den südlichen Stadtbereich und seine angestammten südlichen und westlichen Vorstädte. Er durfte auch weiterhin Kunden und Verbündete wie Marty Guilfoyle versorgen. Zuta, Skidmore und Bertsche konnten weitermachen wie bisher, solange sie sich korrekt verhielten. Spike O'Donnell stellte keine Gefahr mehr dar. Capone würde sich so oder so um ihn kümmern, je nachdem, wie er sich benahm.

Anschließend begaben sich die Teilnehmer zu einer kleinen, gemeinsamen Feier in Diamond Espositos Lokal Bella Napoli. Der Journalist James O'Donnell nannte das Ereignis später ein »Leichenschänderfest«. Er war geschockt von dem derben Vergnügen, das den ehemaligen Feinden die gemeinsame Erinnerung an ihre Fehden bereitete. Ein Beobachter, der nicht aus den Reihen der Gangster kam, gab ihm eine Kostprobe der Unterhaltung:

»Weißt du noch, damals vor acht Monaten, wie zwei von unseren Autos auf deinen Wagen Jagd gemacht haben?«
«Aber klar!«
«Wir wollten dich damals umlegen – aber du warst ja mit einer Frau unterwegs.«
Brüllendes Gelächter.[47]

Zwei Tage später raste ein Wagen mit heulender Sirene in südlicher Richtung über die Michigan Avenue. Eine Zivilstreife nahm die Verfolgung auf und überholte das Fahrzeug auf Höhe der Thirty-first Street. Am Steuer saß Bob McCullough, der seit 1922 für Torrio und Capone als Revolvermann arbeitete und Capone beim Mord an McSwiggin begleitet hatte. »Ich war nur schnell in der Stadt, um mich rasieren zu lassen«, sagte er und strahlte Sergeant John Tracey an, wobei er mit einem Nicken auf den neben ihm liegenden Golfsack hinwies. »Und jetzt muß ich schnell nach Burnham zurück.« Die Polizisten durchsuchten McCullough und seinen Wagen in der Erwartung, das übliche kleine Waffenarsenal sicherzustellen. Zu ihrem Erstaunen fanden sie in seinen Taschen lediglich etwas Geld, im Golfsack befanden sich tatsächlich verschiedene Schläger, und unter den Sitzen gab es nur Staubfussel. Es wurde keine einzige Waffe gefunden. Die Beamten trauten ihren Augen nicht. »Der Friedensvertrag macht's möglich«, sagte McCullough mit selbstgefälligem Lächeln, »sonst würde ich doch nicht unbewaffnet herumlaufen.«

Man verhaftete ihn wegen Geschwindigkeitsüberschreitung.[48]

Gegen Ende des Jahres 1926 herrschte in Chicagos Unterwelt Friede. Für Scalise und Anselmi wurde ein neuer Prozeß angesetzt. Druggan und Lake wurden von der Anklage einer Konspiration mit Sheriff Hoffman, der sie aus dem Gefängnis gelassen hatte, wann immer sie wollten, freigesprochen.[49] Saltis und Koncil wurden im Mordfall Foley von den Geschworenen trotz der beiden unerschütterlichen Augenzeugen für nicht schuldig befunden. »Ich hätte bei dieser Beweislage doch ein anderes Urteil erwartet«, meinte der Richter.[50]

Auseinandersetzungen gab es auch weiterhin, aber sie bedrohten nicht den Frieden. Zu einem letzten Zwischenfall kam es, als die Leute von Spike O'Donnell aus der Reihe tanzten und zwei seiner Brüder daraufhin angeschossen wurden. Von da an legte sich Spike nie wieder mit Capone oder dessen Verbündeten an.

Am 28. November, kurz nach Thanksgiving, sah es bei oberflächlicher Betrachtung so aus, als würde alles wieder von neuem beginnen. Theodore Anton, ein enger Freund von Capone, war der Eigentümer sowohl des Anton Hotel wie auch des daneben liegenden Hawthorne. Er verschwand plötzlich.[51] Erst einen Monat später tauchte seine Leiche auf. Capone manipulierte die Presse so geschickt, daß sein erster Biograph, der Journalist Fred Pasley, völlig unkritisch Capones rührende Story übernahm, die Entführung von Anton habe ihn derart mitgenommen, daß er am Tage des Verschwindens seines Kumpels die ganze Nacht »schluchzend wie ein Kind« an einem abgeschiedenen Tisch in Antons Restaurant gesessen habe.[52]

Wie erklärt sich dann, daß der Krieg nicht wieder ausbrach und daß noch nicht einmal ein individueller Racheakt stattfand? Sheriff Hoffman war der Ansicht, daß es sich um eine interne Meinungsverschiedenheit handeln müsse. Später wurde kolportiert, Capone habe Anton umgebracht, weil dieser eine beleidigende Bemerkung habe fallenlassen.[53] Wesentlich später behauptete ein Mann, der in einem von Capones Lokalen als Pianist tätig gewesen war, zwei von

Capones Leuten hätten Anton zu Tode geprügelt.[54] Trotz fehlender Beweise ging die Polizei davon aus, daß Jack McGurn, einer von Capones aufsteigenden Leuten, Anton auf Anweisung seines Bosses getötet hatte.[55] Niemand konnte je genau feststellen, wer der Täter war und was der Grund war, aber es war keine andere Gang im Spiel.

Der Friede hielt sogar, als tatsächlich eine Gang ein Mitglied einer anderen Gang tötete. Hillary Clements, ein Gefolgsmann von Ralph Sheldon, verschwand am 16. Dezember 1926. Sein Bruder bat dringend, man möge doch vor Weihnachten die Leiche herausgeben, die aber erst am 30. Dezember von zwei spielenden Jungen mit dem Gesicht nach unten in einer flachen Kuhle liegend aufgefunden wurde.[56]

Der Friede wurde dadurch nicht gebrochen. Es folgten zwar noch viele Morde, darunter auch das Massaker am Valentinstag 1929, und die Zahl der Morde, die auf das Konto der Unterwelt gingen, erhöhte sich sogar noch. Aber der Friede bewährte sich in dem Sinne, daß die Bandenkriege der Vergangenheit angehörten. Capone war zu stark und die meisten anderen zu schwach geworden. Von jetzt an fanden Capones Auseinandersetzungen mit Einzelpersonen statt. Die Bezeichnung, mit der ihn bislang nur seine eigenen Leuten bedacht hatten, hatte nun allgemeine Gültigkeit: The Big Fellow.

Am 11. Dezember gab Big Bill Thompson bekannt, daß er 1927 wieder als Bürgermeister kandidieren wolle.[57] Als ihm auf einer Flut von 433 000 Postkarten Unterstützung zugesagt wurde, sagte er: »Ich nehme sie mit großer Dankbarkeit entgegen.« Capone und der Rest von Chicagos Unterwelt waren ebenfalls zufrieden.

Capone dürfte kaum bemerkt haben, daß am 28. Dezember 1926 ein Anwalt namens Johnson zum Nachfolger von Edwin Olson nominiert wurde, dessen Amtsperiode als Generalstaatsanwalt am 2. Januar 1927 ablief.[58] Es hatte den Anschein, als sei Johnson ein gewöhnlicher Mann auf diesem Posten, von dem kaum Ärger zu erwarten war. Aber sein vollständiger Name lautete George E.Q. Johnson. Das »Q.« hatte er selbst hinzugefügt. Er wollte sich vom Heer der anderen George Johnsons abheben und dürstete danach, bekannt zu werden.

Für Capone, der im Zenit seiner Macht stand, sollte dieser Ehrgeiz unheilvolle Folgen haben.

16

Auf dem Gipfel

Die Skandale im Umfeld des Mordes an O'Banion hatten Mike Hughes, den Chief of Detectives, den Amtssessel gekostet, und er übernahm einige Zeit später die Leitung der Highway Police von Cook County. Im Jahr 1925 zeigte sich, daß es Bürgermeister Dever nicht gelingen konnte, Chicago trockenzulegen. Zur gleichen Zeit mietete Capone einige Zimmer im Metropole Hotel an der 2300 South Michigan Avenue. Das Hotel lag in der Nähe des alten Four Deuces. Und da der Friede sich bewährte, verlegte er sein Hauptquartier vom Hawthorne Hotel ins Metropole. Hughes nahm das zum Anlaß, sich zu brüsten, daß er Capone aus Cicero vertrieben habe.

»Mich aus Cook County vertrieben?« lachte Capone jovial und zufrieden in seiner Suite im Metropole. »Ach was, das hat er nicht und das wird er auch nicht. Schon drei Monate, bevor von Hughes als Highway Chief die Rede war, habe ich Cicero verlassen . . . Ich bin einfach deshalb in dieses Hotel umgezogen, weil sich mein Interessengebiet erweitert hat und weil ich ein zentrales Hauptquartier brauche.«[1]

Seit den Tagen, in denen Big Bill Thompson hier seinen Wirkungskreis hatte, waren das Hotel und das umgebende Viertel ziemlich heruntergekommen. Capone belegte einschließlich seiner eigenen Suite mit den Zimmernummern 409 und 410 zunächst nur zehn Räume, aber bald waren es an die fünfzig Zimmer auf zwei Etagen. Zwei Räume waren als Fitneßräume eingerichtet, denn Capone bestand darauf, daß sich seine Leute in Form hielten. Auf den Fluren patrouillierten Revolvermänner. Zwischen Kneipen- und Bordellwirten warteten Politiker und städtische Amtsinhaber darauf, beim Big Fellow vorgelassen zu werden. Uniformierte Polizisten bis hinauf zu den höchsten Rängen gaben sich die Klinke in die Hand. Von den Gorillas, dem unverhohlenen Glücksspiel, den Prostituierten, dem Speakeasey in der Lobby und dem Barbetrieb in den oberen Stockwerken nahmen sie keine Notiz.[2]

Im Frühjahr des Jahres 1927 festigte sich Capones Stellung ohne sein Zutun. Klondike O'Donnell und Fur Sammons waren beim Alkoholschmuggel erwischt worden und befanden sich auf dem Weg ins Gefängnis.[3] Lefty Koncil und Charles Hubacek,[4] auch er einer von Saltis Revolvermännern, wurden erschossen. Es war vermutlich Ralph Sheldons Rache für den Tod von Hillary Clements.

198

Saltis selbst zog sich immer häufiger nach Wisconsin auf sein Anwesen zurück, das Farm und Sommerfrische zugleich darstellte.[5]

»Comeback« ist vielleicht das falsche Wort. Big Bill Thompson war nie wirklich weg vom Fenster gewesen. »Der penetranteste Moralprediger des Tages«[6] war der Presse immer ein paar Zeilen wert. Ein knappes Jahr, nachdem ihn in der Bürgermeisterwahl von 1923 der Unwille der Wählerschaft gekippt hatte, baute er einen Segelkutter, der 25 000 Dollar kostete, von den Dienstleistungen und Materiallieferungen (»Sumpfzypressenholz«), die er mit seinem langen politischen Arm noch immer zusammenschnorren konnte, ganz zu schweigen. Er nannte das Schiff »Big Bill«, und seine eigene Büste diente als Galionsfigur. Er versprach, mit dem Boot in die Südsee zu segeln, um dort für Chicago den berühmten bäumekletternden Fisch zu fangen. (Kaum jemand machte sich die Mühe, ihn darauf hinzuweisen, daß einige Exemplare dieser Gattung schon im Field Museum zu besichtigen waren.)[7] Obendrein verkündete er, daß die Reise der Big Bill jedermann die Notwendigkeit eines kommerziell nutzbaren Wasserweges zwischen Chicago und dem Mississippi vor Augen führen werde – sprich: Der Illinois River sollte auf einer Länge von über hundert Kilometern ausgebaggert werden. Er bot an, um die Baukosten des Schoners zu wetten, daß er die Expedition zu einem erfolgreichen Abschluß bringen werde. Nachdem er über die Untiefen des Illinois River zum Mississippi getuckert war, gab Big Bill längs des gewaltigen Stroms an praktisch jeder Station schlagzeilenträchtige Reden von sich. Kurz vor New Orleans ging er von Bord und kehrte nach Chicago zurück. Auf die angebotene Wette war bezeichnenderweise niemand eingegangen.

Auf eine Wette gegen Thompsons Rückkehr als Bürgermeister von Chicago hätte sich ebenfalls niemand eingelassen. Er hatte mit Fred Lundin völlig gebrochen, der nun einen neuen Kandidaten hatte, und zwar Dr. John Dill Robertson, einen genialen Quacksalber, den Thompson, als er noch Bürgermeister war, zum allgemeinen Befremden zum Gesundheitsdezernenten ernannt hatte.

Am 6. April 1926, ein Jahr vor der Bürgermeisterwahl, hatte Thompson die beiden in einer Veranstaltung angegriffen, die fortan die »Rattenshow« heißen sollte. Es war eine um die Mittagszeit stattfindende politische Kundgebung im »Cort«, einem Theater am Loop. Thompson führte zwei große graue Schlachthofratten vor, die er als Fred Lundin und Old Doc Robertson vorstellte. »Das hier zu meiner Linken ist Doc«, erklärte er vor seinem kichernden Publikum. »Ich kann ihn leicht erkennen, weil er seit zwanzig Jahren nicht mehr gebadet hat . . .«

Thompson grinste sein typisch jungenhaftes Grinsen und wandte sich dem Rattenkäfig zu seiner Rechten zu. »Fred, ich möchte dich 'mal was fragen: ›War ich nicht immer dein bester Freund? Nun schau mir gefälligst in die Augen! Stimmt es denn nicht, daß ich von Honolulu nach Hause gekommen bin, nur um dich vor dem Zuchthaus zu retten?‹ Naja, was will man von einer Ratte schon an Dankbarkeit erwarten?«

Er wandte sich wieder nach links. »Weißt du noch, Doc«, sagte er, »wie sie zu Tausenden zu mir kamen und gegen deine Ernennung zum Gesundheitsdezernenten protestiert haben? . . . Weißt du noch, wie ich allen die Stirn geboten und dich mit diesem ehrenvollen Amt betraut habe? Wenn du das noch weißt, dann weißt du auch, warum ich dich jetzt eine Ratte nenne, nachdem du dich mit Lundin zusammen gegen mich gestellt hast.«[8]

Robertson zog seine Kandidatur für die Vorwahl im Februar 1927 zurück, und Thompson trat im April gegen Dever an. Dever wollte eigentlich kein zweites Mal kandidieren, aber die Demokraten brauchten ihn, da irgend jemand schließlich versuchen mußte, Thompson aufzuhalten.[9]

Big Bills Wahlkampagne versetzte die gesamte Nation in Erstaunen. Ein Leitartikler der »New York Times« wunderte sich: »Auf schwer nachvollziehbare Weise scheint er gegen George V. angetreten zu sein« – den König von England.[10] Denn Thompson griff Devers Kandidaten für die Schulaufsichtsbehörde an und bezeichnete ihn als »King Georges Wühlmaus«. Er sei der Führer einer Verschwörung zur Unterminierung des Patriotismus der Kinder von Chicago. Das war noch nicht alles. »Es würde mich nicht wundern«, erklärte Thompson, »wenn der König seine Finger im Spiel hatte, als wir die Prohibition bekamen, damit seine Destillerien da drüben sich eine goldene Nase mit dem Verkauf von Schmuggelwhiskey verdienen können.«[11] Aber Cowboy Big Bill sprengte als Retter heran: »Wenn George nach Chicago kommt«, versprach er, »dann haue ich ihm eine in die Schnauze.«[12]

Der arme Dever. »Ich versuche meinen Gegner zu politischen Stellungnahmen zu bewegen«, jammerte er, »ich stelle ihm präzise Fragen, und er antwortet immer nur: ›Amerika kommt zuerst‹. Wie soll ich mit meiner Kampagne gegen einen solchen Flachkopf argumentieren? Was denkt er sich überhaupt? Ich habe keine Ahnung, was der Quatsch mit King George eigentlich soll.«[13] Und genau das war Devers Problem, wie ein Parteigänger von Thompson treffend erwiderte. Oder in den Worten des »Star« in Peoria: »Bill kannte sein Wahlvolk besser als die Gegner . . .«[14]

Was Dever bei diesem Wahlvolk die meisten Minuspunkte einbrachte, war die Tatsache, daß er darauf bestand, es müsse zumindest der Versuch gemacht werden, die Prohibition durchzusetzen. Mit seinen wenig wirkungsvollen Bemühungen zur Durchsetzung von etwas, an dessen Durchsetzung in Wirklichkeit keinem Menschen etwas lag, machte er sich weder auf der »trockenen« noch auf der »feuchten« Seite beliebt. Devers Anhänger hatten Thompsons Rummel nichts anderes als die Frage an die Wähler entgegenzusetzen, ob ihnen denn nicht »die sauberen Schulen« und die skandalfreie Stadtverwaltung Respekt abnötigten, für die ihr redlicher Kandidat Dever gesorgt hatte.[15]

Für Capone und andere Gangsterbosse gab es nur ein Wahlkampfthema, das von Bedeutung war. Big Bill hatte mit seinem Grundsatzprogramm geprahlt: »Etwas Feuchteres als das gibt es noch nicht einmal mitten im Atlantik.«[16] Unter Devers wachsamem Auge sah sich die Polizei zur Schließung von Tausenden von Lokalen genötigt. »Wenn ich gewählt werde«, tönte Thompson, »dann werden nicht nur alle Lokale wieder geöffnet, die von diesen Leuten geschlossen wurden, sondern noch zehntausend neue dazu.«[17]

Neben den Bildern von Washington und Lincoln hatte Capone in seinem Büro im Metropole auch Thompsons Porträt aufgehängt. Seine Leute sammelten Geld für Thompson, 40 Dollar pro Lokal ohne Spielautomaten, 250 Dollar bei den anderen.[18] Weitere Beträge kamen von Capones »gutem Bekannten« Daniel A. Serritella, der in Thompsons Verwaltungsriege Chef des städtischen Eichamtes werden sollte. Alles in allem steuerte Capone mindestens 100 000 Dollar bei. Der damalige Chef der Kommission zur Verbrechensbekämpfung in Chicago, Frank J. Loesch, schätzte, daß es sehr wohl auch 250 000 Dollar gewesen sein könnten.[19] Oberzuhälter Frank Zuta legte aus eigener Tasche noch einmal 50 000 Dollar dazu und sagte: »Ich bin auf der ganzen Linie für Big Bill, und Big Bill ist auf der ganzen Linie für mich.«

Der demokratische Parteiboß Brennan meinte verächtlich, alle Gauner der Stadt seien für Thompson. Jener verstand den Spieß umzudrehen, indem er fortan seine Zuhörerschaft als »Liebe Mitgauner« ansprach. Auch eine Versammlung von Damen der Gesellschaft redete er so an, was diese ungeheuer aufregend fanden.[20]

Als Thompson und Crowe eines Abends aus dem Sherman kamen, hatte jemand die Reifen ihres Wagens aufgeschlitzt. Crowe sagte: »Die redlichen Anhänger Devers springen mit uns Thompsongaunern ganz schön übel um. Ich möchte annehmen, ein feiner Pinkel mit Seidenzylinder von der Gold Coast hat diese Tat mit seinem Regenschirm vollbracht.«[21]

Da die Gauner in der Tat auf seiten Thompsons standen, bekamen die Demokraten das Zittern. Dever beantragte Polizeischutz.[22] Als ein Schlägertrupp von der North Side einen Wachmann zusammenschlug und das Büro eines Ratsherren der Deverfraktion verwüstete, das sich im Herzen des von den North Sidern kontrollierten zweiundvierzigsten Bezirks befand, gab Polizeichef Collins seinen Beamten die Anweisung, sämtliche Bandenchefs dieses Gebiets in Haft zu nehmen.

Am Tag vor der auf den 5. April 1927 angesetzten Wahl fing eine Zivilstreife Vincent Drucci ab, der gerade mit zwei Kumpanen das Hotel Bellaire verließ. Detective Daniel Healy war zwar erst Anfang Zwanzig, hatte aber schon einen Straßenräuber erschossen und einmal bei passender Gelegenheit Joe Saltis halb um den Verstand geprügelt. Er mochte keine Kriminellen. Es dauerte nur einen Moment, und schon begannen er und Drucci sich anzugiften. Drucci wollte sich nicht am Arm packen lassen und beschimpfte den Detective. Healy versetzte Drucci einen Hieb, zog die Waffe und sagte: »Sag' das noch mal, und du hast es hinter dir!«

Das Wortgefecht und möglicherweise auch die Handgreiflichkeiten setzten sich im Streifenwagen auf dem Weg vom Detective Bureau zur Haftprüfung beim Gericht fort. Healys in der Presse geschönt wiedergegebener Bericht an die Vorgesetzten liest sich wie folgt: »Als Drucci in den Wagen einstieg, sagte er: ›Du . . ., dich werde ich mir kaufen. Ich werde vor deiner Tür auf dich warten.‹ Ich sagte, er möge den Mund halten. Drucci sagte: ›Nichts da, du Babybulle, dafür mache ich dich zur Schnecke.‹ Ich meinte zu ihm, er solle ruhig sein. Drucci sagte: ›Wenn du deinen Revolver abgeschnallt hast, dann geht's dir schlecht.‹ Er stemmte sich mit einem Bein hoch und versetzte mir einen Hieb an die rechte Kopfseite, wobei er sagte: ›Dich und deine Knarre kauf' ich mir.‹«

Als der Wagen hielt, stieg Healey aus. Sein Bericht fährt fort: »Er steckte den

Arm durch den Vorhang an der rechten Seite und ging auf mich los, wobei er sagte ›Ich mach' dich fertig‹. Dabei packte er meine rechte Hand. Ich griff mit der Linken nach meiner Waffe und feuerte vier Schüsse auf ihn ab.« Die Schüsse trafen Drucci in Arm, Bein und Unterleib. Als der Streifenwagen im County-hospital ankam, war Drucci schon tot.[23]

Als Druccis Anwalt den Ausdruck »ermordet« gebrauchte, erwiderte der Chef des Detectivebureau Shoemaker scharf: »Ich weiß nicht, wer hier ermordet worden sein soll. Ich weiß nur, daß Drucci zu Tode kam, als er einem meiner Beamten die Waffe entreißen wollte.« Später fügte er noch hinzu, daß man Healey für eine Auszeichnung vorschlagen werde. Bei der Untersuchung der Todesursache erklärte die Jury der Gerichtsmedizin den Vorfall als Tötung in Ausübung des Dienstes.

Ein Parteigänger Thompsons schrieb später, daß die »Leute von Capone . . . gegen die bewaffneten Rotten Devers dienstverpflichtet worden seien. Thompson sollte bei der Wahl das Nachsehen haben? Nicht, wo Capones Leute für Ordnung sorgten!«[24] Die Wahl verlief in der Tat ruhig und schien bereits vorher entschieden zu sein. Will Rogers erklärte dazu: »Man wollte Thompson mit den Stimmen des anständigen Bevölkerungsanteils schlagen. Das Problem in Chicago ist, daß es dort so gut wie keinen anständigen Bevölkerungsanteil gibt.«[25]

Das war nicht fair. Es stimmte zwar, daß Dever sich zu sehr auf jene Wählergruppen stützte, in denen sich bigotte Puritaner und raffgierige Kaufleute ein Stelldichein gaben. Dennoch würdigte die große Mehrheit von Chicagos wirklich anständigen Bürgern die Integrität von Devers Person und seinen Absichten − Leute wie Professor Charles E. Merriam, die Wohlfahrtspflegerin Jane Addams und der Reformer Harold Ickes, der später Mitglied von Roosevelts Kabinett wurde. Andererseits war Brennans demokratische Parteimaschine vielen Mitgliedern dieser Kreise ein gewaltiger Dorn im Auge. Ein zeitgenössischer Wissenschaftler, der in jenem Frühjahr Chicago besuchte, stellte überrascht fest, daß »einige meiner intelligentesten und fortschrittlichsten Freunde die Absicht äußerten, für ›Big Bill‹ zu stimmen.« Als er sich erkundigte, »was die Motive dieser schwerverständlichen Entscheidung sind, kam jedesmal die prompte Antwort, Thompson und seine Leute würden die Hand für die Interessen des gemeinen Mannes aufhalten, während Dever und seine geschniegelten Freunde dies für die großen Verkehrs- und öffentlichen Versorgungsunternehmen täten.«[26]

Mack Staley stimmte bei jener Wahl für Thompson. Der inzwischen fast Neunzigjährige arbeitet immer noch als Verkäufer in einem Schreibwarengeschäft. »Big Bill war gar nicht so schlecht«, sagt Staley, der sich immer noch mit Vergnügen daran erinnert, wie Thompson jedes Jahr im Riverside, einem Vergnügungspark, ein großes Kinderfest veranstaltete.

»Sagt den Cowboys Bescheid, sagt ihnen Bescheid!« rief der Mann, der die Stimmen der Intellektuellen und des Mannes auf der Straße auf sich vereinigt hatte, ins Megaphon. Thompson stand im Sherman Hotel, seinem Hauptquartier, im Ludwig-XIV-Saal auf einem Tisch und schwenkte den Sombrero, für den er seit seiner auf einer Ranch verbrachten Jugend eine Vorliebe hatte. »Ich hab's euch gesagt, ich werde alle über den Haufen reiten!«[27] Er hatte mit überwältigender Mehrheit gewonnen: 512 740 Stimmen gegen 429 668 für Dever. Der Wahlbeobachter Elmer Davis fragte sich, ob das Ergebnis ein Geheimnis berge und gab sich selbst die Antwort: »Ein Geheimnis vielleicht schon – wie kommt es, daß trotz allem immer noch 430 000 Leute für Dever gestimmt haben?«[28]

Der frischgewählte Bürgermeister führte seine Festgesellschaft zum Fish Fans Clubhouse, einem abgetakelten Schiff, das vor dem Lincoln Park am Ufer des Michigansees lag. Der Club war 1922 von Thompson gegründet worden und hatte offiziell das Aussetzen von Speisefischen in den Gewässern des Staates zur Aufgabe, diente jedoch in erster Linie der Thompsonliga als geselliger Treffpunkt. – Die Spinde der Mitglieder bargen vorzugsweise alkoholische Getränke. Unter Mißachtung einer Warnung des Wirtes, daß der morsche Rumpf einer derartigen Last nicht mehr gewachsen sei, tummelten sich an diesem Abend fünfzehnhundert Gäste an Bord. So geschah es, daß der Fish Fans Club unter den Freudentänzen seiner Mitglieder im knapp zwei Meter tiefen Wasser majestätisch sank. Wie durch ein Wunder kam niemand zu Schaden; Thompson bekam noch nicht einmal nasse Füße.[29]

Auf Capone und seine Leute mag das wie ein böses Omen gewirkt haben. Einige Monate nach Thompsons Amtseinführung veranstalteten die Bundesagenten Pat Roche und Clarence Converse eine Razzia in einer von Capones Brauereien. Sie hielten ihre Pläne so geheim, daß selbst Prohibitionsagenten und Polizei nichts davon erfuhren – was bedeutete, daß Capone ebenfalls nichts wußte. »Unsere Beobachtungen hatten uns zu der Überzeugung kommen lassen«, sagte Roche danach, »daß die Brauerei für die Polizei immun war. Polizeifahrzeuge waren stets in der Umgebung anzutreffen, und die ausfahrenden Lastwagen wurden von Polizisten auf Motorrädern eskortiert. Auch heute abend bei unserer Razzia waren Beamte in der Gegend, machten aber keinen Versuch einzuschreiten, nachdem wir uns ausgewiesen hatten.«[30]

Einer der Brauereiangestellten wußte Rat. Er ging auf die Bundesagenten zu. »Der Laden gehört Al Brown«, flüsterte er. »Er wird alles regeln.« Und er machte ziemlich große Augen, als die Erwähnung des magischen Namens und des üblichen großzügigen Angebots ihre Wirkung verfehlten. Dem Big Fellow hatte niemand einen Korb zu geben![31]

Am Tage nach Thompsons Wahl ereignete sich in Arizona auf dem Stausee hinter dem Rooseveltdamm eine kleine Tragödie. Das Amphibienflugzeug »Santa Maria« befand sich mit vier Mann Besatzung unter dem Kommando des Piloten Francesco de Pinedo auf einem internationalen Propagandaflug für das faschistische Italien. Es war zum Nachtanken auf dem Wasser gelandet. Durch verschütteten Treibstoff war ein Benzinteppich um das Flugzeug entstanden, und als in der Menge der Schaulustigen ein Mann sich eine Zigarette anzündete und das Streichholz ins Wasser warf, ging die »Santa Maria« in Flammen auf.[32]

Mussolini schickte Pinedo die »Santa Maria II«, das Schwesterflugzeug der Maschine, und der Pilot konnte seinen Flug fortsetzen. Der letzte Stop in den Vereinigten Staaten war für den 15. Mai 1927 in Chicago geplant. Nach der

Landung auf dem Michigansee in Höhe des Monroedrive hatten sich illustre Italiener zur Begrüßung eingefunden: der italienische Generalkonsul Leopoldo Zunini, der Präsident des italienischen Handelsverbandes von Chicago, Italo E. Canini, der Faschistenführer der Stadt, Ugo M. Galli, und Richter Bernard P. Barasa, der den designierten Bürgermeister Thompson vertrat. In Vertretung der Bundesbehörden war Anthony Czarnecki gekommen, der es inzwischen zum Kassenleiter der Zollbehörde gebracht hatte. Ratsherr Dorsey R. Crowe war an der Spitze einer einhundertköpfigen Abordnung erschienen, die der scheidende Bürgermeister als Begrüßungskomitee ausersehen hatte. Sirenen tönten, Fahnen wehten, und Flugzeuge von Army und Navy schwirrten umher. Nach Schätzung eines Reporters hatten sich auch etwa eintausend von Chicagos weniger prominenten Italiener eingefunden, die hofften, dem Helden einen Begrüßungskuß geben zu können. (Zufällig landete sechs Tage später, am 21. Mai 1927, Captain Charles A. Lindbergh in Paris.)

Ungeachtet des Massenandranges war Al Capone einer der ersten Gratulanten. Er war auf Einladung der Polizei gekommen. Die höheren Ränge der Ordnungshüter befürchteten antifaschistische Kundgebungen, und man hatte sich ausgerechnet, daß Ausschreitungen durch die Anwesenheit Capones besser vorzubeugen sei als durch ein großes Aufgebot von Polizisten.[33] Dies macht deutlich, welchen Einfluß man dem Big Fellow mittlerweile zutraute. Selbst ein Teil von Chicagos High Society verkehrte inzwischen mit Capone. Er durfte die Ankunft Pinedos an Bord der Jacht des millionenschweren Gründers der Elektronikfirma Zenith erwarten.[34]

»Prominenz« ist natürlich keine Erfindung der letzten Jahrzehnte. Wenn das Großbürgertum Capone einlud, empfand es den gleichen Kitzel wie jemand, der sich einen zahmen Tiger als Haustier hält. Da war dieser bezeugtermaßen gefährliche Mann, dessen massive Erscheinung für sich allein schon Macht ausstrahlte, ein notorischer Gesetzesbrecher, der unzweifelhaft mit seinen eigenen Händen getötet hatte, dessen Befehle Dutzenden, wenn nicht Hunderten von Menschen das Leben gekostet hatten, und diese Morde dauerten ja noch an. Dennoch konnten die feinen Bürger gefahrlos und sogar mit ungeheucheltem Gefallen gesellschaftlichen Verkehr mit ihm pflegen. Capone wußte sich gut zu kleiden, auszudrücken und zu benehmen, auch wenn er es manchmal ein bißchen übertrieb. Ein Zeitgenosse beschrieb ihn als »eifrigen Händeschüttler mit einem angenehmen, geradezu gewinnenden Lächeln«.[35] Er benutzte es oft und gerne.

Capone war geradezu bestürzend großzügig. Weihnachtsgeschenke für Freunde und Bekannte ließ er sich über 100 000 Dollar kosten.[36] An besonders gute Freunde verschenkte er als kleine Aufmerksamkeit Gürtelschnallen, auf denen in Diamantbesatz die Initialen des Empfängers funkelten. Einmal bestellte er dreißig Gürtelschnallen auf einen Schlag zum Stückpreis von 275 Dollar.[37] (Eine Hauptmahlzeit mit Fisch, Pommes frites und Salat kostete damals in den North American Restaurants 65 Cents, Rippchen 40 Cents, ein Pfund Kaffee bei A&P 45 Cents.)[38]

Capones Loyalität war legendär (»Das würde ich keinem gelben Hund antun.«) Das gleiche galt für sein Ehrgefühl. Selbst einer seiner scharfen Kritiker räumte ein: »Wenn er sein Wort gibt, dann kann man sich darauf verlassen.«[39] Und er war ein interessanter Gesellschafter, der wußte, wovon er sprach, mit ernstzunehmenden und gewitzten Ansichten über Sport, Politik, Zeitgeschehen, Theater, Film, Jazz, italienische Opern (Rigoletto und den Troubadour bewunderte er, von Aida war er hingerissen). Über einen epochemachenden Vorgänger sagte er: »Eines muß ich Napoleon lassen: Er war der größte Racketeer der Welt. Aber ein paar Tips hätte ich ihm trotzdem geben können.«[40] Dem *figlio puttana* sei die Macht zu Kopfe gestiegen. Elba hätte ihm eine Warnung sein müssen. »Er war wie wir alle. Er wußte nicht, wann man aufhören muß. Er stieg wieder in das Racket ein und hat sich damit selbst zum Abschuß freigegeben.«

Die Prohibition war natürlich Capones liebstes und publikumsträchtigstes Thema. Seine Ansichten beruhigten jene, die für den Bruch eines mißliebigen Gesetzes eine Entschuldigung brauchten. Wenn man ihn darauf ansprach, ob er in der Tat ein Bootlegger sei, sagte er: »Sicher, und einige unserer prominentesten Richter sind meine Abnehmer.«[41] Als der Volstead Act, der achtzehnte Zusatzartikel zur Verfassung, in Kraft trat, führte er aus, gab es in Cook County an die siebentausend Saloons, einen Jahresumsatz von etwa 70 Millionen Dollar für Bier und Schnaps und ein Stimmenverhältnis von fünf zu eins gegen das Gesetz. »Man kann Durst nicht per Gesetz löschen«, pflegte er zu erklären.[42] Den Anspruch auf moralische Überlegenheit seitens seiner Gastgeber und Kunden zerpflückte er elegant: »Man nennt Al Capone einen Bootlegger. Richtig: Solange das Zeug auf dem Lastwagen ist, ist es Schmuggel, aber wenn es der Gastgeber im Club, im Mannschaftsraum oder in den noblen Häusern der Gold Coast auf dem Silbertablett anbietet, dann ist es Gastfreundschaft.«[43] Was an seinem Tun eigentlich so schlimm sei? Er befriedige »eine legitime Nachfrage. Manche nennen es Bootlegging. Manche nennen es Racketeering. Ich nenne es Geschäft. Sie sagen, daß ich das Prohibitionsgesetz übertrete. Wer aber tut das nicht?« Juristisch gesehen beging der Abnehmer natürlich keine Gesetzesübertretung, aber Capones moralische Bewertung war nicht von der Hand zu weisen.

Seine sonstigen Ansichten über die Gesellschaft bargen auch für engstirnige Mitbürger wenig Beunruhigendes. »Heutzutage haben die Leute vor nichts mehr Respekt«, klagte er oft. »Früher haben wir Tugend, Ehre, Wahrhaftigkeit und Gesetzesfurcht verehrt. Unseren Kindern wurde noch Respekt beigebracht.« Aber heute: »Schaut nur hin, was für ein Durcheinander wir aus dem Leben gemacht haben!«[44] Geburtenkontrolle lehnte er ab, da sie an Amerikas Lebensnerv zehre. Homosexuelle waren ihm verhaßt.[45] Er verabscheute die jungen Frauen mit ihren Bubiköpfen und ihrer Freizügigkeit in Kleidung und Benehmen.[46] Er wußte genau Bescheid: »Das Problem mit den heutigen Frauen ist, daß sie sich von zu vielen Dingen, die außerhalb des Hauses vorgehen, ablenken lassen. Das wahre Glück einer Frau sind ihr Heim und ihre Kinder. Wenn die Frauen dort bleiben würden, dann hätte die Welt weniger Anlaß zur Sorge über die moderne Frau.«[47] Seine vehemente Mißbilligung des lockeren moralischen Klimas der zwanziger Jahre war keineswegs nur der Konkurrenzneid eines Bordellbetreibers. Was das Ende des geduldeten Lasters betraf, sagte er: »Die Reform hat die Prostitution keineswegs beendet.« Sie habe vielmehr dafür gesorgt, daß sie sich ausgebreitet hat und zur Gefahr geworden ist. »Jetzt kommt nicht mehr jede Woche ein Arzt vom Gesundheitsamt und untersucht die Mädchen. Jetzt sind sie nicht mehr alle im Vergnügungsviertel des Levee versammelt. Jetzt wohnen sie in schicken Apartmenthäusern und haben gesellschaftlichen Umgang mit den Frauen und Töchtern der besten Kreise unserer Stadt.«[48]

Capone hatte eine Verwandlung erlebt. Aus »Scarface Al«, dem Inbegriff des Bösen, war eine populäre romantische Figur geworden. Leute, denen er wohlgesonnen war, durften ihn »Snorky« nennen (ein damaliger Slangausdruck für »modebewußt« und »up to date«).[49] Capone war zur Touristenattraktion geworden. Busladungen von Neugierigen fuhren am Hawthorne Hotel vorbei, das überall »Capone Castle« hieß, und am Metropole – die Leute fieberten danach, einen Blick auf irgend etwas oder irgend jemand aus dem Umfeld dieses Mannes zu erhaschen.[50]

Selbst bei Routinebesorgungen in der Stadt enttäuschte Capone die Erwartungen nicht. Es war ein glänzender Auftritt, wenn er in seiner sieben Tonnen schweren fahrbaren Festung dahergerollt kam. Ein Spähfahrzeug fuhr einen halben Block voraus, eine Begleitlimousine dümpelte im Kielwasser hinterher. Beide Wagen waren vollbesetzt mit Leibwächtern.[51] Wenn der Ruf »Da fährt Al!« erscholl, sammelten sich die Schaulustigen am Straßenrand.[52] Ihnen bot sich ein lässig in den Fond des Wagens zurückgelehnter Capone, »snorky« in einen seiner etwa zwanzig 135-Dollar-Maßanzüge gekleidet, die er sich jedes Jahr anfertigen ließ. (Maurice Rothschild, ein vornehmer Herrenausstatter an der State Street, konnte zu dieser Zeit von Glück reden, wenn die mit 85 Dollar teuersten Modelle seiner Anzugskollektion für 50 Dollar über den Ladentisch gingen; ein langer Pelzmantel aus Waschbär kostete 195 Dollar.) Snorky bevorzugte die Farben Grün und Kanariengelb. Seine Maßhemden (im Dutzend bestellt) kosteten bis zu 27 Dollar das Stück; Kragen und Ärmelmonogramm wurden separat berechnet. Krawatten und Taschentücher waren selbstverständlich farblich aufeinander abgestimmt (einmal bestellte er achtundzwanzig Ensembles zu je sieben Dollar). Unter all der Pracht umschmeichelte ihn aus italienischer Handschuhseide gewirkte Unterwäsche (12 Dollar). Auf dem Kopf trug er einen jener breitkrempigen handsignierten Hüte, einen »Borsalino« von der Farbe vollfetten Rahms.[53] Wenn Capone die Ovationen mit einem Wink seiner, einem Marschallstab nicht unähnlichen, dicken schwarzen Zigarre erwiderte, konnten die Massen vielleicht sogar das Funkeln seines 50 000 Dollar teuren, 11,5 Karat schweren Diamantringes erhaschen.[54]

War Capone ohne den Schutz seiner gepanzerten Limousine in der Stadt unterwegs, umgab er sich mit einem menschlichen Schutzwall. Je nach Ort und Stimmung in der Unterwelt waren es bis zu achtzehn Leibwächter. Normalerweise gingen vier Mann vorneweg, vier hinter ihm und zwei weitere bewachten die Flanken.[55] Für Theater- oder Opernbesuche kaufte Capone stets zusätzliche Karten, damit sich Leibwächter um ihn und seine Gäste herum plazieren konnten. Ein Zuschauer, der einmal den Platz unmittelbar hinter Capone innehatte, stellte die beunruhigende Überlegung an, daß er in dieser Position der

Kugelfang war, falls es dazu kommen sollte, daß der menschliche Schutzwall seine Funktionstüchtigkeit zu erweisen hatte.[56]

Selbst die niederen Dienstgrade in Capones Organisation – Leibwächter, Fahrer und ähnliche Leute – konnten mit Wochenlöhnen von 100 bis zu 500 Dollar rechnen.[57]

Ein derartig aufwendiger Lebensstil und die hohen Personalausgaben ließen sich natürlich nur mit einem fürstlichen Einkommen finanzieren. Der Generalstaatsanwalt Edwin Olson schätzte, daß sich Capones Bruttoerträge im Jahr 1926 trotz aller Wirren auf 70 Millionen Dollar beliefen.[58] Eine Zeitung veranschlagte Capones persönlichen Nettogewinn auf 3 Millionen Dollar.[59] Bevor militante Bürgerkomitees das Stockade niederbrannten, wurden allein dort jeden Monat 100 000 Dollar erwirtschaftet.[60] Aus Aufzeichnungen, die von den Behörden sichergestellt worden sind, ging hervor, daß schon ein einziger Spielsalon, der Hawthorne Smoke Shop, in weniger als zwei Jahren einen Reingewinn von 587 721 Dollar und 95 Cent abwarf.[61] Nach einer späteren Schätzung der Steuerbehörde stiegen im Jahr 1927 durch Capones Aufstieg zur Macht und begünstigt durch den sich bewährenden Frieden die Einnahmen auf über 100 Millionen Dollar an.[62] Sechzig Millionen davon wurden allein mit Bier und Spirituosen eingenommen, wobei der Bierverkauf den Hauptanteil abwarf. Capone behauptete, in den ergiebigsten Monaten unter Thompsons wohlwollenden Augen habe er es geschafft, fünftausend Kisten Schnaps umzusetzen.[63] Nach Abzug der Unkosten, der Schmiergelder, der Verluste bei Razzien, der Kautionsgelder und so weiter blieben pro Kiste etwa zehn Dollar Gewinn übrig, macht lächerliche 50 000 Dollar pro Monat, 600 000 Dollar im Jahr. Weitere 25 Millionen warf das Glücksspiel ab, 10 Millionen kamen aus Bordellen, Tanzhallen und Rasthäusern, und noch einmal 10 Millionen Dollar fielen unter »Verschiedenes«, etwa Gewerkschaftsracketeering, anderen Gangs abgepreßte Tribute und ähnliches.

Ein Großteil der Einnahmen wurde natürlich von den Kosten wieder aufgezehrt. Um 1929 bezahlte Capone nach eigenen Angaben allein an Politiker und Polizei Schmiergelder in Höhe von 30 Millionen Dollar.[64]

Niemand wußte genau – vermutlich noch nicht einmal Capone selbst –, wie hoch der Betrag war, den Capone als persönlichen Anteil abschöpfte. Wie später noch zu sehen sein wird, konnten die Behörden für das Jahr 1927 über die Summe von 218 057 Dollar und 4 Cent Einzelnachweise führen, was vermutlich noch nicht einmal ein Zehntel der wirklichen Beträge ausmachte.[65]

Capone leistete sich zwei unerhört kostspielige Angewohnheiten, für die er jeden Penny brauchte: Glücksspiel und eine offene Hand. Ein Beobachter, der über beides im Bilde war, sagte: »Al ist ein ganz anderes Kaliber als irgend so ein Kleinstädter, der in Chicago einfällt und eine Nacht lang etwas erleben will.«[66] Wenn es zur Sache gehen sollte, trug Capone oft ein Banknotenpaket von 50 000 Dollar als »Spielgeld« in der Tasche. Er liebte Würfelspiele und setzte nie weniger als tausend Dollar pro Wurf, es sei denn, er wollte weniger liquiden Freunden, die nicht mehr mitziehen konnten, Peinlichkeiten ersparen. Gelegentlich plazierte er Wetten von 50 000 oder 100 000 Dollar. Er verlor mit bestürzender Regelmäßigkeit.[67]

Auch Pferde waren ihm Wetten in dieser Höhe wert. Er hatte 1924, als er auf der Rennbahn von Hawthorne die Bekanntschaft von Jockeys und Trainern machte, mit Pferdewetten angefangen.[68] Mit deren Tips und Insiderinformationen hatte er in nur einer Woche 50 000 Dollar gewonnen, worauf er sofort seiner zweiten kostspieligen Neigung nachgab und verschwenderische Dinnerparties für die Leute vom Rennplatz gab. Doch das Glück (oder die Zuverlässigkeit seiner Tipgeber) ließ nach, und am Ende der Läufe hatte er 200 000 Dollar verloren. Seine Großzügigkeit blieb aber unvergessen, und bei den nächsten Läufen war er innerhalb weniger Wochen mit Gewinnen von einer halben Million zum Schrekken der Buchmacher geworden. Die Sucht hatte ihn gepackt.

An einige Auserlesene gab er unter dem Siegel der Verschwiegenheit sogar gehandelte Insidertips über Schiebungen weiter. Eines Tages sah er einen jungen Pressefotografen, den er gut leiden mochte, an der Ziellinie stehen. Anthony Berardi erinnert sich: »Hey, Junge«, rief Capone, »warum setzt du nicht auf Nummer fünf?« – ein alter Gaul, der noch nie gewonnen hatte. In der Morgenausgabe der Rennzeitung stand, daß die Quoten für ihn neunundneunzig zu eins standen. »Wie zum Teufel soll denn dieses Pferd gewinnen?« sagte Berardi. »Das gibt nichts.« Vor dem Start kam einer von Capones Leibwächtern zu Berardi herüber und stopfte ihm einen Fünfdollarwettschein in die Tasche. Das Pferd gewann mit sechzig zu eins. Berardi kassierte dreihundert Dollar und hätte sich am liebsten in den Hintern gebissen, weil er nicht auf Capone gehört hatte.

Aber selbst Schiebungen, Tips und Insiderwissen konnten mit Capones Spielleidenschaft nicht Schritt halten. Bei den Pferdewetten hatte er einen ähnlich katastrophalen Erfolg wie beim Würfeln. Am Ende der Läufe hatte er regelmäßig, wie es mit einem damaligen Slangausdruck hieß, »den Sack über dem Kopf«.[69]

Seine Schulden bei den Buchmachern bezahlte er jedesmal anstandslos. Im Frühjahr 1927 äußerte er Freunden gegenüber: »In den letzten beiden Jahren habe ich beim Rennen und beim Würfeln anderthalb Millionen verloren. Und das Komische ist, ich habe trotzdem noch meinen Spaß daran. Wenn mir jemand eine Million in die Hand drücken würde, dann würde ich sie sofort auf ein Pferd setzen, das mir gefällt.«[70] Zwei Jahre später sagte er zu einem Journalisten, der ihm sympathisch war, er habe seit seiner Ankunft in Chicago 7,5 Millionen Dollar »verblödelt«.[71] Keiner, der die Zahl hörte und ihn kannte, zweifelte daran.

Capones Parties für die Leute vom Rennplatz waren typisch. Sie arteten gewöhnlich zu Festgelagen aus.[72] Wenn es einmal ganz bescheiden zugehen sollte, dann zog er mit einem Dutzend seiner Männer in ein Kabarett oder ein Jazzlokal – meist war er selbst oder einer seiner Bekannten der Eigentümer des Ladens –, ließ die Tür verriegeln und bekanntgeben, daß für den Rest des Abends alle Getränke auf seine Rechnung gingen.[73] Kellner und Musiker bekamen von ihm normalerweise hundert Dollar Trinkgeld, für die Mädchen an der Garderobe gab es nie weniger als zehn.[74] Wie sich ein Musiker erinnerte, saßen Capone und seine Männer »fröhlich lärmend« in einer Ecke, nur die Leibwächter lauerten unermüdlich auf mögliche Gefahren.[75] »Auf dem großen runden

Gesicht von Al lag ein breites Grinsen, und er war immer gut gelaunt. Er hat mich überhaupt nicht gestört«, bemerkte der Musiker.

Es kam auch vor, daß Capone mit ein paar Hundert seiner Freunde und Genossen ein Lokal zeitweilig einfach übernahm, indem er dem Inhaber fünftausend Dollar hinwarf. Wechselgeld war nicht nötig. Die Bankette im Metropole konnten bis zu zwei Tage dauern und 1800 Dollar kosten.[76] Einmal gab er für sich selbst als Geburtstagsfeier eine dreitägige Champagnerparty. Fats Waller sorgte für die Musik.[77] Als der neuerliche Prozeß gegen Scalise und Anselmi mit ihrem endgültigen Freispruch endete, richtete ihnen Capone ein Fest aus, das als Paradebeispiel aller Unterweltpartys gelten mag und um die 25 000 Dollar kostete. Einer der Gäste bezeichnete die Alkoholströme des Gelages als »sintflutartig«. Den Höhepunkt bildete ein Gefecht mit Sektkorken. Die Projektile wurden aus Piper Heidsiek- und Mumm-Champagnerflaschen abgeschossenen, wobei die edlen Getränke unter Gelächter über den Boden flossen.[78] Später in diesem Jahr, vor dem berühmten Long-Count-Boxkampf zwischen Jack Dempsey und Gene Tunney – Dempseys Gegner Tunney war schon bis 10 ausgezählt worden, erhielt aber wegen einer Regelwidrigkeit Dempseys weitere sechs Sekunden, um sich zu erholen, und konnte anschließend den Kampf noch gewinnen –,[79] übertraf Capone sich selbst und veranstaltete eine 50 000 Dollar teure einwöchige Galafeier.[80] Es war schon deshalb eine nette Geste, weil er den gleichen Betrag auf seinen Freund Dempsey gesetzt hatte. Um dem Sieg etwas nachzuhelfen, hatte Capone beabsichtigt, eine noch höhere Summe in den richtigen Kreisen zu verteilen. Dempsey behauptete, er habe mit dem Argument, daß das unsportlich sei, seinem Fan Nummer eins die Schiebung ausgeredet. Darauf habe Capone Dempsey und seiner Frau ein Blumenmeer mit einer Karte geschickt: »Für die Dempseys im Namen der Sportlichkeit.«

Capone ließ sich seine Wohltätigkeit kaum weniger als seine Gastfreundschaft kosten, was seine Beliebtheit zweifellos noch steigerte. Bevor es zu der für ihn tödlichen Meinungsverschiedenheit mit Capone kam, pflegte Theodore Anton gerne die Geschichte zu erzählen, die sich an jenem regnerischen Abend zutrug, als ein zerlumpter Zeitungsjunge in sein Restaurant kam.

»Wie viele Zeitungen hast du noch, mein Junge?« fragte Capone.

»Vielleicht fünfzig.«

Capone holte zwanzig Dollar aus der Tasche. »Wirf sie auf den Boden«, sagte er und steckte ihm den Schein zu. »Geh nach Haus zu deiner Mutter.«[81]

Schnorrer, kleine Gauner und besonders entlassene Häftlinge, eigentlich jeder, der mit einer halbwegs glaubhaften Geschichte über sein Pech aufwarten konnte, kannten ihn als freigiebigen Spender.[82] Ein ehemaliger Polizist erinnert sich, was passierte, als Capone zu Ohren kam, daß eine alte Frau aus ihrer Wohnung geworfen worden war, weil sie die Miete nicht mehr bezahlen konnte. Capone schickte unverzüglich Leute mit einem Lastwagen los, die den am Bordstein aufgehäuften Plunder des Mütterchens aufsammeln sollten. Er gab Anweisung, die Sachen wie Kostbarkeiten zu behandeln und zu einer neuen Wohnung zu schaffen, deren Kosten er übernommen hatte.[83]

Er reagierte auch dann, wenn seine sentimentale Seite nicht angesprochen worden war. So hatten die Kaufleute von Cicero von Capone den ständigen Auftrag bekommen, an Bedürftige auf seine Rechnung im Winter Kohlen und das ganze Jahr über Lebensmittel und Kleidung abzugeben.[84] Nach dem Börsenkrach des Jahres 1929 war er der erste, der Suppenküchen aufmachte. Es mag sein, daß so manche Zutaten den Großhandelsgesellschaften abgegaunert worden waren. Vielleicht bekam auch nicht jeder Krämer in Cicero alle seine Rechnungen bezahlt. Aber als A.J. Liebling Jahre später Chicago besuchte, war Capone einem Taxifahrer immer noch als »guter Kerl« in Erinnerung, weil er so vielen Menschen etwas zum Essen gegeben hatte.[85]

»Man kann über Capone sagen, was man will«, sagt eine Frau, die 1927 sechzehn Jahre alt war, »aber wenn jemand wirklich verzweifelt Hilfe brauchte, dann war er da und half. Man mußte nur anständig sein. Er hat nie etwas dafür erwartet, auch nicht, daß man etwas zurückzahlt.« Der Sohn dieser Frau, ein Detective Sergeant der Polizei von Cicero, war mit diesen Geschichten groß geworden. »Für meine Familie und unsere Nachbarn«, bestätigte er, »war Capone eine Art Robin Hood.«[86]

In Wirklichkeit war er zugleich besser und schlechter als Robin Hood. Capone hat, was den ehrenvollen Aspekt betrifft, nie gestohlen – es sei denn, man will Racketeering und die anderen Bootleggern und Glücksspielbetreibern abgepreßten Tribute als Diebstahl bezeichnen. Er war im Gegenteil stolz darauf, Einbrecher, Räuber und Wegelagerer zu nützlichen Dienern eines allgemeinen Bedürfnisses gemacht zu haben. Krumme Touren auf eigene Faust duldete er nicht.

Natürlich trugen die betuchten Schichten nur den geringsten Teil zu Capones Umsätzen bei. Die Hauptmasse kam aus den Portemonnaies der Mittelschicht und der bessergestellten Arbeiter, die sich einen Krug Bier im Speakeasy oder ein Spielchen leisten konnten. Die armen Schichten fehlten auf der Liste seiner Kunden völlig, da sie kaum genug zum Essen hatten. »So etwas wie Bratensoße kannte ich überhaupt nicht«, erinnert sich Santa Russo Baldwin. Sie war eines von neunzehn Kindern eines ungelernten Arbeiters. »Von Steaks ganz zu schweigen. Bei uns gab es Nackenknochen und haufenweise Spaghetti – mit Erbsen, mit Bohnen, in Öl. Wir mußten nicht hungern, aber diese Nackenknochen gab es oft.«[87] Ihr Vater stellte sich seinen Wein selbst her. Solche Leute gingen nie in ein Speakeasy, geschweige denn in ein Kabarett oder einen Spielsalon.

Auf alle Fälle betrug das Volumen der regelmäßigen Spenden – spontane wohltätige Impulse fallen hier kaum ins Gewicht –, die Capone armen Leuten zukommen ließ, nur einen unbedeutenden Prozentsatz seiner Einnahmen. Eine Wohltätigkeitsveranstaltung à la Robin Hood war Capones Geschäft keineswegs.

Insbesondere nach 1927 bestand Capones eigentliche Tätigkeit in der Verwaltung eines weitläufigen und immer noch im Wachstum begriffenen Imperiums, bei dem sich sein »echtes Organisationstalent« entfaltete, wie ein Kritiker bewundernd bemerkte.[88] Besucher des Metropole trafen ihn gewöhnlich in Hemdsärmeln hinter einem Schreibtisch an, der unter einem Papierberg ächzte und auf dem neun Telefone unentwegt klingelten. Dringende Nachfragen nach Instruktionen und Entscheidungen unterbrachen andauernd die Gespräche.[89]

Tony Berardi hatte endlich einen zweiten Fototermin mit Capone vereinbaren können. Berardi boxte oft am Donnerstagabend in Sylvio Ferettis Trainingshalle, was einer der Gründe war, weshalb der leidenschaftliche Boxfan Capone ihn mochte. Während Berardi sich auf seine Fotos vorbereitete, sah Capone von seinen Aktenbergen auf und sagte: »Tony, was denkst du, kannst du mich schaffen?«

»Al, um Gottes willen, ich bin hergekommen, um dich zu fotografieren, und nicht, um mit dir zu boxen. Aber wenn du es unbedingt wissen willst, dann laß uns zu Sylvio gehen und die Handschuhe anziehen.«

»Mein Junge«, seufzte Capone mit augenfälligem Bedauern, wobei er auf seinen überladenen Schreibtisch deutete und die vier oder fünf Leute mit einer Grimasse bedachte, die auf seine Anweisungen warteten, »ich habe doch keine Zeit.«

Diese Männer hegten große Bewunderung für ihren Big Fellow und waren deutlich durch ihn geprägt. Allein aufgrund der Tatsache, daß er sie eingestellt hatte, fühlten sie sich als Elite. »Capone heuert nur Gentlemen an«, brüstete sich Harry Doremus, einer von Capones Leuten.[90] »Man mußte immer anständig gekleidet sein.« Und man hatte sich auch um eine gepflegte Ausdrucksweise zu bemühen, artig »Yes, Sir« und »No, Sir« zu sagen und sich eine gaunerhaft-kehlige Stimmlage abzugewöhnen. »Capone sucht sich seine Männer mit großer Sorgfalt aus und achtet darauf, daß sie, was Kleidungsstil und Benehmen betrifft, Leute von seinem Schlag sind.«

Zumindest schätzten Capones Leute sich selbst und ihren Boß so ein. Sie sonnten sich in seinem Glanz und verbreiteten die Kunde seiner Großtaten. Zum Beispiel damals, als einer von Capones Angestellten einen Richter ans Telefon holen ließ. Capone griff sich den Hörer, sagte grußlos den Namen eines Polizisten, der Schwierigkeiten gemacht hatte, und pfiff dann den Richter an: »Ich dachte, ich hätte Ihnen gesagt, daß Sie den Kerl entlassen sollen.« Der Angestellte hörte, wie jemand am anderen Ende der Leitung herumdruckste. Da bellte Capone in den Hörer: »Vergessen? Vergessen Sie es nicht noch einmal!«[91]

Außerhalb seines Büros, wenn er sich in der Öffentlichkeit bewegte, war Capone mit seiner Liebenswürdigkeit ein Vorbild für seine »Gentlemen«. »Er hat für uns stets zum Gruß an den Hut getippt. Er war immer sehr höflich«, erzählt eine Frau, die in einer Gegend aufwuchs, die Capone bei seinen Kontrollen der Schwarzbrennereien häufig besuchte.[92] Sie bekam ihn auch mit der goldgeränderten Brille zu sehen, die er manchmal trug, mit der er sich aber nie fotografieren ließ.

Seine Freundlichkeit hörte auch bei Polizisten nicht auf. Als Joseph A. Refke im Jahre 1927 Capone zum ersten Mal sah, war er gerade frisch in den Dienst eingetreten. »Hey Joe«, sagte sein Kollege und deutete auf einen riesigen geparkten Cadillac, an dem sie mit ihrem Streifenwagen gerade vorbeirollten, »da drüben ist Al Capone!« Refke streckte den Arm aus dem Fenster. »Hallo, Al!« rief er und gestikulierte wild mit dem Arm. »Er hatte keine Ahnung, wer ich war«, erinnert sich Refke. Capone jedoch winkte zurück und schenkte ihm ein breites Lächeln: »Hi, Officer!«

Wenn man Capones Haltung gegenüber Streifenpolizisten erlebte, hätte man ihn fast für einen Polizeifan halten können. »Ich habe überhaupt nichts gegen einen ehrlichen Polizisten, der seine Runde macht«, sagte er einmal. Wenn einer nicht zu kaufen sei, dann »läßt man ihn einfach irgendwohin versetzen, wo er keinen Schaden anrichten kann. Aber erzählen Sie mir bloß nichts von der Ehre der höheren Polizeiränge und der Richter. Wenn die nicht käuflich wären, dann säßen sie nicht auf ihrem Posten.«[93]

Damit hatte Capone gar nicht so unrecht. Einmal war ein Trupp junger übereifriger Beamter, die den Tip erhalten hatten, daß sich ein entsprungener Häftling in einem bestimmten Haus in der South Side aufhalte, in das Hauptquartier einer mit Capone liierten Gang geplatzt.[94] Vom Flüchtling fehlte jede Spur, dafür waren um so mehr Gangster anwesend. Als die Gang die eindringenden Polizisten hörten, warfen alle schnell ihre Waffen auf einen Haufen. Die Polizisten zeigten die erbeutete Artillerie stolz ihrem Captain.

»Wer hat euch den Befehl dazu gegeben?« brüllte der Vorgesetzte. »Bringt das Zeug sofort wieder zurück!«

In jenen Tagen lautete die interne Standarddrohung für aufmüpfige Polizisten: »Wenn das noch mal passiert, werden Sie nach Hegeswich versetzt.«[95] Dieses Revier lag so weit abseits, daß Leopold und Loeb dort die Leiche von Bobby Franks abgeladen hatten, in der Annahme, dort würde niemand darüber stolpern. Die jungen Heißsporne sahen sich also schon auf halber Strecke nach Hegeswich und suchten in ihrer Verzweiflung den Big Fellow auf, um mit ihm Frieden zu schließen. »So, wie ich die Sache sehe, hat euer Captain keine Schuld«, sagte Capone, »und ihr habt eben einen Fehler gemacht. In Zukunft werdet ihr euch zusammenreißen.«

Vorfälle wie dieser festigten den Respekt, den Capones Leute ihrem Boß entgegenbrachten. Zudem kümmerte er sich um sie. Einer von Capones Männern, der bei einer Bandenschießerei verwundet worden war, glühte vor Dankbarkeit, als ihn Capone bei Übernahme aller Kosten und voller Bezahlung zu einem sechswöchigen Urlaub nach Miami schickte. Auch wenn er sich sagen mußte, daß Capones Absicht vermutlich war, ihn verschwinden zu lassen, solange die Sache noch heiß war, blieb ihm dessen Geste unvergeßlich.[96]

Selbst Capones Exzesse verschafften ihm noch die Bewunderung und Wertschätzung des Outfit. Torrios asketischer Lebensstil hatte wie ein konstanter Vorwurf gewirkt. Im Gegensatz dazu waren Capones Ausschweifungen ganz nach dem Geschmack seiner Männer, wobei er sie in jeder Hinsicht übertraf. Seine Spielleidenschaft hätte auch »Nick the Greek« Bewunderung abgenötigt. Die Frau eines Bandenmitglieds erinnerte sich, Ralph einmal dabei beobachtet zu haben, wie er den besinnungslos betrunkenen Capone in ein Auto zu schaffen versuchte.[97] Dieser Anblick war nicht so außergewöhnlich, ungeachtet jener Bemerkung von Capone gegenüber Robert St. John, daß er das Zeug verkaufe, aber nicht trinke. Trotz seiner ungebrochenen Zuneigung zu Mae war Capone notorisch untreu. Im Roamer Inn, einem der ersten Rasthäuser mit Bordell, die von Torrio und Capone an den Einfallstraßen der Vorstädte betrieben wurden, blühte unübersehbar eine Romanze zwischen einer der dort tätigen Prostituierten namens Marcella und einem Musiker, bis ein Barmann sie beendete. »An deiner Stelle würde ich das sein lassen, Kumpel«, belehrte er den Musiker. »Das ist Al Capones Mädchen.« Nicht, daß Capone nicht auch auf diesem Gebiet großzügig gewesen wäre. Aber Marcella war Capones Geliebte und so eine Art persönliches Eigentum für ihn.[98]

Ein junger Bursche, der Caddy am Golfplatz in Burnham war, hörte eines Tages, daß Capone am Abend jenes Tages für seine Männer eine Party geben wolle, eine »Orgie«, wie es hieß. Neugierig zu erfahren, was dieses Wort bedeutet, kletterte der Junge auf einen Balkon im zweiten Stock des Klubhauses. Durch das Fenster konnte er etwa zwanzig Pärchen ausmachen. Die meisten davon waren splitternackt. Capone, ganz der wohlwollende Gastgeber, stand korrekt gekleidet auf einer Seite des Raumes und erfreute sich lachend am Spaß seiner Gäste.[99]

Capones Verhalten im häuslichen Bereich unterschied sich davon drastisch, mit Ausnahme seiner Verschwendungssucht: In seinem späteren Steuerverfahren sollte einer der Streitpunkte sein, woher er das Geld hatte, um neben vielem anderen chinesische Teppiche im Wert von 1500 Dollar zu bezahlen, die im November 1927 in sein Haus an der Prairie Avenue geliefert worden waren.[100]

Wenn er bei seiner Familie war, kam bei ihm eine entschieden häusliche Seite zum Vorschein. Zu Beginn des Jahres 1927 öffnete er einem Reporter in rosa Schürze die Tür, wobei er den Topf mit der Spaghettisauce, die er gerade zubereitete, noch in der Hand hatte.[101] Er liebte es, in Bademantel und Pantoffeln zu faulenzen und sich die Zeit mit seinem vergötterten Sohn Sonny, manchmal auch »Jiggs«[102] genannt, bei allerlei Spielen zu vertreiben.

Capones Schwester Mafalda war zwölf Jahre jünger als er und betete ihren Bruder an. Er ermöglichte ihr den Besuch der Richards School, einer teuren und exklusiven Institution für höhere Töchter.[103] An Weihnachten pflegte Capone Lehrkörper und Schülerschaft mit Geschenkkörben förmlich zu überschütten. Mafalda beschwerte sich später bitterlich über die übelgesonnenen Schlagzeilen, die ihren Bruder verleumdeten. »Ich würde mir wünschen, daß dort auch einmal gesagt wird, wie gut er ist. Von denen, die ihn kennen, sagt das jeder.«[104]

Selbst gegenüber seinem nur zwei Jahre jüngeren Bruder John trat er als treusorgender Familienvater auf. (Capone war 1927 erst achtundzwanzig Jahre alt, sah aber, wie es einem Beobachter schien, fünfzehn Jahre älter aus und hatte eine Ausstrahlung, als hätte er − wie Capone selbst es oft formulierte − schon »tausend Jahre gelebt«.)[105] »Mimi«, wie Bruder John von der Familie genannt wurde, war ein Taugenichts, der sich schon im Alter von achtzehn Jahren eine Geldstrafe wegen groben Unfugs eingehandelt hatte.[106] Man konnte ihn nur mit Bagatellaufgaben betrauen. Eine davon war die Begleitung der Bierlieferungen an die Kabaretts und Bordelle der Vorstädte.

Im Arrowhead Inn im Burnham verliebte er sich in Lillian, eine Sängerin. Capone war von der Verbindung nicht angetan. Er wußte, wie man so etwas regelt. »Schmeiß das Mädchen raus«, befahl er dem Bandleader Milton Mezzrow. »Sorge dafür, daß sie hier verschwindet. Wenn mir noch einmal etwas über sie und Mimi zu Ohren kommt, dann kannst auch du deinen Kram packen.«

»Mezz« Mezzrow, eine nicht unbedeutende Jazzgröße, war noch neu im

Geschäft als Bandleader und nahm seine Sache sehr ernst. Außerdem hatte er Lillian engagiert. Er sagte: »Nein, ich werde sie nicht rausschmeißen. Sie ist eine der besten Nachtklubsängerinnen, die es hier gibt. Warum halten Sie nicht Mimi von hier fern, wenn Sie die Sache so stört?«

»Weil . . . sie kann sowieso nicht singen«, brummte Capone.

»Nicht singen! Oh Mann, Sie würden noch nicht einmal einen guten Whiskey an seinem Geruch erkennen, und das ist schließlich Ihr Geschäft. Wie wollen Sie mir da etwas über Musik erzählen?«

Capones fünf oder sechs Leibwächter fingen an zu lachen. Capone war hochgradig amüsiert. »Hört euch den Pro-fes-sor an!« skandierte er vor seinen Leuten. »Unser junger Freund scheint heute besonders mutig zu sein.« Aber, fügte er hinzu, das Techtelmechtel zwischen Mimi und dem Mädchen müsse aufhören.[107]

Jazzmusiker genossen ziemliche Narrenfreiheit und wurden, wie auch Boxer, von den meisten Gangstern als Maskottchen geduldet oder gar respektiert. Dennoch ließen solche Beweise fairer Gesinnung Capones Achtung bei seinen Leuten noch weiter steigen.

Capone befand sich auf dem Gipfel seiner Macht. Er konnte sich auf die Unterstützung der größten, schlagkräftigsten und bestorganisierten Schlägertruppe aller Gangs verlassen. Ein gefälliger Bill Thompson war Bürgermeister. Das Jahr 1927 hätte eigentlich das Traumjahr eines unangreifbaren Capone werden müssen. Statt dessen hatte er sich vom Frühjahr an wiederholt mit Anschlägen auf sein Leben auseinanderzusetzen, und das Jahresende mußte er im Exil verbringen.

17

Geistige Umnachtungen

Joseph Aiello war der Drahtzieher der Anschläge auf Capone. Als Ältester eines an der äußeren North Side beheimateten Familienclans von neun Brüdern und zahllosen Vettern war er der Chef einer Bande, die sich aus Familienmitgliedern, bezahlten Revolvermännern und den Resten der Genna-Gang zusammensetzte.[1]

Wie konnte sich Aiello überhaupt Hoffnungen machen, den Big Fellow von seinem Platz zu verdrängen? »Diese Typen dachten, mit einer Fünfundvierziger unter dem Arm könnten sie es mit dem Rest der Welt aufnehmen«, meint Mark LeVell, der die Verhältnisse des Gangstertums in Chicago ausführlich untersucht hat. »Solange man einen Revolver hat, hat man auch eine Chance.« Wie damals bei O'Banion ging es weniger um Geld als um gekränkte Eitelkeit.

Zu Beginn der Prohibition war Aiello der Partner von Tony Lombardo gewesen, der bereits sehr erfolgreich im Produktenhandel war. Die beiden hatten sich schnell eine goldene Nase verdient, indem sie Zucker und andere Rohstoffe zur Alkoholherstellung an die Gennas verkauften. 1927 hatte sich Aiello einen beträchtlichen Teil des illegalen Spirituosengeschäftes und dazu noch ein paar von Gennas Schnapsbrennereien unter den Nagel gerissen. Zudem besaß die Familie eine Großbäckerei. Aiello wohnte in einer dreistöckigen Villa im vornehmen Stadtteil Rogers Park, die seinen Wünschen entsprechend erbaut worden war.[2] Er konnte sich nicht beklagen.

Allerdings hatte Capone Lombardo zum Präsidenten der Unione Siciliana gemacht. Aiello hingegen war der Meinung, daß ihm dieser Posten zustünde und wollte nicht akzeptieren, daß das ehrenvolle Amt seinem Partner zugefallen war. Die beiden bekamen Streit und trennten sich voneinander. Und sobald Aiello glaubte, sich eine gewisse Erfolgschance ausrechnen zu können, wollte er Capone, der ihm diese Kränkung zugefügt hatte, ans Leder.

Dem Koch des Little Italy, eines von Capones Lieblingsrestaurants, bot Aiello 10 000 Dollar, falls er bereit sei, Capone eine Prise Zyankali ins Essen zu mischen. Der Koch erzählte das Capone, der meinte: »Wenn ich gewußt hätte, was mich in Chicago erwartet, hätte ich die Five Points Gang niemals verlassen.«[3]

Aiello setzte 50 000 Dollar für denjenigen aus, der bereit war, Capone umzulegen. Ab Mai 1927 waren es mindestens vier Killer, die sich die Belohnung verdienen wollten – je einer aus New York und Cleveland und zwei weitere aus

St. Louis. Capones Leute hatten die Stadt jedoch im Griff. Praktisch jeder Kellner, Buchmacher, jedes Strichmädchen, jeder Taxifahrer, Zeitungsjunge und kleine Ganove – und die meisten Polizisten – leisteten Spitzeldienste für ihn. Die Killer waren noch nicht richtig in der Stadt, da hatten sie schon ins Gras gebissen. Als erster wurde der New Yorker Antonio Torchio am 25. Mai 1927 mit fünf Kugeln im Körper aufgefunden.[4] Drei Tage später zerfetzten zweihundert Maschinengewehrschüsse Aiellos Bäckerei, wobei ein Bäcker und Aiellos Bruder Tony verwundet wurden. Tony war erst unlängst vom Mord an Joseph Nerone, dem »Kavalier« und Mörder Tony Gennas, freigesprochen worden.

Als Aiellos Vorrat an importierten Schützen langsam knapp wurde, versuchte er sein Glück mit alten Genna-Killern – gleichfalls ohne Erfolg. Den ganzen Sommer über gab es Leichen, insgesamt zehn. Es wurde kolportiert, daß einige der Opfer mit einem Nickel in der erstarrten Hand aufgefunden worden seien – als Ausdruck des Wertes, den der Mörder seinem Opfer beimißt. Der langjährige Chef des Chicago City News Bureau, A. A. Dornfeld, versichert jedoch nachdrücklich, daß ihm kein einziger derartiger Fall vorgekommen sei. Die Legende zog ihre Nahrung vermutlich aus der Geschichte jenes Mannes, der für das frühe Ableben der meisten der angeheuerten Killer verantwortlich war, nämlich »Machine Gun« Jack McGurn, einer von Capones Günstlingen. Von allen Männern Capones kam er der Beschreibung Gatsbys von Scott Fitzgerald am nächsten: »Ein eleganter junger Flegel.«

Jack McGurn war nicht sein richtiger Name, und die beiden anderen, angeblich korrekten Namen waren genauso falsch. Im Alter von einem Jahr war der 1903 in Licata auf Sizilien geborene Vincenzo Gibaldi mit seinen Eltern Thomas und Josephine nach Brooklyn gekommen. Den Vater des heranwachsenden Vincenzo erschossen zwei Angehörige der irischen White Hand Gang mit Schrotgewehren aufgrund einer Verwechslung. Der Vater hatte Willie Altierri, einem Revolvermann von Frankie Yale, auf fatale Weise ähnlich gesehen. Als Bill Lovetts Leute zuschlugen, hatte Thomas Gibaldi sich soeben die Schuhe polieren lassen. Er hatte noch drei Nickelmünzen in der Hand, um bezahlen und Trinkgeld geben zu können.

Die Witwe heiratete den Lebensmittelkaufmann Angelo Demory und zog mit dem halbwüchsigen Sohn nach Chicago. Vincenzo Gibaldi wuchs zu einem drahtigen Weltergewichtsboxer heran. Er boxte mit ziemlichem Erfolg in der Amateurliga. Als er ins Profilager wechselte, blieb ihm der Erfolg allerdings versagt. Sein Manager verpaßte ihm den Namen Jack McGurn. Später legte er ihm nahe, das Boxen aufzugeben, da er nicht beherzt genug sei, um es mit hartgesottenen Gegnern aufzunehmen. Außerhalb des Boxrings war davon aber nichts zu merken.

Er hatte sich selbst das Schießen beigebracht. Unmittelbar nach seinem neunzehnten Geburtstag kehrte er nach Brooklyn zurück und erschoß die beiden Gangster von der White-Hand-Bande, die seinen Vater umgebracht hatten. Bill Lovett entging nur knapp und schwerverwundet dem gleichen Schicksal. Vincenzo steckte den beiden Toten einen Nickel in die Hand und warf eine dritte

Münze dem verwundeten Lovett zu. Mit den drei Nickeln aus der Hand des Vaters hatten die Mörder ihren »Lohn« erhalten.

Im Jahre 1923 wurde Gibaldis Stiefvater ermordet – aber diesmal war es keine Verwechslung. Demory hatte sich mit den Gennas eingelassen. Gibaldi erwischte auch diese Mörder. Damals arbeitete er schon für Torrio und Capone. Um eine Identifizierung zu erschweren und den Namen der Familie zu schützen, legte sich Gibaldi, ähnlich wie »Al Brown« und viele andere Kriminelle, einen falschen Namen zu. Durch Auswechseln von zwei Buchstaben änderte er Gibaldi in Gebardi. Diesen Namen benutzten auch andere Familienmitglieder, manche dagegen nannten sich Demory oder auch in anderer Schreibweise Demora. An Vincenzo jedoch blieb der Name aus dem Boxring haften. Als bekannt wurde, daß mindestens zweiundzwanzig Morde auf sein Konto gingen, sprachen die Zeitungen nur noch von »Machine Gun« Jack McGurn (obwohl der in Wirklichkeit Pistolen den Vorzug gab). Später hieß es oft, sein Name sei Demory oder Demora . . . oder möglicherweise auch Gebardi.

Capone hatte an McGurn einen Narren gefressen. McGurn war in der Tat eine attraktive Erscheinung. Von seiner großen und etwas formlosen Nase abgesehen, hatte er ein angenehmes Äußeres. Er trug das Haar straff zurückgekämmt und besaß ausdrucksvolle Augen. Er kleidete sich todschick und war ein geschmeidiger und athletischer Tänzer, der die Teenager mit seinen Charlestons und Tangos verführte und so manche Bargesellschaft mit einem perfekten Spagat beeindruckte. Er spielte Golf auf Wettkampfniveau, konnte reiten wie ein Apache und machte überhaupt in jeder Sportart, in der er sich versuchte, eine gute Figur. »McGurn war ein ungewöhnlich netter Typ«, so Tony Berardi, der McGurns Hochzeitsfoto schoß. »Wenn man nicht gewußt hätte, wer er war, dann hätte man sein Freund sein wollen.«[5]

Der neue Chef der Kriminalpolizei, William O'Conner,[6] ordnete an, daß »bekannte Kriminelle« auf geistige Umnachtung hin zu untersuchen seien.[7] Der erste, der untersucht wurde, war McGurn.[8] »Mit McGurn stimmt etwas nicht«, sagte die untersuchende Ärztin, wobei sie allerdings zugestand, daß McGurns Verwirrung auch durch die ihm gestellten Fragen hervorgerufen worden sein könnte. Ein aufsichtführender Detective formulierte es so: »Wenn er jetzt noch nicht spinnt, dann wird er bald soweit sein.« Frank McErlane entzog sich mit einem behördlichen Attest dem Zugriff der Psychiater, und wenn *der* kein Psychopath war, dann war auch Jack the Ripper gesund.[9] Als Dingbat Oberta erschien und mit einer Bescheinigung seiner geistigen Gesundheit herumwedelte, die ein privat praktizierender Psychiater ausgestellt hatte, wurden die Untersuchungen sang- und klanglos eingestellt.[10]

O'Conner hätte Joe Aiello untersuchen lassen sollen. Aiello wollte nicht lockerlassen. Er hatte ziemlich illusionäre Vorstellungen von getreuen Parteigängern, die auf seiner Seite stünden. Die Gang von Moran unterstützte ihn, war aber selbst in einem desolaten Zustand. Aiello zählte auch auf ein Bündnis mit Barney Bertsche, Jack Zuta und Billy Skidmore, die alle darauf brannten, Capone eins auszuwischen. Aber Capone verstand es, ähnlich jenem noch größeren Racketeer Napoleon, seine Gegner zu entzweien, um sie dann einzeln fertigzumachen. Mit Aiello verfuhr er nach eben diesem Rezept. Moran war unauffindbar und zudem ziemlich machtlos. Capone hielt sich nicht lange mit ihm auf, sondern drang gleich ins Hauptqartier von Skidmores Glücksspiel- und Kautionspfründen ein. Er ließ sich dabei von zehn überzeugenden Gefolgsleuten begleiten, unter denen sich Frankie Rio, McGurn und Jack Heinan, den man als einzigen von Capones Leuten für »noch härter als McGurn« hielt, befanden. Capone wollte lediglich ein Friedensangebot loswerden – zu gewissen Bedingungen. »Hör mal zu, Billy, . . .«, begann er überliefertermaßen das Gespräch. Der Streitfall betraf Aiello, den Mann, der die Killer auf ihn ansetzte. Die anderen hatten damit nichts zu tun, solange sie sich heraushielten. »Entweder du hörst auf, mit den Aiellos im Sandkasten zu spielen, oder . . .« Skidmore versprach, die Botschaft zu übermitteln.[11] Capones Gegner schafften es nie, an einem Strang zu ziehen, wenn sie unzufrieden waren oder höher hinaus wollten.

Aiello ließ seinem verrückten Verfolgungsdrang dennoch weiter freien Lauf. Um den 13. November 1927 herum durchsuchte Polizeisergeant Bernard Smith, einem anonymen Hinweis folgend, eine Wohnung in Rogers Park in der Nähe von Aiellos Haus. Er fand dort siebenunddreißig Stangen Dynamit sowie eine Liste mit Namen und Adressen, die zu einem Zimmer im Rex Hotel auf der North Ashland hinführten (nicht das Rex auf der South State, dem Hauptquartier von Capones Chefzuhälter Dike Cooney). Im Rex überraschte die Polizei Angelo la Mantio und vier andere Leute Aiellos mit drei Gewehren und einer Schachtel Munition. In La Mantios Taschen fanden sich Quittungen über Mietzahlungen für ein Apartment im Westen der Stadt am Washington Boulevard und der Schlüssel von Zimmer 302 des Atlantic Hotel an der 316 South Clark Street.

Das Apartment am Washington Boulevard lag gegenüber der Hausnummer 4442, der Wohnung von Tony Lombardo. Es war ein reines Maschinengewehrnest. In dem ansonsten völlig leeren Hotelzimmer des Atlantic fand die Polizei Gewehre, die in der Nähe des Fensters mit Schraubzwingen an Stativen befestigt waren. Daneben lagen Feldstecher. Die Gewehre waren auf den Eingang eines Zigarrenladens auf der anderen Seite der Straße ausgerichtet, 311 South Clark. Er gehörte Michael Kenna. Hinky Dinks Laden war nach wie vor ein Treffpunkt der Politiker Chicagos, und Capone pflegte dort beinahe täglich aufzutauchen.[12]

Auf dem Polizeirevier gab Capone an, er habe keinen der Männer, die dort in Gewahrsam waren, je gesehen. Aber sein berüchtigter Blick verwandelte La Mantio in ein zitterndes Bündel. Dieser Blick und ein kurzer Aufenthalt im »Goldfischglas«, einem schallisolierten Kellerraum für intensive Verhöre, ließen es La Mantio geraten erscheinen, Joe Aiellos Urheberschaft an dem Komplott auszuplaudern. Daraufhin nahm die Polizei auch Aiello in Gewahrsam.

Jetzt war es Capone, der durchdrehte. Er schickte sechs Taxis voll mit seinen Gorillas zu dem Polizeirevier. Ein Polizist, der ihre Ankunft durch das Fenster verfolgt hatte, hielt sie für Kollegen, die Gefangene einliefern wollten. Aber anstatt hereinzukommen, schwärmte die Gruppe aus, einige patrouillierten auf der Straße und in den Seitengassen auf und ab, andere postierten sich in

Toreinfahrten und beobachteten den Vorder- und Hintereingang des Gebäudes. Der verblüffte Polizist rief einen Kollegen herbei, der sich das Schauspiel ansehen sollte. Schließlich gingen drei der Belagerer auf den Eingang des Gebäudes zu, wobei einer von ihnen seine Fünfundvierziger aus dem Schulterholster in die Manteltasche steckte. Die verdutzten Polizisten begriffen, daß sie es hier mit Capones Leuten zu tun hatten. Ein hastig zusammengestelltes Rollkommando umstellte die drei – Louis Campagna, Sam Marcus und Frank Perry. Sie waren alle bewaffnet. Man steckte sie neben Aiello in eine Zelle. Campagna fing an, Aiello die Leviten zu lesen. Ein Polizist, der zufällig den sizilianischen Dialekt verstehen konnte, hatte sich als Häftling getarnt und belauschte die beiden.[13]

»Du bist tot, mein Freund, du bist tot«, sagte Campagna. »Du wirst auf deinen zwei Beinen nicht bis zum Ende der Straße kommen.«

»Können wir uns nicht irgendwie einigen?« bettelte Aiello. »Gebt mir fünfzehn Tage Zeit und ich verschwinde für immer aus der Stadt.«

»Du hast unser Vertrauen jetzt schon zweimal mißbraucht«, gab Campagna zurück. »Du hast diese Sache angefangen, und wir werden sie jetzt zu Ende bringen.«[14]

Bei der Entlassung bat Aiello O'Conner um Polizeischutz. »Aber klar, eine Eskorte können Sie haben«, war die Antwort des Kripochefs, »von hier bis nach New York und auf ein Schiff.« Die Polizei kümmerte sich dennoch darum, daß Aiello mit seiner Frau und seinem kleinen Jungen mit einem Taxi in Sicherheit gebracht wurden. Die beiden waren zusammen mit Aiellos Anwalt erschienen, um die Kaution zu hinterlegen. Am nächsten Tag bei der Anklageerhebung präsentierte der Anwalt dem Gericht ein ärztliches Attest, um Aiellos Nichterscheinen zu entschuldigen. Sein Mandant habe einen Nervenzusammenbruch erlitten.[15] Capones Leute glaubten jedes Wort.

Joe, Tony und Dominic Aiello verließen die Stadt und schlugen ihre Zelte in Trenton, New Jersey, auf.[16] Capone ließ wissen, daß er mit Joes Friedensangebot einverstanden sei. »Ich bin jederzeit bereit, mit jedermann zu reden, damit eine Übereinkunft zustande kommt. Ich werde mich aber zu schützen wissen. Wenn mich jemand angreift, werde ich zurückschlagen.«[17] Als Dominic im darauffolgenden Januar in die Stadt zurückkehrte, ließen ihm zwei von Capones Leuten, Lawrence Mangano und ein Leibwächter namens Phil D'Andrea, eine telefonische Warnung zukommen, der sie mit einem erneuten Feuerüberfall auf die Bäckerei Nachdruck verliehen. Joe Aiello verhielt sich eine Weile lang ruhig, aber er war noch nicht geheilt. Er trug noch immer die Fünfundvierziger unter dem Arm und meldete sich ein Jahr später wieder zurück.

In der Zwischenzeit fühlte sich Capone unbesiegbar, und genauso gab er sich auch. Er ließ seine Führungsriege in Lawrence Mangano's Minerva Athletic Club (einem Speakeasy und illegalem Glücksspielsalon) antreten. »Ich bin der Boß«, eröffnete er den Männern. »Ich werde auch weiterhin sagen, wo es lang geht. Man will mir nun schon seit einer Reihe von Jahren ans Fell, und ich bin immer noch gesund und munter.«[18] Keiner konnte ihm den Stuhl vor die Tür setzen.

Die Strafe für Capones Hochmut folgte auf dem Fuß und kam aus einer Ecke, aus der man sie zuallerletzt erwartet hätte.

Big Bill Thompson war von der irrwitzigen Vorstellung besessen, daß er die logische Alternative sei, als Calvin Coolidge 1928 nicht mehr für die Präsidentschaft kandidierte. Der »World-Herald« in Omaha notierte: »Bürgermeister Thompson . . . machte keinen Hehl daraus, daß er beabsichtigt, von den Republikanern als Präsidentschaftskandidat nominiert zu werden.«[19] Sein Realitätssinn gestattete ihm gerade noch zu begreifen, daß er sich kaum Hoffnungen auf das höchste Amt der Nation machen durfte, solange er Al Capones Stadt regierte, die mittlerweile in der ganzen Welt zum Symbol für das Scheitern des Gesetzes geworden war.[20]

Die »Belagerung des Polizeireviers« — so nannten die Zeitungen den Versuch, Aiello auszuschalten — rief Thompson auf den Plan. Der Zwischenfall hatte im ganzen Lande Schlagzeilen gemacht, und Thompson stand da, als sei ihm die Kontrolle über die Stadt entglitten. Er setzte draufhin Mike Hughes wieder als Polizeichef ein, der die Parole ausgab: Capone muß aus der Stadt verschwinden. Capone wußte, daß trotz aller Schmiergelder die auf diese Weise Gekauften nicht für immer käuflich bleiben mußten, sondern daß sie das Heft jederzeit wieder in die Hand nehmen konnten, wenn sie nur wollten.

Am 5. Dezember, zwei Wochen nach seinem Triumph über Aiello, erklärte Capone: »Morgen werde ich mich nach St. Petersburg in Florida begeben.« Er hatte dort ein paar Immobilien, die er veräußern wollte. »Ich weiß nicht, wann ich zurückkommen werde, wenn überhaupt«, sagte er. »Es wird jedenfalls nicht vor dem Ende der Ferien sein.«[21] Polizeichef Hughes behauptete: »Er wird überhaupt nicht wiederkommen.«[22]

Capone bat die Presse in sein Büro im Metropole, um eine Abschiedsrede zu halten und sich zu rechtfertigen. Er hatte sich und an die zwanzig Gefährten bei Marshall Fields für einen achttägigen Jagdausflug nach Wisconsin ausrüsten lassen, von dem er soeben stoppelbärtig und in einem »superschicken Jagdanzug« zurückgekommen war. »Sollen sich doch die ehrbaren Bürger von Chicago ihren Schnaps besorgen, wo sie wollen«, sagte er. »Diese Arbeit hängt mir zum Halse heraus. Es ist ein undankbarer Job und bringt nichts als Ärger.«[23]

Was hatte er getan, um derlei Verfolgung auf sich zu ziehen? »Ich bin niemals eines Verbrechens für schuldig befunden worden«, sagte er wahrheitsgemäß, bevor er ins Reich der Fabel abglitt. »Ich habe auch niemanden zu einem Verbrechen angestiftet. Ich hatte nie irgend etwas mit irgendwelchen Lasterhöhlen zu tun. Ich tauge zwar nicht als Gipsheiliger, aber ich habe nie jemanden umgebracht. In meinem ganzen Leben habe ich niemanden mit der Waffe bedroht.« Von dem Würfelspiel in Brooklyn schien keiner etwas zu wissen. Dann gab Capone wieder der Wahrheit die Ehre. »Meine Leute haben keinen einzigen Raub oder Einbruch begangen, während sie für mich tätig waren. Es mag sein, daß sie krumme Dinger gedreht haben, bevor oder nachdem sie für mich gearbeitet haben, aber nicht in meinem Verein.«

Und was brachten ihm seine Bemühungen um die Resozialisierung der Gangster ein? Nichts als den Tadel der Öffentlichkeit. Er mußte sich einen Killer nennen lassen. Es gab Schlagzeilen, in denen das Wort »Scarface« vorkam. »Mir persönlich würde das alles nichts ausmachen«, sagte er, »wenn es für meine

Mutter und meine Familie nicht so verletzend wäre. Allenthalben müssen sie sich anhören, was für ein schlimmer Verbrecher ich bin. Sie können es nicht mehr ertragen, und auch ich habe langsam die Nase voll davon.«

Überall hatte Capone den Ruf eines Gorillas. Unlängst hatte ein Mann zu Capone gesagt, falls Capone ihm 3000 Dollar gebe, die er verzweifelt brauche, werde er eine Lebensversicherung über 15000 Dollar mit Capone als Begünstigtem abschließen und sich anschließend umbringen. Der Verstörte ließ sich nicht mit einem Nein abspeisen und mußte mit Brachialgewalt hinausgeworfen werden. »Und heute«, fuhr Capone fort, »bekam ich einen Brief von einer Dame aus England. Selbst dort drüben hält man mich für einen Gorilla. Die Frau bot mir eine kostenfreie Schiffspassage nach London an, falls ich für sie ein paar Nachbarn umlegen würde, mit denen sie im Streit liegt.«

Das war es, womit er sich herumzuschlagen hatte. Warum? »Weil ich den Leuten zu dem verholfen habe, was sie haben wollten. Ich hatte es nie nötig, Verkaufskanonen loszuschicken. Ich konnte im Gegenteil nie soviel liefern, wie die Leute gern gehabt hätten.« Natürlich hatte er gegen die Prohibitionsgesetze verstoßen. »Wer hat das nicht? Der einzige Unterschied ist doch der, daß ich mich weiter aus dem Fenster lehne als der Mann, der vor dem Essen einen Cocktail trinkt und hinterher ein paar Highballs.« »Aber«, fügte er hinzu, und nahm damit wie immer die moralische, wenn nicht gar juristische Seite der Sache ins Visier, »er ist genauso ein Gesetzesbrecher wie ich.«

Was war Capone? »Ich habe der Öffentlichkeit meine besten Jahre gegeben, um ihr Wohltäter zu sein.« Er bereite den Leuten ein paar schöne Stunden, das sei alles. »Dienst am Kunden, das ist mein Motto. Neunzig Prozent der Einwohner von Cook County trinken und spielen. Mein Verbrechen besteht lediglich darin, ihnen zu ihrem Vergnügen verholfen haben.« Dann kam wie immer der Stolz des ehrlichen Kaufmanns: »Mein Schnaps war gute Ware, und meine Glücksspiele waren sauber.« Die Prostitution erwähnte er nicht.

Aber jetzt hieß es von all dem Abschied zu nehmen. »Ich nehme an, daß die Morde jetzt aufhören«, sagte er. »Schnaps wird es auch nicht mehr geben. Nach einer Partie Würfeln, nach Roulett oder einem Blatt Pharo werden Sie vergeblich Ausschau halten.« Polizeichef Hughes würde sich die zusätzlichen dreitausend Beamten sparen können, die er angefordert hatte. Ein Gedanke schoß durch Capones Kopf: »Die Bullen brauchen sich jetzt nicht mehr krummzulegen, um *mir* sämtliche Bandenmorde anzuhängen. Vielleicht finden sie einen neuen Helden für die Schlagzeilen. Wäre das nicht eine Schande, wenn sie mich vergessen und einen neuen Gangsterkönig küren würden, während ich weg bin?«

Trotz allem hegte er keinerlei Groll. Zum Abschluß seiner bemerkenswerten Vorstellung sagte Capone: »Ich gehe in Dankbarkeit gegenüber meinen Freunden, die mir während dieser ungerechten Vorwürfe zur Seite gestanden haben, und vergebe allen meinen Feinden. Ich wünsche ihnen allen ein frohes Weihnachtsfest und ein gutes neues Jahr. Mehr werden sie dieses Jahr nicht von mir bekommen. Ich hoffe, daß es niemandem die Weihnachtsfreude verdirbt, wenn ich nicht in der Gegend bin.«

Für so manchen Staatsdiener, der sich an einen Stammplatz auf Capones

100 000-Dollar-Geschenkliste gewöhnt hatte, versprach es in der Tat ein trübes Fest zu werden.

Das Gerede über Florida war eine gezielte Irreführung über sein wirkliches Reiseziel. Capone ließ seine Familie zu Hause zurück und bestieg, nur von zwei Leibwächtern begleitet, den Zug Richtung Westküste. Sein erstes Ziel waren die Pferderennen und der Rummel von Tijuana in Mexiko, dann ging es wieder nach Norden, über die Grenze bis San Diego. »Ich wurde sehr zuvorkommend behandelt. Ein paar Prominente haben mich sogar auf ihre großen Farmen eingeladen.«[24] Der nächste Aufenthalt war Los Angeles.

Dort lebte er in seiner Suite im Biltmore Hotel in den Tag hinein. In einer seiner schnieken grünen Kombinationen, den blitzenden Diamant am kleinen Finger, gab er sich wie ein Tourist. »Die Banden spielen zuviel Krieg«, sagte er, »und das hängt mir zum Hals heraus. Ich bin strikt gegen jede Art von Bandenkrieg. Mir ist daran gelegen, mit jedermann gut auszukommen, aber jedesmal, wenn sich zwei Banden in die Haare kriegen, macht man mich dafür verantwortlich, egal ob ich etwas davon weiß oder nicht.«[25]

Ein Reporter musterte einmal Capones Gefährten. Capone bemerkte es und gab die beiden ohne mit der Wimper zu zucken als seinen Vetter und einen Freund aus. »Sie sind nur mitgekommen, um mir Gesellschaft zu leisten«, erklärte er. »Dieses ganze Gerede, daß ich Leibwächter hätte, ist einfach Unsinn. So etwas brauche ich nicht.« Er suchte keinen Ärger und erwartete auch keinen.

Der Ärger lief ihm trotzdem ins Haus, und zwar in der Person des hartgesottensten Detective von Los Angeles, »Roughhouse« Brown. Als die Berichte über Capones Ankunft in den Zeitungen erschienen, tauchte Brown sofort im Hotel auf, um eine Nachricht von Polizeichef James E. Davis zu übermitteln. Sie lautete: »Wir haben hier keinen Platz für Capone oder sonstige Gangster auf Besuch, mögen die Herren nun als Vergnügungsreisende kommen oder nicht.«[26]

Capone strich sofort die Segel. »Ich bin diese ständigen Rausschmisse leid«, sagte er. »Mir soll's recht sein, wenn man mich hier nicht haben will.«[27] Aber auf dem Bahnhof der Santa Fe Railroad, beim Einsteigen in den *Chief* nach Chicago, fragte Capone die Reporter: »Warum hackt in dieser Stadt eigentlich jeder auf mir herum? Ich hatte doch wirklich nicht vor, hier irgend etwas anzustellen.« Er und seine beiden Kumpel seien als Privatpersonen angereist. »Ich dachte immer, ihr würdet hier auf Touristen stehen. Ich habe noch eine Menge von meinem in Chicago verdienten Geld, das ich ausgeben könnte. Hat man schon einmal gehört, daß jemand mit den Taschen voller Geld aus Los Angeles rausgeworfen wird?«[28]

Er regte sich ziemlich über die Angelegenheit auf, aber er wollte wiederkommen. Die Stadt gefiel ihm. »Wir haben uns heute einen schönen Tag gemacht, bevor die Polizei kam, um uns wieder nach Hause zu schicken. Wir haben ein Filmstudio besucht. Ich habe noch nie zugesehen, wie ein Film gemacht wird. Das ist wirklich ein großartiges Racket!« Er hatte auch eine Besichtigungstour zu den Häusern einiger Stars gemacht. »Ich glaube, das alte Haus von Mary Pickford ist schöner als das neue, in dem sie jetzt wohnt«, bekannte ihr Verehrer.

Er wußte, was er vor dem nächsten Besuch in die Wege zu leiten hatte. »Ich habe in Chicago noch ein paar Sachen zu erledigen. Wenn ich damit fertig bin, werde ich eine Menge Geld hier hinschicken, und ein Makler soll mir ein großes Haus besorgen. Dann bin ich hiesiger Steuerzahler, und man kann mich nicht mehr so einfach loswerden. Sobald die Makler merken, daß ich Geld habe, lassen sie mich sowieso nicht mehr gehen, nicht einmal dann, wenn ich es will.« Um das Maß der Unannehmlichkeiten voll zu machen, hatte jemand den Wein gestohlen, den sich Capone für die Reise besorgt hatte. »Jetzt habe ich bis nach Hause noch nicht einmal etwas zu trinken«, sagte er und winkte zum Abschied. »Für jemand wie mich, der nichts Böses im Schilde führt und sich nur ein bißchen von den Geschäften erholen wollte, ist das ziemlich hart.«

Als sich in Chicago die Neuigkeit von Capones Rückkehr verbreitete, sagte Polizeichef Hughes: »Wir werden ihn am Bahnhof mit einem entsprechenden Begrüßungskomitee empfangen.«[29] Capone lachte darüber. »Er ist nun mal ein Witzbold«, sagte er. »In Chicago bin ich Grundbesitzer und Steuerzahler. Es ist gar keine Frage, daß ich nach Hause zurückkommen kann.«

Die gute Laune hielt jedoch nicht lange vor. Die Reise war trocken, und auch sonst wollte sich keine Behaglichkeit einstellen. »Ein Privatleben«, sagte Capone, »gibt's hier nicht.« Jedesmal, wenn der Zug hielt, konnte er beim Blick aus dem Fenster wachsame Sheriffs beobachten, die angetreten waren, um ihre Gemeinden vor allfälligen diabolischen Anschlägen des Erzverbrechers zu schützen. »In Kansas City wimmelte der Bahnhof derart von Polizisten, daß einige von ihnen so taten, als würden sie Äpfel verkaufen.« Der Schutzbedürftige war mittlerweile Capone selbst. »Die ganze Zeit versuchten sich Leute in den Zug zu drängen, um mich anzustarren.«

Mike Hughes hatte nicht gescherzt. Der Chief of Detectives William O'Conner bestätigte, daß die Polizei beim Einlaufen des Zuges bereitstehen würde. Er versprach, Capone sofort in den Knast zu stecken, falls er nicht postwendend wieder in den Zug einsteigen und verschwinden würde. Er erklärte: »Capone soll merken, daß das Parkverbotsschild für ihn bereits aufgestellt ist.«

»Es ist schon hart«, beschwerte sich ein trübsinniger Capone bei einem Reporter, während der Zug durch Illinois fuhr, »daß sich ein unbescholtener Bürger von den gleichen Polizisten aus seinem Haus vertreiben lassen muß, deren Gehälter zumindest zu einem Teil aus der Tasche ihres Opfers gezahlt werden. Schließlich ist es doch so, daß jeder Polizist seine Brötchen auch aus meinem Steueraufkommen bezieht. Aber trotzdem soll ich ins Gefängnis geworfen werden – ohne jeden Anlaß! –, wenn ich mein eigenes Haus, meine Frau und meinen kleinen Sohn aufsuchen will.

Ich bin stocksauer – wirklich stocksauer . . .«

Er hatte nicht vor, sich so leicht geschlagen zu geben wie in Los Angeles. »Ich werde nach Chicago zurückkehren«, schwor er. »Davon kann mich niemand abhalten. Ich habe das Recht, mich dort aufzuhalten. Ich habe dort ein Haus. Ich habe dort eine Familie. Wer mich von Chicago fernhalten will, muß mir schon eine Kugel durch den Kopf schießen.«

Was war dran an der Geschichte, daß Capone den Chief of Detectives habe ermorden lassen?

»Möchten Sie die Wahrheit wissen?« sagte Capone. »Das ist völlig hirnrissig. Ich bin doch kein Idiot. Sehen Sie, zwei meiner Leute wurden festgenommen. Sie hatten Waffen bei sich – zu ihrem Schutz. Man schleppte sie ins Büro des Chefs. Der eine bekam einen Boxhieb in den Magen, und dabei rutschte ihm der Revolver aus dem Gürtel und drohte herunterzufallen. Natürlich versuchte er, danach zu schnappen. O'Conner hat daraus einen Versuch gemacht, ihn in seinem eigenen Büro umzubringen!« Capone erhob voll Abscheu die Arme.

An jedem Bahnhof von Chicago wartete ein Polizeiaufgebot. Vorsichtshalber hatte man sogar Daniel Healy – nachdem er Vincent Drucci getötet hatte, war er zum Sergeant befördert worden – an einer Station postiert, wo der Zug normalerweise durchfuhr. Capone wollte allen ein Schnippchen schlagen und hatte Ralph angerufen, er solle ihn am Freitagmorgen, dem 16. Dezember, in Joliet am Zug abholen. Der verrückte Kerl rückte eine Stunde zu früh mit zwei Limousinen und vier Revolvermännern an. Einem Hilfssheriff fielen die Fahrzeuge auf, und er überprüfte die Zulassungsnummern. Als die Insassen am Bahnhof mit ihren von den Revolvern ausgebeulten Jacken herumlungerten, nahm die Polizei von Joliet sie fest. Auch eine Schrotflinte befand sich im Besitz der Verhafteten.

»Sie sind Al Capone«, sagte John J. Corcoran, Polizeichef von Joliet, als Capone an diesem Morgen um 9.45 Uhr aus dem Zug stieg.

»Sehr erfreut, Sie kennenzulernen«, antwortete Capone.

Als nächstes sah er sich von Joliets sechs besten Beamten umstellt, die mit Schrotgewehren auf ihn angelegt hatten. »Zum Teufel aber auch, Ihr denkt wohl, ich bin Jesse James und die Youngers in einem. Was soll die ganze Artillerie?« Er händigte ihnen bedachtsam eine Fünfundvierziger und eine kleinere Waffe aus, sodann zwei Magazine mit den Worten: »Ihr braucht vermutlich auch ein bißchen Munition dazu. Die Dinger nützen mir jetzt sowieso nichts mehr.«

Capone wurde mit zwei Pennern in eine Zelle gesteckt. Er wurde sie jedoch los, indem er von den 2447 Dollar, die die Polizei bei ihm gefunden hatte, 22 Dollar für die Strafe der beiden übelriechenden Genossen bezahlte. Acht Stunden später, nachdem Capones Truppe gegen eine Kaution von je 2400 Dollar auf freien Fuß gesetzt worden war, befanden sich alle auf der Fahrt nach Chicago Heights zum Willkommensbankett.[30]

»Wenn ich zur Gerichtsverhandlung wieder herkomme«, sagte Capone beim Aufbruch, »werde ich den karitativen Einrichtungen von Joliet eine großzügige Spende zukommen lassen. Ich bin niemandem böse.«

Am darauffolgenden Donnerstag war er wieder zurück. Der Fall wurde im Richterzimmer rasch erledigt. Die Bußgelder für das verdeckte Tragen von Waffen und die Gerichtskosten für das örtliche Magistratsgericht und das zuständige Bundesgericht beliefen sich zusammen auf 2601 Dollar. Davon waren 1589,80 Dollar für das Verfahren vor dem Bundesgericht.

»Das sollte Ihnen eine Lehre sein«, sagte Richter Fred D. Adams.

»Ganz gewiß, Herr Richter«, gab Capone zurück und zog lächelnd ein gerolltes Banknotenbündel aus der Tasche, von dem er einen Tausender und sechs Hunderter abblätterte. »In Joliet werde ich nie wieder einen Revolver mit mir herumschleppen.« Gerichtsdiener Albion F. Delander, Vater einer Miß Amerika, wollte zehn Dollar und zwanzig Cent Wechselgeld herausgeben. Capone winkte ab und sagte: »Behalten Sie das Geld oder geben Sie es dem Nikolaus von der Heilsarmee an der Ecke und richten Sie ihm aus, es sei ein Weihnachtsgeschenk von Al Capone.«[31]

In der Zwischenzeit hatte die Polizei das Haus an der South Prairie umstellt. Capone brauchte nur die Nase vor die Tür zu strecken, und man hätte ihn sofort verhaftet. »Wir wollen Capone nicht haben, und deshalb sorgen wir dafür, daß es ihm hier nicht zu gemütlich wird«, erklärte Hughes. »Wenn er natürlich einen Zug erwischen will, der ihn weit genug von Chicago fortbringt, dann werden wir ihn schon durchlassen.«[32] In Italien hatte Mussolini, nebenbei bemerkt, zufällig gerade einen gewaltsamen Hausarrest für mißliebige Bürger, sizilianische Mafiosi und andere Staatsfeinde eingeführt.[33]

Capone wußte, daß mit der Macht nicht zu fackeln war, und verließ die Stadt. Diesmal schied er ohne großes Aufsehen und diesmal sollte es auch wirklich nach Florida gehen.

18

Elba — und der erste Schritt nach Waterloo

Capone nannte Florida »den Garten Amerikas, das sonnige Italien der Neuen Welt, wo man gut und üppig leben kann, und das Glück selbst den Ärmsten noch lacht.«[1]

Miami liegt an der Ostküste von Florida, etwa achtzig Kilometer nördlich von der Spitze des Landes. Auf der anderen Seite der Biskayne Bay liegt wie ein natürlicher Wellenbrecher Miami Beach, das ein Bewunderer als »Milliarden-Dollar-Sandbank«[2] bezeichnet hat.

Capone liebte Miami mit seiner angenehmen Wärme mitten im Winter, seinen mediterranen Farben und der lässigen Atmosphäre, in der alles möglich zu sein schien. Die Casinos machten noch nicht einmal den Versuch einer Tarnung; in praktisch jedem Geschäft und jeder Hotelhalle schnurrten und bimmelten die Glücksspielautomaten, und die Polizei eskortierte in nächtlichen Sonderschichten die Gewinne zur Bank.[3] Der Stadtdirektor von Miami Beach, Claude A. Henshaw, genehmigte Konzessionen für die Glücksspielbetreiber, von denen sich einer bitter beschwerte, als seine Automaten von Privatdetektiven geplündert und fortgeschafft wurden. Der Mann sagte dem Sheriff von Dade County, er zahle jede Woche tausend Dollar Schutzgeld und erwarte, daß es umgehend zu einer Verhaftung komme, sonst müsse er leider jemanden hochgehen lassen. Am nächsten Tag war alles wieder an Ort und Stelle.[4] Mit der Prohibition stand es ähnlich. Einem Bootlegger nahmen Hilfssheriffs dreihundert Kisten Whiskey ab. Er spürte die Ware in einem Schuppen im nahegelegenen Hialeah wieder auf und war gerade dabei, alles auf Lastwagen zu laden, als die örtliche Polizei erschien und ihn verhaftete, wobei der ganze Schnaps in die Polizeistation geschafft wurde. Das übergeordnete Sheriffbüro überließ großzügig zwei Drittel der Beute der Bergungsmannschaft und verkaufte die einbehaltenen restlichen hundert Kisten an das exklusive Biltmore Hotel in Coral Gables.

Das war eine Stadt nach Capones Geschmack. Hier wollte er sich niederlassen, wobei er davon ausging, daß viele seiner Freunde nachkommen würden. Er sagte: »Falls ich die Konzession dazu erhalte, werde ich obendrein noch ein Restaurant eröffnen.«[5] Auch dem Rotary Club wollte er beitreten, sofern er dort willkommen wäre.

Miamis Polizeichef Leslie H. Quigg sah keine legale Möglichkeit, Capone aufzuhalten.[6] Er zuckte lediglich die Schultern und sagte: »Wenn er sich hier nur amüsieren will und keine krummen Dinger dreht, werde ich ihn in Ruhe lassen.«[7]

Mit drei Leibwächtern mietete sich Capone unter dem Namen »A. Costa« im Ponce de Leon ein, einem Hotel in der Innenstadt von Miami, das über Silberbesteck mit dem eingravierten Logo des Hotel verfügte, ein Luxus, den man am Ort für den Gipfel des guten Geschmacks hielt. Capone nahm Suite 804, das Penthouse, dessen Terrasse mit einem Mäuerchen umgeben, von einer Markise überspannt wurde und einen Ausblick auf die belebte Flagler Street bot.[8] Der Ort war bestens als Hauptquartier geeignet. Für Mae und Sonny mietete er eine Wohnung, die auch für größere Festlichkeiten geeignet war und die später von den Behörden als »palastartig«[9] bezeichnet wurde. Sie kostete 2500 Dollar für die sechs Monate während Saison und lag am Indian Creek Drive in Miami Beach, der nobelsten Adresse der ganzen Sandbank.

Die Handelskammer von Miami Beach schwor heilige Eide, daß man Capone wieder hinauswerfen werde.[10] Der Frauenverein und ein Bürgerverein, der sich den Namen »Komitee der Einhundert« gegeben hatte, bedrängten den Bürgermeister von Miami Beach, J. Newton Lummus Jr., er solle doch endlich etwas unternehmen.

Der Stadtdirektor und der Bürgermeister baten Capone zu einer Zusammenkunft. »Wir haben die Situation mit ihm besprochen«, erklärte Henshaw später, »und ihm bedeutet, daß die Mehrheit der Bürger mit seiner Anwesenheit nicht einverstanden ist.«[11] Der Bürgermeister sagte leutselig: »Mr. Capone ist einer der anständigsten Männer, mit denen ich je eine Unterredung hatte.«[12] Und der Musterknabe ließ sich nicht lumpen und sagte vor Reportern: »Falls ich hier nicht willkommen bin, werde ich unverzüglich wieder meine Koffer packen. Ich habe mich allerdings noch nicht entschieden, wohin ich gehen werde.«[13]

Hätte Capone auch nur im entferntesten vorgehabt, wirklich zu gehen, beziehungsweise hätten Lummus und Henshaw im Ernst daran gedacht, ihn zu vertreiben, dann hätte das in der Tat zu einem Problem für ihn werden können. Wie angekündigt war Capone, bevor er nach Miami kam, nach St. Petersburg gefahren, wobei die Polizei nicht von seiner Seite gewichen war. Als das Gerücht aufkam, er wolle sich ein Haus auf den Bahamas kaufen, erklärte ihn der dortige Gouverneur zur Persona non grata.[14] Eine Erkundungsreise der Brüder Ralph und Albert nach New Orleans endete für die beiden im Gefängnis, als die Polizei drei Revolver bei ihnen fand.[15] Bei der Entlassung wurde ihnen mit erneuter Verhaftung gedroht, falls sie sich am Nachmittag des nächsten Tages noch in der Stadt befänden.

In Chicago vergaßen Zuta, Bertsche und Skidmore Capones Warnung. Dessen Männer warfen ihnen daraufhin Bomben in ihre Läden und halfen der Lektion noch mit ein paar Schüssen nach. Eine der Kugeln fing sich Isadore Goldberg ein, einer der wichtigsten von Zutas Leuten.[16] Trotz der Disziplinarmaßnahmen waren die Abtrünnigen kaum noch bei der Stange zu halten. Früher oder später würde Capone ein Machtwort sprechen müssen.

In Miami verhielt er sich ruhig, bis sich die Aufregung über seine Anwesenheit gelegt hatte. Er umschmeichelte Parker A. Henderson Jr., den Besitzer und Direktor des Ponce de Leon. Henderson, der Sohn eines früheren Bürgermeisters von Miami, war ein dicklicher, leicht zu beeindruckender junger Mann mit einer Vorliebe für die Halbwelt – das übliche Schaf-im-Wolfspelz-Syndrom. Capone ließ Henderson zu sich herauf ins Penthouse kommen, machte ihn mit echten Revolvermännern bekannt und lud ihn in das Haus am Indian Creek zu einem gepflegten Dinner mit der charmanten Mae und dem Dauergast Duke Doney ein, dem obersten Zuhälter Capones. Henderson war hingerissen. Da saß er nun, ein Kumpel des gefährlichsten Verbrechers der Welt! Henderson wurde Capones Laufbursche, und es galt, ihn nützlicherweise zu respektieren.

Zwischen dem 14. Januar und dem 2. April 1928 nahm Henderson, begleitet von dem bewaffneten Leibwächter Nick Circella, achtzehnmal Geldanweisungen in Capones Auftrag entgegen, die von Chicago per Western Union an »Albert Costa« gekabelt worden waren.[17] Es waren insgesamt 31 000 Dollar. Henderson mußte die Schecks gegenzeichnen. Mit listig verstellter Schrift malte er »Albert Costa«. Wie aufregend! Welch ein Spaß!

Und was für eine günstige Gelegenheit. Henderson erzählte seinem Freund Newt Lummus, daß ihm Grundstücksmakler, die mit Capone bekannt gemacht werden wollten, förmlich die Tür einrannten. »Wenn schon jemand an Capone ein Grundstück verkauft, dann du oder ich«, antwortete der Bürgermeister von Miami Beach, der sich ebenfalls als Makler betätigte. Sie besichtigten mit Capone eine Reihe von Objekten, bis Capone sich im März für das Anwesen 93 Palm Island begeisterte.[18]

Palm Island ist eine künstliche Insel in der Biscayne Bay, direkt neben jener Brückenstraße (sie hieß damals County-, heute MacArthur Causeway), die Miami mit seiner vorgelagerten Sandbank verbindet. Palm Island liegt im juristischen Zuständigkeitsbereich von Miami. Die Palm Avenue verläuft längs der west-östlichen Mittelachse der kleinen Insel und ist rechts und links von Villen gesäumt, deren Rückseiten sich zur Bay hin öffnen. Der Bierbrauer Clarence M. Busch aus St. Louis hatte das Gebäude Nummer 93 mit seinen auf zwei Etagen verteilten vierzehn Zimmern und der weißen Stuckfassade im spanischen Stil 1922 errichten lassen. Das Grundstück hatte eine Straßenfront von über dreißig Metern und reichte von dort hundert Meter weit nach Norden zurück bis ans Ufer der Bay. Am Straßeneingang lag ein Torhaus mit drei Zimmern.

Capone gab Henderson 2000 Dollar, um sich bei dem gegenwärtigen Eigentümer James Popham das Vorkaufsrecht an dem Objekt zu sichern, für das er 40 000 Dollar geboten hatte, und weitere 8000 Dollar beim Vertragsabschluß am 27. März 1928. Auf Anraten von Lummus, der sich den Sturm der Entrüstung in der guten Gesellschaft lebhaft ausmalen konnte, unterzeichnete Henderson die Kauf- und Hypothekenurkunden, um dann sechs Monate später alles auf Maes Namen zu überschreiben. Capone ließ mit einer ganzen Reihe von Verbesserungs- und Ausbaumaßnahmen beginnen, deren Kosten sich im Laufe der Zeit auf rund 100 000 Dollar addierten. Dazu gehörte auch der größte Privatswimmingpool in Florida, dessen Filtersystem sowohl mit Süß- als auch mit Salzwasser beschickt werden konnte. Aber noch konnte Capone den Komfort seines neuen Heims nicht genießen. Im April 1928 fanden die Vorwahlen statt, und er mußte nach Chicago zurück.

Bürgermeister Thompson dementierte zwar unentwegt, daß er sich als Präsidentschaftskandidat aufstellen lassen wolle, machte aber aus jedem Dementi eine landesweite Rednertour.[19] Denn diesen Vorwahlen kam für seine weiteren Pläne eine entscheidende Rolle zu. Thompson selbst kandidierte bei diesen Wahlen nicht, weil er noch drei Jahre seiner Amtsperiode als Bürgermeister vor sich hatte. Zur Demonstration seiner politischen Schlagkraft mußte es ihm jedoch noch vor der im Sommer stattfindenden Versammlung zur Nominierung des Präsidentschaftskandidaten gelingen, die Wiederwahl seiner politischen Hauptverbündeten sicherzustellen: Bob Crowe als Staatsanwalt, Len Small als Gouverneur und Frank L. Smith als Senator (die Wahl des letzteren hatte zwar schon stattgefunden, der Senat hatte ihm aber nun schon zum zweiten Mal wegen Wahlmanipulationen den Sitz im hohen Hause verweigert).

Thompson und seine Kandidaten hatten noch nie eine Vorwahl verloren und waren mit Senator Charles S. Deneen, dem Führer der einzigen nennenswerten konkurrierenden republikanischen Fraktion, ein Wahlbündnis eingegangen. Bob Crowe bestand jedoch darauf, daß sein Freund Bernard Barasa auf die Bewerberliste für das Rechnungsprüfungsamt gesetzt werde. Das Amt war wegen seiner Steuerbefugnis eine Rosine im Ämterkuchen. Der bisherige Amtsinhaber Edward R. Litsinger war aber einer der wenigen in den Behörden von Cook County, die Deneen unterstützte. Damit waren die Auseinandersetzungen trotz aller Bündnisse vorprogrammiert. Deneen hatte für sämtliche Ämter eine eigene Kandidatenliste aufgestellt.[20]

Die ersten vier Bombenexplosionen, deren Hintermänner nie eindeutig ermittelt werden konnten, galten Thompsons Leuten. Detonationen erschütterten die Häuser von Charles Fitzmorris, Thompsons einstigem Polizeichef und jetzigem Stadtkämmerer, und von Dr. William H. Reid, dem Leiter der öffentlichen Versorgungsbetriebe. Als nächstes waren John Sbarbaros Leichenhalle und das Apartmenthaus von Lawrence Cuneo, Crowes Schwager und Sekretär, an der Reihe. Es wurde niemand verletzt, aber die Häuser des Bürgermeisters und des Staatsanwalts bekamen Polizeischutz.[21]

Knapp einen Monat vor den Wahlen war Deneens Fraktion schon so gut wie erledigt. Thompson kontrollierte die Ämterbesetzung, hatte eine Streitmacht von hunderttausend Wahlkampfhelfern und eine Fraktion von Parteigängern, die geschlossen in sein Wahlkampfgeschwätz einstimmten: Kein Weltgerichtshof; Amerika kommt zuerst; Schutzmaßnahmen gegen Überschwemmungen und ein Hoch auf King George.[22]

Für Deneen sollte es noch schlimmer kommen. Sein Parteifreund, Joseph J. Haas, Amtsrichter des County, starb am 14. März 1928 mit einundsiebzig Jahren an Lungenentzündung, und die Besetzungsbefugnis für die sechshundert Stellen seines Amtes fiel Thompson zu. Eine Woche später, am 21. März, wurde Diamond Joe Esposito Opfer eines Mordanschlags. Er war Deneens tüchtigster

Mann im Straßenwahlkampf und Gegenkandidat des Croweanhängers Joseph Savage für das Amt des Wahlleiters im fünfundzwanzigsten Wahlbezirk.[23]

An die achttausend Trauergäste versammelten sich am 26. März, um dem feierlichen Begräbnis Espositos auf dem Mount-Carmel-Friedhof beizuwohnen.[24] Am Abend des gleichen Tages erschütterte um 23.20 Uhr eine Detonation das Haus von Deneen. Fünf Minuten später explodierte eine zweite Bombe im Haus des Richters John A. Swanson, den Deneen als Gegenkandidat zu Bob Crowe für das Amt des Staatsanwalts aufgestellt hatte. Die Explosionen richteten in den Häusern großen Sachschaden an, aber niemand wurde verletzt. Deneen befand sich zu diesem Zeitpunkt im Zug nach Washington. Swanson entging gleichfalls, wenn auch knapp, seinem Schicksal. An der Stelle, wo die Bombe explodierte, war er unmittelbar zuvor vorbeigefahren.

Natürlich war zuerst Thompsons Seite angegriffen worden, und Sprengstoffattentate gehörten in Chicago mittlerweile schon fast zum Alltag. Die beiden letzten Explosionen waren Nummer sechzig und einundsechzig in fünfeinhalb Monaten (»wie ich sehe, sind Sie mit dem Leben davongekommen«, sagte in Washington ein Hotelangestellter zu einem Gast, der als Heimatadresse Chicago eingetragen hatte). Für die Säle, in denen Swansons Wahlkampfveranstaltungen stattfinden sollten, lehnten acht Versicherungsgesellschaften die Übernahme des Risikos ab. Eine Kirche machte zur Bedingung, daß er persönlich für alle Gebäudeschäden haftete. Unter diesen Umständen hätte es also sehr gut sein können, daß man in der Stadt auch über diesen letzten Vorfall hinweggegangen wäre.[25] Aber Crowe machte einen groben Fehler. Seine Fraktion setzte Belohnungen von insgesamt 65 000 Dollar aus, und er verstieg sich zu der Behauptung, daß die Bomben von Deneens Leuten selbst gelegt worden seien. »Nachdem sie Bomben in die Häuser meiner Freunde geworfen haben«, sagte Crowe, »und damit keinen Schritt weiter gekommen sind, legen sie die Bomben jetzt in ihren eigenen Häusern, um den Eindruck entstehen zu lassen, die Stadt werde von gesetzlosen Elementen regiert.«[26] Thompson machte sich Crowes Theorie mit Begeisterung zu eigen.

»Das ist doch völliger Unsinn«, hielt Richter Swanson dagegen. »Es fehlten schließlich nur zwei Sekunden, und es wäre ein Anschlag auf mein Leben gewesen. Die Bombe verfehlte mich nur um fünfzehn Meter, und es ist doch lächerlich anzunehmen, daß unsere Leute ihren eigenen Kandidaten in Lebensgefahr bringen . . .«

Chicago war in der Tat der Ansicht, daß die Stadt von gesetzlosen Elementen regiert wurde, und man hatte das langsam satt. Dazu hatte insbesondere die jüngste hochtrabende Erklärung Thompsons und seines Polizeichefs Mike Hughes beigetragen, man habe jetzt den Sieg über das Verbrechen errungen. Thompson wollte das als Einlösung seines Wahlversprechens verstanden wissen: »Ich werde die Verbrecher in neunzig Tagen aus der Stadt jagen.«[27]

Die zynische Manipulationsabsicht in Crowes Erklärung war einfach zuviel. Bei einer Wahlkampfveranstaltung sagte Deneens Kandidat Litsinger, Thompson habe 243 000 000 Dollar zur Verfügung, um die Stadt zu regieren. »Und was bekommen wir dafür?« rief er.

»Bomben!« schallte ihm die Antwort entgegen. »Pineapples« (Ananas) – der Slangausdruck für die handgranatenartigen Wurfbomben.[28] Die Zeitungen sprachen nur noch von den »Pineapples-Vorwahlen«. Der Name setzte sich schlagartig durch. Aus Listingers Gegenkandidat Bernard P. Barasa wurde Bernard »Pineapple« Barasa.[29] Wieder einmal hatte Chicago die ganze Nation zugleich erheitert, erstaunt und erschreckt. Präsident Coolidge hatte in Nicaragua die Marines zum Schutze des Eigentums amerikanischer Gesellschaften vor dem Rebellenführer Augusto César Sandino stationiert.[30] »Es hat den Anschein«, sagte Senator George W. Norris, »daß amerikanisches Eigentum in Nicaragua sicherer ist als in Chicago.«[31]

Obwohl er im Exil war, sah Capone nach wie vor in Thompson seinen Mann, und für die Kandidaten auf Thompsons Liste tat er alles, was er konnte. Er leitete persönlich den Einsatz seiner Leute in ihrer ungewohnten Funktion als Wahlhelfer.[32] Und in den von Capone kontrollierten Bezirken konnten Thompsons Kandidaten auch eine hauchdünne Mehrheit erringen. In Cicero lag Crowe mit 5180 gegen 4923 Stimmen vorn, aber das reichte bei weitem nicht. Er verlor die Nominierung zum Staatsanwalt mit 265 371 zu 466 598 Stimmen an Swanson. »Pineapple« Barasa verlor gegen Litsinger mit 307 941 zu 417 572 Stimmen. Sogar Thompsons Sheriffkandidat fiel durch – gegen einen politischen Nobody. Im ganzen Staat Illinois mußten Gouverneur Small und Smith, der Senator ohne Sitz im Senat, große Einbußen hinnehmen.[33]

Den ganzen Sommer über schmollte der vernichtend geschlagene Thompson in Wisconsin und überließ die Amtsgeschäfte dem Wirtschaftsanwalt Samuel Ettelson. Der Bürgermeister hatte vor der Wahl angekündigt, im Falle eines Sieges von Swanson werde er definitiv zurücktreten. Wenn man ihn nun darauf ansprach, grantelte er: »Und jetzt sage ich Ihnen, daß ich definitiv nicht zurücktrete.«[34] Auf Ettelsons Rat ersetzte er den Hardliner Mike Hughes durch William F. Russell, den früheren stellvertretenden Polizeichef, der in dieser Funktion auf Befragen, weshalb er nichts gegen die Glücksspielrackets in seinem Zuständigkeitsbereich unternehme, erklärt hatte: »Der Wahl von Bürgermeister Thompson lag das Programm einer ›offenen Stadt‹ zugrunde. Ich nehme an, daß die Leute wußten, was sie wollten, als sie für ihn gestimmt haben.«[35]

Die Kommentare im ganzen Lande und selbst in Europa bezeichneten die Vorwahlen euphorisch als die Geburtsstunde eines »moralischen Chicago«.[36] Man übersah dabei den Charakter der Hebamme. Als George Brennan im August starb, wurde Anton Cermak Vorsitzender der Demokraten, und gegen Cermaks Korruptionstalent war Thompson ein Waisenknabe.

Thompsons Hoffnungen auf das Präsidentenamt waren mittlerweile nicht einmal mehr ein schlechter Witz, und die Polizeiaktionen gegen Capone wurden natürlich abgeblasen. Trotzdem eilte Capone zurück in sein sonnenverwöhntes amerikanisches Italien, um den Umbau seines Heims auf Palm Island zu überwachen. Während Capone geschäftig Möbel und andere Einrichtungsgegenstände bestellte, machten sich Scharen von Bauunternehmern, Arbeitern und Landschaftsgärtnern an die Arbeit. Capone ließ eine neue Anlegestelle für seine

Schnellboote bauen, neue Garagen und ein Bootshaus errichten sowie Mosaik-
wege, Felsengärten und Springbrunnen anlegen.[37] Nur das Beste war ihm gut
genug, und er sorgte dafür, daß er es bekam. Einige Fliesenleger, die im Garten
arbeiteten, stellten zur Mittagspause fest, daß die Lunchpakete verschwunden
waren. »Kommt doch herein«, rief ihnen der Gentleman Capone vom Hause aus
zu. Die Arbeiter fanden beim Eintreten eine gewaltige Festtafel vor, die für sie
angerichtet worden war. Diese Bewirtung wiederholte sich jeden Tag. Einer der
Arbeiter sagte: »Mr. Capone sorgte dafür, daß wir wie Könige behandelt
wurden, weil er wollte, daß an seinem Haus gute Arbeit geleistet wird.«[38] Das
war praktische Personalpolitik. Capones ranghöchster Hausangestellter war
Daniel J. Brown, der als Butler und Mädchen für alles von jedermann Brownie
genannt wurde. Noch lange Zeit später sagte er: »Mr. Capone hat mich gut
behandelt. Wenn es mehr Menschen wie ihn gäbe, dann würde es nicht so viele
arme Leute geben.«[39]

Das von Capone gewünschte Resultat stellte sich ein und erfüllte ihn mit
leutseligem Stolz. »Nun mal ehrlich«, pflegte er seine Besucher zu fragen, »wie
gefällt Ihnen mein Haus? Das ist alles meine Arbeit. Als ich das Haus erwarb,
war es nichts weiter als ein kahler Bau. Ich habe beim Ausbau buchstäblich jeden
Handschlag selbst überwacht.«[40]

Die Zeit dazu konnte sich Capone beruhigt nehmen, da er seine anderen
Aktivitäten in tüchtige *und* loyale Hände gelegt hatte. Frank Nitti, ein ehemali-
ger Friseur und Hehler, hatte sich zu Capones Organisationsleiter und zu einem
gewieften Taktiker gemausert. Jack Guzik blieb für das Würfelspiel und die
Geschäftsstrategien verantwortlich. Ralph Capone, Lawrence Mangano und
Charley Fischetti hatten sich um die Auslieferung des Biers zu kümmern. Joe
Fusco spezialisierte sich auf Spirituosen, was auch nach der Prohibition sein
Arbeitsgebiet blieb. Burnhams »Boy Mayor« Johnny Patton überwachte die
Brauereiangelegenheiten und die Schmiergelder für die Politker (Guzik spielte
den Geldbriefträger). Frank Mope überwachte zusammen mit Anthony Volpe
(besser bekannt als »Mops«) das Glücksspiel, wobei er sich besonders um die
Buchmacher kümmerte. Die schwimmenden Kasinos unterstanden Peter P.
Penovitch jr., und James V. Mondi kontrollierte die unabhängigen Spielhöllen,
wobei Hyman Levin (bekannt als »Loud Mouth«) als Chefkassierer auftrat.
Duke Cooney war für die Bordelle zuständig. George Barker (»Red«), William
J. White (»Three Finger Jack«) und Murray L. Humphreys (»The Camel«)
wurden Gewerkschaftsspezialisten, wobei Humphreys einmal bei einundsechzig
Ortsgruppen gleichzeitig Obmann war.

Jack McGurn war neben Frank Milano Chef der Revolvermänner in der
Organisation; Oberleibwächter waren Frank Rio (der auch oft den Namen
»Cline« benutzte) und Frank Maritote (»Diamond«), zusammen mit dem Scharf-
schützen Phil D'Andrea. James Belcastro und Joseph Genaro leiteten die
Bombenlegertruppe, stets bereit, bei Übernahmeverhandlungen ein kleines Ver-
kaufsargument beizusteuern. Zu den Aufsteigern gehörten Sam Hunt (genannt
»Golfbag«, weil er einmal in einer Golftasche eine Schrotflinte versteckt hatte),
Anthony Accardo (er wurde meistens »Joe Batters« genannt), Joseph Aiuppa

(Joey O'Brien), Sam Giancana (»Mooney« der sich später angeblich mit John F. Kennedy eine Freundin teilte) und Paul Ricca (»The Waiter«, dessen richtiger Name Felice de Lucia war). Alle diese Männer sollten in der Ära nach Capone zu Schlüsselfiguren des organisierten Verbrechens werden.[41]

In gewisser Hinsicht war der Outfit keineswegs ein kompakter Block, sondern ein Konglomerat von Einzelunternehmern. Selbst Mitglieder mit geringster Entscheidungsgewalt besaßen Hotels, Speakeasies, Restaurants sowie Nachtclubs und waren an allen möglichen krummen Geschäften beteiligt, wobei der Organisation eine Gewinnbeteiligung zustand. Nur das Fußvolk arbeitete als Hilfskraft für einen Wochenlohn, aber auch hier durfte man Aufstiegshoffnungen hegen. Ein Fahrer und Revolvermann, der 500 Dollar die Woche bekam und sich abrackerte, um ein Wettbüro zu führen, konnte seinen Verdienst zweifellos locker auf 3 000 Dollar pro Woche hochschrauben.[42]

Die Zeiten waren immer noch rosig. Ein Platz an der New Yorker Wertpapierbörse kostete jetzt den Rekordpreis von 335 000 Dollar,[43] und die Umsätze schossen in schwindelerregende Höhen.[44] Das Börsenfieber im ganzen Land ließ Capone jedoch kalt. Er war ein zwanghafter Spieler, der auf nahezu alles ansprang, aber der Aktienmarkt war für ihn »ein krummes Ding«.[45] Die Preise für Bier und Schnaps hatten zwar eine gewisse Inflation zu verzeichnen, aber man konnte immer noch für relativ wenig Geld sehr gut leben. Im Uferhotel Drake in Chicago logierte man als Dauergast mit allem Luxus für 100 Dollar im Monat, für eine vierköpfige Familie kostete es 297,50 Dollar. Das exquisite Menü im italienischen Salon des Hotels kostete 1,50 Dollar.[46] Raucher konnten sich am Loop zwei Päckchen Old Gold, Lucky Strike oder Chesterfield für einen Vierteldollar kaufen,[47] ein Abend Rollschuhfahren kam auf 30 Cents für Damen, 40 Cents für Herren.[48] Ein Ford Modell A, der Nachfolger des Modell T, kostete zwischen 385 und 570 Dollar.[49]

Capone rechnete nicht damit, daß die guten Zeiten für seine Organisation ewig dauern würden. Natürlich sah er den Börsenkrach von 1929 oder die Depression nicht voraus. Aber im Gegensatz zu vielen, die die Prohibition als feste Einrichtung betrachteten (in »Vanity Fair« gab Clarence Darrow seiner Überzeugung Ausdruck, daß der achtzehnte Zusatzartikel der Verfassung nie wieder abgeschafft werden würde),[50] sagte Capone zutreffenderweise das Ende der Prohibition innerhalb der nächsten vier oder fünf Jahre voraus. Die Organisation brauchte neue Betätigungsfelder.

Ein zukunftsträchtiges Modell bestand bereits in Form der Gewerkschaftsrakkets. Dabei ging es nicht darum, freie Gewerkschaften zu unterwandern, sondern um die »Unions« genannten Arbeitnehmerverbände. Viele Unions waren praktisch »Eigentum« der Gangster, die entweder schon an deren Aufbau beteiligt gewesen waren, wie Big Jim Colosimo und seine White Wings, oder sich hineingedrängt hatten, um sie zu übernehmen. Die leitenden Racketeers zahlten Unterstützungsgelder, führten Verhandlungen und riefen Streiks für höhere Löhne und bessere Arbeitsbedingungen aus. Sie schöpften aber auch einen erheblichen Teil der Beitragszahlungen ab, plünderten Pensionskassen und ließen sich von den Unternehmern für die Abwendung von Streiks oder für den Abschluß von arbeitgeberfreundlichen Tarifverträgen schmieren.[51]

Die Gewerkschaftsangehörigen waren in der Regel folgsam. Capone bemerkte einmal: »Die Mitglieder der Unions werden immer für den lautesten Schreihals stimmen, für den Typ, der ihnen die dicksten Koteletts verspricht. Was man ihnen mit der einen Hand gibt, muß man eben mit der anderen wieder wegnehmen. So lange sie jedes Jahr mehr Geld nach Hause tragen können als im Jahr zuvor, ist es ihnen egal, wieviel Beitrag man ihnen abknöpft. Sie halten die Beiträge für eine Art von Steuern«, meinte Capone, »etwas, das man den Strolchen, die den Laden schmeißen, zu geben hat.« Die Abweichler versuchte man mit leitenden Posten mundtot zu machen. Wenn das nicht half, bezogen sie Prügel. »Wenn sie aus dem Krankenhaus kommen«, sagte Capone, »und immer noch zetern, dann muß man sie eben erledigen.«[52]

Ein weiteres Feld mit großen Wachstumsraten waren die sogenannten Business-Rackets. Dies war keineswegs eine Erfindung Capones. Wie bereits erwähnt, pflegten der »Tribune« und die Hearst-Zeitungen schon vor der Prohibitionszeit »Werberkolonnen« loszuschicken. Garagenbesitzer hatten Mitglieder einer West-Side-Gang zum Reifenstechen angeheuert, um Autobesitzern das Anmieten von Einstellplätzen schmackhaft zu machen. Maxie Eisen ließ sich von den meisten Lebensmittelgeschäften und Trödelläden der West Side Schutzgelder zahlen. Im Brooklyn Frankie Yales hatte Capone selbst noch die »Schutzgeldgesellschaften« erlebt.

Gegen Ende des Jahres 1927 veröffentlichte der Arbeitgeberverband von Chicago eine Liste mit dreiundzwanzig Geschäftsbranchen, in denen Racketeers mitmischten. Erwartungsgemäß befanden sich darunter Wäschereien, Schuhputzsalons, die Müllabfuhr, der Fisch- und Geflügelhandel, Metzgereien sowie Lebensmittel- und Delikatessengeschäfte. Die Gangster kassierten aber auch bei Ärzten, Fotografen und Dentallabors. Im Jahr 1929 war die Liste auf einundneunzig Branchen angewachsen, und nach Schätzung eines Beobachters wurden mindestens siebzig Prozent der Rackets von Capone oder seinen engen Verbündeten kontrolliert.[53]

In einen Geschäftszweig war Capone ungewöhnlicherweise vollkommen legal und sogar auf Einladung hin eingestiegen. Im Mai 1927 war ein Vertreter des Verbandes der Reinigungs- und Färbereibetriebe an Morris Becker herangetreten. Dies war ein Racket, das nach dem klassischen Muster der Schutzgeldgesellschaft funktionierte: Bei den Mitgliedern wurden Beiträge und sonstige Abgaben eingetrieben, für die jene dann höhere Preise durchzusetzen hatten. Der Arbeitgeberverband schätzte, daß diese durch Zwangsabgaben hochgedrückten Preise, die natürlich an die Kunden weitergegeben wurden, Chicago jährlich 130 Millionen Dollar kosteten. Zwei Jahre später wurde von der Kommission zur Verbrechensbekämpfung in Chicago sogar die Summe von 200 Millionen Dollar genannt.

An der South Side war Morris Beckers Unternehmen das einzige, das sich dem Druck des Reinigungsverbandes noch widersetzte. Er war schon vierundvierzig Jahre im Geschäft und erwirtschaftete einen hübschen Gewinn, indem er die Reinigung von Herrenanzügen für 1,25 Dollar und von Damenkleidern für 1,75 Dollar anbieten konnte, gegenüber den erhöhten Preisen von 1,75 Dollar beziehungsweise 2,25 Dollar bei den Betrieben, die der Reinigungsverband kontrollierte. Im Mai 1927 nahmen sich die Master Cleaners dann des Falles Becker an. Sie schickten Sam Rubin auf den Plan. Als ihn der Untersuchungsbeamte später fragte, wie er, der keinerlei fachliche Erfahrung in der Branche hatte, eine leitende Funktion in einem Einzelhandelsverband übernehmen konnte, antwortete Rubin: »Ich habe etwas sehr Überzeugendes an mir.«

»Oh«, sagte Mr. Becker, als ihn ein Angestellter mit Rubin bekannt machte, »Sie sind also der Mr. Rubin, von dem ich schon so viel gehört habe.«

»Jawohl«, antwortete Rubin, »und Sie werden noch viel mehr von mir zu hören bekommen. Ich möchte Ihnen etwas sagen – Sie werden Ihre Preise heraufsetzen.«

»Die Verfassung garantiert mir ein Recht auf Leben, Freiheit und das Streben nach Glück.«

»Zum Teufel mit der Verfassung«, gab Rubin zurück. »Sehen Sie mich mal an. Ich bin ein ganzes Stück größer als die Verfassung.«

Drei Tage später explodierte in Beckers Betrieb eine Bombe. Als Becker einem anderen Vertreter des Reinigungsverbandes mitteilte, er werde trotzdem bei seinen alten Preisen bleiben, sagte der Mann: »Wenn Sie das machen, Becker, dann werden Sie umgelegt.« Als nächstes erschien der Verbandssekretär und verlangte eine Spende von 5 000 Dollar. Ein plötzlicher Streik ließ Beckers Betriebsräume verwaisen. »Fragen Sie Crowley«, hieß es, als Becker sich bei der Gewerkschaft nach dem Grund erkundigen wollte. F. W. Crowley, der Chef von Master Cleaners, machte Becker ein letztes Angebot, bevor man ihn wegpusten würde: er könne dem Verband gegen Zahlung von 5 000 Dollar in bar beitreten. Crowley erklärte sich sogar bereit, Ratenzahlung zu akzeptieren, da Becker erklärte, er könne vorerst nur 3 000 Dollar flüssig machen.

Anstatt zu zahlen, lief der gute Staatsbürger Becker jedoch zum Staatsanwalt. Eine Geschworenenkammer erhob Anklage gegen fünfzehn führende Leute des Reinigungsverbandes, die sich von Clarence Darrow verteidigen ließen. Ein Anwalt dieser Kategorie war gar nicht nötig, da Crowes Behörde völlig lustlos ermittelte. Als Zeugen wurden lediglich Becker und sein Sohn geladen. Becker erkundigte sich, wo denn die anderen Zeugen seien. Ein stellvertretender Staatsanwalt pfiff ihn an: »Wenn Sie Zeugen wollen, dann sollten Sie losziehen und sich selber welche suchen. Ich bin Anklagevertreter und kein Hilfssheriff.« Die Geschworenen brauchten fünfzehn Minuten, um zu einem Freispruch zu kommen. »Die Staatsanwaltschaft hat dem Geschworenengericht alle von Becker vorgetragenen Beschwerden über Gesetzesverletzungen zur Kenntnis gebracht«, speiste ein ungerührter Crowe seine Kritiker ab.

Becker hatte inzwischen von Recht und Gesetz die Nase voll. Er machte sich auf zu Capone. Mit seiner beherzten und von Capone später bewunderten »Nun hör mal zu, was Vater sagt«-Masche , die Capones Anerkennung fand, gelang es ihm, die Palastwache im Metropole zu bequatschen. Becker wollte, daß Capone als sein Partner in ein neues Reinigungsunternehmen einstieg. Becker erzählte später: »Ich bin zu Capone gegangen, weil ich wußte, daß man in diesem Geschäft viel Geld verdienen kann, wenn man der Kundschaft ein anständiges

Angebot macht. Ich machte ihm klar, welche Risiken es mit sich bringt, wenn man ein neues Unternehmen auf die Beine stellen will – das Bombenwerfen und all die anderen Angriffe. Na ja, Sie kennen doch Mr. Capone. Und der Verband der Reinigungs- und Färbereibetriebe kennt ihn auch.«

Explosionen? Prügel? Brandstiftung? Aber nicht doch, frohlockte Becker. »Mein Partner, Mr. Capone, weiß einen guten Abschluß zu schätzen, und die Preise fürs Reinigen und Bügeln fallen wieder.« Der Anwalt des Reinigungsverbandes suchte diesbezüglich mit dem eingetragenen neuen Firmeninhaber von Sanitary Cleaning Shops, Inc. ins Gespräch zu kommen. »Machen Sie, daß Sie aus meinem Büro kommen«, erwiderte Capone. »Wenn Sie mir ins Geschäft pfuschen wollen, dann werfe ich Sie aus dem Fenster.«

Beckers Selbstzufriedenheit war verständlich: »Ich habe den Schutz des Staatsanwalts, der Polizei oder des Arbeitgeberverbandes nicht mehr nötig. Ich habe den besten Schutz der Welt.«[54]

Ein Kenner der Verhältnisse, der normalerweise nicht so wirklichkeitsfremd war, schrieb über diese Episode: »Al Capone drängte sich nicht in das legale Geschäftsleben von Chicago hinein. Morris Becker hatte ihn dazu eingeladen . . .«[55] In diesem einen Fall traf das wohl zu, ansonsten aber überhaupt nicht. Das Business-Racketeering mußte auf Capone eine geradezu »natürliche« Anziehungskraft ausüben, da es sich bestens mit seinen Gewerkschaftsrackets vertrug. Die Hausverwaltungen von fünfundzwanzig Wolkenkratzern am Loop hatten Capone beispielsweise je 1000 Dollar bezahlt, um sich von einer Arbeitsniederlegung freizukaufen, die von der Gewerkschaft der Fahrstuhlführer organisiert worden war.[56]

Capone ließ die Finger vom Drogenhandel, da er befürchtete, Drogen könnten seine Organisation ruinieren. Er haßte Entführungen, die er als einen barbarischen Schlag gegen die Familie des Entführten betrachtete.[56] Auch mit Taschendieben wollte er nichts zu tun haben. Aber für jedes andere vielversprechende Racket war er immer zu haben.

Gleichzeitig übervorteilte er niemanden, der sich ihm gegenüber korrekt verhielt. Capone stieg nach einigen Jahren bei Sanitary Cleaning Shops wieder aus, weil ihm zuwenig Geld dabei heraussprang und Becker inzwischen mit dem Reinigungsverband zu einer Übereinkunft gelangt war.[58] Aber selbst, als Becker schon lange nichts mehr von Capone zu erwarten oder zu befürchten hatte, erklärte er: »Al Capone erfüllte seine geschäftlichen Verpflichtungen peinlich genau. Ich war genauso penibel . . . Wenn ich noch einmal in die Lage käme, könnte ich mir keinen ehrlicheren Partner wünschen, bei welchem Geschäft auch immer.«[59]

Selbst in den besseren Kreisen Floridas hätten einige Beckers Einschätzung zugestimmt. Als Beispiel könnte man die Besitzer der Villa, die Capone ein halbes Jahr vor seinem Hauskauf gemietet hatte, nennen. Da als Mieter ein gewisser »Al Brown« aufgetreten war, erfuhren die Eigentümer, die sich auf einer Reise an die Riviera befanden, erst durch eine über Schiffsfunk aufgefangene Nachrichtensendung, mit wem sie es zu tun hatten. Als sie von ihrer Reise wieder zurückkamen, waren sie darauf gefaßt, ihr Eigentum völlig verwüstet vorzufinden. Sie stellten aber fest, daß sich nirgendwo auch nur der kleinste Kratzer fand, ganz zu schweigen von Spuren ausschweifender Zechgelage. Es war auch nichts zerbrochen oder abhanden gekommen. Im Gegenteil: Das Porzellan und das Tafelsilber des Hauses hatten für Capones großzügige Einladungen nicht ausgereicht. Er hatte die Bestände verdoppelt und die neuen Sachen im Hause gelassen.

Für das Empfinden der Eigentümer war das eine mehr als ausreichende Entschädigung für eine unbezahlte Telefonrechnung in Höhe von 400 Dollar. Mae kam jedoch alsbald vorbei, um sich höflich für die Nachlässigkeit zu entschuldigen und die Rechnung mit einer 500-Dollarnote zu bezahlen. Als die Hausherren gerade kein Wechselgeld herausgeben konnten, winkte Mae ab. Der Rest sei für möglicherweise bisher noch nicht bemerkte Schäden.[60]

Nach der Ermordung Ammatunas im Jahr 1925 hatte Frankie Yale Joe Aiello als Präsidenten der Unione Siciliana favorisiert (diese hatte ihren Namen inzwischen in Italo-American National Union geändert; aus Gründen der Übersichtlichkeit soll aber hier die Bezeichnung »Unione« beibehalten werden). Dennoch hatte er nicht versucht, Capones Absichten zu durchkreuzen, als dieser Tony Lombardo auf den Posten hievte. Yale störte sich aber bald an Lombardos Selbstherrlichkeit, und sein stetig schrumpfender Anteil an den Gewinnen der Unione bereitete ihm auch keine Freude.[61]

Im Frühjahr 1927 begann Yale, sich auf Capones Kosten für seine Ausfälle schadlos zu halten. Seine Black Hands hatten die Aufgabe, in Long Island für die sichere Anlandung des geschmuggelten Whiskeys und für den sicheren Transport auf Capones Lastwagen durch New York zu sorgen. Auf einmal verschwanden viele Lastwagen, noch bevor sie aus Brooklyn heraus waren. Es waren so viele, daß Capones Vorräte an »real quill«, wie der Stoff damals genannt wurde, einen alarmierenden Tiefstand erreichten. Capone hatte den Verdacht, daß Yale ihn hinterging, und bat Filesy DeAmato, seinen Freund aus alten Tagen in Brooklyn, der Angelegenheit nachzugehen.

Im Juni gab DeAmato Rückmeldung, daß in der Tat Frankie Yale hinter den Fahrzeugentführungen steckte. Unvorsichtigerweise sprach er aus einer Telefonzelle. Zu spät bemerkte er, daß jemand das Gespräch mitgehört hatte. Am 1. Juli verübte er daraufhin einen präventiven Mordanschlag auf Yale, aber alle sieben Schüsse verfehlten ihr Ziel. Sechs Nächte später stand DeAmato auf einem Bürgersteig in Brooklyn. Eine schwarze Limousine fuhr vorbei, und einer der Insassen feuerte drei Pistolenschüsse ab. Zwei davon trafen DeAmato tödlich in den Hals und in die Brust.[62]

Die Entführungen dauerten in der Zwischenzeit ebenso an wie Capones Zorn über Yale, der ihn hinterging und dazu noch den alten Freund (und Spion) DeAmato ermordet hatte. Aber Capone war an anderen Fronten zu sehr beschäftigt. Außerdem brauchte Rache ihre Zeit – und war es auch nur, um die erhöhte Wachsamkeit der offensichtlichen Zielperson einzuschläfern. Als Capone 1928 nach Florida zurückkehrte, hatte er endlich die Muße, um einen Vergeltungsplan auszuhecken.[63]

Ende Juni bekam Capone dort Besuch von Jack Guzik, Dan Serritella und Charley Fischetti. Kurz darauf stieß auch noch Jack McGurn mit Scalise und Anselmi zum Planungsstab, und am 28. Juni bestiegen sie alle den Zug nach Chicago. Die Killertruppe stieg jedoch in Knoxville, Tennessee, wieder aus. Einer von ihnen, der sich »Charles Cox« nannte, erstand eine schwarze Nash-limousine, für die er 2 400 Dollar in bar hinblätterte.[64] Mit dem Wagen fuhren sie weiter bis Brooklyn, wo McGurn sie durch die Straßen dirigierte, in denen er aufgewachsen war.[65]

Am 1. Juli 1928 verließ Yale gegen zwei Uhr nachmittags sein Haus und fuhr in seinem neuen, kaffeebraunen Lincoln weg. Etwa um vier Uhr saß er mit James Caponi – er war nicht verwandt mit Al und trug den Spitznamen Sham –, der ihn gewöhnlich fuhr, in seinem Sunrise Café an der Ecke Sixty-fifth Street und Fourteenth Avenue, um etwas zu trinken. Kurz nach vier kam ein Anruf, der Yale dringend nach Hause rief. Lucy, seine zweite Frau, fühle sich nicht wohl (Yale hatte Maria mit den beiden Töchtern den Laufpaß gegeben). Caponis Angebot, ihn zu fahren, lehnte er ab und stürzte hinaus. Er wohnte jetzt an der West Eighty-first Street in Manhattan, weshalb er die New Utrecht Avenue benutzte, eine breite Verkehrsader Richtung Norden. Als er plötzlich nach rechts in ein Wohngebiet abbog, um es auf der engen Forty-Fourth Street zu durchqueren, fiel ihm ein schwarzer Nash auf, der seinem Wagen zu folgen schien. Yale überquerte die Tenth Avenue. Aus dem aufschließenden Nash krachten Schüsse aus Revolvern, Schrotflinten und Maschinenpistolen. Yales Lincoln holperte über den Bordstein und rammte den Treppenaufgang vor dem Haus Nummer 923. Aus dem anderen Wagen sprang ein Killer, und mit einer Fünfundvierziger schoß er auf das, was von Frankie Yales Kopf noch übrig war.

Die Mörder machten sich aus dem Staub. Sie fuhren auf der Ninth Avenue Richtung Norden davon und dann auf der Thirty-ninth Street nach Westen. Drei lange Blocks vom Anfang der Thirty-ninth Street entfernt ließen sie den Wagen stehen und nahmen dann die Fähre nach Staten Island. Dort stand ein Wagen bereit, der sie über eine der neuen Brücken nach New Jersey in Sicherheit brachte.

Die Polizei fand in dem zurückgelassenen Nash eine abgesägte Repetier-Schrotflinte, eine Fünfundvierziger Automatik, eine Achtunddreißiger Smith and Wesson und eine Maschinenpistole, aus deren hundertschüssigem Trommel-magazin neun Schüsse abgefeuert worden waren. Die Polizei konnte die Her-kunft der Maschinenwaffe zu Peter von Frantzius zurückverfolgen, einem Sport-artikelhändler aus Chicago. Dieser Frantzius sollte in Capones Leben bald eine noch wichtigere Rolle spielen. Die Handfeuerwaffen stammten aus einen Paket von zwölf Waffen, die Parker Henderson auf Capones Geheiß in Miami gekauft und in einem leeren Hotelzimmer des Ponce de Leon deponiert hatte. Der Polizei konnten auch Yales diamantenverzierte Initialen auf der Gürtelschnalle nicht entgehen, eines der Geschenke Capones.

Yales krisenfestere Freunde bereiteten ihm eine großartige Beerdigung mit einem Silbersarg für 15 000 Dollar, dem ein Autokorso von einhundertvier Fahrzeugen mit Trauergästen und weitere achtunddreißig Wagen voll Blumen folgten. An einem Gebinde aus Rosen und Orchideen hing zwar keine Karte, aber auf dem weißen Band prangte in Goldlettern der Racheschwur: »Wir werden sie kriegen, Kid.«

In Miami wurde Capone vom Staatsanwalt des Dade County, Robert R. Taylor, zu einem Verhör vorgeladen.[66] Von Capone war lediglich zu erfahren: »Ich bin in der Reinigungsbranche in Chicago tätig.«[67] Ferner gab er zu, Glücksspieler zu sein, »mit Gewinnbeteiligung an einer Hunderennbahn in Cicero«.

Er kam gerade rechtzeitig nach Chicago zurück, um wieder einmal eine Polizeiaktion gegen sein Hauptquartier im Metropole zu erleben. Capone war sauer und zog am 30. Juli die Michigan Avenue einen Block weiter nach Norden hinauf in das Lexington Hotel.[68] Wie das Metropole war auch das Lexington seit den Tagen seiner Einweihung, als Präsident Stephen Grover Cleveland anläßlich der Eröffnung der Columbiaausstellung dort Quartier bezogen hatte, ziemlich heruntergekommen.[69]

Als der Geschäftsführer des Lexington gefragt wurde, ob sein Hotel Capones neues Hauptquartier beherberge, rief er: »Was? Al Capone in meinem Hotel? Wie kommen Sie auf die Idee?«[70] Nach und nach breiteten sich Capone und seine Leute in vierundfünfzig Zimmern aus, wobei sie die gesamte dritte Etage, einen großen Teil der zweiten und weitere über das ganze Haus verteilte Zimmer für ihre Frauen belegten.[71]

Capone schaffte sich im vierten Stock ein Nest für seine Gefährtin. Diese Nachfolgerin von Marcelle aus dem Roamer Inn, eine minderjährige blonde Griechin, war ebenfalls eine Prostituierte aus einem seiner Bordelle. Sie litt an einer Vaginalkrankheit und suchte Capones Arzt David V. Omens auf. Omens war außerdem Capones Geschäftspartner beim Hawthorne Kennel Club, jener besagten Hunderennbahn in Cicero. Er machte bei dem Mädchen einen Wassermanntest und stellte fest, daß sie Syphilis hatte.[72] Wie wir später noch sehen werden, bleibt es unklar, wie intensiv und ab wann Capone behandelt wurde, falls es überhaupt zu einer Behandlung kam. Wir werden jedoch ebenfalls erfahren, daß es ohnehin schon zu spät war.

Der Leiter des Amts für Verbrechensbekämpfung in Chicago, Frank J. Loesch, war einer der ersten Besucher Capones im Lexington. Loesch, Sohn deutscher Einwanderer, war Jahrgang 1852, hatte an der Northwestern University Jura studiert und schließlich eine eigene Kanzlei aufgemacht. Er wurde Rechtsberater der Bahnhofsverwaltung der Union Station und der Pennsylvania Railroad des Bezirks westlich von Pittsburgh. Gleichzeitig nahm er öffentliche Aufgaben wahr, indem er als Sonderstaatsanwalt Wahlbetrügereien verfolgte, der Anwaltskammer vorsaß und bei der Gründung des Amtes für Verbrechensbekämpfung mitwirkte, dessen Leiter er inzwischen geworden war. Der große, aufrechte, weißhaarige und immer noch tatkräftige sechsundsiebzigjährige Loesch wurde von einem späteren Beobachter als »fremdenfeindlicher Fanatiker« charakterisiert. »Echte Amerikaner sind keine Gangster«, bemerkte Loesch einmal. »Die Gesetzesbrecher rekrutieren sich hauptsächlich aus der letzten Einwandererwelle und aus der ersten Generation der jüdischen und italienischen

Einwanderer. Die Juden sind dabei das Hirn und die Italiener die Muskeln.« Er war ein großer Bewunderer von Mussolinis Methoden, mit der Mafia umzugehen.

Nach den »Pineapples«-Vorwahlen von 1928 war Loesch zu dem Schluß gekommen, daß nur ein Italiener mit Hirn in der Lage sei, bei den im November anstehenden Hauptwahlen ein ähnliches Chaos zu verhindern. Außerdem trieb es Loesch zu Capone, um »gegen dessen Verhalten zu protestieren« und ihm zu erklären, warum »ein Mann mit seinen Fähigkeiten ein besserer Amerikaner sein sollte«. Das Gespräch fand Ende August statt.

Vier Jahre später sagte Loesch vor einem Senatskomitee aus, daß er etwa fünfundzwanzig bis dreißig von Capones Leuten im Hotel herumlungern sah, »lauter dunkelhäutige Gestalten, von denen vermutlich keiner Englisch sprechen konnte«. Jedenfalls versuchten sie es nicht. Die sechs in Capones Büro versammelten Männer befingerten lediglich schweigend ihre Revolver, während Loesch Capones Porträtsammlung von Abraham Lincoln, George Washington und Big Bill Thompson betrachtete.

Zur Eröffnung der Plauderei wollte Loesch wissen, wie Capone glauben könne, beiden Seiten des Gesetzes ein Schnippchen zu schlagen. Capone hielt nichts vom Gesetz, sagte aber, daß ihn seine Rivalen eines Tages über den Haufen schießen würden – »aber die kriegen mich nur, wenn ich einmal in die falsche Richtung schauen sollte«, fügte er hinzu. Damit war dem Austausch von Artigkeiten Genüge getan. Loesch sagte: »Ich bin hier, um Sie in einer bestimmten Sache um Hilfe zu bitten. Ich möchte, daß Sie Ihre verdammten italienischen Strolche im kommenden Herbst aus der Wahl heraushalten.«

Für Capone hatte die Bitte etwas Unwiderstehliches. Seine Kandidaten waren bei den Vorwahlen durchgefallen. Es konnte ihm wirklich gleichgültig sein, ob die Gewinnermannschaft, die er als nächste zu bestechen hatte, von den Demokraten oder den Republikanern gestellt wurde. Aber die Bitte als solche war eine schmeichelhafte Reverenz an seine Position. *Das* war die Eintrittskarte zum politischen Machtspiel. Er sagte seine Hilfe zu.

Loesch gab diese Version vor dem Senatskomitee unter Eid zu Protokoll. In der südkalifornischen Akademie für Kriminologie erzählte er unter etwas weniger förmlichen Umständen, Capone habe gesagt, er könne natürlich für die South Side garantieren und die North Side habe er auch im Griff, »weil da oben sowieso nur Itaker sitzen«. Was die irischen Gangs im Westen anginge, würde er seinen Draht zur Polizei spielen lassen, damit sie sich darum kümmere. In der Nacht vor der Wahl sei dann die Polizei auf Capones Geheiß mit siebzig Zivilfahrzeugen ausgeschwärmt und habe jeden eingebuchtet, der nach Capones Einschätzung als Unruhestifter in Frage kam. Diese Version hat allerdings den Haken, da es laut Loeschs beeidigter Aussage kein Geringerer als der Chief of Detectives war, der sich demographische Gedanken machte und Streifenwagen einteilte. Wie auch immer, es war jedenfalls, in Loeschs Worten, »die einzige saubere Wahl, die wir in dreißig Jahren hatten«.[73]

Noch bevor die Wahl stattfand, setzte die Black-Hand-Gang von Brooklyn zusammen mit Joe Aiellos Bande, die sich neu formiert hatte, einen ersten Teil ihres Versprechens, das sie bei der Beerdigung gegeben hatte, in die Tat um: »Wir werden sie kriegen, Kid.«[74] Capone selbst konnten sie natürlich nicht an den Kragen. Er war für den Rest des Sommers nach Florida zurückgekehrt. Und sowohl dort wie in Chicago war er wegen seiner Vorsicht und loyalen Leibwächtern praktisch unverwundbar. Er schaute eben notorisch *nicht* in die falsche Richtung.

Tony Lombardo war ein einfacheres Ziel. In seiner Jugend war er nach Amerika gereist und mit zwölf Dollar in der Tasche in Chicago angekommen.[75] Er war jetzt sechsunddreißig Jahre alt und hatte es ziemlich weit gebracht. Besonders argwöhnisch war er nicht.

Am Freitag, dem 7. September 1928, hatte Lombardo im Hauptquartier der Unione – 8 South Dearborn Street – allerlei Routinearbeit erledigt und gegen 16.30 Uhr sein Büro verlassen. In Begleitung seiner Leibwächter Joseph Ferraro und Joseph Lolordo schlenderte er zur Madison Street hinauf, wo er sich nach links wandte und die Straße überquerte. Ein kleines Spektakel zog inmitten des dichten Feierabendverkehrs die Aufmerksamkeit auf sich. Das Kaufhaus Boston plante, eine Verkehrsausstellung mit einem echten Flugzeug zu garnieren, und dieses wurde gerade mit Flaschenzügen an der Außenwand des Gebäudes zu einer der oberen Etagen emporgehievt. Alles schaute nach oben, auch Lombardo, und seine zwei Leibwächter bemerkten nicht die beiden Männer, die im Eingang eines belebten Restaurants herumstanden. Kaum war Lombardo an dem Restaurant vorbei, als jemand schrie: »Da ist er!«

Die wartenden Revolvermänner stürmten einige Schritte aus dem Eingang hervor und feuerten auf das bezeichnete Trio. Ferraros Rückgrat wurde von Dumdumgeschossen zerschmettert, und er stürzte tödlich getroffen zu Boden. Zwei weitere Dumdumkugeln rissen Lombardos Hinterkopf weg und töteten ihn auf der Stelle. Lolordo wurde von keiner einzigen Kugel getroffen. Er nahm die Verfolgung des einen Killers auf, wurde aber von einem Polizisten geschnappt, so daß die Mörder beide entkommen konnten.[76]

Der folgende Tag war einer der höchsten kirchlichen Feiertage im Kalender der Italiener, das Fest Unserer Lieben Frau von Loreto. Pater Louis M. Giambastiano war während des Machtkampfes zwischen D'Andrea und Powers Zeuge der Morde in Little Sicily gewesen. Jetzt brachte Aiellos Zwist mit Capone neue Morde. Damals hatte Gambastiano seine Schäflein gedrängt, der Polizei alles zu sagen, was sie wußten. Keiner hatte es gewagt. Diesmal konnte der bekümmerte Priester nicht viel mehr machen, als vor seiner Kirche San Filippo Benizi ein Schild aufzustellen:

FRATELLI
per rispetto a dio in cui credete
per onore della patria e dell'umanità
PREGATE
perché cessi l'indegna strage
che disonora il nome italiano
dinanzi mondo civile[77]

Er beschwor seine Mitbrüder – im Namen des Respekts, den sie dem Gott, an den sie glaubten, der Ehre ihres Landes und der Menschheit schuldig waren –, für das Ende des furchtbaren Gemetzels zu beten, das den Namen Italiens vor der gesamten zivilisierten Menschheit besudelte.

Doch das Gemetzel hatte gerade erst begonnen. Capone kam in den Norden zu Lombardos pompösem Begräbnis, unrasiert, wie es der Trauerbrauch vorschrieb. Neben dem Sarg aus Silber und Bronze stand ein mannshohes Herz aus Blumen. Die angehängte Karte trug die Aufschrift: »Von Al Capone«.[78] Es hätte ebensogut heißen können: »Wir werden sie kriegen, Kid.«

Was Brooklyn betraf, so hatte Capone ein Abkommen: Ein Beauftragter stellte sicher, daß keine Lastwagen mehr entführt wurden. Vielleicht hatte es bezüglich der Ermordung Yales sogar Meinungsverschiedenheiten gegeben. Die Aiellos waren aus anderem Holz. Joe Aiello war immer noch untergetaucht. Solange er nicht ausfindig gemacht und gestellt werden konnte, suchten sich Capones Leute andere Ziele. Man schoß abermals in Häuser Aiellos, wobei Joes Bruder Tony erneut verletzt wurde. In der Zwischenzeit zog sich Capone wieder einmal nach Florida zurück.

Pasqualino Lolordo, der ältere Bruder von Tony Lombardos Leibwächter Joe und gleichfalls ein Freund Capones, wurde der neue Präsident der Unione. Da Capone weit weg war, stahl sich Joe Aiello nach Chicago zurück. Er hielt sich zwar weiterhin bedeckt, gab aber seinen verrückten Plan nicht auf, sich den Weg für seine eigene Nachfolge als Präsident der Unione zu ebnen.

Patsy Lolordo und seine Frau Aleina kamen am 8. Januar 1929 gegen 14.30 Uhr aus der Stadt nach Hause. Sie bewohnten die luxuriös eingerichtete obere Etage eines heruntergekommenen dreistöckigen Gebäudes, das Lolordo an der 1921 West North Street besaß. Vor der Eingangstür warteten zwei Männer, die Aleina zwar schon oft gesehen hatte, deren Namen ihr aber angeblich nicht bekannt waren. Sie bereitete ihrem Mann und den Gästen einen Imbiß: Sandwiches, Gebäck, eine Kiste Zigarren und vier Flaschen Wein. Sie war in der Küche beschäftigt und hörte gegen fünfzehn Uhr, wie die Gäste aufbrachen. Fünf Minuten später klopfte es an der Eingangstür. Aleina hörte, wie ihr Mann aufmachte und überschwenglich neue Gäste begrüßte. Bevor er sich zum Gespräch mit ihnen setzte, schloß Lolordo die Tür zur Küche, wo seine Frau am Bügelbrett stand, während das Dienstmädchen den Fußboden schrubbte.

Die Herren hatten sich eine Stunde lang lebhaft unterhalten, als Aleina plötzlich einen Hagel von Schüssen hörte. Sie stürzte durch die Tür und bahnte sich an den drei Mordschützen vorbei den Weg zu ihrem Mann, der vor dem prachtvollen Kamin zusammengesunken war, an dem er zuvor gestanden hatte. Während sie ihm ein Samtkissen unter den blutüberströmten Kopf legte, verließen die Schützen ohne Eile die Wohnung. Einer ließ seine Achtunddreißiger auf den Wohnzimmerboden fallen, ein anderer warf seine Waffe auf dem zweiten Treppenabsatz in die Ecke. Sie hatten achtzehn Schüsse abgefeuert, von denen elf Lolordo tödlich getroffen hatten.[79]

Ersten Berichten zufolge hatte Aleina Joe Aiello auf einem Foto als einen der drei Besucher identifiziert. »Sie hat überhaupt niemanden identifiziert«, widersprach John Stege, der inzwischen zum stellvertretenden Polizeichef aufgerückt war. »Ich weiß nicht, worauf sich dieser Bericht stützt. Es war wie bei allen anderen Fällen auch − keine Identifizierung, keinerlei Unterstützung der Ermittlungen.«[80]

Diesem Wahnsinn mußte ein Ende gesetzt werden. Patsy Lolordo war das fünfzehnte Mordopfer in drei Monaten, das in Verbindung zu Al Capone stand. Aiello war schwer aufzufinden und hatte zudem eine starke Gefolgschaft unter den Schwarzbrennern, auf die Capone nicht verzichten konnte. Der Schlüssel zum Ganzen war Moran. Ohne dessen Unterstützung war Aiello aufgeschmissen. Zwei von Lolordos Mördern, Pete und Frank Gusenberg, waren die beiden wichtigsten der Moran noch verbliebenen Revolvermänner.[81] Der dritte war James Clark, der auch für Moran arbeitete. Im ganzen hatte es die North-Side-Gang trotz ihrer Schwäche doch ein bißchen übertrieben. Im letzten Jahr hatten die Gusenbergs zweimal auf Jack McGurn geschossen. Beim zweiten Mal hatten sie ihn in einer Telefonzelle gestellt und mit ihren Pistolenschüssen beinahe umgebracht. Als Capones Leute die Zufahrt zu Morans Hunderennbahn, dem Fairview Kennel Club, blockierten, rächte sich Moran, indem er Capones Hawthorne Smoke Club anzündete.

Ohne Moran war die North-Side-Gang erledigt. In der zweiten Reihe der Bande gab es keinen, der auch nur mit den bescheidenen Führungsqualitäten Morans hätte aufwarten können.

In Palm Island mußte sich Capone kurz nach dem Jahreswechsel mit einer Lungenentzündung ins Bett legen[82] − die Krankheit sollte zudem dazu beitragen, daß er ins Gefängnis kam. Aber Krankheit hin oder her, Capone begann, einen Plan auszuhecken.

19

Falsche Polizisten . . .

Walter Spirko, gerade achtzehn Jahre alt geworden, war nach drei Jahren als Laufbursche beim City News Bureau gerade zum Straßenreporter aufgestiegen. Sein Gebiet waren die Gerichte mit ihrem Prozeßalltag und die wesentlich ergiebigere Dienststelle des Gerichtsmediziners, das Coroner's Office.[1] Der Coroner war amtlicher Leichenbeschauer und Untersuchungsrichter bei gewaltsamen Todesfällen, die vom City News Bureau als Seitenfüller für die Blätter von Chicago aufgearbeitet wurden. Der Lokalredakteur Isaac Gershman hatte Spirko eingeschärft: »Walter, du läßt dich jede Stunde beim Coroner sehen«.

Und Gershman hatte ihm noch einen guten Rat gegeben: »Lass' dich nicht von irgendeinem besonders Cleveren über den Tisch ziehen. Sie sagen dir: ›Junge, komm schnell her, ich habe da etwas für dich, das wird in der Stadt einschlagen wie eine Bombe.‹ Dann mußt du die Ruhe bewahren und nicht gleich zum nächsten Telefon rennen, um uns anzurufen. Die wollen dich nur reinlegen. Wenn einer neu ist, machen die das immer so.«

Am Vormittag des 14. Februar 1929, dem Valentinstag, machte Spirko kurz nach halb elf seinen stündlichen Besuch.[2] Der stellvertretende Coroner, Deputy William Bauman, trug die letzten Todesfälle ein, die ihm per Telefon gemeldet worden waren.

Bevor Spirko das Buch einsehen konnte, klingelte Baumans Telefon. Der Beamte erstarrte bei den ersten Worten der Meldung und rief dann: »Was?! Sieben Mann umgelegt . . . zwo-eins-zwo-zwo North Clark Street . . .«

Zwischen seinen erregten Ausrufen machte sich Bauman hektisch Notizen und hängte dann auf. »Walter«, rief er aufgeregt, »rufen Sie schleunigst Ihr Büro an. Sie haben doch mitgehört, was . . .«

»Ja, sicher«, unterbrach ihn Spirko, »sieben Mann erschossen, in der zwo-eins-zwo-zwo North . . .«

»Also? Nun mal los!« brüllte Bauman, sprang auf und rannte ins Büro seines Chefs, des Coroners von Cook County, Herman M. Bundesen. Spiro lief hinterher. An den Türpfosten gelehnt konnte er hören, wie Bauman herausplatzte: »Coroner, da sind sieben Mann erschossen worden in der . . .«

Auf einmal dämmerte Spirko, daß es vielleicht doch kein Jux war. Ein gestandener Mann wie Bundesen würde sich wohl kaum für einen albernen

Streich mit einem Grünschnabel hergeben. Spirko schnappte sich das Telefon auf dem nächsten Schreibtisch.

»Gersh, da sind soeben sieben Mann . . .«

»Wal-ter! Hab' ich's dir nicht eben erst gesagt? Vergiß den Unsinn und kümmere dich ums Geschäft!« Der Redakteur hing auf.

Der Chefcoroner hatte sich mittlerweile seinen Mantel übergeworfen und die Melone aufgesetzt. Mit den Worten »Dann will ich mich mal am Tatort umsehen« schritt er zur Tür. Spirko startete einen neuen Anruf. »Gersh«, sagte er verzweifelt zu dem Redakteur, »es geht um die sieben Mann. Denken Sie wirklich, Dr. Herman M. Bundesen hätte es nötig, bei solchen Streichen mitzumachen? Ich stand daneben, als ihm die Sache gemeldet wurde, und jetzt befindet er sich auf dem Weg zum Tatort!«

»Ich glaube es trotzdem nicht.«

Selbst diejenigen, die sich schon am Tatort in der 2122 North Clark Street befanden, konnten es kaum glauben.

Im Jahr 1929 prägte ein tristes Gemisch von Mietskasernen, Ladengeschäften und kleinen Fabriken das Stadtbild dieses Teils der Clark Street, der sich nur einen kurzen Häuserblock von der eleganten Wohnstraße North Lincoln Park West entfernt befand. Die auf der Westseite der Clark Street gelegene Nummer 2122 hatte zur Straße hin eine Front von gut acht Metern.[3] Der einstöckige schäbige Backsteinbau quetschte sich zwischen dreigeschossigen Mietshäusern und verlief knapp fünfzig Meter weit nach hinten bis zu einer Gasse an der Rückfront. Ein kleines Schild auf dem Dach ließ erkennen, daß das Gebäude zum Verkauf stand.[4] Im vergangenen Oktober war es jedoch an einen gewissen Frank J. Snyder vermietet worden.[5]

Zur Clark Street hin gab es ein zweiflügeliges Fenster, dessen obere Hälfte zum Schutz gegen die Blicke neugieriger Passanten geschwärzt worden war. In der unteren Hälfte des Fensters versperrte die große Aufschrift »S. M. C. Cartage Company« den Einblick. Der neugierige Blick nach innen hätte kaum gelohnt: Durch eine Trennwand war im vorderen Bereich des Gebäudes ein kleiner Büroraum entstanden, und die Wand versperrte den Blick auf alles, was im hinteren Bereich vor sich gehen mochte. Das Büro machte einen ungepflegten und unbenutzten Eindruck.[6] Ein kleiner Ladentisch stand darin, in der Mitte ein Doppelschreibtisch, und ein kleinerer Schreibtisch war gegen die Trennwand gerückt. Außerdem gab es noch einige Stühle und Telefone. S. M. C. Cartage schien ein kleines Umzugsunternehmen zu sein. Durch doppelflügelige Tore konnten Lastwagen von der rückwärtigen Gasse her in das Gebäude einfahren.

Die wirklichen Nutzer des Hauses waren George Moran und seine North-Side-Gang. Ihr Hauptquartier hatten sie im Loop an der 127 North Dearborn Street, und ihre Stammkneipe war das Wigwam, eine Bar im Marigold Hotel ungefähr drei Kilometer weiter nördlich. Die Garage diente ihnen als Hauptlager für Schmuggelwhiskey. Das eigentliche Schnapslager war so geschickt in die Dachkonstruktion integriert, daß es von den bald in Kompaniestärke anrückenden Ermittlungsbeamten völlig übersehen wurde.[7]

Morans Verhältnis zu Capone war immer unterkühlt gewesen. Zusammen mit Weiss und Drucci war er gegen Capones Friedensangebote gewesen. Moran war mittelgroß, hatte aber einen großen Kopf mit kräftigem Kinn und tiefen Grübchen, der ihn auf Fotos größer erscheinen läßt. In der Öffentlichkeit zog er die Lacher auf seine Seite, indem er Capone als wildes Tier und Monstrum bezeichnete. Er machte sich darüber lustig, daß Capone Leibwächter anstellte, und mokierte sich über Capones Ware, die er »Fusel und halbvergorenes Bier« nannte.[8]

Nach dem Friedensschluß von 1926 bezog Moran für seinen Schnapshandel trotz der vielen Vertragsbrüche den größten Teil des Nachschubs von Capone. Es war echter Whiskey, der von der Purple Gang aus Detroit eingeschmuggelt wurde. Die bestverkäufliche Marke war Old Log Cabin, aber Moran war der Ansicht, er hätte bei dem Preis, den er Capone dafür zu zahlen hatte, eine zu kleine Gewinnspanne. Um sie zu erhöhen, machte er einen Lieferanten ausfindig, der ihm eine billigere Sorte anbot.

Capone hatte nichts dagegen, und Paul Norton schätzte sich glücklich, als Capones neuer Abnehmer einspringen zu können. Moran hatte jedoch seinen Markt falsch eingeschätzt. Die Kundschaft nahm die neue Marke nicht an und verlangte weiter nach Old Log Cabin. Als Moran sich nun wieder von Capone beliefern lassen wollte, bekam er jedoch einen Korb. Wozu sollte man einen neugewonnenen, guten Kunden zugunsten eines so ärgerlichen Vertreters sitzen lassen? Morans idiotische Lösung war, seinen Bedarf mit Fahrzeugentführungen zu decken, und bald war keine Lieferung aus Detroit mehr vor ihm sicher. Das brachte das Faß zum Überlaufen.[9]

Auch diesmal wurden zuerst Zimmer angemietet, wie es mittlerweile bei den Vorbereitungen von Capones Morden üblich geworden war. Die Männer quartierten sich in zwei der Garage gegenüberliegenden Apartmenthäusern ein, und zwar in 2119 North Clark Street, die von Mrs. Michael Doody verwaltet wurde, und im Haus 2135 bei Mrs. Frank Arvidson. Um die merkwürdigen Zeiten ihres Kommens und Gehens zu erklären, behaupteten sie, Taxifahrer zu sein, die nachts fuhren und tagsüber schliefen. Dennoch bestanden sie auf Zimmern, die nach vorn mit Ausblick auf die Clark Street lagen. Von den nach hinten gelegenen, ruhigéren Zimmern wollten sie nichts wissen.

Als nächstes wurde eine elegante Falle aufgebaut. Capones Männer ließen von Leuten, die nie identifiziert wurden, mindestens eine Wagenladung Old Log Cabin entführen und sorgten dafür, daß diese mit dem Versprechen, man werde noch mehr liefern, bei Moran an den Mann gebracht wurde. Dann boten die vorgeblichen Freibeuter einen großen Posten für den ausgezeichneten Preis von siebenundfünfzig Dollar pro Kiste an. Man werde am Donnerstag, dem vierzehnten Februar, gegen zehn Uhr dreißig direkt in die Garage liefern, und zwar nur an Moran persönlich.

Der Valentinstag zog trübe und kalt herauf. Schneeschauer kündigten sich an. Um zehn Uhr war es knapp minus acht Grad. Schwacher bis mäßiger Wind aus wechselnden Richtungen wirbelte schon ein bißchen Schnee vor sich her.[10]

In Palm Island, Florida, war es zu diesem Zeitpunkt schon eine Stunde später – elf Uhr Standard Eastern Time. Capone war außergewöhnlicherweise schon angezogen, denn er hatte um 12.30 Uhr eine Verabredung in der Innenstadt von Miami.[11]

Die Beobachter auf der anderen Seite der Clark Street konnten insgesamt sieben Männer ausmachen, die nach und nach in der Garage verschwanden.

John May, fünfundvierzig Jahre alt, erschien schon ziemlich früh.[12] Einige äußerten später die Ansicht, er sei ein völlig unbeteiligtes Opfer gewesen, »ein gewöhnlicher Mechaniker«[13]. May war ein gescheiterter Safeknacker, der zweimal wegen Raub und Diebstahl vor Gericht gestanden hatte.[14] Anderthalb Monate zuvor hatte er noch für Moran Schnaps und Bier ausgefahren, dann war er für 50 Dollar die Woche zur Wartung der Lastwagen eingeteilt worden. Er hatte an diesem Tag seinen Schäferhund Highball mitgebracht und mit der Leine am Lenkrad des aufgebockten LKW festgebunden, unter dem er um zehn Uhr gerade arbeitete.[15]

Auch »Frank Snyder«, der Garagenmieter, war an diesem Morgen ziemlich früh erschienen. Er hieß in Wirklichkeit Adam Heyer, alias Arthur Hayes.[16] Seine Heimlichtuerei setzte sich bis ins Privatleben fort. Heyers Sohn aus erster Ehe wußte nicht zu sagen, wo sein Vater wohnte, obwohl er ihn alle paar Monate zum Essen traf. Er wußte noch nicht einmal, ob sein Vater vierzig oder fünfundvierzig Jahre alt war. Heyers Lebensgefährtin, die seit sieben Monaten mit ihm zusammenlebte, hatte keine Ahnung, womit er sein Geld verdiente. Er war gelernter Buchhalter. Seine erste Haftstrafe war ihm vor zweiundzwanzig Jahren wegen Raubes aufgebrummt worden, seine letzte hatte er vor sechs Jahren wegen Verletzung der Bewährungsauflagen nach einer Verurteilung wegen illegalen Glücksspiels abgesessen.[17] Als Geschäftsführer der Gang betrieb er Morans Hunderennbahn.

Albert Kachellek stand elf Tage vor seinem vierzigsten Geburtstag. In Deutschland geboren, war er im Alter von fünf oder sechs Jahren nach Chicago gekommen. Seine erste Verurteilung hatte er 1905 im Alter von sechzehn Jahren wegen Raubes erhalten – vier Monate Arbeitshaus. Im selben Jahr noch wurde er zu vier Jahren wegen Einbruchs verurteilt. Von da an rutschte er von einer Klemme in die andere und nannte sich James Clark.[18] »Er wollte die Gefühle meiner Mutter schonen«, sagte seine Schwester, die dagegen protestierte, daß er in den Zeitungen wiederholt als Morans Schwager bezeichnet wurde. »Wo haben die nur solches Zeug her?« wollte sie wissen. Clarks Ehefrau Dot, mit der er jedoch kaum noch Kontakt hatte, war nicht mit Moran verwandt. Clark war einer der drei Schützen, die Moran zur Ermordung Lolordos an Aiello ausgeliehen hatte. Die anderen beiden waren die Gebrüder Gusenberg.

Peter Gusenberg, vierzig, und Frank, sechsunddreißig, waren die wichtigsten Schläger der Gang. Howard Browne hatte sie als »ganz harte Dreckschweine« in Erinnerung: »Damit es jeder begriff, schlugen sie dich einfach so zusammen.« Pete hatte wegen eines Postraubs in Leavenworth gesessen, Frank hingegen hatte es fast immer geschafft, davonzukommen, sogar in einem Mordfall. Nur einmal hatte er wegen ungebührlichen Verhaltens vor Gericht neunzig Tage Haft absitzen müssen. Ihrem jüngeren Bruder Henry hatten sie einen Job als Kinovorführer am Loop erprügelt, für den er 175 Dollar die Woche bekam, ohne etwas dafür tun zu müssen.[19] Henry sollte an diesem 14. Februar etwas später in die Garage kommen, und gegen Mittag wollten die Brüder mit mehreren Lastwagen nach Detroit fahren, um eine neue Ladung Whiskey abzuholen.

Der neunundzwanzigjährige Reinhart H. Schwimmer war gerade zum zweiten Mal geschieden und hatte sowohl im wörtlichen wie im übertragenen Sinne in der Garage nichts zu suchen. Er wurde damals als Optometriker bezeichnet und nannte sich selbst »Doktor«, ohne jedoch eine medizinische Ausbildung zu haben. Zehn Jahre zuvor hatte er das Brillengeschäft seines Vaters geerbt, und seine Berufsbezeichnung rührte von der Fähigkeit her, Augengläser anzumessen. Heutzutage würde man ihn einen Optiker nennen. Unlängst hatte er seinen Laden schließen müssen, hoffte aber, bald einen neuen zu eröffnen. In der Übergangszeit unterstützte ihn seine Mutter Josephine. Sie gab Schwimmer die siebzig Dollar, die sein Zimmer im Hotel Parkway jeden Monat kostete, und noch etwas Taschengeld dazu. Auch Schwimmer gehörte zu den Menschen, die sich von Gangstern unwiderstehlich angezogen fühlten. Er war mit O'Banion befreundet gewesen – bei dessen Beerdigung er an prominenter Stelle fotografiert worden war – und hatte sich bei allen seinen Nachfolgern angebiedert. An diesem Morgen war er auf eine Tasse Kaffee und ein Schwätzchen vorbeigekommen und wollte sich am Nachmittag um zwei Uhr mit seiner Mutter treffen.[20]

Vermutlich als letzter traf Albert R. Weinshank ein. Der Sechsunddreißigjährige betrieb ein Speakeasy und war Morans Vorposten bei dessen Bemühungen, in den Racket der chemischen Reinigungs- und Färbereibetriebe in Chicago hineinzukommen.[21] Auch wenn sich der Zeitpunkt seiner Ankunft nur über Schlußfolgerungen bestimmen läßt, so spricht doch einiges für seine Richtigkeit. Weinshanks Erscheinung hatte eine beträchtliche Ähnlichkeit mit der Morans, besonders wegen seiner untersetzten, gedrungenen Gestalt. An diesem Vormittag trug er einen hellbraunen Hut und einen grauen Mantel, was Morans normalem winterlichen Aufzug entsprach. Die Beobachter auf der anderen Seite der Straße dürften bei Weinshanks Eintreffen geglaubt haben, es sei an der Zeit, das telefonische Signal zu geben.

Die Polizei beharrte später darauf, daß der Wagen vom Circus Café gekommen sei. Dort befand sich das Hauptquartier einer Bande, die von Claude Maddox, Capones Verbündetem im Nordwesten der Stadt, geführt wurde. Das Circus Café lag an der North Street, ungefähr drei Kilometer südwestlich von der Garage entfernt. Wenn die Annahme der Polizei zutrifft, dann nahm der Fahrer vermutlich die North Street Richtung Osten, bis zur La Salle Street, von der links die Clark Street abging. An der Gabelung kurz vor der Dickens Avenue fuhr er jedoch halbrechts in die Lincoln Park West. So konnte er kurz darauf nach links in die Webster Avenue einbiegen und nach einem kurzen Block wieder links stadteinwärts auf die Clark Street kommen. Mit diesem Manöver gelangte er auf der richtigen Seite der Clark Street direkt vor die Garage und vermied ein

Wendemanöver auf der engen, belebten und mittlerweile auch schneeglatten Straße.

Bei dem Wagen handelte es sich um einen siebensitzigen Cadillac, wie er auch von der Polizei benutzt wurde. Er war komplett ausgerüstet mit Sirene, Gong auf dem Trittbrett und Gewehrhalter hinter dem Fahrersitz. Fünf Männern saßen darin, von denen zwei Polizeiuniform trugen. Als der Wagen auf der Webster Street Richtung Westen auf die Kreuzung Clark Street zufuhr, näherte sich auf dieser Straße von links ein Lastwagen.

Elmer R. Lewis, Auslieferungsfahrer der Beaver Paper Company, hielt im Schneegestöber vergeblich Ausschau nach der Hausnummer seines nächsten Kunden. Er fuhr nicht besonders aufmerksam. Die Insassen des Cadillac, denen das Adrenalin in den Schläfen pochte, paßten noch weniger auf, ihr Fahrer wartete nicht ab, bis der langsame Lastwagen den Weg frei gemacht hatte, und fuhr ungeduldig auf die Kreuzung. Er wollte in die Clark Street abbiegen, als ihm Lewis, der sich noch immer den Hals nach den Hausnummern verrenkte, in die Seite fuhr. Der Laster erwischte mit der Stoßstange den linken hinteren Kotflügel des Cadillac.

Die Limousine hielt gegenüber dem Haus Nummer 2156 in der North Clark Street an. Auch Lewis fuhr an den Bordstein. Er war nervös, weil er, auch wenn die Schuld unklar war, offensichtlich ein Polizeifahrzeug beschädigt hatte. Beim Aussteigen sah er, wie ein Mann, den er für einen Kriminalbeamten hielt, aus dem Cadillac herauskam. Wie Lewis später bei der Polizei aussagte, war der Mann vielleicht fünfundsiebzig Kilo schwer, etwa fünfunddreißig Jahre alt, glattrasiert und hellhäutig. Er sah eher »amerikanisch« als »italienisch« aus, trug einen blauen Anzug und darüber — etwas zu elegant für einen Detective, dachte Lewis — einen Chinchillamantel. Von den anderen Insassen des Cadillac war nichts zu erkennen. Das Verdeck war geschlossen, die Seitenvorhänge zugezogen.

Bevor Lewis nähertreten konnte, hatte ihm der Mann im Chinchilla schon lachend bedeutet, daß nichts passiert sei. Lewis fiel ein Stein vom Herzen. Für einen Moment vergaß er sogar seinen Lieferauftrag und fuhr einfach weiter, bis er nach einem halben Block merkte, daß er wenden und wieder zurückfahren mußte.[22] Der Cadillac war inzwischen auf der Clark Street ein Stück weiter stadteinwärts gefahren und hielt vor der Hausnummer 2122 bei S. M. C. Cartage. Es wurde soeben halb elf.

Wie Schwimmer wohnte auch George Moran im Parkway Hotel, das gleich um die Ecke, 2100 Lincoln Park West, direkt an der Ecke Dickens Avenue, lag. Es gibt zwar keinen Zeugen, der Moran an diesem Morgen gesehen hat, aber es wird erzählt, daß Moran sich etwas verspätet hatte und in Begleitung von Ted Newberry, einem seiner wichtigsten Leute im Alkoholvertrieb, war. Willie Marks, Morans Spezialist für Gewerkschaftsrackets, schwang sich im selben Moment aus der Straßenbahn, mit der er vom Loop gekommen war. Alle drei konnten vermutlich beobachten, wie der Cadillac vorfuhr und die Insassen ausstiegen, von denen zwei Polizeiuniform trugen. Der Fahrer blieb am Steuer sitzen.

Wenn diese Geschichte stimmt, dann kann keiner der Insassen des Cadillac ein bekanntes Gesicht gehabt haben. Moran und den beiden anderen fehlte es nicht an Mut, und sie hätten nicht tatenlos zugesehen, wenn sie den Eindruck gehabt hätten, daß Rivalen in ihr Depot eindringen würden.

Die Polizei war etwas anderes. Bootlegger, die ihren Schmiergeldzahlungen pünktlich nachgekommen waren, brauchten selbst eine unangekündigte Razzia kaum zu fürchten. Die Regulierung der Angelegenheit war eine reine Kostenfrage. Wozu sollte man sich auf ein Scharmützel einlassen? Es war allerdings klar, daß die drei sich aus dem Staube machten, und es heißt, daß Moran ins Parkway zurückging, um Henry Gusenberg zu warnen.

Die Männer in der Garage reagierten offensichtlich auf die unbekannten Uniformträger in der gleichen Weise wie Moran – sie ergaben sich widerwillig in ihr Schicksal. In einer Mitteilung der Polizei hieß es später: »Die sieben Männer nahmen an, sie hätten lediglich mit ihrer Festnahme zu rechnen . . . Sonst hätten sie ihr Leben teurer verkauft.«

Als die Eindringlinge durch die Tür der Trennwand traten, lag vor ihnen ein künstlich entstandener Gang. Die Garage war mit ungefähr zehn planenbedeckten Lastwagen und einigen PKWs vollgestellt, und die Fahrzeuge waren so geparkt, daß ein Durchgang vom Büro zum einzigen freigebliebenen Platz hinten in der Garage begehbar blieb. Die freie Fläche grenzte an die ehemals weißgetünchte Nordwand. Ein Tisch stand unter einer starken Glühbirne, die den ganzen Bereich erhellte. Eine Kanne mit heißem Kaffee dampfte auf einer Kochplatte, daneben lag eine Schachtel Kekse. Sechs Mann waren um den Tisch versammelt, May arbeitete noch unter dem LKW.

Die beiden Uniformierten traten unzweifelhaft als erste in das freie Areal. Sie dürften gebrüllt haben, daß dies eine Razzia sei, und jedermann sich mit erhobenen Händen an die Wand aufstellen solle. May stellte sich zu den anderen. Die beiden Männer in Zivil waren wahrscheinlich noch im Durchgang geblieben, bis die Mitglieder der Gang murrend dem Befehl nachgekommen waren. Die sieben erwarteten jedenfalls nichts Schlimmeres als gewisse Unannehmlichkeiten. Bis auf Schwimmer hatten sie alle schon einmal eine Festnahme über sich ergehen lassen, vielleicht rechneten sie noch nicht einmal mit ihrer Verhaftung, da die Garage, abgesehen von dem Alkohol, der unter dem Dach versteckt lag, sauber war.

Die sieben Männer hatten sich, wie befohlen, mit hochgereckten Armen und dem Gesicht zur Backsteinwand aufgestellt. Frank Gusenberg stand ganz links in der Reihe, dann kam Pete, als nächster Weinshank, Heyer, Clark, May und ganz rechts der glücklose Optiker. Alle trugen Mäntel, bis auf Clark – und May, der einen braunen Overall und darüber eine Jacke trug. Schwimmer glänzte mit einer Nelke im Knopfloch.

Einer der Eindringlinge tastete eilig die Männer der Reihe nach ab, um ihnen die Waffen fortzunehmen. Bei den Gusenbergs wurde er zweifellos fündig, möglicherweise bei allen, eventuell sogar bei Schwimmer. Franks durchgeladene Pistole fiel in der Hektik auf den Boden und blieb dort liegen.[23]

Die Sturmtruppe hatte zwei Thompson-Maschinenpistolen mitgebracht, die eine mit einem fünfundzwanzigschüssigen Stabmagazin und die andere mit einem Trommelmagazin von fünfzig Schuß. Die Schützen nahmen rechts und links Aufstellung, zwei weitere Männer mit Schrotflinten standen in der Mitte.[24] Beim Krachen des ersten Schusses muß den sieben Männern an der Wand schlagartig klar geworden sein, was wirklich los war. Alles ging so schnell, daß die Opfer noch mit hocherhobenen Händen dastanden, als die ersten Kugeln einschlugen.[25]

Die erste Maschinengewehrsalve traf sie von hinten in Kopf, Hals und Schulter. May versuchte sich umzudrehen, vermutlich wollte er sagen, daß er nicht wirklich zu diesen Leuten gehörte. Eine grobe Schrotladung riß ihm die linke Schädelhälfte weg. Ein zweiter Schrotschuß traf Schwimmer in den Rumpf. Vier der Opfer fielen nach hinten auf den Rücken, im rechten Winkel zur mittlerweile pockig gewordenen Wand. Clark taumelte zur Seite und ging längs der Wand zu Boden. Pete Gusenberg sackte über einem Stuhl zusammen und hing vornübergebeugt mit der Brust über der Lehne, während der seitwärts verdrehte Rest des Körpers vom Sitz gestützt wurde.

Einer der Schützen ging in die Hocke und verschoß noch eine letzte Salve in die aufgereihten Körper. Geschosse durchschlugen die Schädel der Opfer, Fehlschüsse fetzten durch aufragende Füße.

Ihren Rückzug deckten die Killer mit einem geschickten Tarnmanöver: Sie täuschten eine Verhaftung vor für den Fall, daß sich jemand über die Schüsse gewundert hatte.

Auf der anderen Straßenseite sah Mrs. Joseph Morin daraufhin zwei Männer mit erhobenen Händen aus der Garage herauskommen. Unmittelbar dahinter erschienen zwei Männer in Polizeiuniform. Sie trugen, wie sich Mrs. Morin am nächsten Tag erinnerte, »lange Flinten, die auf den Rücken der anderen Männer gerichtet waren«.[26]

Samuel Schneider hatte in seiner Schneiderwerkstatt im Erdgeschoß des rechten Nachbarhauses mit der Nummer 2124 nichts Besonderes gehört, und Schüsse schon gar nicht. Er beobachtete jedoch aus seinem Fenster, wie die Männer über den Fußweg gingen. Sie »ließen sich viel Zeit«, sagte er zu einem Reporter. »Ich dachte, das sind Polizeibeamte.«[27]

In der dritten Etage des gleichen Hauses hatte Mrs. Max Landesman gedämpftes Geknatter und Geknalle gehört und konnte sich denken, was es war. Später erzählte sie: »Ich wurde natürlich ein bißchen neugierig.« Sie kam gerade noch rechtzeitig ans Fenster, um einen Mann in einen Cadillac steigen zu sehen. Auch sie hielt den Wagen für ein Polizeifahrzeug.[28]

Gerade, als das Fahrzeug vom Bordstein in den Verkehr einschwenken wollte, um Richtung Innenstadt davonzufahren, kam in derselben Richtung eine Straßenbahn vorbei. Die Mörder sahen die Fahrbahn versperrt und fuhren in ihrer Eile auf der Gegenfahrbahn an der Bahn vorbei. Polizeifahrzeug hin oder her, für Jeanette Landesman war das ein sehr bedenklicher Fahrstil. Und überhaupt, was war das für ein Lärm gewesen? Er mußte aus der Garage gekommen sein. Sie machte sich die Treppe hinunter auf den Weg.

Die Vordertür der Garage klemmte. Mrs. Landesman ging in ihr Haus zurück und holte einen Mieter herbei, der gerade auf dem Weg zur Arbeit war. Charles McAllister verschaffte sich Eintritt und verschwand im Gebäude.

Aschfahl kam er wieder heraus. Im Inneren der Garage lagen lauter tote Männer und ein Überlebender, der »wer ist da?« gerufen hatte, als McAllister auf die Leichen stieß. Mrs. Landesman telefonierte sofort mit der nächsten Polizeistation, dem Hudsonrevier.

Der erste Polizist am Tatort war Lieutenant Thomas Loftus. Er sah Frank Gusenberg schmerzverzerrt auf sich zukriechen. Loftus hob Franks Revolver vom Betonboden auf und nahm ihn an sich.

»Frank, erkennst du mich?« fragte Loftus, der den Gangster tatsächlich schon seit Jahren kannte.

»Sie sind Tom Loftus«, röchelte Gusenberg.

»Wer war das?« fragte der Polizist. »Was ist passiert?«

»Ich sage nichts.«

»Es sieht schlecht aus für dich, Frank.«

»Bringen Sie mich um Himmels willen ins Krankenhaus!«

Die Gelegenheit war einfach zu günstig. Loftus versuchte, Gusenberg zu einer Antwort zu zwingen, bevor er Hilfe herbeirief. »Du mußt mir sagen, worum es bei der Schießerei hier ging!« sagte er.

»Aus mir kriegen Sie nichts heraus.«

Loftus gab auf und rief einen Krankenwagen. Auf dem knapp zwei Kilometer langen Weg zum Alexianerhospital versuchte der Lieutenant sein Glück noch einmal. Er sagte zu Gusenberg, er habe auch dessen Bruder tot daliegen sehen. Wer die Täter gewesen seien?

»Ich sag's nicht«, stöhnte Gusenberg.[29] Er war schon fast tot, aber immer noch unerbittlich. Er starb nachmittags um 13.40 Uhr, ohne ein Wort verraten zu haben.

Der Schauplatz des Verbrechens machte selbst hartgesottene Polizisten sprachlos. Heyer, der in der Mitte der Reihe gestanden hatte, war im Kreuzfeuer derart von Kugeln durchsiebt worden, daß sich bei der Autopsie das Ermitteln einzelner Schußkanäle als unmöglich erwies.[30] Sieben Opfer gleichzeitig war eine Ungeheuerlichkeit, die die Polizisten im Hudsonrevier so verwirrte, daß sie vergaßen, das Hauptquartier zu verständigen. Dreißig Minuten später war das Ereignis, das später »das Massaker« genannt werden sollte, in der Zentrale immer noch unbekannt. Nur die Dienststelle der Gerichtsmedizin war natürlich wegen des Notrufs nach dem Krankenwagen unterrichtet.

Nach dem zweiten, dringenden Anruf von Jungreporter Walter Spirko, daß etwas passiert sei, rief Isaac Gershman schließlich den wachhabenden Beamten im Hauptquartier der Polizei an. Dort erfuhr er, daß eine Beschwerde über einen Zwischenfall in der 2122 North Clark Street eingegangen sei, eine Schlägerei oder so etwas. Von Todesopfern war aber keine Rede. Gershman, der allen anderen um dreißig Minuten voraus war, ließ eine Routinenotiz hinausgehen: »Verletzte bei Schlägerei«. Es dauerte nicht lange, und Gershman hörte das

Sirenengeheul durch den Loop schallen. Die Geschichte war heraus, und jetzt hatte sie jeder. Gershman rief Spirko an. »Walter, du Hundesohn, warum hast du mich bloß nicht überzeugt?«

20

. . . und viele Theorien

Um 11.25 Uhr heulten die Polizeisirenen immer noch durch die Straßenschluchten des Loop. Vor der Garage begann ein Menschenauflauf sämtliche Straßen der Umgebung zu verstopfen. Zur gleichen Zeit – 12.25 Uhr Ortszeit – fuhr in Miami am Gerichtsgebäude von Dade County eine auf Hochglanz polierte hellblaue Limousine vor. Dem Wagen entstieg Al Capone, eine Augenweide in kariertem Sportjackett, weißen Flanellhosen, sportlichen Schuhen und mit seinem Erkennungszeichen, dem weichen, weißen Filzhut. Der uniformierte Chauffeur und ein Leibwächter blieben beim Wagen, ein anderer Leibwächter bezog im Gebäude neben dem Aufzug Stellung. Die Leibwächter waren bullige, aber agile Burschen mit flinken Augen. Sie waren fast so schick angezogen wie Snorky.

Punkt 12.30 Uhr schlenderte Capone ins Büro des Staatsanwalts von Dade County, Robert Taylor, der ihn schon im vorigen Sommer vernommen hatte. Taylor hatte Capone zu einem Gespräch mit Louis Goldstein hergebeten. Der stellvertretende Staatsanwalt Goldstein war aus New York angereist, um eine weitere Befragung zum Mord an Frankie Yale durchzuführen. Später wurde vielfach angenommen, Capone habe sich selbst mit einem Alibi versorgt, aber der Mord und sein Zeitpunkt waren nicht seine Idee gewesen. Ein extra arrangiertes Alibi war auch gar nicht nötig, da er sich in Florida fast täglich in der Öffentlichkeit zeigte.

»Nun«, sagte Capone, nachdem er Taylor, Goldstein und den höheren Beamten von Miami die Hände geschüttelt hatte, »was kann ich für Sie tun?«[1]

Hinterher war von niemandem etwas darüber zu erfahren, welche Fragen Capone gestellt worden waren und was er darauf geantwortet hatte, da es sich um laufende Ermittlungen in einem Mordfall handelte.[2] Als man Capone fragte, sagte er bescheiden: »Ich habe mich eben zu einigen Fragen geäußert, die wahrscheinlich sowieso niemand interessieren.«[3] Zwei Jahre und neun Monate später sollte er erkennen, daß dies ein Irrtum war, aber die Fragen des Staatsanwalts von Dade County mußten zum gegebenen Zeitpunkt tatsächlich harmlos erscheinen. Capone wußte geschickt zu parieren.

Taylor wollte zum Beispiel wissen, wann Capone Parker Henderson zum ersten Mal getroffen hatte.

Vor zwei Jahren.

Taylor fragte nach: »Können Sie uns die Namen der Leute nennen, die damals dabei waren?«

Capone zögerte. »Ich möchte keine Namen nennen, solange ich nicht weiß, worum es eigentlich geht. Werden meine Antworten notiert und ausgewertet?«

»Nun«, sagte Taylor, »wir werden ein Protokoll machen. Alles, was Sie sagen, kann entweder für oder gegen Sie verwendet werden.« Die Protokollführerin Ruth Gaskin stenographierte eifrig mit.

»Das wollte ich nur geklärt wissen«, sagte Capone. Sämtliche Namen waren ihm entfallen.

Als später einige seiner damaligen Aussagen in dem Steuerverfahren gegen ihn eine Rolle spielten, äußerten sich manche Kritiker abfällig über Capones Blindheit, die ihn eine solche Warnung in den Wind schlagen ließ. »Man möchte glauben, Capone ist nicht ganz bei Trost gewesen«, hieß es.[4] Aber bis zu den ersten größeren Steuerverfahren gegen Gangster — gegen Capones Bruder Ralph und Druggan und Lake — sollten noch neun Monate vergehen.[5] Und diese Prozesse konnten nur deshalb geführt werden, weil es dem Staat gelang, den dreien illegale Einkünfte *nachzuweisen*. Aber als Capone Taylor Rede und Antwort stand, war aus Gründen, die noch zu erläutern sind, den wenigsten erst klar, daß auch illegale Einkünfte der Steuer unterlagen. Der IRS hatte sich schon seit ein paar Jahren mit der steuerlichen Situation von Gangstern beschäftigt[6] und insbesondere Capone seit dem 18. Oktober des vergangenen Herbstes aufs Korn genommen.[7] Capone ahnte jedoch nichts davon und konnte keinen Grund zur Verweigerung von Antworten sehen, wo er eine Routinebefragung vermuten mußte. Folglich antwortete er, wenn auch sehr vorsichtig.

»Was ist Ihr Beruf?« fragte Taylor.

»Ich bin Glücksspieler«, sagte Capone. »Ich wette auf Rennpferde.« In Florida und Illinois war das völlig legal, und im Bundesstaat New York auch, falls sich der vertretende Herr Staatsanwalt dafür interessieren sollte.

Taylor hatte Capones telefonische Kontakte überprüft. Er fragte: »Wer ist Mitchell aus Oak Park in Illinois? Er hat am 20. letzten Monats dreimal bei Ihnen zu Hause angerufen.«

»Er tätigt in meinem Namen Einsätze auf den Rennplätzen.«

Auch das war keineswegs illegal, sondern eher eine Bestätigung, daß Capone sich nicht mit illegalen Buchmachern abgab, sondern vielmehr seine Wetten auf den Rennplätzen selbst abschließen ließ. Taylor hätte Capone gern zu einem belastenden Zugeständnis verleitet. Er bohrte weiter. »Neben dem Glücksspiel betreiben Sie auch Alkoholschmuggel, nicht wahr?« fragte er den Mann, dessen Name in der ganzen Welt als Synonym für dieses Geschäft stand.

Capone, der nicht vereidigt worden war, sagte: »Ich habe niemals in meinem Leben Alkohol geschmuggelt.«

Als möglicherweise belastende Bekanntschaften zur Sprache kamen, wich Capone aus.

»Wie lange wohnt Dan Serritella schon bei Ihnen?« wollte Taylor wissen.[8]

»Er wohnt nicht bei mir. Er besucht mich nur ab und zu für ein paar Tage«, sagte Capone und distanzierte sich von dem zukünftigen Senator, der zu dieser Zeit noch Thompsons Mann im städtischen Eichamt war.

»Kennen Sie Jack Guzik?«

»Er ist einer meiner Bekannten in Chicago.«

»Was ist er von Beruf?«

»Boxer«,[9] gab Capone zurück, womit er sich über den dicklichen Ex-Zuhälter lustig machte.

Auch den verdächtigen Gebrauch von Decknamen wies Capone von sich. Auf Taylors Frage, ob er einen gewissen Al Brown kenne, antwortete Capone: »Man nennt mich manchmal so, aber ich benutze diesen Namen nicht. Mein richtiger Name ist Capone.«[10]

Bei Fragen über Geldgeschäfte verhielt sich Capone sehr zurückhaltend. Er stritt ab, unter dem Namen »A. Costa« telegraphische Geldanweisungen erhalten zu haben – vielleicht weil er dachte, es würde keinen guten Eindruck machen. Taylor formulierte seine Frage neu: »Haben Sie im hiesigen Büro der Western Union Geld aus Chicago bekommen?«

Das war unverfänglich, selbst im Zusammenhang einer Steuerfahndung. Geldzugänge waren nicht das gleiche wie ein steuerpflichtiges Einkommen. »Das stimmt«, antwortete Capone. »Die Beträge kamen alle aus Chicago.«[11]

»In Verbindung mit Glücksspielaktivitäten?«

»Ja.« Zu diesem Zeitpunkt hielt man Gewinne aus illegalem Glücksspiel noch nicht für steuerpflichtig.

»Hat Parker Henderson für Sie finanzielle Transaktionen durchgeführt?« fragte Taylor.

»Nur beim Kauf meines Hauses.«

»Wieviel haben Sie Henderson für den Kauf gegeben?«

»Fünfzigtausend Dollar.«[12]

»In bar oder als Scheck?«

»In bar.«

»Hat er sich Ihrer Meinung nach Ihnen gegenüber immer ehrlich verhalten?«

»Aber sicher. Absolut.« Der Gedanke, daß der eifrige Trottel krumme Touren versucht haben sollte, muß Capone amüsiert haben.

Der Schlagabtausch kam auf einen bestimmten Punkt. »Machen Sie über Ihre finanziellen Transaktionen Aufzeichnungen?«[13] wollte Taylor wissen.

»Ja, sicher.«

»Wo sind die Aufzeichnungen?«

»Das ist meine persönliche Angelegenheit.«

Capone scheute auch nicht, ein bißchen das Klischee von den armen reichen Leuten zu bedienen. Der Anwalt fragte, ob die Berichte stimmen würden, daß Capone die Bahamainsel Cat Key kaufen wolle. Die Insel wurde als hervorragender Stützpunkt angesehen, um von dort Alkohol an die Küsten von Florida zu schmuggeln.

»Ich weiß noch nicht. Vielleicht.«

»Was haben Sie mit der Insel vor?«

»Ich glaube nicht, daß ich sie bekomme. Dazu habe ich nicht genug Geld.«

»Was soll sie denn kosten?«

»Eine halbe Million.«

Dann kam Taylor ans Eingemachte. »Haben Sie in der Zeit, als Sie im Ponce de Leon wohnten, von Charley Fischetti Geld erhalten?« fragte er. »Nach Hendersons Aussagen erhielten Sie verschiedentlich Summen von eintausend bis fünftausend Dollar.«

»Was hat die Höhe des Betrages mit dieser Frage zu tun?« war Capones ganze Antwort.[14] Wenn der Name Charley Fischetti genannt wurde, konnte es sich nur um Einnahmen aus illegalen Geschäften handeln.

Führt man sich vor Augen, wie wenig Capone von den Absichten der Staatsorgane wissen konnte, dann hatte er eine kühle und umsichtige Vorstellung hingelegt.

In Chicago gab Polizeichef Bill Russell markige Sprüche von sich, wie es die Tradition verlangte. »Das ist der entscheidende Kampf«, tönte er und fügte die üblichen Versprechungen hinzu. »Ich habe mich noch nie vor einer vergleichbaren Herausforderung gesehen − Mörder, die als Polizisten auftreten! −, aber man hat uns den Handschuh hingeworfen, und wir nehmen die Herausforderung an. Wir werden die letzte Stunde des Gangstertums von Chicago einläuten.«[15]

Die Polizei verfiel in hektische Betriebsamkeit. Die Zimmer und Wohnungen der Opfer wurden auf den Kopf gestellt. In Schwimmers Hotelzimmer im Parkway fand die Polizei eine geladene Pistole,[16] aber Moran konnte man nirgendwo in Chicago auftreiben. In Pete Gusenbergs Wohnung traf die Polizei auf Myrtle. Sie sagte, sie habe sich ein Jahr zuvor von einem Mann namens Coppelman scheiden lassen und sei jetzt mit einem Pete verheiratet, der aber, soweit ihr bekannt sei, Gorman heiße. Sie hätte keine Ahnung gehabt, daß er ein Gangster sei.[17] Im Hotelzimmer von Frank Gusenberg stieß die Polizei auf zwei kleinere Gangster. Der eine war Franks Schwager Paddy King. Die beiden waren vermutlich gekommen, um eine Maschinenpistole verschwinden zu lassen, die ein Hauswart in einem Wandschrank hinter einem losen Brett gefunden hatte. Auf der Clark Street trieb die Polizei ebenfalls Zeugen auf, unter ihnen die beiden Frauen, die den Spähern die Zimmer vermietet hatten. Die Zimmerwirtinnen konnten aber keinen der angeblichen Taxifahrer den vorgelegten Verbrecherfotos zuordnen.[18]

Kurzum, die Polizei tappte im dunkeln.

Am Tag nach dem Massaker verursachte Frederick D. Silloway, ein Angestellter der Prohibitionsbehörde von Chicago, beträchtliches Aufsehen mit der Behauptung, die Männer in Polizeiuniform seien echte Polizisten gewesen und keine maskierten Gangster.[19] Als er gefragt wurde, behauptete er, die Reporter hätten ihn falsch zitiert. Er habe nur zum Ausdruck bringen wollen, das Massaker sei »die Folge eines Überfalls auf einen Lastwagen auf dem Indianapolis Boulevard«, der vor ein paar Wochen stattgefunden habe. An diesem Coup seien Polizisten in Uniform und leider auch ein Prohibitionsagent beteiligt gewesen. Silloway leitete daraus eine ziemlich törichte Theorie ab: Es seien fünfhundert Kisten Schnaps abhanden gekommen. Moran habe folglich den Schmiergeldhahn

zugedreht, und »das Resultat dieses Schrittes waren die gestrigen Maschinenge-
wehrmorde.«

Polizeichef Russell erklärte: »Wenn Major Silloway irgendwelche Beweise in
Händen hat, dann sollte er damit zu uns kommen.« Egal wie, »wir werden
herausfinden, wer das Verbrechen begangen hat. Was Major Silloways Behauptung betrifft, so werde ich schuldige Polizisten genau so verfolgen wie jeden
anderen auch.«[20]

Russells Chief of Detectives, John Egan, reagierte auf die Möglichkeit von
wildgewordenen Polizisten angeblich noch barscher. Er drohte: »Ich werde sie
am Kragen packen und in eine Zelle werfen.« Er fand für den Vorstoß Silloways
wesentlich bissigere Worte als sein Vorgesetzter. »Es ist ja ganz schön, wenn
Major Silloway Theorien aussheckt und veröffentlichen läßt«, sagte Egan. »Wir
würden ihm aber lieber zuhören, wenn er mit Tatsachen aufwarten könnte.«[21]
Sicherheitshalber mußten 225 Detectives erklären, wo sie sich zum Zeitpunkt des
Massakers aufgehalten hatten.[22] Silloway wurde zunächst versetzt, dann entlassen[23].

Die Sache wurde immer verworrener. In H. Wallace Caldwell, dem Präsidenten der Schulbehörde von Chicago, hätte man doch eigentlich einen verläßlichen
und verantwortungsbewußten Zeugen haben sollen. Seiner ersten Aussage
zufolge hatte er einen Blick auf die Mörderbande erhascht, kurz bevor deren
Wagen den Laster von Elmer Lewis streifte. Er sei auf das Täterfahrzeug
aufmerksam geworden, weil der Wagen das Rotsignal einer Ampel überfahren
habe. Er konnte mit dem faszinierenden Hinweis aufwarten, daß einem der
Insassen ein Schneidezahn fehlte. Der Zahnarzt Loyal Tacker, der seine Praxis
weiter oben in der 2530 Clark Street hatte, sagte aus, er habe am Abend vor dem
Massaker einem übel aussehenden Schlägertyp einen Schneidezahn gezogen.
Alsbald war ein Mann mit fehlendem Schneidezahn zum Hauptverdächtigen
avanciert.[24]

Es war nur ärgerlich, daß nach Caldwells Aussage das Täterfahrzeug auf der
Clark Street stadtauswärts nach Norden fuhr, um dann umzukehren, was unmöglich stimmen konnte. Des weiteren war es etwas unwahrscheinlich, daß man
selbst bei ganz sanftem Schneegestöber in einem entgegenkommenden Fahrzeug
ein zahnloses Grinsen ausmachen konnte, und sei es auch noch so breit. Bei einer
späteren Aussage änderte sich die Darstellung. Jetzt war es auf einmal Caldwells
Chauffeur gewesen, der den Mann mit der Zahnlücke gesehen hatte, und diesmal
lungerte der Kerl vor der Garage herum.

Zahnarzt Tacker tauchte einige Tage später in Detroit auf. Er wanderte mit
einer Kopfverletzung umher und faselte etwas von einer Entführung, der er am
Tage nach dem Massaker zum Opfer gefallen sei. Er konnte sich auch nicht
erklären, warum man ihn wieder laufen gelassen hatte. Der Mann, den er nach
Polizeifotos als seinen damaligen Patienten identifizierte, saß seit November des
Vorjahres im Bezirksgefängnis ein.[25]

Die Theorien über das Massaker schossen inzwischen wild ins Kraut: Die
Gusenbergs hätten ein paar Hijacker umgebracht, und das sei die Rache dafür
gewesen. Es bestünde eine Verbindung zu Morans Schachzügen, mit denen er

sich in die Reinigungs- und Färberbetriebe drängen wolle. Es gehe auf das Konto
der Purple Gang, die der Überfälle auf die LKWs überdrüssig geworden sei. Es
sei eine interne Abrechnung innerhalb von Morans Gang gewesen. Der Senator
von Alabama, J. Thomas Heflin, erklärte vor seinen Kollegen, daß Mussolinis
Agenten alle Gangster umbringen würden, die sich weigerten »einen Treueeid
auf den Faschismus« abzulegen, nachdem Mussolini unlängst die Lateranver-
träge mit dem Vatikan abgeschlossen habe.[26]

Bei soviel öffentlicher Aufmerksamkeit wollte Staatsanwalt John Swanson
nicht zurückstehen und verkündete die Durchsetzung der Prohibitionsgesetze in
Chicago. Er wies die Führungsebene des Polizeiapparats an, sämtliche Speakeasies zu schließen, und zwar dieses Mal *wirklich*. Auch Spielkasinos, Pferde-
wettbüros und Bordelle waren dichtzumachen. Das beabsichtigte Ziel war, »die
Unterwelt endgültig daran zu hindern, Profit zu machen«.

Zwei Tage später war die Stadt so gut wie ausgestorben. »Wie sieht's aus?«
fragte ein Saloonbesitzer den anderen.

»Tot.«

»Das kann man aber laut sagen«, gab der erste zurück.[27]

In Miami war das anders. Im Zuge des Rummels um den Meisterschaftsbox-
kampf zwischen Jack Sharkey und William »Young« Stribling gab Capone auf
Palm Island ein glanzvolles Fest für die Presse[28]. Er besuchte Sharkeys Trainings-
lager und ließ sich zwischen Sharkey und Bill Cunningham, einem früheren All-
American Footballprofi ablichten. Im Hollywood Country Club spielte er Golf
– was für den Caddy zum unvergeßlichen Ereignis wurde, da Capone nur die
ersten neun Löcher spielte und pro Loch einen Dollar Trinkgeld gab.[29] Ein
Dollar für die ganze Runde galt schon als großzügig.

Abgesehen von der ersten Januarhälfte hatte sich Capone in Florida bestens
amüsiert. Die genaue Dauer von Capones Erkrankung im Januar sollte noch in
einem Verfahren vor dem Bundesgericht zur Sprache kommen, die Erkrankung
als solche aber war keineswegs vorgetäuscht, sondern sogar ziemlich ernst. Dr.
Samuel D. Light hatte bei seiner Visite am 5. Januar 1929 festgestellt, daß sich
Capones Grippe zu einer doppelseitigen Lungenentzündung ausgewachsen
hatte.[30] Wie wir später sehen werden, hatte ein junger Arzt aus Miami, Kenneth
Phillips, den Fall übernommen und Capones Hausarzt David Omens aus Chicago
zur Konsultation herbeikommen lassen. Mitte Januar war Capone jedoch über
den Berg. Wenn auch der genaue Zeitpunkt strittig war, so hatten Polizisten
Capone auf der Rennbahn in Hialeah gesehen, kurz nachdem die Saison am
17. Januar eröffnet worden war.[31] Am 2. Februar hatte der Charterpilot Edward
Nirmaier Capone mit einer kleinen Gesellschaft zu einem Tagesausflug nach
Bimini geflogen.[32] Und am 8. Februar hatte Capone mit dem Dampfer einen
längeren Ausflug auf die Bahamas unternommen, von dem er erst zwei Tage vor
dem Massaker, am 12. Februar, zurückkehrte.[33]

In Chicago dauerten die Nachforschungen an und wurden auf zwei Ebenen
betrieben. Herman Bundesen sammelte gerichtsmedizinische Befunde von Ärz-

ten über den Tod der Opfer, und die Angehörigen wurden über das Leben der Ermordeten befragt. Man versuchte auch, die Mordwaffen zu ermitteln. Die Polizei führte unterdessen ihre Aktionen mit unvermindertem Druck weiter.

Am Nachmittag des 21. Februar verkündete Polizeichef Russell, man werde bei den Aktionen zur Trockenlegung von Chicago sämtliche Garagen, Schuppen und Hütten inspizieren, die über rückwärtige Zufahrten erreichbar seien, um auf diese Weise Schwarzbrennereien auszuheben. Die Ankündigung zeigte Wirkung. Am Abend desselben Tages sahen Anwohner aus einer Garage an der 1732 North Wood Street Rauch aufsteigen. Die herbeigeeilte Feuerwehr rief nach dem ersten Blick in die Garage die Polizei.

Mit Eisensäge, Axt und Schneidbrenner hatte jemand dort versucht, einen siebensitzigen Cadillac abzuwracken. Stück für Stück, als ob man vermeiden wolle, entdeckt zu werden, waren die Leinwand des Verdecks und der Seitenteile, die hölzernen Bauteile und die Sitze verbrannt worden.[34] Polizeicaptain John Stege schloß daraus, daß Russells Ankündigung die Täter zur Eile getrieben habe. »Sie haben vermutlich versucht, die Sache mit ein bißchen Benzin zu beschleunigen.« Es hatte offensichtlich eine Stichflamme gegeben, die einen der Demonteure angesengt hatte, denn man fand einen angekohlten Mantel und Hut. Ein Unbekannter hatte sich in der Nähe bei einer Arztpraxis zur Versorgung seiner Verbrennungen eingefunden, die er sich angeblich bei der Explosion eines Destillierapparates zugezogen hatte. Als ihm die Schwester sagte, er müsse sich noch etwas gedulden, bis der Arzt mit einem anderen Patienten fertig sei, war der Mann davongelaufen. Die Schwester meinte, er habe vermutlich befürchtet, daß man ihn bei der Polizei melde. In der Ecke der Garage lag eine Polizeisirene, die von dem Wagen abmontiert worden war. Man fand auch eine Luger und den Griff einer anderen Pistole. Auf den Waffen waren jedoch so viele Abdrücke, daß eine daktyloskopische Untersuchung wertlos war.

Sobald ein Beamter den abgebrannten Schrotthaufen in der Garage sah, verkündete er: »Wir haben das Täterfahrzeug gefunden.« Der stellvertretende Staatsanwalt Harry F. Ditchburne fügte hinzu: »Von unserer Seite bestehen hinsichtlich des Fahrzeugs keinerlei Zweifel«, um anschließend stolz zu erklären, daß die Detectives nunmehr von allem Verdacht befreit seien, da der Wagen zweifellos kein Polizeifahrzeug sei.[35]

Die Garage war am 12. Februar gemietet worden, zwei Tage vor dem Massaker. Als Mieter trat ein gewisser Frank Rogers auf. Er mietete die Garage für zwei Monate und zahlte zwanzig Dollar im voraus. Er war so töricht, dem unbescholtenen Vermieter eine richtige Adresse anzugeben: 1859 West North Avenue − das Haus lag praktisch um die Ecke. Die Polizei fand das Apartment zwar verlassen vor, aber man wußte jetzt Bescheid. Im Nachbarhaus befand sich das Hauptquartier von Claude Maddox, das Circus Café. Die Polizei hatte einen Monat zuvor in der 1859 West North Street eine Hausdurchsuchung gemacht und war auf Maddox gestoßen, der damals seinen echten Namen John E. Moore angegeben hatte. Er hockte in einem kahlen, unmöblierten Zimmer an der Hinterfront des ersten Stocks, in dem sich lediglich ein mit hundert Schuß vollgeladenes Trommelmagazin für Maschinenpistolen und ein Dutzend Mäntel befanden. In der Tasche eines Mantels steckte eine geladene Automatikpistole. Eigenheiten dieser Art hatten Maddox den Spitznamen »Screwy« (Spinner) eingebracht.

Die Seriennummer des Wagens war nur unzureichend unkenntlich gemacht worden, und es gelang der Polizei, die Stationen des Fahrzeugs über einige völlig normale Verkäufe hin bis zu einem Barverkauf für 850 Dollar im vergangenen Dezember nachzuvollziehen. Der Käufer nannte sich »Morton« und gab als Adresse Los Angeles an. Hier endete die Spur. Auch »Frank Rogers« blieb verschwunden. Maddox war zwar mit zwei Kumpanen in ölverschmierten Overalls von Zeugen am voraufgehenden Montag in der Nähe der Garage in der Wood Street gesehen worden, aber selbst wenn man sie unmittelbar beim Abwracken des Cadillac erwischt hätte, so war dies noch lange nicht gesetzlich verboten, auch dann nicht, wenn der Wagen einem nicht mehr eindeutig identifizierbaren Tatfahrzeug gleichen sollte. Die Polizei konnte Maddox nichts zur Last legen, selbst wenn sie ihn gefunden hätte.

Somit war man keinen Schritt weitergekommen. Belohnungen von insgesamt 50 000 Dollar waren ausgesetzt worden: 10 000 Dollar von Bürgern und je 20 000 Dollar vom Stadtrat und von der Staatsanwaltschaft, wobei man sich auf zusätzliche 50 000 Dollar von der Handelskammer Hoffnungen machte.[36] Als einige Stadträte sich um ihren Anteil an der Belohnung Sorgen machten, sagte der Ratsherr Jacob M. Arvey: »Wozu die Aufregung? Wir werden die Belohnung sowieso nie zahlen müssen, weil man die Täter nicht fangen wird.«[37]

Die Täter vielleicht nicht, aber irgend jemand mußte traditionsgemäß verhaftet werden. Zwei Beamte, die in St. Louis ermittelten, stellten fest, daß das Tragen von Polizeiuniformen zur Irreführung der Opfer ein Standardtrick von zwei früheren Bandenmitglieder der örtlichen Gang Egan's Rats war. Die beiden hatten auf diese Weise eine rivalisierende Bande in Ohio zusammengeschossen. Einem der beiden Ganoven fehlte ein Schneidezahn! Die Polizei gab diese neue Spur bekannt, die Namen wurden aber unter Verschluß gehalten, solange man noch keine Polizeifotos vorlegen konnte.[38] Dann wurde eine Fahndungsliste mit siebzehn Namen herausgegeben, unter denen sich Maddox, McGurn, Belcastro, Joseph Lolordo, Frank Maritote und als Schuß ins Blaue auch Joe Aiello und sein Bruder Sam befanden.[39]

Am Nachmittag des nächsten Tages, am 27. Februar, wurde um 13.30 Uhr Jack McGurn im Stevens Hotel aufgespürt, wo er unter dem Namen Vincent D'Oro abgestiegen war.[40] McGurn, der von seiner Frau getrennt lebte, hatte sich seit dem 31. Januar mit der platinblonden Louise Rolfe in das Hotel zurückgezogen. Wie McGurn war auch Louise Rolfe eine erstklassige Golfspielerin.[41] Sie war zum ersten Mal ins Gerede gekommen, als sie mit fünfzehn Jahren einen schweren Verkehrsunfall verursachte, in den drei Fahrzeuge verwickelt gewesen waren, darunter auch der Wagen des Generalstaatsanwalts von Illinois, Edward J. Brundage.[42]

Drei Stockwerke über dem Zimmer der beiden hatte die Sonderkommission zur Aufklärung des Massakers ihr Hauptquartier aufgeschlagen. »Jetzt haben wir ihn!« jubelte ein Lieutenant, als George Brichetti und eine namentlich nicht genannte Frau, die das Fluchtfahrzeug beobachtet hatten, McGurn bei einer Gegenüberstellung erkannten.

In Miami gewann an diesem Abend Sharkey nach zehn ereignislosen Runden den Entscheidungskampf gegen Stribling.[43] Capone war mit Jack Dempsey gekommen, der für ihn einen Platz reserviert hatte. Zuvor war Capone durch einen Gerichtsdiener eine Vorladung zugestellt worden, die für den 12. März 1929 sein Erscheinen vor der Grand Jury eines Bundesgerichtes in Chicago anordnete.[44] Er sollte zu Verstößen gegen das Prohibitionsgesetz in Chicago Heights aussagen. »Ich habe nichts zu befürchten«, verkündete Capone. »Ich werde kommen. Aber zuerst möchte ich in Ruhe meinen Urlaub verbringen.«[45]

Polizei und Strafverfolgungsbehörden von Chicago hatten inzwischen den Zeugen Fotos vorgelegt, Informanten ausgequetscht und die Namen der beiden ehemaligen Mitglieder der Egan's Rats bekanntgegeben, die man mittlerweile für die Täter in Polizeiuniform hielt. Der erste war derjenige mit der Zahnlücke und hieß Frederick R. Burke. Er war flüchtig, seit er bei einem Bankraub am 2. April 1925 in Louisville identifiziert worden war. Nach der Anklage 1927 hatte er Kaution gestellt und war dann untergetaucht. Der andere Verdächtige war Burkes Komplize James Ray. Die beiden waren etwa einsachtzig groß und bullig genug, um überzeugend als Polizisten aufzutreten. Keiner von beiden hätte von Moran oder seinen Leuten erkannt werden können. Überdies ließ die Polizei wissen, daß einer der Maschinenpistolenschützen Joe Lolordo sein müsse, der vermutlich aus Rache für den Tod seines Bruders mitgemacht habe. Die New Yorker Polizei teilte bald darauf ihren Kollegen in Chicago mit, daß man Burke und Ray auch als Mörder Yales in Verdacht habe. David N. Stansbury, ein stellvertretender Staatsanwalt, fabulierte, daß die beiden für den Job am Valentinstag je 10 000 Dollar erhalten hätten.[46]

Aufgrund der Aussagen von Zeugen und Informanten fahndete die Polizei auch nach Capones Mörderpärchen Scalise und Anselmi. Die Beweise reichten aber nur für eine Anklage gegen Scalise, gegen den zusammen mit McGurn ein Strafverfahren eröffnet wurde.[47] Zu diesem Zeitpunkt – es war Mitte März geworden – waren alle anderen Tatverdächtigen ausgeschieden, und von McGurn glaubte die Polizei nur noch, daß er an der Planung des Massakers beteiligt gewesen war. Das Alibi, das gegen seine Anwesenheit am Tatort sprach, war einfach zu schön, und zwar im buchstäblichen Sinn. Die Reporter nannten Louise Rolfe »das blonde Alibi«.

Sie gab zu Protokoll, den Valentinstag bis 13.30 Uhr mit McGurn im Bett verbracht zu haben. Die beiden hatten sich in der Tat seit der Ankunft vor zwei Wochen kaum außerhalb des Hotelzimmers sehen lassen. Mahlzeiten und Zeitungen waren aufs Zimmer gebracht worden. »Wenn man mit Jack zusammen ist«, sagte Louise mit klappernden Augendeckeln, »kommt keine Langeweile auf.«[48]

Die Polizei kam mit ihren Ermittlungen nicht weiter. »Was hat er gesagt?« fragte ein Reporter nach einem Verhör von McGurn. »Was hat der schon jemals einem Polizisten erzählt?« war die Antwort.[49]

Das Interesse der Behörden an Capone war gering, aber er bestand aus reiner Widerborstigkeit darauf, das Ende seines Urlaubs selbst zu bestimmen. Dr. Kenneth Phillips – neunundzwanzig Jahre jung, ehrgeizig und froh um einen solchen Patienten – bestätigte in einer auf den 5. März datierten eidesstattlichen Erklärung, daß Capone wegen einer Lungen- und Rippenfellentzündung bis zum 23. Februar ans Bett gefesselt und anschließend zum Reisen zu entkräftet gewesen sei.[50] Capone hatte sich schriftlich an William Waugh gewandt. Als Waugh noch Angehöriger einer Bundesstrafverfolgungsbehörde war, hatte er mit den Worten »Sie reden mit dem Falschen« 50 000 Dollar abgelehnt, die ihm von einem Beauftragten Torrios angeboten worden waren.[51] Er hatte jetzt eine private Kanzlei und vertrat Capone, der ihm geschrieben hatte: »Wenn ein Bundesrichter entscheidet, daß die eidesstattliche Erklärung eines Arztes als Begründung für mein weiteres Hierbleiben nicht ausreicht, dann werde ich das nächste Flugzeug nach Chicago nehmen.« Beflissen fügte er hinzu: »Ich möchte vermeiden, wegen Mißachtung des Gerichts belangt zu werden.«[52]

Richter James H. Wilkerson war nicht frei von Argwohn. Als er in Capones Brief auf den Satz stieß: »Es wäre derzeit für mich nicht ungefährlich, nach Chicago zu reisen«, brummte er: »Ich würde gern wissen, welche Gefahr er meint.«[53] Er gewährte dennoch einen achttägigen Aufschub bis zum 20. März mit der Bemerkung, der zuständige Bundesstaatsanwalt erhalte dadurch »Gelegenheit, sich in befriedigender Weise von Capones Gesundheitszustand zu überzeugen.«[54]

Als Capone am 20. fristgerecht erschien – aufgeregte Gerichtsstenographinnen und sonstiges Personal verstopften die Flure, um einen Blick auf ihn zu erhaschen –, war die Enttäuschung groß. Die Grand Jury, die über die Eröffnung eines Verfahrens zu entscheiden hatte, unterzog Capone am Nachmittag einer kurzen Befragung und lud ihn dann für die kommende Woche vor, wodurch sich Capone einen Anspruch auf täglich drei Dollar Zeugengeld aus Staatsmitteln erwarb.

Die Frage, ob eine örtliche Polizeibehörde auf eine Person Zugriff nehmen könne, die vor ein Bundesgericht geladen ist, schlug in den Zeitungen hohe Wellen. Die Diskussion sollte sich als müßig erweisen. »Wozu sollte man Capone verhören?« sagte Captain Stege auf die Frage, ob Capones Haus an der Prairie Avenue überwacht werde. »Glauben Sie denn, aus dem kriegt man irgend etwas heraus? Ha, ha, doch nicht aus Capone!«[55] Im übrigen wies der stellvertretende Polizeichef darauf hin, daß Capone zur Tatzeit in Florida gewesen sei.[56]

Als die Grand Jury sich erneut mit Capone befaßte, schien man sich mehr für Capones Steuern als für seine Kenntnis der Vorgänge in Chicago Heights zu interessieren.[57] Es zirkulierten Berichte, daß Capone »sogar bereit sei, Einkommensteuer zu bezahlen, wenn eine Verpflichtung dazu bestehe«.[58] Bei Meinungsverschiedenheiten über die Höhe sei er willens, sich mit den Behörden auf halbem Wege zu treffen.

Capones Gesundheitszustand, mit dem er den Fristaufschub begründet hatte, war in der Zwischenzeit tatsächlich Gegenstand von Ermittlungen gewesen. Nach seiner zweiten Vernehmung durch die Grand Jury wurde Capone wegen

Mißachtung des Gerichts festgenommen, da es ihm uneingeschränkt zuzumuten gewesen wäre, am 12. März vor Gericht zu erscheinen.[59] Capone hinterlegte fünftausend Dollar Kaution und ging.[60] Es dauerte noch beinahe zwei Jahre, bis das Verfahren stattfand.

Die Befragungen des Coroners zu dem Massaker schienen Erfolg zu haben.[61] Die ersten Sitzungen am 23. Februar und am 2. März erbrachten allerdings kaum mehr als den Bericht des Pathologen, zögernde und schwammige Antworten seitens der Angehörigen und gegenseitiges Schulterklopfen von Coroner, Staatsanwaltschaft und Polizei. Ein vertretender Staatsanwalt verstieg sich zu der Behauptung, daß die »definitive Klärung der Identität der Mörder heute noch nicht möglich sei«, was gelinde gesagt eine Untertreibung war, »und vermutlich noch die nächsten zehn Tage auf sich warten lasse« – das war schon manisches Wunschdenken.

Der Coroner hatte jedoch eine Idee, die von der »Daily News« in Chicago später als ihre eigene reklamiert wurde.[62] Er wollte die größte Kapazität auf dem Gebiet der forensischen Ballistik engagieren. Der Gelehrte sollte die Patronenhülsen, die in der Garage gesichert worden waren, mit den in den Leichen gefundenen Projektilen vergleichen. Ein oder zwei Tage, nachdem die Jury zum zweiten Mal zusammengetreten war, teilte Bundesen mit, er habe Calvin Goddard, der damals in New York arbeitete, zum Sachverständigen bestellt.[63] Goddard, der über sich selbst sagte, er sei von Kindheit an ein »Waffennarr« gewesen, war im ersten Weltkrieg Offizier gewesen und hatte die ballistische Abteilung der New Yorker Polizei aufgebaut.

Als die Jury des Coroners dann am 13. April zu ihrer dritten Sitzung zusammenkam, konnte Goddard überzeugend darlegen, daß die Killer zwei Maschinenwaffen eingesetzt hatten, mit denen zwanzig beziehungsweise fünfzig Projektile abgefeuert worden waren. Des weiteren seien zwei Schrotgewehre mit Repetiermechanik zum Einsatz gekommen, da doppelläufige Schrotflinten von Hand geladen werden und keine Auswurfmechanik haben, die an den Patronenhülsen Spuren hinterläßt. Er fuhr fort, daß sämtliche Maschinen- und Schrotgewehre der Polizei von Chicago sowie von den verdächtigen Vorstädten wie Cicero überprüft worden seien und keines davon als Mordwaffe in Frage komme.

Goddard und sein ballistisches Wissen beeindruckten die Geschworenen gewaltig – insbesondere, als der Coroner das Verfahren unterbrach, um sich in diesem Zusammenhang einem Fall zuzuwenden, der mit dem Massaker nichts zu tun hatte: Goddard konnte vor der Jury demonstrieren, daß eine der Waffen aus George Maloneys Besitz vor neun Monaten in einem bislang ungelösten Mordfall benutzt worden war. Auf ähnliche Weise wies er bei zwei weiteren Morden nach, daß sie auf Maloneys Konto gingen. Die neuen Beweise genügten der Jury, um Anklage wegen Mordes zu erheben. Zwei der Geschworenen, nämlich Burt A. Massee, der Vizepräsident von Colgate-Palmolive-Peet, und Walter A. Olson, dem eine Teppichfirma gehörte, nahmen die Ergebnisse zum Anlaß, ein der Northwestern University angeschlossenes »Scientific Crime Detection Laboratory« mitzufinanzieren.[64] Falls jemals Waffen auftauchen sollten, die bei dem

30 Die Polizei wartet auf Capones Erscheinen vor seinem Haus an der Prairie Avenue

31–33 Zunächst Verbündete, wurden die Genna-Brüder ausgeschaltet, als sie zu eigenwillig und zu habgierig wurden. Angelo *(links oben)* wurde in seinem Wagen erschossen. Das führerlose Fahrzeug kollidierte. Mike *(rechts oben)* starb unter den Kugeln der Polizei. Tony wurde von hinten erschossen

34 Samoots Ammatuna, Nachfolger der
Gennas

35 Gabby Hartnett und Fans:
Roland Libonati, Sonny und Al Capone
(von links nach rechts)

GANGSTERBOSSE – Gegner und Verbündete

36 Terry Druggan

37 Frank Lake

38 Joe Aiello

39 Jack Zuta

40 Joe Saltis

41 Frank McErlane

42 Danny Stanton

43 Claude Maddox

44 Klondike O'Donnell

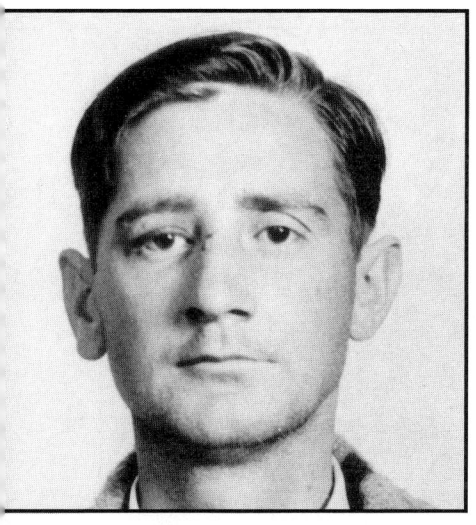

45 Myles O'Donnell

46 Hymie Weiss übernahm die North Side Gang nach O'Banions Ermordung. Es hieß, Weiss sei der einzige gewesen, den Capone fürchtete

47 Vincent Drucci war kurzzeitig Weiss' Nachfolger – bis ihn Detective Healy erschoß

48 George »Bugs« Moran, letzter Bandenchef der North Side

CAPONES MÄNNER

49 Leibwächter Frank Rio

50 Jack Guzik, Geschäftsführer und Buchhalter

51 Louise Rolfe und Jack McGurn. An Schulter und Arm die Narben, die die Kugeln der Gusenbergs von der North Side hinterlassen hatten

52 Das Killerpaar John Scalise und Jack Anselmi

53 Frank Nitti mit Schnurrbart. Er ließ ihn zur Tarnung wachsen, als er wegen Steuerhinterziehung gesucht wurde

54 Tony Lombardo. Er war Capones Wunschkandidat als Präsident der Unione Siciliana

55 Capone und einige seiner Jungs: McGurn *(vorne links)*, Rocco De Grazio *(links, stehend)*, Louis Campagna *(2. von links, stehend)*. Laut Tony Berardi sind die drei Männer *(rechts, stehend)* Detectives

56 Bill McSwiggin, wie er vor der
Jury auf Verurteilung der Poli-
zistenmörder Scalise und
Anselmi plädiert

57/58 McSwiggin wurde auf einer
Zechtour mit Freunden aus der
Unterwelt erschossen. Mit ihm
starben Red Duffy und der
gefährlichste Killer der
O'Donnell Gang, Jim Doherty
(kleines Bild)

59 Das Anwesen auf
Palm Island.

– Al Capones 140 000-
  Dollar-Anwesen auf
  Palm Island.
– Garage
– Bewachte Einfahrten
– Wagenauffahrt
– Gartenanlage
– Schutzmauer
– Wohnkomplex
– Marmorgekacheltes
  Schwimmbecken
– Sprungturm
– Badehaus
– Bootssteg

Massaker verwendet worden sein konnten, war Goddard in der Lage, das genau festzustellen.

Es konnte zwar keiner sagen, wo diese Waffen geblieben waren, aber Bundesen versuchte herauszubekommen, wo sie gekauft worden waren. Der Gemeinsinn von Teilen der Geschäftswelt Chicagos erschien bei diesem Versuch in keinem besonders vorteilhaften Licht. Die Spur führte zunächst zu der alteingesessenen »ehrbaren« Sportartikelfirma »Von Lengerke and Antoine«. Die Firma verkaufte Maschinenwaffen an *jedermann,* unter anderem auch sieben Stück per Postversand an die »Gopher State Mines«, eine Gesellschaft, die lediglich auf dem Briefkopf existierte, der dem Scheck beigefügt war. Diese Firma hatte auch vier Waffen an Capones Hunderennbahn verkauft.

Die Nachforschungen konzentrierten sich jedoch bald auf Peter von Frantzius. Er war ein schmächtiger Sportartikelhändler mit scharfen Gesichtszügen, der sich auf den Verkauf von Waffen spezialisiert hatte – einschließlich der Maschinenpistole, die Frankie Yales Mörder in dem Nash gelassen hatten. Das Interesse galt außerdem Louis Wisbrod und Frank Thompson, zwei untersetzten und dicklichen Männern, die zeitweise als selbständige Waffenhändler, dann wieder als Vertreter für von Frantzius arbeiteten.[65]

Als von Frantzius einmal durch die Aussagen anderer Zeugen als Lügner entlarvt wurde, wurde er von Bundesen gefragt: »Hätten Sie gerne Gelegenheit, Ihre Aussage zu ändern?«

»Ja«, kam die ungerührte Antwort, »falls die Umstände es erfordern.«

Als Thompson begann, für von Frantzius zu arbeiten, hatte er nach eigenen Angaben einen recht zweifelhaften Eindruck von dessen Kundschaft – nicht zuletzt deshalb, weil sie für die Waffen ohne mit der Wimper zu zucken mehr als den doppelten Ladenpreis bezahlten. Sein bester Kunde, der sich »Joe Howard« nannte, gab als Bestimmungsort der Sendungen »postlagernd« an und ließ sich bei einer anderen Gelegenheit die Maschinenpistolen an einer Straßenecke in Chicago ausliefern. »Howard« sollte sich später als James »Bozo« Stupe entpuppen, ein kleiner Ganove, der über Scalise und Anselmi Verbindung zum Outfit hatte.[66]

Einmal nahm Bundesen von Frantzius ins Gebet: Es sei ihm wohl völlig gleichgültig, was mit den von ihm verkauften Waffen geschähe? »Nein«, war eine der wenigen nachweislich richtigen Antworten, »wir müssen schließlich mit unseren Feuerwaffen Geschäfte machen.«

Die Waffenhändler versprachen zwar, sich die Polizeifotos genau anzusehen, aber irgendwie konnten sie darunter keinen ihrer Abnehmer erkennen. Damals war der Verkauf von Maschinenwaffen selbst an Kriminelle noch kein Gesetzesverstoß, und Von Lengerke and Antoine, von Frantzius, Thompson und Wisbrod kamen ungeschoren davon. Sie konnten weiterhin ihre Geschäfte betreiben.

Die beiden Maschinenpistolen tauchten exakt zehn Monate nach dem Mord wieder auf. An einem Samstagabend, es war der 14. Dezember 1929, hatten zwei Autos vor dem Rathaus des eleganten Badeortes St. Joseph in Michigan einen leichten Zusammenstoß. Die Fahrer gerieten in einen heftigen Streit über den

Bagatellschaden, der, wie sich später herausstellte, mit fünf Dollar hätte behoben werden können. Der Polizist Charles Skelly kam hinzu und bestand darauf, den Streitfall auf der Wache zu klären. Skelly schwang sich auf das Trittbrett des einen Wagens, um mitzufahren. Da zog der Fahrer eine Pistole und feuerte dreimal auf den Beamten. Skelly starb drei Stunden später im Krankenhaus.

Der Mörder versuchte davonzufahren, aber dem Wagen brach ein Rad. Er ließ daraufhin das Auto stehen, bemächtigte sich mit vorgehaltener Pistole eines anderen Wagens und flüchtete. In dem verlassenen Wagen fanden sich Papiere, die die Polizei zu einem südlich der Stadt gelegenen Bungalow führten, der Frederick und Viola Dane gehörte. Die beiden hatten dort nur zwei Monate lang gewohnt. Eine Hausdurchsuchung förderte zwei Maschinenpistolen, Revolver, Munition, zwei kugelsichere Westen und Wertpapiere im Wert von 319 850 Dollar zu Tage, darunter Papiere im Wert von 112 000 Dollar, die einen Monat zuvor bei einem Bankraub in Wisconsin entwendet worden waren.[67] Ein Wäschezeichen mit den Initialen FRB ließ einen der Untersuchungsbeamten an den Fahndungsaufruf nach Fred R. Burke denken. Man schickte eine Personenbeschreibung von »Mr. Dane« nach Chicago.[68]

Ballistikexperte Goddard untersuchte die sichergestellten Maschinenpistolen. Die Geschosse der einen Waffe stimmten mit den Kugeln aus Schwimmers Leiche überein, die Geschosse der anderen mit denen, die man in Clarks Körper gefunden hatte. Danach beendete Goddard seine Tests. Man hatte es eindeutig mit Waffen zu tun, die bei dem Massaker benutzt worden waren. Außerdem war mit einer der Waffen vor anderthalb Jahren auf Frankie Yale gefeuert worden. Ferner ergab sich, daß die kugelsicheren Westen, die im Bungalow gefunden worden waren, die gleichen waren, die der Händler Wisbrod verkaufte.

In jedem guten Kriminalroman wäre mit einem derartigen Durchbruch das Geheimnis gelöst gewesen. In diesem Fall war die Identifikation der Mordwaffen lediglich die letzte Tatsache, die Nichteingeweihte über das Verbrechen erfuhren.

Am 2. Dezember, nur wenige Tage vor dem Mord an Skelly, mußte der stellvertretende Staatsanwalt Harry Ditchburne dem Gericht eingestehen, daß er trotz fünfmaliger Vertagung nicht in der Lage sei, das Verfahren gegen Jack McGurn zu eröffnen. Die Gesetze in Illinois sahen in der Regel die Einstellung des Verfahrens nach viermaliger Vertagung vor, und Ditchburne ließ die Sache fallen. Die Verfahren gegen Scalise, Anselmi, Joseph Lolordo und die anderen Verdächtigen standen auf genauso wackeligen Beinen.[69]

McGurn wurde schließlich von der Bundesjustiz unter Anwendung des Mann Act unter Anklage gestellt.[70] Er hatte Louise Rolfe aus unleugbar unmoralischen Gründen über die Grenzen verschiedener Bundesstaaten gebracht, um in Florida einen erotischen Urlaub zu verbringen. Louise Rolfe wurde als Komplizin angeklagt, wobei offenblieb, wie sie als angebliches Opfer des Rechtsbruchs gleichzeitig Mittäter sein konnte. Vermutlich auf Anraten eines Zeitungsherausgebers heirateten McGurn und Louise Rolfe, da sie als Ehefrau nicht mehr zur Aussage gegen ihren Mann gezwungen werden konnte.[71] Es half aber nichts, man verurteilte die beiden trotzdem. McGurn bekam zwei Jahre, Louise Rolfe vier Monate.[72] In der Berufung wurden die Urteile dann wieder zurückgenommen.

Die Fahndung nach Burke hatte Erfolg, jedoch lehnte der Staat Michigan dessen Auslieferung an Illinois ab. Er kam wegen des Mordes an Skelly ins Gefängnis, wo er 1949 an einem Herzschlag starb.[73] Für das Massaker wurde ihm nie der Prozeß gemacht.

Hätte man ihn verurteilt? Ein Autor, der später darüber schrieb, erklärte, daß nur Burke mit Gewißheit zum Kreis der Täter gehörte.[74] Stimmte das wirklich? Der Gangster Alvin Karpis, der dreiunddreißig Jahre in verschiedenen Haftanstalten verbracht hatte, erzählte jenem Autor von Burkes Täterschaft und nannte die anderen Mittäter, darunter Claude Maddox, George Ziegler (der laut Karpis die Sache geplant hatte), Gus Winkler und Raymond »Crane Neck« Nugent.[75] Byron Bolton habe Schmiere gestanden (Bolton war in der Tat verdächtigt worden, zusammen mit Fred Weston, der von Karpis aber nicht genannt wurde).[76] Karpis gab an, er habe sein Wissen von Nugent. George Meyer, ein ehemaliges Mitglied des Outfit, kannte Karpis aus dem Gefängnis. Auf dem Umschlag von Meyers Buch wird angedeutet, daß er der nicht identifizierte Fahrer am Valentinstag gewesen sei. Er geht allerdings nicht näher darauf ein, da bei Mordfällen Mitwisser zeitlich unbegrenzt wegen Komplizenschaft belangbar sind. »Wenn man Karpis auch nur die Hälfte von dem abnimmt, was er einem erzählt«, sagt Meyer, »dann kannte er alle und wußte alles über ihre Geschäfte. Karpis wußte aber einen Dreck!«

War Burke dabei? Walter Burns, der in größerer zeitlicher Nähe zu den Ereignissen schrieb, gibt zu bedenken, daß sich Burke mit Capones Organisation nie zuvor eingelassen hatte und sich auch nicht an dem kriminellen Geschehen von Chicago beteiligte. Er sei zwar im Besitz der fraglichen Maschinenpistolen gewesen, aber es sei eine andere Frage, wie er in deren Besitz gekommen sei. Ferner macht er geltend, daß Burke »keineswegs eindeutig und nur anhand eines Fotos als einer der als Polizisten verkleideten Männer« identifiziert worden sei.[77] Der Bankräuber J. Harvey Bailey sagte zu einem Zeitpunkt, da ihm seine Aussage keinerlei Nutzen zu bringen versprach, er sei am Tag des Massakers mit Burke zusammen in Calumet City gewesen.[78]

Es gibt auch logische Überlegungen, die gegen die Namensnennungen von Karpis und insbesondere gegen die von Burke sprechen. Wie Bolton, der aus Detroit stammte, war Burke auf Raubüberfälle mit vorgehaltener Waffe spezialisiert und arbeitete völlig auf eigene Faust, seit er sich von den Egan's Rats gelöst hatte. Es war zwar üblich, ortsfremde Gangster von verbündeten Gangs auszuleihen, aber Burke und Bolton standen außerhalb der Bandendisziplin und hatten ihre Verläßlichkeit noch nicht bewiesen. Hätte sich Capone auf den Einsatz solcher Männer eingelassen? Insbesondere auf einen Spinner wie Burke, dem nichts Besseres einfiel, als einen Polizisten abzuknallen – was in jedem Fall eine unerbittliche Menschenjagd auslösen mußte –, anstatt das minimale Risiko in Kauf zu nehmen, daß auf einer Kleinstadtwache bei der Klärung eines Bagatellunfalls sein Name auf der Fahndungsliste entdeckt wurde.

Oder andersherum betrachtet: Hätte Capone eine solche Aktion ohne Scalise und Anselmi, seine zuverlässigsten Killer, unternommen? Hätte er die Planung jemand anderem als McGurn anvertraut, dessen Taktik die Attentate Aiellos vereitelt hatte? Scalise und Anselmi hätten natürlich nicht als verkleidete Polizisten auftreten können. Die North Sider hätten sie inzwischen auf den ersten Blick erkannt (auch die Geschichte, daß Moran den Wagen vorfahren und die Insassen aussteigen gesehen habe, wäre damit erledigt). Scalise und Anselmi hätten aber Zivilkleidung tragen und mit ihrem Auftritt warten können, bis die »Polizisten« die Opfer vor der Wand aufgereiht hatten. Und der »Amerikaner«, den der Lastwagenfahrer Lewis gesehen hatte, könnte der Fahrer gewesen sein.

Was immer davon zu halten ist, George Meyers trockener Kommentar ist: »Die beiden Polizisten waren echte Bullen, und zwar von der Sheffield Station.« Howard Browne ist anderer Meinung: Polizei und Reporter wären zu dem gleichen Ergebnis gekommen und hätten von zwei bei den Egan's Rats ausgeliehenen und nicht identifizierten Gangstern gesprochen. Die beiden Zivilisten seien Scalise und Anselmi gewesen. Burke, so behauptet Browne nachdrücklich, »war nie auch nur in der Nähe der Garage«. Capone hätte ihn niemals eingesetzt.

War es überhaupt eine Operation von Capone? »Das Massaker am Valentinstag ergab nie wirklich einen Sinn«, sagt Mike Graham, ein Stadthistoriker von Chicago, der ein Museum über die zwanziger Jahre leitet. Konnte der Drahtzieher dieser schockierenden Morde der Mann sein, der »bloß keinen Ärger« wollte? Capone war gewiß in der Lage, den Aufschrei der Öffentlichkeit vorauszusehen, den eine solche Metzelei hervorrufen würde. Es mußte ihm klar gewesen sein, daß die Verluste noch größer sein würden als nach dem Mord an McSwiggin. Und wofür? Nun, Marc LeVell meint: »Als Moran vom Rest seiner Truppe die besten Leute eingebüßt hatte, waren die Bierkriege beendet.« Das ist richtig. Aber auch die Ermordung Morans allein hätte schon das Ende der Streitereien bedeutet.

Manche Leute vertreten heute die Theorie, daß Capones routinemäßigen Unschuldsbeteuerungen sogar gestimmt haben könnten. Vielleicht war es am Ende doch das Werk der Polizei, weil ihr die Einstellung der Schmiergeldzahlungen nicht paßte, oder es war wirklich eine Auseinandersetzung innerhalb der Gang. Aber letzten Endes mangelt es auch diesen Erklärungsversuchen an Plausibilität.

Zudem roch die gesamte Planung der Operation nach Capone: die lange zuvor eingerichteten Beobachtungsposten, der »Streifenwagen«, dessen Herkunft nicht geklärt werden konnte, die nur knapp fünfzehn Minuten entfernt gemietete Garage zum Verschrotten des Fahrzeugs, die sorgsam gespannten Fäden, die Moran zur festgesetzten Zeit am festgesetzten Ort ins Netz gehen lassen sollten, und die inszenierte Verhaftung zur Deckung des Rückzugs der Killer. Jedes *planbare* Detail trug Capones Handschrift.

Nicht zu planen dagegen waren die Reaktionen und Überlegungen der Killertruppe. Das war auch der Grund, weshalb Torrio und Capone bei den Morden an Colosimo und O'Banion Yale herbeigeholt hatten, und weshalb Yale die Ermordung von Lonergan durch Capone erledigen ließ. Ein kühler Kopf mußte im

Hintergrund aufpassen, um den Plan nötigenfalls abzuändern. Niemals hat an diesem Morgen ein Yale, ein Capone oder ein McGurn persönlich die Garage betreten. Scalise und Anselmi waren zwar als Killer bestens zu gebrauchen, aber ihr Verhalten bei den Morden an Genna, Walsh und Olson ließ erkennen, daß sie keinen kühlen Kopf bewahren konnten.

Manche Autoren messen dem Umfang der telefonischen Kontakte, die unmittelbar vor dem Massaker zwischen Chicago und Palm Island registriert wurden, große Bedeutung zu und erwähnen dabei insbeondere McGurns Anruf am 11. Februar. Sie übersehen dabei, daß Capone an diesem Tag gar nicht dort war, da er sich vom 8. bis zum 12. auf den Bahamas aufhielt. Das Folgende ist reine Spekulation, aber wenn man sich einmal vorstellt, einer der Killer wäre um zehn Uhr dreißig in das vordere Büro gegangen, hätte Capone angerufen und gesagt: »Snorky, wir haben die Burschen alle an der Wand aufgestellt, und wir denken auch, daß Moran dabei ist, aber da sind noch sechs andere. Was sollen wir jetzt machen?« – dann ist doch anzunehmen, daß der Mann, der in der Vergangenheit durch Mehrfachmorde Millionen eingebüßt hatte, den Anrufer angewiesen hätte, eine Polizeikontrolle oder ein Versehen vorzutäuschen und schleunigst zu verschwinden. Wie in der Vergangenheit, so hätte er auch jetzt seine Feinde erneut isolieren können, um sie mit chirurgischer Präzision zu eliminieren. Im äußersten Fall hätte er den angeblichen Moran und vielleicht auch die beiden Gusenbergs »festnehmen«, entführen und umbringen lassen. Aber ein *Massaker?* Die wahrscheinlichere Annahme ist, daß Capones Plan, Moran zu erledigen, aus dem Ruder lief.

Im ganzen Lande erhob sich ein nie dagewesener Sturm der Entrüstung. Die »Sun« in New York schrieb in einem Leitartikel: »Verbrechen wie dieses zeigen deutlich die Verachtung, die die Unterwelt unserer Gesellschaft entgegenbringt«.[79] Der »Boston Globe« sah darin »viele Gründe für die Vermutung, daß der Rest der USA Chicago immer ähnlicher wird«. Und der »Record« mußte eingestehen: »Auch in Philadelphia wäre so etwas nicht mehr unmöglich.«

Wenn Chicago nichts gegen Capone unternehmen wollte – und selbst nach diesem Massaker war es eindeutig, daß Chicago nicht wollte oder nicht konnte: Andere wollten sehr wohl etwas tun.

21

Bruderliebe

Es sollte bis zum 18. Oktober 1928 dauern, bis die Sonderfahndungskommission des IRS grünes Licht bekam, um sich mit Capone zu beschäftigen. Staatliche Agenten und Strafverfolgungsbehörden hatten mit diesem Gedanken schon seit 1927 geliebäugelt, als das Oberste Gericht in einem Fall, der sechs Jahre lang verhandelt worden war, das Urteil ergehen ließ. Der IRS hatte schon immer den Standpunkt vertreten, daß jegliches Einkommen, auch wenn es illegal erworben war, steuerpflichtig sei, aber Ansichten des IRS waren natürlich noch lange kein Gesetz. Im Jahr 1921 war ein kleiner Alkoholschmuggler, Manley Sullivan, unter Anklage gestellt worden, weil er die Steuern für seine Schmuggelgewinne hinterzogen hatte. Sullivans Anwälte machten geltend, daß es Onkel Sam schlecht anstünde, seinen Teil an illegal verdientem Geld zu verlangen. Außerdem stelle eine erzwungene steuerliche Offenlegung von illegalen Einkünften eine Verletzung des Fifth Amendment, des im fünften Zusatzartikel zur Verfassung garantierten Aussageverweigerungsrechts ihres Mandanten dar, da er in Gefahr stünde, sich selbst zu belasten. Beide Einlassungen wurden vom Obersten Gericht verworfen.[1]

Durch dieses Urteil ermutigt, begannen Mitarbeiter der Dienststelle des IRS in Chicago über den in den Zeitungen breitgewalzten luxuriösen Lebensstil der Gangster Dossiers anzulegen, etwa über Capones Anwesen in Florida und seine üppigen Parties.[2] Ausgaben dieser Größenordnung ließen auf sehr viel Geld schließen. Der Staat konnte allerdings nicht das Geld besteuern, das die Leute besaßen, sondern nur das, was sie verdienten – das Einkommen. Um Capone oder sonst einen Steuerhinterzieher festzunageln, brauchte der Staat Nachweise über deren Einkommen.

Schon 1928 hatte der IRS alle nötigen Materialien zusammengetragen, um im März gegen Terry Druggan und Frankie Lake ein Verfahren zu eröffnen. Ihnen wurde vorgeworfen, die Steuern für ihr Einkommen aus dem illegalen Betrieb von Brauereien hinterzogen zu haben.[3]

Der IRS hatte den Angelhaken auch bei Ralph Capone auswerfen können. 1926 war es dem IRS-Agenten Eddie Waters gelungen, Ralph davon zu überzeugen, daß er sich viel Ärger ersparen könne, wenn er sein Einkommen erklären und die fälligen Steuern bezahlen würde. Als Ralph sich über die komplizierten

Formulare beschwerte, hatte Waters angeboten, das Ausfüllen zu übernehmen. Ralph ging darauf ein und gab ein Einkommen von insgesamt 55 000 Dollar für die vergangenen vier Jahre an. Der Betrag war zwar lächerlich gering, aber Ralph hatte immerhin Einkünfte zugegeben. Waters eröffnete Ralph, daß er Steuern in Höhe von 4065 Dollar und 75 Cent zu zahlen habe. Unerklärlicherweise versäumte Ralph es aber zu bezahlen. Im Januar 1927 schritt der Fiskus zur Pfändung und wollte auch auf einige wertvolle Rennpferde Zugriff nehmen.

Ralph begann zu feilschen und klagte, er könne nicht die gesamte Summe auf einmal aufbringen, er habe beim Spielen schwere Verluste hinnehmen müssen, und einige seiner Pferde seien krepiert. Er sei, wie er sagte, nur noch zur Hälfte an zwei Schindmähren beteiligt, aber er würde sich 1 000 Dollar leihen, wenn der Fiskus damit zufrieden sei. Der örtliche Steuereintreiber empfahl, auf das Anerbieten einzugehen – nachdem er darauf bestanden hatte, daß Ralph seine rührselige Einlassung niederzuschreiben und zu beeiden hatte. Washington ging auf den Kuhhandel jedoch nicht ein, und der Chef der Fahndungskommission des Schatzamtes, Elmer L. Irey, setzte auf Ralphs Finanzgebaren einen Agenten an.

Im Juli 1928 konnte der IRS Ralph Gewinnbeteiligung an vier teuren Vollblutpferden nachweisen. Schwerer wog noch, daß er einen Tag, bevor er dem Fiskus den armen Mann vorgespielt hatte, ein Bankschließfach geleert hatte. Im November 1928 besserte Ralph sein Angebot zunächst auf 2 500 Dollar nach, und dann auf die gesamte geschuldete Summe, 4 065 Dollar und 75 Cent. Die Sache wäre aus der Welt gewesen, hätte er sich nicht unverständlicherweise geweigert, die inzwischen an Zinsen und Mahngebühren aufgelaufenen 1 000 Dollar zu bezahlen, die der Staat jetzt zusätzlich forderte.

Wenn es dem IRS gelang, Ralph ein größeres Einkommen als die erklärten 55 000 Dollar und ein nennenswertes Vermögen nachzuweisen, dann konnte der Staat ihn für eine beträchtliche Zeit hinter Gitter schicken.[4]

Wie im Falle von Druggan und Lake hing auch bei Ralph der Fahndungserfolg davon ab, ob es gelang, Vermögenswerte festzustellen, aus denen ihm nachgewiesenermaßen Einkommen zufloß oder erwartungsgemäß zufließen mußte. Al Capone war in dieser Hinsicht geschickter gewesen. Ihm schien nichts persönlich zu gehören, und ein ersichtliches Einkommen hatte er auch nicht.

Der IRS kannte zweierlei Vorgehensweisen. Die einfachere die beiden befaßte sich mit einer speziell nachgewiesenen Unstimmigkeit: Der Steuerpflichtige hatte beispielsweise ein Einkommen von 50 000 Dollar angegeben, und die Finanzbehörde konnte ihm den Zugang von weiteren 25 000 Dollar nachweisen.

Ein anderes Verfahren, »Nettowert« genannt, war komplizierter. Wenn die Finanzbehörde nachweisen konnte, daß jemand an einem bestimmten Stichtag beispielsweise 10 000 Dollar Vermögen und ein Jahreseinkommen von 5 000 Dollar angegeben hatte, aber zwei Jahre später ein Haus für 20 000 Dollar und ein Auto für 10 000 Dollar besaß und nach wie vor nur 5 000 Dollar versteuerte, dann konnten die Steuerfahnder fest damit rechnen, daß sie ein Geschworenengericht fanden, das dem Betreffenden ein zusätzliches Einkommen ans Bein band, welches mindestens der Nettodifferenz zwischen dem früheren und dem jetzigen Vermögen entsprach, oder der Differenz zwischen der Summe von Ausgangsvermögen und erklärtem Einkommen einerseits und dem Wert der Neuanschaffungen andererseits.

Der Besitz eines größer gewordenen Vermögens oder erhöhte Ausgaben als solche waren noch kein Beweis von steuerpflichtigem Einkommen, und die Beklagten hatten natürlich auch nicht die Pflicht, den Ursprung des Geldes offenzulegen. Dennoch durfte man davon ausgehen, daß die meisten Jurys die Annahme von zusätzlichem Einkommen bejahen und in der unterbliebenen Steuerzahlung einen Gesetzesverstoß sehen würden, wenn der Beklagte nicht eine überzeugende andere Quelle nennen konnte – Erbschaft, Darlehen oder auch nur den wohlgesonnenen, begüterten Fremden.

Zunächst mußten die Fahnder einen Ausgangspunkt festlegen – jene zugegebene oder nachgewiese Ausgangsgröße des Vermögens oder der Einkünfte (oder einer Kombination von beidem), mit denen die Geschworenen der Jury den späteren Umfang des Vermögens oder der Ausgaben vergleichen konnten. Frühere Steuererklärungen waren dafür als Ausgangspunkt sehr gut geeignet. Die Steuerfahnder schätzten ganz besonders die Vermögenserklärungen bei Scheidungsprozessen, da die Ehemänner oft nach unten geschönte Vermögensangaben machten, um möglichst billig davonzukommen.[5]

Erst 1954 schrieb das Oberste Gericht die Gesetzmäßigkeit des »Nettowert«-Verfahrens unverrückbar fest.[6] Heutzutage lassen sich die Strafverfolgungsbehörden nur noch selten darauf ein, da hierbei lediglich ein Indizienbeweis geführt werden kann, was notorisch den Argwohn der Geschworenen erregt. In Capones Fall schien ein solches Verfahren aussichtslos. Sein Geschäftsgebaren schien nirgendwo einen Ansatzpunkt dafür zu bieten. Capone hatte nie eine Steuererklärung ausgefüllt, besaß nichts unter eigenem Namen, hatte Vermögen und Einkommen nie offengelegt.

Der IRS hielt weiterhin Ausschau.

Nach akribischer, anstrengender, aber bisher erfolgloser Suche von verwertbaren Beweisen gegen Ralph stolperte der IRS per Zufall über den entscheidenden Nachweis.

Die skandalösen Zustände in Chicago Heights hatten sich selbst für Cook County über jedes erträgliche Maß hinaus verschlimmert. Kaum ein Tag verging, an dem nicht ein Alkoholschmuggler oder ein Schwarzbrenner ermordet wurde. Auch ein Informant der Behörden wurde umgebracht, und schließlich, am 6. Dezember 1928, wurde der Polizeichef von South Chicago Heights – er sollte vor Gericht gegen zwei Schmuggler aussagen – mit Schrotflinten durch sein Wohnzimmerfenster erschossen.

Das war der Wendepunkt. Die örtliche Polizei und die Leute des County Sheriffs hatten die Lage eindeutig nicht mehr im Griff, sofern man nicht sogar annehmen mußte, daß sie selbst in die Ereignisse verwickelt waren. In der Morgendämmerung des 6. Januar 1929 veranstaltete ein Heer von Kriminalbeamten aus Chicago und Angehörigen der Bundespolizei in Chicago Heights eine

Großrazzia, bei der sie auch das Anwesen von Oliver J. Ellis, einem ehrenwerten Freund der Bootlegger, durchsuchten. Und in einem Nebengebäude fand die Polizei Schmuggelwhiskey, vierhundertdreiunddreißig Spielautomaten und einen mit Papieren vollgestopften Tresor.

Von den Verhafteten, einschließlich Ellis, machte zwar keiner den Mund auf, aber die Papiere aus dem Tresor legten beredtes Zeugnis ab von einem Jahresgewinn in Höhe von 1,5 Millionen aus Spielautomaten und von Scheckzahlungen, die Ellis getätigt und empfangen hatte. Die Sonderfahndungskommission des IRS ging jedem einzelnen Scheck nach. Einer aus dem vorangegangenen Sommer, datiert auf den 27. Juni 1928, war über das Konto eines gewissen James Carroll bei der Pinkert State Bank in Cicero gelaufen. Fest entschlossen, die Identität von James Carroll festzustellen, konzentrierte sich der IRS auf diesen Scheck. Die Bank erklärte, man habe keine Ahnung, wer oder wo der Mann wäre – bei einer kleinen Bank und angesichts der gewaltigen Umsätze auf dem fraglichen Konto eine wenig überzeugende Auskunft.[7]

Dies war der Stand der Dinge, als Capone im Januar 1929 die Lungenentzündung bekam.

Am 5. Dezember 1928 trafen sich in einem Hotel in Cleveland siebenundzwanzig Gangster.[8] Sie waren aus den verschiedenen Zentren der Kriminalität, wie Chicago, New York, St. Louis und Newark angereist, um Meinungsverschiedenheiten zu klären und die Zusammenarbeit zu verbessern. Patsy Lolordo, der gut einen Monat später ermordet werden sollte, war aus Chicago gekommen. Er befand sich in Begleitung von Joseph Guinta. Lolordo hatte den damals zweiundzwanzigjährigen Guinta vier Jahre zuvor von Brooklyn kommen lassen, damit er ihm bei der Unione helfe. Inzwischen war er Lolordos rechte Hand.

Die Teilnehmer der Konferenz in Cleveland waren ausnahmslos sizilianischer Abstammung, und sie alle hatten Verbindung zur Unione. Aber die von Johnny Torrio vorgeschlagene Zusammenarbeit auf der Basis von Verhandlungen wurde inzwischen von allen geschäftsmäßig operierenden Gangsterbanden praktiziert, und die Unione beispielsweise hatte schon seit geraumer Zeit nichtsizilianische Mitglieder zugelassen. Diese Geheimkonferenz wurde bekannt, weil ein aufmerksamer Zimmerkellner der Polizei einen Tip über seine Gäste hatte zukommen lassen.

Die landesweite Empörung über die Ereignisse am Valentinstag machte eine größere Konferenz erforderlich. Sie wurde vermutlich von dem New Yorker Aufsteiger Frank Costello einberufen.[9] Der Gastgeber der Versammlung, die im Mai stattfinden sollte, würde Enoch J. Johnson aus Atlantic City in New Jersey sein. Diese Stadt versprach, einen angenehmen Tagungsort abzugeben und war, mit Johnson an den entsprechenden Hebeln, zudem so korrupt, daß ein störendes Eingreifen der Polizei wie in Cleveland völlig ausgeschlossen war.

Bevor Capone nach Atlantic City aufbrechen konnte, mußte er sich aber noch um eine sehr unerfreuliche, interne Angelegenheit kümmern.

Vielleicht hatten Capones scheinbarer Rückzug von den alltäglichen Geschäften und seine häufige Abwesenheit von Chicago die Schwierigkeiten heraufbeschworen: Ist die Katze aus dem Haus, tanzen die Mäuse auf dem Tisch. Vielleicht war es auch nur das verführerische Klima des Erfolgs, das vermessene Ideen hervorbrachte, gewesen.

Nach der Ermordung Lolordos am 9. Januar 1929 wurde Joseph Guinta sein Nachfolger als Präsident der Unione.[10] Der rastlose und dandyhafte Guinta liebte die Macht und das Tanzvergnügen. Sein übertriebener Kleidungsstil, sein ziemlich rotziges Benehmen und sein Drang, aufzufallen waren Signale einer Eitelkeit, die darauf schließen ließ, daß der Sechsundzwanzigjährige außergewöhnlich ehrgeizig war.

Von John Scalise hätte man ein besseres Urteilsvermögen erwarten dürfen. Er hätte in der Lage sein müssen, sich die verschwindend geringen Erfolgschancen auszurechnen, wenn er jemanden hintergehen wollte, der sich auf die ungebrochene Loyalität seiner Organisation und ein ausgedehntes Informantennetz in der ganzen Stadt stützen konnte. Aber seine wiederholte Mitwirkung an vielen von Capones erfolgreichen Operationen hatte ihn überheblich gemacht. Schon bald nach dem Massaker prahlte Scalise: »Ich bin der mächtigste Mann von Chicago.«[11] Es gibt zwei Versionen, wie Capone von dem geplanten Anschlag auf sich erfuhr, die sich gegenseitig nicht auszuschließen brauchen. Zum einen wird berichtet, daß Scalise bei einem Gespräch mit Aiello in einem Restaurant vom Kellner belauscht worden sei, der anschließend alles Capone kolportiert habe. Scalise und der ältere, trockenere Albert Anselmi hätten sich auf Aiellos Angebot eingelassen, für 50 000 Dollar Capone zu ermorden.[12] Guinta hatte Scalise zum Vizepräsidenten der Unione gemacht, und auf dieser Basis wollten die beiden jetzt, gemeinsam mit Anselmi, Capones Imperium an sich reißen, wobei die North Side einem wiedererstarkten Aiello zufallen sollte.

Bei der zweiten und spannenderen Version kommt dem treuen Frankie Rio die Ehre zu, als erster Wind von der Verschwörung bekommen zu haben. Capone wollte ihm den Verrat der beiden Männer, deren Leben gegen den dringend benötigten Frieden mit Hymie Weiss einzuhandeln er sich 1926 geweigert hatte, zuerst nicht glauben. Um ihn zu überzeugen, verabredete Rio mit Capone eine Falle. Bei einem Essen täuschten sie in Anwesenheit von Scalise und Anselmi eine heftige Meinungsverschiedenheit vor, in deren Verlauf Rio Capone ohrfeigte und den Raum verließ. Am nächsten Tag tauchten Scalise und Anselmi bei Rio auf und boten ihm ihr Bündnis an, wobei sie ihm Einzelheiten ihres Planes mit Aiello und Guinta eröffneten.[13]

Die Bestätigung des Verrates verletzte Capones Stolz zu sehr, als daß er sich mit sofortiger Rache hätte begnügen können. »Es war Nittis Einfall«, sagt George Meyer. »Ich war in einem Büro, und Capone kam mit Nitti und Joe Fischetti herein.« Sie begannen sich zu besprechen, und Meyer stand auf, um hinauszugehen, da er annahm, die hohen Tiere wollten ungestört sein. »Bleib ruhig hier«, sagte Capone zu Meyer, »du wirst sowieso davon erfahren.« Nitti schlug vor, für die Führungsriege des Outfit ein Bankett zu veranstalten, zu dem die drei Verschwörer als Ehrengäste geladen werden sollten. Die voraufgehende Ausgelassenheit und die Sicherheit, in der sich die Opfer wiegten, würden den anschließenden Racheakt nur noch köstlicher machen.

Die Einladung erging für Dienstagabend, den 7. Mai, in das Plantation, ein Casino, das magnolienduftenden Südstaatencharme verströmte. Es lag in der Nähe von Hammond, nur einen Steinwurf jenseits der Stadtgrenze von Burnham, Johnny Torrios erstem Vorstadtstützpunkt. Das Bankett sollte in einem abgelegenen Hinterzimmer stattfinden. »Wie immer filzten wir jeden auf Waffen, bevor er hineingehen durfte«, berichtet Meyer.

Die Autopsie erwies später, daß Capone Scalise, Anselmi und Guinta mit einer üppigen Mahlzeit einlullte, die mit Fluten von Wein, Branntwein und Kaffee hinuntergespült wurde. Als sie sich kaum noch auf ihren Stühlen halten konnten, schlug Capone zu. Er hieb persönlich auf jeden von ihnen mit einem abgesägten Baseballschläger ein, am stärksten auf Scalise, zuletzt auf Guinta. Meyer, der im Vorraum Schmiere stand, erinnert sich: »Es hieß, Capone sei dabei derart in Wallung geraten, daß alle glaubten, er habe einen Herzanfall bekommen.«

Mehr tot als lebendig wurden die Opfer nach der Prügelei erschossen. Die Schußwunden ließen auf drei oder vier Schützen schließen, die den Rücken der vornüber gefallenen sterbenden oder bereits toten Opfer mit Kugeln durchsiebten. Ein Pathologe sagte nach der Untersuchung, er habe noch nie so übel zugerichtete Leichen gesehen.

In der Nacht gegen 1.30 Uhr fanden zwei Polizisten aus Hammond das ermordete Trio an einem abgeschiedenen Ort mit Namen Spooners Nook. Scalise und Guinta knieten neben dem Rücksitz eines gestohlenen Autos auf dem Wagenboden. Anselmi lag sechs Meter entfernt auf der Straße.[14]

Capone brach fast unmittelbar darauf zum Gipfeltreffen im President Hotel in Atlantic City auf.[15] Fast alle großen und einflußreichen Gangster aus dem Westen und Mittelwesten waren erschienen: Costello, Meyer Lansky, Charles Luciano und Dutch Schultz aus New York, Charles Solomon aus Boston, Abner Zwillman, Alleinherrscher in New Jersey, Abe Bernstein von der Purple Gang aus Detroit, Max Hoff aus Philadelphia und weitere aus Florida und New Orleans. Außer Moran waren sämtliche Fraktionen aus dem Brennpunkt Chicago angereist, dessen Morde das Geschäft mit Alkohol, Glücksspiel und Prostitution zu verderben und eine nationale Säuberungswelle auszulösen drohten. Capone befand sich in Begleitung von Jack Guzik, Frank Nitti und dem unvermeidlichen Frank Rio.

»Ich sagte ihnen«, erzählte Capone später, »daß es genug zu tun gibt, um uns alle reich zu machen. Es sei an der Zeit, der Abknallerei ein Ende zu setzen und uns endlich so um unser Geschäft zu kümmern, wie andere Männer es tun. Wir müssen unseren Job machen und abends, wenn wir nach Hause kommen, das Geschäft vergessen können. Das war kein leichtes Thema für Männer, die sich in jahrelangen Kämpfen nicht auf ein friedliches geschäftliches Nebeneinander einigen konnten. Wir kamen aber schließlich dahin, die Vergangenheit zu begraben und einen Neuanfang zu machen. Wir setzten einen schriftlichen Einigungsvertrag auf, den jeder unterschrieb.«[16]

Johnny Torrio, der als wichtiger Gast an der Versammlung teilnahm, hatte allen Grund, auf seinen Schüler stolz zu sein. Der Einigungsvertrag war nach dem Muster der von Torrio vor 1923 in Chicago ausgehandelten Abkommen verfaßt, die durchzusetzen Capone sich seither stets bemüht hatte: gemeinsam finanzierte und abgestimmte Verteilung der Schmiergelder, klar festgelegte Territorien, gemeinsame Front gegen Eindringlinge von außen, gegen Unbestechliche und gegen Reformer, sowie Einrichtung einer Schlichtungskommission mit Torrio als Vorsitzendem. Vor allem aber wurde beschlossen, den öffentlich ausgetragenen Gewalttätigkeiten ein Ende zu setzen, die die öffentliche Meinung zusehends gegen die Gangster aufgebracht hatten.

Moran, der immer noch verschwunden war, konnte jedoch zum Problem werden. Und es gab in Chicago sicher auch Sizilianer, denen der Tod von Scalise, Anselmi und Guinta nicht paßte. Ob es die Idee der neugegründeten Kommission, die von Torrio oder gar von Capone selbst war – auf jeden Fall beschloß man, Capone für die nächste Zeit aus dem Brennpunkt des Geschehens zu entfernen, um möglichen Racheakten und der aufgebrachten öffentlichen Meinung den Stein des Anstoßes zu entziehen.

In Philadelphia setzte Capone seine eigene Verhaftung in Szene.

Laut Capone verließen er, Frankie Rio und zwei weitere Leibwächter am frühen Nachmittag des 16. Mai mit dem Wagen Atlantic City in Richtung Philadelphia.[17] Sie hatten genügend Zeit, um den Luxuszug Broadway Limited von New York nach Chicago zu erreichen, der um 16.40 Uhr in Philadelphia eintreffen sollte. Der Motor des Wagens bekam jedoch etwa fünfundzwanzig Kilometer südlich von Camden einen Zylinderkopfschaden, und der Zug war fort, als sie schließlich gegen 18.30 Uhr in Philadelphia, der Stadt, die das griechische Wort für Bruderliebe als Namen führt, eintrafen. Sie gingen zur Broad Street Station in der Innenstadt, um sich Plätze für den nächsten Zug nach Chicago um 21.05 Uhr zu reservieren. Capone hielt es für ratsam, sich nicht offen zu zeigen. Beim Gang über die Market Street erblickten die vier die Anzeigetafel des Stanley Theater an der Ninteenth Street: Willard Mack in »Voice of the City« und eine Bühnenshow: Fred Waring's Pennsylvanians.

Zwei Detectives, Lieutenant John J. Creeden und James H. Malone, fuhren in diesem Moment auf der Market Street in östlicher Richtung. Shooey Malone erkannte Capone, als dieser gerade das Theater betreten wollte. Malone hatte Capone in Florida beim Boxkampf von Sharkey gegen Stribling gesehen, als er dort einen Urlaub verbrachte. Es war etwa 19.15 Uhr. Creeden und Malone baten um Polizeiverstärkung und warteten dann. Um 20.15 Uhr traten Capone und Rio ins Foyer des Stanley Theater. Die beiden anderen Leibwächter folgten mit ziemlichem Abstand.

Von diesem Moment an weichen die Berichte stark voneinander ab. Nach der lebhaftesten Version begrüßte Malone Capone mit den Worten: »Sie sind Scarface Al Capone.«

»Richtig«, soll Capone geantwortet haben, »und wer sind Sie?«

Als die Beamten ihre Dienstmarken zückten, sagte Capone: »Oh, Sie sind Bullen; hier ist meine Pistole«, bevor er seine kurzläufige Achtunddreißiger übergab und dabei dem sich schützend nach vorne werfenden Frankie Rio »Builen!« zuzischte. »Ach, ja?« rief Frankie Rio aus. »Hier ist auch meine Pistole.« Die beiden anderen Leibwächter verschwanden auf Nimmerwiedersehen in der Menge.[18]

Andere Darstellungen berichten in mehreren Variationen von einem grundsätzlich anderen Verlauf des ersten Kontaktes: Capone soll Malone, als er dessen ansichtig wurde, sofort fröhlich »Hallo, Shooey« zugerufen haben, um dann hinzuzufügen: »Ich habe eine Knarre bei mir, Shooey«, wobei er die kurzläufige Achtunddreißiger aus der Manteltasche holte.[19]

Sämtliche »Hallo, Shooey«-Versionen wurden von Malone umgehend dementiert, ebenso die Gerüchte, daß er mit Capone persönlich bekannt gewesen sei. Er habe Capone bei dem Boxkampf nur gesehen. Von Bekanntschaft könne keine Rede sein.[20] Lieutenant Creeden bestätigte Malones Version und fügte hinzu, es sei erst nach der Entwaffnung Capones etwas gesprochen worden, als Capone sich nach dem Grund für die Festnahme erkundigt habe, da er doch nur auf der Durchreise sei.[21]

Es war ziemlich spät geworden, bis man Capone und Rio registriert, fotografiert und die Fingerabdrücke abgenommen hatte. Zur formellen Verlesung der Anklage, die im Polizeirevier an der Ecke der Twenty-second und Buttonwood Street erfolgte, mußte die Polizei Richter Edward P. Carney im Hotel Sylvania aus seinem Bett holen.[22] Die Anwälte Bernhard L. Lemisch und Cornelius Haggarty, die wie durch ein Wunder plötzlich aufgetaucht waren, um die Interessen der Waffenträger zu vertreten, hatten im Rathaus das Versprechen erhalten, daß die Anklageerhebung nicht ohne ihr Beisein erfolgen würde. Aber um 23.35 Uhr, noch bevor die Anwälte eingetroffen waren, hatte Richter Carney die Sache schon erledigt. Er ordnete die Verhaftung von Capone und Rio an, die Kaution wurde auf je 35 000 Dollar festgesetzt.

Capone hatte gerade dreißig Dollar in der Tasche, was noch nicht einmal für angemessene Trinkgelder reichte; Rio hatte zwölf Dollar. Sie wurden in aller Eile ins Detective Bureau im Rathaus gebracht. Die um Minuten zu spät gekommene Anwälte waren wütend. »Ich habe erlebt, wie hier Leute wegen Waffentragens mit weniger als vierhundert Dollar Kaution belegt wurden«, sagte Haggarty.

»Wenn ich dazu befugt wäre, dann würde ich diese Leute mit hunderttausend Dollar Kaution belegen«, entgegnete der Richter.

Lemuel B. Schofield, der Chef des Amtes für öffentliche Sicherheit, wollte die Gelegenheit nicht ungenutzt verstreichen lassen. Er unterhielt sich von Mitternacht bis zwei Uhr morgens mit Capone, den er in »nachdenklicher Stimmung« vorfand, wie Schofield sich später ausdrückte.[23] Nur ein paar Beamte und ein Stenograph waren zugegen. »Capone scheint an einem Punkt angekommen zu sein, wo er seinen Frieden nicht nur mit den Gangstern, sondern auch mit der Gerichtsbarkeit machen wollte.« Schofield war sehr beeindruckt: »Er sprach, wie ein ernsthafter Mann von einer ernsthaften Sache spricht.«

Von Rio hatte Schofield einen weniger günstigen Eindruck. Zur Aussage aufgefordert, raunzte Rio nur: »Ohne Anwalt sage ich gar nichts!« Capone winkte ab. »Hör mal zu, mein Junge«, sagte er, »du bist mein Freund und warst immer mein treuer Beschützer, aber hier werde ich reden. Wir sitzen in einer bösen Klemme, und der einzige Weg, mit einem blauen Auge davonzukommen, ist die Wahrheit zu sagen und zu hoffen, daß man uns als Gegenleistung die volle Härte des Gesetzes möglichst erspart.« Die Wahrheit, die Capone zu berichten hatte, war natürlich in hohem Maße selektiv und auf den eigenen Vorteil ausgerichtet, aber als Indikator seines Gemütszustands war sie deswegen nicht weniger aufschlußreich.

»Ich bin vor viereinhalb Jahren in Chicago in den Racket eingestiegen«, sagte er, wobei er seine Lehrjahre bei Torrio unterschlug. »Während der letzten zwei Jahre habe ich versucht, auszusteigen. Aber wenn man einmal in diesem Geschäft steckt, dann steckt man für immer drin, wie mir scheint. Ewig bleiben einem die Parasiten mit ihrer Bettelei um Geld und Gefallen auf den Fersen, egal wohin man geht.

Ich habe eine Frau und einen elfjährigen Sohn, der mein ein und alles ist. Auf Palm Island in Florida habe ich ein herrliches Zuhause. Ich wäre der glücklichste Mann der Welt, wenn ich dort hingehen und einfach alles vergessen könnte. Ich möchte endlich meine Ruhe und will leben und leben lassen. Ich bin der Bandenmorde und Bandenschießereien überdrüssig.

Ich habe eine Woche in Atlantic City zugebracht, um meine Idee vom friedlichen Nebeneinander der Gangs in die Tat umzusetzen. Ich habe das Wort eines jeden Mannes, der dort anwesend war, daß die Schießereien jetzt ein Ende nehmen werden.«

Als Schofield von Capone noch mehr über die Friedenskonferenz wissen wollte, sagte Capone: »Wir trafen uns im President Hotel, wo ich unter einem anderen Namen abstieg.« Das Folgende war eher rückblickende Wunschvorstellung als Erinnerung: »Bugs Moran . . . und drei oder vier andere Gangleader aus Chicago, deren Namen mir nicht wichtig genug sind, um sie zu nennen, waren da. Wir haben uns drei Tage lang über unsere Schwierigkeiten unterhalten. Am Ende haben wir uns alle mit unserer Unterschrift dazu verpflichtet, die Vergangenheit zum Besten aller Beteiligten ruhen zu lassen und in Zukunft keine neuen Streitigkeiten mehr anzufangen.«

Schofield fragte den Staatsmann Capone, wie er mit den nunmehr beigelegten Bandenkriegen zurecht gekommen sei, und ob er glaube, Glück gehabt zu haben. »Ich kann zufrieden sein«, war die Antwort, »aber es ist ein fürchterlicher Zustand. Man muß jeden Moment um sein Leben bangen, und was noch schlimmer ist, man hat immer Angst vor den Ratten, die in diesem Spiel mitmischen. Man muß sie andauernd mit Geld und Gunstbeweisen bei Laune halten, damit sie nicht zur Polizei rennen. Ich konnte mir nie erlauben, ohne meinen Leibwächter Rio aus dem Haus zu gehen. Er wohnt bei mir und ist in den vergangenen zwei Jahren nie von meiner Seite gewichen.«

Die drei Männer, die versucht hatten, ihn zu verraten, gehörten für Capone nicht in die Kategorie der »Ratten«. Dennoch hatte er sie noch nicht vergessen. Als Schofield ihn fragte, wie er bei der überall lauernden Lebensgefahr jemals Frieden finden wolle, spielte Capone auf die Verräter an.

»Sehen Sie«, sagte Capone, »ich bin wie jeder andere Mann. Ich bin lange genug in diesem Geschäft, um begriffen zu haben, daß ein Mann in meiner Position wissen muß, wann er eine Chance zu nutzen hat.

Drei meiner Freunde sind in den letzten zwei Wochen in Chicago getötet worden. Das ist dem Seelenfrieden gewiß nicht zuträglich. Seelenfrieden kenne ich seit Jahren nicht mehr . . .«

»Was machen Sie zur Zeit beruflich?« fragte Schofield.

»Ich habe mich aus dem Berufsleben zurückgezogen«, sagte Capone, ohne eine Miene zu verziehen. »Ich lebe von meinem Vermögen.«

Schoefield wollte das nicht kommentarlos stehen lassen. »Sie sollten sich aus dem Racket heraushalten und Schluß damit machen«, sagte er.

»Das geht nicht«, antwortete Capone, »es sind zu viele Parasiten im Spiel. Sie sind hinter einem her, wohin man auch geht. Diese Parasiten fürchte ich mehr als den Tod.«

Capone und Rio verbrachten den Rest der Nacht auf den Bänken des Detective Bureau und versuchten zu schlafen, so gut es eben ging. Die Detectives von Philadelphia hatten etwas zu bieten. Die polizeiliche Erfassung der beiden Männer, das »Line up« (damals nannte man es noch »Stand up«), fand vor versammelter Mannschaft statt. In strahlendem Flutlicht zeigten die beiden Männer auf Kommando ihr Profil oder die Frontalansicht, setzten Hüte auf und ab und stellten sich vor die an die Wand gezeichneten Linien, mit denen ihre Größe gemessen wurde.[24] In Rios Strafregister waren verzeichnet: 1915 Verhaftung und sechs Monate Gefängnis wegen Diebstahls von Wertpapieren, ferner eine große Zahl von Festnahmen und Anklagen, auch wegen Waffentragens – sämtliche Anklagen waren fallengelassen worden.

Captain Andrew Emanuel wandte sich Capone zu. »Sie werden verdächtiger Machenschaften und des verdeckten Tragens einer Waffe beschuldigt. Haben Sie dazu etwas zu sagen?«

Capone lachte. »Oh nein, nichts.«

Capone zählte seine Festnahmen auf und die jeweiligen Anklagen, die allesamt abgewiesen worden waren. Captain Emanuel sagte: »Sie haben nirgendwo eine Haftstrafe verbüßt?«

»Nein«, bestätigte Capone stolz, »keine Minute.«

In einem anderen Raum des Rathauses konferierten Malone und Creeden mit dem Staatsanwalt. Um 10.15 Uhr wurde der Fall der Grand Jury präsentiert, und um 10.25 Uhr war der Prozeß anhängig. Er begann um 11.30 Uhr unter dem Vorsitz von Richter John E. Walsh. Beamte in Zivil überwachten mit gezogenen Waffen den Gerichtssaal, uniformierte Polizeikräfte patrouillierten in den Gängen.

Capone war völlig gelassen. Bevor die Verhandlung eröffnet wurde, plauderte er angeregt mit den Umstehenden. »Wieviel Karat hat dieser Ring?« fragte jemand mit Blick auf Capones blitzenden Diamanten am kleinen Finger.

»Er hat genau elfeinhalb Karat.«

»Dann wird er seine fünfzigtausend wert sein, oder?«

»Da haben Sie nicht schlecht geraten.«

Ungefähr um 12.15 Uhr hatte der Anwalt Lemisch, nachdem er sich unter vier Augen mit dem Richter besprochen hatte, eine kurze und ernste Diskussion mit seinen Mandanten. Einige Beobachter sahen, wie Capones Gesicht einen »Anflug von stumpfem Rot«[25] bekam. Während der Erläuterungen des Anwalts nickte er jedoch zustimmend. Lemisch wandte sich zum Richter: Seine Mandanten würden sich nunmehr schuldig bekennen.

»Sehr wohl«, sagte Richter Walsh und fuhr dann ohne Pause fort: »Jeder der beiden Angeklagten wird zu einem Jahr Gefängnis verurteilt.«

Das war die Höchststafe für ein Vergehen, das normalerweise mit einer Geldstrafe oder allerhöchstens drei Monaten Haft geahndet wurde. Capone mußte also für eine erheblich längere Zeit hinter Gitter, als er geplant hatte.

»Das ist eben das Risiko, mein Junge«, war sein Kommentar zu dem Beamten, der ihn abführte.

Fast unmittelbar darauf wurde überall gemunkelt, daß die Verhaftung inszeniert worden sei.[26] In Chicago spekulierte der Chef der Kommission zur Verbrechensbekämpfung, Frank Loesch, daß die Verhaftung dazu gedient habe, »sich der Rache von rivalisierenden Gangstern zu entziehen«. Der Fahnder Pat Roche nannte sie »eine verzweifelte Maßnahme . . ., um dem Tode zu entgehen«. Harry A. Mackey, der Bürgermeister von Philadelphia, meinte, daß Capone »mit Freuden ins Gefängnis ging, um den Killern zu entkommen, die hinter ihm her waren«. Capones Anwalt Cornelius Haggarty gab zu, daß an diesen Ansichten etwas dran sein könnte.[27] Die »New York Times« verkündete: »Wenn er im Gefängnis sitzt, dann deshalb, weil er im Gefängnis sitzen will.«[28] Das Tempo des Verfahrens – gerade sechzehn Stunden zwischen Festnahme und Antritt der Haft – schien ohne Beispiel und weckte natürlich den Argwohn.[29] Der »Record« in Philadelphia stellte lakonisch fest: »Scarface Al Capone ging absichtlich ins Gefängnis.«[30]

Nicht jeder vertrat diese Meinung. Capones Schwester Mafalda wollte zunächst noch nicht einmal die Möglichkeit in Betracht ziehen, daß ihr bewunderter Bruder überhaupt in eine derart mißliche Lage geraten sei. »Er wird niemals ins Gefängnis kommen«, jammerte sie, als die Extrablätter berichteten, daß Capone um 12.50 Uhr in Moyamensing, der Strafanstalt von Philadelphia County, eingeliefert worden war.[31] Auch Mae Capone meldete in Florida ihre Zweifel an der Inszenierungstheorie an: »Wieso sollte er ins Gefängnis wollen?« fragte sie. »Er hatte nie das Bedürfnis, ein Gefängnis von innen zu sehen. Ihn interessierten Europa, Palm Beach, die berühmten Rennplätze, die Austragungsorte der großen Boxkämpfe – aber ein Gefängnis! Oh nein, das ist doch nichts für Al!«[32]

Aber warum trug er dann eine Waffe? Seit der Festnahme in Joliet hatte Capone das Waffentragen seinen Leibwächtern überlassen.[33] Warum führte er so wenig Geld bei sich, daß er keine Kaution stellen konnte? Warum kam es nicht zu den sonst üblichen Verzögerungen? Warum bekannte er sich schuldig?

Die Hauptakteure der Festnahme wiesen natürlich weit von sich, daß das

Ganze eine Inszenierung gewesen sein sollte. »Da möchte man doch als Polizist ganz aufhören«, beschwerte sich Shooey Malone. »Wir geben uns Mühe und nehmen zwei der gefährlichsten Gangster fest. Die Kerle haben Revolver und wissen auch, wie man damit umgeht. Und dann schreien alle: Betrug!«[34] Eine andere Reaktion war von jemand wie Malone allerdings auch kaum zu erwarten.

Und von Capone gleichfalls nicht. »Ich habe mich nicht selbst ausgeliefert«, sagte er.[35] »Ich bin hier, weil ich hier bin.« Wenn an seinem Wagen die Zylinderkopfdichtung gehalten hätte, wäre er eben nicht hier.[36] Was hätte er sonst sagen sollen? Das Eingeständnis, freiwillig ins Gefängnis gegangen zu sein, hätte Freunde und Feinde nur dazu verführt, sich Schwächen einzubilden, hätten sie doch geglaubt, er habe keinen Mumm mehr. Ein paar Monate später klang das so: »Einen Ruf, wie ich ihn habe, erwirbt man sich nicht dadurch, daß man sich im Gefängnis versteckt.«[37]

Die Haftanstalt, in der sich Capone bald wiederfand, konnte seinem Ruf als harter Bursche nur förderlich sein. In Moyamensing wurden nur Leute inhaftiert, die kurze Strafen zu verbüßen hatten oder auf ihren Prozeß warteten. Nach der ersten Nacht wurden Capone und Rio nach Holmesburg, das reguläre Gefängnis des County in den nordöstlichen Außenbezirken von Philadelphia verlegt. Es war eine grimmige, feuchte Festung am Ufer des Delaware River. Durch den Innenhof schlängelte sich träge ein stinkender Bach. Holmesburg war, wie sich eine Zeitung in Chicago begeistert äußerte, »in der ganzen Unterwelt bekannt und gefürchtet als der ungemütlichste Ort zwischen den beiden Ozeanen, wenn man eine Haftstrafe zu verbüßen hatte«.[38] Die Wärter würden sich auf ihren Ruf als »Menschenschinder« etwas zugute halten, und ein Gefangener könne von Glück sagen, wenn er »nichts Schlimmeres als Rheumatismus davontrage«.[39] Erst unlängst hatte das schlechte Essen zu einer Revolte geführt.[40]

Capones Haar wurde kurz geschoren. Den 135-Dollar-Maßanzug mußte er gegen ein weißes Drillichhemd und ausgebeulte blaugraue Hosen mit einem breiten schwarzen Gefängnisstreifen an der Seitennaht eintauschen, den weißen Borsalino gegen eine gefängnisgraue Stoffkappe. »Hier ist es aber nicht so gemütlich wie zu Hause«, bemerkte Capone zu den Wärtern.[41]

Manche fragten, wieso Capone sich eine Stadt mit einem so rigorosen Gefängnis ausgesucht hatte.[42] Warum nicht Chicago oder einen der angrenzenden Bezirke, wo Gefängnisstrafen für Leute mit Verbindungen eine der leichteren Übungen waren, wie sich bei Druggan, Lake und Torrio gezeigt hatte. John Stege hat auf den Grund hingewiesen: In Illinois durfte die Polizei ohne richterliche Erlaubnis oder ohne dringenden Verdacht niemanden festnehmen und durchsuchen. Festnahmen wegen illegalen Waffenbesitzes wurden ohne einen Haftbefehl von den Gerichten verworfen.[43] Warum dann nicht Miami, wo sich das Gefängnis in der obersten Etage des Verwaltungsgebäudes des County befand und einen schönen Ausblick auf die Biscayne Bay bot? Weil Capone vorhatte, in Miami zu wohnen und der Opposition, die ihm jetzt schon entgegenschlug, keine weitere Nahrung geben wollte.[44]

Vielleicht hatte er auch mit der üblichen Bagatellstrafe von neunzig Tagen gerechnet, die er aller Voraussicht nach im gemütlicheren Gefängnis Moyamensing abgesessen hätte – gerade lange genug, damit sich die Wogen glätten konnten.[45] Unglücklicherweise klappte nicht alles nach Plan. In Philadelphia hatte der Bericht einer Grand Jury über die Korruption der Polizei soeben viel Staub aufgewirbelt. Eine Zeitung in Chicago wußte zu berichten: »Man hat diese prächtige Gelegenheit genutzt, um Chicago zu zeigen, wie die Justiz funktionieren sollte.«[46]

Von Nucky Johnson erfuhr Capones Outfit, daß die Verhaftung in der Tat ein abgekartetes Spiel gewesen sei. Es gab ja nicht nur das Holmesburggefängnis. Im Moment jedoch war Capone hinter Gittern und wie es aussah, würde er auch erst einmal dort bleiben.

22

Schnappt Capone!

Die Nominierung von Alfred E. Smith, dem Gouverneur von New York, zum demokratischen Präsidentschaftskandidaten des Jahres 1928 gestaltete sich auch nicht viel seriöser, als es die Nominierung von Big Bill Thompson zum Kandidaten der Republikaner gewesen wäre. Mit einer Mehrheit von über sechs Millionen Stimmen errang dann der bisherige republikanische Wirtschaftsminister Herbert C. Hoover einen erdrutschartigen Sieg über Smith und entschied mit Ausnahme von nur acht Staaten überall die Wahl für sich.[1] Hoover trat sein Amt am 4. März 1929 an. Der wohlbeleibte Präsident entwickelte die Gewohnheit, jeden Morgen seine engsten Berater zu leichtem Frühsport um sich zu versammeln. Während man sich gegenseitig einen Medizinball zuwarf, wurden die Angelegenheiten der Nation geordnet.[2] Schon bald war der Auftakt jeder Sitzung von Hoovers »Medizinballkabinett« die vom Klatschen des Balls gegen den präsidialen Bauch begleitete Frage: »Habt ihr diesen Capone schon?«, und sie endete mit Hoovers Anordnung: »Denken Sie daran, ich will diesen Capone im Gefängnis sehen!«

Gerüchten zufolge hatte sich Hoovers unversöhnliche Haltung im Januar in Miami entwickelt. Beim Betreten einer Hotellobby war Hoover der einem frischgewählten Präsidenten gebührende Applaus entgegengeschallt, bis die Menge ihm plötzlich den Rücken kehrte und zu Capone lief, der soeben eintrat.[3] Zudem hieß es, daß Hoover über den nächtelangen Betrieb in Nummer 93, der ihn um seinen Schlaf gebracht habe, verärgert gewesen sei.[4] Hoover bestritt energisch jegliche persönliche Animosität. Zu Elmer Irey, dem Chef der Sonderfahndungskommission des Schatzamtes, sagte er, er habe Capone bisher überhaupt noch nicht gesehen. Hoover war zwar seit jeher der Ansicht, daß gegen einen so berüchtigten Gangster etwas unternommen werden sollte, aber der entscheidende Anstoß kam erst, als Frank Knox, der Herausgeber der »Chicago Daily News«, an der Spitze einer Delegation von nicht minder prominenten Bürgern Chigagos das Eingreifen der Bundesorgane forderte, da die örtlichen Behörden nichts unternehmen wollten oder könnten.

»Es gibt vermutlich keinen einzigen Bürger in den Vereinigten Staaten«, schrieb die »New York Times« über Capone, »der je in so kurzer Zeit so viel Aufsehen erregt hat.«[5] Er war, so beklagte sich die »Daily Times« in Chicago, zum »Markenzeichen unseres Landes geworden . . . gleichermaßen bekannt in den Urwäldern von Java und in den öden Weiten Lapplands«. Er sei in der Tat in der ganzen Welt besser bekannt als jeder andere Amerikaner, einschließlich Charles Lindbergh und Henry Ford.[6] Ungeachtet persönlicher Gefühle mußte ein Quäker und Gentleman wie Hoover eine solche Situation als skandalös empfinden.

Beim Jahresdinner des Presseklubs von Washington parodierte ein Journalist einen bekannten »trockenen« Senator. Er versuche das »wackere Schiff Prohibition« in einen sicheren Hafen zu steuern, und rief nach freiwilligen Helfern. Ein als blinder Passagier Maskierter meldete sich mit »Al Capone« und trat nach vorne, wobei er erklärte, daß er der Prohibition alles verdanke, »was ich bin und was ich hoffe, jemals zu werden«, worauf er einen parodistischen Text zum Besten gab.[7] Hoovers gequältes höfliches Lächeln ließ erkennen, wie wenig er davon begeistert war, daß mittlerweile die Umtriebe eines Gangsters vor einem Präsidenten der Vereinigten Staaten als Sketch vorgetragen werden konnten.

J. Edgar Hoovers FBI hatte sich geweigert, die undankbare Aufgabe zu übernehmen, Capone dingfest zu machen. So war die Aufgabe im Kabinett an Schatzminister Andrew Millon weitergereicht worden.[8]

Als George Johnson Ende 1927 Bundesstaatsanwalt in Chicago wurde, forderte er den Einsatz von Prohibitionsagenten. Einer dieser Beamten erschoß bei einer Razzia einen halbwegs Unbeteiligten und wurde beinahe gelyncht. Johnson löste die Sonderbehörde wieder auf.[9] Aber für einen Mann, der sich einen Namen machen wollte und der erkannt hatte, daß ihn die Ergreifung von Al Capone am ehesten zu diesem Ziel führen konnte, konnte es damit nicht sein Bewenden haben. Johnson rief Elmer Ireys Fahndungskommission, die sogenannte SIU, auf den Plan.

Irey war 1888 in Kansas City geboren worden und in Washington aufgewachsen. Politisch war er desinteressiert und ist nie zu einer Wahl gegangen. Er hatte als Stenograph im Postministerium angefangen und sich zu einem respektablen Rang hochgearbeitet. Auf Betreiben eines Freundes war er als Chef der SIU ins Schatzamt übergewechselt.[10]

Irey hatte Johnson ein Dutzend seiner Leute überstellt, deren Chef Arthur P. Madden war. Nach der Razzia im Januar 1929 in South Chicago Heights, die die Papiere von Oliver Ellis zutage förderte, widmeten sich zwei von Maddens Leuten der Aufgabe, die Herkunft jenes ominösen Schecks über 2130 Dollar zu klären. Der Fall von Ralph Capone war zu dieser Zeit noch anhängig.

Der ungewöhnlich dynamische Fahnder Archie Mann tat sich mit dem kleinen und hartnäckigen Nels Tessem zusammen, den Irey als »menschliche Rechenmaschine« bezeichnete. Nachdem der Scheck zum Konto jenes James Carroll bei der Pinkert State Bank in Cicero zurückverfolgt worden war, überprüften Martin und Tessem mit Unterstützung von weiteren vier Mitarbeitern an die sechs Millionen Buchungsvorgänge der Bank. Nach sechs Monaten Arbeit konnten sie feststellen, daß das Konto von Carroll zeitgleich mit der Auflösung eines Kontos auf den Namen James Carter eröffnet worden war, wobei Carrols Eröffnungsbetrag mit dem Abschlußsaldo von Carter übereinstimmte. Das Konto von Carter war wiederum mit dem Schlußsaldo von James Costello Jr. eröffnet worden. Die Geschäftsleitung der Pinkert Bank konnte über diese umsatzstarken Kunden keine Auskunft geben, genausowenig wie über Harry Roberts, mit dessen Schlußsaldo Costellos Konto eröffnet worden war, oder über Harry White, dessen Saldo sich auf Roberts neuem Konto wiederfand.

Die Spur endete bei White. Am 27. Oktober 1925 hatte Ralph Capone ein Konto gekündigt, das auf seinen eigenen Namen gelaufen war, und den Saldo in Whites Konto eingebracht. Die Bankiers erklärten unter Protest, daß sie Ralph seit der Auflösung seines Kontos nicht mehr gesehen hätten, und die oder den Träger der verschiedenen falschen Namen natürlich auch nicht, aber sie gaben immerhin zu, daß die Einzahlungen auf die diversen Konten von Boten getätigt worden seien, die sich immer in Begleitung des gleichen, offensichtlich aus der Halbwelt stammenden Mannes befunden hätten, dessen Namen sie aber selbstredend auch nicht kannten. Sie lieferten auch nur eine höchst vage Beschreibung des Mannes. Als die Agenten ihnen ein Foto von Antonio Arresso, einem von Ralphs Leibwächtern, zeigten, gaben die Bankangestellten einhellig an, daß dies der Mann sei, der die Einzahlungen überwacht habe.

Zur Kontrolle überprüfte die SIU den Kontostand von James Carter, der am 4. Oktober 1927 Kontoinhaber war. Dies war der Tag, an dem Ralph geschworen hatte, er sei pleite, wolle aber zusehen, ob er sich 1 000 Dollar leihen könne, wenn die Sache für die Steuerbehörde damit erledigt sei. Der Kontostand betrug 25 236 Dollar und 15 Cent.[11]

Er war zwar nicht der meistgesuchte, aber immerhin der erste Capone, der dem Staat ins Netz gegangen war.

Den Capone in Philadelphia hatte inzwischen der Freiheitsdrang ergriffen.

Mae kam zusammen mit Theresa und Mafalda auf Besuch.[12] Den Plan, ganz nach Philadelphia zu ziehen, verwarf sie aber gleich wieder, als sie erfuhr, daß in Holmesburg nur ein einziger Besuch pro Monat gestattet war. Die Häftlinge durften unbeschränkt, wenn auch zensiert, Post empfangen, aber selbst pro Monat nur zwei massiv zensierte Briefe schreiben.

Ein Intermezzo von neunzig Tagen, gewissermaßen zur Beruhigung der Gemüter, hätte sich selbst in Holmesburg durchstehen lassen, ein ganzes Jahr aber war entschieden zu viel. Capone lobte 50 000 Dollar für jeden Anwalt oder jede Sozietät aus, die es schaffte, ihn herauszuholen.[13] Einige von Capones Partnern ließen den Staatsanwalt von Philadelphia, John Monaghan, wissen, er könne mit Geldgeschenken rechnen, wenn er eine freundliche Haltung einnähme.[14] Gleichzeitig wurde auf einer etwas gesetzeskonformeren Ebene von Bernhard Lemischs Kanzleisozius, dem Kongreßabgeordneten Benjamin M. Golder, im Fall Capone ein Berufungsverfahren in Gang gesetzt, da Richter Walsh befangen gewesen sei. Auf den armen Capone sei »Zwang ausgeübt worden«, und zwar durch den »feindseligen und theatralischen Ablauf«, durch die Menschenmengen und die vielen bewaffneten Polizeikräfte.[15]

Bei der Berufungsverhandlung hielt sich Capone bedeckt. Einem Reporter erklärte er seine ungewohnte Zurückhaltung gegenüber Interviewwünschen.

»Sehen Sie«, sagte Capone, »ich will hier heraus. Wenn man die Öffentlichkeit immer wieder daran erinnert, daß ich noch im Gefängnis sitze, wird die Sache für mich nur noch schwerer. Je weniger ich sage, desto schneller gerate ich in Vergessenheit.«[16] Für Capones anonyme mildtätige Gaben, die irgendwie doch immer publik wurden, galt dies allerdings nicht. Aber trotz Capones 1 000-Dollar-Spende an ein Kinderkrankenhaus[17] wies das Gericht seinen ersten Berufungsantrag ab. Golder machte einen zweiten Versuch.

In der Zwischenzeit hatten Capones Freunde herausgefunden, wie man andere Bürger Philadelphias dazu bringen konnte, etwas mehr Bruderliebe als Staatsanwalt und Gericht zu zeigen. Die Behörden verlegten Capone und Rio von Holmesburg in das Eastern State Penitentiary. Unter den Verantwortlichen herrschte später keine Einhelligkeit darüber, ob Morddrohungen gegen Capone oder Überbelegung der Anlaß gewesen sei.[18] Im Gegensatz zu Holmesburg, wo nur Schwerverbrecher eine Nummer erhielten, wurden im Eastern State auch Bagatelltäter numeriert. Capone war jetzt C-5527.

Auf den ersten Blick wirkte das Eastern State nicht weniger düster. Das Ungetüm von einem Gebäude, das seit 1829 in Betrieb war, liegt an der Fairmont Street am nördlichen Rand der Innenstadt und nimmt den gesamten Block von der Twenty-first bis zur Twenty-second Street ein.[19] Im Volksmund trägt es heute noch seinen ursprünglichen Namen »Cherry Hill«. Wie der offizielle Name schon sagt, wurde das Gefängnis vom Staat Pennsylvania und nicht vom County betrieben. Im Vergleich zu Holmesburg war es ein Paradies. Der Direktor Herbert B. Smith war bei den Gefangenen unter dem Namen »Hard Boiled« bekannt.[20] Nach Capones Einschätzung konnte sich der Spitznamen nur auf Smiths Initialen beziehen.

Der Gefängnisdirektor hielt wenig von der läuternden Kraft einer trostlosen Umgebung.[21] Er gestattete Capone, sich eine behagliche Zelle einzurichten. Sie lag in einem Teil des Gebäudes, der »Park Avenue Block« hieß.[22] Dort gab es einen Teppich, Bilder, einen polierten Schreibtisch, eine Frisierkommode, ein Rauchtischchen, eine Konsole mit Radioapparat, eine Vase mit Schnittblumen und zwei bequeme Betten, das eine davon für den wegen Unterschlagung einsitzenden Zellengenossen. Die Verwaltung gab bekannt, daß Capone von seiner neuen Umgebung sehr angetan sei.[23] Direktor Smith machte auch keine Schwierigkeiten, wenn Capone Mitgefangene ganz offen als Diener anheuerte.[24] Und was das Wichtigste war: Capone konnte wieder viele Besucher empfangen sowie nach Belieben Briefe schreiben und entgegennehmen, wobei sein Gefängnisdirektor belanglose Schriftstücke und Bettelbriefe bedachtsam aussortierte, um den Gast damit nicht zu behelligen. Capone hielt Verbindung mit Ralph und Jack Guzik und kümmerte sich auch wieder um seine Geschäfte.

Nach dem Scheitern von Capones zweiter Berufung bereitete Golder weitere Schritte vor, darunter auch einen Antrag auf vorzeitige Haftentlassung auf Bewährung. Er begründete dieses Gesuch damit, daß die Verurteilung als solche einen »heilsamen Effekt« ausgelöst habe und der Gefangene inzwischen »zu Genüge bestraft« sei.[25] Aber Capone hatte sich mittlerweile gut eingewöhnt. Er mußte sich einer kleinen Nasenoperation unterziehen. Zwei Wochen darauf,

Anfang September 1929, wurden ihm von dem Arzt und Vizepräsidenten der Gefängnisaufsichtsbehörde Herbert M. Goddard die Mandeln entfernt.[26] Goddard sollte mit seinem Patienten noch enge Bekanntschaft schließen.

Am Abend des 8. Oktober wurde Ralph Capone vor dem Chicago Stadium von einem Bundespolizisten und dem SIU-Agenten Clarence Converse verhaftet.[27] Er verpaßte dadurch einen rasanten Boxkampf der Federgewichtler Earl Mastro und Bud Taylor.

Die Behörden hatten Ralphs Vorführung zu einer vorläufigen Anhörung angeordnet, was eine Neuerung war. Man hatte sich an eine Verordnung aus dem Bürgerkrieg erinnert, mit der damals Kriegsgewinnlern unter dem Vorwurf, den Staat »zu betrügen, zu beschwindeln und zu hintergehen«, der Prozeß gemacht werden konnte.[28] Der Fiskus wertete Ralphs wahrheitswidrig geltend gemachte Zahlungsunfähigkeit als die Erfüllung eines solchen Tatbestandes, der von schwererer Strafe bedroht war als schlichte Steuerhinterziehung. Bei der Vernehmung gab Ralph an, es habe sich um Wettgelder gehandelt, die ihm lediglich »anvertraut« worden seien. Das Geld gehöre ihm nicht, und er habe darum auch keine Steuern dafür zu bezahlen. Am Morgen nach der im Detective Bureau verbrachten Nacht stellte er 35000 Dollar Kaution, gerade noch rechtzeitig, um sich die beiden letzten Runden des zweiten Meisterschaftsspiels der World Series im Baseball anzusehen.[29] (Philadelphia schickte Chicago mit 9 zu 3 in die Wüste.) Die Anklage gegen Ralph erfolgte im November (ebenso wie die gegen Druggan und Lake sowie gegen McGurn und Louise Rolfe). Der Prozeß begann im folgenden April.

Al Capone hatte zu Beginn der Berufungsverhandlung seinen Mithäftlingen gesagt, er erwarte, daß er früh genug draußen sei, um sich eben diese Baseball World Series ansehen zu können. Als die Athletics ohne ihn die Meisterschaft in fünf Spielen gewonnen hatten, mußte Capone sich eingestehen, daß es sehr schwer, vielleicht sogar unmöglich war, an seiner Strafe etwas zu drehen. Viele Leute gaben ihm die Alleinschuld an sämtlichen negativen Begleiterscheinungen der Prohibition. Ungeachtet der Tatsache, daß er in der Tat vieles von dem, was man ihm vorwarf, auch ausgelöst hatte, beklagte er sich: »Jedesmal, wenn ein kleiner Junge von seinem Dreirad fällt oder eine schwarze Katze graue Junge wirft, jedesmal, wenn sich einer den Zeh stößt, wenn jemand ermordet wird, es brennt oder die Marines in Nicaragua landen, dann schreien Polizei und alle Zeitungen: ›Schnappt Capone!‹[30] Mit Ausnahme des großen Brandes von Chicago hat man mir schon alles in die Schuhe geschoben.«[31]

Die allgemeine Schuldzuweisung hatte ihn zwar verdrießlich, aber nicht humorlos werden lassen. Beim Börsenkrach am 24. Oktober 1929 ließ er seinen Anwalt wissen: »Ich bestreite entschieden jede Verantwortung.«[32]

Er war nun schon sechsmal in Berufung gegangen, jedesmal erfolglos. Im Dezember war sein sechster Antrag vom Obersten Gerichtshof von Pennsylvania abgelehnt worden, und damit war der Grund für weitere Versteckspiele entfallen.[33] Capone begann, sich wieder einzumischen. Er suchte Kontakt zur Presse und machte wieder kleinere Schlagzeilen: »Capone zehn Pfund zugenommen«, »Capone hat Muße in Luxuszelle« und dergleichen mehr.[34] Zu Weihnachten schickte er Präsentkörbe an die mittellosen Familien von fünfundsiebzig Mitgefangenen. Er kaufte für ungefähr 14 000 Dollar kunsthandwerkliche Erzeugnisse der anderen Häftlinge und versandte sie als Geschenke.

Die SIU-Agenten des Schatzamtes setzten derweil in mühsamer Kleinarbeit die Spurensuche mit Hilfe der bei Razzien gefundenen Unterlagen fort. Sie konzentrierten sich auf zwei Personen, deren Ausfall für Capone nach dem seines Bruders der verheerendste Schlag sein würde: Guzik und Frank Nitti.

Francesco Raffaele Nitto war genau zehn Jahre vor Capone am 27. Januar 1889 in Augori auf Sizilien geboren worden. Im Alter von zweieinhalb Jahren war er in die Vereinigten Staaten gekommen, zwanzig Jahre später, am 9. März 1921, hatte er die amerikanische Staatsbürgerschaft beantragt.[35]

Unter dem Namen Nitti war er als Capones »Enforcer« bekannt geworden, als Verantwortlicher für die Durchsetzung der Disziplin innerhalb der Organisation und außerdem für die Überwachung von unumgänglichen gewalttätigen Sanktionen gegen Außenseiter, Rivalen, widerspenstige Kunden und sonstige Zahlungspflichtige.

Nittis Aussehen und Manieren selbst hatten nichts Gewalttätiges an sich. Es gibt gewiß keinerlei Ähnlichkeit zwischen Nitti und dem vollgekoksten, stumpfblickenden Revolverhelden aus dem Film »The Untouchables« von 1987 (Nitti war Kettenraucher, nahm aber außer einem gelegentlichen Glas Wein keinen Alkohol zu sich).[36] Aber wie Torrio wirkte auch Nitti gerade durch seine kraftlose kleine Gestalt um so furchteinflößender.

Er war früher Friseur gewesen und hatte sich nebenher als Hehler betätigt, bevor er in Capones Organisation, den Outfit, eintrat.[37] Mit seinen pomadigen Haaren, dem leicht nach rechts verschobenen Mittelscheitel und den großen, wäßrigen braunen Augen wirkte er wie ein Bankkassierer, der immer noch darüber nachdachte, was der Chefkassierer mit seiner Bemerkung am Dienstag vor einer Woche wohl gemeint haben könnte. Ein Fahnder behauptete, daß Nitti mit dem Bart, den er sich während der Nachforschungen der SIU zur Tarnung wachsen ließ, wie Hitler ausgesehen habe. Das war aber schlecht beobachtet. Der Bart verstärkte lediglich das Kaninchenhafte.

Das Aussehen täuschte. Schlechtinformierte oder allzu begeisterte Zeitgenossen erklärten Nitti gelegentlich zum »Gehirn« der Organisation.[38] Das war zwar entschieden zu hoch gegriffen, aber Nitti war tatsächlich schlau und skrupellos. Capone hatte schnell gemerkt, daß er sich auf ihn verlassen konnte, und nach kurzer Zeit galt Nitti als die Nummer zwei, insbesondere, wenn Capone in Florida – oder jetzt in Philadelphia – außer Reichweite war. Die Männer folgten Nitti so bereitwillig, daß er nach Capones Rückkehr seine Position als gefestigt ansah.

»Er benahm sich immer ziemlich forsch«, erinnert sich George Meyer, »als ob er das Sagen hätte.« Nitti neigte dazu, sich einiges herauszunehmen, selbst Capone gegenüber. »Wir waren einmal im Lexington alle zusammen im Aufzug«, berichtet Meyer, »Capone, Nitti und noch ein paar andere. Es gab da irgendein Problem, und Nitti sagte zu Capone: ›Halte du dich da raus.‹ Wir standen alle nur da und haben uns angesehen.«

Während Capone im Gefängnis saß, wurden alle Angelegenheiten von Nitti geregelt. Ein zeitgenössischer Reporter sagte, daß nichts geschehen konnte, »bis Nitti es abgesegnet hatte«.[39] Der gleiche Zeitungsschreiber berichtete, daß Nitti die täglichen Sitzungen des Outfit leitete, die im Lexington stattfanden:

> ». . . und dann stehen die kleineren Lichter der Bande da und tragen ihre Beschwerden vor – daß Danny Stanton das Flaschenbier zu billig verkauft, daß ein Saloonbesitzer am Loop einen Teil seines Whiskeys woanders kauft, daß irgendein Bulle oder irgendwelche Schreibtischhengste zu gierig geworden seien . . .
> Die »Jungs« werden mit Pistolen oder »Pineapples« zu ihren Einsätzen eingeteilt. Der gierige Polizist wird verwarnt oder seine Versetzung wird arrangiert. Dem allzu kundenfreundlichen Bier- oder Schnapsverkäufer wird auf die Finger geklopft, damit er sich an die Preise hält . . .«

Auch die Überwachung der Glücksspieloperationen gehörte zu Nittis Pflichten, wobei er Anteil am Gewinn erhielt. Wie bei Ralph konnte die SIU auch bei ihm an dieser Stelle den Hebel ansetzen. Aus erbeuteten Unterlagen und den vielfach nicht besonders freiwilligen Aussagen von Informanten setzten sie Steinchen für Steinchen das Bild einer solchen Operation wie jene in Cicero zusammen, die vermutlich nach dem gleichen Muster wie die meisten anderen ablief.

Von den Einnahmen des vergangenen Tages behielt das Spielkasino am Morgen jeweils 10 000 Dollar als Startkapital ein. Einer der Kasinomanager brachte das restliche Geld zu der ihnen wohlgesonnenen Pinkert Bank und kaufte dort Inkassoschecks, die auf den fiktiven Namen »J.C. Dunbar« ausgestellt waren. Die SIU fand Nittis Namen als Begünstigtem auf einem solchen Scheck, der sich auf 1 000 Dollar belief und zur Auszahlung bei der Schiff Trust and Savings Bank in Cicero vorgelegt worden war.

Die Geschäftsleitung der Schiff Bank tat beleidigt und stellte sich völlig ahnungslos. Man habe noch nie etwas von einem Nitti gehört, und es gebe auch keine Buchung auf einen Scheckeinreicher dieses Namens. Nels Tessem begab sich wieder an die übliche zähe Kleinarbeit und überprüfte sämtliche Eingangsbelege der Bank für den Tag, an dem der Scheck eingereicht worden war. Doch nirgendwo stieß er auf Nittis Namen, und sämtliche Einzahlungsbelege paßten zu namentlich bekannten Einzahlern oder zu Kontoinhabern der Bank. Im Gegensatz zu Ralph hatte Nitti nie mit falschen Namen operiert. Tessem erstellte daraufhin ein eigenes Bankhauptbuch für diesen Tag. Das Ergebnis zeigte eine ermutigende Unstimmigkeit: Die Bank hatte an diesem Tag genau 1 000 Dollar mehr eingenommen, als sie ausgezahlt oder auf Konten gutgeschrieben hatte. Mit diesem Wissen gewappnet, verlangte Tessem Einsicht in das Hauptbuch der Bank und in sämtliche Buchungsbelege der Eintragungen in ihm.

Tessem wurde fündig. Das Hauptbuch und die Belege wiesen eine ganze Reihe von Schecks aus, die von Nitti eingelöst worden waren. Mit diesem Druckmittel konnte die SIU den Bankdirektor bald dazu bringen, zuzugeben, daß er mit Nitti die Vereinbarung getroffen hatte, dessen Schecks ohne Namensnennung in die Bücher einzutragen, was damals noch legal, wenn auch unüblich und nicht besonders korrekt war.[40]

Am 14. März 1930, unmittelbar vor Capones Entlassung, wurde von einer staatlichen Grand Jury in fünf Punkten Anklage gegen Nitti erhoben. Ihm wurde vorgeworfen, in den Jahren 1925 bis 1927 bei einem nachgewiesenen Einkommen von 742 887,81 Dollar Einkommenssteuer in Höhe von 158 823,21 Dollar hinterzogen zu haben.[41]

Die schwebende Anklage wurde geheimgehalten. Die Behörden hofften, Nitti zu fassen, bevor die Nachricht durchsickerte. Nitti hatte jedoch schon Wind davon bekommen und war untergetaucht. Da der Grund zur Geheimhaltung damit entfallen war, wurde die Anklage am 22. März 1930 bekanntgegeben.

Die Nachforschungen im Fall Guzik waren anderer Art, hatten aber einen direkteren Bezug zu Capone. Der Mann, der in erster Linie dafür verantwortlich war, hieß Frank J. Wilson. Irey hatte den Mitarbeiter der Dienstelle der SIU in Baltimore auf Capone angesetzt. Wilson war damals zweiundvierzig Jahre alt, hatte schütteres Haar, kühle, gesprenkelte Augen hinter einer Brille mit Metallgestell und ein kantiges Kinn mit Grübchen. Sein Mund war ein schmallippiger Schlitz. Wilson fürchtete »nichts, das auf zwei Beinen geht«, wie Irey einmal behauptete.[42] Seine Hartnäckigkeit stand der von Tessem in nichts nach. Er konnte sich »achtzehn Stunden am Tag an sieben Tagen der Woche« durch Papierberge hindurchfressen, wobei die zwischen die schmalen Lippen gekniffene, übelriechende billige Zigarette nicht erlosch, bis er gefunden hatte, was er suchte. Bei seinen Mitarbeitern hieß es: »Der schwitzt nur Eiswasser.«[43] Wilson hatte in der Vergangenheit gezeigt, daß er nicht davor zurückscheute, sich auf »dünnes gesetzliches Eis« zu begeben, um jemanden festzunageln, den er für schuldig hielt. »Seine Methoden waren oft brutal«, schrieb ein Biograph, der ihn bewunderte.[44]

Guzik war beim Einlösen der Schecks jenes J.C. Dunbar wesentlich unvorsichtiger gewesen als Nitti.[45] Fast die Hälfte aller Schecks nannten ihn als Empfänger. Es hätte dem Fall natürlich sehr gut getan, wenn man gewußt hätte, wer derjenige war, der bei der Pinkert Bank das mit Glücksspiel erwirtschaftete Geld in Schecks umtauschte. Vielleicht hatte dieser Jemand auch einige von jenen eingelöst, die Guzik so unbekümmert indossiert hatte.

Bei der Bank war von niemandem etwas über die Identität von »Dunbar« herauszubekommen. Ein früherer Kassierer konnte sich jedoch gut an diesen Kunden erinnern und eine genaue Beschreibung liefern. Der Mann war von jedermann »Fred« genannt worden, und man wußte, daß er als Hauptkassierer im »Ship« arbeitete, das sich zu Capones bedeutendstem Casino in Cicero entwickelt hatte. Wenn Fred sich Bargeld geben ließ, war er immer sehr wählerisch und bestand jedesmal auf druckfrischen Banknoten. Eines Tages kam auch heraus, wieso. Trotz seines kernigen Aussehens war er beim Anblick einer über ein Geldscheinbündel kriechenden Küchenschabe plötzlich blaß geworden:

Fred hatte krankhafte Angst vor Insekten. Der Bankkassierer erinnerte sich an den Zwischenfall unter anderem deshalb so genau, weil Fred vor lauter Ekel vergessen hatte, die üblichen fünf Dollar Trinkgeld zu geben.

Durch die Mithilfe des Bankkassierers konnte die SIU »Fred« problemlos als Fred Ries identifizieren. Einem kleinen Ganoven konnte Wilson dann durch das Angebot, ihn laufen zu lassen, die Information entlocken, daß Ries nach St. Louis abgetaucht war. Die Flucht war eine reine Vorsichtsmaßnahme gewesen. Ries hatte nicht im Traum damit gerechnet, identifiziert oder gar verfolgt zu werden, und sich noch nicht einmal die Mühe gemacht, unter falschem Namen zu reisen. So konnte der Postinspektor von St. Louis Wilson schon bald mitteilen, daß die Zustellung eines Einschreibens an einen Fred Ries in einem Hotel am Ort bevorstehe. Wilson folgte dem Postboten auf dem Fuße. Der Brief war von Guziks Schwager Louis Lipschultz aufgegeben worden und enthielt neben Geld die Anweisung, sich nach Kalifornien abzusetzen.

Anfänglich wußte Ries natürlich nicht das Geringste über einen Dunbar und hatte auch die Pinkert Bank noch nie von innen gesehen. Wilson erklärte seinen Gefangenen zum unentbehrlichen Tatzeugen und ließ ihn im ländlichen Danville in Illinois in einen alten Bunker von Gefängnis einweisen. Die Anstalt zeichnete sich durch etwas aus, was Wilson später als »eine Zelle besonderen Zuschnitts« bezeichnete: Es wimmelte dort von Ungeziefer. Wie Wilson sich erinnerte, schrie Ries: »Das kann man doch nicht einmal einem Hund zumuten.« Er brauche nur zu reden, ließ man ihn wissen, und er könne in ein Hotel übersiedeln. Im übrigen solle er sich überlegen, was Capone wohl tun würde, wenn er erfahre, daß Ries auf Staatskosten Urlaub gemacht habe?

Mit der Insektenplage mochte Ries vielleicht noch zu Rande kommen, aber nachdem er vier Tage lang über den Realitätsgehalt von Wilsons Frage gebrütet hatte, entschloß er sich am 18. September 1930, auszupacken. Zwei Monate später sagte er gegen Guzik aus, was diesem fünf Jahre und einen Tag Gefängnis einbrachte.

Ries hatte jetzt keine andere Wahl mehr. Wenn er den Schutz der Behörden nicht verlieren wollte, mußte er auch gegen Capone aussagen – sobald die Ermittler eine stichhaltige Anklage präsentieren konnten. Man wollte natürlich, daß er verfügbar war und am Leben blieb. Die Fahnder hatten die brillante Idee, ihn auf eine Kreuzfahrt nach Südamerika zu schicken, aber damals erlaubte der Etat solche Extravaganzen noch nicht. Da trat eine private Gruppe rettend auf den Plan: Robert Isham Randolph, Vorsitzender der Handelskammer von Chicago, hatte eine Vereinigung von sechs Männern ins Leben gerufen – darunter Samuel Insull, der bei unsauberen Spekulationen mit den Aktien öffentlicher Versorgungsunternehmen Millionen verdient hatte. Die Vereinigung nannte sich Bürgerkomitee zur Vorbeugung und Ahndung von Straftaten. Als Randolph den Zeitungen die Namen der anderen fünf Mitglieder nicht nennen wollte, erhielt die Gruppe den Namen »Secret Six«.[46] Sie stifteten der SIU eine Summe, die ausreichte, um Ries einen sicheren Aufenthalt zu garantieren, bis man ihn wieder brauchte.

Das sollte noch eine Weile dauern. Bis man Capone ein illegales Einkommen nachweisen oder einen Ausgangspunkt für die Festsetzung seines Vermögens finden konnte, würde noch viel Wasser den Chicago River hinunterfließen. Wilson hatte schon früher einmal gegenüber Irey bemerkt: »Nitti und Guzik sind leichtsinnig geworden, Al nicht.«[47] Als Capone im Frühjahr 1930 aus dem Gefängnis entlassen wurde, hatte die SIU noch immer nichts gegen ihn in der Hand.

Ein Besucher aus dem Weltall hätte an der Art und Weise, wie Capones Entlassung vor sich ging, an dem eitlen Geplänkel und dem Aufheben, das darum gemacht wurde, alles über Capones Stellenwert und über die allgemeine Verbreitung der Korruption erfahren können.

Wenn man von Capones (und Rios) Haftstrafe zwei Monate wegen guter Führung abzog, dann war sie am 16. März 1930 um Mitternacht zu Ende. Theoretisch konnte er am Montag, den 17. März 1930, um 0.01 Uhr durch die kleine Pforte treten, die sich für ihn im großen massiven Eisentor des Eastern State öffnen würde.

Auf welche Weise würde er die Stadt verlassen? Manche Berichterstatter behaupteten, daß er Plätze im nämlichen Broadway Limited reserviert habe, den er im vorigen Mai verpaßt hatte.[48] Andere sprachen von einem dreimotorigen, vierzehnsitzigen Charterflugzeug, das auf dem Rollfeld des Camden Airport für 200 Dollar pro Stunde auf ihn wartete.[49]

Wie aber gelangte er zu Zug oder Flugzeug? Das kleinste Problem stellten vermutlich jene Bundespolizisten und Polizeiagenten aus Chicago dar, von denen es hieß, daß sie den in die Freiheit tretenden Capone sofort wieder festnehmen wollten. Etwas beunruhigender waren schon die Berichte, daß es in den Straßen von Philadelphia von Revolvermännern nur so wimmele, die schießen würden, sobald Capone im Törchen erscheine. Die Reste von Morans Gang lauerten vermutlich gleich um die Ecke. Es war sogar davon die Rede, daß Leute von Klondike O'Donnells Gang in der Stadt seien, die darauf brennen würden, sich an Capone wegen Duffy, Doherty und McSwiggin zu rächen.[50]

Capones Gefängnisarzt und neuer Freund Herbert Goddard äußerte öffentlich Besorgnis. Sobald sich die Pforte im Gefängnistor bei Nacht öffnete, würde jeder, der hindurchtrat, als lichtumrandete Silhouette ein perfektes Ziel bieten. »Wir müssen dafür sorgen, daß dieser Mann von Schüssen unverwundet nach draußen gelangt«, verkündete Dr. Goddard.[51]

Er hatte für den Gefangenen, der sein Patient war, große Hochachtung entwickelt. »Man möchte sich weigern, die Dinge, die über ihn berichtet werden, für bare Münze zu nehmen«, flötete der betörte Doktor. »Während meiner sieben Jahre in der Aufsichtsbehörde durfte ich noch nie einen so wohlgelaunten und bescheidenen Gefangenen erleben. Nie wollte er eine Extrawurst. Seine Arbeit − zuletzt die eines Registrators − hat er zuverlässig und korrekt erledigt.

Oh ja, dieser Mann kann anfassen, was er will, er wird immer Erfolg haben. Energie? Er steckt voll davon. Er ist mehr als der ideale Gefangene. Er ist einfach perfekt!«

Goddards Sorgen, daß Capone für Heckenschützen ein leichtes Ziel bieten könnte, waren unnötig, denn der Zeitpunkt seiner Entlassung sollte sich nicht automatisch ergeben. Der Gouverneur von Pennsylvania, John S. Fisher, mußte den vom Gnadenausschuß empfohlenen zweimonatigen Straferlaß erst noch gegenzeichnen. Fisher wurde von einer Kreuzfahrt zu den Westindischen Inseln am Sonntag, dem 16. März, in New York zurückerwartet.[52] Manche Leute erwarteten, daß er zur Unterzeichnung des Straferlasses unverzüglich nach Harrisburg fahren würde, damit Capone zum frühestmöglichen Zeitpunkt entlassen werden könne. Der Sekretär des Gouverneurs gab jedoch bekannt, daß man Capone nicht anders als andere Gefangene behandeln werde. Seine Papiere würden im normalen Gang der Amtsgeschäfte bearbeitet.[53] Fisher bestätigte, daß für die Unterzeichnung nur das »Routineverfahren« in Frage komme.[54]

Das wollten nur wenige glauben. Einige hundert sensationslüsterne Schaulustige und Reporter (und, soweit man wußte, auch Profikiller) hatten sich um Mitternacht am Gefängnistor an der Fairmount Street versammelt, um einen Blick zu erhaschen – aber auf was?[55] Auf einen schnellen Wagen, der in gewagtem Tempo Capone und Rio in Sicherheit bringen sollte?[56] Vielleicht eine schwere, kugelsichere Limousine?[57] Auch diese Vorstellungen wurden von der Gefängnisleitung verächtlich abgetan. Capone würde weder eine Sonderbehandlung noch einen Sondertransport bekommen, höchstens eine Polizeieskorte bis an die Stadtgrenze.[58] Um zwei Uhr in der Frühe waren die meisten Zaungäste enttäuscht wieder abgezogen. Niemand war aus der Pforte herausgekommen. Vielleicht hatten die Behörden doch nicht gelogen.

Auf die Meldung hin, daß der Gouverneur um 11.10 Uhr an diesem Vormittag den Erlaß unterschrieben habe, fanden sich erneut Schaulustige ein. Der Sekretär des Gnadenausschusses sagte, sobald er sich die Zeit dazu nehmen könne, werde er die Papiere abliefern. »Ich kann noch nicht absehen, ob ich sie persönlich hinbringen oder mit der Post als Einschreiben schicken werde«, sagte Francis H. Hoy Jr. »Sobald meine Arbeit im großen und ganzen erledigt ist, werde ich mich entscheiden. Im Fall Capone werde ich die Sache jedenfalls nicht anders als sonst handhaben.«[59] Ein Nachmittagsblatt von Philadelphia rechnete aus, daß Capone frühestens zwischen zwanzig und einundzwanzig Uhr mit seiner Entlassung rechnen könnte. Dennoch waren am Gefängnistor den ganzen Tag über mindestens dreihundert und gelegentlich bis zu fünfhundert Schaulustige versammelt.[60]

»Was zum Teufel lungert ihr immer noch hier draußen herum?« fragte Vollzugsleiter Smith die Unentwegten, die sich an diesem Abend um zwanzig Uhr immer noch vor dem Gefängnistor die Füße vertraten. »Diesmal haben wir euch ganz schön an der Nase herumgeführt.«[61] Genau vierundzwanzig Stunden zuvor, am Sonntagabend um 20.00 Uhr, hatte man Capone und Rio an den ersten Gaffern vorbei in einem gewöhnlichen Gefängnisfahrzeug nach draußen geschafft. Niemand hatte die Insassen erkannt. Der Wagen hatte Capone und Rio knapp fünfzig Kilometer weit nach Westen in die neue staatliche Vollzugsanstalt von Graterford gebracht. Am Montagmorgen war Smith persönlich nach Harrisburg gefahren, um die Entlassungspapiere abzuholen, sobald Gouverneur Fisher sie unterzeichnet hatte.[62] Als Smith die Papiere aus Hoys Händen in Empfang genommen hatte, gab er telefonisch aus Graterford Bescheid. Capone und Rio wurden − ohne Tamtam und ohne Schaulustige − am Nachmittag dieses 17. März gegen 14.00 Uhr entlassen. War das nicht doch eine Sonderbehandlung? »Jawohl«, gab Smith zu, »aber mein Vorgehen war korrekt und gerechtfertigt. Schließlich habe ich auf Anweisung von Dr. Goddard gehandelt.«

In Goddards offiziellem Entlassungsbericht hieß es, man sei wegen der Berichte über Gefahren, die den Häftlingen drohten, besorgt gewesen.[63]

Im Outfit glaubten einige Leute zu wissen, daß in Smiths Büro ein signiertes Foto von Capone hing.[64] Am Montagabend erhob sich aus der Menge vor dem Gefängnistor eine Stimme: »Wieviel haben Sie dafür bekommen, Herr Direktor?«

»Schert euch zum Teufel und laßt euch nicht mehr sehen«, brüllte Hard Boiled Smith mit hochrotem Kopf zurück.[65]

Al Capone war frei.

23

Zu Hause ist's am besten

Capone war frei – aber wo steckte er? »Capone ist wieder in der Stadt und sitzt an der Tafel eines opulenten Banketts«, schrieb ein Journalist aus Chicago am Tag nach der Entlassung. Die allgemeine Verwirrung persiflierend, fuhr er fort: »Capone ist nicht in der Stadt, sondern sitzt irgendwo zwischen Philadelphia und Chicago im Zug. Nein, er ist im Flugzeug nach Cicero unterwegs. Aber das stimmt auch nicht.«[1] Das Flugzeug in Camden wurde nicht benutzt. Reporter stellten den Broadway Limited auf den Kopf, aber von Capone war weit und breit keine Spur.

Die Polizei von Charlotte in North Carolina »gab der Überzeugung Ausdruck«, Capone sei auf dem Weg in ihre Stadt.[2] Die Polizei von Miami überwachte sämtliche Zugänge nach Palm Island, und in Chicago kontrollierten Hunderte von Polizisten die Einfallstore der Stadt und beobachteten das Haus in der Prairie Avenue.

Capones zwölfjähriger Neffe Ralph Junior trommelte seine Bande zusammen und lieferte der Polizei eine Schneeballschlacht.[3] Mit einer Tüte Bonbons als Köder versuchte ein Reporter, ihn auszuquetschen: »Wo ist deine Oma?«

»Weg.«

»Wird deine Oma für Onkel Al ganz besondere Spaghetti kochen?«

»Kann sein, mit Nußgeschmack vielleicht.«

Zur Preisgabe härterer Fakten war Ralphie nicht bereit. Auf weitere Fragen gab er zur Antwort: »Hören Sie mal zu, Ihnen sage ich nichts. Eine andere Zeitung hat ein paar Leute hier herausgeschickt, die sollten mit mir um die Wette Murmeln spielen. Denen habe ich sogar neunzig Cents abgenommen und trotzdem nichts erzählt.«[4]

Man machte wieder einmal große Worte. In Chicago verkündete John Stege, sobald Capone sich blicken lasse, werde man ihn im Zuge der Säuberungskampagne auf der Stelle verhaften. Der Gouverneur von Florida, Doyle E. Carlton – den Capone einst zu seinen Freunden gerechnet hatte, als Carlton noch Anwalt in Tampa gewesen war –, ließ sich etwas ganz Besonderes einfallen.[5] Er schickte an sämtliche Sheriffs in den siebenundsechzig Countys seines Bundesstaates ein gleichlautendes Telegramm: LAUT BERICHTEN IST CAPONE AUF DEM WEG NACH FLORIDA. FESTNEHMEN UND MIT ANWEI-

SUNG, NICHT ZURÜCKZUKEHREN, ÜBER STAATSGRENZE ABSCHIEBEN, FALLS ER BEI IHNEN AUFTAUCHT. ER DARF NICHT IN FLORIDA BLEIBEN. RUFEN SIE MICH WEGEN ZUSÄTZLICHER UNTERSTÜTZUNG AN, FALLS NÖTIG.[6]

Capone und Rio waren unterdessen in der Tat nach Chicago gefahren. Später berichtete Capone, er habe eine Brille aufgesetzt, sich »als Doktor Soundso« vorgestellt und im Hotelregister eingetragen.[7] Niemand hatte ihn erkannt.

Die Bundesagenten waren über seinen Aufenthalt allerdings im Bilde. Durch eine abgehörte Telefonleitung in Ralphs Montmartre Café hatten sie erfahren, daß Capone sich schwer betrunken hatte, kaum daß er in Chicago angekommen war. Mit dem Beamtenapparat, der die Einhaltung der Prohibitionsgesetze zu überwachen hatte, den Prohibition Enforcers, war immer noch nicht viel Staat zu machen. Alexander Jamie, ihr neuer Chef in Chicago, war jedoch tüchtig und ehrlich. Der Bruder von Jamies Frau war ein sechsundzwanzigjähriger Prohibitionsagent namens Eliot Ness.[8]

Ness war Absolvent der University of Chicago, Doktor der Philosophie und Tennisspieler. Ende September 1929 versuchte er seinen Schwager Jamie dazu zu bewegen, daß dessen Vorgesetzte eine spezielle Fahndungstruppe aus Leuten zusammenstellten, die sich bisher als unbestechlich erwiesen hätten. Die Truppe müsse klein und überschaubar bleiben, damit ihr Leiter den Überblick über seine Leute behielte.

Ness wurde zum Chef einer zehn Mann starken Gruppe ernannt, deren Mitglieder alle unter dreißig waren. Bei den Zeitungen hatten sie bald ihren Namen weg: »The Untouchables«, die Unbestechlichen. Sie hatten in dem Nachtklub, der Ralph als Hauptquartier diente, das Telefon angezapft.

»Ist Ralph da?« konnten die Lauscher jemand fragen hören. Zu diesem Zeitpunkt zerbrach sich noch alle Welt den Kopf, wo Capone geblieben war.

»Am Apparat«, kam Ralphs rauhe Stimme.

»Hör' zu, Ralph. Wir sind oben auf Zimmer sieben eins acht im Western«, sagte der Anrufer (das Hawthorne hatte seinen anrüchigen Namen in »Western« geändert). »Wir wissen uns mit Al nicht mehr zu helfen. Es geht ihm sauschlecht. Würdest du bitte vorbeischauen? Du bist der einzige, der ihm helfen kann, wenn er in so einem Zustand ist. Wir haben schon jede Menge Handtücher kommen lassen.«[9]

Sobald Capone wieder nüchtern war, entschloß er sich, mit der Polizei und den Behörden zu reden. Er ließ seinen Anwalt Tommy Nash per Telefon bei John Stege anfragen, ob etwas gegen ihn vorliege. Die Polizei habe keinen speziellen Haftbefehl, lautete Steges Antwort, aber jeder Ganove werde sofort festgenommen. »Ich komme mit ihm vorbei«, sagte Nash. »Er will endlich wissen, wie die Lage ist.«[10] Capones Lieblingsfotograf Tony Berardi erzählt, er selbst und der Herausgeber der Chicagoer Ausgabe des »American«, Harry Read, hätten Capone dazu überredet, die Auskunft persönlich einzuholen. Berardi schloß sich an, um die Runde zu fotografieren.

Sie fuhren zunächst zum Polizeihauptquartier, wo sie von Stege und Harry Ditchburne von der Staatsanwaltschaft erwartet wurden. Capone sah wieder wie aus dem Ei gepellt aus, nur eine verbundene Hand trübte das elegante Bild. »Ich habe mich verbrannt«, belehrte er neugierige Frager, »als ich einen Braten aus der Röhre nehmen wollte.«[11] Während des Gesprächs gaben sich Detectives die Türklinke von Steges Büro in die Hand. »Ich möchte, daß die Männer ihn sich ansehen«, erläuterte Stege. »Ich habe nämlich den Befehl gegeben, ihn zu verhaften, sobald er sich auf der Straße sehen läßt.« Mit welcher Begründung? »Weil Sie kein anständiger Bürger sind«, sprang Ditchburne ein. »Wenn Ihr Bruder neben Ihnen auf der Straße ermordet würde, dann würden Sie nicht zu uns kommen, um uns den Mörder zu nennen.«

»Nun«, sagte Capone, der in der Tat kaum den Mund aufgemacht hatte, als sein Bruder Frank von der Polizei erschossen worden war, »versetzen Sie sich mal in meine Lage und überlegen Sie, was Sie dann tun würden.«

Ditchburne sagte, man habe für den Schutz der Öffentlichkeit zu sorgen, die Mordrate sei außer Kontrolle geraten. »Und deshalb werfen wir Sie aus der Stadt«, fügte Stege hinzu.

Capones Anwalt protestierte: »Sie haben aber kein Recht zu einer Festnahme, solange Sie meinem Mandanten kein Vergehen nachweisen können.« Er wandte sich an Ditchburne. »Sie als Anwalt müßten wissen, daß die Polizei das nicht tun kann.«

»Ich bin nicht dazu da, der Polizei zu sagen, was sie nicht tun kann. Ich bin dazu da, der Polizei zu sagen, was sie tun soll. Es interessiert mich nicht, Capone zu schützen. Wenn er im Fall seiner Verhaftung glaubt, daß ihm Unrecht geschehen sei, dann gibt es Rechtsmittel. Er kann wegen ungerechtfertigter Festnahme klagen.«

Stege schien an der Idee Gefallen zu finden. »Gehen Sie mit Ihrer Klage ruhig so weit, wie Sie wollen . . .«

»Ich will niemand verklagen«, sagte Capone. »Ich will lediglich nicht verhaftet werden, wenn ich mich in der Stadt sehen lasse.«

»Dann haben Sie Pech gehabt«, gab Stege scharf zurück. »Ihre Tage sind gezählt. Wie lange werden Sie brauchen, um aus der Stadt zu verschwinden?«

Capone hatte ungeachtet des Telegramms von Gouverneur Carlton vor, in der kommenden Woche nach Florida zu fahren. Stege gab Capone zu verstehen, er könne das Polizeihauptquartier unbehelligt verlassen, aber ein zweiter Besuch würde für ihn unweigerlich hinter Gittern enden. »Sie sollten Ihrem Mandanten klarmachen, daß er besser aus Chicago verschwindet«, sagte er zu Nash.

»Das ist eine Behandlung, gegen die sich schon Lenin und Trotzki und andere zur Wehr setzen mußten«, sagte der Anwalt.[12]

»Mir soll's recht sein, wenn Capone nach Rußland verduftet«, gab der stellvertretende Polizeichef von Chicago zurück, schickte Capone jedoch auf eine Tour zum Gebäude der Bundesbehörden und ins Büro des Staatsanwalts. Gegen Capone lag nirgendwo etwas vor. Staatsanwalt John Swanson äußerte sich später dazu: »Wenn ich jemand sehen will, dann rufe ich den Polizeichef an und sage ihm, er soll den Mann festnehmen.«[13]

An diesem Abend unterhielt sich ein nachdenklicher Capone in seiner Hotelsuite im Lexington mit Genevieve Forbes Herrick vom »Tribune«.

Das Jahr in Philadelphia habe er »nicht wegen Waffentragens« bekommen, »sondern weil ich Capone heiße . . . Jawohl, im Rampenlicht zu stehen ist nicht immer eine reine Freude.«

Was er denn verbrochen hätte, das ein Urteil von einem Jahr gerechtfertigt gewesen sei?

»Das einzige, was ich je gemacht habe, ist Bier und Whiskey an ehrenwerte Bürger zu verkaufen. Ich habe nichts anderes getan, als einen ziemlich weitverbreiteten Bedarf zu decken. Die Leute, die sich am heftigsten über mich aufregen, sind genau diejenigen, die mein Geschäft florieren lassen. Einige der angesehensten Richter trinken das Zeug . . .

Das beste an der ganzen Geschichte ist, daß jemand, der in dieser Branche tätig ist, soviel Gesellschaft hat. Ich meine die Abnehmer. Nur ein Verrückter würde versuchen, den Leuten Bier zu verkaufen, wenn sie es nicht trinken wollten.

Ich habe auch schon viele Spielsalons gesehen – auf meinen Reisen, verstehen Sie. Ich habe aber noch nie erlebt, daß es nötig gewesen wäre, jemand mit vorgehaltener Pistole zum Hineingehen zu zwingen. Überhaupt habe ich noch nie gehört, daß jemand zwangsweise zu seinem Vergnügen getrieben werden mußte. Ich habe aber in der Zeitung gelesen, wie man Bankkassierer in ein Auto gezerrt und mit einem Pistolenlauf in den Rippen in ihre Bank geschafft hat, wo sie für den Mann mit der Kanone den Tresor öffnen mußten.

Es hat den Anschein, daß es schlimmer ist, einen Drink zu nehmen, als eine Bank auszurauben. Vielleicht irre ich mich aber auch. Vielleicht ist es tatsächlich so schlimm.«

Er war alles gründlich leid und wollte seine Ruhe haben. »Wenn ich irgendein Izzy Polatzki aus Chicago wäre, dann wüßte ich etwas Besseres, als am Straßenrand herumzustehen, um einen Blick auf Al Capone zu erhaschen. Ich würde mich um meine eigenen Angelegenheiten kümmern und ihn sich um seine sorgen lassen. Es bringt doch nichts, wenn sich alle über unsere Stadt totlachen.«

Er drückte auf einen Summer auf seinem Schreibtisch, und einer seiner jungen Angestellten glitt unauffällig in den Raum. »Schicken Sie doch bitte meine Frau und meine Schwester zu uns herein«, bat Capone.

Capone stellte Mae und Mafalda vor, die kurz darauf erschienen. Nach einem kurzem und unverbindlichen Geplauder schwebten die beiden »in einer Wolke aus blauem Chiffon« wieder hinaus, sehr zu Mrs. Herricks Verwunderung, die nicht verstand, was der Auftritt sollte.

Capone wollte etwas illustrieren. »Haben Sie bemerkt, was mit dem Haar meiner Frau los ist?« fragte er. Gewiß, sehr üppig und – »Nein«, unterbrach Capone, »ich meine die grauen Strähnen. Sie ist erst achtundzwanzig« – Capone hatte galant fünf von Maes dreiunddreißig Jahren unterschlagen – »und hat schon graue Haare vor lauter Sorgen über die Entwicklung hier in Chicago.«

Nun gut, fuhr er fort, er habe vor, »die Angelegenheiten hier zu regeln« und in drei Wochen nach Miami aufzubrechen. (Capone hatte zwar Stege gegenüber von einer Woche gesprochen, aber inzwischen war der Termin auf Mitte April festgesetzt worden.) Das ganze Theater um seinen Rausschmiß sei wieder einmal nichts anderes als Politik – und der Versuch einer Zeitung, die Auflage zu erhöhen.

Aber was war mit der Hausdurchsuchung in Florida, wollte Mrs. Herrick wissen. Am Vortag hatte die Polizei das Anwesen auf Palm Island gestürmt, einige Kisten Schnaps konfisziert und sechs Mann verhaftet, darunter auch John und Albert Capone sowie Jack McGurn, der zwischenzeitlich mit einer Variante seines Alias aus dem Sherman Hotel auch als »James Vincent« auftrat.

»Sie dürfen mich alles fragen«, sagte Capone und trat geschickt aus der Schußlinie, »aber Sie müssen mich schon etwas fragen, worauf ich auch eine Antwort weiß. Ich war jetzt seit zehn Monaten nicht mehr in meinem Haus in Miami und kann nicht das geringste zu dieser Hausdurchsuchung sagen.«[14]

Schon bald sollte diese Aktion zum Gegenstand von Prozessen werden, die wichtige verfassungsrechtliche Fragen aufwarfen – und beträchtliche Heiterkeit auslösten. Im Augenblick war jedoch nur Gouverneur Carltons Abschiebungstelegramm an die Sheriffs des Staates Florida von Belang. Capone engagierte zwei gewiefte Anwälte aus Miami, die ihrerseits per Telegramm bei Gouverneur Carlton anfragten: »Welches Gesetz ermächtigt Sie oder die Sheriffs unseres Staates, einen Bürger der Vereinigten Staaten aufzugreifen und aus dem Staat zu verbannen, gegen den nirgendwo Anklage erhoben worden ist?«[15] – und der zudem ein in Florida ansässiger Grundeigner und Steuerzahler war.

Einige Tage später wunderte sich ein Bundesrichter in Florida über denselben Sachverhalt. »In den Vereinigten Staaten gibt es Gesetze, nach denen wir uns zu richten haben«, schrieb Halstead L. Ritter. Er merkte an, daß seine Meinung ohne Bezug auf populäre Ansichten wiederzugeben sei.[16] Eine Zeitung versah ihren entsprechenden Bericht mit der Überschrift:

»Bundesrichter weint über armen geschundenen Capone«

Es mochte wohl sein, daß der offizielle Empfang in Miami für Capone nicht herzlicher ausfallen würde als in Chicago. Es gab aber auch Leute, die ihn gern bei sich aufgenommen hätten. In einem offenen Brief der Handelskammer von Rapid City in South Dakota hieß es: »Willkommen in einer Gemeinde, in der es so gut wie keine Kriminalität gibt.« In dieser Gegend, so würde Capone bald bemerken, »wird der Fremde nicht nach dem beurteilt, was Berichte über vergangene Eintragungen in sein Strafregister kolportieren . . . Wer ohne Sünde ist, werfe den ersten Stein.«

»Den ersten Stein werde ich werfen«, schnauzte der Gouverneur von South Dakota. »Wir legen auf Leute wie Capone in diesem Staat keinen Wert, und wir wollen ihn hier bei uns nicht haben.« Deadwood ließ ebenfalls verlauten, daß Capone nicht willkommen sei, es wäre schon mühsam genug, Wild Bill Hickock und Calamity Jane vergessen zu machen.[17]

Capone bedankte sich artig bei den Bürgern von Rapid City, aber als Stadtmensch hatte er wirklich nichts für die Black Hills übrig.

Eine andere Gemeinde versuchte ebenfalls ihr Glück. Der amtierende Bürgermeister von Monticello in Iowa trat ohne Gegenkandidaten zur Wiederwahl an, aber fünfzig per Briefwahl für Capone abgegebene Stimmen hätten ihn beinahe entthront. Fünfundsechzig Stimmen mehr, und Capone wäre gewählt worden. »Es war nichts als Eifersucht«, entschuldigte sich ein Würdenträger der Stadt. Capones Querelen mit Chicago, Florida und South Dakota hatten die Schlagzeilen beherrscht. »Monticello war bisher in kaum einer Karte verzeichnet.« Das hätte die große Chance sein können. »Monticello wäre als die größte Kleinstadt im Osten von Iowa bekannt geworden.«[18]

Der unfreiwillig gescheiterte Bürgermeister hatte andere Sorgen. Die wichtige »Angelegenheit«, die er vor dem Aufbruch nach Florida noch regeln wollte, war seine immer prekärer werdende Steuersituation.

Ein Autor äußerte sich später verwundert darüber, daß Capone das 1927 im Fall Sullivan ergangene Urteil, demzufolge auch illegale Einkünfte der Steuerpflicht unterlagen, ignoriert und nicht früher eine Einigung mit dem Fiskus gesucht hatte. Der Autor zitierte eine Bemerkung, die Capone während eines Dinners hatte fallenlassen: »Das Einkommensteuergesetz ist großer Humbug. Der Staat kann nicht legale Steuern von illegalem Geld kassieren.« Er wertete dies als ernsthafte Äußerung und meinte, Capone müsse entweder völlig uneinsichtig oder außerordentlich habgierig gewesen sein.[19] So einfach war es aber nicht. Capones Situation war von labyrinthischer Verworrenheit.

Das Sullivan-Urteil ließ viele Fragen unbeantwortet, niemand konnte seine Bedeutung richtig abschätzen. Im Oktober 1930 konnte die SIU Frank Nitti dingfest machen, der sich in Berwyn, nur einen Katzensprung westlich von Cicero, unter falschem Namen versteckt hatte. Am 20. Dezember 1930 bekannte er sich schuldig. Seine Einlassung war natürlich auf den eigenen Vorteil bedacht, aber da er schon verurteilt war und am nächsten Tag den Weg nach Leavenworth anzutreten hatte, wären Lügen ohnehin kaum von Vorteil gewesen. Er sagte: »Ich habe keine Einkommensteuer bezahlt, weil das Gesetz unklar war. Ich habe mich bei einem halben Dutzend Anwälten erkundigt, aber sie wußten genauso wenig wie ich. 1926 gab es eine Entscheidung des Berufungsgerichts, daß aus illegalen Quellen stammende Erträge kein Gegenstand der Besteuerung sind. Das Oberste Gericht entschied im nächsten Jahr wieder anders.«[20]

Die amerikanische Anwaltskammer ABA stellte sechzig Jahre später Capones Steuerprozeß nach. Zu den Verteidigern gehörte Terence F. MacCarthy, der sagte: »Damals waren viele Fragen noch völlig ungeklärt.«[21]

Ungeachtet der mangelnden Eindeutigkeit des Sullivanurteils wäre es für Capone vor seiner Rückkehr aus Philadelphia sowieso nicht ratsam gewesen, eine Steuererklärung abzugeben oder der Steuerbehörde einen Vergleich anzubieten. Capone wußte, daß die Spuren gut verwischt waren, die den IRS zu seinem Vermögen oder zu seinem Einkommen hätten führen können. Eine freiwillige Steuererklärung oder ein Vergleichsangebot hätten den Tarnschild durchlöchert. Sobald er Einkommen, in welcher Höhe auch immer, zugab, hätte dies unweigerlich Auswirkungen auf die Vergangenheit und die Zukunft gehabt, da er damit einen Ansatzpunkt für ein Verfahren liefern würde.[22]

Das war genau die Schlinge, die sich jetzt um Jack Guziks Hals zusammenzog. Vermutlich durch das Sullivan-Urteil aufgeschreckt, hatte er in den Jahren 1927 bis 1929 Steuererklärungen abgegeben, in denen er sein Einkommen auf 18 000, 24 000, zuletzt wieder 18 000 Dollar bezifferte. In seinem Prozeß im November 1930 verteidigte sich Guzik damit, daß der größte Teil seiner Spielgewinne durch Spielverluste wieder aufgezehrt worden sei; die von ihm in Empfang genommenen Schecks dokumentierten sein Bruttoeinkommen und keine Gewinne. Doch das half ihm nicht: Guziks Verurteilung und das Strafmaß zeigten, wie gefährlich es war, sich als Einkommensbezieher zu erkennen zu geben.[23]

Torrio hatte Capones Steuerangelegenheiten dennoch an seinen eigenen Steueranwalt Lawrence P. Mattingly in Washington weitergereicht, während Capone noch im Eastern State einsaß. Die Steuerverfahren gegen Ralph, Druggan und Lake Ende 1929 hatten die von den Behörden eingeschlagene Marschrichtung klar werden lassen, die sich auch mit der Anklage gegen Nitti drei Tage vor Capones Entlassung bestätigte.

Wie stellte sich die Sache aus Capones Sicht dar? Wer wußte schon, wieviel die Behörden inzwischen herausgefunden hatten? Ein Vergleich barg zwar Risiken für die Zukunft in sich, aber er schaffte reinen Tisch in Bezug auf die Vergangenheit. Wie jeder Steueranwalt versichern konnte, war es stets Politik der Steuerbehörde gewesen, von einer Anklage abzusehen, wenn ein Bürger vor Eröffnung des formellen Verfahrens seine Einkommensverhältnisse selbst offenlegte. Der Kongreß hatte die Steuergesetze speziell daraufhin angelegt, daß die Bürger einen Ausgleich mit dem Fiskus suchen sollten.

Sechs Tage, nachdem Capone aus dem Gefängnis entlassen worden war, schrieb Mattingly am 23. März 1930 an C. W. Herrick, den Leiter der Dienststelle des IRS in Chicago:[24]

»Mr. Alphonse Capone, wohnhaft in der 2135 South Michigan Avenue in Chicago [die Adresse des Lexington], hat mich bevollmächtigt, eine genaue Berechnung seiner Einkommenssteuerschuld für das Jahr 1929 und die Vorjahre zu erstellen. Der Betrag wird sofort nach seiner Feststellung beglichen werden. Mr. Capone hat bisher noch keine Einkommenssteuererklärung abgegeben. Wegen ungenügender oder gänzlich fehlender Aufzeichnungen wird sich die Festsetzung seiner Verbindlichkeiten schwierig gestalten . . .«

Mattingly ersuchte deshalb den IRS, »Mr. Capone in der gleichen Weise wie jeden anderen säumigen Steuerzahler dahingehend zu überprüfen, welchen Verpflichtungen er nachzukommen hat, um Ihre Behörde zufriedenzustellen«. Mattingly fügte eine Vollmacht für Capones Steuerangelegenheiten bei. Da der Anwalt wegen anderer Fälle bis Mitte April unabkömmlich war, schlug der IRS für eine gemeinsame Besprechung mit ihm und seinem Klienten den 17. April 1930 vor. Dieses Treffen sollte mitten in Ralphs Steuerprozeß fallen.

Bei der Konferenz präsentierte sich Capone in kontraststarker Zweifarbigkeit: dunkelblauer Zweireiher, aus dessen Brusttasche vier Zipfel eines strahlendweißen Taschentuchs herauslugten, blauer Schlips mit großen weißen Punkten, weißbestickte blaue Seidensocken und Schuhe mit weißen Flügelkappen. Wenn er sein Seidenschnupftuch zog, erfüllte Maiglöckchenduft den Raum.[25]

Er wäre besser nicht mitgekommen. Thomas R. Mulroy Jr. − er war zunächst öffentlicher Ankläger einer Bundesbehörde, um dann in Chicago als Anwalt der bekannten Sozietät Jenner and Block aufzutreten − war einer der Staatsanwälte in dem von der Anwaltskammer nachgestellten Verfahren gegen Capone. »Zu einer Konferenz wie dieser«, erklärte Mulroy, »darf man niemals den Mandanten mitbringen.«

Das war noch nicht der schlimmste Fehler. »Nun, Mr. Capone«, begann Herrick, der leitende Vertreter des IRS, während ein Stenograph fleißig mitschrieb, »damit wir uns über die Situation einig sind: Sie und Mr. Mattingly sind hergekommen, um offene Fragen hinsichtlich Ihrer Einkommenssteuer zu klären. Damit es später keine Mißverständnisse gibt, möchte ich vorausschicken, daß natürlich jede Äußerung, die Sie hier machen, Gegenstand unserer Nachforschungen und Überprüfungen sein wird, soweit es in unser Sachgebiet fällt, also Dinge wie die Herkunft Ihres Einkommens und dergleichen betrifft . . .«

So weit, so gut. Überprüfen und fündig werden ist noch lange nicht dasselbe, und Capone war ja keineswegs unvorsichtig gewesen. Aber dann fuhr Herrick fort: »Ich muß Sie also fairerweise warnen, daß jede von Ihnen hier gemachte Aussage, die gegen Sie verwendet werden kann, von uns auch gegen Sie verwendet werden wird. Ich möchte, daß Sie sich über Ihre Rechte im klaren sind . . .«

Capones Anwalt antwortete darauf: »Insoweit sich Mr. Capone durch seine Antworten nicht selbst einer strafbaren Handlung bezichtigt, wird er kooperativ mit Ihnen zusammenarbeiten . . . Ich bin allerdings der Meinung . . . ich sollte nicht . . . zulassen, daß Mr. Capone Aussagen oder Eingeständnisse macht, durch die er sich der Strafverfolgung aussetzen könnte.« Dann sprach Mattingly den Satz, der für ihn die entscheidenden Worte enthielt: »Wir betrachten unsere Maßnahme als rechtsunverbindlich.«

»Das war damals die Standardformulierung, wenn man einen steuerlichen Vergleich aushandelte«, sagt der berühmte Bundesrichter Prentice H. Marshall, der den Vorsitz des nachgestellten Verfahrens führte. Heutzutage, so meint Marshall, würde ein Anwalt diesen Punkt detailliert festlegen und sich vom IRS die Garantie geben lassen, »daß die Aussagen des Mandanten einzig und allein zur Klärung des steuerlichen Sachverhalts herangezogen werden dürfen«. Aber obwohl Herrick die Möglichkeit einer anderweitigen Verwendung der Aussagen Capones schon hatte anklingen lassen, ließ Mattingly die Konferenz dennoch weiterlaufen.

»So etwas hat keinen Zweck«, sagt Tom Mulroy. »Wenn Protokoll geführt wird, darf man nie, unter keinen Umständen, den Klienten weitermachen lassen, sobald es heißt: ›Wollen Sie auf Ihre Rechte verzichten?‹ Das Urteil im Fall Miranda, bei dem die fehlende Rechtsbelehrung gerügt wurde, sollte erst in den sechziger Jahren kommen, aber man hatte Capone die Rechtsbelehrung doch just in diesem Moment gegeben, und das in Anwesenheit seines Anwalts. Der aber ließ alles weiterlaufen. Das war ein unglaublicher Kunstfehler!«

Der Strafverteidiger Terry MacCarthy gibt Capone dennoch sehr gute Noten für das Geschick, mit dem er bei der Verhandlung heiklen Fragen auszuweichen verstand, die Antwort verweigerte oder sich auf seinen Anwalt verließ, wenn es zu sehr ans Eingemachte ging.

An einer Stelle versuchte Herrick besonders schlau zu sein. Er fragte: »Mr. Capone, wie lange verfügen Sie schon über ein großes Einkommen?«

»Ich habe nie besonders viel verdient.«

»Dann möchte ich die Frage etwas anders stellen: Ich meine ein Einkommen, das steuerpflichtig ist.« Das hieß 5000 Dollar pro Jahr und darüber.

»Diese Frage möchte ich lieber meinen Anwalt beantworten lassen«, sagte Capone.

An einer anderen Stelle des Gesprächs hatte Mattingly zugegeben, daß es Capones Geld gewesen war, mit dem Palm Island auf Maes Namen gekauft worden war. Einer der Beisitzer fragte: »Aus welcher Quelle stammte das Bargeld, mit dem Sie diese Zahlung getätigt haben?« Capone gab die Frage an Mattingly weiter, der die Antwort verweigerte. Herrick hakte sofort mit der entscheidenden Frage nach: »War diese Quelle von einer Art, die man als steuerpflichtig bezeichnen könnte?«

»Ich ziehe es vor, auf diese Frage nicht zu antworten«, sagte Capone. Laut Aussage eines Gesprächsteilnehmers erzählte Capones Anwalt daraufhin etwas von gerade fällig gewordenen Außenständen.

Die Beamten fragten Capone nach geschäftlichen Aufzeichnungen. In Abänderung seiner Aussage vom 14. Februar 1929 in Florida gab er nunmehr an, keine Bücher zu führen. Man fragte ihn nach Konten (keine), Grundstücken (keine), Einkommen (unwesentlich), Papieren und Aktien (keine), Rennpferden und Hunderennen (er sei lediglich am Wetten interessiert). Die Bundesbeamten brachten ihn immerhin zu der Aussage, daß er nach 1929 nicht mehr bei Torrio angestellt gewesen sei. Er wickele alle Geschäfte per Barzahlung ab, gesperrte Schecks und Bankschließfächer kenne er nicht. »Was haben Sie denn mit Ihrem Geld gemacht?« murrte einer der frustrierten Fragesteller. »Haben Sie denn stets alles mit sich herumgetragen?«

»Ich habe stets alles mit mir herumgetragen«, gab Capone trocken zurück.

Am Ende der Sitzung hatte der IRS immer noch keine Einzelheiten über Umfang und Quellen von Capones Einkommen, aber immerhin hatte dieser eingestanden, überhaupt ein gewisses Einkommen zu beziehen. Falls die Sache vor Gericht ging, mußte man sehen, ob man Mattinglys Unverbindlichkeitserklärung mit Herricks Rechtsbelehrung begegnen konnte.

Der Stenograph hörte auf zu schreiben und verließ die Versammlung, womit die verbürgte Mitschrift endete. Frank Wilson berichtete ein Jahr später, an diesem Punkt sei folgendes geschehen:

»Scarface griff mit seiner massigen Hand in die Jackentasche und holte sechs Zigarren heraus. Er schob sie zu mir herüber. ›Rauchen Sie?‹

›Nein‹, gab ich kurz angebunden zurück.

Er runzelte die Stirn. ›Da versucht jemand, mich in die Pfanne zu hauen. Wilson, Sie sollten gut auf sich aufpassen.‹

›Darauf können Sie sich verlassen.‹

Der am Ende der Aussprache mit einem Steuerzahler übliche Händedruck
unterblieb. Ich hatte nicht das Bedürfnis, mir die Hände an seiner blutbesudel-
ten Pfote schmutzig zu machen.«[26]

So schön dieser Bericht ist, er hat leider den Haken, daß die Auflistung der
Konferenzteilnehmer im stenographischen Protokoll die Gegenwart von Louis H.
Wilson bezeugt – das war der für Betrugsfälle verantwortliche Mann des IRS in
Chicago – und nicht die von Frank Wilson. Wie wir noch sehen werden, machte
Louis Wilson über den Verlauf der Sitzung später auch eine Zeugenaussage. Frank
Wilson wird nirgendwo erwähnt. Er selbst blieb der einzige, der von seiner
Anwesenheit sprach.

Die Geschworenen im Prozeß gegen Ralph Capone[27] hörten fünfzehn Tage lang
Zeugenaussagen über Ralphs Finanzgebaren. Obwohl vieles sehr komplex war,
war noch genügend dabei, das verständlich und vernichtend zugleich war.
Juweliere hatten von Ralph Schecks bekommen, die er mit dem gleichen falschen
Namen signiert hatte, auf den die von der SIU ausfindig gemachten Konten
lauteten. Saloonbesitzer hatten Bierlieferungen mit Schecks bezahlt, die vielfach
ebenfalls auf jenen Konten gutgeschrieben worden waren, wobei die Beträge
mehrfach durch 55 Dollar teilbar waren, was dem Faßpreis für Bier entsprach.
   Am 25. April 1930, neun Tage nach dem kurzen Kräftemessen seines Bruders
mit dem IRS, hörte Ralph den Schuldspruch der Geschworenen. Der Richter
erkannte auf drei Jahre Gefängnis und 10 000 Dollar Geldstrafe. Ralphs einziger
offizieller Kommentar war: »Das Urteil spricht für sich selbst.« Allerdings hat er
möglicherweise noch gemurmelt: »Ich verstehe es nicht im geringsten«, während
er gegen Kaution freigelassen wurde und das Gericht verließ, um die Berufung
abzuwarten.

Lawrence Mattingly hatte noch ein paar weitere Sitzungen mit dem IRS – diesmal
alleine. Am 20. September faßte er die Position seines Mandanten in einem
Schreiben zusammen, das an Herrick adressiert war.[28]
   Der Brief begann wieder mit jener Floskel, die der Anwalt für eine Art
unfehlbarer Zauberformel zu halten schien:

»Die folgende Erklärung wird rechtsunverbindlich abgegeben. Sie berührt die
Rechte des oben genannten Steuerzahlers in keiner Weise, falls gegen ihn
rechtliche Schritte, welcher Art auch immer, unternommen werden sollten. Die
Kenntnis der erwähnten Fakten gründet sich lediglich auf Treu und Glauben.«

Anschließend folgten zunächst Daten zum Familienstand, wie etwa Sonnys
richtiggestelltes Alter von »jetzt beinahe zwölf Jahren«. Ferner legte Mattingly
dar, daß seit 1922 der Lebensunterhalt von Capones Mutter, seiner Schwester
(Mafalda) und seines Bruders (Matthew) ausschließlich von Capone bestritten
worden sei.

Bis gegen Ende des Jahres 1925 war er angestellt und bezog ein Gehalt, das zu keiner Zeit 75 Dollar pro Woche überschritt. In den Jahren 1925 bis einschließlich 1929 gingen beträchtliche Summen durch seine Hände, die ihm aber nicht gehörten. [Mit anderen Worten: Es war kein Einkommen.]

Capone habe sich zu nicht näher bezeichneten Unternehmungen mit drei ungenannten »Partnern bis Ende des Jahres . . . 1925« zusammengetan – also bis zum Anschlag auf Torrio und dessen Rückzug vom Geschäft. Da Capone jedoch kein Kapital einbringen konnte, betrug sein Gewinnanteil bis zu den Jahren 1928 und 1929 gleich dem seiner Partner nur ein Sechstel, wobei ein Drittel an eine »Gruppe von Angestellten« floß.

Die Einrichtung seines Hauses auf Palm Island habe nicht mehr als 20 000 Dollar gekostet. Weitere 30 000 Dollar lasteten noch als Hypotheken auf dem Haus. »Seit 1927 hat die Verschuldung bei den Geschäftspartnern 75 000 Dollar selten unterschritten, war jedoch häufig weit höher.« Zum Abschluß schrieb Mattingly:

Zwei Geschäftspartner meines Mandanten, die ich um Auskunft über seine Einkommensverhältnisse gebeten habe, haben nachhaltig versichert, es seien niemals mehr als 50 000 Dollar pro Jahr gewesen. Unabhängig davon bin ich der Meinung, daß sein steuerpflichtiges Einkommen für die Jahre 1926 und 1927 mit einiger Gewißheit 25 000 Dollar bzw. 40 000 Dollar nicht überstiegen hat und sich in den Jahren 1928 und 1929 auf höchstens je 100 000 Dollar belief.

Mit diesem Brief hatte der Staat den Ausgangspunkt gewonnen, um ein »Nettowert«-Verfahren wegen Steuerhinterziehung in Gang zu setzen.

Warum das alles? War es Unfähigkeit, trotz des guten Rufs, den Mattingly genoß?

»Nein«, sagt Tom Mulroy. »Meiner Meinung nach hat Mattingly lediglich nicht begriffen, daß dieser Fall niemals mit einem zivilen Vergleich aus der Welt zu schaffen war. Es war ein Kriminalfall, und zwar vom ersten Tag an.« Der Anwalt und Capone dachten, sie hätten mit ihrem freiwilligen Vergleichsangebot den Behörden den Wind aus den Segeln genommen, insbesondere, da es unter diesen Umständen gängige Praxis war, von der Einleitung eines Verfahrens abzusehen. Aber gängige Praxis ist noch lange kein Gesetz, und die Behörden waren keineswegs daran gebunden. Präsident Hoover war fest entschlossen, Capone zu schnappen, und wollte ihn unbedingt hinter Gittern sehen.

Florida wollte das auch.

24

Die Rechtschaffenen schlagen zurück

»Die Rechtschaffenen unserer Stadt melden sich jetzt zu Wort«, hieß es eine Woche vor Capones Haftentlassung in einem von vielen Leitartikeln der »Daily News« in Miami.[1] Die dort beschworene Anständigkeit äußerte sich als »eine Bewegung, die Capone von hier vertreiben will, falls er kommen sollte . . . Er müßte unter Bewachung an die Grenze des County gebracht und dort belehrt werden, daß sein Kompaß nach Norden zeigt.«

Ein anderer Leitartikel lobte das Telegramm des Gouverneurs an die siebenundsechzig Sheriffs. Darin zeige sich »ein Ausdruck des grundsätzlichen Anstands des Staates Florida«, der jene Kritiker widerlege, die »diesen großartigen Südstaat falsch eingeschätzt« hätten, nachdem Capone hier seit 1927 unbehelligt überwintert und den Sommer verbracht hat. Das Blatt erinnerte seine Leser daran, daß »noch vor ein oder zwei Generationen ein Mann, den seine Gemeinde für schuldig hielt, trotz eines möglichen Freispruchs am nächsten Baum aufgehängt worden wäre«. Heute freilich »würden wir ein solches Vorgehen . . . verurteilen. Es käme uns unerträglich vor. Aber dennoch . . .«[2]

Es handelte sich keineswegs um den Ruf des Pöbels nach Lynchjustiz. Der Besitzer der »Daily News« war James M. Cox, der frühere Gouverneur von Ohio und demokratische Präsidentschaftskandidat von 1920. Die meisten von Cox' Blättern kamen immer noch in Ohio heraus.

Der örtliche Anführer der Kampagne gegen Capone war der am 12. Januar 1874 in Indiana geborene Carl Fisher,[3] der wie Capone in der sechsten Klasse vorzeitig von der Schule abgegangen war. Fisher hatte sein Vermögen in Indiana mit dem Bau der Rennstrecke von Indianapolis gemacht. Nachdem er 1911 seine Karbidlampenfirma verkauft hatte und nach Florida gezogen war, lieh er dem Pionier John Collins 50 000 Dollar zur Fertigstellung der ersten Dammstraße nach Miami. Ein Teil des Kredits wurde mit enormen Grundstücksübertragungen abgegolten, und Fisher begann sofort mit dem Bau von Hotels und Eigenheimen. Miami Beach wurde vor allem durch ihn erschlossen. Auch als Segler machte er sich einen Namen − seine Freunde nannten ihn »Skipper« oder »Skip«. Fisher hatte seinen alten Freund James Cox nach Miami gebracht.[4]

Ein weiterer Verbündeter in der Anti-Capone-Liga war Daniel Mahoney, Cox' Schwiegersohn und Generalmanager von Cox' Zeitungen in Ohio.

Mahoney brachte Fisher dazu, bei Gouverneur Carlton die Telegrammaktion an die Sheriffs einzufädeln. Als sie abgeschickt waren, schrieb Mahoney an den »lieben Skip«, mit »welch großem Vergnügen« er von dieser Maßnahme des Gouverneurs gelesen habe. »Wenn die Stadt auf die von unserem Blatt unternommenen Anstrengungen so reagiert, wie es angebracht ist . . ., dann dürfte es uns durchaus gelingen, Miami und Miami Beach von diesem unerwünschten Element zu befreien.«[5]

Fisher schickte Carlton ein Telegramm, in dem er mitteilte, daß er »infolge einer Reihe von wichtigen Zusammenkünften unserer ersten Bürger am nächsten Tag mit einem Kabel rechnen dürfe, das ihn der uneingeschränkten Rückendeckung beim Widerstand gegen das Gangstertum versichern« werde.[6] Später, als ein Richter Capones Bruder Albert wegen Landstreicherei ins Gefängnis geschickt hatte, telegraphierte Cox an Fisher:

DIE RECHTSCHAFFENHEIT, DIE SICH HEUTE MORGEN IN MIAMI BEACH GEZEIGT HAT..., IST DAS BEDEUTENDSTE EREIGNIS, SEIT SIE VOR SIEBZEHN JAHREN DER MOSKITOPLAGE UND DEN SÜMPFEN DEN KAMPF ANGESAGT HABEN STOP ES MAG ETWAS DAUERN, BIS DER ALTE SKIPPER AUF TOUREN KOMMT, ABER WENN ER ERST EINMAL IN FAHRT IST, IST ER NICHT MEHR AUFZUHALTEN[7]

Man hatte es auf Capone abgesehen, nicht auf das Laster selbst. Das war kein Kreuzzug von Moralaposteln, die »Miami säubern« wollten. Wer Zerstreuung suchte, hatte keine Schwierigkeiten, sein Geld in Südflorida auszugeben, und ein preiswertes Vergnügen war es obendrein, denn die Alkoholschmuggler machten sich soviel Konkurrenz, daß die Preise während der Wintersaison in den Keller fielen: 45 Dollar für eine Kiste unverschnittenen schottischen Schmuggelwhiskey, die in Chicago etwa 90 Dollar kosteten.[8] Das Glücksspiel blühte überall, und zocken konnte, wie eine Zeitung versprach, »jeder, der Geld und Lust dazu hatte«.[9]

Es gab niemanden, einschließlich der ehrbaren Bürger von Miami, dem das nicht recht war. Auf der ersten Seite der »Daily News« las sich das so: »Unsere Bevölkerung hat für die Wintermonate einer liberalen Politik den Vorzug gegeben.« Die Toleranz beschränkte sich aber auf »unsere Jungs«. Für Außenseiter galt sie nicht. »Gangster«, so der Leitartikel, »... wissen sich nicht im Zwischenbereich zwischen straffer Regelung und liberal vergebenen Konzessionen zu bewegen.«[10] Man habe sich zu entscheiden, »ob man zulassen will, daß die Gangster Miami ruinieren, so wie sie Chicago ruiniert haben, oder ob man bereit ist, auf den Sieg der Rechtschaffenheit zu setzen.«[11]

Der Feldherr des Kreuzzuges, Fisher, war ein fettgewordener Säufer,[12] der neun Jahre später an einer Magenblutung starb, und der sich auch während seiner diversen Ehen eifrig als Schürzenjäger[13] betätigte. Glücksspiel? Ein mit der Geschichte von Miami Beach befaßter Historiker meinte, daß Fisher »auf alles wettete, was sich nur irgendwie fortbewegte«.[14] Er hegte jedoch eine gewisse Abneigung gegen reguläre Spielkasinos, da er befürchtete, sie könnten Gangster anziehen. In seinen Hotels war auch legales Glücksspiel nicht gestattet.

Dan Mahoney war auch nicht gerade ein Musterknabe. Man kannte ihn unter dem Namen »Big Dan« oder »Big Irish«. Er war ein Schlitzohr mit gewaltigem Appetit, ein Abenteurer, der mit General Pershing im revolutionären Mexiko Jagd auf Pancho Villa gemacht hatte.[15]

Capone hatte zum Teil recht mit dem, was er der Reporterin Genevieve Herrick über die geschäftlichen Motive seiner Verfolgung durch Mahoney und Cox gesagt hatte. In der Erinnerung eines altgedienten Journalisten aus Miami lebt Cox als »herrschsüchtiger, arroganter Bastard« fort.[16] Die »Daily News« betrachtete Capone als nützliches Instrument, um dem auflagestärkeren »Herald« Konkurrenz machen zu können. Die Lokalpolitik mit ihrer tiefverwurzelten Korruption hatte byzantinische Züge angenommen. Die Zeitung von Cox unterstützte die Amtsinhaber und warf dem »Herald« vor, abgehalfterte Politiker zu unterstützen, wie den früheren Polizeichef Quigg und Fred Pine. Quigg war 1928 wegen Gewalttätigkeit und Korruption aus dem Amt geworfen worden (wurde aber 1937 wieder eingesetzt).[17] Pine war 1923 vom Gouverneur wegen seiner »liberalen Alkoholpolitik« von seinem Amt als Countystaatsanwalt enthoben worden.

Die Günstlinge der »Daily News« gaben auch kein besseres Bild ab. Der Leiter des Amtes für öffentliche Sicherheit, Samuel D. McCreary, hatte sich auf seine Karriere als Manager des El Comodoro Hotel vorbereitet, das Robert Knight, dem Bruder eines Commissioners in Miami, gehörte. McCreary und Knight wurden 1935 angeklagt, Protektion verkauft zu haben, aber trotz bemerkenswert eindeutiger Beweislage freigesprochen.[18]

Im Gegensatz zu diesen beiden hatte Pine jedoch Verbindungen zu Capone. Reverend William H. Sledge hatte Palm Island einmal einen Besuch abgestattet, allerdings nicht in seiner Rolle als Geistlicher, sondern in seinem Nebenberuf als Autovermieter. Und zufällig hatte er mitgehört, wie Capone veranlaßte, daß eine Kiste Champagner und zwei Kisten Scotch an Pine geschickt wurden.[19] Und dieser Pine war, wie das Blatt von Cox zu Recht wetterte, ein Kandidat des »Herald«!

Im übrigen waren die Leitartikel des »Herald« gegen Capone ziemlich maßvoll. Herausgeber Frank Shutts hatte zwar früher einmal gefordert, daß eine Spende Capones an die Gemeinde Miami in Höhe von 1 000 Dollar wieder zurückgezahlt werden müsse. Gleichzeitig beharrte seine Zeitung aber in kleinlicher Weise darauf, daß sich Aktionen gegen Capone »strikt auf dem Boden der Legalität« zu bewegen hätten.[20] Diese Gewissenhaftigkeit war leicht zu durchschauen, da Shutts keinen Hehl aus seiner Beteiligung am Pferdetoto machte und, wie die »Daily News« anklingen ließ, die Finger auch in anderen Glücksspielgeschäften hatte.

An seinen eigenen Prinzipien gemessen war Frank Shutts Standpunkt durchaus konsequent. Er repräsentierte die alteingesessene Oligarchie von Miami. Ungeachtet moralischer und persönlicher Prinzipien war in den Augen dieser Kreise eine »liberale Politik« unabdingbar, um Miamis Lebensstrom, den Tourismus, pulsieren zu lassen. Alkoholschmuggel, Glücksspiel und Korruption waren ihr eigenes Geschäft. Sie betrieben es entweder selbst, oder hatten es in die Hände von Leuten gelegt, die den Stallgeruch ihrer Stadt hatten, Leuten, die wußten, wo ihr Platz war, und die die Vorherrschaft der heimischen Oligarchie respektierten.

Der Kriminalität und Korruption von Miami fehlte gänzlich das Element des Racketeering und des gewaltsamen Nachhelfens. Es gab keine Bombenexplosionen und Massenschlägereien. Die heimische Korruption entfaltete sich in gegenseitigem Einvernehmen und ohne bedrohliche Züge. Gewalttätiges Vorgehen lag den Beteiligten fern.

In Chicago lautete die Entschuldigung für gewöhnlich, daß sich die Gangster lediglich gegenseitig umbrächten. Es ist gewiß richtig, daß Capone nie jemanden umgebracht hat oder umbringen ließ, dessen Tod für die Welt ein großer Verlust gewesen wäre. Aber man muß nicht unbedingt um sie trauern, um ihre Ermordung zu mißbilligen. Konkreter hieß das: Wenn man die Gangster – und gar einen Capone – in Miami Fuß fassen ließ, würde man sie und ihre Mörder- und Schlägertrupps kaum wieder loswerden. Die Oligarchie lief Gefahr, die Kontrolle über das Geschehen zu verlieren und nicht mehr bestimmen zu können, wo Schluß zu sein hatte. Die »Daily News« hatte wahrscheinlich recht mit ihrer Einschätzung, die Gangster würden nicht das rechte Maß zwischen angemessener Duldung und dem Chaos einhalten.

Neben diesen rationalen Überlegungen hatte die Wucht der Reaktion auf Capone aber auch viele weitaus weniger respektable Gründe. Schließlich hatte Capone in der Tat keinerlei Anstalten gemacht, das Geschehen an sich zu reißen. Er war lediglich an einer Handvoll von Glücksspielbetrieben beteiligt – darunter auch ein großes Landhaus in den Everglades, sechzig Kilometer entfernt im nächsten County am Tamiani Trail. Er schmuggelte Whiskey nach Chicago und war am Gewinn einiger lokaler Speakeasies beteiligt. Heute noch heißt ein Gebäudeteil eines Country Clubs im Westen der Stadt »Capone's Tower«. Er hatte auch ein Büro in einem Gebäude, das heute die Hauptniederlassung der Verkehrsbetriebe von Miami beherbergt – ausgerüstet mit einem Lastenaufzug, der eine siebensitzige Limousine befördern konnte. Aber Capone hielt sich aus den Gefilden der örtlichen Bootlegger völlig heraus. Er sagte im Grunde die Wahrheit, wenn er immer wieder betonte, er wolle in Miami lediglich seine Ruhe haben und es sich gemütlich machen.[21]

Und genau an diesem Punkt hörte für die feinen Bürger von Miami der Spaß auf. »Wir geben dem schwarzen Schlafwagenschaffner Trinkgeld«, stand in einem Leitartikel der »Daily News« zu lesen. »Dafür putzt er uns die Schuhe und ist dienstfertig . . .«[22] Diese Haltung aber mutete Capone Miami zu, wenn er gegenüber der Stadtverwaltung und in den Geschäften der Stadt freigiebig auftrat und dann noch mit Wohltätigkeitsschecks von 1 000 Dollar herumwedelte. Er behandelte Miami so, wie Miami die Schwarzen behandelte! Ein italienischer Gangster aus einer Stadt im Norden konnte nicht einfach herkommen und sich in der besten Gegend einnisten – und es dann noch an Bescheidenheit und Unauffälligkeit fehlen lassen. Capone kam nicht auf die Idee, sich zu verbergen, wie man es von den ortsansässigen Alkoholschmugglern gewohnt war. Er ließ Miami die Nase an seinem Fenster plattdrücken, indem er Parties gab, öffentliche Auftritte inszenierte und die allgemeine Aufmerksamkeit auf sich zog.

Am schlimmsten war aber, daß nicht etwa nur schmierige und raffgierige Gestalten Capones Nähe suchten, sondern auch Mitglieder vornehmerer Häuser seiner Ausstrahlung erlagen, wie zum Beispiel jener Sohn eines früheren Bürgermeisters, Parker Henderson. Ein anderes Beispiel war Jack Sewell. Sein Vater John war ebenfalls Bürgermeister von Miami gewesen und hatte seit langer Zeit den Posten des County Commissioners. Sein Onkel, E.G. Sewell war auch Bürgermeister gewesen und zur Zeit Commissioner. John und Ev leiteten das Sewell Brothers, eines der elegantesten Geschäfte von Miami. Der junge Jack erzählte gerne Histörchen über Capone: Wie dieser nach einem Einkauf für etwa 1 000 Dollar bei Sewell Brothers von ihm, Jack, einen Gürtel und einen Panamahut geschenkt bekommen habe und Capone daraufhin unbedingt Jack die Hand schütteln wollte, wobei er gesagt habe: »Das ist das erste Mal in meinem Leben, daß ich etwas geschenkt bekomme.« Jack erzählte auch häufig von einem Pokerspiel, das gerade im Gang war, als er in Palm Island ankam. Bündel von 1 000-Dollar-Scheinen lagen auf dem Tisch. Capone sagte im Aufstehen zu Jack: »Ich höre jetzt auf. Diese Gauner haben mich um zweihundertfünfzigtausend erleichtert.«[23]

Ev Sewell konnte über die Geschichten seines Neffen nur mäßig lachen. Als er später für eine direkt gegen Capone gerichtete Verfügung wegen Landstreicherei stimmte, legte er Wert auf die Feststellung, er handle in voller Kenntnis des Umstandes, daß Capone ein großzügiger Kunde von Sewell Brothers sei.[24]

Die von der Reporterin Genevieve Herrick im Gespräch mit Capone erwähnte Hausdurchsuchung auf Palm Island war rechtlich einwandfrei gewesen und mit gültigem Durchsuchungsbefehl vorgenommen worden. Die Polizei von Toledo in Ohio hatte Ray Nugent, der nach Alvin Karpis Aussage zu den Mördern am Valentinstag gehörte, als einen von fünf Männern identifiziert, die im April 1928 nach einem Überfall auf einen gepanzerten Geldtransporter einen Polizisten getötet hatten. Ferner verdächtigte ihn die Polizei von Cincinnati bei einem Dutzend von Morden, hatte aber handfeste Beweise nur für einen Totschlag im Zusammenhang mit einem Alkoholgeschäft. »Crane Neck« Nugent war flüchtig, die steckbriefliche Fahndung lief.[25]

Einige Monate vor Capones Entlassung aus Philadelphia hatte ein Sergeant in Miami Nugent und Ralph Capone bei einer Geschwindigkeitsübertretung erwischt. Die beiden befanden sich in Begleitung von zwei Frauen, die ebenso wie ihre Begleiter alkoholisiert waren. Nugent gab an, er wohne in Capones Anwesen in Palm Island. Das Haus hatte sich zu einer beständigen Anlaufstelle für entlassene und entflohene Ganoven entwickelt.

Als die Polizei von Toledo verständigt wurde, hieß es, daß man so kurzfristig keine Zeugen auftreiben könnte. Damit blieb nur noch die Fahndung von

Cincinnati. In Florida konnte bei Totschlag vorläufige Freilassung gegen Kaution erwirkt werden, und Nugent wurde gegen 10 000 Dollar auf freien Fuß gesetzt. Anfang März, als Toledo Nugent verhaften konnte, war er abgetaucht. Der Sheriff schickte einen Bevollmächtigten mit einem Haftbefehl los, der nach dem Flüchtigen in Palm Island suchen sollte. Der Beamte fand zwar nicht Crane Neck, aber er konnte schwerlich vermeiden, über Schnapsvorräte zu stolpern.

Sheriff M. P. Lehman plante einen großen Schlag. Er wollte auf Palm Island eine Razzia veranstalten. Als juristischer Anlaß diente der ein paar Wochen zuvor von seinem Bevollmächtigten gesichtete Alkohol.[26] Die Polizei von Miami Beach erklärte sich begeistert bereit zu helfen, aber Miami lehnte ab. Palm Island liege außerhalb des Zuständigkeitsbereichs. Der Stadtdirektor Frank H. Wharton fügte hinzu, das Ganze rieche nach einer »Schauveranstaltung« – worauf Lehman beleidigt siebenundzwanzig Sonderdienstausweise wieder einzog, die er an Polizisten von Miami ausgegeben hatte.[27]

Bei der Razzia am 20. März wurde erwartungsgemäß der Alkohol gefunden. Im Anwesen hielt sich nur der Hausmeister auf, Frankie Newton, der schon lange in Miami lebte. Fünf weitere Bewohner waren zum Schwimmen gegangen, aber auch sie wurden bald geschnappt: die Brüder Albert und John, Jack McGurn (alias James Vincent), der schmächtige »Diamond Lou« Cowan aus Cicero und Leo J. Brennan,[28] der das Pech hatte, zufällig auf Besuch zu sein.

Newton und John wurden wegen Besitzes illegaler Güter und Landstreicherei angeklagt, nachdem im Schrank von Johns Zimmer Flaschen gefunden worden waren.[29] Einige Prozesse und Berufungen später war alles wieder vorbei – Frankie Newton mußte 500 Dollar Strafe zahlen, nachdem er alles auf seine Kappe genommen hatte. Er behauptete, es sei sein Schnaps gewesen, einschließlich der zwölf Flaschen, die man in Johns Schrank gefunden hatte.[30]

Capone nahm den Wink nicht zur Kenntnis. Er erwirkte eine Verfügung auf Bundesebene gegen die Order des Gouverneurs an Floridas Sheriffs. Die »Daily News« schrieb: »Würde man gegenüber Capone das Wort ›Constitution‹ erwähnen, hätte er natürlich keine Ahnung, wovon die Rede ist. Er würde vermutlich glauben, es sei die Bezeichnung für ein neues Spaghettigericht . . .«

Die Behörden von Miami gaben nicht auf. Während sich Capones Aufenthalt in Chicago von Ende März bis zu jener Besprechung am 17. April hinzog, in der er seine steuerliche Situation zu klären hoffte, kamen aus Miami weitere Hinweise, daß er dort nicht willkommen war. Am 1. April 1930 wurden Jack McGurn und Louise Rolfe am fünften Loch des Golfpatzes von Miami Beach verhaftet.[31] Zwölf Tage später war Bruder Albert mit einer Verhaftung wegen Landstreicherei an der Reihe, auch er befand sich gerade beim Golfspielen.[32]

Capone ließ sich jedoch nicht beeindrucken. Kaum war seine Steuersitzung beendet, da befand er sich schon wieder auf dem Weg nach Florida. Der Zug kam am 20. April 1930 in der Frühe eines regnerischen Ostersonntags an. Die Reisegesellschaft bestand aus Capone, seinem Neffen Ralphie und einem Ratsherrn aus Chicago. Capones ortsansässige Anwälte Vincent C. Giblin und J. Fritz Gordon holten ihn an der Hollywood Station ab, und man fuhr zusammen mit Harry Read, dem Herausgeber der Chicagoer Ausgabe des »American«, in die

Stadt. Zu einem Reporter sagte Capone: »Ich bin hier, um mich zu erholen, was ich mir meiner Meinung nach auch verdient habe.«[33]

Das sollte aber nicht so einfach werden. Zwei Tage später eröffnete der Staatsanwalt von Dade County, N. Vernon Hawthorne, ein Verfahren zur behördlichen Schließung von Palm Island als einem öffentlichen Ärgernis. Bei all dem dort gelagerten Alkohol und den vielen Leuten, die sich dort herumtrieben, hatte das Anwesen alle Merkmale »eines Ortes, der von gewöhnlichen Spielern, . . . gewohnheitmäßigen Herumtreibern, nichtsnutzigem und ordnungsscheuem Gesindel frequentiert wird . . .«[34]

Bis zur Verhandlung würde noch einige Zeit vergehen. In der Zwischenzeit spannte Capone aus. Er stattete Havanna und den dortigen Vergnügungsstätten eine Stippvisite ab, der allerdings ein kurzes Verhör durch den Chef der kubanischen Geheimpolizei vorausging. Ihm gegenüber gab sich Capone als »pensionierter Geschäftsmann aus Chicago« aus.[35] In Capones Begleitung befand sich Sylvie Agoglia, der mit seinem Fleischerbeil den ersten Schlag gegen Pegleg Lonergans Gang in Brooklyn geführt hatte, und der Herausgeber Harry Read. Read gab allerdings später protestierend zu Protokoll, er habe alle Ausgaben aus eigener Tasche bestritten.

Wieder zurück in Palm Island, ging Capone auf seiner Jacht »Arrow« dem Hochseeangeln nach und zog den größten Seglerfisch der Saison aus dem Golfstrom: über zweiunddreißig Kilo schwer und knapp einen Meter achtzig lang.

Am Vormittag des 8. Mai rief der Geschäftsführer des Olympia Filmtheaters an und lud Capone zu einer Matinee des neuesten Films ein: »Die neuen Abenteuer des Fu Manchu«, mit Warner Oland und Jean Arthur in den Hauptrollen.[36] Capone machte sich zusammen mit Bruder John, dem Ratsherrn Albert J. Prignano aus Chicago und Nick Circella als Leibwächter auf den Weg. Keiner trug eine Waffe.

Der Direktor des Amtes für öffentliche Sicherheit von Miami, Sam McCreary, hatte Polizeichef Guy C. Reeve angewiesen, in Miami am Ende der Dammstraße Polizisten in Zivil zu stationieren, die Capone verhaften sollten, sobald er sich blicken ließ. Als ihn die beiden Detectives anhielten, fragte Capone, weshalb man ihn verhaften wolle. »Für Ermittlungen.« Ob er zu Hause anrufen könne, um Bescheid zu geben, oder seine Anwälte anrufen dürfe? »Nein.« Capone zuckte mit der Achsel und lud einen der Beamten ein, in seinem Wagen mitzufahren, während einer von Capones Gästen als Faustpfand in den Streifenwagen umstieg. Es war genau 14.30 Uhr, als sie im Polizeihauptquartier ankamen.

Sam McCreary erwartete sie. »Herr Direktor«, sagte Capone betont höflich zu ihm, »was muß ich tun, damit ich wieder hinaus darf?«

»Ich weiß nicht, wie die Prozedur im einzelnen ablaufen wird«, sagte McCreary, »aber soviel kann ich Ihnen verraten: Wir werden Sie auf Verdacht festhalten. Sie werden weder angebrüllt noch mißhandelt werden.«

»Mir macht es nichts aus, eingesperrt zu werden«, sagte Capone. »Ich möchte Sie aber bitten, meinen Bruder laufen zu lassen.«

»Er hat Sie begleitet, und wir werden mit ihm verfahren wie mit jedem anderen Verdächtigen.«

An dieser Stelle schaltete sich der wachhabende Beamte ein und forderte Capone auf, die Taschen zu leeren und alle Wertgegenstände abzugeben, was in diesem Fall die Sache sehr genau traf, nämlich Capones übliche Juwelengrundausstattung und 1 160 Dollar Bargeld für einen Kinobesuch am Nachmittag.[37] Capone machte Einwände. Später erläuterte er einem Richter: »Ich war nicht bereit, diesem Beamten mein Geld und meine Wertsachen ohne Quittung anzuvertrauen.«

Capone zufolge wies McCreary Reeve an, keine Quittung auszustellen. »Er sagte«, berichtete Capone vor dem Richter, »nehmt ihm das Zeug ab und werft es ins Klo.« Die Beamten gaben einen weniger farbigen Bericht. Als Capone eine Quittung forderte, erhielt er demnach die Antwort, er brauche keine, die Stadt übernehme die Verantwortung. Das war Capone zuwenig, und er beharrte auf der Quittung. Polizeichef Reeve schaltete sich ein und sagte, Capone könne seine Quittung haben, wenn er sie unbedingt wolle. McCreary unterbrach ihn mit der Frage, ob das Ausstellen einer Quittung üblich sei. Als das verneint wurde, sagte er: »Dann verfahrt mit ihm wie mit jedem anderen Gefangenen, der eingeliefert wird.« Da die umstehenden Beamten Anstalten machten, sich die Sachen zu holen, gab Capone den Widerstand auf. Während er die Taschen leerte, zischte er: »Dieser Schweinehund Cox ist an allem Schuld!«

Später berichtete Capone, er habe darum gebeten, seine Anwälte anrufen zu dürfen, worauf sich auch darüber ein Disput entwickelte. Wahrscheinlicher ist, daß er von vornherein auf die Anfrage verzichtete, da er sich die Antwort ohnehin denken konnte. Man hatte eindeutig die Absicht, Capones Drähte zu kappen. Ein Wärter führte die Häftlinge zu ihren Zellen. Er hatte Anweisung, Capone einen Stock höher, getrennt von den anderen, unterzubringen. Als Reeve feststellte, daß man Capone in eine Zelle gesteckt hatte, deren vergittertes Fenster zur Straße hin lag, ließ er Capone in eine Innenzelle verlegen, um »einer Menschenansammlung vorzubeugen«. Später wurde er gefragt, ob es auch darum ging, eine etwaige Kommunikation Capones mit der Außenwelt zu verhindern. »Kann sein, daß das meine Absicht war«, antwortete Reeve. »Leugnen kann ich es nicht.«

Es war, wie Capone sagte, »eine Zelle ohne Fenster und ohne Luft, und man hatte angeordnet, daß ich weder Nahrung noch Wasser bekommen sollte . . .« Er hatte allerdings zum Lunch wie üblich sehr viel gegessen, und schließlich war es erst Nachmittag, was Capone dann auch einräumte. »Es ging gar nicht um Essen und Trinken«, sagte er dazu später, »sondern darum, möglichst fies zu sein und jemandem das Leben schwerzumachen.«

Nach einiger Zeit tauchte Direktor McCreary auf, um noch einmal im Namen der Oligarchie mit dem Zaunpfahl zu winken. Capone müsse jederzeit, überall und egal in wessen Begleitung mit seiner Verhaftung rechnen, sobald er den Fuß in die Stadt Miami setze.

»Wollen Sie damit sagen, das gilt auch, wenn meine Mutter, meine Frau und mein Kind bei mir sind?«

»Jawohl, wir werden sie gleich mit verhaften.«

»Wenn Sie an meiner Stelle wären, was würden Sie dann tun?«

»Ich möchte nicht an Ihrer Stelle sein.«

»Richtig«, sagte Capone, »dazu fehlt Ihnen auch das Zeug.«

Ungefähr zwei Stunden nach der Verhaftung kamen die Anwälte Giblin und Gordon auf die Wache. Ein Zeuge der Festnahme war in ihrer Kanzlei erschienen und hatte berichtet, was mit Capone passiert war. Der leicht erregbare Fritz Gordon geriet mit McCreary aneinander, der angeordnet hatte, daß jeder von Capones Besuchern auf Waffen zu durchsuchen sei, auch die Anwälte. Das Ganze artete in Handgreiflichkeiten aus, in deren Verlauf Gordon aus dem Gebäude floh, verfolgt von einigen Polizeibeamten, die ihn dann gewaltsam durchsuchten. Die Anwaltskammer von Miami nahm den Vorfall zum Anlaß, die Einsetzung einer Untersuchungskommission zu beschließen, obwohl ein Mitglied die durchaus nicht abwegige Frage gestellt hatte: »Und wer schützt die Kommission vor der Durchsuchung?«

Die ungleiche Gesellschaft begab sich indessen in einen Gerichtssaal, wo Richter Uly O. Thompson die Aufhebung der Haft anordnete. Capone hatte noch immer nichts zu essen bekommen.

Fünf Abende später saß er in der American Legion Hall in seiner Loge und sah den Ausscheidungsboxkämpfen zu, als ihn ein Kriminalbeamter auf die Schulter tippte. Polizeichef Reeve wolle ihn hinten in der Halle sprechen. Capone habe sich als festgenommen zu betrachten und seine Begleiter Agoglia, Prignano und Circella ebenso. Diesmal brauchte niemand Capones Anwälte zu alarmieren, denn Vincent Giblin befand sich ebenfalls in der Loge. Die vier Festgenommenen mußten dennoch die Nacht im Gefängnis verbringen, da Giblin zu so später Stunde keinen Richter mehr finden konnte, der einen Haftverschonungsantrag hätte unterschreiben können.[38] Capone verpaßte nicht viel. Joe »Kid« Peck besiegte den Favoriten Jimmy Spivey nach Punkten in einem lustlosen Kampf um die »Dixie Championship« im Weltergewicht.[39]

Am nächsten Tag mußte sich Sam McCreary von Richter Thompson fragen lassen, wieso der Festnahmebefehl nicht zurückgezogen worden war. Der Grund liege in der Unzahl von Beschwerden, daß Capone eine Gefahr für die Stadt darstelle und die Bürger von Miami in Angst und Schrecken versetze. Die Verteidigung befragte daraufhin den Stadtdirektor Wharton, der die Alkoholrazzia auf Palm Island abgelehnt hatte, mittlerweile aber umgefallen war. Wer genau habe denn Beschwerde geführt?

»Nun, da hätten wir Rodney Burdine.« R. B. Burdine war der Inhaber von Burdines, das sich mit Sewell Brothers die Ehre teilte, das vornehmste Geschäft am Platze zu sein. Burdine war es auch gewesen, der nach Palm Island gekommen war, um Capones Schenkung von 1 000 Dollar an die Gemeindekasse von Miami in die Wege zu leiten.

»Hat Roddy Burdine Ihnen das selbst gesagt?« fragte Capones Anwalt.

»Jawohl! In meinem Büro, vor drei oder vier Tagen.«

»Hat er Ihnen je erzählt, daß er Capone in seinem Haus besucht hat?«

»Nein.«

»An welche anderen Beschwerdeführer können Sie sich sonst noch erinnern?

»Nun, an den Präsidenten der First National Bank.«

»An Mr. Romfh?« Auch Edward C. Romfh war früher einmal Bürgermeister gewesen.

»Ja, er sagte, Capone sei eine Bedrohung für unser Gemeinwesen.«

»Wer hat sich sonst noch beklagt?«

»Vor allem diese zwei. Andere Namen fallen mir im Moment nicht ein.«

»Haben sich tausend Leute beschwert?«

»Nein, das möchte ich nicht sagen.«

»Waren es einhundert?«

»Ja.«

»Und von den hundert Beschwerdeführern können Sie sich nur an diese beiden Männer erinnern?«

Im bis auf den letzten Stehplatz besetzten Zuschauerraum bog sich alles vor Lachen. Bei nochmaligem Nachdenken konnte sich Wharton erinnern, daß sich auch Bürgermeister Reeder und die Commissioner John Knight und Ev Sewell beklagt hatten.

»Hat Commissioner Sewell davon gesprochen, daß Jack Sewell den Wohnsitz der Capones besuchte?«

»Er hat nicht über Jack gesprochen.«[40]

Richter Thompson setzte alle vier Häftlinge auf freien Fuß. McCrearys Recht, jemanden festzunehmen, erhielt eine Zusatzklausel, derzufolge jederzeit Freilassung gegen Kaution gefordert werden konnte. Die American Legion erstattete Capone die vierundzwanzig Dollar zurück, die er für seine Loge bezahlt hatte.

Um den Festnahmen einen gewissen Anstrich von Legalität zu verleihen, verabschiedete der Stadtrat von Miami eine neue Verfügung gegen Landstreicherei. Den inkriminierten Tatbestand erfüllten nunmehr auch »Personen, denen sichtbar Mittel zur Verfügung stehen, die durch gesetzwidrige Methoden erworben worden sind«, ferner all jene Personen, die »eine Gefahr für die öffentliche Sicherheit und den Frieden von Miami« darstellen, sowie Personen, die »als Gauner, Gangster und Entführer« bekannt geworden sind. Die Ratsherrn fügten in kluger Voraussicht den Passus bei, daß bei erwiesenen rechtlichen Bedenken gegen bestimmte Teile der Verfügung die davon nicht betroffenen Teile weiterhin als unvermindert gültig zu betrachten seien.[41]

Etwa zur gleichen Zeit fand vor dem Bezirksrichter Paul D. Barns die erste Verhandlung über den Antrag zur behördlichen Schließung von Capones Anwesen auf Palm Island statt.[42] Nur Carl Fishers Zeugenaussage lag schon vor, als Richter Barns das Verfahren für Wochen vertagte, um über verschiedene Anträge zu entscheiden. Obwohl Capone ihn mit dem »Look«, seinem berüchtigten durchdringenden Blick fixierte, hatte Fisher ungerührt geschworen, Capones Anwesenheit habe die Grundstückspreise verfallen lassen und eine Flut von Protestversammlungen der Bürger zur Folge gehabt.

Vincent Giblin wollte wissen, ob es etwa Fisher gewesen sei, der die Polizeikräfte von Miami Beach angewiesen hatte, vor Capones Anwesen seit dessen Ankunft Wache zu schieben?

»Keineswegs«, antwortete Fisher. »Es geschah weder auf meinen Befehl noch auf meine Bitte hin. Es geschah auf meinen Vorschlag.«

Ob er am Glücksspiel partizipiere? Das konnte Fisher guten Gewissens verneinen, hatte Giblin doch nicht nach seiner persönlichen Wettleidenschaft gefragt.

»Sind Sie Teilhaber oder Eigentümer von Lokalen, die sich in illegalem Besitz von alkoholhaltigen Getränken befinden?«

»Davon ist mir nichts bekannt.«

Nachdem Fisher im Zeugenstand seiner Bürgerpflicht nachgekommen war, hatte er es jetzt eilig, nach Montauk auf Long Island im Staate New York zu kommen. Er wollte den Ort zu einer Art Miami Beach des Nordens ausbauen (was ihn und den Ort sehr schnell in die Pleite führen sollte). Kurz nach seiner Aussage machte er sich auf den Weg und nahm sich nur die Zeit für einen Brief an Michael J. Glenn. Glenn war der für die Sicherheit in Fishers Hotels verantwortliche Privatdetektiv. Einen Monat vor seiner Abreise hatte Fisher »bei Tom Harbin einen Posten Bier bestellt«. Das Bier ließ aber immer noch auf sich warten,

. . . und ich habe das unbestimmte Gefühl, daß uns irgend jemand Schwierigkeiten machen will. Da wir während unserer Abwesenheit das Bier hier nicht gebrauchen können, möchte ich nicht, daß es jetzt geliefert wird. Ich möchte andererseits Tom Harbin nicht in Schwierigkeiten bringen.
Dan Mahoney hat mir gesagt, er würde ein paar Kästen abnehmen, und Ed Romfh möchte vielleicht auch ein paar haben. Ich möchte, daß Sie Harbin mit dem Bier zur Hand gehen. Ich will aber auf keinen Fall, daß es im Haus abgestellt wird. Wir haben keinen geeigneten Lagerplatz für eine größere Menge Bier. Es wäre mir aber recht, wenn ich einen Teil davon zur Verfügung hätte, wenn wir im Herbst wieder zurückkommen.
Sie müssen versuchen, die Sache geschickt zu machen, damit wir nicht in Engpässe geraten. Ich fürchte, so wie die Dinge wegen Capone zur Zeit stehen, könnten uns trockene Zeiten bevorstehen . . .[43]

Die Ehre verlangte, dafür zu sorgen, daß die eigenen Alkoholschmuggler nicht aufs Trockene gerieten. Und was Bankpräsident Ed Romfh anlangte, so hatte wohl das anstrengende Lamentieren über diesen Gesetzesbrecher Capone seine Kehle trocken werden lassen.

Die Polizei von Miami nahm Capone am Abend des 19. Mai nochmals fest, und wieder bei einem Boxkampf. Aber gegen 100 Dollar Kaution war er schnell genug wieder auf freiem Fuß, um die Kämpfe doch noch sehen zu können − die wiederum niemanden so recht begeisterten. Boogie Saab, der »syrische Bomber«, verlor gegen George Harmon; Snooks Campbell nahm Red Hooks auseinander.

Am 24. Mai um die Mittagszeit wurde Capone auf dem Weg zur Kanzlei seiner Anwälte von der Polizei ein viertes Mal angehalten.[44] Giblin gab ihm den Rat, der Verhaftung nur bei Zwangsmaßnahmen Folge zu leisten, und die Polizisten trollten sich.

Capone hatte jetzt genug. Er verklagte den Bürgermeister, Commissioner John Knight, Sam McCreary und Jim Cox wegen Verschwörung und McCreary zusätzlich wegen Freiheitsberaubung.[45] Friedensrichter Warren L. Newcomb – Privatdetektiv Mike Glenn hatte den Verdacht, er sei von Capone bestochen[46] – beraumte eine Vorverhandlung an, um zu prüfen, ob die Beweise für einen Prozeß ausreichten. Capone schilderte seinen Standpunkt, und McCreary und die Polizei den ihren.

Capone legte die unauffällige Zielstrebigkeit an den Tag, die einen guten Zeugen auszeichnet. Die Gegenanwälte konnten keinen Ansatzpunkt finden, um der Befragung ihr eigenes Konzept aufzuzwingen. Capone führte die Fragen immer wieder auf seinen Ausgangspunkt zurück – daß nämlich Sam McCreary Drahtzieher der Festnahmen und der Haft gewesen sei. »Als Sie in der Polizeistation ankamen«, fragte der gegnerische Anwalt, ». . . wurden Sie da nicht von Mr. McCreary eingeschlossen?«

»Auf seine Anweisung«, antwortete Capone.

»Er hat Sie nicht selbst eingeschlossen?«

»Nein. Er hatte es jedoch angeordnet.«

»Wurden Sie von jemand anderem eingeschlossen?«

»Auf seine Anordnung hin, ja.«

»War denn der Polizeichef zu diesem Zeitpunkt anwesend?«

»Ja. McCreary wies ihn an, mich einzuschließen.«

»Er hat den Polizeichef dazu angewiesen?«

»Genau.«

»Und zu dem Zeitpunkt, als er den Polizeichef dazu anwies, da waren Sie schon festgenommen?«

»Das nehme ich an«, sagte Capone. »Davon ausgehend, wie man Leute auf McCrearys Anweisung hin verhaftet, nehme ich an, daß ich festgenommen war.«

Auf die Frage nach seinem Beruf antwortete Capone, er handle mit Immobilien. »Haben Sie sich die Lizenz zum Immobilienhandel gekauft?« stichelte der Verteidiger. Noch bevor Capones Anwalt Einspruch anmelden konnte, zischte Capone: »Wozu soll ich auf so eine Frage überhaupt antworten!«[47]

Ob der ehrenwerte Richter Newcomb nun von Capone bezahlt war oder nicht, er wies jedenfalls die Verschwörungsklage in allen Fällen sofort ab und vertagte dann die Sitzung, um sich über die Klage gegen McCreary wegen Freiheitsberaubung zu beraten. Die Drohgeste genügte – zumal Newcomb der Polizei klarmachte, er werde die Detectives verhaften lassen, falls Capone von ihnen belästigt werden würde, solange er als Zeuge der Anklage geladen sei. Stadtdirektor Wharton beeilte sich anzukündigen, daß die Anordnung, Capone auf der Stelle zu verhaften, aufgehoben sei.[48]

Capones Versuche, Miami zu umgarnen, liefen weiter. Ein Lehrer aus Sonnys Schule äußerte den allgemeinen Wunsch der Kinder, in Capones Privatswimmingpool baden zu dürfen. Capone gab seine Zustimmung – vorausgesetzt, die Eltern erklärten schriftlich ihre Einwilligung. Eine Horde von ungefähr fünfundsiebzig Kindern trudelte ein, und während sie im Wasser tobten, deckte ihnen die Dienerschaft Tische mit gebratenem Hühnchen, Kuchen, Limonade und Spielzeug. Beim Nachhausegehen erhielt jeder der kleinen Gäste von Sonny noch eine Schachtel mit Süßigkeiten.[49]

Ein paar Tage später erschienen etwa fünfzig erwachsene Bürger zu einem Bankett »mit musikalischer Unterhaltung«. An der Eingangstür durften sie die gravierten Einladungskarten gegen eine Anstecknadel mit der amerikanischen Flagge eintauschen. Einige der Gäste zählten zu Capones Bekanntenkreis, aber zweiunddreißig von ihnen waren »prinzipienlose« Einwohner von Miami, wie sich die »Daily News« mokierte. Capones Gäste feierten ihren Gastgeber als einen »neuen Geschäftsmann in unserer Gemeinde« und verehrten ihm einen Füllfederhalter.[50]

»Meiner Meinung nach versucht Capone, für den Prozeß vorzubauen«, schrieb Mike Glenn an Carl Fisher. »Er möchte zeigen, daß es respektable Bürger gibt, die ihn nicht für unerwünscht halten.'«[51]

Richter Barns setzte die Verhandlung über die Schließung von Capones Anwesen am 10. Juni 1930 fort.[52] Capone glänzte jedesmal in einer anderen Aufmachung, einen Tag war er eine elegante Wolke aus weißem Leinen, am nächsten kam er in aufeinander abgestimmten Blautönen, gefolgt von Braun, dann Grau. Auf die Krawattennadel mit einem Diamanten »vom Kaliber einer Maschinengewehrkugel« des einen Tages folgte am nächsten Tag ein Accessoir mit einer Perle ähnlicher Größe.

Zahllose Zeugen wußten von in Strömen fließendem Alkohol in Capones Haus zu berichten. Einige machten ihre Aussage mit erkennbarer Befriedigung, andere wiederum waren äußerst reserviert. (Bei der Vorstellung eines Zeugen schwor Staatsanwalt Hawthorne, er würde diesem Mann keinerlei Glauben schenken, selbst wenn er unter Eid aussage. Einem anderen warf er vor, betrunken im Zeugenstand zu erscheinen. »Vernon, also nun hör' mal . . .«, verwahrte sich der Trinker.)

Auf die Frage, ob ihm ein alkoholisches Getränk angeboten worden sei, antwortete Roddy Burdine mit Anstand: »Ich befand mich dort als Mr. Capones Gast. Ich bin nicht bereit, mich über derlei Dinge auszulassen, solange man mich dazu nicht zwingt. Ich finde, so etwas ist gegen die Spielregeln unserer Gesellschaft.«

Gegen die Spielregeln von Capones Gesellschaft war es gewiß. Als jedoch Hawthorne und der Richter nachhakten, begann Burdine zu sprechen. Das war eben der feine Unterschied.

Als Burdine an einem Freitagvormittag um zehn Uhr bei Capone erschien, fand gerade eine Champagnerparty statt. Ungefähr ein halbes Dutzend Flaschen stand in einem eisgefüllten Kübel. Ein sehr ansprechendes Arrangement, dachte Burdine. Capone half elegant dem »farbigen Mann« (zweifellos Brownie) beim Servieren. Nachdem Capone jenen 1 000-Dollar-Scheck für die Gemeindekasse übergeben hatte, fragte er Burdine, ob dieser nicht als Präsident des Country Club eine Party geben und Capone einladen könne, um in dieser angenehmen Umgebung die Bekanntschaft einiger Mitglieder der gehobenen Kreise zu machen.

Burdine bekam es mit der Angst zu tun. Er sagte aus: »Ich wußte, daß das wenig Aussicht hatte . . . Ich konnte Capone unmöglich in meinen Freundeskreis aufnehmen. Wenn ich es getan hätte, wäre ich ernsthaft kritisiert worden. Ich war sicher, daß man nicht mitgespielt hätte . . . Ich sagte zu Capone, ich würde sehen, was sich machen ließe, aber als ich die Sache im Club erwähnte, hat man die Angelegenheit natürlich noch nicht einmal ernsthaft erwogen. Jeder wußte, daß das einfach nicht ging.«

Und warum nicht? »Nun, Mr. Capone ist jemand, den wir einen Gangster nennen . . . und er paßt einfach nicht in das hinein, was ich einmal die besseren Kreise nennen möchte. Ich weiß, daß man mir vorhalten wird, daß ich zu ihm hinübergefahren bin und mich mit ihm eingelassen habe, aber ich könnte ihn niemals zu meinen Freunden mitnehmen. Es würde einfach nicht gehen.«

Andere Zeugen äußerten sich zu Capones Unerwünschtheit, zu der Angst, die seine Gegenwart in der Gemeinde bewirkte, über den Skandal, den das Wissen um seine kriminellen Machenschaften auslöste. Edward Robinson, ein Villenbesitzer von Palm Island, sagte: »Jedesmal, wenn auf der Dammstraße ein Autoreifen platzt, fragen sich die Leute, ob ein Bandenkrieg ausgebrochen ist.« Der Präsident der Handelskammer von Miami Beach, Thomas J. Pancost, nannte Capones Haus »einen Zufluchtsort für unerwünschte Elemente«. Er widersprach erregt der Behauptung, das Pancost Hotel beherberge im Keller eine Bar, mußte allerdings zugeben, daß dort sehr wohl der eine oder andere Spielautomat aufgestellt wäre.

Richter Barns bezweifelte nicht den Wahrheitsgehalt der Aussagen. Es war klar: Capone besaß und servierte Alkohol, und viele Leute waren gegen seine Anwesenheit in Palm Island. Der Richter führte aus: »Es liegt auf der Hand, daß es allgemeinen Beifall finden würde, Al Capone mit juristischen Mitteln die weitere Benutzung seines Hauses zu untersagen. Da ich jedoch an meinen Amtseid gebunden bin, kann ich das nicht tun, solange ich davon auszugehen habe, daß lediglich . . . die Anwesenheit von Mr. Capone auf seinem Grundstück als solche die Ursache des Ärgernisses ist . . . Das Gesetz bietet keine Handhabe, gegen Personen allein auf Grund ihrer Unerwünschtheit vorzugehen.«

Dann brachte der Richter die Sache auf den Punkt. »Wenn sich eine Gemeinde allein schon durch die Anwesenheit einer bestimmten Person beeinträchtigt fühlt, dann ist es wohl kaum angebracht, mit dieser Person gesellschaftliche oder geschäftliche Verbindungen zu unterhalten. Beides kann den Betroffenen nur dazu ermutigen, seinen Wohnsitz aufrechtzuerhalten. Für manche Naturen jedoch ist der Geruch des Geldes immer eine Verlockung, gleich, aus welcher Richtung er kommt.«

Das Urteil von Richter Barns war gerade zwei Stunden alt, als Countystaatsanwalt George E. McCaskill Anklage gegen Capone wegen Falschaussage bei der Vorverhandlung des Verfahrens wegen Freiheitsberaubung erhob. Es wurden ihm vier wahrheitswidrige Behauptungen vorgeworfen: Hinsichtlich seiner Bitte, von der Polizeistation aus seine Anwälte anrufen zu dürfen, hinsichtlich McCrearys Drohung, Capones Wertsachen »ins Klo« werfen zu lassen, hinsichtlich der Verweigerung von Nahrung und Wasser und schließlich hinsichtlich der Drohung, daß man auch seine Familie festnehmen würde.[53]

Damit hätte man Capone eigentlich in die Zange nehmen können, aber McCaskill hatte die Sache aus lauter Übereifer, der sich aus seiner kritischen politischen Situation herleitete, schlecht begonnen.[54]

Fred Pine war 1923 aus dem Amt des Countystaatsanwalts entfernt worden. 1929 hatte man ihn zwar an Stelle von Robert Taylor wiedergewählt, aber der Posten wurde ihm von Gouverneur Carlton alsbald wieder genommen und mit McCaskill besetzt. Nach den Vorwahlen vom 3. Juni standen jetzt Stichwahlen zwischen McCaskill und Pine bevor. McCaskill rechnete sich Siegeschancen aus, wenn er vor der für den 24. Juni angesetzten Stichwahl mit einer Verurteilung Capones aufwarten konnte. Er erhob also in aller Eile Anklage, während andererseits Richter Newcomb noch über seiner Entscheidung brütete. Wenn McCaskill Newcombs Entscheidung abgewartet hätte, dann hätte der Prozeß wegen Meineids seinen Lauf nehmen können. Da die Entscheidung noch schwebte, konnte der Prozeß jedoch verfahrensrechtlich zu erneuter Beweisaufnahme wieder eröffnet werden. Auf Antrag Giblins gestattete Newcomb eine weitere Vernehmung des Zeugen Capone.

»Mr. Capone«, fragte Giblin, »erinnern Sie sich an Ihre vorherige Aussage?«
»Gewiß.«

»Sie haben ausgesagt, Sie hätten in der Polizeistation darum gebeten, das Telefon benutzen zu dürfen. Erinnern Sie sich daran?«

»Das ist ein Punkt, in dem ich mich, mit Erlaubnis des Gerichts, korrigieren möchte. Ich war wegen meiner Wertsachen sehr erregt, und ich kann mich nicht genau erinnern, ob ich diese Bitte geäußert habe oder nicht. Ich weiß genau, daß ich den Beamten im Streifenwagen auf der Fahrt zur Polizeistation gefragt habe, ob ich telefonieren dürfte . . .«

»Haben Sie auf der Polizeistation eine ähnliche Bitte geäußert?«
»Nicht, soweit ich mich erinnern kann.«

»Entspricht die übrige Transkription Ihrer Aussage der Wahrheit?«
»Nach bestem Wissen und Gewissen: Ja. Ich kann es aber nicht beschwören.«

Es ist schwer, jemanden wegen Meineids festzunageln, der seine Äußerungen, und sei es nur im Rückblick, nicht unter Eid bezeugen will. Capones Rückzugstaktik funktionierte. McCaskill ließ dennoch nicht locker. Die Verhandlung für den ersten der aussichtslosen Fälle war auf Juli festgesetzt worden. Jeder Anklagepunkt sollte separat verhandelt werden. Capone bat, die Verhandlungen zu vertagen. Dringende Angelegenheiten riefen ihn nämlich nach Chicago.

Am 9. Juni 1930 war Alfred J. Lingle am hellichten Tag in aller Öffentlichkeit am Loop ermordet worden. Jake Lingle trug eine jener Gürtelschnallen mit diamantblitzendem »AJL« und hielt sich etwas auf Capones Freundschaft zugute. Auf Capones Seite waren es in erster Linie allerdings nicht freundschaftliche Gefühle, die ihn nach Norden reisen ließen. Lingle hatte als Reporter für den »Tribune« gearbeitet. Die Fahndung lief auf Hochtouren, und für die Geschäfte des Outfit waren katastrophale Einbrüche zu erwarten, solange niemand Colonel McCormick den Mörder seines Angestellten lieferte.

In Miami stieß die Bitte um Prozeßaufschub auf taube Ohren. Als am 12. Juli der Anklagepunkt »Telefon« verhandelt wurde, war der Punkt »Klo« schon durchgefallen. Richter E. C. Collins erkannte auf nicht schuldig, und McCaskill zog die restlichen Anklagen zurück.[55]

Miami mußte sich wohl oder übel mit Capone abfinden, und mit einem etwas geiziger gewordenen Capone dazu. Ein häufig gesehener Gast Capones bemerkte, dieser sei »etwas vorsichtiger« bei der Auswahl seiner Gäste geworden. Es zirkulierten Gerüchte, Capone habe auf ein weiter im Norden liegendes Anwesen ein Auge geworfen.[56] Es handelte sich um eine Halbinsel in der Nähe von Palm Beach, die bei den Einheimischen noch heute »Capone's Island« heißt.[57] Der Umzug fand zwar nicht statt, aber die Geschäftsleute von Miami dürften diese Gerüchte in der ersten Nebensaison der Depressionszeit nicht ohne Bauchschmerzen gehört haben.

25

Staatsfeinde

Im April 1930 hatte die Kommission zur Verbrechensbekämpfung in Chicago eine Liste jener achtundzwanzig Kriminellen veröffentlicht, die man unverzüglich hinter Gittern sehen wollte.[1] Frank Loesch fand für die Gesuchten die griffige Bezeichnung »Staatsfeinde«.

Selbstverständlich führte der soeben in Pennsylvania aus dem Gefängnis entlassene Capone die Liste an. Andere prominente Namen gehörten so offensichtlichen Kandidaten wie Capones Bruder Ralph, Jack Guzik, Jack McGurn, Frank McErlane, Danny Stanton (der an die Stelle des tuberkulösen Ralph Sheldon getreten war), Jack Zuta, George Moran und Joe Aiello, dessen matt gewordener Stern wieder etwas stärker leuchtete. Es gab aber auch viele etwas merkwürdige Eintragungen, über die sich ein Kenner nur gewundert haben kann, etwa die Namen von Ehemaligen wie Druggan und Lake, Joe Saltis und Spike O'Donnell. Weitere Namen – William Niemoth, Joseph Genaro und Leo Mongoven (er war Morans Leibwächter) – gehörten relativ kleinen Lichtern, im Vergleich zu solchen Schwergewichten wie Frank Nitti und Claude Maddox, die wiederum nicht auf der Liste standen.

Andere Namen fehlten, da noch zu wenige begriffen hatten, daß diese Namen auch auf eine solche Liste gehörten.

Nach dem Mord an Jake Lingle setzte allgemeines Erstaunen darüber ein, daß die Kollegen über den Reporter nicht im Bilde gewesen waren. Ein zufälliger Beobachter hätte ihn gewiß für einen höchst ungewöhnlichen Zeitungsmenschen gehalten.[2]

Er war am 26. Juli 1891 geboren und hatte seine Schulbildung mit dem Abschluß der Calhoun Elementarschule beendet. Bis zum Alter von zwanzig Jahren war er lediglich Bürojunge und Lagerbursche bei Schoeling, einem Großhandel für chirurgische Instrumente, gewesen. 1912 wurde er für 12 Dollar die Woche Laufbursche beim »Tribune« und durfte sich bald als Jungreporter versuchen – allerdings mit gewissen Einschränkungen.[3] Lingle brachte es nie zum vollwertigen Artikelschreiber, sondern blieb immer ein »Pflastertreter«, der das Material sammelte, aus dem die Artikel fabriziert wurden. Im Juni 1930 war er ein achtunddreißigjähriger Kriminalreporter mit 65 Dollar Wochenverdienst, dessen Nebengeschäfte nie aufgefallen waren.

Auch andere Zeitungen hatten ihre Pflastertreter, die nicht schreiben konnten, doch Lingle war aus einem anderen Holz geschnitzt. Im Polizeihauptquartier Ecke Eleventh und State Street, wo die meisten Kriminalreporter Stammgast waren, ließ er sich nur selten sehen.[4] Lingle war meist in der ganzen Stadt unterwegs und holte sich die Stories – viele waren sogar Exklusivberichte – in seinem großen Bekanntenkreis von einflußreichen Leuten, zu denen der damalige Gouverneur von Illinois, der Staatsanwalt und dessen erster Stellvertreter gehörten. Jahrelang war er ein besonderer Vertrauter von Bill Russell, dem damaligen Polizeichef von Chicago.[5] Russell sagte über Lingle, er sei ihm »lieber als ein eigener Sohn«.[6] Am Abend des 9. Juni 1930 hatte das Board of Trade, das Wirtschaftsdezernat von Chicago, zur Einweihungsfeier des neuen Amtsgebäudes ein Bankett geplant. Im Festprogramm fand sich auf der Liste der geladenen Prominenten von Chicago auch der Namen von Jake Lingle.

Auch auf dem Rennplatz war er eine bekannte Erscheinung. Er setzte manchmal 1 000 Dollar in einem einzigen Rennen. Oft ließ er sich auf eigene Kosten in einer Limousine mit Chauffeur herumkutschieren. Für die Dauer von einigen Monaten hatte er im Stevens Hotel in Suite 2706 gewohnt,[7] während seine Frau mit den beiden Kindern in ihrem gemeinsamen Haus im Valley in der West Side lebte. Das war das Viertel, in dem Lingle und Helen Sullivan zusammen aufgewachsen waren. Als Lingle dreißig war, hatten sie beide geheiratet.

Der Hotelaufenthalt war keineswegs Ausdruck eines ehelichen Zerwürfnisses. Lingle hatte soeben für seine Familie ein Sommeranwesen in Long Beach in Indiana erworben, das von den Fahndern später als »ziemlich luxuriös« bezeichnet wurde.[8] 10 000 Dollar des Kaufpreises von insgesamt 16 000 Dollar hatte er in bar bezahlt. Im Winter fuhr er gelegentlich mit Helen nach Kuba, einmal auch in Begleitung von John Stege und dessen Frau.

Für einen Pflastertreter mit 65 Dollar pro Woche lebte Lingle ziemlich gut. Sofort nach seinem Tod beeilte sich der »Tribune« zu versichern, daß er dem Zeitungshandwerk treu geblieben sei, »nicht, weil dort seine Fähigkeiten angemessen bezahlt wurden, sondern weil er es liebte«.[9]

Lingle hatte von einer väterlichen Erbschaft gesprochen – man wußte, daß es sich um etwa 50 000 Dollar handeln sollte – und von einem Erbonkel. Nach Einschätzung der Kollegen war Lingles Vermögen schnell auf etwa 100 000 Dollar angewachsen, wozu auch gute Tips von einem anderen einflußreichen Freund, dem Börsianer Arthur Cutten, beitragen haben sollten. Der Börsenkrach von 1929 hatte dennoch keine nachteilige Wirkung auf Lingles Lebensstil gehabt.

Wie jedermann bekannt war, zählten auch alle wichtigen Kriminellen zu Lingles guten Freunden. Der Wert solcher Verbindungen lag auf der Hand bei jemandem, den seine Zeitung anfangs als »einen der gerissensten Kriminalreporter unserer Tage« bezeichnete. Capone hatte ihm in Philadelphia ein Interview gewährt, als er ansonsten kaum einen Reporter sehen wollte. Wie stark Lingles Verbindungen zur Gangsterszene waren, sollte sich jedoch erst bei einer Reportage zeigen, die nicht zustande kam. Lingle war zur Berichterstattung über Capones Entlassung nach Philadelphia gefahren und hatte wie alle anderen vergeblich vor dem Tor herumgestanden. Etwa einen Tag später hörten die Abhörspezialisten von Eliot Ness, wie ein wütender Lingle dringend Capone zu sprechen verlangte: »Wo steckt Al? Ich habe überall nach ihm gesucht, und niemand scheint zu wissen, wo er steckt!«

»Jake, das weiß ich leider auch nicht«, schwindelte Ralph, der wußte, daß sein Bruder derweil im Western Hotel sturzbetrunken in seinem Zimmer tobte. »Seit er heraus ist, habe ich kein Wort von ihm gehört.«

»Hör' mal, Ralph, das bringt mich in eine üble Situation. Man erwartet von mir, daß ich bei solchen Sachen immer am Ball bin, verstehst du? Vor meiner Zeitung stehe ich jetzt ganz beschissen da. Nun paß mal genau auf: Wenn du etwas von ihm hörst, dann rufst du mich sofort an! Sag' ihm, daß ich ihn sofort sprechen muß!«

Ralph versprach kleinlaut, sich zu melden. Kaum eine Stunde später rief Lingle wieder an. Als Ralph angeblich immer noch nichts wußte, pfiff Lingle ihn an: »Ihr Brüder wollt mich doch nicht etwa verschaukeln? Denk' dran, wenn ich du wäre, würde ich mir das zweimal überlegen!«

»Aber Jake, du weißt doch, daß ich das nie tun würde! Ich habe einfach noch nichts von Al gehört! Ich kann dir leider nichts anderes sagen.«

»Okay, okay. Aber vergiß nicht, ihm zu sagen, daß ich sofort mit ihm reden will!«[10]

Was für ein Pflastertreter war das eigentlich, fragte sich das Lauschkommando, der sich diesen Ton herausnehmen konnte − und der grobe, gemeine und verrückte Ralph fraß ihm auch noch aus der Hand!

Man hatte schon seit längerem den Eindruck, daß Lingles Arm ziemlich weit reichte. Fünf Jahre zuvor waren er und zwei weitere Reporter des »Tribune« von Prohibitionsagenten mit Schnaps erwischt worden. Die Strafanzeige − die Anklage wurde von Bill McSwiggin vertreten − löste sich einfach in Luft auf. Das war noch, bevor Bill Russell Polizeichef wurde. Inzwischen galt Lingle in eingeweihten Kreisen als »der inoffizielle Polizeichef von Chicago«. Man tuschelte, daß er die Bierpreise mache und daß es unmöglich sei, an ihm vorbei einen größeren Glücksspielladen aufzuziehen.

Das bedeutete natürlich, daß Lingle nicht nur Freunde hatte. Der Pressefotograf Tony Berardi erinnert sich an Lingles ängstliche Wachsamkeit. »Er lief immer so«, sagte Berardi und machte ein paar zaghafte Schritte, sah vorsichtig über die Schulter, machte zwei weitere Schritte und warf den gleichen mißtrauischen Blick über die andere Schulter. »Ich habe mich gefragt: Wieso macht er das? Er ist ja halbtot vor Angst.«

Lingle hatte mancherlei Anlaß zur Besorgnis. John J. McLaughlin war Senator gewesen, und man nannte ihn »Boss« McLaughlin. Als er ein Spielkasino aufmachen wollte, wurde er für die Lizenz beim Staatsanwalt vorstellig, mit dem er früher zusammengearbeitet hatte. Swanson hatte nicht den Mut, seinem alten Kollegen »eine definitive Absage« zu geben, wie er es später zurückhaltend formulierte. Ende Mai 1930 wandte sich McLaughlin an Lingle, der ihm riet, sich mit Polizeichef Russell in Verbindung zu setzen.

McLaughlin tat nichts dergleichen, sondern eröffnete termingerecht seinen

Laden an der 606 West Madison Street. Prompt erschien ein Überfallkommando des Polizeichefs und nahm das Kasino auseinander.[11] Am selben Abend noch hängte sich McLaughlin ans Telefon und rief Lingle bei der »Tribune« an.

»Swanson hat mir grünes Licht gegeben, und ich weiß nicht, weshalb Russell jetzt Scherereien macht«, sagte McLaughlin.

»Ich bin nicht der Meinung, daß Swanson Ihnen grünes Licht gegeben hat«, sagte Lingle, »aber wenn es stimmt, dann lassen Sie Swanson doch für Sie einen Brief an Russell schreiben, daß es in Ordnung ist, wenn Sie weitermachen.«

»Glauben Sie denn, daß Swanson verrückt ist? Der schreibt niemals so einen Brief!«

»Russell wird sie jedenfalls nicht weitermachen lassen, und das ist amtlich!« sagte der vorgebliche 65-Dollar-Mann. McLaughlin fluchte und sagte: »Sie werde ich mir noch kaufen, und zwar bald!« Dann knallte er den Hörer auf die Gabel.

Etwa um die gleiche Zeit veranlaßte die Dienststelle des Staatsanwalts eine Razzia im Biltmore Athletic Club.[12] Lingle wandte sich entsetzt an Pat Roche, der damals Swansons leitender Untersuchungsbeamter war. »Ihr habt mich in fürchterliche Schwierigkeiten gebracht. Ich habe den Leuten von der Organisation gesagt, der Laden wäre genehmigt. Wie sollte ich denn wissen, daß ihr dort aufräumt!«

Es wurde erzählt, daß Lingle es sich auch mit Capone verdorben hatte. Der Betrieb der Hunderennbahn des Outfit war durch eine vorläufige Genehmigung gestattet worden, wodurch Polizeirazzien ausgeschlossen waren. Als das Oberste Gericht Hunderennen für illegal erklärte, war die Genehmigung jedoch zurückgezogen und die Rennbahn geschlossen worden. In den Zeitungen stand, daß Capone zu Lingle gesagt habe: »Also gut, damit ist es mit unserem Racket vorbei, und, soweit es mich betrifft, mit dir auch.«[13]

Jake Lingle sollte das Bankett des Board of Trade am Abend des 9. Juni nicht mehr erleben.

Irgendwann am späten Vormittag machte sich Lingle vom Stevens Hotel an der Michigan Avenue aus auf den Weg. Es war ein Montag mit strahlendem Sonnenschein. Der mittelgroße Lingle hatte etwas Gewicht zugelegt und bekam langsam ein Doppelkinn. Dennoch war er in seinem blauen Gabardineanzug mit dezenten grauem Streifen, den schwarz-weißen sportlichen Schuhen und dem Strohhut auf dem Kopf eine elegante Erscheinung.[14] Er ging kurz in seine Bank, um 1200 Dollar in bar einzuzahlen, schaute im »Tribune« vorbei und aß dann im Sherman Hotel zu Mittag.[15] Lingle hatte vor, den Tag auf der Rennbahn zu verbringen, und wollte um 13.30 Uhr von der Illinois Central Station den Vorortszug nach Washington Park im südlich gelegenen Stadtteil Homewood nehmen. Um 13.15 Uhr machte er sich auf den kurzen Weg über die Randolph Street nach Osten und kaufte sich an der südwestlichen Ecke von Randolph Street und Michigan Avenue die Rennzeitung »Racing Forum«. Der Zeitungskiosk stand direkt neben dem westlichen Eingang eines Fußgängertunnels, der unter der Michigan Avenue hindurch führte. Auf der östlichen Seite der Avenue führen Treppen zur Straße hinauf, der Tunnel geht aber noch knapp dreißig

Meter weiter bis zur Bahnstation. Als Lingle auf den westlichen Treppenabgang der Unterführung zuging, rief ihm ein Mann aus einem geparkten Auto zu. »Hey, Jake, vergiß nicht, im dritten auf Hy Schneider zu setzen.« Lingle lachte und winkte zurück. Er hatte auf dieses Pferd früher schon einmal gesetzt. Die Vormittagswetten standen auf 12 zu 1 für Hy Schneider im dritten Lauf. Lingle war dabei, sich eine geringe Ausgabe zu ersparen: Der Außenseiter Paraphrase machte das Rennen und brachte 23 Dollar und 46 Cent.[16] Hy Schneider lief überhaupt nicht ins Geld.

Lingle verschwand im Treppenabgang, eine Zigarre – trotz seiner Magengeschwüre rauchte er – in seinem Mund. Im Gehen hielt er angestrengt lesend die geöffnete Rennzeitung vor sich. Er hätte besser über die Schulter geschaut.

In den Zeugenaussagen war später die Rede von einem kräftigen und fast einsachtzig großen jungen Mann vom Aussehen »eines älteren Collegestudenten« mit schickem grauem Anzug und einem Strohhut auf dem hellbraunen oder blonden Schopf. Mit langen Schritten versuchte er Lingle im letzten Stück des Tunnels zu überholen.

Der Täter hielt eine kurzläufige Achtunddreißiger von hinten dicht an Lingles Kopf und betätigte ein einziges Mal den Abzug.

Lingle stürzte vornüber, die glühende Zigarre zwischen den Zähnen, das »Racing Forum« noch vor sich ausgebreitet. Als er auf dem Boden aufschlug, war er schon tot. Der Strohhut lag ein paar Zentimeter neben ihm in einer sich vergrößernden Blutlache. Lingle hatte nichts von der Gefahr bemerkt, in der er schwebte.[17]

Der Mörder ließ die Achtunddreißiger fallen. Er wurde beobachtet, wie er schnell das letzte Stück des Tunnels zurücklief und im Treppenaufgang zur Ostseite der Michigan Avenue verschwand. Möglicherweise war er nicht allein gewesen. Die ersten Berichte erwähnten einen zweiten Mann – nicht so groß, dunkles Haar, blauer Anzug. Es gab einen Zeugen, der angenommen hatte, die beiden Männer und Lingle seien zusammen dahergekommen, wobei der blonde Mann knapp hinter den beiden ging. Nach dem Schuß lief der dunkelhaarige Mann, anstatt umzukehren, in östlicher Richtung weiter, bis er aus dem Tunnel herauskam. Er sprang über die Bahnsteigsperre und kletterte flink die Böschung zur Michigan Avenue hinauf, wo er verschwand.

An der Kreuzung Michigan Avenue und Randolph Street tauchte plötzlich ein Mann auf. Es war vermutlich der blonde Mann, vermutlich der Mörder. Später sollte es über diesen Punkt Meinungsverschiedenheiten geben. Wie auch immer, dieser Mann lief diagonal durch den Verkehr zur nordwestlichen Straßenecke und wollte die Randolph Street hinaufrennen, als plötzlich die ersten Verfolger mit dem Ruf »Haltet den Kerl« aus dem Tunnel auftauchten.

Der Verkehrspolizist Anthony L. Ruthy hörte die Rufe und rannte hinter dem Flüchtenden her, der in ein Seitengäßchen flitzte und ein paar Ecken später seine Verfolger abgehängt hatte. Die Verfolgungsjagd war schon zu Ende.[18]

Der Mörder hatte auch seinen linken Seidenhandschuh fallen lassen, was das Fehlen von Fingerabdrücken auf der Achtundreißiger erklären würde. Die Seriennummer der Waffe war ebenfalls abgefeilt worden.

Jake Lingle hatte 1469 Dollar in der Tasche. John Boettiger, der als erster »Tribune«-Reporter am Tatort war, nahm unauffällig vierzehn Hundertdollarscheine an sich und wickelte sie fein säuberlich in die Rennzeitung. Er glaubte, es würde nicht gut aussehen, wenn man 1469 Dollar bei einem Pflastertreter fand, der 65 Dollar die Woche verdiente. Das Geld gab den Anstoß für die Enthüllungen über Lingle und war auch der Grund für die hochmütige Haltung des »Tribune« bei den Nachforschungen.

Colonel McCormick hatte Lingle zwar nicht gekannt, aber er wertete diesen im Stil der Bandenkriege verübten Mord als Angriff auf den »Tribune«. Er schwor heilige Eide, daß diesmal der Mörder aus der Unterwelt dingfest gemacht und bestraft würde. Auf Polizei und Staatsanwaltschaft war kein Verlaß. Während der ganzen Prohibitionszeit hatten sie es nur ein einziges Mal geschafft, einen Mordfall aus dem Gangstermilieu aufzuklären, und da hatte der Gerichtsmediziner den Beweis geliefert, daß Sam Vinci den Mörder seines Bruders erschossen hatte – was dennoch nicht zu einer Todesstrafe führte. McCormick verlangte die Ernennung eines Sonderstaatsanwalts. Man setzte Charles F. Rathbun ein. Er war Sozius der Anwaltskanzlei, die in juristischen Angelegenheiten den »Tribune« vertrat. Pat Roche wurde Rathbuns Fahndungsleiter. Der »Tribune« setzte 25 000 Dollar Belohnung aus, Hearsts »Herald and Examiner« zog mit dem gleichen Betrag nach, und die »Post« steuerte 5000 Dollar bei. Insgesamt kamen 55 825 Dollar Belohnung zusammen, wobei McCormick sich bereit erklärte, sämtliche Zusatzkosten der Fahndung zu übernehmen.

Die Staatsanwaltschaft erklärte später, der »Tribune« sei bald darauf gestoßen, daß »Lingle in allerlei finanzielle Operationen verstrickt« gewesen sei.[19] Die Überprüfung der Nachlaßdokumente ergab, daß Lingle von seinem Vater lediglich 500 Dollar geerbt hatte, und nicht 50 000. Der Onkel hatte ihm 1150 Dollar vermacht.[20]

Wenn Lingle seine beiden Börsenpapierkonten am 20. September 1929 zu Geld gemacht hätte, wäre ihm ein Erlös von 85 980 Dollar und 66 Cent sicher gewesen. Er geriet jedoch in den Strudel des Börsenkrachs und verlor mindetens 39 500 Dollar an Bargeld und hatte zudem noch Maklergebühren von etwa 25 000 Dollar am Hals. Trotzdem hatte er nicht aufgehört zu spekulieren. Eines seiner beiden Konten verwaltete er gemeinsam mit Bill Russell. Als langsam immer mehr Einzelheiten ans Licht kamen, mußte Russell als Polizeichef zurücktreten und wurde durch John H. Alcock ersetzt.[21]

Nach dem Börsenkrach pumpte Lingle trotz anhaltender Verluste weitere 28 000 Dollar in seine Börsengeschäfte. Zudem hatte er in knapp zweieinhalb Jahren, von Beginn des Jahres 1928 bis zu seinem Tode, 63 000 Dollar in bar auf die Bank getragen. Anhand der Schecks, die er eingelöst hatte, mußte man annehmen, daß er das meiste davon beim Rennen wieder verloren hatte. Die Zeitungshymnen auf Jake, den Pressemärtyrer und »gerissensten Kriminalreporter unserer Tage« rissen abrupt ab.

»Alfred Lingle erscheint uns jetzt in einem anderen Licht«, stand in einem von

McCormick persönlich verfaßten Leitartikel zu lesen. »Es ist ein Licht, das der Redaktion des ›Tribune‹ stets verborgen geblieben ist . . . Er war kein großartiger Reporter und konnte es auch nicht sein.« Es sei nicht von der Hand zu weisen, daß »Alfred Lingle getötet wurde, weil er seine Stellung beim ›Tribune‹ dazu benutzte, aus kriminellen Machenschaften Nutzen zu ziehen, und nicht deshalb, weil er der Zeitung diente, wie man bisher angenommen hat. Es wird sich zeigen, daß diese Zeitung in dieser Hinsicht nichts zu verbergen hat.«[22]

Lingles Ermordung sei demnach keine »Drohgebärde gegen die Presse« oder ein Versuch, »die Veröffentlichung von Fakten über die Unterwelt im ›Tribune‹ zu verhindern«.[23] Aber wer hatte dann Lingle ermordet, und warum?

Calvin Goddard fand die erste brauchbare Spur. Er konnte die abgefeilte Seriennummer der Mordwaffe wieder kenntlich machen. Die Herstellerfirma Colt stellte fest, daß sie als Teil einer Lieferung von sechs Waffen im Juni 1928 an Peter von Frantzius gegangen war.

Coroner Bundesen verhörte den Waffenhändler. Das letzte Mal war er mit Samthandschuhen angefaßt worden, aber der Mord an Lingle hatte noch mehr Staub als das Massaker aufgewirbelt. »Also, Mr. von Frantzius, ich möchte, daß Ihnen eines von Anfang an klar ist«, knurrte Bundesen. »Wenn Sie nicht mitspielen, werden Sie sich umgehend hinter Gittern wiederfinden.« Von Frantzius zierte sich, so gut er konnte. Die Fahnder fanden jedoch in seinen Geschäftsbüchern einen anonymen Verkauf und unterzogen den Waffenhändler einem Dauerverhör. Schließlich gab er zu, daß der North Sider Frank Foster die fraglichen sechs Waffen gekauft hatte.[24] »Foster« war allerdings neben »Frost« und »Citro« nur der am häufigsten gebrauchte falsche Name dieses Mannes. Sein richtiger Name war Ferdinand Bruna.[25] Die rumänischen Eltern des Gangsters hatten sich in San Francisco niedergelassen. Foster war bei dem Kauf in Begleitung von Ted Newberry gewesen.[26] Jetzt setzte eine Fahndung nach den beiden Männern ein, insbesondere nach Frank Foster, der unmittelbar nach dem Mord aus Chicago verschwunden war. Zu Freunden hatte er gesagt: »Diese Stadt wird für mich zu heiß.«[27]

Am 1. Juli 1930 wurde Frank Foster in Los Angeles festgenommen. Sonderstaatsanwalt Rathbun stand vor einem Dilemma. Er stellte Foster unter Mordanklage, um dessen Auslieferung in die Wege leiten zu können. Aber obwohl es einen Bericht gab, nach dem Officer Ruthy anhand einer Fotografie Foster als den Mann identifiziert hatte, den er nach dem tödlichen Schuß auf Lingle verfolgt hatte,[28] sahen Rathbun und die Polizei in Foster nicht den Mann, der geschossen hatte.[29] Andererseits stand die Anklage gegen den einsachtzig großen blonden Mann juristisch auf immer schwächeren Füßen. Obwohl es keine einzige Zeugenaussage gab, daß er geschossen hatte, hatte Rathbun in erster Linie diesen Mann in Verdacht. Die ersten Beschreibungen des zweiten Mannes – wesentlich kleiner, nicht so schwer gebaut, gerade einsfünfundsechzig groß, dunkler Teint, auffällig schwarze Haare – paßten zu Foster. Rathbun mußte McCormick bald eine Verurteilung präsentieren, aber angesichts der Aussagen fast sämtlicher Zeugen, mit Ausnahme der von Ruthy, war das im Fall Foster so gut wie unmöglich. Der zweite Mann wurde nie wieder erwähnt.

Die meisten Theorien über die Hintergründe des Mordes an Lingle brachten die Tatsache ins Spiel, daß der Reporter bei den in der North Side tätigen Gangstern abkassierte, insbesondere bei Jack Zuta.[30]

Der Sheridan Wave Tournament Club, ein nobler Glücksspielladen an der Waveland Avenue Nummer 621 bei Sheridan, war nach dem Massaker von den Behörden geschlossen worden. Am Abend des 9. Juni 1930 sollte die Wiedereröffnung stattfinden. Gravierte Einladungen waren schon verschickt. Eine Theorie besagt, Jake Lingle habe für die Lizenz zur Wiedereröffnung fünfzig Prozent des Gewinns verlangt und 15 000 Dollar davon im voraus. Die Leiter des Klubs ließen ihn abfahren, und Lingle sagte ihnen bezeugtermaßen: »Wenn dieser Laden aufmacht, dann werden hier mehr Polizeiwagen vorfahren, als ihr in eurem ganzen Leben gesehen habt!« Die Leiter wandten sich ratsuchend an Zuta, der dann, wie berichtet wird, die Beseitigung des Hindernisses in die Wege leitete.[31]

Eine etwas weniger verwickelte Geschichte besagte, Lingle habe von Zuta 50 000 Dollar bekommen, mit denen er für die Genehmigung einer Hunderennbahn sorgen sollte — Hunderennen waren ja vom Obersten Gericht verboten worden. Lingle konnte den Vertrag nicht erfüllen, dachte aber auch nicht daran, das Geld zurückzugeben. Zuta sah sich daraufhin gezwungen, etwas zu unternehmen, wenn er sich nicht lächerlich machen wollte. Frank Foster war als Zutas Mann bekannt.[32]

In der Nacht des 1. Juli 1930, nicht lange nach Fosters Verhaftung in Los Angeles, erhielten jene Theorien kräftigen Auftrieb. Die Polizei hatte Zuta einen Tag zuvor zusammen mit dem Revolvermann Albert Bratz festgenommen, und Zuta wurde wegen Ruhestörung die Nacht über festgehalten. Am folgenden Tag kam er zu Pat Roche ins Verhör, der ihn hinsichtlich des Mordes befragte. Zuta schwor, daß er nicht die geringste Ahnung habe. Am Abend um 22.25 Uhr kamen Zutas Anwälte ins Präsidium an der Ecke von Eleventh und State Street. Sie hatten in der Zwischenzeit die übliche Verfügung zur Freilassung auf Kaution erwirkt. Zuta und Bratz konnten nach Hause gehen, ebenso wie Zutas rechte Hand Solly Vision, den man gemeinsam mit Leona Bernstein, mit der er gerade zusammen gewesen war, ebenfalls festgenommen hatte.[33]

Zuta war beunruhigt. Lieutenant George Barker, dessen Leute ihn verhaftet hatten, machte gerade Dienstschluß und war auf dem Weg nach Hause. Zuta sprach ihn an. »Lieutenant«, bat er, »ich möchte nicht nach draußen gehen. Ich habe gehört, daß man mir Killer auf den Hals geschickt hat. Ich werde es niemals lebend bis nach Hause schaffen. Bis eben war ich an einem sicheren Platz. Würden Sie mich bitte wieder zurückbringen?«

»Was ist denn los?« Barker mußte über den schlotternden Zuhälter lachen. »Sagen Sie bloß, Sie haben Angst!«

»Ach wissen Sie, ein paar von meinen Freunden mögen mich nicht besonders.«

Von McCormick angestachelt, hatte die Polizei den Gangs die Hölle heiß gemacht. Pat Roche hatte alle wissen lassen, daß das solange weitergehen würde, bis der Mörder gestellt sei. Die Gangs glaubten, Zuta sei an allem schuld.

Barker fuhr in nördliche Richtung heim. Er war bereit, Zuta und die anderen bis zum Loop mitzunehmen, wo sie in ein anderes Verkehrsmittel umsteigen konnten.

Der Lieutenant hatte mit seinem Pontiac gerade den Jackson Boulevard überquert und bewegte sich auf die Quincy Street zu, als Zuta schrie: »Mein Gott, wir werden verfolgt!« Er versank zwischen Leona Bernstein und Bratz im Rücksitz. Ein dunkelblauer Chrysler zwängte sich mit hohem Tempo zwischen Barkers Wagen und den Bordstein. Einer der Insassen, er trug einen dunkelbraunen Anzug und einen Panamahut, schwang sich aus der hinteren Tür des Wagens aufs Trittbrett und riß eine Automatikpistole aus seinem Schulterholster. Er feuerte siebenmal in den Wagen des Polizisten. Barker bremste scharf, sprang aus dem Wagen und zog seine Dienstwaffe. Mit dreiunddreißig Jahren war er der jüngste Lieutenant der Polizeitruppe. Als Marineinfanterist war er im ersten Weltkrieg zweimal verwundet worden und war einer von acht Männern, die bei den schweren Kämpfen um Château Thierry, Soissons und St. Mihiel von einer 250 Mann starken Kompanie übriggeblieben waren. Jetzt stand er mitten auf der Straße und erwiderte das Feuer, während der Wagen mit den Attentätern zum Stillstand kam und der zweite Passagier vom Rücksitz aus durch das hintere Wagenfenster ebenfalls schoß.

Während die Aufmerksamkeit der Attentäter sich noch auf Barker richtete, schlüpften Zuta und seine Begleiter aus dem Pontiac, huschten über die Straße und verschwanden in der gaffenden Menge. Der uniformierte Streifenpolizist William Smith stürmte mit gezogenem Revolver ins Kampfgetümmel, während der Chrysler der Gangster davonraste. Smith richtete die Waffe auf Barker, einen vermeintlich bewaffneten Zivilisten, der neben einem Zivilfahrzeug stand. Barker konnte gerade noch rechtzeitig seine Dienstmarke zücken. Smith sprang mit Barker in dessen Wagen und mit quietschenden Reifen nahmen sie die Verfolgung des Chryslers auf.

Der Auspuff des Fluchtfahrzeugs spuckte gewaltige Qualmwolken, denn die Attentäter hatten den Chrysler als Nebelwerfer präpariert. Barker raste mit durchgedrücktem Gaspedal durch den Qualm und konnte gerade noch einen Blick auf den verfolgten Wagen erhaschen, als dieser nach links in die Madison Street abbog. Er jagte hinterher, als die Gangster an der nächsten Kreuzung nach rechts in die Wabash Avenue rasten. Barker hatte gerade aufgeschlossen, als sein Motor streikte: Eine Kugel hatte den Benzintank leckgeschlagen.

Die Killer rasten davon. Sie hatten etwa zwanzig Schüsse auf Barker abgegeben, Barker hatte seine Waffe leergeschossen. Zwar war keiner der Beteiligten verletzt worden, aber während der Schießerei hatte Barkers Wagen die Gleise der Straßenbahn blockiert, und deren Fahrer Elbert Lusader hatte eine Kugel in den Hals bekommen. Er brach zusammen und starb eine Stunde später im Krankenhaus. Auf der anderen Seite der Straße befand sich der neunundsechzigjährige Wachmann Olaf Svenste gerade auf dem Weg zu seiner Arbeit, als ein Geschoß seinen Arm streifte.[34]

Am nächsten Tag kam Bartz alleine zu der Gerichtsverhandlung wegen des Ruhestörungsdelikts. Er erklärte, daß Zuta um sein Leben fürchte und daher sein Versteck nicht verlassen wolle.

Lieutenant Barker wurde von Polizeichef Alcock für kurze Zeit vom Dienst suspendiert, weil er Zuta seinen Schutz angeboten hatte.

Capone war an all dem in keiner Weise direkt beteiligt. Er saß immer noch in Florida und bereitete sich auf den Prozeß wegen Falschaussage vor. Niemand nahm ernsthaft an, daß er Lingles Ermordung angeordnet hätte. Es wurde zwar berichtet, daß sich Foster und Newberry ein paar Monate zuvor zu Capone abgesetzt hätten − Newberry war inzwischen als der Schütze auf dem Trittbrett des Chrysler identifiziert worden −, aber weder der Mord an Lingle noch das Attentat auf Zuta trugen auch nur entfernt Capones Handschrift. Die beiden Operationen hatten in aller Öffentlichkeit stattgefunden und waren aufs Geratewohl und unter großem Risiko durchgeführt worden.

Andererseits hatte der Outfit mehr als die anderen Gangs unter den Razzien zu leiden, da es bei ihm mehr zu durchsuchen und mehr zu verlieren gab. Zudem war Capone im Begriff, sich durch sein unverbesserliches Mitteilungsbedürfnis hineinziehen zu lassen.

John T. Rogers von der »Post Dispatch« in St. Louis war einer der ersten, der, durch den Schatzamtsagenten Frank Wilson aufmerksam geworden, Enthüllungen über Lingle gebracht hatte.[35] Wilson hatte Lingle gerade zu einem Verhör über Capone geladen, als der Reporter ermordet wurde. Ein Kasinomanager des Outfit, Frankie Pope, hatte Wilson auf Lingles Verbindungen zur Unterwelt hingewiesen. Nach dem Attentat auf Zuta begann auch Harry T. Brundidge von Rogers Konkurrenzblatt »Star«, nach möglichen Verbindungen zwischen Presse und der Unterwelt von Chicago zu forschen.

Seine Artikelserie (sie wurde vom »Tribune« mit Begeisterung nachgedruckt) brachte an den Tag, daß der im Februar ermordete Julius Rosenheim ein bezahlter Informant des Kriminalreporters Leland Reese von der »Daily News« in Chicago gewesen war. Auch Reese hatte eine Todesdrohung erhalten, da Rosenheim seinen Draht zu Reese dazu benutzt hatte, bei Gangstern abzukassieren. Außerdem gab es da noch die Spritztour, die Harry Read, der Herausgeber des »American«, zusammen mit Capone nach Havanna unternommen hatte. Ted Tod, Kriminalreporter vom »Herald and Examiner«, ließ sich als Werbefachmann für Morans Hunderennbahn bezahlen und schrieb gleichzeitig engagierte Berichte über die Versuche der Staatsanwaltschaft, die Anlage zu schließen. Matt Foley, stellvertretender Vertriebsleiter des gleichen Blatts, hatte ein getürktes Pferdetoto zu einem Rennen in Kentucky veranstaltet und befand sich jetzt auf der Flucht.

Wenn Lingle der »inoffizielle Polizeichef« war, dann war Bill Stewart vom »American«, der wie eine Klette an Thompson hing, der »inoffizielle Bürgermeister«. James Murphy von der »Daily Times« war Mitbetreiber eines Speakeasys. Von einem anderen Reporter hieß es, er sei mit fünf Cent an jedem Sack Zement beteiligt, der in der Stadt verkauft wurde. Ein anderer hatte für Scheidungsanwälte, die ihren Namen lobend in der Zeitung erwähnt haben wollten, eine regelrechte Preisliste.[36] »Nur die größten Trottel im Zeitungsdschungel von Chicago sind nicht in irgendeinem Racket«, sagte einer der ganz Schlauen zu

Brundidge. Als ein Neuling den Versuch gemacht habe, sich in ein solches Unternehmen hineinzudrängen, habe er dem Eindringling leider Arme und Beine brechen lassen müssen, erklärte er Brundidge.

Dieser fuhr mit dem Zug nach Miami, um vor Ort ohne Anmeldung und Einladung herauszufinden, was Capone wußte. Am Abend des 11. Juli (einen Tag, bevor Capone seinen Prozeß wegen Falschaussage gewann) stellte sich Brundidge bei Capone gegen 22.00 Uhr vor.[37]

»Das ist aber eine Überraschung«, sagte Capone. »Kommen Sie herein.«

Der Reporter fand Capone »intelligent, unbekümmert und umgänglich«, mit einem »gebräunten, liebenswürdigen Gesicht und großen, glänzenden Augen«. Seine »ganze Ausstrahlung« sei die eines »großen Jungen«. Capone wirkte auf Brundidge so »außergewöhnlich liebenswürdig«, daß man sich »leicht vorstellen konnte, wieso Capone auf seinem Gebiet so enorm erfolgreich war«. Brundidge kam ins Nachdenken. In der Tat, hätte man nichts von Capones Vergangenheit gewußt, man hätte ihn für einen »verspielten, liebenswürdigen Kerl« gehalten, »harmlos wie ein großer Bernhardiner«. Von Colonel McCormick war Brundidge in ähnlicher Weise beeindruckt gewesen.

Capone gab ihm ein vierstündiges Interview und vergaß auch nicht, ihm stolz seinen Besitz zu zeigen.

»In Chicago scheinen Sie ja in ein ziemliches Wespennest getreten zu sein«, sagte der verspielte große Junge, als man sich auf der Terrasse niederließ. »Was bringt Sie hierher?«

Der Anlaß war natürlich Jake Lingle. »Wieso fragen Sie mich?« sagte Capone und fügte hinzu: »Die Polizei von Chicago weiß, wer ihn umgebracht hat.« Jake sei sein Freund gewesen, »bis zu dem Tage, an dem er starb«. Gerüchte über ein Zerwürfnis seien Humbug.

»Was hat Lingles diamantbesetzte Gürtelschnalle zu bedeuten?« fragte Brundidge.

»Ich habe sie ihm geschenkt.«

»Warum?«

»Er war mein Freund.«

Was sein Problem gewesen sei?

Diese Pferdeleidenschaft.

»Wie viele Lingles gibt es noch in der Zeitungslandschaft von Chicago?«

»Puuh«, sagte Capone, »fragen Sie mich nicht!« Vielleicht sei er nicht der richtige Mann, um so etwas zu sagen, aber »Zeitungen und Zeitungsleute sollten es sich zur Aufgabe machen, die Rackets zu unterdrücken, und nicht, mit ihnen zusammenzuarbeiten«.

»Wie viele Zeitungsleute hatten Sie schon auf der Gehaltsliste?«

Capone zögerte, überlegte und sagte achselzuckend: »Eine ganze Menge.«

Er beugte sich vor und legte Brundidge gönnerhaft den Arm um die Schulter. »Hören Sie zu, Harry«, sagte er. »Sie haben ein nettes Gesicht. Ich möchte Ihnen einen Rat geben. Lassen Sie die Finger von Chicago und seinen raffgierigen Reportern. Sie haben ja völlig recht, aber eben deshalb sind Sie auf dem Holzweg. Sie werden nicht dagegen anstinken können, auch nicht mit Ihrer

Zeitung im Rücken. Die Sache ist einfach eine Nummer zu groß. Als einzelner Mann werden Sie noch nicht einmal herausfinden, wie groß die ganze Angelegenheit ist. Seien Sie vernünftig und lassen Sie die Finger davon.«

»Inwiefern?«

»Man wird einen Hampelmann aus Ihnen machen. Egal, welchen Knüller Sie den Geschworenen auf den Tisch legen, die Jungs werden Sie als Lügner und Schwindler dastehen lassen. Man wird Ihnen den Marsch blasen.«

»Und wenn ich Sie mit diesem Ausspruch zitiere?«

»Tun Sie das ruhig. Ich werde es abstreiten.«

Capone sollte recht behalten. Als Brundidges Artikelserie erschien, stritt Capone in der Tat seine Äußerungen ab. Er behauptete, es habe lediglich ein Gespräch von etwa zehn Minuten gegeben. Brundidge hielt dagegen, daß andere Zeitungen bereits vor Erscheinen seines ersten Artikels von einem vierstündigen Interview berichtet hätten.[38] Als das Geschworenengericht den Reporter aus St. Louis in den Zeugenstand rief, gaben seine Gewährsmänner von der Presse in Chicago reihenweise zu Protokoll, es sei nur ein Jux gewesen. Harry Reutlinger, Harry Reads Assistent beim »American«, sagte unter Eid, Brundidge sei ihm mit seiner Fragerei nach verbrecherischen Presseleuten so auf die Nerven gegangen, daß »ich ihm schließlich ein paar völlig überzogene Geschichten erzählte, von denen ich niemals annahm, daß sie ernst genommen werden könnten«.[39] Wie Capone vorausgesagt hatte, stufte das Geschworenengericht das von Brundidge vorgelegte Beweismaterial als reines »Hörensagen« ein, das »nicht belegt werden konnte«.[40]

Der Fall Lingle schleppte sich dahin. Es wurde Herbst und Winter. Rathbun bohrte weiter, und Roche setzte die Gangs mit überraschenden Razzien weiter unter Druck.

Es mußte endlich etwas geschehen. Als der Falschaussageprozeß Ende Juli abgeschlossen war, begab sich Capone nach Chicago, um die Dinge in die Hand zu nehmen.

Rathbun und Roche wurde bedeutet, ein »wohlhabender Geschäftsmann« wolle Kontakt zu ihnen aufnehmen. Aus Furcht, sich zu kompromittieren, schickten die Fahnder einen bevollmächtigten Stellvertreter – er ist uns lediglich als »Agent Nummer 1« überliefert – zum ersten Treffen. Es fand im Oktober auf einem für diesen Zweck gemieteten Landsitz statt.[41]

»Ich habe Ihnen folgendes mitzuteilen«, sagte Capone laut Gedächtnisprotokoll des Agenten, »und ich werde mich kurz fassen. Ich kann mir nicht länger von Euch mit Euren Razzien Knüppel zwischen die Beine werfen lassen. Wenn das so weitergeht, muß ich in Chicago Schluß machen.«

»Nach allem, was ich Ihnen sagen kann, wird es bei den Razzien bleiben. Seit dem Mord an Jake Lingle ist die ganze Stadt stocksauer.«

»Ich habe Jack Lingle doch nicht umgebracht, oder?«

»Wir wissen nicht, wer es war.«

»Warum habt Ihr mich dann noch nicht gefragt? Vielleicht kann ich's für Euch herausfinden.«

»Das könnte sein.«

»Ich weiß nicht, wie der Kerl ausgesehen hat, der Jake umgebracht hat. Ich weiß allerdings, daß es niemand von meinen Leuten war. Ich hatte was für Lingle übrig. Für mich gab es gewiß keinen Grund, ihn umzubringen.«

Agent Nummer 1 gab Capone die offizielle Täterbeschreibung. Im Gegenzug berichtete ihm Capone, was er gehört hatte. Es war im Grunde nichts anderes als die Hunderennbahntheorie, nur daß Lingle diesmal 30 000 Dollar und nicht 50 000 erhalten haben sollte.

»Als die Gang mit ihrer Rennbahn nicht loslegen konnten, gaben sie Jake Lingle die Schuld«, faßte Capone den Sachverhalt zusammen. »Meiner Meinung nach haben sie ihn deshalb umgelegt. Ich weiß allerdings nicht, wen sie für den Job angeheuert haben. Es muß jemand von außerhalb gewesen sein. Ich werde mal sehen, was ich herausfinden kann.«

»Das können Sie gerne tun, Capone, aber ich glaube nicht, daß Sie damit Pat Roche beeindrucken werden.«

Capone wußte es besser. Wenn Colonel McCormick seinen verurteilten Mörder bekommen hatte, würde sein finanzielles und moralisches Engagement schnell nachlassen. Rathbun würde wieder in seinem Kanzleisessel sitzen und Roche bei der Staatsanwaltschaft arbeiten – und in Chicago könnte alles wieder seinen normalen Gang gehen. Al Capone brauchte offensichtlich bloß einen geeigneten einsachtzig großen Blonden abzuliefern.

Die Sache hatte nur einen kleinen Haken. Bei der Kautionsverhandlung für Foster rief die Verteidigung Officer Tony Ruthy in den Zeugenstand. Er überraschte sowohl die Anklage als auch die Verteidigung, indem er Foster eindeutig als den Mann identifizierte, den er verfolgt hatte. Er bestand darauf, das Haar des fraglichen Mannes sei schwarz und nicht blond gewesen.

Nach einiger Zeit fragte ein Abgesandter Capones beim Agent Nummer 1 an, ob es auch recht sei, wenn man Lingles Mörder tot anliefere.[42] Leider war McCormick mit einer Leiche, die man nicht vor Gericht stellen konnte, nicht zufrieden, von Roche ganz zu schweigen. Die Suche ging weiter.

Der Reporter John Boettiger vom »Tribune« behauptete, es sei Rathbuns und Roches Idee gewesen, »einen Gangster anzusetzen, um einen Gangster zu schnappen«.[43] Man habe den Ex-Pinkerton-Detektiv und ehemaligen Sträfling John Hagen damit beauftragt, den Killer in der Unterwelt aufzustöbern. Es gab andere Stimmen, die in Hagen einen Mann Capones sahen, nach dessen Anweisungen der operierte. Falls Rathbun und Roche Hagen angeheuert hatten, dann war es schon ein merkwürdiger Zufall, daß er so schnell die richtige Fährte aufstöberte. Mit Hilfe eines Gangsters aus St. Louis namens Pat Hogan identifizierte Hagen als Hauptverdächtigen einen entsprungenen Sträfling, der wegen Beteiligung an einem Mord in St. Louis eingesessen hatte. Zunächst konnte Hagen nur mit dem Namen »Buster«, dann mit »Lou Bader« dienen. Der wirkliche Name des Verdächtigen war Leo V. Brothers.[44] Er hatte die angegebene Größe, das hellbraune bis blonde Haar und war sogar am 9. Juni 1930 in Chicago gewesen.

Brothers wurde im Dezember geschnappt und am 16. März 1931 vor Gericht gestellt. Die Zeugen teilten sich in zwei Lager, die bestätigten beziehungsweise bestritten, daß Brothers der Blonde war, den jedermann außer Ruthy hatte wegrennen sehen.[45]

Ironischerweise sollte Ruthys Aussage der verheerendste Schlag für Brothers werden. Die Verteidigung hatte Ruthy als Zeugen benannt, damit er Foster nochmals als den Mann identifizierte, den er verfolgt hatte. Schon lange vor dem Mord an Lingle hatte Ruthy bei einem Unfall einen Schädelbruch erlitten und litt gelegentlich unter Halluzinationen, aber man hatte ihn trotzdem weiterhin seinen Dienst versehen lassen. Während des Verhörs wegen der Kautionsverhandlung war Ruthy bei völlig klarem Verstand gewesen, aber beim Prozeß gegen Brothers war sein Benehmen beinahe schon die Parodie eines Narren auf der Bühne. Auf die Frage, ob er Probleme mit seinem Kopf habe, antwortete er: »Ich hatte schon viele Visionen. Angefangen mit unserem Herrgott habe ich schon jeden gesehen. Ich habe Abe Lincoln gesehen, obwohl ich Lincoln nie in meinem Leben getroffen habe. Du liebe Zeit, der Gedanke, daß die Welt eines Tages von der gelben Rasse beherrscht sein wird, macht mir schwer zu schaffen.«[46] Soviel nur zu der befremdlichen Tatsache, daß ein Polizist jemanden eindeutig identifiziert hat, der unmöglich Brothers gewesen sein konnte.

In seinem Roman »Pork City« läßt der Autor Howard Browne Roche sagen: »Dann haben sie ihn sich vorgeknöpft . . . Ruthy wurde entweder mit Geld mundtot gemacht, oder sie haben ihn das Fürchten gelehrt.«[47] Es muß nicht unbedingt so gewesen sein, aber Browne weiß auch zu berichten, daß der bei seiner Verhaftung offenkundig völlig abgebrannte Brothers sehr teuere Anwälte hatte, und noch dazu gleich vier.

Das Urteil fiel nach siebenundzwanzigstündigem Ringen: schuldig, mit dem Mindeststrafmaß von vierzehn Jahren. Ein Geschworener hatte sich seine Entscheidung für »unschuldig« zugunsten dieses Kompromisses abkaufen lassen.

Brownes Roman stellt eingängig dar, wie Capone die ganze Komödie inszeniert hatte, einschließlich des lächerlichen Urteils und der Folgen für Brothers. Capone sagte, wofür ein Kenner der Materie bürgt, daß die Verurteilung von Brothers »der größte Kuhhandel war, den ich je erlebt habe«.[48] Nach sorgfältigen und umfangreichen Recherchen, zu denen auch eine Meinungsumfrage unter einer großen Zahl von beteiligten Polizisten und Zeitungsleuten gehörte, ist Browne sicher, daß Foster der Mörder von Lingle war. Den Beweis dafür kann allerdings auch er nicht liefern.

Drei Wochen nach der Urteilsverkündung schob Officer Ruthy trotz seiner Visionen wieder Dienst. Er wurde unter völlig eindeutigen Umständen zusammen mit einem Kollegen von einem Banditen getötet.[49] Brothers kam 1940, nachdem er lediglich acht Jahre abgesessen hatte, wieder aus dem Gefängnis und ging nach St. Louis zurück. Dort wurde die Mordanklage von 1929, vor der er geflohen war, niedergeschlagen. Er stieg sofort bei von Gangstern kontrollierten Taxi- und Geldverleihfirmen ein. Im Jahr 1950 wurde er von einem nie identifizierten Killer erschossen.[50]

Capone hatte dem Agenten Nummer 1 nicht in sämtlichen Einzelheiten reinen Wein eingeschenkt. Bei seiner Rückkehr aus Florida hatte er ein Unternehmen begonnen, das als einziges geeignet schien, den »Tribune« zu besänftigen, wenn er schon nicht den Mörder Jake Lingles herbeischaffen konnte. Er wollte besser machen, was Ted Newberry vermasselt hatte: Er wollte sich um Jack Zuta kümmern. Der August kam näher, und man konnte Zuta immer noch nichts nachweisen, obwohl jeder wußte, daß er den Mord an Jake Lingle angeordnet hatte.[51]

Einer, der das ganz bestimmt wußte, war Colonel McCormick. Vielleicht akzeptierte er den Tod von Zuta als Entschädigung. Auf jeden Fall würde damit ein Zeichen gesetzt, daß eine so bedenkenlos heraufbeschworene Beeinträchtigung der geschäftlichen Aktivitäten der Unterwelt nicht ungestraft hingenommen wurde.

Capones Informanten hatten den untergetauchten Zuta bald in Wisconsin aufgespürt. Er war im vergangenen Monat in verschiedenen Ferienorten unter dem Namen J. H. Goodman aufgetreten, und Urlauber erinnerten sich an einen kleinen, kugeligen Mann, dem das Geld locker in der Tasche saß. Vor kurzem noch hatte er sich mit einem Begleiter in Homestead aufgehalten. Als der Begleiter abreiste, war Zuta im nahegelegenen Lake View Hotel am oberen Nemahbin Lake bei Delafield, ungefähr vierzig Kilometer westlich von Milwaukee, abgestiegen.

Während der letzten Juliwoche quartierte sich eine neun bis fünfzehn Personen starke Gruppe von Männern in einem Ferienhaus ein, das etwa fünf Kilometer von diesem Hotel entfernt lag.

Am Abend des 1. August 1930, einem Freitag, stand Zuta im Tanzsaal des Lake View Hotel und steckte gerade Münzen in die Musikbox. Aus dem Ferienhaus waren sechs Männer mit dem Wagen gekommen, drei von ihnen bewachten die Ausgänge des Tanzsaales, während die drei anderen unter der Führung eines kräftig gebauten Mannes gemächlich in den Tanzsaal hineinschlenderten. Sie waren bewaffnet. Einer von ihnen hielt den Barmann in Schach, ein anderer hatte ein Auge auf die tanzenden Paare. Der Anführer ging zu Zuta hinüber, dessen Münzen dem Apparat soeben einen aktuellen Schlager entlockten: »It May Be Good for You but It's So Bad for Me«.

»Dreh dich um!«

Noch im Umdrehen wurde Zuta von Kugeln durchlöchert. Die erste traf ihn genau in den Mund. Er stürzte zu Boden. Die anderen Revolvermänner kamen herbei und feuerten auf den zu Boden gesunkenen Körper. Insgesamt waren es sechzehn Einschüsse.[52]

Über den Organisator des Mordanschlags war sich jeder im klaren. In einem Bericht war von »geschäftsmäßiger Abwicklung« und »maschinenartiger Präzision« die Rede. Der Mord zog jedoch keinerlei Folgen, wie etwa eine Anklage, nach sich – obwohl Calvin Goddard Projektile aus Zutas Körper einer Waffe zuordnen konnte, die bei Danny Stanton, dem gewichtigen Anführer der Mördertruppe, gefunden worden war.[53] Am Abend des Mordes gab Capone im Western Hotel in Cicero für etwa einhundert Personen eine Party.[54]

In Zutas Wagen fand die Polizei eine weitere der sechs Pistolen, die von Frantzius an Foster verkauft hatte. Pat Roche gelang es, vier Bankschließfächer ausfindig zu machen, die Zuta gehört hatten. Eines der Stahlfächer war leer, die drei anderen quollen über von denkwürdigen Aufzeichnungen über Korruptionsfälle, die Zuta seit 1921 gesammelt hatte. Etwa fünfhundert gesperrte Schecks, absichtlich nicht zur Zahlung vorgelegte Wechsel und Schuldscheine, Notizzettel, Briefe und Aufzeichnungen kompromittierten Polizeiangehörige, Politiker, Presseleute und Richter. Auch eine Aktennotiz, aus der die wöchentliche Zahlung von 3500 Dollar an das Polizeirevier an der East Chicago Avenue hervorging, fehlte nicht. Der Polizeichef von Evanston hatte einen handschriftlichen Brief an den »lieben Jack« geschickt, in dem er jenen um »vier ›Cs‹ für ein paar Monate« anging, gezeichnet »Dein alter Kumpel, Bill Freeman«.[55]

Auf die Frage, ob die Funde einer Grand Jury zur Anklageerhebung vorgelegt würden, antwortete Swanson, »den Verbindungen werde nachgegangen«. Ob das denn in den Augen der Öffentlichkeit nicht so aussehen würde, als ob etwas verdeckt werden sollte? »Damit wird die Öffentlichkeit leben müssen«, sagte der Staatsdiener.

»Gauner bleibt Gauner«, sagte Staatsfeind Capone. »Swansons unverblümte Haltung in dieser Sache wirkt irgendwie erfrischend. Aber wenn jemand so tut, als wolle er dem Gesetz Geltung verschaffen, während er sein Amt dazu benutzt, um sich zu bereichern, dann ist er eine hinterhältige Schlange. Die schlimmste Sorte sind die großen Politiker. Man wird von ihnen immer abgewimmelt, weil sie die meiste Zeit damit beschäftigt sind, ihre Spesen zu verwischen, damit keiner merkt, was für Diebe sie sind. Ein wirklich arbeitender Gauner kann – und wird – sich diese Brüder dutzendweise halten, aber er wird sich nie uneingeschränkt auf sie verlassen. Im Grunde seines Herzens kann er sie nicht ausstehen.«[56]

26

Der Anfang vom Ende

Im Sommer des Jahres 1930 ging die Prohibition ins zehnte Jahr. Es gab niemanden, der das Gesetz nicht für eine Pleite hielt, aber die Depression verschärfte sich und ließ Verstöße gegen die Prohibition sowohl für Gesetzeshüter als auch für Gesetzesbrecher zu einem immer wichtigeren Wirtschaftsfaktor werden.

Ein Mitglied einer weitverzweigten italienischen Großfamilie – der Mann war im Jahr 1930 zwanzig Jahre alt – erinnert sich gern an seinen Job bei den Schwarzbrennern. Damals schleppte er dreimal pro Woche abends fünfzig Zuckersäcke zu je knapp fünfzig Kilo auf die zweite Etage der Mietskaserne, in der seine Familie wohnte. Eine mit Capone verbündete Bande von der North Side betrieb dort eine Schwarzbrennerei. Beim Treppensteigen pfiff er immer ein bestimmtes Liedchen, an dem die Bootlegger erkennen konnten, daß er es war. Einmal pro Woche legten ihm seine Auftraggeber einen Umschlag ins Treppenhaus, der meistens 25 bis 30, manchmal sogar 70 Dollar enthielt, »je nachdem, was ihnen meine Arbeit wert war«, sagt er. »Ich war immer ganz aus dem Häuschen, wenn ich das Geld an mich nahm. Irgend jemand mußte doch für unsere Familie aufkommen. Mein Vater verdiente damals vielleicht fünfzig Cent die Stunde, und das mit all den Kindern!«[1]

Den Gesetzeshütern wurde das Geld entweder nebenbei zugesteckt, wie die 5 Dollar Trinkgeld, die Officer Edwin F. McNichols jedesmal von Capone bekam, wenn er im Theaterviertel den Verkehr regelte.[2] Es konnte aber auch eine regelmäßige Zuwendung sein, wie jene wöchentlichen 3500 Dollar, die Zuta zahlte. Schließlich konnten sich Polizisten auch auf eigene Faust bedienen und sich ein geeignetes Opfer heraussuchen.

Der Mann, der die Zuckersäcke schleppte, fuhr einmal bei den Bootleggern mit, um beim Abladen des Rohdestillats zu helfen, das in Fünfgallonenbehältern zur Weiterverarbeitung nach Cicero gebracht wurde. Der Dodge-Lastwagen hatte eine verstärkte Federung, damit vorbeifahrende Polizisten dem Fahrzeug nicht sofort das außerordentliche Gewicht der Ladung ansehen konnten, was Kontrollen nach sich gezogen hätte. An diesem Abend hatten aufmerksame Polizisten das Fahrzeug trotzdem angehalten. Die Beamten wurden an Ort und Stelle bezahlt.

Joseph Refke erinnert sich an seine damaligen Tage im Polizeidienst, als er mit seinem Kollegen die Gegend nach dem durchdringenden Geruch der Schwarzbrennereien im wahrsten Sinne des Wortes durchschnüffelte. »Wir mußten unbedingt ein bißchen Kohle auftreiben«, sagt er.[3] Das wurde um so notwendiger, als die nahezu zahlungsunfähig gewordene Stadt Chicago an ihre Bediensteten nur noch Berechtigungsscheine ausgab.

Die Glücklicheren durften mit einem ziemlich regelmäßigen Nebeneinkommen rechnen. Als Arthur T. Ristig in ein neues Revier versetzt wurde, nahm ihn sein Captain mit auf den Streifengang. »Wir gingen in einen Spielsalon«, erinnert sich Ristig. »Mein Captain ließ den Besitzer holen und sagte zu ihm: ›Kümmern Sie sich um diesen Mann, er wird diesen Posten hier übernehmen, und ich möchte, daß Sie sich jede Woche um ihn kümmern.‹ ›Okay, Chef, wir werden uns um ihn kümmern!‹ Wir gingen zu einem anderen Laden – und bevor ich richtig vorgestellt worden bin, hat man mir schon dreißig Dollar zugesteckt. Ich frage: ›Wofür ist das denn?‹, und mein Captain antwortet: ›Äh – versehen Sie Ihren Dienst so wie immer und kümmern Sie sich um Ihren eigenen Kram. Sie haben gerade ein paar gute Freunde gewonnen.‹ Ich sagte: ›Prima, mir soll's recht sein.‹«

Als Ristig später zur Staatsanwaltschaft versetzt wurde, war er einmal im Turner's, einem Steakhaus. Im Keller gab es einen Spielsalon. Oben an der Bar hingen zwei von George Morans Leuten herum. Ristig sah die Achtunddreißiger, die ihnen beinahe aus der Tasche fielen. Moran war ebenfalls im Keller des Lokals. Ristig ließ Moran, den er kannte, daraufhin von Turner nach oben holen. »Was ist denn los?« sagte Moran, während Ristig ihn beiseite nahm.

»Sind das Ihre Leute?«

»Sicher.«

»Mann Gottes! Sagen Sie denen bloß, sie sollen diese Revolver irgendwo verschwinden lassen, bevor jemand kommt und sie ihnen abnimmt. Sie kennen mich doch. Teufel noch mal! Ich bin von der Staatsanwaltschaft – und außerdem bin ich Ihr Freund – und ich will nicht, daß es Probleme gibt.«

Moran winkte seinen Leuten. »Kommt mal her«, sagte er. Dann deutete er mit dem Daumen über die Schulter. »Raus«, sagte er zu dem einen, und mit einem zweiten Wink zum anderen: »Du auch. Laßt die Kanonen verschwinden«, rief er ihnen hinterher, »ich will die Dinger nicht mehr sehen.« Moran wandte sich wieder an Ristig. Er grinste befriedigt. »Genau so sollte man so etwas regeln – man muß doch nicht gleich mit zwanzig Mann hier hereinstürmen und die beiden festnehmen.«

»Na klar«, sagte Ristig, » wir müssen doch alle irgendwie leben, George.«[4]

Der Umgangston in der Stadt war nicht immer so gepflegt. Der Mord an Lingle war der elfte in zehn Tagen gewesen. Die anderen Attentate hatten in der Presse kaum Erwähnung gefunden.

In den einschlägig bekannten Kreisen war das Gemetzel fast schon zur Gewohnheit geworden. Frank McErlane zum Beispiel blieb seiner Reputation treu. Einmal schaffte er es, wegen fünf Straftaten gleichzeitig verhaftet zu werden: Trunkenheit, Ruhestörung, verdecktes Waffentragen, unbedachtes

Abfeuern einer Schrotflinte in bewohntem Gebiet und Fahren mit gefälschten Nummernschildern. Außerdem hatte er noch seine Schwester in die Wange gebissen.[5]

Am 28. Januar 1930 wurde McErlane als Notfall ins German Deaconess Hospital gebracht. Sein linkes Bein war von einem Projektil aus einer Automatikpistole zerschmettert worden. Die Sanitäter hatten bei ihrem Eintreffen die Waffe auf dem Boden gefunden. McErlane behauptete, es sei ein Unfall gewesen. Es war jedoch durchaus möglich, daß seine Frau auf ihn geschossen hatte. Vielleicht war es auch John Oberta, mit dem McErlane einen Kleinkrieg führte, seit Joe Saltis sich nach Wisconsin abgesetzt hatte.

Wie auch immer, McErlane versuchte, die Schießerei zu seinem Vorteil auszuschlachten. Am Abend des 24. Februar lag er in der Klinik in seinem Bett. Das Bein war fast verheilt, aber noch geschient. Plötzlich drangen zwei oder drei Ganoven in sein Zimmer ein und begannen, um sich zu ballern. McErlane griff unter sein Kopfkissen und zückte eine Automatikpistole. (Die Polizei überlegte später, ob man ihn wegen verdeckten Waffentragens belangen sollte.) Er erwiderte das Feuer und jagte fünf Schüsse in den Türpfosten. Seine Gegenwehr war zwar unpräzise, aber die Schüsse ließen die erschrockenen Attentäter ihr Heil in der Flucht suchen. McErlane war nicht ernsthaft verletzt worden, sondern hatte lediglich drei Streifschüsse abbekommen. Einer der Attentäter hatte eine Fünfundvierziger zurückgelassen.[6]

»Ich werde mich selbst um die Sache kümmern«, erwiderte McErlane auf die Frage, wer auf ihn geschossen habe. Das Bein war geheilt, die neuen Blessuren waren kaum der Rede wert, und McErlane konnte kurz nach dem Attentat das Krankenhaus verlassen. Neun Tage später, am 5. März, fand man John Oberta erschossen in seinem Lincoln. Er hatte aus der Waffe, die er in seinem Gürtel trug, drei Schüsse abgefeuert. In seiner Tasche fand sich eine Fünfundvierziger, aus der aber nicht geschossen worden war. Ein paar Meter weiter lag Sam Malaga, der Fahrer, ebenfalls erschossen.[7] Die Waffe, die im Krankenzimmer zurückgelassen worden war, konnte zu Malaga zurückverfolgt werden.

McErlane hatte sich um die Sache gekümmert.

Obwohl die Katastrophe unausweichlich näherrückte, war Capone im Sommer 1930 in Topform. Seine Vorherrschaft war unangreifbar; er machte sich nicht einmal die Mühe, mit Moran ein Abkommen zu treffen. Eine wirkliche Bedrohung durch die Gangs der North Side war undenkbar geworden.

Capone suchte auch weiterhin neue Betätigungsfelder für seine Organisation, da ihm klar war, daß die besten Tage der Prohibition vorüber waren. Im Moment war jedoch ein anderer Punkt noch wichtiger: Expansion schien ein geeigneter Ausweg, um der Steuerbehörde ein Schnippchen zu schlagen. Wenn es ihm gelang, sich im legalen Wirtschaftsleben der Stadt zu etablieren, hatte er Aussicht, für zu mächtig gehalten zu werden, als daß die Behörden eine harte Gangart bei ihm hätten anschlagen können. Das Racketeering konnte das Faustpfand in diesem Spiel werden.

Capone hatte schon seit langem bei den Gewerkschaften den Fuß in die Tür gesetzt.[8] Jetzt galt es, diese Verbindungen auszubauen. Er konzentrierte sich auf ausgewählte Ziele, die sich als geeignete Hebel mit gleichzeitig maximalen Gewinnaussichten anboten, wie zum Beispiel die Lastwagen- und Taxifahrer. Denn Transportdienste waren für viele Wirtschaftszweige unabdingbar. Er nahm außerdem die Baubranche aufs Korn,[9] die für die 1933 in Chicago geplante Weltausstellung[10] von zentraler Bedeutung war. Capone stärkte den Installateuren den Rücken bei ihrem Kampf gegen die Heizungsmonteure, als es um die Überwachungsrechte der Kühlanlagen in der Stadt ging. Und seinen Zugriff auf die Straßenreinigung versuchte er zu festigen, indem er bestimmte Verordnungen durchsetzte.

Capone operierte auch im direkten Angriff und beauftragte Danny Stanton damit, die städtischen Angestellten zu organisieren. Er hatte in der Stadtverwaltung schon ein paar seiner Leute sitzen; Danny Serritella als Leiter des Eichamtes und Mitglied von Thompsons Stadtrats, ferner Roland V. Libonati,[11] der als Capones Mann im Parlament des Staates Illinois (und später im Kongreß) entlarvt wurde, und William V. Pacelli, ein früherer Abgeordneter des Staates Illinois, der Ratsherr im zwanzigsten Bezirk von Chicago geworden war.

Neben der Ausweitung seiner Aktivitäten vergrößerte Capone seine Alkoholgeschäfte. Seine Lieferungen gingen im Osten bis nach New York, im Süden bis Tulsa und Hot Springs und im Westen bis Omaha.[12] Auf diese Weise konnte er die Verluste, die durch niedrige Preise entstanden, durch höhere Umsätze ausgleichen. Neben den Lieferungen aus Detroit kam ein großer Teil seines Nachschubs auf Wegen, die Capone selbst eingerichtet hatte. Eine 100 000-Dollar-Ladung Bourbon der Marken G & W, Old Crow und Indian Hill, die in den Vereinigten Staaten destilliert worden war, wurde beispielsweise nach Kanada exportiert, ging von dort nach Bimini auf den Bahamas, wurde nach Florida zurückgeschmuggelt und von Jacksonville per Bahn auf verschiedenen Linien als »Bauholz« an eine Reihe von fiktiven Empfängern versandt. Die ganze Ladung traf schließlich in der Illinois Central Station ein. Der Bundespolizei gelang es, diesen Posten abzufangen, und zwar auf Grund von Papieren, die ihr bei Razzien in Ralphs Cotton Club und Greyhound Inn in die Hände gefallen waren.[13]

Capones Bierhandel mußte wegen des großen Volumens des Schmuggelgutes regional begrenzt bleiben, aber es gelang ihm dennoch, seine Umsätze in zweifacher Hinsicht zu steigern. Die großen Bandenterritorien waren zwar vergeben und unantastbar, aber Capone ließ zum einen den bisher noch unabhängigen Versorgern durch seine Schläger klarmachen, daß sie in Zukunft bei ihm zu beziehen oder ihren Laden dichtzumachen hätten.[14] In manchen Fällen, wie bei Matt Kolb im Nordwesten der Stadt, hatte der Outfit die Geschäfte einfach übernommen.[15] Zum anderen betrieb Capone horizontale Expansion. Die Speakeasies mußten seine Salzbrezeln und sein Soda verkaufen und seine Hand- und Tischtücher verwenden, deren Reinigung wiederum eine Caponewäscherei besorgte.[16]

Capone begab sich auch auf neues Terrain. Über Murray Humphreys und Frank Maritote baute er ein eigenes Milchversorgungsunternehmen auf, nämlich die Firma »Meadowmoor Dairy«. Erstaunt und hocherfreut merkte Capone, daß die Handelsspanne bei Milch größer war als bei Schnaps oder Bier war und daß es für Milch eine beständige und allgegenwärtige Nachfrage gab. »Du lieber Gott und Vater«, pflegte er seinen Leuten zu sagen, »wir waren bis jetzt im falschen Racket!«[17]

Capones Ruhm wuchs mit seinem Imperium. Er war zum Ereignis geworden. Als die »Daughters of the Nile«, eine jüdische Frauenorganisation, in Chicago in der Medinah-Synagoge ein Treffen abhielten, jammerte eine Dame: »Ich bin jetzt schon drei Tage in Chicago und habe Capone noch kein einziges Mal gesehen. Ich dachte, er gehört zu unserem Empfangskomitee.«[18] In der ganzen Welt war er zum Markenzeichen Amerikas geworden. Fünf spanische Schauspieler, ein Bühnenregisseur und zwei Drehbuchschreiber aus Frankreich machten auf ihrem Weg zu Metro-Goldwyn-Meyer eine Zwischenstation in Chicago und hatten nur einen Wunsch. »Wo ist Capone?« wollte ihr Sprecher wissen.[19] »In Hollywood« kam als Antwort leider nicht in Frage. Ein Filmproduzent hatte Capone eine Million Dollar[20] für einen kurzen Auftritt am Ende eines Gangsterfilms geboten, aber der Staatsanwalt von Los Angeles, Buron A. Fitts, drohte mit »allen erdenklichen Anklagen, die mir dazu einfallen«, falls Capone in seinem Zuständigkeitsbereich auftauchen sollte.

In Rußland bezeichnete der Oberste Volkskommissar Wjatscheslaw Molotow Capone als den logischen Kulminationspunkt kapitalistischer Habgier und machte ihn damit zu einem Dauerbrenner im Satiremagazin »Krokodil«.[21] Ein Korrespondent der französischen Wochenzeitung »Voilà« schrieb, seine Landsleute betrachteten Capone als eine Art modernen Robin Hood, der gegen »die luxusfeindliche Gesetzgebung des puritanischen Amerika« angetreten sei. In England sah der Londoner »Evening Standard« in den Franzosen »die Al Capones von Europa«. Eine Karikatur zeigte Premierminister Pierre Laval und Außenminister Aristide Briand, die Füße auf dem Tisch, und Briand bellt ins Telefon: »Wassis los? Da treiben sich welsche in unsere Territorium 'erum? Knall die Typen ab, Junge, knall sie ab!«[22]

In Oradea in Rumänien heftete Colonel Capovici ein Bild Capones an die Vorderfront seines Hauses und behauptete, dies sei sein längst verschollen geglaubter Sohn.[23] Auslandskorrespondent John Gunther berichtete aus Wien, die dortigen Zeitungen bezeichneten Al Capone als »den eigentlichen Bürgermeister von Chicago«.[24]

Ein bißchen von Capones Ruhm war sogar in das ländliche Oklahoma gedrungen. Vor einem Untersuchungsausschuß des Senats äußerte sich ein einheimischer Zeuge über gewisse, nicht fürs Licht der Öffentlichkeit bestimmte Taktiken: »Würde mal sagen, das lief wie bei Al.«

»Was für ein Al?« fragte ein Senator.

»Wie? Was für ein Al! Al Pecan, der große Gangster aus Chicago.«[25]

In seiner Heimatstadt schoß Capones Popularität in ungeahnte Höhen, wobei nicht ohne Kalkül nachgeholfen wurde. Bei einem Footballspiel der Northwestern ließen zahlreiche Pfadfinder das Dyche Stadion von Hochrufen auf Capone widerhallen, als dieser, wie üblich in großer Pose, hereinkam. Er hatte den Pimpfen die Eintrittskarten bezahlt.[26] Aber auch ohne finanzielle Nachhilfe wurde die Verehrung zur Gewohnheit. Beim Spiel einer Highschoolmannschaft in Cicero erscholl der Ruf: »Da ist Al!« Dann gab es die üblichen Hurras, obwohl Capone diesmal nur für sich und seine sechs Leibwächter Karten besorgt hatte.[27] Bei einer anderen Highschool im eleganteren Elgin setzte sich Gastredner William A. Rahn bei den Eltern in die Nesseln, als er Capones Tüchtigkeit pries und die Schüler dazu anhielt, sich zwar nicht Capones berufliche Laufbahn, wohl aber dessen Willen zum Erfolg zum Vorbild zu nehmen. Rahn war einer der Geschworenen des Bundesgerichts gewesen, das gegen Ralph Capone Anklage wegen Steuerhinterziehung erhoben hatte.[28]

Capone genoß die Popularität. Das war einer der Gründe, weshalb ihm die Bezeichnung »Scarface« gründlich zuwider war. Er wandte sich direkt an den Zeitungsherausgeber Merrill C. Meigs: Ob es vielleicht fair sei, auf einem körperlichen Makel herumzureiten und ihn, Capone, bei jeder Gelegenheit als »Scarface« zu bezeichnen? Meigs überlegte und versprach, das Wort »Scarface« nur noch in unmittelbar zitierten Passagen stehen zu lassen. »Dieser Mann hat recht«, äußerte Meigs vor Kollegen. »Ich hatte bis jetzt nur noch nicht darüber nachgedacht.«[29]

Nach wie vor war natürlich Capones Betätigungsfeld der Kern seines Image-problems. Er versuchte unermüdlich, der Öffentlichkeit auszureden, daß seine Unternehmungen in der Tat das waren, was man mit dem Namen »Scarface« verband. Eine seiner Techniken war, alles maßlos zu übertreiben. »In Chicago gibt es einen Haufen Leute«, sagte er, »für die ich wie eines dieser blutrünstigen Scheusale aus den Märchenbüchern bin – die Sorte, die ihre Opfer foltert, ihnen die Ohren abschneidet, die Augen mit glühenden Eisenstangen ausbrennt und dabei auch noch grinst. Jawohl – das bin ich.«

Dann fing er an, die Perspektive zurechtzurücken. Er hege keine Illusionen über sich. »Ich bin gewiß kein Engel«, sagte er, »und ich bilde mir auch nicht ein, als Vorbild für die Jugend zu taugen. Ich mußte viele Dinge tun, die ich lieber nicht getan hätte. Aber so schwarz, wie man mich zeichnet, bin ich nun auch wieder nicht. Ich bin ein menschliches Wesen. Ich habe ein Herz. Wo Not am Mann ist, greife ich genauso tief in die Tasche wie jeder andere auch. Ich kann es nicht haben, wenn jemand hungert, friert oder hilflos ist. In Chicago gibt es viele Familien, die mich für den Nikolaus halten.« Das bezog sich auf seine Suppenkü-chen, in denen jeden Tag dreitausend Menschen verpflegt wurden.[30] »Ich bilde mir auf meine Großzügigkeit wirklich nichts ein«, sagte er. Aber eins wolle er doch festhalten: »Ich bin nicht der mieseste Kerl der Welt.«[31]

Er sei auch nicht der hemmungslose Lebemann, als der er allgemein galt – man möge doch einmal seine Frau fragen. »Sie müßte es doch wissen«, sagte er, »und dieses Risiko kann ich getrost eingehen.« Capone und seine Frau waren allerdings so oft voneinander getrennt, daß Mae viele Fehltritte möglicherweise überhaupt nicht mitbekam (obwohl Capones Syphilis ein Hinweis gewesen sein mußte). Mae hatte beispielsweise von Capones Aufenthalt in Atlantic City und Philadelphia erst durch seine Verhaftung erfahren. Das spielte aber alles keine

Rolle. Mae stand zu ihrem Mann. Nach seinem Tod äußerte sie sich zu ihren Gefühlen: »Die Öffentlichkeit hat ihre Vorstellung von meinem Gatten. Ich habe eine andere. Ich werde sein Andenken in Ehren halten und ihn immer lieben.«[32]

Von den gelegentlichen und immer seltener werdenden feucht-fröhlichen Ausrutschern abgesehen, war der inzwischen Einunddreißigjährige tatsächlich zunehmend zum Hausmann geworden. In Bademantel und Pantoffeln verbrachte er die Abende bei Brettspielen mit Sonny oder am Grammophon.

»Musik ist für mich das Größte«, sagte er. »Musik läßt mich vergessen, daß ich Al Capone bin. Musik beflügelt mich so, daß ich manchmal denke, ich bin nur noch zwei Blocks vom Himmel entfernt.« Seine Lieblingsmusik waren italienische Opern, aber er mochte auch Jazz und Schlager.

Vor dem zweiten Boxkampf von Tunney gegen Dempsey veranstaltete Capone eine einwöchige Gala. An einem der Abende sollte die Band von Jule Styne auftreten. Styne hatte einige Hits komponiert, darunter »Three Coins in the Fountain«, »It Seems to Me I've Heard That Song Before« und »It's Magic«. Bei den Verhandlungen zwischen Styne und Capone kam das Gespräch auch auf George Gershwins »Rhapsody in Blue«, die beide bewunderten. Capone erkundigte sich vorsichtig, ob er das Stück vielleicht dirigieren dürfe. »Ich traute mich nicht so recht, nein zu sagen«, erinnerte sich Styne viele Jahre später – und ebenso an Snorkys Seidenhemd, das an sich schon rhapsodischen Glanz hatte. Auf der Abendparty dirigierte Capone. »Er konnte das Tempo nicht halten«, sagte Styne, »aber das Dirigieren muß etwas gewesen sein, das er sich sein ganzes Leben gewünscht hat. Am Ende des Stückes standen ihm die Tränen in den Augen. Jeder Musiker bekam von ihm hundert Dollar extra und ich tausend.«[33]

Das war Capones Selbstbild. Warum sahen ihn die anderen nicht auch so? Mit den Morden war es ähnlich: Die Leute hatten einfach keine Ahnung. Als man Capone fragte, was eigentlich im Kopf eines Mannes vorgeht, der bei einem Bandenkrieg einen anderen umbringt, antwortete er: »Nun, vielleicht denkt er, daß das Recht auf Selbstverteidigung, so wie Gott es sieht, ein bißchen weiter gefaßt ist als im Gesetzbuch.« Es enthalte auch etwas, das man heutzutage »Präventivschlag« nennt – wie der Händedruck mit O'Banion und der Anschlag auf Weiss. »Das kann auch bedeuten, daß man jemand umbringen muß, der dich umbringen würde, wenn er dich zuerst sieht. Es kann bedeuten, daß du einen Mann umbringen mußt, um dein eigenes Geschäft zu retten – mit dem du das Geld verdienst, um deiner Frau und den Kindern ein Auskommen zu verschaffen. Das ist eben manchmal nicht zu umgehen. Ich lasse mir keinen Vorwurf daraus machen, daß ich der Meinung bin, es gäbe üblere Burschen als mich auf unserer Welt.«[34]

Capone war in aller Munde, und jeder wollte mit ihm zu tun haben. Während er noch in Philadelphia einsaß, hatten einige seiner Jungs damit begonnen, gastierende Stars aus dem Showbusiness mit Schutzgeldern zu erpressen. Mae West wurde um 3 000 Dollar erleichtert, bei den Schauspielern Wallace Ford und William Gaxton, dem singenden Cowboy Roy Rogers, dem Komiker Lou Holtz und den Entertainern Rudy Vallee und Harry Richman gab man sich mit geringeren Summen zufrieden.[35]

Richman erzählte lange danach eine andere Version. Er schickte voraus, daß er sehr nervös geworden sei, als seine erste Frau Frankie Lake geheiratet hatte. Richman war der Ansicht, daß Lake zu Capones Organisation gehörte und beteuerte, er habe deshalb fest geglaubt, daß Capone ihm ans Leder wollte. Er erklärte nie genau, weshalb er das glaubte, aber seine Ansicht konnte sich eigentlich nur aus der hanebüchenen Theorie herleiten, daß Gangster jeden umbrachten, der jemals intime Bekanntschaft mit ihren Frauen gemacht hatte (und in diesem Fall zudem mit der Frau eines vermutlichen Untergebenen des fraglichen Gangsters). Mit anderen Worten, die ganze Einleitung zu Richmans Geschichte war völliger Unsinn.

Richman erzählte jedenfalls, daß er in Panik geriet, als ihm der Manager des George Whithe's Scandals Club meldete, Capone sei auf dem Weg zu seiner Garderobe. Es klopfte an der Tür, schrieb Richman später, und

da stand der Herr der Unterwelt der gesamten Vereinigten Staaten, ein Mann, dessen Name selbst den übelsten Gangsterbossen von Paris, London und Rom Respekt einflößte.
Ich wollte gerade in Ohnmacht fallen, da packt mich dieser Mann, schließt mich in seine Arme und sagt: »Richman, Sie sind der Größte!«

Richman wurde kurz darauf auf der Straße ausgeraubt. Capone veranlaßte, daß ihm Geld und Juwelen zurückgegeben wurden. Außerdem versah er Richman mit einem Freibrief, der jedem, der den Inhaber des Briefs zu belästigen wagte, androhte, er werde es mit dem Mann zu tun bekommen, der das Schreiben mit »Dein ergebener Al Capone« unterzeichnet hatte.[36]

Auch Ethel Barrymore erfreute sich der Gunst Capones. Als eine Tournee mit dem Stück »Das Königreich Gottes« sie 1928 nach Chicago führte, erspähte sie am ersten Abend Al Capone im Publikum. Miss Barrymore spielte eine Nonne, die drei Akte lang die Leiden von ledigen Müttern, Waisen und Sterbenden zu teilen und sinngebend zu überhöhen hatte. Sie konnte sehen, wie ein tränenüberströmter Capone während der ganzen Vorstellung mit Mae Händchen hielt. »Andere Schauspieler wurden in Chicago bedroht«, schrieb sie in ihrer Autobiographie, aber ihr geschah nichts. »Offensichtlich hatte es geheißen, man solle mich in Ruhe lassen.«[37] Capone muß sie für die Größte gehalten haben.

Jack McGurn warnte 1927 den Komiker Joe E. Lewis davor, einen neuen Vertrag mit dem Green Mill Club auszuschlagen, an dem McGurn beteiligt war, ohne daß der Outfit etwas damit zu tun hatte. Lewis bekam ein besseres Angebot, das er auch annahm. Kurz darauf drangen drei Männer in sein Zimmer ein. Zwei schlugen ihm den Revolvergriff über den Schädel und fügten ihm schwere Platzwunden zu, der dritte bearbeitete mit dem Messer sein Kinn und hinterließ zwölf Schnittwunden. Sie ließen ihn liegen, da sie ihn für tot hielten, aber Lewis erholte sich nach einem langsamen und schmerzhaften Heilungsprozeß wieder. Es gibt zwar Gründe, an seiner Versicherung, daß McGurn die Attentäter geschickt hatte, zu zweifeln. Wie auch immer, Lewis hob auf jeden Fall stolz hervor, daß Capone später zu ihm sagte: »Warum zum Teufel bist du nicht mit deinem Problem zu mir gekommen? Ich hätte die Sache doch für dich in Ordnung gebracht.« Capone wollte ihm helfen, einen eignen Club aufzumachen. Für Capone war auch Lewis der Größte.[38]

In seiner Autobiographie erzählt der Zeitungsmann und Drehbuchautor Ben Hecht von einem Besuch, den ihm zwei Leute Capones abstatteten. Aufgebracht hielten sie Hechts Drehbuch zu dem Film »Scarface« in der Hand und wollten wissen, ob das ein Film über Capone sei. »Ach du lieber Gott, nein!« antwortete Hecht. »Ich kenne Al doch überhaupt nicht.«

»Aber warum heißt der Film dann ›Scarface‹?« war die begreifliche Frage. »Jeder muß doch annehmen, daß es sich um Capone handelt.«

»Das ist genau der Grund«, sagte Hecht. »Al ist einer der bekanntesten und faszinierendsten Männer unserer Zeit. Wenn wir den Film ›Scarface‹ nennen, wird ihn doch jeder sehen wollen, weil man glaubt, er handelt von Capone. So muß man das im Showgeschäft eben machen.«

Hecht berichtet, daß seine Besucher zufrieden wieder fortgingen.[39]

Der Film wurde nach W. R. Burnetts Schlüsselroman über Capone, einem Bestseller, gedreht. Im Film spielte Paul Muni den Tony Camonte, der 1920 von den Five Points unter dem falschen Namen Joe Black zu Johnny Lovo wechselt. Er arbeitet zunächst für ihn und übernimmt dann dessen Position. Von seinem Hauptquartier an der Twenty-second Street im ersten Bezirk aus versucht Camonte, sich gegen seinen Rivalen O'Hara in der North Side durchzusetzen. Die Ähnlichkeiten erstreckten sich nicht auf sämtliche Einzelheiten: Die Narbe, von der Camonte behauptet, er habe sie im Krieg davongetragen, war auf der Wange und hatte die Form eines X.

Selbst wenn Hechts Besucher keine Bücher lasen, so teilt er uns doch ausdrücklich mit, daß ihnen das Script bekannt war. Und dennoch sollen sie ihm abgenommen haben, was er ihnen versicherte? Und falls sie wirklich aufgebracht waren, wieso war Hecht dann immer noch am Leben, als der Film in den Kinos lief?

Ungeachtet des Wahrheitsgehalts dieser Berichte hat sich die folgende Episode zweifellos nur in der Phantasie von Clara Bows Presseagenten abgespielt. Im November 1930 wurde Miss Bow mit allerlei Klagen und Gegenklagen in eine schmierige Unterschlagungsaffäre mit ihrer früheren Sekretärin und Freundin Daisy De Voe verwickelt. Man machte den Versuch, für Miss Bow in der Presse ein freundliches Klima zu erzeugen. Im »Examiner« in Los Angeles erschien ein Bericht, Al Capone sei heimlich nach Los Angeles in die Paramount Studios gefahren, um der Schauspielerin bei Dreharbeiten zuzusehen. Nach einer Szene habe er das gesamte Filmteam mit seinem frenetischen Applaus zu Beifallsstürmen hingerissen. Paramount dementierte sofort, daß Capone das Studiogelände betreten habe, und die Polizei von Los Angeles dementierte, daß er überhaupt in die Nähe von Kalifornien gekommen sei.[40]

Ob diese Geschichten nun ganz oder nur teilweise wahr sind oder gar nicht (war es für Ethel Barrymore im Gegenlicht der Scheinwerfer überhaupt möglich festzustellen, ob Capones Wange von Tränen benetzt war?), es ist jedenfalls ein Beleg für Capones einzigartige Stellung, daß Leute, die ihrerseits prominent waren, damit prahlten, wie gut sie Capone kannten und seine Bewunderung als Bestätigung ihres Talents betrachteten. Da es zweifelhaft ist, inwieweit die Bekanntschaften überhaupt bestanden, ist die Beflissenheit, mit der sie behauptet werden, um so erstaunlicher.

Selbst diejenigen, die im Kampf gegen Capone die Guten spielten, wollten mit ins Licht der Scheinwerfer. Elmer Irey, Frank Wilson und Eliot Ness erzählten später in Buchform ihre Geschichte. Sie hatten alle Lobenswertes geleistet, aber sie konnten es sich nicht verkneifen, ihre Arbeit als besonders gefahr- und verdienstvoll hinzustellen. Da der Gegenstand ihrer Arbeit von der Öffentlichkeit als der gefährlichste Gangster verehrt oder verdammt wurde, paßte die offensichtliche Tatsache, daß Capone eher zu den ruhigen Vertretern gehörte, überhaupt nicht ins Bild. Aus diesem Grunde kehrten sie alle hervor, daß Capone den Ruf hatte, der gefährlichste Gegner zu sein, den man sich vorstellen konnte (was auch absolut gerechtfertigt war, solange andere Kriminelle seine Gegner waren). Auf diese Weise sollte verschwiegen werden, daß Capone nie zu verzweifelten Maßnahmen griff, wenn es um Beamte der Bundesbehörden ging.

Als Beispiel sei angeführt, was Irey und Wilson über die beiden Leute schrieben, die mit ihnen als Informant und verdeckter Ermittler zusammenarbeiteten.

Der Informant war Edward J. O'Hare, der in St. Louis eine Anwaltskanzlei betrieb. Sein wichtigster Klient war Owen P. Smith, der den für Hunderennen unerläßlichen mechanischen Hasen erfunden hatte. Die beiden hatten sämtliche Hunderennbahnen in den gesamten Vereinigten Staaten unter ihrer Kontrolle. 1923 war O'Hare an einem Whiskeydiebstahl im Wert von 200 000 Dollar aus einem versiegelten Lagerhaus beteiligt gewesen. Der Whiskey gehörte George Remus, der in den frühen zwanziger Jahren als »König der Bootlegger« bekannt geworden war. O'Hare wurde zu einer Haftstrafe von einem Jahr verurteilt, gewann jedoch den Revisionsprozeß, da Remus sich weigerte, gegen ihn auszusagen – O'Hare hatte ihn mit einer Gewinnbeteiligung an den Hunderrennbahnen besänftigen können.

Nach Smiths Tod im Jahre 1927 war O'Hare *der* Mann im Geschäft mit Hunderrennen. Er nahm Verbindung zu Capone auf und managte dessen Hawthorne Kennel Club. Seinen Draht zu Capone benutzte er, um sich noch weiter im ganzen Lande auszubreiten. O'Hare hatte für Gangster nur abfällige Worte übrig. Er glaubte, sie benutzen zu können, ohne selbst ein Gangster zu werden.

Um das Jahr 1930 wollte er die Seite wechseln. Der Anstoß kam durch den Reporter John Rogers aus St. Louis. Laut Rogers war es der Traum von O'Hares Sohn und Augapfel Edward H., genannt Butch, die Marineakademie von Annapolis zu besuchen. O'Hare hoffte, die Zusammenarbeit mit den staatlichen Behörden könnte helfen, seinem Sohn den Weg zu ebnen. O'Hare wurde einmal »der beste Polizeispitzel, den die Behörden je hatten« genannt. Frank Wilson hielt ihn für den »wichtigsten Einzelfaktor« bei der Festnahme von Capone.[41]

Dann war da noch der verdeckte Ermittler Michael F. Malone. Er gehörte zu den SIU-Agenten, die bereits an dem Fall arbeiteten. Der stockirische Malone stammte aus Jersey City, war etwa einssiebzig groß und gut neunzig Kilo schwer. Wilson nannte ihn »den Mann mit dem größten Naturtalent zum verdeckter Ermittler, den der Service je hatte«.[42] (Irey und Wilson beanspruchen, nebenbei bemerkt, jeder für sich das Verdienst, Malone diese Rolle schmackhaft gemacht zu haben.)[43]

Malone kaufte sich bei Wannamaker's in Philadelphia die passende Garderobe und trieb sich dort und in Brooklyn einige Zeit herum, um über die aktuellen Gesprächsthemen der Unterwelt auf dem laufenden zu sein. Dann stieg er unter dem Namen »Michael Lepito« im Lexington Hotel ab und wurde dort langsam zu einer bekannten Erscheinung.[44] Er blieb stets für sich und wartete ab, bis Capones Leute von sich aus den ersten Schritt unternahmen. Die Gangster knüpften Gespräche mit ihm an und Malone ließ durchblicken, daß er als kleiner Gauner, der sich in Philadelphia und Brooklyn betätigte, soeben der Polizei durch die Lappen gegangen sei. Man öffnete seine Post. Er hatte die Briefe an sich selbst geschrieben und durch Freunde in Philadelphia aufgeben lassen. Malone durfte bald an den Kartenrunden, Parties und Gesprächen der Gangster teilnehmen. Er bekam die Chance, Informationen aus dem Innenleben der Bande aufzuschnappen – und die Chance zu einem vermutlich sehr plötzlichen Ende, da stets die Gefahr bestand, sich zu verraten.

So jedenfalls hört sich Ireys und Wilsons Version der Geschichte an. Was Malones Mummenschanz anging, berichteten die beiden durchaus die Wahrheit, wobei sie allerdings die damit verbundene Gefahr maßlos übertrieben. Es ist unabweisbar, daß Malones Tarnung durch ein paar Telefonate mit Philadelphia oder Brooklyn leicht zu durchschauen gewesen wäre. Weshalb waren diese Anrufe unterblieben? Wir werden gleich sehen, daß sie möglicherweise sogar stattgefunden haben. Falls sie aber doch unterblieben waren, dann deshalb, weil gar kein Grund bestand, »Lepito« sorgfältig zu durchleuchten. Er sollte ja nicht in den Outfit aufgenommen werden. Selbst wenn Malone als Bundesagent enttarnt worden wäre, war sein Tod keineswegs gewiß, sondern sogar eher unwahrscheinlich. Natürlich wurden Polizisten umgebracht, und Bundesagenten auch, aber nicht von den organisierten Banden, die mittlerweile schlauer geworden waren. Und überhaupt, was hätte sein Tod schon gebracht? Er hatte bei internen Beratungen nicht mit am Tisch gesessen, und er konnte nichts gehört oder gesehen haben, das Capone ihn nicht hören oder sehen lassen wollte.

Schlicht gesagt: Malone drückte sich im Lexington herum, machte sich lieb Kind und hielt Augen und Ohren offen. Das war ebenso offensichtlich wie undramatisch. Wenn jedoch Malone schon in der Höhle des Löwen nicht in Todesgefahr schwebte, wie sollten dann Bundesagenten ganz allgemein stets am Rande des Abgrunds leben? Irey und Wilson bekannten dagegen pflichtschuldig, um Malones Sicherheit gezittert zu haben, als jener zu einer Party im Oberge-schoß des New Florence Restaurant gegenüber dem Lexington ging. »Wir kannten doch alle Capones Vorliebe«, schrieb Irey, »eine Party steigen zu lassen, bevor er Verrätern das Hirn aus dem Schädel drosch.«[45] Wilson berichtete lediglich, er habe »Blut und Wasser geschwitzt«, bis ihm Malone nach dem Dinner mit einem Anruf einen Stein vom Herzen genommen habe.[46]

Aber wozu nur andere stellvertretend in der Gefahr schweben lassen? Wilson berichtet, er habe von Ed O'Hare einen Tip bekommen, daß Capone »vier sizilianische Killer aus Brooklyn« importiert habe, um Wilson, Pat Roche, den Generalstaatsanwalt George Johnson und den vor Ort zuständigen SIU-Agenten Arthur Madden ermorden zu lassen.[47]

Man darf Pat Roche zugute halten, daß er die Geschichte von einem geplanten Mordanschlag zu keinem Zeitpunkt ernst genommen hat. Als eine intensive Fahndung keinerlei Hinweise auf nach Chicago eingeschleuste Killer brachte, sickerte dann auch aus dem Lexington prompt die Meldung durch, daß es besonnenen Gemütern gelungen sei, Capone von seinem Vorhaben abzubringen.

Es gibt eine plausible Erklärung. Capones Leute hatten möglicherweise Malone überprüft und enttarnt. Malone hatte sechs Jahre zuvor Willie Heeney verhaftet. Vielleicht hatte Heeney ihn wiedererkannt. Vielleicht war er auch schon in der Stadt gesehen worden, bevor er »Lepito« geworden war.

Wenn der Outfit Malone tatsächlich enttarnt hatte, war es da nicht besser, ihn mit Geschichten über importierte Killer zu füttern und damit die Gegenseite Phantomen nachjagen zu lassen? Auch Ed O'Hare, der sehr wohl ein paar Brocken der für »Lepito« ausgestreuten Desinformationen aufgeschnappt haben mochte, konnte sich gutgläubig in diesem Verwirrspiel verfangen haben.

Eliot Ness brauchte keine Hilfe, um ins Scheinwerferlicht zu kommen. George Meyer behauptet, man habe Ness manchmal die Adressen von kleineren Lagerhäusern für seine Razzien zugespielt, wobei sich entbehrliche Leute vor Ort aufhielten, damit es auch etwas zu verhaften gab. Es waren vermutlich Bauernopfer, damit sich Ness, zumindest vorübergehend, mit dem Zugriff auf wichtigere Lokalitäten und Mitglieder des Outfit noch etwas Zeit ließ. Es gab auch andere Beobachter, die Zeugen von Razzien mit ausgesprochenem Showcharakter wurden.[48] Wie auch immer, der oberste »Unbestechliche« und seine Mannschaft zerstörten und beschlagnahmten eine beträchtliche Menge von Capones Betriebsvermögen.

In seinem 1957 erschienenen Buch »The Untouchables« brüstet sich Ness damit, daß als Folge seiner Razzien »Chicago zusehends austrocknete« und schließlich »so trocken wie der sprichwörtliche Knochen war«. Er habe »Capone das Bier- und Alkoholgeschäft vermiest«.[49]

Das hatte er mitnichten. Ness und seine Truppe leisteten auch nicht, wie dieser wahrmachen wollte, einen unmittelbaren Beitrag zu Capones »Untergang«.[50] Als es soweit war, glaubten die Behörden zu keinem Zeitpunkt daran, Capone mit dem den Prozeß machen zu können, was die »Unbestechlichen« zu beweisen in der Lage waren: Verschwörung zur Übertretung der Prohibitionsgesetze.

Ness und seine Männer lieferten ein bewundernswertes Beispiel an Effektivität und Unbestechlichkeit. Sie kosteten Capone in einer für ihn sehr schwierigen Periode einen gewaltigen Batzen Geld, denn Capone versuchte natürlich, auf seine ihm eigene Weise damit fertig zu werden, was ihm aber nur die Erfahrung eintrug, daß die »Unbestechlichen« ihren Namen zu Recht führten. Mochte Ness auch manchmal über bestimmte Ziele seiner Razzien mit sich handeln lassen, weder er noch seine Männer gerieten jemals angesichts der verlockendsten Bestechungsangebote in Versuchung. Als einige von Ness' Männern mit ihren 2 800 Dollar Jahresgehalt[51] ein Angebot von 1 000 Dollar in der Woche ablehnten, vermochte der von Capone ausgeschickte Unterhändler nur noch zu klagen: »In Chicago kommen alle prima miteinander aus. Warum müßt ihr Kerle euch nur immer querlegen?«[52]

Anständigkeit und saubere Arbeit waren für Ness anscheinend zuwenig. Sein Buch beschwört ständig die »Große Bedrohung«. Ness teilt uns mit, daß Capone »uns zermalmen mußte, um zu überleben«.[53] Dennoch unternahm die Große Bedrohung, wie Ness selbst berichtet, zu keinem Zeitpunkt einen ernstzunehmenden Versuch, etwa einen Bundesbeamten zu verprügeln, geschweige denn zu »zermalmen«. Niemandem wurde aufgelauert, es gab keine Spur von Capones sorgfältig geplanten Hinterhalten. Frank Wilson schrieb in seinem Buch von einer Warnung, die ihm zugegangen war, nämlich daß Capone im Sheridan Hotel, wo Wilson mit seiner Frau wohnte, jeden seiner Schritte ausgekundschaftet hätte. Wilson verlegte als Gegenmaßnahme seinen Wohnsitz schlagartig ins Palmer House, was Capone offensichtlich so aus dem Tritt gebracht haben muß, daß er nie wieder einen derartigen Versuch unternahm.[54]

Ness bekam es nur ein einziges Mal mit einem »Revolvermann der Mafia« zu tun. Es handelte sich um einen Ganoven, der ihm im Alleingang mit dem Wagen hinterherfuhr. Ness konnte ihn ohne Schwierigkeiten gegen den Bordstein drängen und fand sich einem Kleinkriminellen gegenüber, der wie gelähmt auf dem Sitz kauerte. Seine Pistole steckte noch im Holster.[55] Ein andermal schnappte Ness einen einsam um das Haus seiner Verlobten streichenden Mann, den er für einen Attentäter hielt. Als er sich den Eindringling vornahm, der nur schwachen Widerstand leistete, konnte Ness feststellen, daß dessen Schulterholster leer war. Der Bursche hatte seine Waffe im Wagen vergessen.[56]

Von Ness' Leuten wurde nur ein einziger Mann getötet, der eigentlich nicht zu den »Unbestechlichen« gehörte – der Fahrer von Ness, ein Haftentlassener. Der Mord hatte jedoch mit der Unterwelt nicht das geringste zu tun. Die Polizei konnte den Mörder auf der Stelle fassen. Er erhängte sich in seiner Zelle.[57]

Während der Erregung über den Mord an Lingle, der als Anzeichen hätte genommen werden können, daß mittlerweile nichts und niemand mehr vor der Großen Bedrohung sicher war, suchte Ness die Ängste seiner Verlobten zu beschwichtigen. »Du brauchst dir keine Sorgen zu machen«, sagte er zu ihr. »Sie würden doch niemals auf einen Bundesbeamten schießen.« Das entsprach genau der Wahrheit. Paul W. Robsky, der zu den ersten Unbestechlichen gehörte, blieb Bundesagent, bis er 1951 den Dienst quittierte und Sicherheitsbeamter bei einer Fluggesellschaft wurde. »Natürlich trugen wir Waffen«, erinnert er sich, »aber in der Zeit von 1930 bis 1931 mußten wir nie davon Gebrauch machen. Capone hatte seinen Jungs in den Brauereien Bescheid gegeben, sie sollten Bundesbeamten keinen Widerstand leisten. Wenn es eine Razzia gebe, sollten sie das Ganze entweder über sich ergehen lassen oder versuchen abzuhauen – aber keine harten Bandagen.«[58]

Capone hatte schon genug Ärger. Es hätte nichts genutzt, Bundesagenten zu erschießen, die ohnehin jederzeit und in jeder beliebigen Mannschaftsstärke ersetzt werden konnten.

Dieses Bemühen, sich als unerschrockenen, in steter Gefahr schwebenden Kämpfer darzustellen, war albern. Die Beamten des Staatsapparates leisteten ausgezeichnete Arbeit, aber bewaffnete Konfrontationen mit den Gangstern gehörten nicht zu ihrem Alltag. Ganz besonders galt dies für Frank Wilson. Er war im Grunde ein Fahndungsbuchhalter. Seine Stärke war »Sitzfleisch«, das beharrliche, unermüdliche Durchforsten von Aufzeichnungen aller Art. Genau dies – und nicht der unerschrockene Wagemut eines einzelnen – war das Wichtigste, um Capone festzusetzen.

Im Sommer 1930 suchten Wilson und seine Leute immer noch nach Beträgen, die Capone innerhalb der beiden letzten Jahre nachweisbar als Einkommen zugeflossen waren. Wie Wilson schon früher einmal zu Irey gesagt hatte, schien Capone keinen Fehler gemacht zu haben. Von etwa einer Million Schecks, die die SIU überprüfte, waren nur zwei von Capone unterschrieben und beliefen sich zudem auf unbedeutende Beträge.

Eines Abends, als alle anderen schon längst nach Hause gegangen waren,[59] wollte Wilson die erbeuteten Aufzeichnungen ein weiteres Mal durchgehen. Vielleicht hatten er und seine Kollegen etwas übersehen. Die SIU war unter äußerst beengten Verhältnissen in einem alten Postgebäude untergebracht worden. Der Raum bot gerade eben Platz für vier Schränke mit Aktenordnern und zwei Schreibtische. Wilson arbeitete bis ein Uhr in der Nacht und hörte dann müde und benommen auf. Als er die Dokumente, an denen er gesessen hatte, wieder im Aktenschrank verstauen wollte, stieß er aus Versehen so heftig an die offenstehende Lade, daß diese zuflog und das Sicherheitsschloß einrastete. Wilson stand mit seinen Akten in der Hand davor und konnte den Schlüssel nicht finden.

Ein weniger penibler Beamter hätte die nutzlosen Papiere bis zum nächsten Morgen liegen lassen. Nicht so Wilson. Er stöberte nach einem geeigneten Platz in der Abstellkammer, die ans Büro grenzte und fand dort einen altersschwachen, aber unverschlossenen Aktenschrank. Um Platz zu schaffen, holte er einige staubige Kuverts aus einem Schubfach und entdeckte dabei weiter hinten »ein dickes Paket in braunem Packpapier«. Er schnitt die Paketschnur auf und stieß auf drei Bücher mit Aufzeichnungen. Wilsons Buchhalterauge erkannte die Kladden sofort als Hauptbücher.

Er öffnete das erste. Es schien nichts Bedeutungsvolles zu enthalten. Beim ersten Blick in das zweite Buch jedoch war Wilsons Müdigkeit schlagartig verflogen. Die Zahlenreihen waren überschrieben mit »Bird Cage«, »21«, »Craps«, »Faro«, »Roulette« und »Pferdewetten«. Die Kopfzeilen und die folgenden Zahlenreihen belegten eindeutig, daß es sich um das Kasseneingangsbuch eines größeren Glücksspielunternehmens handelte. Mit etwas Glück gehörte es zu einem Kasino von Capone.

Die Eintragungen betrafen die Zeit von 1924 bis 1926. Wilson entdeckte aufregende Beträge. In zweiundzwanzig Monaten hatte allein dieser Laden insgesamt 587 721 Dollar und 95 Cent abgeworfen. Der Buchhalter hatte alle paar Seiten eine Zwischensumme gezogen und die Verteilung der einzelnen Posten vermerkt. Auf der Seite für den Dezember 1924 sah Wilson, daß der Abschlußsaldo für die Barzugänge in die Hausbank 31 443 Dollar betragen hatte. Anschließend war noch ein Posten von 17 500 Dollar dazugekommen und 6 256 Dollar als Verlust für »Rennen« abgezogen worden. 10 000 Dollar waren als neuer Barbestand für die Hausbank ausgewiesen, somit blieben 32 687 Dollar, die nach einem vorgegebenen Schlüssel zur Verteilung anstanden. Die »Stadt« − offensichtlich das Schmiergeld für die Behörden vor Ort − erhielt mit 20 Prozent oder 6537 Dollar den Löwenanteil; »Ralph« (Capone, wie Wilson nicht ohne Berechtigung hoffte) und »Pete« (der sich als Capones Glücksspielmanager Pete Penovich entpuppen sollte) erhielten je 5 Prozent oder 1 634 Dollar. Vier Posten zu je 5 720 Dollar − also je 17 Prozent − gingen an »Frank«, »Lou«, »D« sowie an J & A − was sehr wohl Jack (Guzik) und Al bedeuten konnte.

Oben auf der Seite war in großer Schrift eingetragen: »Frank 17 500 für Al gezahlt« − was dem Zugang entsprach, der nach der Saldierung verbucht worden war (Pete Penovich sollte später aussagen, daß es eine Pferdewette war, die Capone verloren hatte). Damit war ein »Al« mit den Finanzoperationen in Verbindung gebracht. Und in jenem Brief von Mattingly war Capones Anteil mit einem Sechstel, also 17 Prozent, angegeben worden!

Am nächsten Morgen erfuhr Wilson, daß die Bücher bei einer Razzia in Capones Hawthorne Smoke Shop unmittelbar nach dem Mord an McSwiggin beschlagnahmt worden waren. Pat Roche hatte das Material in seinem Besitz gehabt, aber zu jener Zeit hatte weder er noch sonst jemand erkannt, welche Möglichkeiten in solchen Unterlagen steckten. Der pensionierte Polizist Arthur Ristig sagt dazu: »Kein Mensch hatte je einen Gedanken an dieses Zeug verschwendet. Für uns war das nur Kram, den wir in die Ecke geschmissen haben. Wenn jemand von uns geahnt hätte, auf was für einer brandheißen Quelle wir da sitzen, dann hätten wir uns von diesen Brüdern bis ans Endes ihres Lebens schmieren lassen!« Als Roche von der Polizei zur Staatsanwaltschaft wechselte, hatte er alles korrekt übergeben − und das Material diente fortan als Staubfänger.

Jetzt galt es jemanden zu finden, durch den Capone und das Buch in nachweislichen Zusammenhang gebracht werden konnten. Es gab drei verschiedene Handschriften in dem Buch. Eine Schrift hob sich durch ihre besondere Sauberkeit und Präzision von den anderen ab. Die SIU sammelte Schriftproben von jedem, der mit dem Outfit zu tun hatte, und stützte sich dabei auf alle erdenklichen Quellen, wie Wahlregister, Kautionsscheine, Bankkonten und so weiter. Auf einem Einzahlungsbeleg einer Bank in Cicero fand sich schließlich das Gegenstück der Schrift. Er war von einem gewissen Leslie Adelbert Shumway unterschrieben − Lew, wie man ihn nannte. Wilson erfuhr von einem Informanten, daß »Shumway ein perfekter kleiner Gentleman ist, gepflegt, zartgliedrig − überhaupt nicht wie ein Ganove«. Die SIU brachte in Erfahrung, daß Shumway aus Chicago verschwunden war, hatte aber sonst keinerlei Hinweise, wo man ihn finden konnte.

Im Februar des Jahres 1931 erhielt Wilson von O'Hare den Tip, daß Shumway sich schon seit längerem in der Gegend von Miami niedergelassen habe und als Kassierer einer Pferde- oder Hunderennbahn arbeite. Wilson konnte ihn im Biscayne Bay Kennel Club aufstöbern. Shumway gab vor, von nichts zu wissen. »Oh, Mr. Wilson, da müssen Sie sich aber irren«, quiekte ein zitternder Shumway, »ich kenne Al Capone doch überhaupt nicht.«[60]

Für den Mann, bei dem der harte Fred Ries weich geworden war, war es nicht besonders schwer, mit dem »perfekten kleinen Gentleman« fertig zu werden. Falls Shumway nicht reden wolle, versprach Wilson, einen Deputy Marshal zum Rennplatz zu schicken, der dort einen geräuschvollen Auftritt inszenieren werde, indem er eine Vorladung schwenkte und laut nach Shumway rief. Wieviel Zeit ihm wohl noch verbliebe, wenn Capone davon erfuhr? Die Behörden würden sich andererseits um Shumways Sicherheit kümmern, wenn er bereit sei, auszusagen. »Nun komm schon, Lew«, beruhigte Wilson das kleine Wrack. »Ich garantiere, daß Mrs. Shumway nicht zur Witwe wird.«

Shumway entschloß sich zu reden. Seine Mitteilsamkeit führte Wilson auch zu Reverend Henry Hoover und dessen Schutztruppe. Der Reverend sollte als Zeuge auftreten, daß Capone sich als Eigentümer der Glücksspielhalle bezeichnet hatte, die sich gegenüber dem Hawthorne Hotel befand.

Manche Leute glaubten, daß Charles Rathbun, der Anwalt des »Tribune«, Richter Lyle auf die Idee gebracht habe. Zeitungsmann Walter Spirko verneint das. »Lyle kam durch die Zeitungen darauf; er tat alles, um in der Presse Beachtung zu finden.« Niemand traute Richter John H. Lyle zu, selbst den Einfall gehabt zu haben, gegen alle »Staatsfeinde« Haftbefehle wegen Landstreicherei zu erlassen.[61]

Lyle war ein magerer, mürrischer Mann mit einem langen Pferdegesicht, der 1900 im Alter von achtzehn Jahren aus Tennessee nach Chicago gekommen war. Er hatte sich in einer Reihe von Berufen versucht − darunter auch als Berufsboxer −, bis er schließlich Anwalt wurde. Er arbeitete in den gesetzgebenden Gremien von Illinois und im Stadtparlament von Chicago, wo er es sich nicht nehmen ließ, bei passender Gelegenheit an einer Schlägerei auf dem Flur zwischen den Sitzungssälen teilzunehmen.[62] 1924 konnte er die Wahl zum Richter des Amtsgerichts von Chicago für sich entscheiden.

Nach Ansicht seiner Kollegen fehlte ihm jedoch der juristische Biß. Es ist richtig, daß er keineswegs korrupt war, wie so viele andere Richter, dennoch hatten sie nicht ganz unrecht. Gewohnheitsmäßig setzte er Kautionen von verfassungswidriger Höhe fest, die ebenso regelmäßig in der Berufung zurückgenommen wurden; von den geforderten 100 000 Dollar blieben dann noch 5 000 übrig. Vom Richterstuhl aus pflegte er gegen Kriminelle, und insbesondere gegen Capone zu wettern, wobei er dessen schnelle Hinrichtung auf dem elektrischen Stuhl forderte, ohne allerdings auch nur einen Anklagepunkt nennen zu können. Polizisten konnten bei ihm jederzeit und ohne Nachweis eines dringenden Tatverdachts Haft- und Durchsuchungsbefehle bekommen, und Lyle nahm auch selbst an Razzien teil. Schon viermal hatte ihn der Oberste Richter von der Straf- in die Zivilkammer versetzt, wo er nicht so ins Fettnäpfchen treten konnte, aber das Publikum liebte seine geräuschvollen Ausfälle gegen stadtbekannte Kriminelle (die letztlich genausowenig zu effektiven juristischen Schritten führten wie das gewundene Lavieren der korrupten Kollegen). Der gemeinsame Druck von Publikum und Zeitungen brachte ihn immer wieder in die Strafkammer zurück.

Die Idee, Millionäre wegen Landstreicherei zu belangen, war nicht so einfältig, wie man vielleicht annehmen möchte. Die Justiz konnte sich schließlich auf den Standpunkt stellen, daß die fraglichen Personen keine erkennbaren Mittel zur Bestreitung ihres Unterhalts hatten. Es schien den Versuch wert zu sein.

Capones Name stand natürlich auf einem der ersten Haftbefehle, die Lyle im September 1930 herausschickte. Capone spielte mit der Idee, sich selbst zu stellen, aber als er vorfühlen ließ, sagte ihm Lyle nicht die sofortige Freilassung gegen Kaution zu. Capone hatte zwei Gründe, sich nicht in Lyles Fänge zu begeben, auch nicht für kurze Zeit.

Der erste war, daß er seinen nächsten Mord plante. Als Capone noch in Philadelphia einsaß, war Joe Aiello wieder auf der Bildfläche erschienen und hatte bei der Unione Siciliana die Nachfolge von Guinta angetreten. Das verschaffte ihm eine neue Machtbasis und belebte seinen alten Traum, Capone fertigzumachen. Erneut kamen Gerüchte auf, daß Moran mit ihm unter einer Decke stecke.[63] Moran war aber so klug, Chicago zu meiden und hielt sich zuerst in Minnesota und dann in Lake County auf.

Von Aiello ging inzwischen zwar keine tödliche Gefahr oder ernsthafte Konkurrenz mehr aus, aber er war ein chronischer Störenfried − der einzige, der noch übrig war.

Die Operation verlief wieder im klassischen Stil. Aiello fühlte sich in der Wohnung seines Geschäftspartners von der Italo-American Importing Company in Sicherheit. Pasquale Prestogiacoma − dankenswerter Weise war er als Patsy Presto bekannt − wohnte an der 205 Kolmar Avenue.[64] Capones Informanten hatten das schnell herausgefunden. Ungefähr zehn Tage vor dem 23. Oktober 1930 − der Mordnacht − mieteten zwei höfliche junge Männer von angenehmem Äußeren − einer der beiden nannte sich Morris Friend − ein Apartment auf der anderen Seite der Straße im ersten Stock von Hausnummer 202. Patsy Prestos Eingangstür war vom Fenster aus zu sehen. An der Seitenfront von Prestos Haus verlief ein Fußweg. Also mietete sich ein höflicher junger Mann von angenehmem Äußeren, der sich Henry Jacobson nannte, im zweiten Stock der 4518 West End Avenue ein Apartment, das nach hinten herausging. Der Fußweg war vom Fenster aus gut zu überblicken.

Seit dem Einzug von »Mr. Friend« im Apartment auf der anderen Seite der Kolmar Avenue hatte Joe Aiello keinen Fuß mehr vor die Tür von Prestos Wohnung gesetzt. Entweder schoben die Beobachter 86 400 Sekunden am Tag Wache oder ihr Kommunikationssystem war ein technisches Wunder. Am Abend jenes Donnerstags wurde um 20.20 Uhr ein Taxi zur 405 Kolmar Avenue bestellt. Um 20.30 Uhr stand Fahrer James Ruane neben seinem Taxi vor dem Haus. Aiello und Presto öffneten die Wohnungstür und traten heraus. In Aiellos

Tasche befand sich ein Zettel mit einer Adresse in Brownsville in Texas und eine Eisenbahnfahrkarte. Auf der anderen Seite der Straße begann eine Maschinenpistole zu rattern.

Ruane suchte hinter seinem Taxi Deckung und blieb unverletzt. Presto verzog sich sofort wieder nach drinnen und blieb ebenfalls unverletzt, obwohl Fünfundvierzigergeschosse Wände und Fenster durchschlugen und in seinem Wohnzimmer eine Couch ruinierten. Aiello taumelte getroffen um die Ecke des Gebäudes und lief schnurstracks in die Geschoßgarben von der West End Avenue. Er starb mit über dreißig Einschüssen. Bewohner des Hauses in der West End hatten gesehen, wie ein paar Heckenschützen aus dem Apartment flohen, aber die Polizei konnte niemanden identifizieren. Niemand wurde verhaftet.[65]

Der zweite Grund, warum Capone es sich nicht leisten konnte, sich von Richter Lyle auch nur für die kurze Zeitspanne einsperren zu lassen, bis ein willfähriger Richter das Verfahren wieder einstellen würde, kam aus dem Feld der Politik. Es wurde langsam Winter, und Richter Lyle plante, für die Nominierung als republikanischer Bürgermeisterkandidat gegen Thompson anzutreten. Thompson hatte die Stirn gehabt, seine Kandidatur für eine vierte Wahlperiode anzukündigen. Nichts lag Capone jedoch ferner, als Lyles Sache in irgendeiner Weise zu fördern, und daher begab er sich Ende Dezember nach Florida, um außerhalb der Reichweite von Lyles Haftbefehl zu sein.[66]

Anfang November hatte Capone den ersten Versuch gemacht, das Verhandlungsgewicht seines Gewerkschaftsracketeering zu erproben. Er schickte Michael J. Galvin von der Transportarbeitergewerkschaft zu John P. McGoorty, dem damaligen Obersten Richter der Strafkammer von Chicago. In einer Haltung, die McGoorty als »unterkühlte Dreistigkeit« bezeichnete, bot Capone an, sich aus den von ihm unterwanderten Gewerkschaften zurückzuziehen, falls man ihm im Gegenzug freie Hand – sprich: Schluß mit den Razzien – bei seinen Biergeschäften ließe. McGoorty, der auf das Vorgehen der Bundesagenten ohnehin keinen Einfluß hatte, wies Capones Angebot ab.[67]

Capones Entschluß, Lyle nicht entgegenzukommen, hatte auch zur Folge, daß er am 14. Dezember 1930 bei der Hochzeit seiner Schwester Mafalda mit John Maritote, Frank Maritotes dreiundzwanzigjährigem jüngerem Bruder, nicht dabeisein konnte. Es wurde getuschelt, daß das glückliche Brautpaar kaum miteinander bekannt und in Wahrheit überhaupt nicht glücklich über die Verbindung war, die vermutlich vor allem dazu dienen sollte, die beiden Familien enger aneinanderzubinden. Es hieß, der Bräutigam sei gerade im Begriff gewesen, ein anderes Mädchen zu heiraten.[68] Die neunzehnjährige Mafalda wies jedoch alle Gerüchte von sich und nannte John ihre Sandkastenliebe.[69]

Nach der Trauung strömten Hunderte von Gästen in Ralphs Cotton Club, um die ganze Nacht zu feiern. Familie und Ehrengäste zogen sich zu einer Feier in kleinerem Kreise in die nahe gelegene Wohnung eines Freundes der Familie zurück. Es gab einen Hochzeitskuchen in Form einer Yacht, der 2100 Dollar gekostet hatte und zwei Meter siebzig lang, einen Meter zwanzig hoch und neunzig Zentimeter breit war. Am Bug trug das Tortenschiff in Zuckergußschrift den Namen »Honolulu« – das geplante Ziel der Hochzeitsreise.[70] Daß diese dann doch auf Kuba endete, wurde bekannt, als der in Italien geborene John bei der Beantragung der amerikanischen Staatsbürgerschaft Schwierigkeiten bekam: Er hatte bei der Rückkehr aus Kuba falsche Angaben zu seiner Person gemacht.[71]

Capone war gut beraten, sich von der Feier fernzuhalten, denn die Polizei überwachte die Hochzeitszeremonie und den Empfang peinlich genau, um Lyles Haftbefehl zu vollstrecken. Fünf Gäste, die bewaffnet erschienen waren, wurden abgeführt. Capone schenkte dem Brautpaar später ein Haus und ein gemeinsames Startkapital von 50 000, vielleicht auch 75 000 Dollar. Die Angaben variieren, und weder Capone noch sonst ein Familienmitglied äußerte sich öffentlich dazu.

27

Erwischt . . .

Eleanor Medill Patterson war die Kusine von Colonel McCormick und die Schwester von Joseph Patterson, dem Besitzer der »Daily News« in New York. In Washington gab sie für Hearst den »Herald« heraus, den sie später dann selbst aufkaufte und mit der Washingtoner »Times« fusionierte. Im Januar 1931 fuhr sie an Capones Haus in Palm Island vorbei. Einer spontanen Regung folgend hielt sie an.[1]

»Kommen Sie doch herein«, empfing sie der Hausherr. »Darf ich Sie herumführen?«

Cissie Patterson fand, sein Benehmen wirke »wie das eines normalen, freundlichen und zuvorkommenden Mannes, der stolz auf seinen Besitz ist . . .« Sie schrieb:

Er hat Hals und Schultern eines Ringers. Capone verkörpert den Typus des starkgliedrigen Italieners, mit gewaltigem Brustkasten und einer Größe von fast einsachtzig. Sein hellbrauner Anzug spannte an den Ärmeln straff über den Muskeln und wirkte etwas zu knapp geschnitten.
Ich sah ihm in die Augen. Sie waren eisgrau, eiskalt. Man kann den Blick von Capones Augen genausowenig ertragen wie den Blick eines Tigers.
Um nun auf den Inhalt des Interviews zu kommen . . .

Capone fühlte sich ungerecht behandelt. »Ich halte mich aus den Geschäften der großen Fische heraus. Keiner von ihnen kann behaupten, ich hätte jemals auch nur einen Dollar von ihm verlangt.« Capone hatte möglicherweise, unter anderem, die Theaterkette von Balaban und Katz vergessen, von denen sich der Outfit pro Woche und Theater 1 000 Dollar zahlen ließ, da es ansonsten immer wieder zu unerklärlichen Stinkbombenattentaten kam.[2] Capone fuhr fort, er habe sogar für eine große Zeitung einen Streik verhindert. (Danny Serritella, der Vorsitzende von Capones Zeitungsjungengewerkschaft, schrieb, daß Capone bei einem von den Zeitungsfahrern des »Tribune« angedrohten Streik schlichtend eingegriffen hätte. Colonel McCormick bestreitet dies allerdings. Tatsache ist, daß ein derartiger Streik plötzlich und ohne Angabe von Gründen abgeblasen wurde.)[3]

»Und was bekomme ich dafür, wenn ich denen einen Gefallen tue?« fragte Capone. »Seit ich denken kann, hocken sie mir auf der Pelle. Warum lassen sie mich nicht in Ruhe?«

Vielleicht sollte er außer Landes gehen, schlug Mrs. Patterson vor. Was er denn davon halte, in Italien zu leben?

»Warum sollte ich? Meine Familie, meine Frau, mein Kind, meine Geschäfte − alles ist in Chicago. Ich bin kein Itaker. Ich bin vor einunddreißig Jahren in New York geboren worden.«

Während der Unterhaltung erregten Capones Hände zunehmend Mrs. Pattersons Aufmerksamkeit. Sie schienen ihr

gewaltig und stark genug, um mit praktisch allem fertig zu werden, obwohl sie wegen zu seltenen praktischen Gebrauchs von einer unnatürlichen Weichheit waren, und zudem sorgfältig manikürt.

Dann kam Mrs. Patterson wieder auf die Augen zurück. Auch wenn aus ihnen nicht der berüchtigte »Look« kam, durchbohrten sie ihr Objekt.

Capones Augen sind die Augen eines Gangsters aus einem Groschenroman. Eisgrau. Eiskalt. Ich konnte die Bedrohung fühlen, die von ihnen ausging. Es war das Räkeln des schlafenden Tigers. Für einen Moment überwältigte mich die Beklemmung. Ich wäre am liebsten aufgesprungen und davongerannt.

Glücklicherweise rief Capone nach einem Bediensteten.

Unverzüglich trat ein Mann mit weißer Schürze ein.
»Lieber Gott«, entfuhr es mir, »ich wünsche, so einen Service gäbe es bei mir zu Hause.«

Ihr Zuhause war ein feudales Stadthaus am Dupont Circle in Washington, das sie Präsident Coolidge einmal zur Verfügung gestellt hatte, als im Weißen Haus Renovierungsarbeiten durchgeführt werden mußten.[4]

»Sagen Sie mir, Mr. Capone«, fragte ich rundheraus und von der soeben servierten Limonade etwas erfrischt, »was halten Sie von der Prohibition? Glauben Sie, daß dieses Gesetz jemals wieder abgeschafft werden wird?«
»Das glaube ich sehr wohl, und ich bin sehr dafür. Die Prohibition hat nichts als Ärger gebracht − uns allen. Etwas Schlimmeres konnte unserem Land nicht passieren.«

Capone geleitete seine Besucherin zum Tor seines Anwesens, um selbst aufzuschließen, wobei er »sieben oder acht adrett gekleideten und athletisch gebauten jungen Männern« mit einem Wink bedeutete, beiseite zu treten. Cissie Patterson hob deren diskrete, unaufdringliche und dennoch ungebrochen wachsame Gegenwart hervor.

»Nun denn, auf Wiedersehen, Mr. Capone.« Wir reichten uns die Hand. »Ich wünsche Ihnen alles Gute«, sagte ich, während der Motor ansprang, und ich meinte es durchaus nicht oberflächlich.

Es wurde oft und zu Recht bemerkt, daß Frauen Gangstern eine spezielle Sympathie entgegenbringen. Wer das nicht versteht, möge Dr. Freud zu Rate ziehen.

Der Verhandlungstermin für Capones schon so lange schwebenden Prozeß wegen Mißachtung des Bundesgerichts war auf den 25. Februar 1931 in Chicago festgesetzt worden.[5] Capone brach schon vier Tage früher dorthin auf, um bei den Vorwahlen vom 24. Februar 1931 Big Bill Thompson Schützenhilfe gegen Richter Lyle zu geben. Er hütete sich jedoch, sich einer Festnahme wegen Landstreicherei auszusetzen.

Während des Wahlkampfes hatte Thompson Lyle den »verrückten Richter« genannt. Lyle hatte mit »blubberndem Nilpferd« gekontert.[6] Mit Capones Hilfe gewann das blubbernde Nilpferd mit 296 242 Stimmen gegen die 228 401 Stimmen für den verrückten Richter.[7] Capone sagte: »Es war Lyles Idee, aus mir ein Wahlkampfthema zu machen. Der Wähler hat gesprochen.«[8] Jetzt war es gleichgültig geworden, ob die Polizei kam, um Lyles Haftbefehl zu vollstrecken.

Capones Gerichtsauftritt wurde von dem üblichen Massenandrang begleitet.[9] Der Star des Tages trug einen prächtigen blauen Anzug mit einem weißen Seidentüchlein, perlgraue Gamaschen und eine diamantbesetzte Platinuhrkette. Eine Zeitung mokierte sich, die Polizei, das Gerichtspersonal und besonders »die Menge seiner ergebenen Gefolgschaft« behandle Capone »mit einem Gepränge und einer Aufmerksamkeit, als habe der größte Sohn der Stadt eine Bewährungsprobe bestanden«.[10]

Capone sah sich um. Er wirkte sichtlich beeindruckt von der Marmorpracht des Gerichtssaales mit seiner mattgoldenen Decke, dem Goldschmuck rundum und den Worten der Präambel der Verfassung, die in verblassenden Lettern über dem Eingang standen. Die Verhandlung sollte unter der Führung von Richter Wilkerson und ohne Jury stattfinden.

Der Richter war noch nicht erschienen, und Capone plauderte mit der Presse: Nein, er würde nach dem Prozeß nicht nach Florida zurückfahren, dort herrsche zur Zeit miserables Wetter. Nein, er habe nicht vor, eine Autobiographie zu schreiben. »Das letzte entsprechende Angebot, das ich hatte, lag bei zwei Millionen Dollar«, sagte er. Es hatte ihn nicht locken können. »Ich werde nicht ins Literaturgeschäft einsteigen. Ich möchte den Jungs, die über mich schreiben, doch nicht ins Handwerk pfuschen.« Er habe eines der Bücher gelesen, aber nicht viel davon gehalten; er habe sich selbst nicht wiedererkannt. »Ich könnte vermutlich ein besseres Buch schreiben, aber das ist nun mal nicht mein Gebiet.«[11] Filme drehen wollte er auch nicht. Er ließ sein Lächeln aufblitzen. »Ich bin leider nicht Mary Pickford.«

Leider war er, wie sich gleich zu Beginn der Verhandlung zeigte, auch nicht verhandlungsunfähig gewesen, als er am 12. März 1929 vor der Grand Jury hätte erscheinen sollen. Die Polizei von Hialeah in Florida sagte aus, beim Rennen am 17. Februar sei er fast während der ganzen Veranstaltung auf dem Rennplatz gesehen worden. Berichte und Zeugenaussagen belegten seine Anfang Februar unternommenen Reisen auf die Bahamas, und die Stenographin Ruth Gaskin berichtete von Capones blühendem Gesundheitszustand bei dem Verhör in Miami am Tage des Massakers von Chicago.

In der Mittagspause konnte die Polizei endlich Richter Lyles Haftbefehl wegen Landstreicherei präsentieren. Bei der Suche nach Capone war das Dokument durch so viele Hände gegangen, daß es inzwischen zerknittert und unansehnlich geworden war. Capone wurde von zwei Polizisten die Treppe hinunter ins Detective Bureau abgeführt. Der Chief hielt Capone mit Kaffee und belegten Brötchen bei Laune, während dieser seinerseits für Stimmung sorgte, indem er launige Geschichten von sich gab, wie er seinen Lebensunterhalt als Grundstücksmakler verdiene. Richter Frank M. Padden setzte eine Kaution in Höhe von 10 000 Dollar fest und vertagte den Fall um eine Woche. Capones Anwalt hatte schon vorgesorgt und eine Immobilie seines Mandanten im Wert von 80 000 Dollar als Sicherheit angegeben – was Landstreichern in der Regel schwer fallen dürfte.

Die Polizei gab sich alle Mühe, Capone rechtzeitig um 13.30 Uhr wieder zurückzubringen, als das Bundesgericht die Verhandlung fortsetzte. Den ganzen Nachmittag über bekam Capone weiter zu hören, wie gut er in jenen Wochen des Februar und März in Form gewesen war. Nach der Sitzung eskortierte die Polizei ihn ins Lexington zurück. »Wir wollen nicht, daß Capone bei uns in Chicago umgebracht wird«, sagte Polizeichef Alcock. Als Capones Taxi an einer roten Ampel hielt, versuchte ein Mann mit dunklem Teint, sich an den Wagen heranzumachen. Sofort sprang ein Beamter aus dem Streifenwagen hinter dem Taxi und überwältigte den mutmaßlichen Attentäter. »Ich bin doch nur ein Kautionsvermittler auf Kundenfang«, winselte der angstschlotternde Bursche.[12]

»Sie können doch kein Landstreicher sein«, rief jemand aus dem Publikum, als Capone am nächsten Tag in einem rauchgrauen Anzug erschien, den er gegen den gestrigen in sattem Mitternachsblau ausgetauscht hatte. »Sie haben ja zwei Anzüge!«

»Ich konnte mir diesen hier gerade noch rechtzeitig besorgen!« rief Capone zurück.

Die Verteidigung präsentierte ihre Zeugen. Im Kreuzverhör durch den Chefankläger Jacob I. Grossman wurde aus dem jungen, unbedarft wirkenden Dr. Phillips schnell eine Portion Wackelpudding.[13] Phillips mußte gestehen, daß der Inhalt seiner eidesstattlichen Erklärung, die er dem Gericht zur Entschuldigung von Capones Nichterscheinen gesandt hatte, nicht ganz den Tatsachen entsprach. Er hatte nicht wirklich, wie beeidet, vier Jahre lang in Chicago praktiziert; es war nur ein Jahr gewesen und, er hatte auch nur als Assistensarzt gearbeitet. Capone hatte nicht, wie von Dr. Phillips behauptet, sechs Wochen lang das Bett hüten müssen, es waren eher zwei bis drei Wochen gewesen. Seine Aussagen, so beeilte sich Phillips jetzt zu erläutern, waren als »Annäherungen« zu verstehen.

Als Capone am 13. Januar 1929 zum ersten Mal von Phillips untersucht worden war, hatte dieser ein Telegramm an den Hausarzt David Omens geschickt, in dem er hervorhob, daß die Erkrankung nicht allzu schwerwiegend sei. Wie paßte das mit der eidesstattlichen Erklärung zusammen? »Ich wollte verhindern, daß sich Dr. Omens mit der Familie telefonisch in Verbindung setzte«, antwortete Phillips. »Die Angehörigen waren ohnehin schon beunruhigt.«

Die eidesstattliche Erklärung war nicht von Phillips selbst, sondern − auf Anweisung Capones − von dem Anwalt John Stokes aus Miami aufgesetzt worden. Phillips war zwar im Büro des Anwalts anwesend, als dieser seiner Sekretärin die Erklärung diktierte, aber er habe weder genau hingehört, noch das Schreiben richtig gelesen, bevor er es unterschrieb. »Ich habe es nur schnell überflogen«, gab er zu. »Ich bedauere, daß ich es nicht sorgfältiger durchgelesen habe.«

Ann Fagan, die Tagesschwester, die Capone versorgt hatte, und Nora Hawkins, die Nachtschwester, hielten sich bei der Zeugenvernehmung schon wesentlich besser. Sie verströmten Professionalismus aus jeder Pore; ein Kreuzverhör konnte sie nicht einschüchtern. In den beiden Wochen Mitte Januar sei Mr. Capone ein schwerkranker Mann gewesen. Dr. Phillips habe lediglich eine Nebenrolle gespielt bei der Behandlung, die laut Ann Fagan mit »Hausmitteln« durchgeführt wurde. Der Patient sei mit Senfumschlägen zugepflastert worden, bis auf seiner Haut kein Platz mehr gewesen sei, um auch nur ein Schildchen mit der Aufschrift »Ankleben verboten« unterzubringen. Und Nachtschwester Hawkins war Zeugin von Capones unruhigen, mit Brustschmerzen und vierzig Grad Fieber verbrachten Nächten. »Er hustete, daß einem fast der Kopf davonflog.« Solange Capone Patient der beiden Schwestern gewesen war, sei er gewiß nicht in einem Zustand gewesen, der es ihm erlaubt hätte, den Rennplatz unsicher zu machen.

Dieser Punkt war mit der Aussage der Pflegerinnen erledigt, aber gegen den Rest der Anklage hatte die Verteidigung wenig zu bieten. Capone hatte gegenüber der Presse behauptet, daß er »möglicherweise als letzter Zeuge auftreten werde«. Das war reine Großtuerei gewesen. Er durfte es nicht wagen, sich einem Kreuzverhör zu stellen. Der Vortrag der Verteidigung war beendet.

Während der von Staatsanwalt Grossman abgegebenen Zusammenfassung aller Anklagepunkte schob Richter Wilkerson eine Erklärung ein. Er führte aus, daß das genaue Datum, an dem Capone mit seinen Besuchen auf dem Rennplatz von Hialeah begann, unerheblich sei. Er sei jedenfalls am 2. Februar wohlauf genug gewesen, um nach Bimini zu fliegen. Folglich sei er am 5. März − dem Tag, an dem Dr. Phillips die eidesstattliche Erklärung unterzeichnet hatte − ohne Zweifel wieder soweit hergestellt gewesen, daß es ihm möglich gewesen sein mußte, eine Woche später der Vorladung nach Chicago zu folgen.

Capones Anwälte taten, was sie konnten. Ben Epstein machte geltend, daß die Grand Jury, als Capone schließlich vor ihren Schranken erschien, es durchaus nicht besonders eilig hatte. Die Staatsanwälte hätten Capone zunächst fast überhaupt nicht vernommen und sich ihren Zeugen über eine Woche lang zur Verfügung gehalten.

Das sei nicht der springende Punkt, entgegnete der Richter. Es gehe auch nicht darum, daß Capone sein Kommen lediglich um acht Tage verzögert habe. Wenn eine Vorladung ergeht, betonte Richter Wilkerson, »ist sie zu respektieren, zu befolgen, ernst zu nehmen und nicht geringzuschätzen.«

Wilkerson erkannte auf schuldig. »Ja, das habe ich kommen sehen«, murmelte Capone. Der Richter verurteilte Capone zu einer sofortigen Haftstrafe von sechs Monaten, abzubüßen im Gefängnis des County, in das auch von Bundesbehörden verurteilte Delinquenten kamen, die Strafen unter einem Jahr erhalten hatten. Das wiederum hatte Capone nicht kommen sehen. Beim Verlassen des Gerichts sagte Capone, während er zur Wahrung seiner Fassung wie wild auf einem Kaugummi herumkaute: »Wenn der Richter meint, das sei korrekt, dann muß er es wohl wissen. Gegen einen Richter kommt man nicht an.«[14] Er blieb jedoch gegen die schon früher gestellte Kaution von 5 000 Dollar weiterhin auf freiem Fuß. Er legte Berufung ein, aber Urteile wegen Mißachtung des Gerichts wurden von den Berufungsinstanzen nur selten umgestoßen. Auch wenn es sich nur um ein Bagatellvergehen handelte: Man hatte Capone erwischt.

Jetzt war Chicago mit Lyles Anklage wegen Landstreicherei an der Reihe. Auch wenn Capone schränkeweise Anzüge besaß, er war »über Jahre keiner legitimen Beschäftigung nachgegangen«[15] und erfüllte somit theoretisch den Tatbestand der Landstreicherei. In der Praxis brauchte die Anklagevertretung am 4. März einen Terminaufschub bis zum 20. März und dann einen weiteren Aufschub bis zum 3. April.[16]

An jenem Tag trat der mutmaßliche Landstreicher wieder in einem grauen Ensemble auf, diesmal ein Einreiher aus Oxfordtuch, dunkelblauer Schlips mit grauen Streifen und einem grauen Überzieher. Der weiche, weiße Filzhut durfte natürlich nicht fehlen.[17] Die Behörden boten ein klägliches Bild. Es schien, daß der wegen Landstreicherei beschwerdeführende Polizist das Dokument aus reiner Gefälligkeit für einen Officer, der sein Bruder war, unterschrieben hatte. Es gab keinerlei Ordnungswidrigkeiten, die er Capone hätte vorwerfen können, ja, er kannte ihn nicht einmal. »Es ist uns nicht gelungen«, mußte Staatsanwalt Harry Ditchburne zugeben, »irgend jemanden aufzutreiben, der etwas gegen Mr. Capone vorzubringen hat.«

Richter Padden blickte streng vom Richterstuhl herunter. »Nicht einen einzigen Cop?«

»Die Staatsanwaltschaft beantragt, die Klage abzuweisen«, antwortete Staatsanwalt Ditchburne.[18]

Am 7. April 1931 verlor Big Bill Thompson gegen den Demokraten Anton Cermak mit 475 613 zu 667 529 Stimmen.[19] Cermak errang den souveränsten Wahlsieg, der je bei einer Bürgermeisterwahl in Chicago verzeichnet wurde. Und mit diesem neuen Bürgermeister kam in die Korruptionsaffären der Stadt eine kreative Note, die ein jahrzehntelang funktionierendes Räderwerk entstehen ließ.

Obwohl kein Außenstehender davon wußte, hatte Generalstaatsanwalt George Johnson inzwischen gegen Capone die erste Anklage wegen Steuerhinterziehung erhoben.[20] Der SIU-Agent Frank Wilson hatte den Buchhalter Leslie Shumway am 21. Februar 1931 zum Reden gebracht, und die Staatsanwaltschaft hatte ihn in aller Eile vor den Geschworenen einer Grand Jury in den Zeugenstand gestellt. Auf Shumways Aussage am 13. März hin hatten diese entschieden, daß Capone wegen im Jahr 1924 begangener Steuerhinterziehung anzuklagen sei. Eile war geboten, denn am 15. März lief die sechsjährige Verjährungsfrist ab. (Bis 1954 war der März der Abgabetermin für Steuererklärungen.) Die Bundesbehörde setzte darauf, die Anklage geheimzuhalten, bis auch in weiteren Punkten Anklage erhoben werden konnte. Capones Informanten bekamen aber Wind von der Sache, kaum daß die Grand Jury grünes Licht gegeben hatte, und seine Anwälte begannen unverzüglich, eine gütliche Einigung zu suchen.

Capones Leben und seine Geschäfte nahmen unterdessen den gewohnten Gang. Aus unerfindlichen Gründen hatten die Zeitungen dem alten Zuhälter Mike Heitler den Spitznamen »Mike de Pike« gegeben. Capone hatte ihn systematisch aus dem Geschäft gedrängt, und am Ende war aus Heitler, wie Pat Roche es formulierte, ein »heruntergekommener und drogengezeichneter Exsträfling« geworden.[21] Am Abend des 29. April 1931 spielte Heitler in einem Zigarrenladen westlich vom Loop Karten. Mit am Kartentisch saßen zwei von Capones Leuten, Lawrence Mangano und Frankie Pope, sowie zwei kleinere Gangster, die lediglich als »Fritz« und »Hank« identifiziert wurden.[22] Gegen neun Uhr fuhr Mike de Pike die ganze Gesellschaft zu einem Speiselokal im nahegelegenen Bahnhof der Chicago and Northwestern Railway. Der Wagen gehörte Emily Mulcher, die trotz Heitlers noch bestehender Ehe seit dreiundzwanzig Jahren mit im Hause lebte. Emily Mulcher erhielt ein paar Stunden später einen Anruf von Heitler. Er wollte, daß sie eine Telefonnummer aus seinem Adreßbuch heraussuchte. Aber als sich Emily mit der gewünschten Nummer wieder am Telefon meldete und »Hallo« rief, schnauzte eine fremde Stimme: »Was zum Teufel wollen Sie denn?« Dann hing der Fremde ein.[23]

In den Morgenstunden des Donnerstag sah Hattie Ganusch in Barrington, einer Stadt knapp fünfzig Kilometer nordwestlich von Cicero, wie aus dem Anwesen Otis Spencers die Flammen schlugen, und rief die Polizei. In den Ruinen eines Kühlhauses wurde eine Leiche gefunden. Bis auf die Zahnfüllungen und einen seltsamerweise intakt gebliebenen Fetzen der Unterwäsche war sie in dem Flammeninferno bis zur Unkenntlichkeit verkohlt.[24]

Emily Mulchers Wagen wurde etwa fünfundzwanzig Kilometer näher zur Stadt in Itasca gefunden — das Fahrzeug war ebenfalls verbrannt. Auf dem Rücksitz lag ein Revolver, dessen sechs Patronen in der Hitze losgegangen waren.[25] Weitere dreizehn Kilometer näher zur Stadt fand die Polizei bei River Grove in den Wassern des Des Plaines River die zugehörigen Nummernschilder.[26]

Die Polizei hielt Mangano drei Tage fest, aber dann war klar, daß es zu einer Anklage nicht reichte. Der Anwalt Mike Ahern übermittelte Pat Roche Capones Angebot, Roche unter der Bedingung aufzusuchen, daß man seinen Auftraggeber wieder unbehelligt nach Hause gehen lasse, wenn ihm keine Verwicklung in den Fall nachgewiesen werden könne. Roches Erwiderung fiel so ruppig aus, als wolle er sich für das Amt des Bürgermeisters oder des Polizeichefs bewerben. »Wenn wir etwas von Capone wollen«, verkündete er, »dann schnappen wir ihn uns. Wenn er verhaftet wird, dann kommt er hinter Gittern, wie jeder andere Gauner. Wenn Bedingungen gestellt werden, dann sind wir es, die sie stellen, und nicht Capone!«[27]

Während die Ermittlungen im Sande verliefen, gingen Gerüchte um: Der verbitterte Heitler habe Staatsanwalt Swanson einen Brief mit einer Beschreibung von Capones Operationen zukommen lassen. Capone habe eine Kopie des Schreibens in die Hände bekommen und Heitler wissen lassen, daß er erledigt sei.

In einem derartigen Brief, der in der Tat Monate später auftauchte, stand zu lesen, Capone habe zu Jack Zuta gesagt, daß Lingle ein Verräter sei, der »bekommt, was ihm zusteht«. Ferner wurden Mangano und Frankie Rio beschuldigt, Zuta ermordet zu haben − Danny Stanton blieb unerwähnt. Angeblich hatte Heitler, der Analphabet war, diesen Brief Emily Mulcher diktiert, die kaum besser schreiben konnte. Emily Mulcher sagte, ein solcher Brief sei ihr von Heitler etwa acht Monate vor seinem Tod zwar diktiert, aber danach wieder vernichtet worden. Das Schreiben, das jetzt aufgetaucht war, endete mit dem warnenden Hinweis, im Falle von Heitlers Tod seien acht Männer dafür verantwortlich: an erster Stelle Billy Skidmore, der Heitler seit Jahren gehaßt hatte, aber unter anderem auch Capone, Jack Guzik und Lawrence Mangano.[28]

»In meinem Büro ist so ein Brief nie angekommen«, erklärte Swanson. Er habe allerdings gehört, daß Pat Roche der Empfänger gewesen sein soll.[29] Roche verneinte das. Zudem maß er der Sache ohnehin keine Bedeutung bei. »Niemand hätte je im Leben Heitler etwas geglaubt oder ihm vertraut.«[30]

Von Capone war zu hören: »Ich habe von dem ganzen verdammten Mist nicht die geringste Ahnung.« Seit Jahren war ihm Heitler suspekt, und er hatte den Umgang mit ihm gemieden. »Sehen Sie«, erklärte er, »der Mann hatte den Ruf, ein professioneller Polizeispitzel zu sein.«[31]

Obwohl Capone mit derlei täglichem Kleinkram beschäftigt war, wußte er, was auf ihn zukam. Am 5. Juni 1931 stellte die Grand Jury des Bundesgerichtes Capone in zweiundzwanzig Punkten unter Anklage. Vier Anklagepunkte bezogen sich auf die Jahre 1925 bis 1929 und entfielen auf den Versuch, sich den Einkommenssteuergesetzen »zu entziehen und die Besteuerung zu vereiteln«. Hierbei handelte es sich um schwere Vergehen. Die Jury forderte auch die Verfolgung von zwei leichten Vergehen, nämlich die Nichtabgabe der Steuererklärungen für die Jahre 1928 und 1929 (hier setzte die Verjährung bereits nach drei Jahren ein).[32]

Unter Einbeziehung der früheren Anklage und gestützt auf die Aufzeichnungen, die über die Jahre hinweg bei Razzien sichergestellt worden waren, machte der Fiskus geltend, daß Capone in den Jahren 1924 bis 1929 ein Einkommen von 1 038 660 Dollar und 84 Cent bezogen hatte. Das bedeutete, daß er den Staat um Steuern in Höhe von 215 080 Dollar und 48 Cent geprellt hatte:[33]

	Einkommen	Steuerschuld
1924	123 102,89	32 489,24
1925	257 286,98	55 365,25
1926	195 677,00	39 962,75
1927	218 057,04	45 557,76
1928	140 536,93	25 887,72
1929	104 000,00	15 817,76

Die »New York Times« witzelte, daß diese Zahlen »für den Inbegriff des verbrecherischen Geschäftsmannes von erstaunlicher Kümmerlichkeit« seien.[34] Die Strafverfolgungsbehörden behaupteten jedoch keineswegs, daß hiermit Capones gesamtes Einkommen erfaßt sei. Es handelte sich nur um den Anteil, für den vor einer Jury der Beweis angetreten werden konnte. Außerdem waren lediglich Glücksspielgewinne erfaßt worden. Vom Bier- und Alkoholschmuggel, von den Bordellen und dem Racketeering war kein Penny mitgerechnet.

Eine Woche später führte die Grand Jury eine dritte Anklage hinzu.[35] Capone und achtundsechzig Mittäter wurden der Verschwörung zur Verletzung der Prohibitionsgesetze beschuldigt. Diese Anklage umfaßte die Jahre 1922 bis 1931. Zu einem gewissen Teil war sie das Verdienst von Eliot Ness und seinen Männern, deren Nachforschungen und Abhöraktionen neben vielen schwerwiegenden Fakten auch die Tatsache ans Licht gefördert hatte, daß Murray Humphreys einen Hund besaß, den er »Snorky« nannte.

Capone stellte 50 000 Dollar Kaution und wurde vorläufig auf freien Fuß gesetzt. Die Justizbehörde gab bekannt, daß man Johnny Torrio als Zeugen vernehmen wolle und auch Louis La Cava, der einmal mit Capone ein gemeinsames Bankschließfach gehabt hatte. Er hatte sich später mit Capone zerstritten und war nach New York geflohen. Capones Situation war keineswegs rosig, denn bisher hatte der Staat im Fall von größerer Steuerhinterziehung noch nie einen Prozeß verloren.

Andererseits waren die staatlichen Ankläger gezwungen, einen Indizienprozeß zu führen. Abgesehen von den Angaben in Mattinglys Brief – der möglicherweise nicht als Beweismittel zugelassen wurde – hatten sie keinerlei Ausgangspunkt, um Capones Einkommen festzulegen. Zudem befand man sich in Chicago. Habgier und Angst waren auch den Geschworenen von Bundesgerichten nicht fremd, und Capone und seine Leute waren echte Künstler, wenn es darum ging, auf diesem Klavier zu spielen. Verschärfend kam hinzu, daß George Johnson unter enormem Druck stand, wollte er Capone erfolgreich aus dem Verkehr ziehen, bevor die Weltausstellung 1933 ihre Pforten öffnete,[36] oder womöglich gar, bevor Hoover im November 1932 wieder für die Präsidentschaftswahl antrat.[37] Ein so schnelles Prozeßende war bei einem regulären Verfahren kaum zu erwarten.

Es gab daher auf beiden Seiten die Bereitschaft, einen Vergleich zu suchen. Unmittelbar nachdem Capone von der ersten Anklage erfahren hatte, fühlten seine Anwälte bei der Staatsanwaltschaft vor, ob ein Schuldbekenntnis ihres Mandanten entsprechend honoriert werden würde, und erkundigten sich vorsichtig, inwieweit das Gericht mitzuspielen bereit sei.[38] Johnson versicherte ihnen, daß in allen Fällen, wo er nach dem Schuldbekenntnis eines Angeklagten eine Strafmaßempfehlung gegeben habe, »die Gerichte . . . meiner Empfehlung gefolgt sind«.[39]

Es war natürlich nicht möglich, die Absprache publik werden zu lassen. Jede der beiden Seiten mußte ihr Gesicht wahren. Vor der Öffentlichkeit mußten beide Parteien die Sache bis zum beabsichtigten Ende ihren Lauf nehmen lassen. Noch am Tag, bevor Capone sich vor dem Gericht schuldig bekennen wollte, betonte einer seiner Anwälte, daß man die Sache auf hartem Kurs durchfechten werde.[40] Staatsanwalt Johnson erklärte: »Wir glauben nicht, daß er beabsichtigt, sich schuldig zu bekennen, um mit einem leichteren Urteil davonzukommen. Wir würden auch unsererseits keinen Kompromiß mit Capone wollen.«[41] Selbst im Gerichtssaal sagte der Anwalt Mike Ahern, während er an jenem 16. Juni 1931 auf den Richter wartete, noch: ». . . Und was diese Berichte angeht, daß wir mit der Staatsanwaltschaft wegen eines milderen Urteils verhandelt hätten, dazu kann ich nur sagen, das ist nicht wahr. Wir haben keinerlei Kompromisse gesucht.«[42] Capone hieb in die gleiche Kerbe. Während er auf die Aufforderung wartete, sich schuldig zu bekennen, und im Vertrauen darauf, daß alles bereits erledigt sei, sagte er: »Ich vertraue uneingeschränkt auf die Gnade des Gerichts. Ich weiß, daß ich von Richter Wilkerson eine faire Verhandlung erwarten darf.«[43]

Die ganze Sache dauerte drei Minuten. Angetan mit einem Kamelhaaranzug, dessen Farbe nach dem Bericht von Beobachtern irgendwo zwischen »grellem Schwefelgelb« und »schreiendem Bananengelb« lag, stand Capone zwischen seinen beiden Anwälten und murmelte dreimal sein »Schuldig«, nachdem der Gerichtsdiener die Aktenzeichen der Strafsachen in den Saal gerufen hatte.[44] Wilkerson beraumte die Urteilsverkündung für den 30. Juni an. Capone schien sich keine Sorgen zu machen.

Präsident Hoover äußerte sich zufrieden, aber er stand damit ziemlich alleine. Wenn Capone in allen Anklagepunkten die Höchststrafe bekam und sie nacheinander abzusitzen hatte, dann erwarteten ihn zweiunddreißig Haftjahre wegen Steuervergehen und zwei weitere wegen Verschwörung, und dazu insgesamt 90 000 Dollar an Bußgeldern. Aber wenn sich der Angeklagte schuldig bekannte, war bei Steuerhinterziehung bisher noch kein einziges Urteil über mehr als achtzehn Monate ergangen. Von Anfang an lagen die Schätzungen für die Strafe, die Capone zu erwarten hatte, zwischen zwei und vier Jahren.[45] United Press wollte erfahren haben, daß es genau zweieinhalb Jahre sein würden.[46] Schon bald kam von Capone die Bestätigung, daß man sich auf diesen Urteilsspruch geeinigt habe, und jedermann nahm dies als vollendete Tatsache.[47]

Die Kürze der erwarteten Haftstrafe war vielen ein Dorn im Auge, und das Wissen, wofür sie verbüßt werden sollte, erregte vielerorts Zorn. »Die Festnahme«, kommentierte eine Illustrierte, »erfolgte wegen Verstoßes gegen die Einkommenssteuergesetze – ja, wenn das kein Witz ist . . .«[48] Die »News« in St. Paul nannte den Vorgang »eine vernichtende Kritik an unserer Justiz«.[49] Das »Courier-Journal« in Louisville gab zu bedenken, daß es »nicht gerade für den

Stolz Amerikas spricht, wenn Gangster, die sich jedes erdenklichen Verbrechens schuldig gemacht haben, . . . schließlich nur schuldig befunden werden, die Steuern für ihre auf übelste Weise erwirtschafteten Profite nicht bezahlt zu haben.« Die »News« meinte nachdenklich, »drei Jahre Gefängnis sind immer noch besser als überhaupt kein Gefängnis.« Die »New Republic« war anderer Meinung. Ein derartiges Urteil könne »nur als Sieg Capones bezeichnet werden«.[50] Sein einziger Fehler sei gewesen, die Bundesbehörden nicht ebenso wirksam wie die lokalen Behörden geschmiert zu haben. »Im übrigen sollten wir nicht mehr von Capones Niederlage sprechen. Es ist eine Niederlage Chicagos.«

Der Fall wurde auch als eine Niederlage von Richter Wilkerson gesehen, und Wilkerson konnte Niederlagen nicht so leicht wegstecken. Staatsanwalt Johnson äußerte später die Vermutung, Richter Wilkerson habe Capones Prahlerei, er werde mit mageren zweieinhalb Jahren davonkommen, nicht hinnehmen wollen.[51] Mit größerer Wahrscheinlichkeit hatte ihn jedoch die allgemeine Überzeugung provoziert, daß ihn Capone und der Staatsanwalt gemeinsam in den Sack gesteckt hätten. Wilkerson hatte seinen Stolz. Der untersetzte, schwerfällige und unerschütterliche Mann mit dem eisengrauen Haarschopf über dem zerfurchten Gesicht war seit 1922 Bundesrichter und galt als einer der qualifiziertesten Männer, die bis dahin dieses Amt erhalten hatten. Zuvor war er Vorsitzender der Handelskammer von Illinois gewesen, hatte als Bundesstaatsanwalt große Tüchtigkeit bewiesen und war mit bemerkenswertem Erfolg als Anwalt bei Zivil- und Strafsachen hervorgetreten.[52] Ein James H. Wilkerson ließ sich keine Vorschriften machen.

Am 29. Juni, einen Tag, bevor das Urteil verkündet werden sollte, erschien Mike Ahern allein und ohne Capone bei Wilkerson und bat um Vertagung der Urteilsverkündung. Capone werde durch einen Zivilprozeß in Florida festgehalten. Wilkerson gewährte Aufschub bis zum 30. Juli, stellte aber die Bedingung, daß Capone sofort nach der Urteilsverkündung die Haft anzutreten habe. Ahern ließ anklingen, daß die Anklage wegen Verschwörung schließlich nicht besonders schwerwiegend sei, und bei Steuervergehen habe es bisher auch nur relativ milde Urteile gegeben, wenn der Angeklagte sich schuldig bekannt hatte. »Es gibt Verschwörungen und Verschwörungen und Steuervergehen und Steuervergehen, aber ich werde Sie am 30. Juli detailliert zur Sache hören«, war Wilkersons vieldeutige Antwort.[53]

Der Rechtsstreit, der Capone in Florida festhielt, war eine Farce. Vincent Giblin, Capones Anwalt in Miami, erwirkte am Tag nach der Eröffnung der Anklage gegen Capone in Chicago einen Pfändungsbefehl über 50 000 Dollar für das Anwesen auf Palm Island und dessen Einrichtung. Er behauptete, daß Capone ihm Anwaltsgebühren in Höhe dieses Betrages schuldig geblieben sei.

Am selben Abend noch ließ Giblin den Sheriff in Palm Island mit einem Lastwagen vorfahren und von der Sonnenterrasse die Korbmöbel fortschaffen. Die »Daily News« in Miami bemerkte, manche seien »unfreundlicherweise der Ansicht, daß es ein ›freundschaftlicher‹ Rechtsstreit sei, der verhindern solle, daß womöglich der Fiskus seine Hand nach dem Anwesen ausstreckt«, um unbezahlte Steuern einzutreiben.[54]

Plötzlich kursierte ein Gerücht, das nicht so recht zu diesen Spekulationen passen wollte. Giblin, »ein Ex-Footballspieler mit gewaltigen Kräften«, sei in Palm Island eingedrungen, habe »Capone am Kragen gepackt und gedroht, ihm alle Zähne auszuschlagen«.[55]

Als Anwalt dürfte Giblin gewußt haben, daß Capone sich in seinen eigenen vier Wänden nichts gefallen zu lassen brauchte und von Gesetz wegen dazu berechtigt war, jedes erforderliche Mittel zur Abwehr eines Angriffs einzusetzen. Und abgesehen von den selbst beim Besuch von Cissie Patterson allgegenwärtigen Leibwächtern – Capone, der ehemalige Rausschmeißer, wäre mit dem ehemaligen Footballspieler auch alleine fertig geworden.

Jack Sewell, der stämmige junge Konfektionsgeschäftserbe aus Miami, war Sparringspartner des Boxers Gene Tunney gewesen. Als Capone das erfuhr, forderte er Sewell zu einem Freundschaftskampf heraus. Sewell glaubte, er würde mit dem etwas pummeligen Zigarrenraucher leichtes Spiel haben. »Vom ersten Moment an mußte ich aber feststellen, daß er kein einfacher Gegner war«, erinnerte er sich. »Er konnte unheimlich viel einstecken, war stark und schnell und hatte eine ausgezeichnete Deckung.« Vier von Capones unbeeindruckt zusehenden Leibwächtern bildeten das Publikum des freundschaftlichen Schlagabtauschs.[56]

Die Angelegenheit fand ein Ende, als Capone mit Giblin einen »Vergleich« über 10 000 Dollar schloß. Aus dieser Summe hatte Giblin eine Bürgschaft über 1 000 Dollar abzudecken. Außerdem sagte er zu, sämtliche Mitglieder des Haushalts ohne weitere Honorarforderungen in allen anhängenden Rechtsstreitigkeiten zu vertreten.[57]

Soviel zu der 50 000-Dollar-Forderung.

Kurz bevor Wilkerson die Terminverschiebung gewährte, besuchte Capone das American Derby in Washington Park. Mit seinem Gast, der Witwe des Schwergewichtweltmeisters Bob Fitzsimmons, belegte Capone eine eigene Loge, seine Leibwächter saßen in der Loge nebenan. Staatsanwalt George Johnson war ebenfalls anwesend. Er konnte hören, wie die Band das Lied »This Is a Lonesome Town When You're Not Around« (Die Stadt ist einsam, wenn du fehlst) anstimmte – zu Ehren von Capone.[58]

Die Presse wertete dies als einen Sieg Capones, und seine Anhänger stimmten ein in das Lied. Aber Capone hatte schon in Philadelphia gewußt: »Das Gefängnis ist immer ein schlimmer Ort, egal unter welchen Umständen. Laßt euch da nur nichts vormachen.«[59] Und dies war der Ort, der auf ihn wartete.

60 Mit dem zukünftigen
Schwergewichts-Champion
Jim Braddock im
Römischen Bad in Miami

61 Sonny auf dem Golfplatz des Biltmore
Hotel mit Leibwächter als Caddy

62 Schußlinie aus einem Schützennest
von Aiello im Atlantic Hotel. Die
Schützen lauerten gegenüber von
Hinky Dink Kennas Zigarrenladen
in der Clark Street auf Capone.

63 Sechs der sieben Opfer des Massakers am Valentinstag: *(von oben)* Pete Gusenberg, Weinshank, Heyer, May, Schwimmer und Clark *(vor der Mauer)*. Frank Gusenberg starb im Krankenhaus

64 Frank Gusenberg

65 Pete Gusenberg

66 Albert Weinshank

67 Adam Heyer

68 James Clark

69 John May

70 Reinhart Schwimmer bei O'Banions Begräbnis

71 Der einzige Überlebende: Highball, immer
noch am Lastwagen angebunden

72 Fred Burke, Mordverdächtiger im
Fall des Massakers, 1931

73 John Stege, während der Behördengäng
die Capone nach der Entlassung aus
Philadelphia unternahm

74 Jack Lingle in der Nachrichtenredaktion des »Tribune«

75 Der ermordete Lingle

76 Der mutmaßliche Mörder Frank Foster

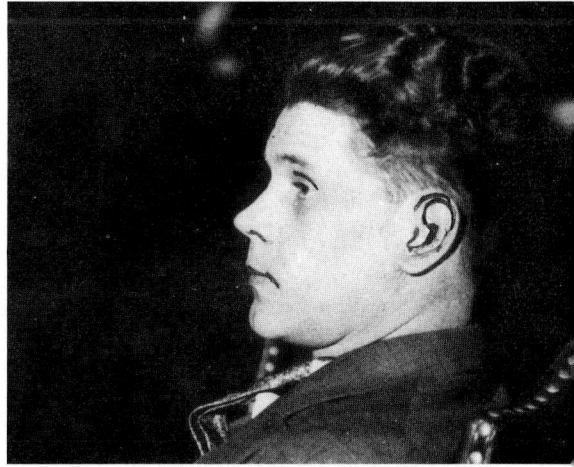

77 Der verurteilte Mörder Leo Brothers

78 Nach dem Mord an Lingle: Herman Bundesen *(links)* verhört den Waffenhändler von Frantzius

79 Der Dienstausweis von Eliot Ness

80 Fahnder Pat Roche, 1930

81 Frank Wilson. Der Fahnder des Schatzamtes entscheidende Belastungsdokument für Capo Steuerprozeß. Bild von 1937

82 Generalstaatsanwalt George Johnson, Capones Ankläger im Steuerprozeß

83 Richter James Wilkerson, unmittelbar nach der Zurückweisung von Capones Schuldanerkenntnis, 1931

84 An jedem Verhandlungstag gab Capone ihm zehn Dollar

Capone zwischen seinen Anwälten: Michael Ahern und Albert Fink

86 Capone in Handschellen − Berufungsverhandlung während der Haft in Atlanta

87 Capone in einem Wagen des FBI am Tage seiner endgültigen Entlassung

88/89 Ein eleganter Capone *(rechts)* mit Abe Teitelbaum, seinem letzten Anwalt, Anfang der vierziger Jahre

90 Die Familiengrabstätte auf dem Mount Carmel Cemetery

91 Capones Grabstein

28

. . . und verurteilt

An jenem Tag, von dem er annahm, es sei der letzte vor seinem Haftantritt, empfahl sich Capone der Nachsicht der Öffentlichkeit. In Pantoffeln und schwarzem Seidenpyjama mit weißer Paspelierung empfing er die Presse im Lexington.[1]

»Wenn ich dieses Hotel verlasse«, sagte er, »dann wird das mein Abschied vom Racket sein. Wenn ich sage, daß Schluß ist, dann bedeutet das auch« − seine Faust krachte auf die Tischplatte − »daß Schluß ist!«

Er glaube, daß die Tage des leichtverdienten Geldes vorbei seien. Der größte Teil des Outfit wäre ebenfalls seiner Meinung. »Ich glaube deshalb, daß meine Leute das machen werden, was auch ich tun werde, wenn ich aus dem Gefängnis von Leavenworth zurückkomme: in ehrliche Geschäfte einsteigen.«

Ob etwas an den Gerüchten sei, daß Johnny Torrio für die Dauer seiner Abwesenheit an seine Stelle treten werde? Capone lachte schallend. »Torrio liegt völlig auf meiner Linie. Den würden Sie nicht für eine Million Dollar dazu bekommen, wieder in das Racket einzusteigen. Torrio ist ausgestiegen, und ich werde aussteigen« − ein kleines Lächeln ließ Capones Zähne blitzen − »und der amerikanische Staat hat uns dabei geholfen.« Er habe eine Frau, einen Sohn und »eine Mutter, wie sie kein anderer Mann auf der Welt« habe. Die Trennung werde ihnen zwar Kummer bereiten, aber anschließend hätten sie »einen Mann, einen Vater und einen Sohn, der niemals wieder als Gesetzesbrecher betrachtet werden« könne. Das sei der Grund, weshalb er sich vor Gericht für schuldig bekannt habe. Außerdem habe er an die anderen Steuerzahler gedacht, zu denen er demnächst gehören werde. Er habe vor, »jede Strafe auf mich zu nehmen, die verhängt wird, ohne mich gegen die Anklagen zur Wehr zu setzen. Ich möchte dem Staat weitere Ausgaben für teure Prozesse und Berufungsverfahren ersparen.«

Er sehe dem morgigen Tag »erwartungsfroh, aber etwas nervös« entgegen. »Ich denke, um meine Person ist viel Wind gemacht worden. Ich beklage mich nicht. Aber warum läßt man all die Bankiers ungeschoren, die Tausenden von armen Leuten die Spargroschen aus der Tasche gezogen und diese dann in Bankkrächen verloren haben? Was ist damit? Ist es denn nicht viel schlimmer, einer einfachen Familie den letzten Dollar wegzunehmen . . ., als ein bißchen Bier und Schnaps zu verkaufen?«

Er hege keinen Groll. »Wenn die Regierung der Vereinigten Staaten glaubt, sie könne dadurch, daß man mich ins Gefängnis steckt, in Chicago Ordnung schaffen, dann soll es mir recht sein. Ich denke sowieso, daß ich dem Staat diesen Gefängnisaufenthalt schuldig bin.« Es sei schade, daß er die Weltausstellung verpassen werde. Ein Ereignis dieser Art habe er noch nie erlebt. Er hoffe, die Ausstellung in Chicago werde für die Stadt ein großer Erfolg.

»Morgen im Gericht sehen wir uns wieder!«

»Alle waren sich einig«, schrieb am nächsten Morgen ein Reporter, daß ein Urteil von »zwei bis drei Jahren – vielleicht zweieinhalb – und eine Geldstrafe von etwa 10000 Dollar« zu erwarten seien.[2]

Im Gerichtssaal versammelten sich die Reporter um Capone. Man wartete auf Richter Wilkersons Erscheinen um zehn Uhr. »Es wird keine große Sache werden«, sagte Capone, »und es wird nicht lange dauern. Aber ein bißchen nervös bin ich natürlich schon. Ich bin auch nur ein Mensch.«[3] Nein, seine Angehörigen seien nicht im Gerichtssaal. »Und jetzt, Jungs, laßt mich bitte für ein paar Minuten in Ruhe.«[4]

Die Eingangserklärung des Gerichts änderte alles. Richter Wilkerson erläuterte, daß beim Strafmaß, das von der Bundesstaatsanwaltschaft beantragt wurde, Capones Schuldbekenntnis mildernd berücksichtigt worden sei. Dann ließ er die Bombe platzen:

> »Eines muß jedoch klar sein . . . das Gericht ist nicht an den Strafantrag gebunden und auch nicht verpflichtet, sein Urteil in Einklang mit dem beantragten Strafmaß zu fällen . . . In einem Kriminalfall steht es den Parteien nicht zu, hinsichtlich des zu fällenden Urteils eine Vereinbarung zu treffen.«[5]

Genau das war Capones Fehleinschätzung gewesen: Er dachte, daß er eine Vereinbarung hätte, und auf einmal war davon keine Rede mehr. Es kam noch schlimmer. »Wenn der Angeklagte«, sagte der Richter, »beim Gericht um milde Behandlung bittet, dann sollte er sich dem Gericht gegenüber auch auskunftbereit zeigen, und zwar ganz besonders hinsichtlich jener Tatbestände, derer er sich schuldig bekannt hat.«

Die Sache war keineswegs so schnell vom Tisch, wie Capone gedacht hatte. Wilkerson hatte an diesem Vormittag noch ein Zivilverfahren und vertagte deshalb den Fall Capone auf zwei Uhr nachmittags.[6]

Als die Verhandlung wieder aufgenommen wurde, wirkte Bundesstaatsanwalt George Johnson kaum weniger bestürzt als der Angeklagte und sein Anwalt Mike Ahern. Johnson erläuterte mit bebender Stimme, wie es zu der Absprache gekommen war. Die Staatsanwaltschaft habe versucht, »das Prozeßrisiko gering zu halten« und Capone »so schnell wie möglich hinter Gitter zu bringen«. Als Capones Anwälte nach der ersten Anklage an die Staatsanwaltschaft herangetreten seien, hätte die Behörde zu verhandeln begonnen. Das Schatzamt habe sein Einverständnis signalisiert, und ebenso der Generalstaatsanwalt. Die staatlichen Behörden seien sich einig gewesen, man wolle in jedem Punkt der Anklage ein separates Urteil haben, dabei jedoch empfehlen, daß die jeweiligen Strafen

»konkurrierend«, d. h. nicht kumulativ, verhängt werden. Vor den Reportern sei man sich lediglich bezüglich der zu erwartenden Geldstrafe einig gewesen. »Ich glaube, ich bin der Verteidigung noch etwas schuldig«, sagte Johnson. Folgendes wolle er klarmachen: »Wenn die Verteidigung sich nicht darauf verlassen hätte, daß ich meine Empfehlung für das Strafmaß mache, dann hätte sie meiner Meinung nach kein Schuldbekenntnis angeboten.«

Ahern pflichtete mit großem Nachdruck bei. »Ich habe ausdrücklich die Bedingung genannt«, sagte er zum Richter, »daß sich der Angeklagte nur dann schuldig bekennen werde, wenn er keine Fragen beantworten muß.«[7]

Wilkerson antwortete, daß das Gericht ein offenes Ohr für Empfehlungen habe. »Aber der Angeklagte soll nicht − darf nicht − glauben, das Gericht sei am Ende . . . genötigt, sein Urteil an diesen Empfehlungen auszurichten.«

Der Richter war verärgert. »In diesem Fall hat es manches gegeben, das unerträglich ist. Es gab Veröffentlichungen, die sich in geringschätzigem Ton gefielen und geeignet waren, die Rechtsprechungspraxis des Bundesgerichts in Mißkredit zu bringen. Man ging sogar so weit, die Länge der Haftstrafe im voraus zu verkünden.« Wilkerson wollte das nicht durchgehen lassen. »Es ist an der Zeit«, sagte er, »diesem Angeklagten begreiflich zu machen, daß es undenkbar ist, mit einem Bundesgericht einen Kuhhandel machen zu wollen.«

Am nächsten Tag beantragte Capone, die Schuldbekenntnisse zurückzuziehen. Wilkerson gab dem Antrag in der Steuersache statt, nicht aber bei der Anklage wegen Verschwörung gegen die Prohibitionsgesetze. Der Richter wies vielmehr die Grand Jury an, nachzuprüfen, ob es möglich sei, die Anklage wegen Verschwörung in eine Verletzung der Prohibitionsgesetze gemäß dem Jonesgesetz umzuwandeln.[8] Letzteres sah wesentlich höhere Haftstrafen vor.

Als die Grand Jury des Bundesgerichts in Chicago vortragen wollte, warum es unmöglich sei, Capone nach dem Jonesgesetz anzuklagen, lehnte Wilkerson es ab, sich den Bericht anzuhören. Er wünsche Anklagen, keine Berichte zu hören, sagte er. Capone zog sein Schuldbekenntnis zurück.[9] Ein Verfahren wegen Verstoßes gegen die Prohibitionsgesetze fand nie statt.

Capones Steuerprozeß wurde von Wilkerson auf den 6. Oktober 1931 anberaumt.

In diesem Sommer machte Cornelius Vanderbilt Jr. ein Interview mit Capone in dessen Büro im Lexington. Capone sagte, er beneide die Bankiers − »die Freunde von Ihrem Dad« −, da er sich angesichts des Schadens, den diese Leute angerichtet hätten, wie ein »kleines Würstchen« vorkomme. Anschließend hielt er Vanderbilt einen einstündigen Vortrag über den ökonomischen, politischen und moralischen Niedergang Amerikas und beeindruckte den Interviewer mit seiner Ausdrucksweise, seinen Manieren und seiner Beschlagenheit. Letztlich, sagte Capone, sei dem Übel, an dem das Land kranke, nur dadurch beizukommen, daß »die Regierungen der Einzelstaaten in die Wüste geschickt, sämtliche Bürgermeister ins Gefängnis gesteckt werden und der ganze Laden von den Bundesbehörden übernommen wird«.

Wenn man bedenke, wer gerade dabei sei, Capone das Handwerk zu legen, sei das wacker gesprochen, bemerkte Vanderbilt. »Oh, die wollen mir nur ein bißchen Angst machen«, sagte Capone mit gespieltem Gähnen. »Die wissen ganz genau, daß in dieser Stadt der Teufel los sein wird, wenn sie mich aus dem Verkehr ziehen. Wer außer mir kann schon die ganzen kleinen Ganoven so in Schach halten, daß anständige Leute in Frieden leben können?«[10]

Capone war sich seiner Sache jedoch nicht so sicher, wie er tat. Als Vanderbilts Artikel während des Prozesses in der Zeitung erschien, bestritt Capone, sich je in dieser Weise geäußert zu haben. Es habe sich lediglich um eine geschäftliche Besprechung gehandelt.[11]

Vorahnungen von Capones Niedergang mochten so manchen seiner Anhänger bewegt haben, die Seite zu wechseln. Als Capone drei Tage vor seinem Prozeß das Footballspiel der Northwestern gegen Nebraska besuchte, mußte er sich ausbuhen lassen. Der Präsident der Northwestern hatte die Polizei gebeten, Capone hinauszuwerfen, aber Polizeichef Freeman, Zutas »alter Kumpel«, hatte geantwortet, dieser Mann und seine Begleiter seien im Besitz von gültigen Eintrittskarten und hätten keine Störung verursacht.

Nachdem drei Viertel des wenig spannenden Spiels vorbei waren, ging Capone, der in seinem violetten Anzug leicht auszumachen war, Richtung Ausgang. Ein Kinderschwarm lief hinter ihm her und begann mit Buhgeschrei. Jack McGurn drehte sich finster blickend um und schüttelte die Faust, aber die Menge fiel in die Buhrufe ein. Die »Yea-a-a Al«-Rufe eines kleinen loyalen Trupps von Pfadfindern, die ihrem Wohltäter die Stange hielten, verloren sich im allgemeinen Buhgeschrei.[12]

Kurz vor Prozeßbeginn[13] versuchte Capone, seine Chancen auf bewährte Weise aufzubessern. Sein Abgesandter stattete dem Mann, der Elmer Irey den Posten im Schatzamt verschafft hatte, einen Besuch ab und bot 1,5 Millionen Dollar, falls Capone ohne Haftstrafe davonkam.[14] Capones zweiter und etwas direkterer Vorstoß galt den Geschworenen der Jury. Ed O'Hare vereinbarte mit Frank Wilson von der SIU telefonisch ein Geheimtreffen und zeigte ihm eine Liste mit zehn Namen. Es waren, wie er sagte, die Namen Nummer 30 bis 39 auf der Geschworenenliste. Selbst Richter Wilkerson habe die Namen noch nicht gesehen. Capones Leute boten den Geschworenen die übliche Mischung aus Bestechungsgeldern, politischen Posten, Eintrittskarten zu Meisterschaftsbox-kämpfen und blanken Drohungen. Wilson, Elmer Irey und George Johnson gingen mit dieser Liste umgehend zu Richter Wilkerson, und dieser bestätigte am nächsten Tag – er hatte inzwischen das für ihn bestimmte Exemplar der vollständigen Liste erhalten –, daß es sich in der Tat um die Namen Nummer 30 bis 39 handele. »Meine Herren, unterbreiten Sie Ihren Fall wie geplant dem Gericht«, sagte der Richter, wie Wilson sich erinnerte, »und überlassen Sie den Rest ruhig mir.«[15]

Ohne die Verteidigung zu benachrichtigen, tauschte Wilkerson seine Geschworenenliste gegen die von Richter John P. Barnes aus,[16] wodurch sechzig neue potentielle Geschworene ins Spiel kamen.[17] Viele dieser Kandidaten zeigten sich beunruhigt, und fünfzig davon wollten sich sofort entschuldigen lassen – achtzehn kamen mit ihrem Begehren durch. Durch diese Maßnahme Wilkersons war aber sichergestellt, daß niemand auf der ganzen Liste geschmiert worden war, und man plante, die als Geschworene ausgewählten Personen abzusondern und für jeden Zugriff unerreichbar unterzubringen.

Wilkerson führte das »Voir dire« durch, das Auswahlverfahren der Geschworenen, bei dem Anklage und Verteidigung die Geschworenen auf ihre Eignung befragen. Wenn ein Kandidat insofern vorbelastet war, daß er von Capone und den gegen ihn erhobenen Vorwürfen Kenntnis hatte – im Amerika des Jahres 1931 fiel außer Einsiedlern und Schizophrenen ohnehin jeder in diese Kategorie –, sah Wilkerson darin keinen Grund zum Ausschluß. Er wies nur jene zurück, die beschworen, daß ihr Urteil schon gefaßt sei. Lediglich sechs Kandidaten wurden wegen Befangenheit ausgesondert.[18] Die Möglichkeit, einige Kandidaten ohne Angabe von Gründen abzulehnen, wurde von beiden Seiten voll ausgeschöpft. Am Schluß hatte Capone genau das, was er sich als allerletztes wünschen konnte: eine durchwachsene Jury, bei der nur einer der Geschworenen aus Chicago und ein anderer aus Waukegan stammte. Die restlichen Mitglieder kamen vom Lande, wo man für Capones Berufsauffassung notorisch wenig Verständnis aufzubringen pflegte.

Wenn die Geschworenen nicht im Gerichtssaal saßen, waren sie in einem nahegelegenen Hotel in sieben miteinander in Verbindung stehenden Zimmern eingeschlossen. Der Staat bezahlte für ihre Unterbringung und Beköstigung vier Dollar und sechzig Cent pro Tag. Sie durften nicht telefonieren, aber nach Herzenslust zensierte Briefe schreiben und empfangen. Die für die Geschworenen bestimmten Zeitungen und Illustrierten wurden von Gerichtsdienern durchgesehen. Alles, was sich irgendwie auf Capone bezog, wurde herausgeschnitten.[19] Somit fielen auch diese Medien aus, um die Geschworenen zu bestechen oder ihnen zu drohen.

»Wenn ich behaupten würde, daß ich mir keine Sorgen mache«, sagte Capone zu Reportern, »dann würde ich lügen.«[20]

Am Mittwoch, dem 7. Oktober, eröffnete die Staatsanwaltschaft ihr Plädoyer. George Johnson war jeden Tag anwesend, ließ jedoch den größten Teil des Falles von seinen Mitarbeitern vortragen. Sein Vertreter war in erster Linie Dwight H. Green, der dies später ausnutzte, um sich damit den Weg ins Amt des Gouverneurs von Illinois zu ebnen. Die anderen Vertreter der Anklage waren Jacob Grossman, der Staatsanwalt in Capones Prozeß wegen Mißachtung des Gerichts, sowie Samuel G. Clawson und William J. Froelich. Ihr erster Zeuge war ein Beamter des IRS in Chicago, Charles W. Arndt. Dieser sagte aus, daß für die Jahre 1924 bis 1929 in seinen Akten keine Steuererklärung eines Alphonse Capone verzeichnet sei, auch nicht unter einem seiner vielen anderen Namen, noch nicht einmal unter dem Namen »Snorky«.[21]

Reverend Hoover und seine beiden Helfer Morgan und Bragg berichteten von ihrer Razzia in der Spielhölle gegenüber dem Hawthorne Hotel im Mai 1925, bei der sich Capone unter Berufung auf sein Recht als Inhaber den Zutritt erkämpft hatte.

Leslie Shumway trat in den Zeugenstand. Auf den Reporter Meyer Berger von der »New York Times« wirkte er wie ein »nervöser, fahriger Kaplan einer kleinen Kirchengemeinde auf dem Lande – ein farbloser, kahl gewordener Mann von unbestimmbarem Alter«.[22] Während seiner Aussage hielt er die meiste Zeit den Mund mit einem Taschentuch oder der Hand bedeckt. Seine Stimme war kaum zu hören, und er vermied es ängstlich, zu Capone oder Phil D'Andrea, dem Meisterschützen und Leibwächter, hinüberzusehen, die ihn beide mit dem »Look« durchbohrten.

Die Aussagen des Exbuchhalters zeigten nur langsam ihre volle Wirkung. Die Staatsanwaltschaft hatte das gewaltige Problem, Capones Position als Eigentümer nachzuweisen. Wegen der erbeuteten Aufzeichnungen, ganz besonders wegen des Kassenbuchs, auf das Frank Wilson gestoßen war, war Shumways Aussage, daß Glücksspielgewinne erzielt worden waren, unangreifbar. Aber konnte die Anklage die Geschworenen auch davon überzeugen, daß Capone davon profitierte? Die Aussage von Hoover und seinen Helfern, Capone habe behauptet, Eigentümer der von ihnen gestürmten Spielhölle zu sein, war noch kein Beweis, daß ihm das Lokal tatsächlich gehörte. Wenn man in eine Bank geht und behauptet, der Inhaber zu sein, kann man deswegen noch lange nicht an die Einlagen heran. Aber wenn man in eine Bank geht, zu den Angestellten sagt, sie könnten sich für den Nachmittag frei nehmen, und die Angestellten gehen daraufhin nach Hause, dann darf ein Beobachter berechtigterweise annehmen, daß man der Eigentümer ist.[23]

Shumway konnte zwar keine Beweise beibringen, daß der Spielklub Capone gehörte, aber seine Aussagen belegten ein Verhalten von Capone, das dies dringend nahelegte: da war Capones Auftreten als Hausherr und der Zutritt, den er zu den hinteren, für das Publikum gesperrten Räumlichkeiten hatte. Vor allem aber hatte Capone Anweisungen gegeben, die ganz danach klangen, daß er der Chef war. Es gehörte beispielsweise zu Shumways Pflichten, die Tagesgewinne des Subway zu einem Geldschrank im Hawthorne Hotel zu schaffen. Am Anfang hatten ihn dabei immer zwei Revolvermänner begleitet, aber er hatte bald protestiert: Falls es zu einem Raubüberfall käme und geschossen würde, wäre er genau dazwischen. Danach ließ man ihn seinen Weg allein machen. Wenig später wurde er von Capone gefragt, was er denn machen würde, wenn ihm jemand den Revolver unter die Nase hielte.

»Ich würde ihm einfach das Geld geben«, antwortete der nervöse Kaplan.

»Genau!« hatte Capone gesagt.[24] Wer schon, wenn nicht der Boß selbst, konnte die Erlaubnis geben, Geld, das Gangstern gehörte, so unbekümmert sausen zu lassen?

Am dritten Verhandlungstag – es war Donnerstag der 8. Oktober – kam für Capone das, was ein Beobachter den »Geheimpfad nach Waterloo« nannte. Die Anklage brachte das Thema Mattingly zur Sprache.

Obwohl die Verteidigung heftigen Einspruch dagegen erhob, daß Mattinglys Aussagen hier als Beweismaterial angeführt werden sollten, stellt sich die Frage, ob ihre Einwände so schlagkräftig waren, wie sie hätten sein können.

Als 1990 dieser Prozeß gegen Capone von der amerikanischen Anwaltskammer ABA nachgestellt wurde, sagte Terry McCarthy, der die Rolle von einem der beiden Verteidiger einnahm: »Wenn ich die Verhandlungsprotokolle lese, dann muß ich feststellen, daß diese Leute in der Tat sehr unfähige Strafverteidiger waren. Nach heutigen Maßstäben kann man nur sagen, daß sie keine Ahnung hatten. Von geschickter Verhandlungsführung kann keine Rede sein.«

Richter Marshall, der bei dem ABA-Prozeß den Vorsitz führte, stimmt zu. »Die Rechtspraxis ist wesentlich raffinierter geworden«, sagt er. »In den damaligen Tagen lief alles noch viel simpler ab.«

Zunächst muß man feststellen, daß die Verteidiger kein gutes Gespann waren. Mike Ahern, großgewachsen, mit scharfen Gesichtszügen, war Teilhaber von Chicagos bedeutendster Strafverteidigersozietät Nash und Ahern. Sein Kompagnon Tommy Nash hatte Capone bei früheren Anlässen schon vor Gericht vertreten, aber aus Gründen, für die sich in den zeitgenössischen Berichten keinerlei Anhaltspunkte finden, und die auch Nashs Sohn nicht kennt — er ist heute selbst Anwalt in Chicago —, war Nash bei diesem Prozeß nicht anwesend.[25] Dabei war gerade er der Prozeßpraktiker von den beiden, der Virtuose im Gerichtssaal. Ahern war mehr der Mann im Hintergrund, der in Bibliotheken suchte, der Rechercheur und Verfasser von Stichwortzetteln. Er hatte nur sehr begrenzte Erfahrungen mit dem Prozeßalltag. Für dieses Verfahren hatte er sich mit Albert Fink zusammengetan.[26] Fink war etwas kleiner als er, untersetzt, lachte gern und hatte die Angewohnheit, hinter den goldgeränderten Brillengläsern verschmitzt mit den Augen zu blinzeln. Fink hatte die Charakterrolle übernommen. »Meine Güte!« pflegte er auszurufen, wenn er nachdrücklich werden wollte.[27] Als Anwalt hatte er einen guten Ruf, aber er reichte nicht an Nashs Geschick als Gesetzesstratege und Prozeßtaktiker heran.

Die Verteidigung machte von ihrem Einspruchsrecht gegen die Einführung der Mattinglydokumente nur zaghaften Gebrauch. Ahern wies völlig zutreffend darauf hin, daß der Kongreß in seinem Bestreben, das Steueraufkommen zu erhöhen, die Bürger ermutigt habe, »an den Fiskus heranzutreten und einen Vergleich auszuhandeln, bevor straf- oder zivilrechtliche Maßnahmen eingeleitet werden«.[28] Die glücklose Verteidigung glitt aber sehr schnell auf irrelevantes Terrrain ab.

»Steuerflucht liegt in der Natur des Menschen«, verkündete Ahern. »Wir hatten die Bostoner Tea Party . . .«

»Und um was handelt es sich hier?« unterbrach Richter Wilkerson. »Ist das wieder eine Bostoner Tea Party?«

»Nein, ich weiß selbst nicht, was es ist«, räumte Ahern ein.[29]

Anschließend machte Fink geltend, daß Mattingly seine Kompetenzen überschritten und zudem nicht gewußt habe, was er tat. »Seine Aufgabe war, Capone die strafrechtliche Verfolgung zu ersparen«, sagte Fink. »Aber trotz der Belehrung durch die Beamten des Schatzamtes, daß die Aussagen gegen Capone verwendet werden könnten, fuhr er fort, Aussagen zu machen, die sich in katastrophaler Weise auswirken mußten, falls sie als Beweismaterial gewertet wurden. Ich würde mir von diesem Anwalt gerne sagen lassen, warum er das getan hat. Ich wünsche, ihn ins Kreuzverhör zu nehmen.«

Finks Einlassung griff viel zu kurz. Wenn Mattingly tatsächlich darauf aus war, »Capone die strafrechtliche Verfolgung zu ersparen«, dann waren seine Einlassungen keine auf Treu und Glauben gegründeten Angaben, um einen Vergleich auszuhandeln. Ein solcher Vorgang mit dem Ziel, strafrechtliche Verfolgung abzuwenden, ist gar nicht möglich. Und wichtiger noch: Der Steueranwalt mochte sich auch noch so ungeschickt angestellt haben, an Capones Straffälligkeit änderte das überhaupt nichts. Die Verteidiger hätten vielmehr darauf bestehen müssen, daß Mattingly richtig gehandelt hatte und daß durch seinen wiederholt gemachten Vorbehalt der »Rechtsunverbindlichkeit« die von Capone gemachten Angaben zu keinem anderen Zweck als zur Festsetzung der Höhe der Steuerschuld herangezogen werden durften. Die damals von den Beamten des IRS gemachte Erklärung, daß sie keine Immunität zusichern könnten, war sicher richtig; von Capone oder seinem Anwalt gemachte Aussagen über illegales Glücksspiel, Alkoholschmuggel und Prostitution mochten sehr wohl zur Strafverfolgung dieser Delikte führen. Die Verteidigung hätte aber herausarbeiten müssen, daß es nicht angehen konnte, diese Angaben und die Angaben zum Einkommen in einen Topf zu werfen. Die Angaben zum Einkommen wurden gemacht, um einen steuerlichen Vergleich zu erreichen, und sie durften deshalb nicht als Material für eine spätere Strafverfolgung wegen Steuerhinterziehung herangezogen werden.

»Das ist der letzte Zeh«,[30] stöhnte Albert Fink, als Samuel Clawson damit begann, Mattinglys Brief auseinanderzunehmen. Der Seufzer stammte möglicherweise aus der Ringersprache – vielleicht bezog er sich auch auf das nächste Bild, das Fink beschwor: »Jetzt haben sie ihn ans Kreuz genagelt. Sie lassen ihm nur noch den letzten Zeh.«

Er wolle auf seinen Einspruch zwar nicht verzichten, schmollte Fink, aber es sei ihm fast lieber, wenn der Einspruch vom Richter abgewiesen werde und das ganze Material auf den Tisch komme, »weil in diesem Brief ein paar Dinge stehen, an denen man merken kann, daß dieser Anwalt verrückt war«.

Das war genau die falsche Marschrichtung. Wenn schon nicht zu verhindern war, daß das Material verwendet wurde, dann durfte eine vernünftige Verteidigungsführung nicht wie Fink darauf bestehen, daß es von Mattingly verrückt war, »Erklärungen abzugeben, die Capone ins Gefängnis bringen konnten«. Man hätte die Unzuverlässigkeit von Mattinglys Angaben betonen müssen, da Steuerschuldner und ihre Anwälte bereit seien, alles mögliche zu sagen, wenn sie damit einem Vergleich näher kamen. Wenn man jedoch Mattinglys Aussagen als katastrophal bezeichnete und von Gefängnis sprach, dann blies man ins gleiche Horn wie die Staatsanwaltschaft.

Der in Chicago für Betrug zuständige Angestellte der IRS war Louis H. Wilson (nicht zu verwechseln mit Frank Wilson). Er machte eine Aussage über Mattinglys Vergleichsangebote, über die vorbereitenden Treffen am 10. und 16. April 1930 und über das Treffen mit Capone am 17. April. Abschließend berichtete Wilson von dem Treffen am 20. September, bei dem Mattingly seinen Brief vorgelegt hatte. Alles in allem waren seine Erklärungen in der Tat katastrophal.

Am nächsten Morgen, Freitag, dem 9. Oktober, kam die Angelegenheit Mattingly zu ihrem Höhepunkt. Die Staatsanwaltschaft verlas für die Jury den Brief mit den darin zugegebenen Einkommensbeträgen – damit war ein Ausgangspunkt zur Bemessung von Capones Vermögensverhältnissen gegeben, und jeder Betrag, von dem die Anklage nachweisen konnte, daß er eingenommen oder ausgegeben worden war, war prozeßrelevant geworden.

Die Geschworenen hörten sich an, was Capone in Florida über seine Glücksspielbeteiligungen gesagt hatte. Es gab erste Aussagen über Capones Ausgaben – die Zimmer im Metropole und im Lexington, die wöchentlich mit Hundert- und Fünfhundertdollarnoten bezahlt wurden, die Capone stets von einem dicken gerollten Banknotenbündel pflückte, sowie die 1633 Dollar, die er für zusätzliche Zimmer bei seiner zweitägigen Party anläßlich des Boxkampfs zwischen Dempsey und Tunney bezahlte. Als Ahern Einspruch erhob, gab der Richter zurück: »Ich darf wohl annehmen, daß das, was ausgegeben wurde, auch eingenommen worden sein muß.«[31]

Ahern ließ das unwidersprochen durchgehen, obwohl die Äußerung des Richters eindeutig nicht zur Sache gehörte, da dieser Prozeß ausschließlich um den Nachweis von Capones Einkommen geführt wurde.

Parker Henderson berichtete von seinem Umgang mit Capone und von seinen Geldbotengängen zur Western Union, und eine lange Reihe von Angestellten der Western Union legte Geldtransfers von insgesamt 77 550 Dollar offen. Das Schlußlicht bildete der Geschäftsführer der Western Union im Lexington, John Fotre. Der kleine, schmächtige, mit seiner Hornbrille professorenhaft wirkende Fotre war abweisend und nervös zugleich.[32] Seine Augen flogen im Gerichtssaal hin und her, während ihm Staatsanwalt Green mühsam aus der Nase zu ziehen versuchte, ob er gewußt habe, daß der Einzahler einer mit »Sam Guzik« gezeichneten Geldanweisung tatsächlich Jack Guziks Bruder Sam gewesen sei. Schließlich schaltete sich der Richter in die Befragung ein und ließ Fotre noch nervöser werden. »Denken Sie darüber nach«, herrschte ihn Wilkerson abschließend an, als er die Sitzung für diesen Tag beendete und sich erhob.[33]

Der Geschäftsführer hätte es wohl gerne vermieden, so wichtige Kunden zu vergraulen. Vielleicht war es auch Angst – obwohl weder er noch sonst ein Zeuge Polizeischutz beanspruchen wollten.[34] Einem Bericht zufolge soll ihn Frank Wilson nach der Sitzung zur Rede gestellt haben, worauf Fotre quiekte: »Was erwarten Sie eigentlich, wenn einer von Capones Leuten mit der Hand am Revolver hier herumsitzen darf?«[35] Offensichtlich war Phil D'Andrea gemeint.

Damals wurde am Samstag noch halbtags gearbeitet. Das Gericht kam also am Samstagmorgen wieder zusammen, um sich weitere Einzelheiten über Capones verschwenderischen Lebensstil vortragen zu lassen. In Miami belief sich Capones wöchentliche Fleischerrechnung auf 200 bis 250 Dollar, und das zu einer Zeit, als ein Kilo Rinderfilet noch keine 75 Cent kostete. Beim Bäcker kaufte er täglich für drei bis vier Dollar ein, wobei damals eine dreischichtige Erdbeertorte nicht teurer als 38 Cent war. 1928 gab er 2100 Dollar für Gartenarbeiten aus, 859 Dollar für chinesische Teppiche und andere Bodenbeläge – ein Rückgang gegenüber dem Vorjahr mit 1896 Dollar und dem Jahr 1925 mit 2775 Dollar, in welchem er auch Möbel für 21 550 Dollar angeschafft hatte. 1927 hatte er 2835 Dollar für Maßanzüge ausgegeben, ebenfalls ein Rückgang gegenüber den 6810 im Jahr 1925. 1928 hatte er noch einmal für 869 Dollar Hemden gekauft. 1926 hatte seine jährliche Party zum Columbus Day 3160 Dollar gekostet, seine Party anläßlich des Kentucky Derby schlug mit 4925 Dollar zu Buche.[36]

Capone hatte sich nicht nur für sich selbst und seine Familie in Ausgaben gestürzt. Seine Kirchenspenden erreichten mit 15 600 Dollar 1926 ihren Höchststand, 1925 spendete er 58 000 Dollar für den Witwen- und Waisenfonds der Polizei. Seine Telefonrechnung für das Jahr 1928 (in dem er ab Mai in Philadelphia im Gefängnis gesessen hatte!) belief sich auf 3141 Dollar und 50 Cent. Für die Geschworenen, die im Durchschnitt für das Telefon eine Jahresrechnung von 36 Dollar hatten, falls sie überhaupt einen Apparat besaßen, muß das eine ganz außergewöhnlich hohe Summe gewesen sein.[37] Der Bauunternehmer Curt Otto Koernitzer aus Miami sagte aus, er habe für Capone eine Garage und ein Badehaus errichtet und dafür von Mae 6 000 Dollar in bar bekommen. Ein zweite Garage und weitere Nebengebäude kosteten über 10 000 Dollar.[38]

Als das Gericht sich zur Mittagspause zurückzog, verließ Capone mit seinen Anwälten und Phil D'Andrea den Saal. Zwei SIU-Agenten schlossen sich der Gruppe an und drängten D'Andrea in einen Vorraum. Dort nahmen sie ihm eine geladene Pistole ab, die er an der rechten Hüfte trug.[39] Richter Wilkerson ordnete seine Inhaftierung an, Freilassung gegen Kaution gewährte er nicht. D'Andrea machte geltend, er sei Gerichtsdiener des Bezirksgerichts und habe somit Erlaubnis, eine Waffe zu tragen. Die Lizenz berechtigte allerdings nicht zum Waffentragen in einem Bundesgericht, zudem war sie unter der neuen Verwaltung von Bürgermeister Cermak erloschen. Der Richter setzte die Verhandlung dieses Falles erst nach Abschluß von Capones Prozeß an, um Einwänden der Verteidigung vorzugreifen, daß ein gleichzeitiges Verfahren gegen D'Andrea negative Rückwirkungen auf das Ergebnis von Capones Prozeß haben könnte.

Am Montag, dem 12. Oktober, wurden vor einer leicht irritierten Jury weitere Details eines luxuriösen Lebens ausgebreitet. Man berichtete von Capones Vorliebe für Kanariengelb und Grün, von seinen monogrammbestickten Hemden, von Taschentüchern und Krawatten, die in Großhandelsmengen beschafft wurden, von Tafelsilber und Juwelen, von den diamantbesetzten Gürtelschnallen. Als die Sprache auf Capones seidene Unterwäsche kam, schrieb Meyer Berger, »schürzten die Herrschaften vom Lande, wo man sich einfacher und mit weniger Sorgfalt zu kleiden pflegt, die Lippen«. Capone stimmte zwar in das Gelächter ein, aber sein Erröten ließ die Narbe deutlich hervortreten. Berger berichtet weiter:

> Für die ländlichen Herrschaften auf der Geschworenenbank wurde es langsam zuviel. Sie sahen nicht aus wie Leute, die mit chinesischen Tapisserien etwas anfangen konnten oder sich auf kanariengelb bezogenen Sesselchen und grünen Schaukelstühlen wohl gefühlt hätten. Einer der Herren stützte wie benebelt die Stirn in seine Hand.[40]

Für den Staatsanwalt galt es, eine Möglichkeit auszuschließen. Bei der Befragung des Bauunternehmers Henry H. Keller aus Miami ließ sich Jacob Grossman erzählen, wie jener seinen Auftraggeber einmal gefragt hatte, was sein erster bezahlter Job gewesen sei. Capone hatte geantwortet: »Barkeeper auf Coney Island.«[41]

Albert Fink fuhr mit einem Einspruch dazwischen: »Können Sie mir sagen, was das an dieser Stelle soll?«

»Ich möchte zeigen«, sagte Grossman, »daß das Vermögen des Angeklagten nicht aus einer Erbschaft stammt. Ich möchte vorführen, aus welchen Verhältnissen er kommt.«

»Aha, ich verstehe«, bestätigte Fink. »Sie möchten also zeigen, daß er ein Selfmademan ist, wie Andrew Jackson, Abraham Lincoln und Herbert Hoover.«

»Das nun wieder nicht.«

Am Donnerstag, dem 13. Oktober, schloß die Anklage zur allgemeinen Überraschung ihren Vortrag ab. John Torrio und Louis La Cava waren überhaupt nicht aufgerufen worden. Aber Fred Ries, der wichtigste Zeuge dieses Tages, hatte genügend erzählt, um jede Jury davon zu überzeugen, daß bei den Glücksspielen Gewinne gemacht wurden – und daß Capone dabei kräftig kassierte, war auch kaum von der Hand zu weisen.

Ralph Capone hatte einmal einen Personalwechsel bekanntgegeben: Jimmy Mondi war als Glücksspielmanager durch Pete Penovich ersetzt worden. Alle Welt wußte, daß Ralph Capone der Strohmann seines Bruders war. Guzik hatte einmal zu Ries gesagt, aus buchhalterischen Gründen solle er Geld »niemand außer mir oder dem Mann, den ich herschicke, aushändigen. Noch nicht einmal Al . . .«[42]

Dieses »noch nicht einmal Al« sprach Bände. Wie Shumway hatte auch Ries beobachtet, daß sich jedermann nach Capone richtete, der mit der Autorität des Eigentümers auftrat. Kurz: Wenn Capone den Angestellten gesagt hätte, sie könnten für den Rest des Tages freinehmen, dann wäre der Betrieb in der Tat zum Erliegen gekommen.

Die Entscheidung, ob der Vortrag der Anklage ausreicht, um den Fall den Geschworenen zur Urteilsfindung zu übergeben, gehört zu den Aufgaben des Richters. Dreißig Jahre nach diesem Prozeß ist Richter Marshall nach Lektüre der Gerichtsprotokolle der Ansicht, daß der Fall nach den Aussagen von Shumway und Ries – deren Glaubwürdigkeit obendrein von der Verteidigung nicht überprüft worden war – keineswegs eindeutig war. Richter Wilkerson jedoch kannte damals keine Zweifel.

Die Verteidigung erbat einige Tage Frist, um sich vorbereiten zu können. »Bis zur Rücknahme des Schuldbekenntnisses gab es für die Verteidigung keinen Anlaß, sich auf diesen Fall vorzubereiten«, begründete Albert Fink den Antrag. Der Richter gewährte Aufschub bis zehn Uhr am Morgen des nächsten Tages, Mittwoch, den 14. Oktober 1931.

Man stand vor einem großen Problem. Die Anwälte hatten sich keine Strategie zurechtgelegt, da eine regelrechte Verteidigung Capones ursprünglich gar nicht beabsichtigt war. »Der Fall war von Anfang an auf das Schuldbekenntnis aufgebaut«, sagte Tom Mulroy, einer der Ankläger in der ABA-Neuauflage des

Prozesses von 1990. »Da wollte sich nun Capone einmal schuldig bekennen, und man ließ ihn nicht. Er hat es einfach darauf ankommen lassen. Er bekannte sich schuldig, und als das nicht funktionierte, ließ man es wieder darauf ankommen, ob man sich die Jury gefügig machen konnte.«

Die Verteidigung konnte keine Zeugen vorweisen, mit denen Capones Luxusaufwendungen, der Empfang von telegrafischen Geldanweisungen und der dringende Verdacht seiner Beteiligung an nachgewiesenen Glücksspielgewinnen widerlegt werden konnten. Diejenigen, die zugunsten des Angeklagten aussagten, waren genau das, als was Mulroy sie qualifizierte, nämlich »lachhaft«. Ahern und Fink veranstalteten ein regelrechtes Defilee von Buchmachern, die alle schworen, daß Capone ein notorischer Pechvogel sei. »Er hat fast immer verloren«, sagte Oscar Gutter. Samuel Rothschild gab an, Capone habe wohl die eine oder andere Wette gewonnen, aber nie eine Glückssträhne gehabt.

Der Höhepunkt des Verfahrens kam am 14. Oktober mit der Aussage von Pete Penovich, der in der Zeit, als Ries im Subway als Kassierer arbeitete, Manager des Kasinos war.[43] Der große und bullige Penovich hatte dunkles, glattes Haar, ein fleischiges Gesicht und kleine, schwarze Augen. Im Kreuzverhör berichtete er, wie er sich mit den Capones zusammengetan hatte, da ihm der Outfit für ein eigenes Unternehmen in Cicero besseren Schutz bieten konnte. Auch als sein Gewinnanteil von fünfundzwanzig auf fünf Prozent gekürzt wurde, hatte er weiter mitgemacht und Frankie Pope als seinen Chef akzeptierte, den ihm Ralph vor die Nase gesetzt hatte. Die Staatsanwaltschaft hätte keinen besseren Zeugen finden können.

An diesem Tag war auch Edward G. Robinson, der Star des aktuellen Kassenschlagers »Little Caesar«, unter den Zuschauern. Ein Reporter bemerkte, der Zweck des Besuches sei wohl, »Snorky ein paar Tips zu geben, wie sich ein richtiger Gangster aufzuführen hat«.[44]

Am nächsten Tag, Donnerstag, den 15. Oktober, gab David Moneypenny, Direktor des Bezirksgefängnisses von Cook County, um 12.12 Uhr ein Zeichen. Der dreißigjährige Gangster Frank Jordan, der den Officer Anthony Ruthy getötet hatte − Ruthy war der Verfolger des Mörders von Jake Lingle −, starb auf dem elektrischen Stuhl.[45]

Am selben Tag um vierzehn Uhr schloß die Verteidigung ihren Beweisvortrag ab. Sie stellte den üblichen Antrag auf ein direktes Urteil, also eine Urteilsfindung durch den Richter unter Ausschluß der Geschworenen. Außerdem machten die Verteidiger in einem knappen Vortrag geltend − auch dies ein falscher Schritt, wie wir noch sehen werden −, daß alle Anklagen für Straftaten vor 1928 niederzuschlagen seien, da in Steuerangelegenheiten die dreijährige Verjährungsfrist gelte.

Für die Anklagevertretung hielt Jacob Grossman ein vorläufiges Schlußplädoyer. Nachdem er die Beweislage noch einmal zusammengefaßt hatte, ließ er die Katze aus dem Sack. Er ermahnte die Geschworenen: »Sie haben das große Privileg, der ganzen Organisation Capones und dem Verhalten des Beklagten Ihre entschiedene Mißbilligung auszudrücken.«[46]

Auch Ahern und Fink gaben ihre Zusammenfassung. Ihr Plädoyer war über weite

Strecken das leere Gerede von Anwälten, die nichts Substantielles zur Verteidigung vorzubringen haben. Ahern fühlte sich bei dem Kreuzzug des Staates gegen Capone an das Wort Catos des Älteren erinnert: »Im übrigen bin ich der Meinung, daß Karthago zerstört werden muß!« Als sich die Verteidiger wieder der Gegenwart zuwandten, wurden ihre Ausführungen sinnvoller.

»Wäre der Name des Angeklagten nicht Al Capone«, sagte Fink, »dann gäbe es überhaupt keine Anklage, und über die Beweise würden wir uns totlachen.« Es gebe »nicht den Schatten eines Beweises«, daß Capone im Jahr 1924 auch nur einen Dollar verdient habe. Für 1928 habe die Staatsanwaltschaft zwar zahlreiche Ausgaben nachgewiesen, aber wiederum kein überprüfbares Einkommen. Gewiß, Capone habe Möbel mit Schecks bezahlt, die von Guzik unterschrieben worden seien, aber das könne doch auch ein Darlehen gewesen sein. Was das Jahr 1929 beträfe, da habe Capone doch versucht, seine Steuern zu bezahlen, kaum daß er zwei Tage aus dem Gefängnis von Philadelphia entlassen worden sei. »Wie in aller Welt kann man ihm dann vorwerfen, für 1929 des vorsätzlichen Betruges am Staat schuldig zu sein?« fragte Fink. Der Staat habe die Strafverfolgung »lediglich deshalb aufgenommen, weil es um Al Capone ging«.[47]

Genau das war natürlich der springende Punkt. Von den Geschworenen wußte jeder, wer Capone war, was er getan hatte und wofür er stand. Fink bat: »Lassen Sie sich nicht dadurch beirren, daß es heißt, der Angeklagte ist ein schlechter Mensch. Selbst wenn alles stimmt, was über ihn behauptet wird, dann darf er deshalb noch lange nicht einer Tat für schuldig befunden werden, die ihm nicht nachgewiesen worden ist.« Aber die Geschworenen wußten wie jeder andere auch, daß Capone viel Geld verdient und keine Steuern dafür bezahlt hatte.

Am 17. Oktober 1931 wurde der Prozeß abgeschlossen. Zum ersten Mal sprach George Johnson. Er hielt das endgültige Schlußplädoyer der Staatsanwaltschaft und appellierte an den gesunden Menschenverstand der Geschworenen. Wo seien diese Geldanweisungen der Western Union denn hergekommen? Was war das für Geld? Geschenke? Erbschaften? Lebensversicherungen? Er hielt die Geschworenen an, sie sollten doch ihre eigenen Schlüsse ziehen.

Johnson ging auch auf die Vorwürfe ein, daß die Staatsanwaltschaft nur wegen der Person des Angeklagten tätig geworden sei. Er wolle nicht, sagte er den Geschworenen, daß sie von der Vorstellung beherrscht seien, über Al Capone zu Gericht zu sitzen. Er sagte: »Zukünftige Generationen werden sich an diesen Fall nicht wegen des Namens des Angeklagten erinnern, sondern deshalb, weil hier die Entscheidung gefallen ist, ob ein Mann sich so weit außerhalb des Gesetzes bewegen kann, daß es in seinem Falle nicht mehr greift.«

Das hieß mit anderen Worten: Darf es angehen, daß ein Mann mit Mord davonkommt und nicht wenigstens wegen Steuerhinterziehung verurteilt wird? Oder noch einmal anders: Leute, denkt dran, ihr habt's mit Al Capone zu tun!

Die Geschworenen zogen sich an diesem Nachmittag um 14.20 Uhr zur

Beratung zurück. Wenn man den komplexen Schwachsinn des Urteils bedenkt, grenzt es an ein Wunder, daß die Geschworenen dafür nur acht Stunden brauchten. Aber einer von ihnen hatte sich widerspenstig gezeigt, und so war das Urteil ein Kompromiß geworden.

Als Capone an diesem Abend vom Lexington zurückeilte und um elf Uhr wieder vor den Schranken des Gerichts stand, erlaubte sich das Schicksal mit ihm einen kleinen Streich. Der erste Urteilsspruch, den er hörte, lautete »Nicht schuldig« im einzigen Punkt der das Jahr 1924 betreffenden ersten Anklage. Der nächste Spruch machte die aufkeimende Hoffnung schnell zunichte: »Schuldig« des schweren Vergehens der Steuerhinterziehung im Jahre 1925 im Sinne des ersten Punktes der zweiten Anklage. Aber dann, kaum glaublich, kam neue Hoffnung auf: Bezüglich der drei weiteren Anklagepunkte, dasselbe Jahr betreffend, hörte Capone ein »Nicht schuldig«. Für die Jahre 1926 und 1927 lief es ähnlich: Schuldig im ersten Punkt, der das ganze Jahr betraf, und unschuldig in den drei anderen, im großen und ganzen identischen Anklagepunkten. Erstaunlicherweise befand die Jury, daß Capone sich für die Jahre 1928 und 1929 nicht der Steuerhinterziehung schuldig gemacht habe, wohl aber des leichten Vergehens der Nichtabgabe einer Steuererklärung.

Die Anklagevertreter kratzten sich einigermaßen ratlos am Kopf. Wie konnte Capone einerseits schuldig sein, seine Steuern nicht erklärt zu haben, ohne sich andererseits der Steuerhinterziehung schuldig zu machen? Wie konnte er in einem Jahr in Anklage eines schweren Vergehens schuldig sein, während drei weitere Punkte bei gleicher Beweislage abgeschmettert wurden? Man mußte sich erst einmal beraten.

Fünfzehn Minuten später konnte die Sitzung weitergehen. Johnson erklärte, daß die Staatsanwaltschaft das Urteil in seiner vorliegenden Form annehme. Von den insgesamt dreiundzwanzig Anklagepunkten war Capone in den Punkten eins, fünf und neun der zweiten Anklage für schuldig befunden worden. Es waren schwere Vergehen, die mit je fünf Jahren Gefängnis und 10 000 Dollar Geldstrafe geahndet werden konnten. Dazu kam der Schuldspruch in den Anklagepunkten dreizehn und achtzehn. Das waren leichte Vergehen, die ein Jahr Gefängnis und 10 000 Dollar Geldbuße nach sich ziehen konnten. In achtzehn der dreiundzwanzig Anklagepunkte befanden die Geschworenen Capone für nicht schuldig.

Dreißig Jahre später, beim Wiederholungsprozeß der ABA in Chicago, stimmte eine Jury von vierzehn Geschworenen im Fall Capone für »Nicht schuldig«. Wie erklärt sich das?

Zunächst lag der Unterschied darin, daß Capones »neue« Anwälte unbeirrbar und in Übereinstimmung mit den Tatsachen geltend machten, daß die Staatsanwaltschaft keinen stichhaltigen Beweis für erzieltes Einkommen vorlegen konnte, und daß ferner Capone die Steuererklärung guten Glaubens unterlassen hatte, da er sich bezüglich der steuerlichen Situation auf unrichtige Informationen verlassen hatte. Ihr drittes und schwächstes Argument war, daß Capone von der Strafverfolgung in unfairer Weise zur Zielscheibe gemacht worden sei.

Den Ausschlag gab jedoch, daß das neue Verteidigerteam im Kreuzverhör die

Methoden ans Licht brachte, mit denen die Aussagen von Ries und Shumway zustande gekommen waren. Es handelte sich schlichtweg um Zwang. Richter Marshall sprach nach dem Prozeß mit einigen der Geschworenen. Sie gaben an, »kein wirkliches Vertrauen in die Glaubwürdigkeit« von Zeugen zu haben, die in dieser Weise unter Druck gesetzt worden waren. Im Jahr 1931 hatte die Verteidigung keine Kenntnis von diesen Vorgängen gehabt. Außerdem, sagt Tom Mulroy, »krähte damals kein Hahn danach, ob irgendeine Zeugenaussage unter Zwang zustandegekommen war. Die Polizei machte es eben nicht anders.«

Eine Woche später, am Samstag, dem 24. Oktober 1931, stand Capone wieder vor dem Richter, um die Verkündung des Strafmaßes zu hören. Wie schon während des gesamten Prozesses, so trug er auch jetzt einen Anzug, der für seine Begriffe »gedeckte« Farben hatte und diesmal leicht ins Violette spielte.

Nach den heutigen Richtlinien zur Strafbemessung hätte Capone zwischen sieben Jahren und drei Monaten und neun Jahren Gefängnis zu erwarten gehabt. Im damaligen Fall verkündete Richter Wilkerson für den ersten Anklagepunkt die zulässige Höchststrafe von fünf Jahren Gefängnis, zuzüglich 10 000 Dollar Geldstrafe. Unerwartet kam das nicht. Es war Capone klar, daß er mindestens die gleiche Strafe wie Jack Guzik bekommen würde. Dann gab ihm der Richter noch einmal fünf Jahre für den fünften Punkt der Anklage – wobei Capone darauf wartete, das Wort »konkurrierend« zu hören, das bedeutete, daß bei ähnlich gearteten Vergehen die abgesessene Zeit auf beide Vergehen anzurechnen war.

Der Richter sagte aber noch nichts darüber, wie die Strafen zu verbüßen waren, sondern fuhr fort und verkündete die gleiche Strafe für den neunten Punkt und dann die Höchststrafe von einem Jahr Gefängnis plus der maximalen Geldbuße für die Anklagepunkte hinsichtlich der leichten Vergehen.

Dann kamen die schlechten Neuigkeiten. Der Richter gestattete ein »konkurrierendes« Verbüßen der ersten beiden Strafen, aber der neunte Punkt war separat zu behandeln, und das bedeutete zehn Jahre im Bundesgefängnis. Eine der Strafen für leichte Vergehen lief ebenfalls parallel mit der Haft für den ersten Punkt der Anklage, aber Capone sollte das eine Jahr Gefängnis für das zweite leichte Vergehen anschließend ebenfalls absitzen und zusätzlich noch die sechs Monate für die Mißachtung des Gerichts. Wilkerson hatte die Strafzumessung so eingerichtet, daß auch dann, wenn eine Berufung zur Rücknahme der Urteile für die schweren Vergehen führen sollte, Capone immer noch zweieinhalb Jahre hinter Gittern zu verbringen hatte.

Wenn keine Revision des Urteils erfolgte, dann hatte Capone zehn Jahre Bundesgefängnis vor sich und anschließend noch ein Jahr Bezirksgefängnis. Die Geldstrafen waren kumulativ und summierten sich auf 50 000 Dollar. Außerdem mußte Capone sämtliche Gerichtskosten tragen, die sich auf 7692 Dollar und 29 Cent beliefen.

Richter Wilkerson lehnte es ab, Capone bis zum Abschluß des Revisionsverfahrens gegen Kaution auf freien Fuß zu setzen. Capone hatte unverzüglich den Weg ins Bezirksgefängnis anzutreten, um dort die Überführung in eine Bundesstrafanstalt abzuwarten.

Am Tag nach der Urteilsverkündung wurde Matt Kolb in Morton Grove in einer Raststätte niedergeschossen. Er hatte nicht richtig zugehört, als ihm der Outfit mitteilte, daß er ausgespielt habe. Capone mochte ins Gefängnis gehen, aber die Geschäfte liefen weiter. Es sah so aus, als ob Capone weiterhin die Fäden in der Hand behalten würde.

29

Im Gefängnis

»Das war's dann wohl«, sagte Capone zu seinen Anwälten, nachdem der Richter gesprochen hatte.[1] »Ihr habt getan, was ihr konntet«[2], eine Bewertung, die nicht allzu lange Bestand haben sollte.

»Goodbye, Al, alter Junge«, sagte Albert Fink mit belegter Stimme und drückte die Hand seines Mandanten.[3]

Während Capones Anwälte noch durchzusetzen versuchten, daß er bis zum Entscheid über den Berufungsantrag in Chicago bleiben durfte, wurde Capone schon in einer Traube von Deputies von dem vierschrötigen und grimmig dreinblickenden Marshal Henry C. W. Laubenheimer abgeführt.

Vor dem Gerichtssaal trat ein schmächtiger grauer Beamter an Capone heran und wedelte mit einem Schriftück: »Mr. Capone, hiermit wird Ihnen dieser Bescheid zugestellt . . .«[4]

Capone fluchte laut und holte mit einem Bein aus, als ob er dem Mann einen Tritt versetzen wollte. Er wurde jedoch von den Deputies gepackt, und der Steuervollstreckungsbeamte präsentierte Capone eine Zahlungsaufforderung über 137 324 Dollar. Der Betrag sollte sich im Laufe der folgenden Auseinandersetzungen noch mehrfach ändern.

Als er im Erdgeschoß angekommen war, bemühte sich Capone, für die Fotografen zu lächeln. »Bedient euch, Jungs, ihr werdet mich sobald nicht mehr sehen«, sagte er, bevor er sich von Polizisten flankiert in ein Taxi zwängte. Ein zweites Taxi fuhr mit dem Rest der Eskorte hinterher. »Es war meine eigene Schuld«, sagte Capone auf der Fahrt ins Bezirksgefängnis. »Der Presserummel – das ist es, worüber ich gestolpert bin.«[5]

Als Capone ankam, warteten schon wieder die Reporter auf ihn. Was er von dem Urteil halte? »Es ging ein bißchen unter die Gürtellinie«, antwortete Capone, »aber wenn es sein muß, dann schaffe ich das schon.«[6] Er hatte sich vorgenommen, keinen Ärger zu machen und einen möglichst hohen Straferlaß wegen guter Führung zu bekommen.

Zuerst wurde Capone in eine Zelle in der Nähe des Eingangs gesteckt. Als die Pressefotografen sich am Gitter drängten, verzog er sich in den hintersten Winkel. »Jungs, bitte hier keine Fotos!« bat er. »Denkt doch mal an meine Familie.«[7] Ein Wärter brachte Capone zu einer etwas abgelegeneren Zelle. Als er ihn einschließen wollte, drängte ein Reporter herein, um eine Großaufnahme zu erhaschen. Capone platzte der Kragen. Er schnappte sich einen Kübel und ging auf den Mann los. »Ich reiß dir den Kopf ab«, brüllte er, während ihm die Wärter in den Arm fielen.

Am Abend hatte Capone eine geräumige Zelle im Bereich der Krankenstation des D-Blocks bezogen. Den Blechteller mit Cornedbeef und Kohlgemüse hatte er unberührt beiseite geschoben, lediglich vom Reispudding hatte er probiert und ein Schlückchen Kaffee getrunken. Ansonsten verhielt er sich wie ein mustergültiger Sträfling. Ein Wärter sagte: »Er weiß, wie man Knast schiebt.«[8]

Capones Anwälte erreichten den Aufschub der Strafvollstreckung ohne Schwierigkeiten, da dies die Bundesbehörden der Notwendigkeit enthob, Capone bis zum Entscheid über seine Berufungsanträge in eine Bundesstrafanstalt einzuweisen. Richter Wilkerson weigerte sich jedoch, den Delinquenten die Strafe für seine leichten Vergehen zuerst verbüßen zu lassen, und ließ sich auch nicht auf eine Freilassung gegen Kaution ein. Das bedeutete, daß Capone weiterhin im Bezirksgefängnis von Cook County blieb, wobei die dort verbrachte Haftzeit noch nicht einmal auf seine übrigen Freiheitsstrafen angerechnet wurde. Sein offizieller Strafantritt begann erst in dem Moment, wo sich die Zellentür einer Bundesstrafanstalt hinter ihm schloß.[9]

Nachdem Capones Prozeß vorüber war, befaßte sich Richter Wilkerson mit Phil D'Andrea. Er verurteilte ihn wegen Waffentragens im Gericht zu sechs Monaten im Bezirksgefängnis.[10] Auch D'Andrea saß im D-Block ein, wo er schließlich eine große Zelle für sich allein bekam. Die Zelle war voll mit großen Aktenschränken, damit D'Andrea seine Dienstgeschäfte als Präsident der Unione weiterführen konnte.[11] Er war der Nachfolger von Joe Aiello.

Capones Kontrolle über den Outfit funktionierte, als sei er nie ins Gefängnis gekommen. Ungefähr sechs Wochen nach seiner Einlieferung erhielten Richter Wilkerson, George Johnson und der Gefängnisdirektor Moneypenny anonyme Telegramme, in denen behauptet wurde, daß Capone Tag und Nacht nach Belieben Besucher empfange, deren Limousinen, von Ganoven bewacht, vor dem Gefängnis parkten. Des weiteren erledige er Telefonate, schicke Boten und habe sogar die Hilfe eines Sekretärs. Kurzum, Capone führe seine Organisation ohne die geringste Einschränkung.[12]

Moneypenny dementierte umgehend, daß Capone irgendeine Sonderbehandlung erhalte. Er sei nicht *wirklich* auf der Krankenstation untergebracht: D-5 sei eine Zelle für Genesende. Moneypenny lud Pressevertreter zu einer Ortsbesichtigung ein, bei der er demonstrierte, daß das Gebäude hinreichend kahl war. Capone spielte artig mit. Er fragte die Besucher: »Ich bin im Knast, reicht das denn nicht?«, wobei er mit einer ausholenden Geste auf seine triste Umgebung wies. »Jeder, der hier wohnen will, soll mir willkommen sein. Ich weiß nicht, was hier so angenehm sein soll.«[13]

Moneypenny erhielt von der Aufsichtsbehörde eine Abmahnung wegen Gewährung von Sonderbehandlung. Wenn es sich nicht um Familienbesuch handelte, mußte fortan Marshal Laubenheimer gefragt werden. Der Ablauf der restlichen Zeit von Capones insgesamt sechseinhalbmonatigem Aufenthalt im Bezirksgefängnis war damit vorgezeichnet. Erwartungsgemäß stellte sich heraus, daß »Mr. Smith« und »Mr. Jones«, die Capone oder andere Häftlinge in D-5 besuchten, in Wirklichkeit Mitglieder des Outfit waren. Infolgedessen begleiteten »Vertrauenswärter« jeden Besucher, und der Zutritt wurde nur mit einem besonderen Paß gestattet. In der Folgezeit ließen sich Politiker solche Pässe ausstellen, um sie dann an Leute wie Joe Fusco, Murray Humphreys und Jack Guzik weiterzugeben. Das Ganze führte schließlich dazu, daß Laubenheimer Capone rund um die Uhr überwachen ließ.[14]

Die Besuche rissen nicht ab. Lucky Luciano und Dutch Schultz sollen, von John Torrio begleitet, erschienen sein. Capone hoffte, ihre Differenzen schlichten zu können. Damit sie ungestört waren, überließ ihnen Moneypenny die Todeszelle als Konferenzraum. Capone soll es angeblich passend gefunden haben, zum Vorsitz auf »dem Stuhl« Platz zu nehmen. Die Konferenz verlief ergebnislos. Schultz verharrte stur auf seinem Alleingang, was drei Jahre später seine Ermordung zur Folge haben sollte.[15]

Capones Berufung lag in den Händen von Mike Ahern. Beobachter erwarteten, daß den Mattinglydokumenten eine wichtige Rolle im Berufungsverfahren zukommen werde.[16] Sicher würde auch über Richter Wilkersons Vorgabe verhandelt werden müssen, daß in Steuersachen eine sechsjährige statt einer dreijährigen Verjährungsfrist gelte – eine äußerst schwierige Frage. Laut Gesetz war nur bei Steuerbetrug eine Verjährungsfrist von sechs Jahren vorgesehen, bei allen sonstigen Steuerdelikten waren es drei Jahre. Es gab allerdings Urteile von Bundesgerichten, die Steuerhinterziehung als Betrugsdelikt bewerteten. Ein weiterer verjährungsrelevanter Faktor war die Zeitspanne, die der Angeklagte in einem anderen juristischen Zuständigkeitsbereich verbracht hatte als dem, innerhalb dessen das Delikt begangen worden war. Diese Zeitspanne war nicht auf die Verjährung anzurechnen.[17] Albert Fink hatte während des Prozesses die Verjährungsproblematik nur gestreift und dabei die Zeitspanne, die Capone in Florida und Philadelphia verbracht hatte, mit keinem Wort erwähnt. Da dieser Punkt im Verhandlungsprotokoll fehlte, konnte er auch nicht in die Revision eingebracht werden. Das sollte aber keine Rolle spielen, da in Aherns Berufungsantrag weder auf die Verjährungsproblematik noch auf die Mattinglydokumente eingegangen wurde. Der Antrag kritisierte lediglich, daß die Staatsanwaltschaft versäumt habe, im einzelnen nachzuweisen, auf welche Weise Capone Steuern hinterzogen habe. Dieses Versäumnis zählte jedoch schlimmstenfalls als harmloser Irrtum.

Am 27. Februar rief der stellvertretende Direktor Edward Nettles Capone von einem Kartenspiel fort zu sich, um ihm mitzuteilen, daß das Bundesberufungsgericht den Antrag abgelehnt hatte.[18] Capone zuckte mit der Schulter. Er konnte immer noch auf die Revision vor dem Obersten Gericht hoffen.

Drei Tage später entführten Kidnapper den kleinen Charles Augustus Lindbergh Jr. aus seinem Kinderbettchen in Hopewell in New Jersey. »Das ist die abscheulichste Sache, von der ich je gehört habe«, sagte Capone. Er setzte 10 000 Dollar Belohnung für sachdienliche Hinweise aus.[19]

Frankie Rio ging nach Hopewell und unterbreitete einen Vorschlag: Capone glaube, innerhalb von achtundvierzig Stunden die Rückkehr des Babys bewirken zu können, falls die Behörden bereit seien, ihn vorübergehend auf freien Fuß zu setzen. »Ich kenne eine große Zahl von Leuten, die bei der Auffindung des Kindes wertvolle Dienste leisten könnten«, lautete Capones Botschaft. »Solange ich hier hinter Gittern sitze, sind mir die Hände gebunden, aber ich bin ziemlich sicher, daß ich einiges erreichen könnte, wenn ich für eine gewisse Zeit herauskäme.«[20]

Dem Redakteur Arthur Brisbane erklärte er, er erwarte nicht, freigelassen zu werden. Er brauche nur kurzfristig gewährten Freigang auf Ehrenwort. Über die öffentliche Aufwertung seines Namens durch eine solche Aktion verlor er kein Wort. Er sagte, er sei bereit, »jedes Unterpfand zu geben, das man verlangt«, und er biete seinen Bruder John als Bürgen für seine Rückkehr ins Gefängnis an. »Glauben Sie etwa, daß ich meinen eigenen Bruder aufs Kreuz legen würde?« fragte er.[21]

Der Fahndungsleiter im Fall Lindbergh war der Gründer und Chef der Staatspolizei von New Jersey, Colonel H. Norman Schwarzkopf.[22] Auch er hatte einen kleinen Jungen, der später zur Armee ging und es dort bis zum General bringen sollte. Nach Capones Angebot berieten sich die Lindberghs mit den SIU-Agenten Arthur Madden und Frank Wilson, die ihrer Meinung nach wissen mußten, wie man mit Capone umgehen konnte. Auf ihren Rat hin lehnten die Lindberghs Capones Angebot ab.[23] Sechs Wochen später, als die verzweifelten Eltern 50 000 Dollar Lösegeld bezahlt hatten, ohne ihr Kind zurückzubekommen (das in Wirklichkeit schon ermordet worden war), erneuerte Capone sein Angebot. Die Lindberghs waren zwar bereit, »ihre Anerkennung auszudrücken«, falls Capone ihr Kind wiederbringen würde, aber sie wollten sich noch immer nicht für Capones Freigang einsetzen.[24] Es ist auch fraglich, ob die Behörden mitgespielt hätten, nachdem man sich so lange und so angestrengt bemüht hatte, seiner habhaft zu werden.

Am 2. Mai 1932 teilte das Oberste Gericht den staatlichen Behörden mit, daß Capone weiterhin in Haft zu bleiben habe. Eine beglaubigte Kopie des Bescheides, in dem das Oberste Gericht seine Weigerung begründete, Einsicht in die Prozeßakten zu nehmen, kam am nächsten Tag in Chicago an.

Das Justizministerium hatte im letzten Augenblick seine Entscheidung über den Ort, an den Capone gebracht werden sollte, revidiert. Sam Guzik war wegen einiger kleinerer Vergehen verurteilt worden, und man hatte ihn nach Leavenworth geschickt. Auch Nitti war bis zu seiner Entlassung am 24. März dort gewesen, und am 8. April wurde Jack Guzik ebenfalls dort eingeliefert.[25] In Leavenworth gab es zuviel Outfit und zuwenig Disziplin: Nitti und Sam Guzik hatten es verstanden, sich skandalös gemütliche Posten zu sichern: Nitti chauffierte in Zivilkleidung für den Leiter der Gefängnisfarm einen Wagen, und Sam botanisierte in der gefängniseigenen Gärtnerei herum.[26] Ralph hatte seine Haftstrafe am 7. November 1931 in Leavenworth angetreten, war aber vom Justizministerium am 10. Dezember nach McNeil Island in Washington verlegt worden. Man beschloß, Capone die Haft in Atlanta, der härtesten aller Bundesstrafanstalten, absitzen zu lassen.[27] Capone, der sich von seiner Familie schon am Nachmittag verabschiedet hatte,[28] erfuhr von dieser Änderung durch das Radio, kurz bevor er das Bezirksgefängnis verließ, um zur Dearborn Station gebracht zu werden, wo der »Dixie Flyer« um 23.30 Uhr abfahren sollte.[29]

Um 21.30 Uhr am Abend des 3. Mai 1932 war Marshal Laubenheimer mit einem Dokument erschienen, das den Sheriff von Cook County anwies, »die Person eines gewissen Alphonse Capone und eines gewissen Vito Morici zu überstellen«.[30] Morici war ein dürrer sechsundzwanzigjähriger Autodieb, den in Florida der Prozeß erwartete.

Im Haupthof des Gefängnisgebäudes wimmelte es von Fotografen und Presseleuten, die sich dicht an dicht mit Prohibitionsagenten, Staatspolizisten und Detectives aus Chicago drängten. Während sich das Blitzlichtgewitter entlud, schallten Hochrufe aus den vergitterten Fenstern zum Hof. »Man könnte meinen, Mussolini würde hier durchmarschieren«, sagte ein winkender Capone.[31]

Am nächsten Tag im Zug sagte er zu den Reportern: »Egal, was man mit mir macht, ich werde aus zwei Gründen mitspielen. Der eine Grund ist, daß man nur dann mit Straferlaß rechnen kann, wenn man keinen Ärger macht und ein guter Gefangener ist. Und der andere Grund ist, daß ich sowieso nichts daran ändern kann.« Vielleicht würde er als Koch eingesetzt, er habe einiges an italienischen Gerichten zu bieten: »Ich hoffe, der Anstaltsdirektor mag Spaghetti!«[32]

Am Abend dieses Tages, dem 4. Mai, lief der »Dixie Flyer« vier Minuten zu früh in Atlanta in der Union Station ein. Es war 19.46 Uhr.

Die weiße Steinfassade der Bundesstrafanstalt in Atlanta ragte achtzehn Meter hoch auf und war hundertachtzig Meter breit. Sie ging in eine neun Meter hohe Steinmauer über, die sich um die Flanken und die Rückseite des Komplexes zog. Zwischen zwei hohen dorischen Säulen befand sich ein massives Außentor. Um 21.10 Uhr erklomm ein kleiner Trupp die Treppen, die zum Tor hinaufführten. Von drinnen rief der Torhüter: »Wer da?«

»Der Marshal der Vereinigten Staaten aus Chicago«, rief Laubenheimer zurück. »Ich bringe Alphonse Capone, einen Gefangenen.« Der Marshal, die Eskorte und der Gefangene – kleinlaut, angespannt und vor Erregung sichtlich bebend – gingen zur inneren Toranlage vor, wo ihnen Gefängnisdirektor A. C. Aderhold entgegentrat.

Der Anstaltsleiter begrüßte den Marshal mit Handschlag, bevor er sich an den Gefangenen wandte. »Wie heißen Sie?« fragte er.

»Alphonse Capone«, kam die kaum vernehmliche Antwort.

»Wie hoch ist Ihre Strafe?«

»Elf Jahre.«

»Hier sind es zehn Jahre«, warf Laubenheimer ein. Das elfte Jahr war im Bezirksgefängnis abzusitzen.

»Sie erhalten die Nummer vier-null-acht-acht-sechs.« Nummer 40886 händigte die 231 Dollar aus, die er in der Tasche hatte. Die einzigen anderen nennenswerten Wertsachen waren sechzehn Devotionalienmedaillen, ein Rosenkranz, ein Skapulier, ein Füllfederhalter, ein einzelner Schlüssel, eine Brieftasche und ein Nagelklipper. Im Gegenzug erhielt er einen blauen Drillichanzug. Auf Jacke und Hosenbeine war die Nummer 40886 aufgenäht.[33]

Ein Fotograf wollte eine Aufnahme machen. Ein Wärter fuhr ihn an: »Hauen Sie ab!« Das Fotografieren der Insassen von Bundesstrafanstalten war grundsätzlich verboten. Selbst Laubenheimer, der am nächsten Tag noch einmal vorbeikam, um einige Papiere abzuholen, hörte nichts mehr von der Person, die er abgeliefert hatte.[34] Nummer 40886 war jetzt Häftling der Bundesbehörden und abgeschnitten vom Rest der Welt. Zumindest theoretisch.

Capone fügte sich in die Routine des Gefängnisalltags, die ihm, wie er wußte, nicht erspart bleiben würde. Mit dem Schrillen der Klingel um sechs Uhr aufstehen, von halb sieben bis sieben Uhr Frühstück, Arbeit von sieben bis halb zwölf, dann zum Mittagsappell zurück in die Zelle, die er mit sieben anderen Häftlingen teilte, anschließend Mittagessen. Um 12.20 Uhr wieder zurück in die Zelle, wieder Arbeit von halb zwei bis halb fünf, dann Abendessen, um halb sechs zurück in die Zelle. Das Anstaltsradio spielte abends von sieben bis zehn Uhr, dann ging das Licht aus.[35]

Capone wurde der Schuhmacherei zugewiesen, wo er ein fähiger Schuster wurde. Die Gefängnisverwaltung bezeichnete ihn als Musterhäftling.[36] »Er befolgt Anordnungen in dem Augenblick, in dem sie gegeben werden«, sagte ein Vollzugsbeamter. Die Haft fiel Capone dennoch schwer. Im Bezirksgefängnis, als er auf den Entscheid über die Berufung wartete, hatte Capone gesagt, daß er es genießen würde zu schlafen. »Schlafen ist wie davonlaufen«, hatte er gegenüber einem Wärter bemerkt, der sich wunderte, mit welcher Leichtigkeit Capone in einen ununterbrochenen Schlummer von acht Stunden versinken konnte. »Solange ich schlafe, kann mich niemand gefangenhalten. Das erspart mir ein Drittel meiner Haftzeit, verstehen Sie?«[37] Nun, da es ernst geworden war, warf er sich in Alpträumen stöhnend von einer Seite zur anderen und schrie »Nein, nein!« Es kam soweit, daß ihn ein Zellengenosse mit Ohrfeigen aufwecken mußte.[38]

Capone wollte natürlich hinaus. Im Herbst 1932 sah es so aus, als ob seine Chancen nicht allzu schlecht stünden. Am 11. April 1932, einen knappen Monat, bevor Capone nach Atlanta gebracht worden war, hatte der Oberste Gerichtshof im Fall Schwarton entschieden, daß Steuerhinterziehung nicht als Betrugsdelikt zu werten sei.[39] Das bedeutete, daß in Capones Fall die dreijährige und nicht die sechsjährige Verjährungsfrist gegolten hätte. Bei rückwirkender Anwendung wären somit jene Anklagepunkte für die Jahre 1925 bis 1927 entfallen, für die er wegen schweren Vergehens verurteilt worden war. Da er von den schweren Vergehen der Jahre 1928 und 1929 freigesprochen worden war, würde eine zu seinen Gunsten ausfallende Berufungsentscheidung bedeuten, daß er für die leichten Vergehen der Jahre 1927 und 1928 einschließlich der Haftstrafe wegen Mißachtung des Gerichts nur zweieinhalb Jahre zu verbüßen gehabt hätte.

Im August wurden zwei clevere Berufungsanwälte aus Washington engagiert, zum Schein von Capones Mutter Theresa. Am 21. September 1932 beantragten William E. Leahy und sein Sozius William J. Hughes einen Haftprüfungstermin bei dem Bundesgericht, das für Atlanta zuständig war.[40]

Nach Vorbesprechungen fand die Verhandlung mit einiger Verzögerung am 26. April 1933 vor dem Bundesrichter E. Marvin Underwood in New Orleans statt.[41] Dwight Green, einer der Vertreter der Staatsanwaltschaft im Steuerprozeß, vertrat auch hier den Staat. Die Frage der Verjährung spielte eine entscheidende Rolle. Im Fall Schwarton hatte die Verteidigung der Entscheidung des Richters für die sechsjährige Verjährungsfrist sofort widersprochen und diese Frage auch zum Gegenstand ihres Berufungsantrags gemacht.

Bei Albert Fink war das Problem aber nur als nachträgliche Überlegung aufgetaucht und nie wirklich zum Thema gemacht worden. Er war sich mit Richter Wilkerson darin einig gewesen, daß Bundesgerichte immer von der sechsjährigen Frist ausgegangen waren. Zudem hatte Ahern diesen Punkt auch gar nicht in Capones ursprüngliches Berufungsbegehren aufgenommen. Nach Richter Underwoods Meinung hätte die nachträgliche Revision bedeutet, daß ein Bundesgericht Revisionsbefugnis für ein anderes Bundesgericht beanspruchen würde. Antrag abgelehnt.

Ein Zellengenosse berichtete später, was Capone über seine Anwälte gesagt hatte: »Das sind überbezahlte dumme Bastarde, die noch nicht einmal einen Taschendieb heraushauen können.«[42] Wie Ermittlungsbeamte erfuhren, schickte Capone ein paar Geldeintreiber zu Ahern und Fink, nachdem ihm klargeworden war, wie schlecht sie ihn bedient hatten. Er wollte das Honorar zurückhaben.[43] Die Anwälte konnten von Glück sagen, daß er weiter nichts eintreiben ließ.

Schon vor dem Amtsantritt von Franklin Roosevelt am 4. März 1933 war die Prohibition vorbei. Am 16. Februar beschloß der Senat mit 63 zu 23 Stimmen, den einundzwanzigsten Zusatzartikel zur Verfassung der gesetzgebenden Versammlung zur Beratung vorzulegen. Gleichzeitig wurde der achtzehnte gestrichen. Vier Tage später entschied sich das Parlament mit 289 gegen 121 Stimmen für die Gesetzesvorlage. In der Zwischenzeit erließ die neue Regierung eine Verordnung, die den Verkauf von Bier mit 3,2 Prozent Alkohol gestattete. Am 5. Dezember 1933 ratifizierte Utah als letzter Staat die Rücknahme der Prohibition, und die staatlichen Behörden zogen unauffällig sämtliche Strafverfolgungsverfahren wegen Prohibitionsvergehen zurück, darunter auch das Verfahren gegen Capone und andere Mitglieder des Outfit.[44]

Trotz des Geredes vom »Musterhäftling« kursierten schon unmittelbar nach Capones Einlieferung in Atlanta die Gerüchte, daß er »den Laden übernommen« habe. Ein Zellengenosse berichtete, Capone habe das Privileg genossen, Zweidollarzigarren zu rauchen. Ein anderer Mithäftling behauptete, Capone habe spezialangefertigte Schuhe für fünfundzwanzig Dollar getragen. Beim Spaziergang im Hof habe er seine eigenen Leibwächter gehabt. Vor allem aber habe er seine Organisation immer noch geleitet, und zwar mittels unzensierter, per Sondererlaubnis gestatteter »Geschäftskorrespondenz«.[45]

Der Direktor dementierte umgehend. Der berühmteste Häftling von Atlanta sei nichts weiter als Nummer 40886, trage das übliche Schuhwerk und rauche lediglich den Tabak, den er sich, wie jeder andere auch, von den pro Monat erlaubten 10 Dollar Taschengeld im Gefängnismagazin kaufen könne. Es sei zwar richtig, daß Capone mehr Fanpost erhalte als sonst ein Gefangener, beinahe sogar mehr Post als der Direktor selbst, aber das meiste davon seien Bettelbriefe. Und unabhängig davon, wieviel Post Capone bekäme, zum Antworten stünde ihm lediglich das übliche Kontingent von zwei Briefen pro Woche zur Verfügung. Der Anstaltsleiter versicherte weiter, daß Capone sogar wegen »der Meldungen, daß seine Freunde versuchen würden, Geld und Waffen zu ihm hineinzuschmuggeln«, seine Besucher unter strengerer Überwachung empfangen müsse als andere Gefangene. Abgesehen von diesem Nachteil erhielte Capone »die gleiche Behandlung wie jeder andere Häftling der Anstalt«.[46]

Das war Unsinn. Capone »lebte wie ein König«, berichtete später ein anderer Exhäftling.[47] Das war zwar übertrieben − schließlich war Capone im Gefängnis und mußte in einer Zelle leben − , aber die Ereignisse und die Aufzeichnungen der Strafanstalt selbst geben eher den Mithäftlingen und den Gerüchten als dem Anstaltsdirektor recht.

Capone konnte den Gefängnisarzt William F. Ossenfort dazu bewegen, daß er ihm Spezialschuhe mit einer Fußstütze verschrieb. Die Schuhe wurden in Leavenworth angefertigt.[48] Es ist auch richtig, daß einige als Leibwächter angeheuerte Mitgefangene Capone beim Hofgang umgaben.

Sogar die Disziplinarberichte des Gefängnisses lassen auf gewisse Privilegien schließen: Der Musterhäftling wurde immer wieder bei kleineren Extravaganzen erwischt. Einmal schrieb ihn ein Wärter auf, weil er zuviel Unterwäsche (sieben Unterhosen) und zu viele Socken (zehn Paar) besaß.[49] Zusätzlich zu dem anstaltseigenen Bettzeug hatte er acht Bettbezüge und zwei handgemachte Federkissen. Seine Strafe bestand darin, daß er die überzählige Aussteuer abgeben mußte. Ein anderer Wärter fand die hölzernen Sparren des Lattenrostes von Capones Pritsche in einem Faß. Capone hatte Ketten von Toilettenspülungen mit Federn im Bettrahmen verspannt und sich so eine bequemere Liegestatt gebaut.[50] Capone konnte sogar ungestraft mit einem Benehmen davonkommen, das ein Wärter als »unverschämt« bezeichnete. E. W. Yates führte Beschwerde, Capone sei frech geworden, als er ihm die Anweisung gab, ein Fenster zu putzen. »Dies ist das zweite Mal, daß dieser Gefangene vor versammelter Mannschaft mir gegenüber unverschämt geworden ist«, berichtete Yates dem stellvertretenden Anstaltsleiter Julian A. Schoen. Zur Disziplinierung wurde die geringste Strafe verhängt: Der Musterhäftling erhielt »Verweis und Verwarnung«.[51]

In Capones Achtmannzelle verwahrte er − zusätzlich zu dem gelegentlich zu hohen Bestand an Unterwäsche − sein Fotoalbum, zwei Bettvorleger, das Rasierzeug, Spiegel, Bademantel, Schreibmaschine, Tennisschläger, Tennisschuhe, Wecker und eine vierundzwanzigbändige Ausgabe der »Encyclopaedia Britannica«.[52] Wenn er Lust hatte, den Schläger zu benutzen, verlor er keine Zeit mit Warten. Gefiel ihm ein Doppel, dann verdrängte er einfach einen anderen Spieler aus dem Spiel. War es ein Einzel, so deutete er auf den gewünschten Gegner, worauf sich dessen Spielpartner umgehend verzog.[53]

Der Schlüssel zu Capones Macht war vielleicht in einer Aushöhlung im Griff seines Tennisschlägers verborgen. Dort war genügend Platz, um jederzeit heimlich mehrere tausend Dollar bereitzuhalten.[54] Einer von Capones Zellengenossen war Morris Rudensky, der gewöhnlicherweise »Red«, aber von Capone nur »Rusty« genannt wurde. Er war ein Safeknacker, den Capone von Chicago her flüchtig kannte. Rudensky behauptete später, er hätte dafür gesorgt, daß das Geld durch eine Vertrauensperson hereingeschmuggelt wurde. Er habe es für Capone in einem ausgehöhlten Besenstiel verborgen gehalten.[55] Möglich ist es, obwohl weder Capone noch der Outfit Nachhilfe in Subversion und Bestechung nötig hatten. Wie Direktor Aderhold gesagt hatte, konnte Capone bestenfalls jeden Monat für zehn Dollar ein Gutscheinheftchen für das Gefängnismagazin erwerben. Es gab viele Gefangene, die sich das nicht leisten konnten. Oft durften sich die Leute mit Capones Geld ein Heftchen kaufen und einen Teil der Bons für sich verwenden. Den Rest benutzte Capone selbst. Es ist gut möglich, daß Wärter und höhere Gefängnisbeamte direkt in Bargeldtransaktionen verwickelt waren.[56]

Das FBI ermittelte und versuchte, Anklage gegen Capone wegen Einschmuggelns von Geld in ein Bundesgefängnis zu erheben. Beinahe fünf Jahre und Tausende von Aktennotizen später schrieb der zuständige Spezialagent an Edgar Hoover, es habe sich nun schon sechs Monate lang nichts mehr bewegt, und er werde — vorausgesetzt Hoover habe als Behördenchef nichts dagegen — den Fall für abgeschlossen erklären.[57]

Es mußte etwas geschehen. James V. Bennett, der inzwischen Direktor der Bundesgefängnisverwaltung geworden war, räumte später ein, daß Capone »für unsere Beamten in Atlanta zu einem Problem geworden war, mit dem sie nicht mehr fertig wurden. Er führte sich in Atlanta zwar einigermaßen gut, benahm sich aber immer noch wie der König der Unterwelt«.[58] Sogar bei der Führung des Outfit redete er mittels seiner schriftlichen Botschaften noch ein Wörtchen mit.

Der Staat wußte Abhilfe.

30

Zur Hölle und zurück

Am 1. August 1933 trat Präsident Roosevelts Generalstaatsanwalt Homer S. Cummings an einen Mitarbeiter heran, um sich Vorschläge ausarbeiten zu lassen. Er sagte:»Wäre es nicht eine gute Sache, wenn wir ein Spezialgefängnis hätten . . . Es müßte sich an einem entlegenen Ort befinden − auf einer Insel oder in Alaska, damit die Gefangenen nicht dauernd Verbindung nach draußen zu ihren Freunden halten können.[1]

Es dauerte eine Woche, bis das Justizministerium ein geeignetes Objekt gefunden hatte. Es lag einsam in etwa zweieinhalb Kilometer Entfernung vor dem Norduferder Bucht von San Francisco, umspült von zehn Grad kalten Fluten, die starken Gezeiten unterliegen und mit einer Geschwindigkeit von sechs bis neun Knoten vorbeiströmen. Spanische Seeleute, die das von Seevögeln belagerte Eiland im Jahr 1775 zum ersten Mal sahen, tauften es »Isla de Alcatraces« − Insel der Pelikane. Der Ort mit seinen knapp vierzig Meter hohen Klippen, die steil zu der zerklüfteten und mit nichts als Vogelkot bedeckten Hochfläche ansteigen, wirkte so abweisend, daß ihn Lieutenant Juan Manuel de Avala und seine Männer der Erkundung nicht für wert befanden. Die Insel blieb noch für weitere siebzig Jahre unbewohnt.[2]

Die Insel von Alcatraz war genau das, was Cummings gesucht hatte. Sie hatte als Fort und später als Militärgefängnis gedient. Im Jahr 1933 waren die Gebäude des Lagers, das die Army bald aufgeben wollte, noch intakt. Das Justizministerium übernahm die Anlage und investierte 260 000 Dollar, um den Gefängniskomplex so ausbruchssicher zu machen, wie die Insel selbst es war.[3]

Der Etat des Justizministeriums während der Depressionszeit reichte zwar nur bei der Hälfte der Zellen für werkzeugsicheren Stahl, aber man errichtete Schützengalerien und fünf Wachtürme mit sich überschneidendem Schußfeld. Die Türen zu den Werkstätten waren mit elektrischen Schlössern gesichert, die nur von den Wachtürmen aus betätigt werden konnten. Das Öffnen des Haupttors mußte jeweils durch zwei Beamte erfolgen. Einer davon saß in einer Stahlkabine, von wo aus die eiserne Schutzplatte vor dem Schloß elektrisch bedient wurde. Gefangene und Besucher mußten Schleusen mit Metalldetektoren passieren.[4] Die Sensoren waren so empfindlich, daß Capones

Fußstützen das Warnsignal auslösten (sie wurden durch Plastikeinlagen ersetzt). Beim Besuch seiner Mutter reagierte die Alarmanlage auf die Metallbügel ihres Korsetts.[5]

Am 19. Juli 1934 zog die Army ab, und am 1. August übernahm die Bundesgefängnisverwaltung die Insel. James A. Johnston wurde als Direktor der Strafanstalt eingesetzt.[6] Er war 1913 ein Jahr lang Gefängnisdirektor in Folsom gewesen und dann zwölf Jahre Direktor von San Quentin, um sich anschließend als Bankier zu betätigen. Johnston galt als Strafvollzugsreformer und entschiedener Anhänger der Rehabilitation, aber die Regierung ernannte ihn zum Leiter einer Vollzugsanstalt, die noch nicht einmal zum Schein den Anspruch auf Rehabilitation erhob, sondern ganz offensichtlich als Kerker diente.

Am Abend des 18. August 1934 machte Homer Cummings einen letzten Inspektionsgang durch Alcatraz. Zur gleichen Zeit holten die Wärter von Atlanta dreiundfünfzig Häftlinge aus ihren Zellen. »Es war nach dem Abendessen«, erinnerte sich Capones Zellengenosse Rudensky, »als Swede, ein Wärter mit dem ausdruckslosesten Gesicht, das es gibt, zu unserer Zelle kam und mit dem Gummiknüppel über die Gitterstäbe rasselte.«[7] Als Swede die Zelle aufschloß, gesellten sich vier weitere Wärter zu ihm, und es kamen noch drei hinzu, als Capone wütend brüllte, er werde sich nirgendwohin schaffen lassen. Die Gerüchteküche des Gefängnisses hatte vier Wochen lang wegen Alcatraz gebrodelt. Jetzt warf sich Capone mit wütenden Flüchen auf den nächststehenden Wärter. Er wurde überwältigt und fortgeschleppt. »Ihr dreckigen Schweinehunde, hier kriegt ihr mich nicht heraus!« war der letzte Schrei, den Rudensky von Capone hörte.

Zusammen mit den anderen Gefangenen, die ebenfalls nach Alcatraz sollten, wurde Capone entkleidet, durchsucht und anschließend neu eingekleidet. Die Behörden hatten alles getan, um Flucht- oder Befreiungsversuche zu vereiteln: Ein Sonderzug hielt im Gefängnishof. Die vergitterten Fenster der eisernen Waggons waren zusätzlich mit dichtem Drahtgeflecht gesichert. Wärter saßen in gepanzerten Käfigen, von denen aus sie die Durchgänge der Waggons mit ihren Gewehren bestreichen konnten. Um fünf Uhr am nächsten Morgen fuhr der Zug mit dreiundfünfzig an ihre Sitze geketteten Gefangenen aus dem Gefängnishof. Er hielt an keiner der üblichen Bahnstationen, und niemand außer Johnston, der per Telefon auf dem laufenden gehalten wurde, wußte, bis wohin der Zug schon gekommen war.

Am Mittwoch wurde der Sonderzug um das verkehrsreiche Oakland geleitet und lief frühmorgens in dem kleinen und kaum benutzten Güterbahnhof von Tiburon ein, wo die Waggons für den kurzen Rest der Reise über die Bucht bis zur Anlegestelle von Alcatraz direkt auf ein Fährboot verladen werden konnten.

Dort angekommen, lösten die Wärter die Fußketten der Gefangenen, und die mit Handschellen zusammengeschlossenen Sträflinge trotteten in Zweierreihen hügelan zum hinteren Tor. Beim Anblick des hoch über ihnen aufragenden Hauptgebäudes brach einer der Gefangenen weinend zusammen.

Als sämtliche Männer gezählt, registriert, ausgezogen, durchsucht, gebadet, abgefüttert, neu eingekleidet und eingeschlossen waren, schickte Direktor Johnston an Cummings das Telegramm mit dem vereinbarten verschlüsselten Text: DREIUNDFÜNFZIG MÖBELKISTEN AUS ATLANTA IN GUTEM ZUSTAND EMPFANGEN UND AUSGEPACKT. KEINE TRANSPORT-SCHÄDEN. Etwas später kamen noch einmal einhundertdrei Möbelkisten aus Leavenworth – Mitglieder des Outfit waren nicht darunter. Außerdem gab es kleinere Transporte aus McNeil Island und Lewisburg, sowie acht Rädelsführer eines Hungerstreiks aus dem Gefängnis von Washington, D.C.

Capone wurde Nummer 85 in Zelle 181.[8]

Das Justizministerium und Gefängnisdirektor Johnston hatten »The Rock«, den Felsen, wie Alcatraz bald genannt wurde, von vornherein absolut unkorrumpierbar angelegt. In oder von Alcatraz aus würde es für Capone nichts zu deichseln geben. Er konnte nicht einmal erfahren, was draußen vorging, da es keine hereingeschmuggelten Briefe und Botschaften gab. Sämtliche ankommenden Briefe wurden zensiert und dann unter Auslassung aller beanstandeten Punkte von den Wärtern neu getippt. Schon die entfernteste Anspielung auf Geschäftliches oder auf Tätigkeiten früherer Geschäftspartner verfiel dem Veto, und selbst die Erwähnung von Ereignissen des Tagesgeschehens wurde von den Zensoren ausgemerzt. Zeitungen waren ebenfalls verboten, und Illustrierte mußten mindestens sieben Monate alt sein. Die Neuankömmlinge waren die einzige Nachrichtenquelle für die Insassen. Die Gefangenen durften allenfalls einen einzigen, wiederum streng zensierten, Brief pro Woche schreiben, und das auch nur an die engsten Verwandten. Für Briefe an die Anwälte brauchte man eine Sondererlaubnis, und sie unterlagen der gleichen Zensur wie alle anderen Briefe.

In Alcatraz gab es keinen regelmäßigen Besuchstag. Pro Monat waren nur zwei Besuche von unmittelbaren Angehörigen gestattet, die jedesmal schriftlich bei der Direktion zu beantragen waren. Verwandte, die wegen schwerer Vergehen vorbestraft waren, blieben von dieser Regelung ausgeschlossen, weshalb Ralph keinen Zutritt hatte. Ein physischer Kontakt zwischen Besuchern und Gefangenen war nicht möglich. Sie saßen sich auf den beiden Seiten einer Glasscheibe gegenüber, das »Kommunikationssystem« war ein Lochblechstreifen, dessen Übertragungsqualität so miserabel war, daß man sich nur brüllend verständigen konnte. Die Wärter hörten jedes Gespräch mit und setzten dem Besuch sofort ein Ende, wenn ein verbotenes Thema auch nur gestreift wurde.[9]

»Ich habe sehr viele Freunde«, teilte Capone Direktor Johnston mit, als das erste Gespräch zwischen ihnen stattfand. »Ich rechne mit einer großen Zahl von Besuchern.«

»Capone«, belehrte ihn der Direktor, »Ihre Freunde und Partner werden keine Besuchserlaubnis erhalten.« Nur Blutsverwandte, zwei pro Monat, keine Ausnahmen.

Es gab niemand, der für Capone Geld hereinschmuggeln konnte. Er hätte sowieso keine Verwendung dafür gehabt, denn Johnston hatte mit Bedacht sämtliche Zahlungsmittel eliminiert, mit denen ein Gefangener Einfluß auf einen anderen hätte gewinnen können.

In Alcatraz gab es kein Gefängnismagazin und keine Zigarren. Die Anstaltsleitung stellte alles zur Verfügung, was den Gefangenen zu verzehren gestattet war. Johnson legte Wert auf reichliche Versorgung, um auf diese Weise Revolten vorzubeugen, von denen andere Gefängnisse, vor allem wegen des schlechten Essens, regelmäßig heimgesucht wurden.

Nach den Richtlinien der Gefängnisbehörde stand jedem Gefangenen ein Tagesminimum von 2 100 Kalorien zu. In Alcatraz waren es im Durchschnitt 3 100 bis 3 600. Ein typisches Abendessen bestand aus Suppe nach Belieben, einem Nudelgericht mit Hackfleisch, Bohnen, Kohlgemüse, Zwiebeln, scharfem Chiligemüse, Gebäck, Pudding und Eis, Eistee und Kaffee. Zum Mittagessen gab es beispielsweise Mailänder Gemüsesuppe, Fleischauflauf, pikante rote Bete, Mangoldgemüse, Brot und Tee.

Raucher erhielten eine Wochenration von drei Päckchen Zigaretten zugeteilt, da Zigaretten ansonsten allemal eine eigene Gefängniswährung bildeten. Die Zigaretten stammten allerdings aus staatlicher Produktion.[10] Unter den verbotenen Luxusgegenständen, die Capone aus Atlanta mitgebracht hatte, waren auch eine Stange Markenzigaretten und vier Päckchen Kaugummi, die umgehend an seine Heimatadresse zurückgeschickt wurden.[11]

In Alcatraz war die Zigarettenwährung zusätzlich noch dadurch entwertet, daß ein Raucher, der sein Kontingent verbraucht hatte, sich an den in jedem Zellentrakt vorhandenen Tabakspendern bedienen und selber Zigaretten drehen konnte.

Es gab Einzelzellen und Überwachung rund um die Uhr. Auf je drei Gefangene kam ein Wärter. So konnte auch das andere in Gefängnissen übliche Zahlungsmittel, mit dem Mitgefangene gefügig gemacht wurden, nicht zum Zuge kommen: Sex.

Das ganze System arbeitete gegen Capone. Seine Versuche, Popularität oder Einfluß zu kaufen, blieben erfolglos. Er bot an, für das Gefängnisorchester Instrumente zu kaufen, einen Tennisplatz zu bezahlen, Geld für andere Gefangene auszulegen oder deren Familien schicken zu lassen. Johnston lehnte jedesmal ab.[12]

Wie alle anderen Sträflinge hatte Capone eine Zelle von zwei Meter siebzig mal ein Meter fünfzig. Der Raum war so schmal, daß Capone in der Mitte stehend die Handflächen rechts und links an die Wand pressen konnte. Es gab dort eine hochklappbare Pritsche, Tisch und Stuhl, eine Waschgelegenheit und eine Toilette.[13]

Um 16.50 Uhr wurde Capone wie jeder andere eingeschlossen (das Licht wurde um 21.30 Uhr abgeschaltet) und sah dann bis zum Weckläuten um 6.30 Uhr außer dem vorbeipatrouillierenden Wärter keinen Menschen. Die Zellen hatten keinen Radioanschluß. Mit dem Weckläuten ging das Licht morgens wieder an. Dreimal in der Woche durften sich die Gefangenen rasieren. Der Naßrasierer und die Klingen wurden vom Wärter durch das Gitter gereicht und anschließend wieder zurückverlangt. Um 6.55 Uhr begaben sich die Gefangenen im Schweigemarsch zum Speisesaal. Das Frühstück war ebenfalls schweigend einzunehmen. In die Wände des Speisesaals waren zehn Behälter mit Tränengas eingelassen, deren Inhalt beim geringsten Anzeichen einer Unruhe versprüht werden konnte. Um 7.20 Uhr trat Capone schweigend mit den anderen Gefangenen an und arbeitete von 7.30 Uhr bis 11.30 Uhr, auch dabei war jedes Wort verboten. Wenn er bezüglich seiner Arbeit etwas zu fragen hatte, mußte er sich direkt an den Wärter oder an den zivilen Vorarbeiter wenden. Während der achtminütigen Arbeitspause um 9.30 Uhr durften die Gefangenen rauchen und sprechen, sich aber nicht »zusammenrotten«. Sie bekamen Mittagessen von 11.40 Uhr bis zwölf Uhr, mußten zum Zählen in die Zellen zurück und arbeiteten wieder von 12.20 Uhr bis 16.15 Uhr, wobei es um 14.30 Uhr noch mal eine Pause gab. Um 16.25 Uhr war Abendessen, anschließend wurden die Gefangenen für die Nacht eingeschlossen. Während des Tages und der Nacht machten die Wärter dreizehn Zählrunden, die Vorarbeiter während der Arbeit noch einmal sechs. An den Wochenenden konnten sich die Gefangenen nachmittags für zwei Stunden miteinander treffen und plaudern, während sie sich sportlich betätigten oder ihren Hobbies nachgingen.[14] Capone begann zu musizieren und entwickelte beachtliche Fähigkeiten auf dem Tenorbanjo und der lautenähnlichen Mandola.

Nach ungefähr vier Jahren lockerte Johnston das Sprechverbot und die Abschirmung zur Außenwelt. An vier Feiertagen im Jahr wurden den Gefangenen Filme vorgeführt. Shirley Temple war der Lieblingsstar. Auch durften von da an bestimmte, ausgesuchte Zeitschriften abonniert werden.[15]

Direktor Johnston war sich von Anfang an der Gefahr bewußt, daß Capone versuchen würde, Einfluß zu nehmen. »Es war offensichtlich«, erinnerte sich Johnston an das erste Zusammentreffen, »daß er versuchte, die anderen Gefangenen zu beeindrucken, indem er Fragen an mich richtete, als ob er ihr Anführer wäre. Ich mußte allen klarmachen, daß dies nicht der Fall war.« Johnston teilte Capone die Sträflingsnummer zu, gab die üblichen Anweisungen »und sagte ihm, er solle weitergehen.«[16]

Capones Starqualität war dennoch nicht so leicht zu brechen. James Bennett, der Leiter der Bundesgefängnisverwaltung, nannte ihn »den prominentesten Gangster aller Zeiten«[17]. Wenn auch Direktor Johnston Capone schon aus Prinzip spüren lassen mußte, wo dessen Platz war, so war ihm doch klar, daß Capones Name von allen Gefangenen »derjenige war, der ganz oben auf der Liste stand«.[18] Im Rotary Club und in den anderen Clubs von San Francisco wie dem Commonwealth und dem Olympic hörte Johnston von Reportern immer nur die eine Frage: »Wie geht's Capone? Was macht er? Ist er der Boß der anderen Gefangenen?« Sogar Kollegen aus der Bundesbeamtenschaft fingen schon das Gespräch mit dem Satz an: »Wie geht es Ihrem Stargast?« Als Sanford Bates, Bennetts Vorgänger, eines Abends anrief, um sich zu erkundigen, ob an den Radioberichten etwas dran sei, daß Capone Seidenunterwäsche aus London bestellen dürfe, verlor Johnston die Geduld.

Die Verwaltungsbehörde gab sich alle Mühe, dem Gerede über Capone die Nahrung zu entziehen. Man war stolz darauf, wie in einem Memorandum zu lesen stand, »daß Alcatraz für die Außenwelt so unzugänglich ist, wie ein Gefängnis nur sein kann«. Ein Alcatrazhäftling »muß die öffentliche Aufmerksamkeit einbüßen, die seiner Verhaftung und seinem Prozeß gegolten haben«.[19] Für Capone ließ sich das jedoch niemals vollständig erreichen. Immer wieder drang etwas über ihn nach draußen, das zumindest eine kleine Schlagzeile wert war.

Capone seinerseits bemühte sich fortwährend, das Wohlwollen der Gefängnisleitung zu finden, und hatte damit auch teilweise Erfolg. Trotz aller Abfuhren, die Johnston ihm erteilt hatte, fand ihn der Gefängnisdirektor interessant und war jederzeit zu einem Gespräch mit ihm bereit.

»Herr Direktor, es ist Ihnen vielleicht nicht bekannt und vielleicht werden Sie es mir auch nicht glauben«, sagte Capone einmal, »aber es gab viele bedeutende Geschäftsleute, die froh waren, wenn sie damals, als ich noch ganz oben war, meine Freunde sein konnten. Sie haben mich um manchen Gefallen gebeten.«

Der Exbankier war schockiert. Er wollte wissen, was das für Geschäftsleute gewesen seien, die sich von einem Capone helfen lassen wollten. Capone berichtete, wie er für die Zeitungen Absatzkriege und Streiks beigelegt hatte, wobei er »direkt mit den ganz großen Tieren, denen die Zeitungen gehören«, zu tun hatte.

»Das ist ja sehr interessant«, sagte Johnston. »Vielleicht wollen Sie mir ein andermal mehr darüber erzählen.«[20]

Capone war gern dazu bereit, aber eine Sonderbehandlung gab es für ihn trotzdem nicht. Da er sich bei seinen Mitgefangenen nicht mit Geld beliebt machen konnte, nahm sein Prestige ab, zumal er nicht in die einzige Haltung verfallen wollte, die in Alcatraz bei den Mitgefangenen Eindruck machte: in Trotz.

Als Behördenchef Bennett zum ersten Mal nach Alcatraz kam, um mit Gefangenen zu sprechen, mußte ihm Johnston erklären, weshalb jedem Gefangenen, mit dem Bennett sprach, ein Wärter mit angelegtem Gewehr gegenüberstand. Diese verzweifelten Männer »könnten es als Ehre betrachten, ihren obersten Vorgesetzten anzugreifen«.[21] Daß sie unverzüglich ergriffen und bestraft würden, fiel dabei überhaupt nicht ins Gewicht. Der typische Insasse von Alcatraz war fünfunddreißig Jahre alt und hatte fünfundzwanzig Jahre abzusitzen[22] – und er wußte, daß nach der Entlassung aus dem Bundesgefängnis eine weitere Haftstrafe in irgendeinem Bundesstaat auf ihn wartete.[23] Unter den ersten 178 Sträflingen waren 117, die mit Folgehaft zu rechnen hatten. Ein Häftling sagte: »Das Leben wird so eintönig, daß man gegen die Regeln verstoßen möchte«, nur damit es einmal eine Abwechslung gibt.[24] Mit ziemlicher Regelmäßigkeit wurden Streiks und kleine Meutereien inszeniert, die mit ebensolcher Regelmäßigkeit in kürzester Frist niedergeschlagen wurden. Trotzdem gab es für die Rädelsführer nie Mangel an Mitverschwörern. Die meisten hatten das Gefühl, daß es ohnehin nichts zu verlieren gab, und waren, wie Johnston schrieb, »in einer seelischen Verfassung, in der sie bereit waren, alles zu riskieren, auch wenn sie dabei umkommen konnten«.[25]

Das Anstaltskonzept von Alcatraz schloß die in Gefängnissen sonst üblichen Anreize zu guter Führung von vornherein aus. Es gab keine bequemen Posten, Sonderprivilegien, Vollzugsmilderungen oder ähnliches. Vielmehr lebten die

Insassen mit der Gewißheit, beim geringsten Verstoß bestraft zu werden. Normalerweise war die Angst um den Verlust des Strafbonus, jene zehn Tage Straferlaß, die für jeden mit guter Führung abgesessenen Monat gewährt werden konnten, das wirksamste Disziplinierungsmittel. Aber was bedeutete das schon für einen Mann, der fünfundzwanzig Jahre Zuchthaus vor sich hatte, und auf den anschließend schon die nächste Haftanstalt wartete? Eine andere gefängnisübliche Sanktion war die Verschärfung der normalen Haftbedingungen durch Isolation. In Alcatraz schlug das aber nur unwesentlich zu Buche, wohingegen andererseits dem Gemaßregelten die Bewunderung und der Respekt seiner Mitsträflinge sicher war, da er sich als harter Bursche gezeigt hatte, der nicht unterzukriegen war.

Capone gehörte nicht zu denen, die nichts zu verlieren hatten. Als er Alcatraz betrat, hatte er von seiner im Bundesgefängnis zu verbüßenden Haftstrafe schon zwei Jahre abgesessen. Wenn man den wegen guter Führung möglichen Straferiaß von zwölfhundert Tagen in Anschlag brachte, reduzierte das seine Strafe auf insgesamt etwas mehr als sechs Jahre und acht Monate. Somit waren auf dem »Felsen« vielleicht nur noch vier Jahre und vier Monate fällig, und am Ende des Tunnels wartete lediglich ein Jahr im Bezirksgefängnis auf ihn – und auch das konnte durch gute Führung reduziert werden. Capone würde der »Modellhäftling« bleiben, der er in Atlanta gewesen war. Es war eine rationale Entscheidung, die ihn Prestige und Popularität kostete.

Die Verwaltung teilte Capone zum Arbeitsdienst in der Wäscherei ein, wo für die umliegenden Militärbasen gewaschen wurde. Die tägliche Plackerei in diesem stinkenden, dampfenden, ungelüfteten Loch allein war schon schlimm genug. Im Januar 1935 brachte ein Transportschiff der Army eine ganze Lawine von verschmutztem Bettzeug und Uniformen, und diese zusätzliche Arbeitslast trieb die sechsunddreißig Sträflinge in der Wäscherei in den Streik. Capone machte nicht mit und zog damit sofort den Haß der anderen auf sich. Einer der Streikenden war William Collier, ein Ex-Soldat, der wegen Mordes an einem Offizier zu lebenslänglicher Haft verurteilt worden war. Er behauptete, Capone würde an der Mangel, an der beide arbeiteten, die Wäsche zu schnell zu ihm herüberschieben, und explodierte. Er schleuderte einen nassen Klumpen Wäsche nach Capone. Ein wilder Kampf entspann sich in der kurzen Zeitspanne, bis die Wachen einschritten und die beiden Kampfhähne trennten.

Seit der Belegung mit Bundeshäftlingen im vorangegangenen August war dies möglicherweise die erste Schlägerei, die zwischen Sträflingen stattfand. Zweifellos war es jedoch das erste Mal, daß etwas über die Art und Weise nach außen drang, wie Unruhestifter auf dem »Felsen« zur Raison gebracht wurden.

Zur Abkühlung mußten die Streithähne die Nacht in den Verliesen verbringen, die von den Spaniern in den Felsen gehauen worden waren (diese Strafmaßnahme wurde bald abgeschafft). Dann kamen sie für acht Tage in Isolationshaft.[26] Die entsprechenden Zellen lagen im D-Block. Es waren meist reguläre Zellen mit Gitterstäben, einige jedoch, die Pauschal »das Loch« genannt wurden, hatten Eisentüren, die keinen Lichtstrahl in die Zelle dringen ließen.[27]

Sträflinge in Isolationshaft bekamen keine Pritsche, sondern mußten auf einer

Matratze auf dem Boden schlafen; im »Loch« mußte man sich auf den nackten Beton legen. Die Delinquenten bekamen soviel Wasser, wie sie wollten. Damit konnten sie dann ihre Tagesration von vier Scheiben Brot herunterspülen. Zweimal pro Woche wurde zur Abwechslung eine reduzierte Mahlzeit der normalen Kost im Gefängnis gereicht. Nachdem die Wasser-und-Brot-Diät durch Gerichtsbeschluß untersagt worden war, wurden die spärlichen Mahlzeiten zur Standardverpflegung im D-Block.

Fast alle Alcatrazhäftlinge fanden sich irgendwann einmal in Isolationshaft oder im »Loch« wieder. Diese Strafmaßnahme kam bei Ungehorsam und sonstigen Regelverstößen zur Anwendung. Schlägereien unter den Gefangenen hatten nicht automatisch den Verlust des Straferlasses wegen guter Führung zur Folge; dazu bedurfte es eines besonderen anstaltsinternen Verfahrens. Capones Intermezzo in der Wäscherei hatte keine negativen Auswirkungen auf seine Chancen für vorzeitige Entlassung und tat natürlich seinem Status keinerlei Abbruch. Aber nach wie vor verweigerte er seine Gefolgschaft bei Aktivitäten, die seine vorzeitige Entlassung hätten gefährden können. Und das machte ihn zum Buhmann.

Ein Jahr später, am 20. Januar 1936, zettelte John Paul Chase eine ernsthafte Revolte an. Ein Gefangener namens Jack Allen war zu Tode gekommen. Offiziell hieß es, er sei an Lungenentzündung gestorben, aber seine Schmerzensschreie wegen eines durchgebrochenen Magengeschwürs hatte jeder gehört. Die Gefangenen behaupteten, der diensthabende Gefängnisarzt habe den Mann zum Simulanten erklärt und die Versorgung in einem Krankenhaus verweigert. Der Aufruhr nahm seinen Anfang in der Wäscherei, wo Chase als Vorsänger einen Wechselgesang anstimmte: »Wer ist ein Schweinehund?« »Der Doktor!« »Wer hat Allen umgebracht?« »Der Doktor!«[28]

Capone war nicht anwesend. Nach dem Kampf in der Wäscherei war ihm eine andere Arbeit in den Duschen zugewiesen worden. Der Aufruhr verbreitete sich jedoch wie ein Lauffeuer durch das ganze Gefängnis. Capone und eine Handvoll anderer Gefangener wollten nicht mitmachen.

Man nannte ihn eine »dreckige gelbe Ratte«, aber er ließ sich nicht beeindrucken. »Diese Kerle sind total verrückt. So werden sie überhaupt nichts erreichen«, sagte er. Er wollte in seine Zelle eingeschlossen werden, bis alles vorbei war. »Ich muß sehen, wie ich meine Haut rette, wenn ich hier lebend herauskommen will.«[29] Er mußte auch zusehen, wie er seinen Straferlaß retten konnte – selbst wenn es ihn das kostete, was in dieser Gesellschaft als guter Ruf galt.

Johnston wandte stets die gleiche Technik an, um Streiks zu brechen, und war stets erfolgreich damit: Er ließ die Quertreiber in ihre Zellen sperren und setzte sie auf halbe Ration. Diesmal wollten ihm die Aufrührer den Wind aus den Segeln nehmen und gingen von sich aus in den Hungerstreik. Aber bald gaben sie, abgesehen von ein paar Dickschädeln auf. Unter diesen war James C. Lucas, ein zu dreißig Jahren verurteilter texanischer Bankräuber, der schließlich von den Wärtern zwangsernährt wurde.[30]

Lucas genoß seinen Ruf der Unbeugsamkeit. Er behauptete später, Capone habe ihn verpfiffen. Capone hielt dagegen, er habe sich lediglich taub gestellt, als von ihm Geld für einen Fluchtversuch verlangt wurde. Ein anderer Gefangener erzählte, Lucas habe von Capone 15000 Dollar haben wollen, um Maschinenpistolen hereinzuschmuggeln. Damit sollte der Weg nach zu einem draußen wartenden Schnellboot freigeschossen werden.[31] Capone hatte ihn vermutlich ausgelacht und für verrückt erklärt. Er wollte mit dem Plan, mit Lucas und mit dessen Freunden nichts zu tun haben. Mit Nachdruck hatte sich Capone von allen Cliquen im Gefängnis abgesetzt.

Am Morgen des 23. Juni 1936 war Capone im Untergeschoß bei seiner Arbeit. Er wischte zwischen Duschraum und dem Ankleideraum den Fußboden und stand mit dem Rücken zum drei Meter entfernten Friseursalon, wo Lucas auf seinen monatlichen Haarschnitt wartete. Lucas schnappte sich eine Schere, klappte die zehn Zentimeter langen Blätter auseinander (ein einzelnes Scherenblatt drang leichter ein) und stürzte sich von hinten auf Capone. Dieser fuhr herum und schickte Lucas mit einem Faustschlag zu Boden. Ein Wärter, der viereinhalb Meter entfernt gestanden hatte, ging zwischen die beiden. Capone lief ins Gefängnishospital, wo er mit ein paar Stichen verarztet wurde, denn Lucas hatte ihm lediglich eine kleine Wunde von einem guten Zentimeter Länge auf der linken Seite des Rückens zugefügt. Der Stich war nur einen halben Zentimeter tief gegangen. Lucas wurde von den Wärtern ins »Loch« geschleppt. Das war seine einzige Strafe, denn das Fluchtrisiko, falls man ihn zu einem Gerichtsverfahren aufs Festland gebracht hätte, wog schwerer als jede zu erwartende Strafe.[32]

Die Presse berichtete von weiteren Prügeleien und Angriffen. Auf dem Weg zum Zahnarzt sei Capone von einem anderen Gefangenen angefallen worden, der ihn erwürgen wollte. Capone habe den Angreifer niedergeschlagen. Ein Posträuber aus Chicago, der einmal schlicht als »Charles (Limpy) Cleaver, Desperado« beschrieben wurde, habe Capone einen Hieb versetzt. Ein anderer habe versucht, Capones Kaffee mit Lauge zu vergiften, und wieder ein anderer habe das massive Gegengewicht eines Schiebefensters nach ihm geschleudert. Der Warnruf von Roy Gardner, eines Posträubers, mit dem Capone ebenfalls in eine Rauferei geriet, habe ihn gerade noch gerettet. Außerdem soll sich Capone mit dem Kidnapper Harmon Whaley geschlagen haben. Die Gefängnisleitung dementierte alles.[33]

Einige der früheren Häftlinge versicherten, daß Capone mit der Situation nicht fertig wurde.[34] Er hatte eine gelbe Gesichtsfarbe, jeder Gauner konnte ihn ungestraft herumstoßen, und alle verabscheuten ihn. Der Sturz der Mächtigen ist immer ein dankbares Thema. Als Capone an der Wäschemangel arbeitete und das schmutzige Bettzeug der Army wusch, schrieb ein Soldat nach Hause: »Nun ratet mal, wer mir die Wäsche macht!« Als Capone anschließend im Duschraum Putzdienst hatte, machten sich einige Insassen einen Spaß daraus, ihn »the wop with the mop« (der Itaker mit dem Feudel) zu nennen.[35] (Später wurde Capone noch zum Hofkehren und der Ausgabe von Büchern und Illustrierten eingeteilt.)

Eine gegenteilige und äußerst unwahrscheinliche Meinung brachte ein ehemaliger Mithäftling zum Ausdruck, der begeistert sagte: »Die Jungs . . . ach, was haben die ihn geliebt!«[36]

Capone büßte in Alcatraz ohne Zweifel viel von seinem Status und von seinem Prestige ein, aber praktische Konsequenzen hatte das für ihn kaum. Johnston gab Capones Lage zutreffend und ausgewogen wieder, als er sagte: »In Wirklichkeit war es eben so, daß Capone im Gefängnis Freunde und Feinde hatte.«[37] Ein anderer Beobachter schrieb: »Capone schaffte es schlecht und recht, wie die meisten, und vielleicht sogar ein bißchen besser als einige andere.«[38] Er war immer noch eine massige Gestalt, immer noch zu sehr der frühere Rausschmeißer, der nicht lange fackelte, so daß viele es scheuten, sich mit ihm anzulegen, auch wenn sie ihn verachteten. »Die meiste Zeit war er peinlich bemüht, sich nichts zuschulden kommen zu lassen, und vermied möglichst allen Ärger.«

Es konnte natürlich keinem Häftling gelingen, sich völlig aus den Schwierigkeiten herauszuhalten, die das Leben in dieser brutalen, überreizten und selbstmörderischen Umgebung mit sich brachte. Selbst jemand mit einer relativ kurzen Haft wie Capone war nicht gefeit gegen den ihn umgebenden alltäglichen Wahnsinn. Er war angegriffen worden, jederzeit konnte es erneut dazu kommen, und dann vielleicht mit tödlichen Folgen. Wenn er sich außerhalb seiner Zelle bewegte, hieß es, stets auf der Hut zu sein. Man konnte nie wissen, ob nicht ein anderer Insasse plötzlich durchdrehte. Einer der Gefangenen zum Beispiel hatte in einer der Werkstätten ausrangierte Autoreifen kleingehackt, aus denen Gummimatten für die Navy hergestellt wurden. Plötzlich hatte er sich mit einem Hieb des Hackmessers sämtliche Finger der linken Hand abgehauen und den nächststehenden Mitgefangenen gedrängt, das Messer zu nehmen und ihm die Finger der rechten Hand auch noch abzuhauen. Alle Umstehenden waren sofort davongestürzt: Der Wahnsinnige konnte sich jeden Moment ein anderes Ziel für sein Messer suchen.

Er kam daraufhin zuerst ins Gefängnishospital und dann ins Loch. Anschließend schickte man ihn aber zu den übrigen Insassen zurück, denn er galt nicht als verrückt genug, um an einen anderen Ort gebracht zu werden.[39]

Es gab Selbstmorde. Fluchtversuche wurden stets vereitelt. Aber manche von ihnen waren von einem gelungenen Selbstmordversuch nicht zu unterscheiden – wie der eines Insassen, der unter den Augen eines bewaffneten Wärters in aller Ruhe einen Zaun hinaufkletterte und sich von einem Warnruf und zwei Warnschüssen nicht beirren ließ. Der dritte Schuß tötete ihn.[40]

Johnston duldete keine offensichtliche Mißhandlung der Gefangenen. Aber wenn den Aufsehern, die unablässig mit verwilderten und gefährlichen Burschen zu tun hatten, nur der geringste Anlaß gegeben wurde, gingen sie nicht gerade zimperlich vor. Wärter, die sich ungeschützt unter den Gefangenen zu bewegen hatten, waren mit metallenen »Gasknüppeln« ausgerüstet, die Tränengas versprühen konnten und zugleich als Schlagstock dienten. Als ein Gefangener einmal Johnston angriff und verletzte, war der Häftling nach der Behandlung mit diesen Knüppeln nur noch ein »sabberndes Wrack«.[41]

Ein Delinquent, der nicht länger als sechzehn Monate auf dem »Felsen« hatte zubringen müssen, antwortete auf die Frage, wie man dort lebe: »Es ist die Hölle.«[42]

Der Mann, der geplant hatte, ein Drittel seiner Haft im Schlaf abzuleisten, mußte erleben, was die Insassen von Alcatraz »Höllennächte« nannten.[43] Ein entlassener Gefangener beschrieb es so: »Ein Bursche wie Capone liegt dann endlos auf der Seite, starrt die Zellenwand an und denkt nach« – wie schön das Leben draußen war, was die Welt wohl ohne ihn anfing, und ob er lange genug leben würde, um noch einmal mitzumachen. Und das war, bevor Capones Geist anfing, sich zu verwirren.

Kurz davor, Ende Januar 1938, war Capone von Seymour M. Klein, einem vertretenden Bundesstaatsanwalt aus New York, im Gefängnis als Zeuge vernommen worden. Die Regierungsbehörden arbeiteten seit zwei Jahren an der Vorbereitung einer Steueranklage gegen John Torrio. Klein war in Begleitung des SIU-Agenten James N. Sullivan gekommen, der im Fall Capone mit Frank Wilson zusammengearbeitet hatte.

Capone war begeistert, endlich einmal mit jemanden von draußen reden zu können, und plauderte zwei Nachmittage lang drauflos, wobei er auch über Torrio schwatzte. »Ich habe ihm sein Schießeisen getragen«, sagte Capone. »Für ihn würde ich vor nichts haltmachen.« Klein kam mit einer fünfzigseitigen Akte zurück, die nichts enthielt, was man Torrio hätte zur Last legen können. Sie war so gut wie wertlos. Als der Fall über ein Jahr später im März 1939 schließlich vor Gericht kam, verzichteten die Anklagebehörden auf den Zeugen Capone. Als der Prozeß zur Hälfte vorbei war, bekannte sich Torrio schuldig und erhielt zweieinhalb Jahre in Leavenworth.[44]

Die Anklage konnte von Glück sagen, daß ihr Fall auch ohne Capone auf soliden Füßen stand. Selbst wenn Capone bereit gewesen wäre, seinen alten Mentor Torrio ans Messer zu liefern – er hätte keinen besonders brauchbaren Zeugen mehr abgegeben.

Capone hatte eine verständliche Abneigung dagegen, sich von einer Maschinenpistole durchlöchern zu lassen. Ein zählebiger Mythos wollte wissen, daß Capones Angst um die Unversehrtheit seiner Haut soweit ging, daß er sogar die zur Diagnose und Therapie seiner Syphilis notwendige Punktierung der Haut durch die Nadel einer Injektionsspritze solange nicht zulassen wollte, bis sich die ersten Anzeichen von syphilitischer Demenz zeigten.[45]

In Wirklichkeit ließ er sofort nach seiner Einlieferung in Atlanta einen Wassermanntest vornehmen – was ohne seine Einwilligung nicht hätte geschehen können. Als die Reaktion »2 plus positiv« ergab, verordnete der behandelnde Urologe Dr. Steven T. Brown sofort eine Serie von Wismuthinjektionen.[46] Damals, vor der Erfindung des Penizillins, waren Behandlungen mit Arsen und Schwermetallen die einzigen wirksamen Therapien, mit denen der Verlauf der Krankheit verlangsamt und der Patient symptomfrei gehalten werden konnte.

Am 7. September 1932 ergab die Blutuntersuchung einen negativen Befund, dennoch verordnete der Arzt »als Vorsichtsmaßnahme eine gemischte Folgetherapie«. Der Arzt notierte auch Capones »Krankengeschichte aus teilweise durchgeführten Therapien«, bevor der Patient in Atlanta eingewiesen worden war.

Dieses Detail ist jedoch nicht besonders zuverlässig, da es möglicherweise aus dem Munde des Patienten stammt und nicht aus den Gefängnisakten.

Ohne Penizillin wäre es schon einen Monat nach der Infektion zu spät gewesen, um die Erkrankung wirklich zu heilen. Trotz der damaligen Therapien würde die Krankheit ihren schrecklichen Fortgang nehmen – der allerdings nicht notwendigerweise bis zum Irrsinn führen mußte. Eine Sachverständige auf diesem Gebiet, Frau Dr. Lydia Bayne vom San Francisco General Hospital, führt aus, daß lediglich fünf Prozent aller Syphilisinfektionen sich bis zum Neurosyphilis genannten, dritten Stadium der Krankheit entwickeln. Dr. Robert Rolfs vom staatlichen Gesundheitszentrum in Atlanta fügt hinzu, daß weitere 20 bis 25 Prozent der Infizierten von anderen Symptomen betroffen sind. Dennoch ist das Risiko, ins dritte Stadium zu gelangen, nicht größer als neunzehn zu eins.

Zu Beginn des Jahres 1938 sollte sich herausstellen, daß es Capone mit Bakterien ebenso wie mit Pferden erging: Das Pech blieb ihm treu. Am 21. Januar fragte Mae schriftlich um die Erlaubnis für ihren monatlichen Besuch. Sie wollte diesmal mit Mafalda kommen und erbat einen Besuchstermin gegen Ende des Monats Februar. Am 31. Januar schrieb Johnston zurück und teilte mit, Mae möge am Montag, dem 28. Februar, um zehn Uhr das Fährboot ab San Francisco nehmen.[47]

Am Samstag, dem 5. Februar 1938, legte Capone seine blaue Sträflingsuniform an, die aber lediglich für Sonn- und Feiertage bestimmt war. Ein Wärter sorgte dafür, daß er seinen grauen Arbeitsoverall anzog. Capone wirkte desorientiert und merkte nicht, daß es Zeit fürs Frühstück war. Als die Häftlinge anschließend zur Einteilung für den täglichen Arbeitseinsatz in die Zellen zurückgingen, verlief sich Capone in den falschen Zellengang. Er wurde später von einem Wärter in seiner Zelle aufgefunden. »Er sah aus, als ob ihm schlecht wäre, und versuchte sich zu übergeben«, schrieb Johnston später.

Der Gefängnisarzt holte einen Spezialisten aus San Francisco, den Psychiater Dr. Edward D. Twitchell. Eine Rückenmarkspunktion ergab eine positive Wassermannreaktion von »4 plus«.[48] In Washington wurde eine kleine Pressenotiz herausgegeben, aber die Zeitungen berichteten schon von einem tobenden Capone, der Wärter anfiel und Mithäftlinge anspie, der in die Zwangsjacke gesteckt oder ans Bett gefesselt werden mußte – und wenn er nicht gerade teilnahmslos in die Luft starrte, dann machte er unentwegt und zwanghaft sein Bett oder schmetterte verstört italienische Arien. Es wurde auch berichtet, daß er ins Koma gefallen sei. Die Spekulationen, daß Capone in die staatliche Krankenanstalt in Springfield in Missouri oder einen ähnlichen Ort gebracht werden sollte, wollten nicht abreißen. Etwas war an den Berichten allerdings dran.[49]

»Was war denn heute morgen mit Ihnen los?« fragte der Anstaltsdirektor Capone, der ins Gefängnishospital gebracht worden war. Capone grinste. »Weiß nicht, Herr Direktor. Es heißt, ich wäre ein bißchen weggetreten.«

Ein Telegramm traf ein:

9. FEBRUAR 1938, MIAMI BEACH, FLORIDA
HERRN JAMES A. JOHNSTON
WERTER HERR JOHNSTON, DURCH DIE GERÜCHTE BEUNRU-
HIGT MÖCHTE ICH SOFORT KOMMEN UM BEI MEINEM MANN ZU
SEIN FALLS ETWAS PASSIERT UND ER MICH BRAUCHT. MÖCHTE
VERGEBLICHE REISE VERMEIDEN FALLS MEIN MANN SCHON
VERLEGT WURDE ERBITTE IHRE AUSKUNFT PER ANTWORTTE-
LEGRAMM ÜBER WESTERN UNION. HOCHACHTUNGSVOLL
MRS. ALPHONSE CAPONE
93 PALM ISLAND

ANTWORT GEBÜHR BEZAHLT BEI WESTERN UNION 9-2-38
HABE SOEBEN BERICHT DER ÄRZTE ERHALTEN. SIE VERSI-
CHERN, IHR GATTE IST RUHIG, MITTEILSAM, KOOPERATIV,
BEGREIFT OFFENSICHTLICH SEINEN ZUSTAND UND DIE NOT-
WENDIGKEIT, DEN ANWEISUNGEN DER ÄRZTE ZU FOLGEN.
DERZEIT BESTEHT KEINE NOTWENDIGKEIT ZU ÜBERFÜHRUNG
IN KRANKENANSTALT. DIE GERÜCHTE SIND DAHER GEGEN-
STANDSLOS. DIE ÄRZTE KÖNNEN DIE ENTWICKLUNG JEDOCH
NOCH NICHT ENDGÜLTIG ABSEHEN UND WOLLEN KEINE VOR-
HERSAGEN MACHEN. ICH EMPFEHLE UNTER DIESEN UMSTÄN-
DEN, DASS SIE WEITERE NACHRICHT ABWARTEN UND IN DER
ZWISCHENZEIT VERBINDUNG HALTEN. MIT DIREKTOR DER
BEHÖRDE IN WASHINGTON, WOHIN ALLE BERICHTE GELEITET
WERDEN.

J. A. JOHNSTON[50]

Einige Monate später schrieb Johnson an Bennett, daß Capones letzter Brief an
seine Mutter keine »Abweichung von seinem regelmäßigen und normalen
Sprachgebrauch oder Beeinträchtigung der Handschrift durch Tremor oder
Nervosität« erkennen ließe.

Capones Verhalten war normal − für einen Neurosyphilitiker in Behandlung.
Der Wechsel von Hochs und Tiefs hielt an. Es gab Perioden von scheinbarem
Abklingen der Symptome, die aber immer kürzer wurden. In diesem Sommer
gab Capone seine Zustimmung zu einer Lumbalpunktion. Die Analyse der
Rückenmarksflüssigkeit bestätigte die Diagnose von Syphilis im dritten Stadium.
Capone zeigte inzwischen die klassischen Symptome, die sich vor allem in
sprachlicher Desorientierung äußern. Dazu kam noch Rückenmarksschwind-
sucht, ein anderes syphilitisches Leiden, das zu einer schlurfenden Gangart führt.
Capones Zunge stolperte bei Testworten, wie »methodistisch episkopal«,
»furchtbar und fruchtbar« und »römischer Katholizismus«.

Der Psychiater, der Capone untersuchte, fand ihn kooperativ und klar, außer
bei gelegentlichen Krämpfen waren seine Sprach- und Gedächtnisleistungen gut,
wenn auch das logische Vermögen, Urteils- und Konzentrationsfähigkeit merk-

lich zurückgegangen waren. Dr. Romney M. Ritchey stellte in seinem Bericht abschließend fest:

Seine geistige Verfassung zeigt gewiß größenwahnsinnige Züge. Er hat weitreichende Pläne für die Zeit nach der Haft, in der er sich intensiv um wohltätige Projekte kümmern und Fabriken und Industrien aufbauen will, damit jeder Arbeitssuchende auch Arbeit bekommen kann. Es macht ihm großes Vergnügen, diese Pläne detailliert zu erzählen.
Er ist in aufgeräumter Stimmung. Es gibt keinen Gegner, dem er falsche Ansichten etc. etc. nicht sofort verzeihen würde. Er hat immer noch gelegentliche Bewußtseinstrübungen, bei denen sich sein Geist auf Wanderschaft begibt. Dann hört er die Stimmen Gottes und der Engel, die ihm auf seine Gebete etc. antworten. Die Einsicht in die Täuschung bleibt ihm jedoch zum Teil erhalten, und er sagt, er würde sich wohl einige der Dinge einbilden, die er höre. Diese Halluzinationen sind für ihn nicht unangenehm, er hat sogar seine Freude daran. Seiner Umgebung tritt er freundlich entgegen, ist aber sehr instabil und gerät über jede Aufregung oder Unordnung auf der Station leicht in Erregung.[51]

Capone verbrachte den Rest seiner Zeit auf Alcatraz in der Krankenstation.

Diese Zeitspanne war nicht mehr allzu lang. Wenn ihm der volle Straferlaß wegen guter Führung angerechnet wurde, endete seine Haftzeit im Bundesgefängnis am 6. Januar 1939, so daß ihm nur noch die einjährige Haftstrafe für das leichte Vergehen bevorstand.[52]

Zuvor mußte jedoch der Betrag von 37 617 Dollar und 51 Cent für die Geldstrafe und die Verfahrenskosten beglichen werden.[53] Der Fiskus hatte von Capone 322 842 Dollar an Steuernachzahlung verlangt, sich später aber auf einen Kompromiß von 157 416 Dollar eingelassen, da die Geschworenen Capone für die Jahre 1924, 1928 und 1929 nicht der Steuerhinterziehung für schuldig befunden hatten.[54] Zudem konnte der Fiskus, von Palm Island abgesehen, keine größeren Vermögenswerte aufspüren. Obwohl das Anwesen auf Maes Namen eingetragen war, hatte ihr die Steuerbehörde eine Zahlungsaufforderung zugehen lassen.[55] Mae war Mike Aherns schlechtem Rat gefolgt und hatte das Schreiben ignoriert, statt Protest einzulegen. So bekam der Fiskus eine Handhabe, um sich für Capones Steuerschuld an dem Anwesen schadlos zu halten. Der IRS hatte in der Folgezeit zweimal damit gedroht, es zu verkaufen, was jedesmal nur in letzter Minute abgewendet werden konnte. Im November 1936 hatte Ralph eine Hypothek von 35 000 Dollar auftreiben können, und, wie er an Capone schrieb, »es geschafft, genügend Geld für die Differenz zu leihen«, um das Anwesen für die geforderten 52 103 Dollar und dreißig Cents auszulösen.[56] Im September 1937 konnte er noch einmal 17 194 Dollar zusammenbekommen und kam damit einer Versteigerung knapp zuvor.

Zwei Tage vor dem Entlassungstermin aus Alcatraz besorgte Capones Bruder John einen Barscheck über 35 000 Dollar. Abraham Teitelbaum, Capones neuer

Anwalt, übergab diesen Scheck und zusätzlich 2962 Dollar in bar an einen Bundesbeamten in Chicago.[57] Die Summe enthielt neben der Geldstrafe und den Gerichtskosten noch zusätzlich 74 Dollar für eine Reihe von inzwischen aufgelaufenen Gebühren.

Die staatlichen Behörden beabsichtigten nicht, Capone nach Chicago zurückgehen zu lassen, denn das Bezirksgefängnis von Cook County entsprach kaum ihren Vorstellungen von einer sicheren Verwahrung. Gleichzeitig sollte Capones Therapie fortgesetzt werden. Man erwirkte eine Abänderung von Wilkers' Anordnung, wodurch es möglich wurde, Capone die Haftstrafe für mindere Vergehen in der Bundesstrafanstalt auf Terminal Island verbüßen zu lassen. Die Insel liegt in Kalifornien zwischen San Pedro und Long Beach und ist dem Zentrum von Los Angeles südlich vorgelagert.

Am Abend des 6. Januar 1939 brachte ein Stellvertreter des Gefängnisdirektors Capone mit der Fähre nach Oakland. Der Häftling war mit Handschellen an Wärter gefesselt, an jedem seiner Beine hingen sechs Gewichte. Die Aufseher schwenkten stolz ihre Maschinenpistolen und verbarrikadierten sich mit Capone in einem Abteil des Schnellzugs von Oakland nach Los Angeles. Den Behörden waren Gerüchte zu Ohren gekommen, daß Selbstjustizkomitees, sogenannte Vigilanten, einen Anschlag planten. Um allen Risiken aus dem Weg zu gehen, wurde Capone in Glendale, einem Vorort nördlich von Los Angeles, aus dem Zug geschafft. Eine Limousine kam zum Bahnhof und fuhr den bewachten, gefesselten und kläglich desorientierten Gefangenen zur Anstalt auf Terminal Island, wo er am Vormittag des 7. Januars, um zehn Uhr eintraf.[58] Die Nummer 85 von Alcatraz wurde zu Nummer 397 von Terminal Island.

Der Arzt George Hess kannte Capone schon aus Atlanta und Alcatraz, wo Hess eine Zeitlang leitender Anstaltsarzt gewesen war. Jetzt bekleidete er diese Position auf Terminal Island. Er wies Capone sofort in das Gefängnishospital ein und schickte schon bald einen Bericht an den Leiter der medizinischen Abteilung der Bundesgefängnisbehörde:

> Während der ersten Tage war der Patient verwirrt, teilnahmslos und leicht deprimiert. Die Depression wurde durch Perioden der Reizbarkeit unterbrochen. Der Patient war jedoch zu jedem Zeitpunkt kooperativ wie immer. Sein Gedankenstrom gewann keinerlei Tiefe, und er hatte eine etwas schleppende Sprechweise. Pupillen- und Kniereflexe waren unverändert.
> Ich möchte mitteilen, daß Capone gewisse Anzeichen der Besserung zeigt, und ich bin der Meinung, daß die neue Umgebung ganz entschieden eine Verbesserung ist.[59]

Nicht in Alcatraz zu sein, das war wie ein Monat Ferien auf dem Lande. Hess setzte Capones Wismuth- und Tryparsamidtherapie mit je einer Injektion pro Woche fort.

»Der Kerl hat einen gewaltigen Sprung in der Schüssel«, sagte ein Wärter zu einem Reporter, kurz nachdem Capone mit glasigem Blick und vor sich hinbrabbelnd eingeliefert worden war.[60] Eine Woche darauf hingegen erklärte Mae nach ihrem Besuch, ihr Mann sei wohlauf und klar bei Sinnen.[61] Anderthalb Monate später besuchte der Chef des Secret Service von Chicago Terminal Island. Nachdem er ein Weilchen mit Capone geplaudert hatte, berichtete er, daß Capone vollkommen gesund und im Besitz seiner geistigen Kräfte sei, »die Gesundheit in Person.«[62]

Daran mochte man zweifeln. Als ein Geistlicher das Gefängnis besuchte und seine fünfundsiebzig Schäflein fragte, welches den Drang zum Gebet in sich verspüre, wer von den Versammelten aufstehen wolle, um Zeugnis abzulegen, da erhob sich Capone. Der Anstaltsdirektor Edwin J. Lloyd erteilte Reverend Silas A. Thweat jedoch unverzüglich Hausverbot, denn der Geistliche hatte der Presse eine ekstatische Schilderung von Capones Erweckungserlebnis gegeben.[63]

Capone sammelte auch weiterhin Punkte wegen guter Führung, so daß seine Entlassung für den 19. November 1939 festgesetzt wurde. Die Gefängnisbehörde hatte Anwalt Teitelbaums Antrag abgelehnt, Capones Haftzeit mit dem 24. Oktober 1931 beginnen zu lassen, als er in das Gefängnis von Cook County eingeliefert worden war, und nicht erst mit seinem Strafantritt in Atlanta am 4. Mai 1930.[64] Die Behörde gewährte allerdings einen Abzug von drei Tagen für die Haftzeit zwischen dem 24. und dem 27. Oktober 1931, da in dieser Zeit die Vollstreckung noch ausgesetzt war. Capone sollte jetzt am 16. November 1939 endgültig entlassen werden.

Zuvor mußte aber noch einiges geregelt werden. Capone hatte immer noch die 20 000 Dollar Strafe zu zahlen, zu denen er wegen der leichten Vergehen verurteilt worden war. Am 3. November bezahlte John die Summe mit Schecks. Als nächstes mußte den Angehörigen klargemacht werden, daß Capone nicht einfach freigelassen werden konnte, sondern sich direkt zur weiteren Behandlung in die Obhut einer entsprechenden medizinischen Einrichtung zu begeben hatte. Das war eine leichte Aufgabe. Straferlaß wurde nicht automatisch gewährt. Wenn die Angehörigen nicht zustimmten, hätten die Behörden Capone weiter bis zum 3. Mai 1943 inhaftiert halten können, dem Tag, an dem seine Haft vollständig verbüßt war. Man brachte Capone nach Osten in die Strafanstalt Lewisburg bei Harrisburg in Pennsylvania, von wo aus er entlassen werden sollte. Anschließend würde er sofort ins nahegelegene Baltimore gebracht werden. Dort sollte im Union Memorial Hospital Joseph E. Moore, einer der besten Spezialisten für Neurosyphilis, die Behandlung übernehmen.

Eine Woche vor seiner Entlassung wurde Capone von den Jungs in Chicago ein Willkommensgeschenk gemacht. Schon seit einem Jahr war Ed O'Hare seinen Geschäftspartnern etwas merkwürdig vorgekommen, und in den letzten zehn Tagen schien er völlig aus dem Häuschen. Wenn es über die Gründe seiner hilfreichen Rolle bei der Festsetzung Capones auch eine Vielzahl von Theorien gab, so war der Umstand selbst und die Tatsache, daß sein Kontaktmann Frank Wilson gewesen war, doch bekannt genug geworden, um von den Zeitungen breitgetreten zu werden. Ein Brief hatte ihn vor Capones Rache gewarnt. Am Nachmittag des 8. November verließ O'Hare sein Büro im Sportsman's

Park. Die Anlage war wie Capones Hawthorne Kennel Club 1930 geschlossen worden, hatte 1932 aber den Betrieb als Pferderennbahn wieder aufgenommen. O'Hare fuhr Richtung Loop. Eine Achtunddreißiger aus spanischer Fabrikation lag neben ihm auf dem Sitz. Normalerweise steckte er nur dann eine Waffe ein, wenn er große Mengen Bargeld bei sich führte, doch an diesem Tag hatte er lediglich 53 Dollar in der Tasche. O'Hare fuhr den Ogden Boulevard hinunter und hatte auf etwa halber Strecke zum Loop die Rockwell Street erreicht, als sich eine Limousine neben sein Coupé setzte. O'Hare muß es bemerkt haben, denn er drückte das Gaspedal durch. Im selben Moment krachten schon zwei Schrotschüsse und trafen ihn in Kopf und Hals. Sein Wagen schleuderte über den Boulevard und die Straßenbahngeleise und prallte gegen einen Lampenmast. Ed O'Hare war tot.[65]

In seiner Tasche fand die Polizei einen Zettel mit der Notiz »Mr. Woltz hat angerufen«. Woltz wollte erfahren, was O'Hare über einen früheren Bootlegger und Bankräuber namens Clyde N. Nimerick wußte. O'Hare sollte sich in dieser Angelegenheit bei einem Mr. Bennett mit allen verfügbaren Informationen melden. George Woltz war FBI-Agent in Chicago, wie Bennett auch. O'Hare hatte weiterhin den Informanten gespielt, um sich damit den Weg aus seiner Verflechtung mit dem Outfit freizukaufen. Der Notizzettel trug die Unterschrift »Toni«. Antoinette M. Cavaretta galt als O'Hares »Privatsekretärin«.[66] Später sollte sie Frank Nitti heiraten.[67]

Am Abend des 16. November 1939 brachte eine Fähre Capone hinüber nach San Pedro. Von dort wurde er mit dem Wagen nach San Bernardino gefahren, wo er den Zug nach Osten bestieg. Die Strecke führte über St. Louis, vermied aber Chicago. Die Bundesgefängnisverwaltung verweigerte jede Angabe zu Capones Aufenthaltsort. Ein Reporter, der die Fährte aufgenommen hatte, wurde von FBI-Agenten beiseite gestoßen, als er versuchte, an Capone heranzukommen.[68]

Am 16. November wurde Capone von den Behörden in aller Heimlichkeit nach Gettysburg gefahren. In bester Geheimdienstmanier wurde er an einer Kreuzung knapp zwanzig Kilometer östlich der Stadt an einem verabredeten Punkt der Obhut seiner Familie und der Ärzte übergeben.[69]

31

Ein Ende mit heiler Haut

Einer der Abwehrmechanismen des menschlichen Körpers ist die Blut-Hirn-Schranke, welche Hirn- und Rückenmarksflüssigkeit vom Blutkreislauf trennt. Für Capone bedeutete dies, daß Arsen- und Schwermetallinjektionen die Syphilis, die seinen Verstand zersetzte, nicht wirksam bekämpfen konnten. Penizillin kann diese Sperre überwinden, aber in den Tagen vor seiner Erfindung war es nur durch Erhöhung der Körpertemperatur möglich, den unaufhaltsam fortschreitenden Prozeß des geistigen Verfalls zu verlangsamen. Die Ärzte ließen die Körpertemperatur der Patienten bis auf fast zweiundvierzig Grad ansteigen. Während man früher die Patienten zu diesem Zweck noch mit Malaria infiziert hatte, standen Dr. Moore 1940 weniger drastische Therapien zur Verfügung.[1]

Mae, Theresa und Ralph fuhren Capone von Gettysburg in die Klinik.[2] Dort bezog er eine Suite mit zwei Zimmern, die die fürstliche Summe von dreißig Dollar pro Tag kostete. Das zweite Zimmer wurde von Familienmitgliedern benutzt, die ihn besuchten.[3]

Dr. Moore hatte ein paar Fragen hinsichtlich seines Honorars. Als er James Bennett fragte, wie die Chancen stünden, an sein Honorar zu kommen, erinnerte ihn der Direktor der Bundesgefängnisbehörde daran, daß »der Staat versucht habe, ungefähr 300 000 Dollar an fälliger Einkommenssteuer einzutreiben«, aber »keinen Erfolg bei der Suche nach irgendwelchem pfändbaren Eigentum« gehabt habe.[4] Natürlich trieb Capone das Geld für Arzt und Klinik dennoch auf. Als er die Klinik wieder verließ, pflanzte er eine große Trauerkirsche, die heute noch die vordere Fassade des Union Memorial Krankenhauses ziert.[5]

Obwohl Syphilis damals noch nicht heilbar war, konnte durch fortgesetzte Therapie immerhin erreicht werden, daß die Symptome zeitweilig verschwanden. Capone hatte wahrscheinlich ein paar völlig unbeeinträchtigte Jahre vor sich, was seinen Geisteszustand betraf, bevor er eine neuerliche hyperthermische Behandlung brauchen würde. Am 8. Januar erklärte Dr. Moore, Capones Befinden erlaube es jetzt, zu ambulanter Behandlung überzugehen. Zusammen mit Mae und Theresa mietete Capone daraufhin ein Haus in Mount Washington, einem Vorort von Baltimore.[6] Die Nachbarn waren zunächst spürbar beunruhigt, aber schon bald hatte man sich von Capones einsiedlerischer Lebensweise überzeugt. John, der in Villanova in Pennsylvania ein Geschäft hatte, kam öfter auf Besuch herüber.

Am 19. März 1940 war die Therapie beendet, und Capones Familie machte sich mit dem Auto auf den Weg nach Palm Island. Gehalten wurde nur für Mahlzeiten oder ein kleines Nickerchen am Straßenrand. Dreißig Stunden später war Capone wieder in Florida.[7]

Der Rest von Capones Leben verlief in den ruhigen Bahnen eines Tagesablaufs, aus dem mit Nachdruck sämtliche Aufregungen ausgeklammert waren, die für einen von Lähmungserscheinungen befallenen Mann als schädlich erachtet wurden. Mae und Sonny wohnten natürlich mit Capone auf Palm Island. Maes Bruder Daniel Coughlin und dessen Frau Winnie lebten ebenfalls dort. Danny war Funktionär einer Gewerkschaft, aber seine Funktionärspflichten beeinträchtigten seine bedeutungsvollere Aufgabe als Capones Chauffeur nicht.[8] Winnie war der Dynamo der kleinen Familie. Sie betrieb eine Kombination von Bar und Restaurant, in der nach dem Bericht eines Stammgastes »Tag und Nacht ein enormes Geschäft lief«.[9] Mae's Schwester Muriel und ihr Mann Louis Clark waren die einzigen weiteren Mitbewohner des Anwesens, abgesehen von einem kläffenden, aber nützlichen Foxterrier, der bei jedem Fremden, der sich näherte, Alarm schlug.[10] Allerdings waren der treue Brownie und ein Dienstmädchen nicht im gemeinsamen Wohnhaus untergebracht.[11]

Die langen Tage strichen ereignislos dahin. Capone verbrachte die meiste Zeit in Schlafanzug und Morgenmantel, angelte vom Bootssteg aus und spielte Karten. Danny Coughlin fuhr ihn gelegentlich zu einem Golfplatz, wo Capone seinen Abschlag üben konnte. Nach ein paar Monaten unternahm Capone auch wieder kleine Ausflüge in die örtlichen Nachtklubs, wo er sich mit seiner Gesellschaft an den hinteren Tischen niederzulassen pflegte. Ohne großes Aufsehen wurden die Lokale aber noch vor Mitternacht wieder verlassen. Mit Mae ging er zum Essen aus, wobei sich ein Leibwächter an der Bar postierte. So gut wie niemand schien ihnen Aufmerksamkeit zu schenken.[12]

An manchen Abenden veranstaltete Capone bescheiden Parties auf Palm Island. Es gab Drinks, Kleinigkeiten zu essen und eine vierköpfige Band. Ein damaliger Gast fand, daß Capone der geniale und großzügige Gastgeber geblieben war, als den man ihn kannte, wenn auch vielleicht nicht mehr so gesprächig wie früher.[13]

An diesem Abend erzählt jemand einen Witz über einen alten Italiener, der, umgeben von seiner Familie, auf dem Sterbebett liegt. Man läßt ihm keine Ruhe und bedrängt ihn immer wieder mit der Frage: »Papa, wo hast du dein Geld versteckt?« Die rechte Hand des Alten liegt kraftlos mit der Handfläche nach oben auf der Bettdecke. Er tippt immer wieder ganz matt mit dem linken Zeigefinger in die erste Fingerbeuge seines rechten Zeigefingers. Einer der Söhne beugt sich zu dem Alten hinunter und fragt: »Papa, warum machst du denn das mit deinen Fingern?« Mit letzter Kraft wirft der alte Mann seinen Oberkörper nach vorne, reißt die rechte Faust hoch und schlägt sich dabei mit der linken Handkante in die Armbeuge: »Weil ich zu schwach bin, um das zu machen«, krächzt er.

Capone lachte sich halbtot, vielleicht auch deshalb, weil er gegenüber dem IRS schon lange diese klassische »sto cacco« Geste machte. Die Behörde war immer noch nicht auf Vermögenswerte gestoßen, aus denen die überfälligen Steuerforderungen hätten befriedigt werden können. In diesem ersten Sommer nach Capones Freilassung setzte ein Bundesrichter die Steuerschuld auf 265 877 Dollar und 71 Cent fest.[14] Im folgenden Winter wurde Capone vor eine Untersuchungskommission zitiert, um über sein Vermögen und seine Zahlungsfähigkeit vernommen zu werden. Er wurde umgehend aus Gesundheitsgründen plötzlich »unfähig zu erscheinen«. Ralph und Rechtsanwalt Abe Teitelbaum legten eine von Dr. Phillips verfaßte entsprechende ärztliche Bescheinigung vor – Capone wurde zweimal in der Woche von Danny Coughlin zur Behandlung zu Dr. Phillips in die Praxis gefahren. Vielleicht aus Furcht, daß Dr. Phillips Bescheinigungen nach dem Prozeß wegen Mißachtung des Gerichts an Glaubwürdigkeit eingebüßt haben könnten, erschien Capone am Ende dann doch vor dem Ausschuß. Geschniegelt und völlig klar im Kopf zeigte er sich zigarrenpaffend im Nadelstreifenanzug, mit weißer Fliege und Strohhut, die Augen hinter einer Sonnenbrille verborgen.[15]

Die Kosten für Capones Haushalt beliefen sich pro Jahr auf ungefähr 40 000 Dollar, die einfach irgendwoher auftauchten.[16] Wie schon James Bennett gegenüber Dr. Moore versicherte, hatte Capone vor dem Fiskus keinerlei nachweisbares Vermögen. Der Outfit kümmerte sich um ihn.

Das ließ darauf schließen, daß er immer noch über eine gewisse Macht verfügte – deren Zeuge Norman Kassoff wurde. Nach einer Karriere, die ihn unter anderem auch zur Mordkommission von Miami führen sollte, wurde Kassoff später Leiter der Gerichtsmedizinischen Behörde von Dade County. 1940 oder 1941 – er war damals sieben oder acht Jahre alt, wollten seine Eltern ein Beerdigungsinstitut aufmachen. Monatelang machten ihnen die Behörden Schwierigkeiten. An die erforderlichen Genehmigungen war einfach nicht heranzukommen. Schließlich rief Kassoffs Mutter in New York bei ihrem Bruder Charles »The Bug« Workman an. In Louis Lepkes Mördersyndikat »Murder, Inc.« war er der wichtigste Killer. Etwa zwei Stunden später kam ein Rückruf, der Mrs. Kassoff umgehend nach Palm Island bestellte. Da niemand da war, der auf den kleinen Norman aufpassen konnte, nahm sie das Kind einfach mit. Kassoff erinnert sich daran, wie Capone in Pyjama, Morgenrock und Pantoffeln vom Bootssteg hereingeschlurft kam. Er bot Kaffee an, nannte Mrs. Kassoff, die er noch nie getroffen hatte, beim Vornamen und versicherte ihr: »Ich werde mich persönlich darum kümmern.« Am nächsten Tag erhielten die Kassoffs wieder einen Anruf, daß alles in Ordnung sei. Die Genehmigungen wurden umgehend erteilt.

Einige Monate später gingen Norman und seine Mutter die noble Lincoln Street in Miami Beach hinunter. Sie sahen, wie Capone sportlich-elegant gekleidet aus der Tür von Pierre's, einem vornehmen Herrenkonfektionsgeschäft, herauskam. Capone erkannte Mrs. Kassoff, erinnerte sich an ihren Namen und wollte wissen, ob alles zu ihrer Zufriedenheit verlaufen sei. Er sei auf dem Weg nach Hialeah, ob die Herrschaften ihn begleiten wollten? Nein? Nun, alsdann . . . Er beugte sich zu Norman herunter, um ihm feierlich die Hand zu schütteln, und ging seines Weges.[17]

Ungefähr zur gleichen Zeit tauchte Capones ältester Bruder – Vincenzo, oder Jimmy – plötzlich wieder auf.[18] Er hatte seinen Namen geändert, nannte sich Richard James Hart und wohnte in der winzigen Siedlung Homer (447 Einwohner) in Nebraska, wo er einige Zeit lang Marshal des Ortes gewesen war. Er behauptete, sein Spitzname sei »Two-Gun«, und erzählte den Reportern, er könne auf dreißig Meter »nach Belieben rechts oder links aus der Hüfte den Verschluß von einer Bierflasche herunterschießen«.[19] Als er in Sioux City lebte, sei er für die Indianer in den Reservaten von Coer d'Alene, Kootenai und Kalispell in Iowa »der einzige Vertreter des Gesetzes gewesen«.[20] Seine Erzählungen lieferten das entzückend ironische Bild eines Capone, der auf der richtigen Seite des Gesetzes geblieben war. Einiges davon stimmte sogar.

Von Brooklyn aus war er nach Westen gezogen. 1919 war er in Homer von einem Güterzug abgesprungen, hatte Kathleen Winch, die Tochter des örtlichen Lebensmittelhändlers, kennengelernt und geheiratet (er hatte die Familie Winch aus einem Hochwasser gerettet) und war Marshal geworden, nachdem er als Anstreicher und Tapezierer eine Pleite erlebt hatte. Der Familie Winch und der Einwohnerschaft von Homer hatte er eine eigene Version seiner Herkunft erzählt. Darin war von einer erdichteten Teilnahme am Ersten Weltkrieg die Rede, was ihm die Ernennung zum Commander der American Legion von Homer eingebracht hatte. Drei Jahre später begann seine Dienstzeit beim Indian Service, der Indianerbehörde. Im dritten Dienstjahr bekleidete er den Rang eines Staatssheriffs. Er stellte den Alkoholverkauf an die Winnebagos und Omahas unter Strafe, und die Indianer wünschten ihn dafür zum Teufel.[21]

Nach seiner Versetzung nach Sioux City tötete er bei einer Kneipenschlägerei einen Indianer, aber das Opfer war ein Alkoholschmuggler, so daß die Anklageerhebung ausblieb. Die Familie des Mannes ließ ihn jedoch nicht so billig davonkommen: Ihr Vergeltungsschlag kostete ihn ein Auge (hinterher behauptete er, das Auge im Kampf mit Gangstern verloren zu haben).[22] Später wurde er nach Coer d'Alene in Idaho versetzt, wo es eine neuerliche Mordanklage gegen ihn gab. Es kam aber nie zum Prozeß.

Wieder in Homer – und wieder Marshal der Stadt – ließ er bei seinen nächtlichen Wachrunden durch die Stadt hier und da etwas aus den Geschäften mitgehen, darunter auch Konserven aus dem Geschäft seines Schwiegervaters. Die Stadt nahm ihm die Schlüssel und die Dienstmarke wieder weg. Schließlich wollte auch die American Legion einen Nachweis seiner Teilnahme am Weltkrieg sehen, was schließlich mit dem Rausschmiß aus der Veteranenorganisation endete.

Jimmy und Kathleen hatten vier Söhne, von denen einer im Zweiten Weltkrieg auf den Philippinen fiel. Jimmy war finanziell am Ende und der graue Star trübte die Sehkraft seines einzigen Auges. Schließlich nahm er die Verbindung zu seiner Familie wieder auf. Nur Theresa konnte ihn mit einiger Schwierigkeit wiedererkennen. Jimmy besuchte Ralph in Wisconsin und dann Al in Miami. Erst da erfuhr Kathleen, wer Jimmy wirklich war. Ralph schickte ihm regelmäßig einen Scheck – bald sollte Jimmy Gelegenheit bekommen, diese Gefälligkeit zu erwidern, als Ralph die Hilfe des »Gesetzeshüters« Capone brauchte.

Sonny blieb das einzige Familienmitglied mit makellos reiner Weste. Er besuchte die St. Patrick's School, die der Diözesankathedrale angegliedert war. Im Abschlußjahr 1936/37 hatte er einen Klassenkameraden, dessen Eltern Exilkubaner waren und von der Insel geflohen waren, als der Diktator Gerardo Marchado entmachtet wurde. Sonny und der junge Desi Arnaz wurden Freunde.[23]

Es war vielleicht ganz natürlich, aber fatalerweise machte der kleinste Fehltritt von Sonny − einmal war es ein Strafzettel wegen Geschwindigkeitsüberschreitung − sofort Schlagzeilen. Ein anderes Mal streifte er bei einem Überholmanöver vier an einen Golfplatz angrenzende Bäume und mußte 150 Dollar Bürgschaft für die wegen Rücksichtslosigkeit am Steuer zu erwartende Strafe bezahlen.[24] Sonny konnte seinem Namen nicht entrinnen, auch wenn er es versuchte.

Im Umfeld von Miami hatte er nicht die geringste Chance, anonym zu bleiben, und so schrieb er sich unter dem von auch seinem Vater benutzten falschen Namen »Brown« in die katholische Universität Notre Dame in South Bend in Indiana ein.[25] Sonnys Identität wurde trotzdem bekannt. Er fand sich damit ab, stets aufzufallen, und kam zurück, um an der Universität von Miami Betriebswirtschaft zu studieren. Bei der Entlassung seines Vaters aus dem Gefängnis war Sonny einundzwanzig Jahre alt. Er litt an partieller Taubheit. Er war bemerkenswert angepaßt und ausgeglichen, wenn man bedenkt, daß er trotz hingebungsvoller Eltern eine höchst außergewöhnliche Kindheit gehabt hatte, deren Merkwürdigkeiten zum Teil bis in sein Erwachsenenalter hineinspielten. Als Sonny beispielsweise an einem Golfturnier des Biltmore Hotel in Coral Gables teilnahm, war ein Leibwächter seines Vaters sein Caddie. Bei einer anderen Gelegenheit forderten die Buchmacher die lokalen Gangster zu einem Softballspiel heraus. Der Siegerpreis war ein Faß Bier. Die Buchmacher gewannen 3 zu 2, als Sonny einen Flugball genau im Center Field fallen ließ.[26]

Am 30. September 1941 folgte Sonny in der St. Patricks Cathedral in Miami Beach dem Beispiel seines Vaters und heiratete ein irisches Mädchen.[27] Es war seine Schulkameradin Diana Ruth Casey. Die Caseys waren eine alteingesessene Familie von Miami Beach und Inhaber der beliebten Bar »Casey's Oasis«.[28] Dianas Bruder Jim wurde Detective Sergeant in Miami Beach. Auch lange nachdem das Paar geschieden und Diana gestorben war, blieb Jim mit Sonny befreundet und hielt schützend seine Hand über ihn.[29] Ralph Capone Junior galt als der beste Freund seines Vetters.

Sonny und Diana gründeten ihren Hausstand an der Tenth Avenue im von der Küste abgelegenen Nordwestteil von Miami und bekamen bald die erste von insgesamt vier Töchtern.[30]

Wegen seines beeinträchtigten Gehörs wurde Sonny militäruntauglich geschrieben. Sein Patriotismus ließ ihn den Blumenladen aufgeben, den er im vorangehenden September eröffnet hatte, und um einen Heimateinsatz nachsuchen. Er wurde als Hilfsmechaniker ins Miami Air Depot der Luftwaffe geschickt.

1942 gelang es Dr. Moore endlich, genug Penizillin aufzutreiben, um Capone damit behandeln zu können. Capone war einer der ersten an Neurosyphilis leidenden Patienten, die mit dem kriegsbedingt knappen Wundermittel behandelt wurden.[31] Die Medizin kam zu spät, um das Wunder von Capones Heilung zu vollbringen, aber sie ermöglichte, das Einsetzen der mit dieser Krankheit verbundenen schlimmen Verfallssymptomatik hinauszuschieben.

Einem Mann, den Capone damals traf, erschien er beinahe völlig normal. Pat Purdue ging Anfang 1942 zur Polizei von Miami Beach. Als er noch Anfänger war, begegnete er eines Tages Capone beim Streifengang auf der Lincoln Road. Wie in seinen früheren Tagen liebte Capone es immer noch, leutselig auf Streifenpolizisten zuzugehen. »Wie geht's denn so, mein Freund?« sagte er und blieb stehen.

»Ich sage: ›Prima‹«, erinnert sich Purdue. Nur eines kam ihm komisch vor: »Er sagte zwei- oder dreimal hintereinander ›Wie geht's denn so, mein Freund‹, wie eine Schallplatte mit einem Sprung, verstehen Sie? Dann erwähnte ich, daß ich damals 1928 für ihn den Golfcaddie gespielt hatte. Er konnte es gar nicht fassen. Ich sagte: ›Wissen Sie noch, damals in Hollywood, wie Sie Sharkey zugesehen haben?‹ Und er darauf: ›Ooooh, der Caddie, das waren Sie?‹ Darauf ich: ›Genau.‹ Und er sagt: ›Da haben Sie einen Kaugummi!‹ Er kaute immer Dentyne. Jedem, den er traf, gab er ein Päckchen Dentyne.«

Im Sommer wurde der ganze Haushalt nach Wisconsin verlegt, allerdings nicht nach Couderay. Das Anwesen war schon lange verkauft. Man fuhr in die Nähe von Racap, des Ortes, wo Ralph wohnte. Capone und sein Troß mieteten sich in zwei oder drei Bungalows in Beaver Lodge ein. Der Eigentümer schätzte sie als seine umgänglichsten Gäste, insbesondere, weil die nicht unerheblichen Rechnungen so prompt bezahlt wurden.[32] »An Al gefiel mir immer am besten, daß er die ganze Zeit lächelte«, sagte der Mann. Capone ging zum Angeln, spielte Karten und brütete über den Tabellen der Baseballiga – allerdings nie allein, sondern stets mit einem Gefährten, meist Ralph oder Matt. In den Ort ging er selten und niemals ohne Begleitung, und schon gar nicht ins nahegelegene Hurley, das wegen der lockeren Sitten in seinen zahllosen Saloons einen einschlägigen Ruf gewonnen hatte. Capone rauchte und trank auch nicht mehr.

Die Bürger von Mercer waren anfangs etwas besorgt, aber bald schon freuten sie sich darauf, wenn im Frühling alles grün wurde – auch von Dollarnoten. Die Geschäftsinhaber hatten es gar nicht gern, wenn vorwitzige Fremde sich Anspielungen auf Gangster erlaubten. Ein Fahndungsbeamter schrieb: »Mercer sieht in Mr. Capone den Mann mit den Banknotenbündeln.« Capone und seine Gefolgsleute beeinflußten das Wirtschaftsleben von Mercer nachhaltig, indem sie teure Leckerbissen wie Kaviar, Sardellen und Petit Fours auf den Regalen der Geschäfte ihren Platz verschafften, ganz zu schweigen von den Hundert- und Tausendollarnoten, die von den Einheimischen gern angenommen wurden, nachdem sie sich vergewissert hatten, daß Banknoten dieser Größenordnung tatsächlich amtliches Zahlungsmittel waren.[33]

Gelegentlich zirkulierten Berichte, daß Capone von seiner Krankheit niedergeworfen sei und mit dem Tode ringe.[34] Jedesmal jedoch schien er sich wieder zu erholen. Solche Zwischenfälle waren normal für den fortschreitenden Verfallsprozeß. Er kam immer wieder auf die Beine, aber der geistige Abbau schritt gnadenlos voran. Infolge der Rückenmarksschwindsucht wurde sein Gang unsicher und schlurfend, seine Sprache immer undeutlicher. Dr. Bayne erklärt: »Im Laufe der Zeit mußte Capone in einen bejammernswerten Zustand geraten.«

Im Sommer 1946 wurde James M. Ragen Senior von zwei Schrotschüssen getroffen. Er war ein alter Kämpe aus der Periode der Zeitungskriege und hatte die Kontrolle über einen Großteil der Telegrammagenturen für die Ergebnisse der Pferderennen an sich gebracht, nachdem Moe Annenberg ins Gefängnis gewandert war. Einige Zeit zuvor hatte er behauptet, »die Organisation Capones« versuche, sich gewaltsam in seinem Unternehmen breitzumachen. Bevor er seinen Wunden erlag, behauptete Ragen, daß Capone immer noch im Outfit das Sagen habe, und der Outfit in Chicago.[35]

Was die Organisation betraf, hatte er recht. Aber wenn man Bescheid wußte, dann war die Vorstellung, Capone könne 1946 über irgend etwas das Sagen gehabt haben, bestenfalls ein trauriger Scherz. Laut Dr. Moore hatte Capone inzwischen das geistige Vermögen eines Zwölfjährigen: »Er hat mittlerweile nicht mehr genügend Intelligenz, um sein eigenes Leben zu organisieren, um wieviel weniger also ein weitverzweigtes Unterweltsyndikat.«[36]

Dr. Phillips, der ihn regelmäßig in Miami untersuchte, bezeichnete ihn als »nervös und erregbar, dauernde Beaufsichtigung sei unbedingt geboten«. »Al spielt manchmal Tennis«, sagte Phillips, »er geht gelegentlich sogar aus oder zum Schwimmen und mäht dann und wann den Rasen. Seine Frau Mae hat die gesamte Pflege übernommen. Viele seiner alten Bekannten wollen nichts mehr von ihm wissen.«[37]

Einer von ihnen war Jack Guzik. Er machte sich darüber lustig, daß Capone bei den Schüssen auf Ragen oder in den Angelegenheiten des Outfit noch eine Rolle gespielt haben könnte. In seiner gewohnt taktvollen Weise sagte er: »Der spinnt wie ein Uhu. Wenn er einen Kilometer geradeaus laufen soll, dann muß ihn noch jemand an die Hand nehmen.«[38] Das »Tennisspielen«, von dem Phillips sprach, bestand in Wirklichkeit daraus, daß Capone den Ball stundenlang monoton gegen eine Wand schlug.[39] Er machte Ausflüge mit dem Auto, doch man ließ ihn das Auto nur dann ohne Begleitung verlassen, wenn er sich gelegentlich ein Päckchen Dentyne oder Sen-Sen aus einem Drugstore holen wollte. »Er liebt es, seinen Sen-Sen zu kauen«, sagte Phillips.[40]

Capone konnte noch Angeln und Karten spielen, aber er machte im Verlauf des Spieles seine eigenen Regeln, und wenn er verlor, benahm sich »wie ein verwöhntes Gör«, sagte einer seiner wenigen getreuen Gefolgsleute. »Wir ließen ihn immer gewinnen.«[41]

Jedermann bewunderte die Art und Weise, wie Mae zu ihm hielt. Dr. Phillips sagte: »Mrs. Capone hatte in dieser Zeit ein schwereres Kreuz zu tragen, als die meisten Menschen in ihrem ganzen Leben.«[42] Mehrmals in der Woche besuchte sie die Messe in St. Patrick. Es ist anzunehmen, daß Capone sie begleitete.[43]

Am Montag, dem 20. Januar 1947 starb der ehemalige Abgeordnete Andrew Volstead im Alter von siebenundachtzig Jahren in seinem Haus in Granite Falls in Minnesota.[44] Er hatte seinen Parlamentssitz im Jahre 1922 gegen einen Geistlichen verloren, der auf seine Fahnen geschrieben hatte, er sei »trockener als Volstead«. Wie dem auch sei, ein Zeitungsnachruf hob hervor, daß dieser Mann, Inbegriff der strikten Durchsetzung der Prohibition, »bis zu seinem letzten Tag von der segensreichen Wirkung der Prohibition überzeugt war«.

Am nächsten Tag gegen vier Uhr morgens, vier Tage nachdem er in Florida seinen achtundvierzigsten Geburtstag gefeiert hatte, erlitt Capone, was seine Ärzte einen »apoplektischen Schlag« nannten. Möglicherweise hatte er mit der Syphilis ursächlich nichts zu tun. Ein Anruf im Pfarrhaus von St. Patrick wurde von Pater Cloonan angenommen, der Bereitschaftsdienst hatte, und gleich nach Palm Island eilte. Um sechs Uhr morgens erteilte er dem Kranken die Letzte Ölung.[45]

Nach vierzehnstündigem Koma kam Capone jedoch wieder zu Bewußtsein und wollte mit Mae und Sonny sprechen. Die beiden waren in der ganzen Zeit nicht von seinem Bett gewichen. Am nächsten Tag sagte Dr. Phillips den vor dem Tor versammelten Reportern, daß der Patient gute Überlebenschancen hätte, obwohl er sich »noch keineswegs außer Gefahr« befände. Die Familie sei verständigt, Theresa, Ralph und Matt wären auf dem Weg.

Capones Zustand verbesserte sich. Man sprach davon, daß er über den Berg sei. Dann jedoch, am Freitagabend, bekam er eine Lungenentzündung. Dr. Phillips zog einen Spezialisten hinzu, aber der Lungenfacharzt Arthur J. Logie konnte nichts mehr tun. Er stellte fest, daß beide Lungenflügel verstopft waren und das Herz geschwächt. Capone mußte mit Sauerstoff am Leben gehalten werden.[46]

Ralph erschien regelmäßig mit Bulletins und Bier für die Reporter vor dem großen Tor. Er ließ sich nie dabei helfen und brachte das Bier auch nie im Kasten, sondern hatte die Flaschen immer unter seine kurzen Arme geklemmt.[47] Die Presseleute fühlten sich an den Spitznamen erinnert, den sie ihm früher verpaßt hatten: »Bottles«. Capone machte wieder Schlagzeilen − außer in der »Daily News« in Miami, deren Herausgeber James Cox entschieden hatte, daß der zu erwartende Todesfall keinen ausführlicheren Nachruf zu erhalten habe als das Ableben eines jeden anderen. »Ich will diesen Hundesohn nicht auf meiner Titelseite«, sagte er.

Capone hatte einmal gesagt, seine große Befürchtung sei, »von den Kugeln einer Maschinenpistole durchlöchert« einsam auf der Straße sterben zu müssen. Er wollte beim Sterben seine Familie um sich haben. Am Sonntagabend, dem 25. Januar 1947, um 19.25 Uhr trat der Tod durch Herzstillstand ein. Die Familie war um Capones Sterbebett versammelt.

Monsignore William Barry, Pfarrer an St. Patrick, duldete keine Mätzchen. Wer in seinem Gottesdienst redete, ob Gangster oder nicht, wurde mit einem »Pst« dazu ermahnt, den Mund zu halten.[48] Er half der Familie Capone dabei, die Presse hinters Licht zu führen. Von der Leichenhalle fuhr ein leerer Leichenwagen über die Seventy-ninth Street nach St. Patrick, wo ein Gedächtnisgottesdienst stattfinden sollte. Eine Totenmesse durfte nicht gelesen werden. Währenddessen befand sich Capones bronzebeschlagener Sarg schon auf dem Weg nach Chicago. Um die Presse noch stärker von der Fährte abzubringen, waren Gerüchte ausgestreut worden, der Sarg werde im gleichen Zug reisen wie die Angehörigen.[49]

Der Mount-Olivet-Friedhof liegt am Rand der South Side von Chicago in der Gegend der 111th Street. Am Dienstagnachmittag, dem 4. Februar 1947, versammelten sich ab 14.00 Uhr vierzig bis fünfzig Trauergäste am Feld Nummer 48. Die meisten zitterten vor Kälte bei einer Temperatur von fünfzehn Grad minus. Die Totengräber hatten drei Stunden benötigt, um zwischen den Gräbern von Gabriel, der zur Rechten lag, und Frank eine Grube aus dem gefrorenen, schneebedeckten Boden herauszuhacken.[50]

Das relativ kleine Gefolge war keineswegs ein Zeichen verminderten Respekts von seiten der Unterwelt oder der Politiker. Anthony Accardo hatte sich zusammen mit Joseph Aiuppa zum mächtigen Mann der Organisation entwickelt. Er hatte angeordnet, daß, von den Angehörigen abgesehen, nur jene Leute willkommen seien, die sich zu den Freunden der Familie zählen dürften, weil sonst, wie er sagte, praktisch ganz Chicago anwesend wäre. »Al hatte keine Feinde.«[51]

Die Fischettis, Capones Vettern, hatten sich vollzählig unter dem zeltartigen Baldachin eingefunden, der über der Grabstätte aufgebaut worden war. Sie erhielten Gesellschaft von Murray Humphreys, Sam Hunt, Willie Heeney, von den prominenten Mitgliedern des Outfit Tony Capezio und Nick de Grazio – und den Leuten im Hintergrund, wie Joey Korngold und Robert Ansonio. Gegen die Kälte und zum Schutz vor den Kameras hatten alle den Mantelkragen hochgeschlagen. Der humpelnde Jack Guzik kam als letzter. Ralph bahnte ihm den Weg zur Begräbnisstätte. »Warum laßt ihr uns nicht in Frieden?« raunzte er aufdringliche Reporter an. Charley Fischetti formulierte es etwas direkter: »Ich bringe jeden von euch Hurensöhnen um, der hier knipst!«

Monsignore William J. Gorman, der als Kaplan die Feuerwehr von Chicago betreute und an der Resurrection Cathedral als Seelsorger tätig war, nahm sich die Zeit, vor den Presseleuten zu erläutern, warum er es für angebracht hielt, hier zu erscheinen. »Die Kirche«, erklärte er, »sieht weder über das Böse an sich noch über das Böse im Leben eines Menschen hinweg. Mit dieser knappen Beisetzungsfeier wird die Bußfertigkeit des Verstorbenen anerkannt und die Tatsache, daß er mit den Sakramenten der heiligen Kirche versehen heimgegangen ist.« Nein, er habe Capone nicht gekannt. Er sei jedoch früher einmal Pfarrer an St. Columbanus gewesen, gleich um die Ecke vom Haus der Capones an der Prairie Avenue. Theresa sei von »großer Frömmigkeit« gewesen, habe nie die tägliche Messe oder die sonntägliche Kommunion versäumt. »Sie hat mich gebeten, heute diese Beisetzungsfeierlichkeit abzuhalten.«

Es war in der Tat eine knappe Feier. Um 15.30 Uhr brachte ein Leichenwagen der Firma Rago Brothers den Sarg. Er war mit einem Blumengeflecht aus Gardenien bedeckt, obenauf lagen fünfzig Orchideen. Monsignore Gorman las ein paar Abschnitte aus seinem Meßbuch, betete mit der Trauergemeinde mehrere Vaterunser und Gegrüßet seist Du Maria sowie eine Bußlitanei. Das Ganze war in fünf Minuten erledigt, dann wurde der Sarg hinabgelassen.

Unter die Trauergemeinde hatten sich auch Polizisten gemischt. Sie gaben an, auf der Suche nach Leuten zu sein, die des Glücksspiels verdächtig wären – zu Verhaftungen kam es jedoch nicht. Beim Hinausgehen gab Matt einem Fotografen, der seine Mutter ablichten wollte, eine Wiederholung von Charley Fischettis Drohung mit auf den Weg.

Über der Grabstätte erhob sich fast zweieinhalb Meter hoch ein schwarzer Granitstein. Über den italienischen Namen von Gabriel (Gabriele) und Frank (Salvatore) waren die Worte QUI RIPOSA eingemeißelt, mit Tag, Monat (auch das in Italienisch) und Jahr von Geburt und Tod: NATO und MORTO. Als der Steinmetz Capones Namen dazusetzte, meißelte er nur AL CAPONE und setzte Geburts- und Todesjahr dazu, kein NATO und kein MORTO, keine Tage und Monate. Verglichen mit den Inschriften für Vater und Bruder sah die von Capone hastig hingeworfen und vorläufig aus – was, wie wir sehen werden, auch der Fall war.[52]

32

Nichts bleibt, wie es ist

Verbrechen und Anständigkeit haben eines gemeinsam: Ihr Lohn ist ungleich verteilt.

Einige von Capones Geschäftspartnern starben einen umgehenden und unschönen Tod. Red Barker, der für Capone die Gewerkschaften auspreßte, wurde schon 1932 niedergeschossen. Die Polizei verdächtigte die Roger Touhy Gang – mit dem üblichen Ergebnis.[1] Auch Barkers Partner »Three Finger« Jack White bekam sein Teil ab. Die Täter waren vermutlich die Nachfolger Capones im Outfit, die White erledigten, als er den Gehorsam verweigerte.[2] Tiny »Diamond Lou« Cowan wurde 1933 erschossen. Er starb von unbekannter Hand.[3] Seine Ermordung war vermutlich keine Vorsichtsmaßnahme, da von ihm kaum eine Bedrohung ausging. Nachdem er sich Capone angeschlossen hatte, war sein Leben bestimmt ereignisreicher und interessanter geworden, da er zuvor ein ehrlicher und bedeutungsloser Zeitschriftenhändler gewesen war.

Im Gegensatz dazu starb James Genna einen knappen Monat nach Capones Verurteilung im Steuerprozeß an einer Herzerkrankung im Bett.[4] Seine Brüder Sam und Pete überlebten mindestens bis in die vierziger Jahre, waren aber ziemlich heruntergekommen.[5] Myles O'Donnell, Klondikes zarter und weniger verbrecherischer Bruder, starb jung im Februar 1932, allerdings zu Hause im Bett und an einer Krankheit, während Klondike im Outfit Karriere machte.[6]

Als Capones Prozeß noch lief, erschoß Frank McErlane seine Frau Elfrieda mit vier Schüssen. Er ließ sie auf dem Rücksitz ihres Wagens liegen, neben ihrem Schäferhund und ihrem Foxterrier, die er ebenfalls erschossen hatte.[6] Kein Tod wäre für ihn zu schlimm gewesen. Er starb im Bett eines Krankenhauses im Oktober 1932. Das einzige Detail, das mit seinem Tod versöhnt, ist die Tatsache, daß er in seinem Fieberdelirium von vier Pflegern auf dem Bett festgehalten werden mußte.[8]

Frank Rio, dessen einzige Tugend seine Loyalität war, starb Mitte der dreißiger Jahre eines natürlichen Todes.[9]

Jack McGurn wurde ermordet, während Capone in Alcatraz saß. Er war nicht bei jedem beliebt. Er war großmäulig und hatte die Neigung, auf Kosten anderer bequem zu leben[10] Als Capone ins Gefängnis mußte, hatte McGurn erst einmal viel Golf gespielt. Als die Aufhebung der Prohibition und die Depression die

Zeiten härter werden ließen, versuchte er wieder, im Outfit mitzumischen. Am Abend des Valentinstages 1936 war er beim Bowling. Gegen ein Uhr nachts am 15. Februar wurde er von zwei »Unbekannten« niedergeschossen.[11] Sie ließen bei seiner Leiche einen spöttischen Valentinsgruß zurück, der sich über seine relative Mittellosigkeit lustig machte:

> Du hast den Job verloren und auch dein Geld,
> die Klunker und die noblen Läden.
> Dabei ist's nicht so schlecht um dich bestellt:
> Dein Hemd hat ja noch Fäden.[12]

Eingedenk der Familientradition des Opfers − langes Gedächtnis und gnadenlose Rache − machten sich sechzehn Tage später drei Revolvermänner des Outfit zu einem Billardsalon auf. Sie gingen auf den Tisch zu, an dem Anthony Demory beim Kartenspielen saß und erschossen McGurns Halbbruder und Leibwächter.[13]

McGurns Witwe, Louise Rolfe, wurde kurz darauf ein weiteres Mal in einen Verkehrsunfall verwickelt, bei dem es Tote gab. Wie bei dem Unfall, mit dem ihre öffentliche Karriere im Alter von fünfzehn Jahren begann, blieb sie auch diesmal unverletzt und von der Justiz unbehelligt; jemand anders hatte am Steuer ihres Wagens gesessen. Überhaupt verlief der Rest von Louises Leben nach Art einer Dauerkollision, bei der jedesmal die anderen das Nachsehen hatten. Sie heiratete noch zweimal, lebte aber jedesmal nur für ganz kurze Zeit mit dem jeweiligen Ehemann zusammen. 1940 wurde sie von der Polizei verhaftet, da sie sich im Besitz einer Waffe befand, die ihr derzeitiger Lebensgefährte bei einem Raubüberfall benutzt hatte (es konnte nicht nachgewiesen werden, daß sie von der Verwendung der Waffe etwas gewußt hatte). 1943 wurde sie erneut verhaftet, weil sie einem Deserteur der Army Unterschlupf gewährt hatte. »Es ist doch seltsam«, grübelte sie, »jedesmal wenn sie mich einbuchten, dann nicht deshalb, weil ich etwas getan habe, sondern wegen dem Typ, mit dem ich zusammen bin.« Gegen Ende der achtziger Jahre hieß es, daß sie irgendwo in Nordkalifornien lebe.[14]

Die fünfziger Jahre sahen das Ende von vielen alten Mitgliedern der ursprünglichen Organisation Capones. Die meisten starben eines natürlichen Todes. 1951 starb Charley Fischetti[15] (sein Bruder Rocco starb 1964 im Alter von einundsechzig Jahren an einem Herzinfarkt).[16] Willie Heeney starb 1951 mit dreiundsechzig an Kehlkopfkrebs.[17] Als Louis Campagna − er hatte Joe Aiello im Gefängnis bedroht − im Juni 1955 starb, zeigten sich John und Albert Capone bei seinem Begräbnis.[18] Außerdem kamen Tony Accardo, Sam Hunt, Claude Maddox, Tony Capezio und ein weiterer wichtiger Mann des Outfit, Rocco De Grazio. Maddox und Hunt sollten bald selbst das Zeitliche segnen.[19] Phil D'Andrea starb friedlich in den Fünfzigern. Frank Maritote allerdings wurde mit einer Schrotflinte erschossen.[20]

Im Jahre 1965 wurde Murray Humphreys, den ein früherer Kollege als »den nettesten Kerl« des Outfit in Erinnerung hatte, mit dem Gesicht nach unten auf dem kostbaren Teppich seines teueren Apartments im Marina City in Chicago aufgefunden. Sein Herz war stehengeblieben, sieben Stunden, nachdem ihm das FBI eine Vorladung wegen Meineids präsentiert hatte.[21] Er war immer noch ein geschätztes Mitglied der Organisation und hatte vor den Geschworenen eines Bundesgerichts falsch ausgesagt. Er war Mitte Sechzig.

Frank Galluccio, der Mann, dem Capone seine Narbe verdankte, starb 1960 an einem Herzinfarkt.[22] Joe Fusco — stets eher ein Bootlegger als ein Racketeer — lebte bis in die achtziger Jahre und handelte nach wie vor mit Spirituosen. Tony Accardo und Joey Aiuppa waren beide 1992 noch am Leben. Aiuppa befand sich in einem Bundesgefängnis; Accardo war mit dem Gesetz nie in Konflikt gekommen.

Von den früheren Gangsterbossen in Chicago konnte sich der bullige Danny Stanton bis zum Jahr 1943 halten, ehe er in einem Saloon als Opfer einer internen Auseinandersetzung erschossen wurde.[23]

George Moran wurde 1946 ins Staatsgefängnis von Ohio geschickt. Er hatte einem Kneipenbesitzer in Dayton 10.000 Dollar geraubt. Kaum entlassen, trat er eine neue Strafe wegen eines Bankraubs in Asonia in Ohio, an. Am 25. Februar 1957 starb er in Leavenworth an Lungenkrebs.[24]

Joe Saltis lebte überwiegend in Obdachlosenasylen und starb einsam und mittellos 1947 im Gemeindekrankenhaus. Nach einer ruinösen Scheidung, in deren Verlauf er die Vaterschaft für seinen ältesten Sohn bestritt, hatte er sein ganzes Geld verloren.[25]

Spike O'Donnell erlitt 1956 einen schweren Herzinfarkt. Im Alter von zweiundsiebzig Jahren starb er im August 1962 an einem zweiten Infarkt.[26]

Das unzertrennliche Duo Terry Druggan und Frank Lake geriet Anfang der dreißiger Jahre bei einer Party über eine Nichtigkeit in Streit und entzweiten sich. Druggan, der an Magengeschwüren, Asthma und Herzkrankheiten litt, mußte während seiner restlichen Lebenszeit immer wieder ins Krankenhaus. Er starb ohne Freunde und Vermögen im Jahr 1954.

Lake zog nach Detroit. Er war Chef einer großen Kohlen- und Eisfirma und wohnte in einem exklusiven Vorort. Seine Frau tat sich mit Wohltätigkeitsveranstaltungen hervor, die die Gesellschaftsspalten der Zeitungen füllten. Niemand schien sich dafür zu interessieren, wie er zu seinem Vermögen gekommen war. In seinem sechsten Lebensjahrzehnt starb er 1947 eines natürlichen Todes im Kreis seiner Familie.[27]

Von den Schwergewichten des Outfit segnete Frank Nitti im Jahr 1943 als erster das Zeitliche. Er hatte einige Zeit zuvor schon einmal mit einem Bein im Grab gestanden. Nach Capones Verurteilung unternahm Bürgermeister Cermak einen neuen Vorstoß, um dem Glücksspiel und der Kriminalität Einhalt zu gebieten. Er hatte Ted Newberry zum Vorkämpfer gemacht, der Nitti das Handwerk legen sollte.

Am Mittag des 19. Dezember 1932 drangen die beiden Detectives Harry Lang und Harry Miller (ein Bruder von Herschie und Davy) in Nittis Büro an der 221

North La Salle Street ein. Sie waren ohne Haftbefehl gekommen und hatten unterwegs zwei uniformierte Polizisten dienstverpflichtet.

Nitti hatte die Hände erhoben, als Lang dreimal auf ihn schoß – in den Rücken direkt neben die Wirbelsäule, und dann, als Nitti herumwirbelte, in die rechte Seite des Halses und der Brust. Dennoch überlebte er, und so wurde ein Prozeß wegen Widerstandes gegen die Staatsgewalt angestrengt. Christopher Callaghan, einer der uniformierten Polizisten, schilderte im Zeugenstand wahrheitsgemäß, was sich abgespielt hatte. Der Richter erkannte auf nicht schuldig. Jetzt brauchten Lang und Miller einen guten Anwalt. Sie engagierten Abraham Lincoln Marovitz. Er hatte unter Crowe als vertretender Staatsanwalt begonnen und war dann ein berühmter Strafverteidiger an den Bundesgerichten geworden. Später war er ein angesehener Richter (und ist heute noch als beratender Richter tätig). Er erreichte für die Angeklagten eine Verurteilung wegen einfachen tätlichen Angriffs, die mit einer Geldbuße von hundert Dollar abgetan war. Die Buße wurde sofort bezahlt. Damit war der Fall für die Detectives erledigt.[28]

Am 7. Januar 1933 wurde Ted Newberrys Leiche im Graben einer kleinen Landstraße in Indiana gefunden.[29]

Am 15. Februar 1933 unternahm der in Italien geborene Giuseppe Zangara in Miami einen Attentatsversuch auf den designierten Präsidenten Roosevelt. Revisionistische Kreise behaupten, Nitti habe ihn geschickt und er habe in Wirklichkeit auf Bürgermeister Cermak gezielt, der in Miami Urlaub machte. Zangara feuerte fünfmal. Keiner der Schüsse traf Roosevelt, aber Cermak bekam eine Kugel ab. Der Schuß war zwar nicht tödlich, aber Cermak bekam durch die Wunde eine Bauchfellentzündung, an der er drei Wochen später starb. Weitere zwei Wochen später wurde Zangara, der sich schuldig bekannt hatte, in Florida hingerichtet. In seinem Magen, der ihm dauernde Schmerzen verursachte, habe er Stimmen gehört, die ihm befohlen hätten, den Staat anzugreifen. Er sagte, er habe auf Roosevelt gezielt.[30]

Nitti, der bei einem Meister seines Fachs studiert hatte, hätte die Sache besser zu planen gewußt und einen verläßlicheren Mann als Werkzeug gewählt.

Durch Zufall kamen erpresserische Machenschaften ans Licht, mit denen der Outfit in Hollywood kassierte, und es wurde klar, daß Nitti wieder ins Gefängnis wandern würde. Diese Aussicht und der damit verbundene Verfall seiner Macht waren für Nitti unerträglich. Am 19. März 1943 – neun Monate nach seiner Heirat mit Ed O'Hares früherer Sekretärin – machte er in der Nähe seines Hauses in Riverside einen Spaziergang entlang der Geleise der Illinois Central und schoß sich eine Kugel durch den Kopf.

Jack Guzik brach im Februar 1956 im Alter von siebzig Jahren mit einem Herzinfarkt zusammen. Er befand sich gerade in St. Hubert's English Grill, wo er Schmiergelder an die Angestellten der Stadtverwaltung zu verteilen pflegte.[31] Sein Sohn, der die Familientradition fortführte, verbüßte gerade eine Haftstrafe in Arizona, zu der er wegen unsittlichen Verhaltens verurteilt worden war.

Der fünfundsiebzigjährige John Torrio begab sich am 16. März 1957 von seiner Wohnung in Brooklyn aus zum Friseur. Nachdem er Ende der dreißiger Jahre die Haftstrafe wegen seiner Steuerdelikte verbüßt hatte, war er vorwiegend als

Immobilienmakler tätig gewesen. Beim Friseur erlitt er einen Herzinfarkt und starb ein paar Stunden später in der Klinik.[32]

Big Bill Thompson entwickelte sich nach seiner Wahlniederlage gegen Cermak 1931 endgültig zu einer Witzfigur. Schlimm wurde es, als er sich mit dem Herannahen des Krieges zum Fürsprecher faschistischer Gruppen machte. Nach seinem Tod im März 1943 fanden Untersuchungsbeamte in fünf Bankschließfächern über 1 800 000 Dollar. Natürlich dachte jedermann sofort an Veruntreuung – obwohl Thompson einen größeren Betrag als diesen geerbt hatte. Er war siebenundsiebzig Jahre alt geworden.[33]

Für einige der Männer, die auf der Seite der Guten mitgespielt hatten, ging es recht angenehm weiter. Wenn er noch am Leben gewesen wäre, hätte Ed O'Hare mehr Grund zum Stolz gehabt, als er es verdiente. Sein Sohn Butch machte 1936 den Abschluß an der Militärakademie von Annapolis. Er wurde Marineflieger und erhielt 1942 die »Medal of Honor« für den Abschuß von fünf japanischen Bombern. Ein Jahr später fiel er im Gefecht. Chicago ehrte ihn mit der Umbenennung des wichtigsten Flughafens der Stadt auf seinen Namen.

Dwight Green war von 1940 bis 1948 zwei Legislaturperioden lang Gouverneur von Illinois, bis er von Adlai Stevenson abgelöst wurde. Im Alter von einundsechzig Jahren starb er im Februar 1958 an Lungenkrebs.[34] Sein Kollege Jacob Grossman wurde Sozius einer großen Kanzlei. Er wurde einundsiebzig Jahre alt und starb 1975.[35] Frank Wilson wurde Chef des Secret Service und starb im Juni 1970.[36] George Johnson war 1932 für kurze Zeit Richter, betrieb dann aber wieder eine private Anwaltskanzlei und starb 1949 im Alter von fünfundsiebzig Jahren.[37]

Richter Wilkerson blieb das Amt eines Berufungsrichters versagt, aber er verbrachte achtzehn ehrenvolle Jahre auf der Richterbank eines Bundesgerichtes. Er verschied im September 1948 im Alter von achtundsiebzig Jahren.[38]

Pat Roche verbrachte die letzten zehn Jahre seines Lebens wegen seiner angegriffenen Gesundheit in einer Art vorgezogenem Ruhestand mit reduzierten beruflichen Pflichten. Sechzigjährig starb er im Juli 1955.[39]

Die Laufbahn von Eliot Ness machte aus dem Helden in Chicago den Buhmann von Cleveland, wo er von 1935 bis 1942 Direktor für öffentliche Sicherheit war und sich bei einem aufsehenerregenden Mordfall nachhaltig blamierte. Während des Krieges arbeitete er für die Federal Security Agency. Nach dem Krieg wurde er Direktor einer Papierfabrik, der Guarantee Paper Corporation in Coudersport in Pennsylvania.

Das Schicksal spielte ihm einen Streich: Die allgemeine Berühmtheit, nach der er sich so sehr gesehnt hatte, kam erst nach seinem Tode. Als Ness 1957 starb, existierten von seinem Buch »Die Unbestechlichen« gerade die ersten Druckfahnen. Ness hat Robert Strack, der ihn im Fernsehen spielte, oder seine Leinwandverkörperung durch Kevin Costner nie gesehen.[40]

Einige der Dinge aus Capones Leben entwickelten ihre eigene Geschichte.

Im Februar 1952 verkaufte Mae 93 Palm Island samt Mobiliar für etwas über

64 000 Dollar an einen Grundstücksmakler aus Cleveland. Jener Thomas W. Miller wollte durch eine kurze Eigennutzung den »Fluch Capones« von dem Anwesen nehmen und das Objekt anschließend weiterverkaufen. Die Zeit konnte dem Fluch aber nur sehr wenig anhaben. Miller bot das Anwesen drei Jahre später für 72 000 Dollar an und war schließlich froh, es gegen einen kleinen Flugplatz in der Nähe von Canton in Ohio tauschen zu können. Die Villa hatte mindestens zwei weitere kurzzeitige Besitzer, die von Sensationstouristen zur Verzweiflung gebracht wurden, besonders von jenen, die im brüllenden Motorboot an der Bootsanlegestelle vorbeirasten. Im Jahr 1971 wurde das Anwesen schließlich für 56 000 Dollar von dem Verkehrspiloten Henry T. Morrison erworben. Er wohnt glücklich und zufrieden immer noch dort.[41]

Nach dem Tode von Theresa am 29. November 1952[42] verkaufte Mae auch das Haus an der Prairie Avenue. Es wurde zum Objekt eines Disputs, der bis in die achtziger Jahre dauerte: Ob das Haus als Denkmal in das nationale Verzeichnis historischer Stätten aufgenommen werden sollte? Die Neinsager setzten sich durch.[43]

Ein schwunghafter Handel entwickelte sich mit Capones gepanzerten Limousinen. Eines der Fahrzeuge wurde von einem britischen Unternehmer erworben, der es in ganz England auf Ausstellungen zeigte. Schließlich wurde es im Jahre 1958 von einem Tanzsaalbesitzer bei einer Auktion für den Spottpreis von 510 Dollar ersteigert. Ein zweites Fahrzeug wurde 1971 in den USA für 37 000 Dollar erworben. Der neue Besitzer lehnte vier Jahre später ein Angebot von 80 000 Dollar als »Beleidigung« ab. Ein dritter Wagen, der in einem Film über Capone zum Einsatz kommen sollte, brannte aus.[44] (Wenn man den frühen Film »Scarface« nicht mitzählt, gibt es drei Filme über Capone. Er wurde von Rod Steiger, Ben Gazzara und Jason Robards gespielt. Robert De Niro hatte einen kurzen Auftritt als Capone in dem Film »The Untouchables« von 1987. Ein neuerer Film mit dem Titel »Scarface«, der seinen Namen von dem von Al Pacino gespielten Protagonisten bezieht, einem Kokaindealer, hat keinen Bezug zu Capone.)

Capones Hauptquartier in Cicero, das damalige Hawthorne Hotel, hieß anschließend Western und schließlich Towne. Es gehörte zunächst einem von Capones Erben, Joey Aiuppa. Am 17. Februar 1970 verkaufte Aiuppa das Hotel. Innerhalb von Stunden − es war der reine Zufall, Brandstiftung oder Versicherungsbetrug kamen in keiner Weise in Betracht − entstand in der Küche ein Schwelbrand und das Towne Hotel brannte völlig ab.[45] Heutzutage gähnt an seiner Stelle ein leeres Grundstück.

Der städtische Verfall hat auch das Four Deuces und das Metropole nicht verschont, wie überhaupt backsteinübersäte leere Grundstücke noch die größten Attraktionen des ehemaligen Vergnügungsviertels Levee und der angrenzenden Bezirke sind. Das Lexington steht zu seinem eigenen Unglück immer noch, ein trauriger, heruntergekommener, leergeräumter und von Vandalismus gezeichneter Kasten. Nach seiner Glanzzeit in Capones Tagen verkam es zunächst zu einem Bordell und wurde dann zu einem derart verwahrlosten Obdachlosenheim, daß es auf Gerichtsbeschluß geschlossen werden mußte. Immer wieder kamen Gerüchte über Schätze aus Capones Zeit auf, die angeblich noch in den vermauerten fünfzig Meter langen Kellergewölben ruhten. Für eine Fernsehsondersendung wurden die Gewölbekammern geöffnet und gaben einige leere Whiskeyflaschen preis. Ende der achtziger Jahre machte ein Baulöwe viel Wind mit Renovierungs- und Neueröffnungsplänen, womit es dann auch sein Bewenden hatte.[46]

Da hatte die Wand, vor der das Massaker am Valentinstag stattfand, ein besseres Geschick. Mitte der sechziger Jahre war aus der Garage das Antiquitätengeschäft von Charles und Thelma Werner geworden. Mrs. Werner stöhnte: »Es verging kaum ein Tag, an dem nicht jemand den hinteren Raum gezeigt haben wollte, wo diese Männer erschossen wurden.« Sie war es wirklich leid. Zwei Jahre später wurde das Grundstück von der Stadt als Baugelände für ein Seniorenheim ausgewiesen. Das Abbruchunternehmen konservierte sorgsam die getünchten Backsteine der Nordwand mit ihren Blutflecken. Es gab viele Anfragen nach einzelnen Backsteinen, aber die Firma wollte die Mauer nicht stückchenweise abgeben. Ihren ersten Einsatz als Schaustück hatte die wieder zusammengesetzte Wand als Attraktion in einem Einkaufszentrum – bis es Proteste von Frauengruppen hagelte. Als nächstes wurde die Wand als Sehenswürdigkeit in der Toilette eines Nachtklubs aufgebaut, zu dessen Attraktionen auch auf dem Banjo geschrubbte Lieder zum Mitsingen und Elchköpfe gehörten, deren einstige Besitzer Bonnie und Clyde gewesen waren. Die Mauer verschwand aus der Öffentlichkeit, als ein kanadischer Geschäftsmann sie für seinen Hobbyraum erwarb. Sein Angebot hatte fünfzig Mitbieter aus dem Felde geschlagen.[47]

»Es ist hart«, sagte Ralph Capone im Jahre 1941, »wenn dich die Leute immer nur als Al Capones Bruder sehen. Ich kann hingehen, wohin ich will, die Leute sehen in mir nicht den Geschäftsmann Ralph Capone, sondern den Bruder meines Bruders.«[48]

Auch wenn dem so war, Ralphs Aufmerksamkeit und Loyalität ließ während der letzten Jahre Capones nicht nach. Ralphs Einfluß im Outfit ging jedoch mit Capones Einlieferung ins Gefängnis drastisch zurück, und das änderte sich auch später nicht mehr. Als sein Bruder starb, betrieb Ralph das »Dreamland«, einen schäbigen Tanzschuppen in Stickney. Außerdem war er an einem Abfüllbetrieb und an einer Spirituosenfirma beteiligt und kontrollierte eine andere Firma, die etwa zweihundert Zigarettenautomaten in Cook County aufgestellt hatte.

In den frühen fünfziger Jahren konnte Ralph ein zweites Mal einen Versuch der Strafverfolgungsbehörden abwehren, ihn mit einem Steuerverfahren festzunageln – zum Teil mit der Hilfe seines Bruders Jimmy. Der »Gesetzeshüter« beschwor, *er* sei der Eigentümer von Ralphs Feriendomizil Racap in Wisconsin, und er habe es 1941 mit Geldmitteln erworben, die Theresa ihm gegeben habe.[49] »Ralph kümmert sich für mich darum«, erläuterte er. Ralph »kümmerte« sich auch um »Billie's Bar« im Rex Hotel von Mercer, wo zwei von Jimmies Söhnen arbeiteten. Es sollte den Behörden nicht gelingen, Ralph mit Vermögenswerten in Verbindung zu bringen, die sein dauerndes Armeleutegetue Lügen gestraft hätten.

Ralphs Frau ließ sich von ihm scheiden und gab als Grund Grausamkeit und körperliche Mißhandlung an.[50] Der Sohn Ralph Junior beging im Alter von dreiunddreißig Jahren Selbstmord. »Risky«, wie sein Spitzname lautete, hatte es in keinem Job lange ausgehalten und in seiner Ehe auch nicht. Am 9. November 1950 hatte er einen Job als Barkeeper angetreten. Seine Freundin, die einundzwanzigjährige Nachtklubkomikerin Jean Kerin, hatte einen Auftritt in Duluth. Risky hatte Sehnsucht nach ihr. In dieser Nacht trank Ralph, »vollgepumpt mit Alkohol«, wie der Gerichtsmediziner sagte, eine ganze Flasche Erkältungsmittel. Auf dem Etikett wurde vor Alkoholgenuß in Verbindung mit der Einnahme der Medizin gewarnt. Ralph hatte angefangen, in kaum lesbarem Gekrakel einen Zettel zu schreiben:

Liebe Jeanie, Jeanie mein Liebling, ich liebe dich, ich liebe dich. Jeanie, nur dich liebe ich. Nur dich. Ich gehe

Die Notiz endete ohne Satzzeichen und Unterschrift. Ralph hatte lange Zeit den Namen »Ralph Gabriel« benutzt. Sein Vater sagte, er könne sich nicht vorstellen, warum.[51]

Ralph Seniors weiteres Leben verlief ziemlich ärmlich. Die alten Größen und die neuen Bosse der Organisation schnitten ihn oder begegneten ihm mit Geringschätzung. Er starb friedlich im November 1974.[52]

Zwei Monate vor dem Tod seiner Mutter starb Jimmy völlig erblindet in der Nacht des 30. September 1952 in Homer.[53]

Al Capone war stets darum bemüht gewesen, seinen jüngeren Bruder Matt nicht auf die schiefe Bahn geraten zu lassen. Er hatte Matt auf das Villanova College geschickt. Es half aber nichts, obgleich Matt sich vorerst aus dem berühmt-berüchtigten Fahrwasser seiner Familie heraushalten konnte. Das änderte sich jedoch im April 1944, als er in den Verdacht geriet, in seiner Kneipe in Cicero, der »Hall of Fame«, einen Mann ermordet zu haben, der berufsmäßig beim Pferderennen Gewinntips gab. Er tauchte für elf Monate unter. In dieser Zeit gelang es nicht, eine tragfähige Anklage aufzubauen, und das Verfahren wurde eingestellt. Matt starb mit neunundfünfzig Jahren am 31. Januar 1967. Zu seiner Beerdigung kamen nur fünfundzwanzig Trauergäste. Zwei Presseleute mußten als Sargträger zwangsrekrutiert werden.[54]

Albert trat regelmäßig unter seinen falschen Namen Bert Campbell und Bert Novak auf. Im Jahr 1942 ließ er seinen Familiennamen offiziell ändern, und zwar in Rayola, was eine der Schreibweisen von Theresas Mädchennamen war. Als die Behörden im Jahr 1953 Lizenzen für Berufsspieler einführten, war Albert einer der ersten, die sich in Illinois eine Marke für Glücksspieler kauften. Er hatte aber so gut wie nie mit der Polizei zu tun. Einmal mußte er fünfundzwanzig Dollar Bußgeld bezahlen, weil er seine Frau verprügelt hatte. Er starb sechsundsiebzigjährig im Juni 1980.[55]

John – »Mimi« – trat nie ins Bewußtsein der Öffentlichkeit. Vielleicht lag der Grund darin, daß er seinen Namen in John Martin geändert hatte. Es ist sicher, daß er in den achtziger Jahren noch am Leben war.[56]

»Sonny war eine grundehrliche Haut«, sagt der pensionierte Detective Pat Purdue. Diese Ehrlichkeit machte Sonny untauglich für seinen ersten Nachkriegsjob als Gebrauchtwagenverkäufer. Er gab lieber seinen Job auf, als bei den gaunerhaften Verkaufsmethoden seines Arbeitgebers mitzumachen, zu denen auch das Zurückdrehen der Kilometerzähler gehörte.[57] Für den Rest seines Lebens kämpfte er mit finanziellen Problemen. Sein Vater hatte weder Testament noch Geld hinterlassen.[58]

Geraume Zeit später vertraute Sonny einem Arbeitskollegen bei der Hafenbehörde in Miami an, daß ihm der Outfit gegen Ende des Jahres 1940 angeboten hatte, bei einigen Aktivitäten einzusteigen. Er hatte die Sache mit seiner Mutter Mae besprochen. Sie sagte: »Dein Vater hat mir schon das Herz gebrochen. Brich du es mir nicht auch noch.«[59] Sonny blieb ehrlich, aber er hatte nie Geld.

Um 1956 hatten Mae und Sonny ein Restaurant namens Ted's Grotto an der 6970 Collins Avenue.[60] Das Lokal war nur einen guten Block von einem Restaurant entfernt, an dem Sonnys Onkel John beteiligt war. Mae bediente die Kasse, und Sonny spielte den Maître d'Hotel. Für einen schüchternen Menschen wie Sonny war es gewiß keine dankbare Rolle.

Das Restaurant mußte wieder zumachen. Sonny nahm einen Job bei einer Vertriebsgesellschaft für Autoreifen an, die im nördlichen Teil von Miami saß, der Hollywood heißt. Die Ehe von Sonny und Diana ging ohne große Bitterkeit auseinander. Vielleicht war die Partnerschaft der Anstrengung, vier Töchter mit dem Gehalt eines Reifenverkäufers großzuziehen, nicht gewachsen. Diana nahm die vier Mädchen mit sich nach Kalifornien.

Die Freunde bewunderten Sonny auch weiterhin dafür, wie er sich unbeirrbar für den Unterhalt seiner Töchter ins Zeug legte. Eine Zeitlang hatte er zwei Jobs gleichzeitig. Er arbeitete sechzehn Stunden am Tag und mußte auf beiden Arbeitsstellen miserable und schlechtbezahlte Arbeit verrichten.[61]

Sonnys alter Klassenkamerad in St. Patrick, Desi Arnaz, wollte aus einem Abschnitt des Buches »The Untouchables«, in dem behandelt wird, wie Capone von Atlanta nach Alcatraz geschafft wurde, einen zweiteiligen Fernsehfilm machen. Sonny rief bei Desi an und bat ihn, er möge um der alten Zeiten willen von der Idee Abstand nehmen. Aber so gut war man nun doch nicht befreundet. Sonny klagte zusammen mit Mae und Mafalda gegen Desilu, CBS und Westinghouse Electric, den Sponsor der Produktion. Es ging um einen Schadensersatz von insgesamt 1 000 000 Dollar. Sie verloren den Prozeß.[62]

Sonny war insgeheim immer stolz auf seinen Vater gewesen, der ihn seinerseits vergöttert hatte. Sonny hatte sich zu einem guten Schützen entwickelt.[63] Zu einer Zeit, als er in verzweifelten Geldnöten steckte, bot ihm die Springfield Firearms Company für 25 000 Dollar eine Vorführtournee für ihre Waffenerzeugnisse durch das ganze Land an – falls er seinen Namen zu ändern bereit sei. Man empfand den Namen Capone als Belastung. Sonny lehnte ab.[64]

Dann gab es einen Bruch. Am Freitag, dem 6. August 1965, lud Sonny in einem Supermarkt in North Miami soviel Lebensmittel in seinen Einkaufswagen, daß sie drei Tüten füllten. Außerdem stopfte er sich zwei Fläschchen Aspirin und eine Packung Taschenlampenbatterien in die Tasche, Gesamtwert 3,50 Dollar.

Zwei Detectives vom Ladendiebstahlsdezernat schnappten ihn vor der Tür. »Ein kleiner Fehltritt kann jedem mal passieren«, erklärte Sonny der Polizei.[65] »Er ist ein sehr guter Kunde«, sagte der Geschäftsführer des Supermarkts. »Ich kann nur sagen, ich hoffe, daß er wiederkommt.«[66]

Der Richter gab Al Capones Sohn zwei Jahre auf Bewährung.[67] Die Zeitungen des ganzen Landes brachten die Geschichte, in Miami und Chicago gab es sogar Schlagzeilen über mehrere Spalten.

Neun Monate später stellte Sonny einen gerichtlichen Antrag auf Namensänderung. »Ich hätte das schon vor Jahren tun sollen«, sagte er. Der Richter ließ er sich nicht nehmen, eine Standpauke über die Verfehlungen des Vaters zu halten und schloß mit der Ermahnung, den neuen Namen nicht zu besudeln, damit »keine Schande über Ihre Kinder kommt«.[68]

Als Diana in den späten achtziger Jahren starb, zog Sonny nach Kalifornien, vielleicht, um in der Näher seiner vier Töchter zu sein. Zuletzt hieß es von ihm, daß er zurückgezogen in Florida lebe.

Mafaldas Einstellung zum Namen der Familie war von anderer Art. Sie betrieb ein Spezialitätenrestaurant am 10232 South Western Boulevard.[69] Im Jahr 1957 zeigte sie einen Polizisten wegen tätlichen Angriffs an. Er habe sie geschlagen, als sie ihn davon abhalten wollte, einen Betrunkenen zusammenzuschlagen, den der Beamte nebenan aus einer Bar geschleppt hatte. Der Polizist wurde vom Dienst suspendiert.[70] Als sie von Reportern gefragt wurde, ob sie Al Capones Schwester sei, fauchte Mafalda: »Jawohl, und ich bin stolz darauf!«[71] Als sie 1988 gestorben war, konnte man auf ihrer Grabtafel lesen:

MAFALDA MARITOTE
CAPONE[72]

Mae führte weiterhin in Florida ein bescheidenes Leben. Sie starb ungefähr zur gleichen Zeit wie Mafalda.[73]

Bei der Präsidentschaftswahl von 1940 wurden in New York Simmen registriert, die per Briefwahl für Capone abgegeben worden waren.[74]

1959 trat ein angesehener Anwalt an die Universität von Pennsylvania heran, um mitzuteilen, daß eine Gruppe von Klienten, die anomym bleiben wollten, in Erwägung ziehe, einen »Al-Capone-Lehrstuhl für Steuerfragen« zu stiften. Die Uni vermutete dahinter zwar einen Ulk, zeigte sich aber gesprächsbereit. Die Sache verlief im Sande.[75]

1973 war einer der größten Hits der brasilianischen Schlagerparade der Song »Al Capone«.[76]

1986 katapultierte die Öffnung der Kellergewölbe von Capones Lexington Hotel – auch wenn die Gewölbe leer waren – den Gastgeber der Fernsehsendung wieder in die Reihen der großen Fernsehgesellschaften. Die Einschaltquoten dieser Show halten immer noch den Rekord für eine Sendung, die nicht von den großen Gesellschaften produziert wurde.[77]

1991 sicherte sich der französische Rundfunk die Mitwirkung eines einundneunzigjährigen pensionierten Zeitungsmanns aus Chicago bei der Verfassung des Drehbuchs für eine Serie über Capone mit fünfundzwanzig Folgen.[78]

Bis zum Jahr 1926 war Capone außerhalb von Chicago kaum bekannt. Fünf Jahre später war er bereits erledigt. Was verleiht seinem Namen solche Dauerhaftigkeit? Womit fesselt er so nachhaltig die Phantasie der ganzen Welt?

Im Jahr 1931, bevor Capone sich schuldig bekannte, dachte Katherine Fullerton Gerould über dieses Phänomen nach, und zwar in einem Artikel mit der Überschrift »Jessica und Al Capone«, der in »Harpers Monthly« erschien.[79] Mrs. Gerould mußte einräumen, daß Capone »eine der zentralen Figuren unserer Zeit« sei. Bis vor kurzem hatte sie in ihm allerdings lediglich »einen Faktor der amerikanischen politischen Mißwirtschaft, einen schlagenden Beweis für die fatale Wirkung der Prohibition, die fleischgewordene Schande Chicagos« gesehen. Nie wäre sie auf die Idee gekommen, daß seine Person Interesse wecken, ja, daß man ihn als eine romantische Figur sehen könnte. Dann geschah es, daß eine zwölfjährige Freundin ihrer Tochter, nämlich Jessica, ein »vornehm erzogenes« Mädchen, das sogar ausgesprochen monarchistische Neigungen zeigte, plötzlich erklärte, sie fände Capone faszinierend, und er sei für sie der einzige Mann, den sie heiraten wolle.

Mrs. Gerould stellte bald fest, daß »intelligente junge Leute« vielfach mit Jessica übereinstimmten. »Sie halten ihn nicht unbedingt für einen soliden Mitbürger. Er erscheint ihnen nur viel interessanter, als die meisten soliden Mitbürger. Alles in allem würden sie nicht unbedingt sagen, daß er so viel schlechter ist als Millionen anderer Bürger – jedenfalls nicht, wenn man das Herz sprechen läßt.«

Was am besten ankam, war Capones Lebensart. »Was die Leute an Al Capone so gut finden, ist ganz einfach seine Tüchtigkeit.« Er habe alles so gut im Griff, daß er es sich leisten könne, in Miami auf der faulen Haut zu liegen, und trotzdem fließe ihm von allen Seiten sein Anteil zu. Er brauche nur hier und da auf einen imaginären Knopf zu drücken, und schon würden in Chicago die »Störenfriede« eliminiert. Die Anerkennung Capones, so glaubte Mrs. Gerould zu wissen, »funktioniert nach dem gleichen Schema wie die Glorifizierung von Ford und Rockefeller«.

Das stimmte nicht ganz. Capone hatte zwar sehr wohl die gleichen Fähigkeiten, zu organisieren, und die gleiche »geniale Gabe für Massenproduktion«. Auch bemerkte Mrs. Gerould sehr richtig: »Seit einigen Generationen interessiert es uns immer weniger, mit welchen Mitteln das Geld verdient wurde, solange es nur unübersehbar in großen Mengen vorhanden ist.« Aber bei diesem Magnaten gab es einen Unterschied, der mindestens so offensichtlich wie wesentlich war. Capone war ein Henry Ford oder ein Rockefeller mit Revolver im Schulterholster, er war Cissie Pattersons lauernder Tiger.

Er gab sich nicht mit dem Vorgehen der großen Trusts zufrieden, die ihre Anwälte vorschickten, um das Gesetz zu beugen oder seine Anwendung zu vereiteln, und er berief auch nicht einfach wichtige Politiker in seinen Aufsichtsrat. Capone brach schlichtweg die Gesetze, deren Bruch seinem Publikum gefiel oder gleichgültig war, die aber selbst zu brechen den Leuten entweder der Mut oder die Mittel fehlten. Dabei mochte es dann auch soweit kommen, daß er einen Gesetzeshüter eigenhändig die Treppe hinunterwarf. Wenn er tötete oder töten ließ, dann nur jene, deren sich die Öffentlichkeit, hätte sie es gewagt, selbst mit Vergnügen entledigt hätte, oder deren Verlust sie schlimmstenfalls leicht verschmerzen konnte. Mit Vergnügen ließ Capone dabei durchblicken, daß das Publikum sehr wohl um die Korruptheit seiner politischen Führung wußte. Wie Capone selbst sagte: Er fand bestimmte Verhältnisse schon vor, er hat sie nicht selbst geschaffen. Kurz gesagt: Er lebte die verbrecherischen Phantasien seiner Mitmenschen aus.

Das taten auch andere, aber Capone betrieb es in viel größerem Maßstab. Kein Bootlegger in New York verfügte über einen so großen Marktanteil, keiner übte so weitreichende Vorherrschaft aus. Vor allem produzierte sich keiner so sehr vor der Öffentlichkeit. Vielleicht waren die anderen gut beraten, wenn sie die Publizität scheuten, das Gesicht vor den Kameras verbargen und schleunigst das Weite suchten, sobald sie erkannt wurden. Capone dagegen grinste, warf sich in Positur und gab seinem Publikum etwas zum Lachen. Vielleicht war es der Presserummel, der Capone das Genick brach, aber zuvor hat er ihn zur Berühmtheit gemacht.

»Für mich war er kein Held«, sagt der Fotograf Tony Berardi. »Er hat den Italienern geschadet.« Viele italoamerikanische Gruppierungen denken darüber ähnlich. Wie die offiziellen Vertreter Chicagos zeigen sie sich äußerst empfindlich gegen ihre Vergangenheit und wenden sich entschieden gegen Bewegungen, die an Capone und seine Zeit erinnern wollen. Aber wie Katherine Gerould schon vor langer Zeit richtig bemerkt hat, geht dieser Schuß nach hinten los. »Es ist nicht etwa Capones grundsätzliche Verschiedenheit«, schrieb sie, »die ihn für unsere Vorstellungen so interessant macht. Es ist vielmehr die Tatsache, daß er auf so überwältigende Weise typisch amerikanisch ist.«

Damals »klagten viele verdrossen über die Bedrohung, die von den fremdstämmigen Bevölkerungsgruppen ausgehe«, und behaupteten gereizt, daß »die überwiegende Zahl der Kriminellen unseres Landes vorwiegend nicht nordischer Abstammung sei«. (Die Dillingers, Barkers, Nelsons und Van Meters standen noch nicht in den Schlagzeilen.) »Aber wenn diese Bürger meinen, Capone als Paradebeispiel anführen zu können, dann sind sie im Irrtum. Es ist nämlich Al Capones Komik und Tragik zugleich . . ., daß seine Zwecke wie seine Mittel so hundertprozentig amerikanisch sind.«

Die flüchtig verfaßte Inschrift für Capones Grab auf dem Mount Olivet läßt eine gewisse Absicht vermuten. Vielleicht wurde die Familie es auch nur leid, daß fortwährend Schaulustige auf der Grabstätte herumtrampelten. Im März 1950 ließ man die sterblichen Überreste aller drei Gräber exhumieren und auf den Mount-Carmel-Friedhof verlegen, der am äußersten Westrand der Stadt nördlich von Cicero liegt.

Das weiße Familienmonument ragt hoch empor. Es ist ein Monolith und so behauen, daß zwei Pfeiler ein langgezogenes Kreuz flankieren, das von Reliefschmuck umgeben ist. Das Monument steht inmitten einer absichtlich hüfthoch gehaltenen Hecke, die die Namensinschrift verdeckt. Touristen erhalten bei der Friedhofsverwaltung von Mount Carmel keine Auskunft über die Lage des Grabes. Die Gräber der einzelnen Familienmitglieder sind um das zentrale Monument herum angeordnet. Jedes Grab hat eine eigene einfache Granitgrabplatte von dreißig mal neunzig Zentimeter Größe und etwa zwanzig Kilo Gewicht. Die Grabplatten sind flach in den Boden gesetzt und haben einheitlich gestaltete Inschriften. Capones Grabplatte wurde schon zweimal von Vandalen herausgerissen und mitgenommen. Man hat sie jedesmal erneuert. Neben einem Kreuz ist die Inschrift eingemeißelt:

ALPHONSE CAPONE
1899–1947
MY JESUS MERCY[80]

Danksagungen

Zuerst möchte ich der Geschäftsführung und der Redaktion der »Sun-Times« in Chicago meinen Dank aussprechen, insbesondere Terri M. Golembiewski, dem Chefarchivar, sowie Judith Anne Halper, seiner Assistentin, für die Hilfsbereitschaft und Geduld, mit der sie mir ihre bemerkenswerte Sachkenntnis vermittelt haben. Im Archiv der »Sun-Times« werden Artikel aus sämtlichen Chicagoer Zeitungen aus jener Zeitspanne aufbewahrt, die für dieses Buch von besonderer Bedeutung ist.

Mein Dank gilt auch denen, die Zeit und Mühe geopfert haben, persönliche Gespräche mit mir zu führen oder mir brieflich oder telefonisch Rat und Hilfe zu geben. Vor allem drei Personen sind hier zu nennen:

William Balsamo aus Brooklyn, ein Forscher, Historiker und Schriftsteller, dessen Spezialgebiet die Geschichte des Verbrechens ist, speziell, was den Großraum New York betrifft. Wenngleich Bill nichts mit dem organisierten Verbrechen zu tun hat oder hatte (bevor er in den Ruhestand trat, arbeitete er, wie schon sein Vater, als Schauermann im Hafen von Brooklyn), war sein Großonkel, Battista Balsamo, ein Don der Mafia, und in seiner Jugendzeit hat Bill einige Männer gekannt, die der »ehrenwerten Gesellschaft« angehörten.

Die Einwohner von Brooklyn geben Bill – denn er ist einer von ihnen – bereitwillig Auskunft; so hat er zum Beispiel das Exklusivinterview mit jenem Mann geführt, dem Capone seine Narben zu verdanken hat, die ihm den Beinamen »Scarface« einbrachten. William Balsamo hat großzügig sein Wissen mit mir geteilt, und ich habe mich bei diesem Buch in hohem Maße darauf ebenso gestützt wie auf seine Ratschläge.

Mark LeVell aus Chicago – ein Computerfachmann, der für eine Telefongesellschaft arbeitet –, hat sich seit vielen Jahren eingehend mit der Verbrechensgeschichte Chicagos beschäftigt, wobei er jedes noch so kleine Detail sorgfältig unter die Lupe genommen und eine Fülle von Fakten gesammelt hat. Er ist eine wahre Schatzkammer an Informationen, und er hat mir unschätzbar wertvolle Unterlagen zur Verfügung gestellt, zum Beispiel die Polizeiberichte über das Massaker am Valentinstag, auf die ich mich in den Kapiteln 19 und 20 gestützt habe.

Michael Y. Graham aus Libertyville in Illinois hat eine Vielzahl wichtiger

Fernsehberichte und Filmprojekte über Capone und seine Zeit gesammelt und erforscht. Außerdem wird Michael in Kürze eine Show eröffnen, in der er das Chicago der 20er Jahre wiederaufleben lassen möchte. Seine Sammlung von Fotos und verschiedensten Gebrauchsgegenständen aus den 20er Jahren ist einzigartig. Ich bin ihm zu großem Dank verpflichtet, daß er mir Zugang zu dieser Sammlung gewährt und mir sein umfassendes Wissen zur Verfügung gestellt hat.

Den im folgenden aufgeführten Personen, auf deren Beruf ich an dieser Stelle nicht näher eingehe (was ich jedoch im Text oder in den Anmerkungen getan habe), gilt mein Dank dafür, daß sie durch ihre Gespräche mit mir wesentlich zum Entstehen dieses Buches beigetragen haben: Santa Russo Baldwin; Detective William Baldwin; Commander Nelson S. Barreto (Public and Internal Information, Chicago Police Department); Anthony C. Berardi; Dennis Bingham (Public and Internal Information, Chicago Police Department); Roy Bosson (Historiker und Schriftsteller in Hot Springs in Arkansas); Howard Browne; Harry Busch, Esq. (stellvertretender Staatsanwalt Anfang der 30er Jahre); Joseph Davis (Leichenbeschauer in Dade County); Pater John E. Delendick (Pfarrer an der St. Michael the Archangel in Brooklyn); A. A. Dornfeld; Julius Lucius Echeles, Esq.; Jerry Gladden (leitender Angestellter bei der Kommission zur Verbrechensbekämpfung in Chicago); Commander William Hanhardt (ehemaliger Chief of Detectives, Chicago Police Department); Detective Tom Hoolahan (Miami Beach Police Department); John Ingraham; Norman Kassoff; Detective Sergeant Ron Koivu (Miami Police Department); Edwin P. McNichols; Senior Judge Abraham Lincoln Marovitz; George Meyer; Henry T. Morrison; Michael J. Mullins; Reverend James P. Murphy; Jesse George Murray; Jerome F. Nachtman; Arthur G. Ristig; Joseph A. Refke; Charles Trilling; Howard L. »Pat« Purdue; Hy Saxe (der in den 40er Jahren in Miami lebte); Superintendent Emil J. Schullo (Cicero Police Department); David J. Shipman, Esq. (Jurastudent in Chicago gegen Ende der Ära Capone); Milt Sosin (Reporter in Miami während der 20er Jahre); Walter S. Spirko und Mack Staley.

Außerdem möchte ich mich bei all jenen bedanken, die unter der Bedingung, nicht namentlich genannt zu werden, Gespräche mit mir geführt haben.

Wie aus den Anmerkungen hervorgeht, haben sieben Personen mir ihr spezielles berufliches Wissen zur Verfügung gestellt. Mein Dank gilt Dr. Lydia Bayne (San Francisco General Hospital); Dr. Richard C. Froede (Leichenbeschauer, U.S. Armed Forces); Terence F. MacCarthy, Esq. (Direktor des Federal Defender Program in Chicago); Prentice H. Marshall (Senior Judge am Bezirksgericht in Chicago); Thomas R. Mulroy Jr., Esq. (Jenner & Block, Chicago); Dr. Robert Rolfs (Centers for Disease Control, Atlanta), und Dr. Roger P. Simon (San Francisco General Hospital). Falls im Text unrichtige Angaben auf jenen Gebieten auftreten, auf denen die genannten Personen mir mit ihrem Rat und Wissen geholfen haben, so sind die Fehler auf Mißverständnisse meinerseits zurückzuführen.

Besonders möchte mich auch bei Michael Kertez bedanken (Sonderberichterstatter beim Fernsehsender WGN-TV in Chicago), dem ich viele Hinweise, einige äußerst ergiebige Dokumente und die Bekanntschaft mit mehreren Personen verdanke, die mir wertvolle Informationen geliefert haben. Auf interessante Spuren geführt haben mich außerdem: Jeffrey Kane, Esq. und Steve Sanders (Nachrichtenredakteur, WGN-TV) in Chicago; Dr. Burton L. Wellenbach in Philadelphia und Sergeant David Rivero (Miami Beach Police Department).

Zu Dank verpflichtet bin ich auch folgenden Einrichtungen, Organisationen und Einzelpersonen für die Hilfe, die sie mir bei der Beschaffung von Akten, Unterlagen und Informationen gewährt haben:

Erzdiözese Chicago, Archiv und Dokumentensammlung, insbesondere dem stellvertretenden Direktor Patrick Cunningham;

Board of Education of the City of New York; insbesondere Etta Grodinski (Leiterin Öffentlichkeitsarbeit) und Shirley Poch (Verwaltungsangestellte der Public School 133);

Brooklyn Historical Society, insbesondere Clara Lammers (stellvertretende Kuratorin);

Brooklyn Public Library, insbesondere Elizabeth White (Kuratorin der Brooklyn Collection) und den Mitarbeitern der Mikrofilmstelle, in der wertvolle Exemplare des eingestellten Brooklyn »Eagle« archiviert sind;

Cadillac Motor Car Division, GM, insbesondere Vincent Muniga (Abteilung Öffentlichkeitsarbeit);

Chicago Historical Society, insbesondere Archie Motley (Kurator des Archivs);

Chicago Police Pension Board, insbesondere Kay Hylton;

Chicago Public Library, insbesondere den Mitarbeitern der Mikrofilmstelle;

Circuit Court of Cook County, Criminal Division, insbesondere Frank J. Baley (Direktor), Carolyn Barry und Maria Blazquez;

Clerk of the Circuit and County Courts, Eleventh Judicial Circuit, Dade County, Florida, insbesondere Gordon W. Winslow (Historiker und Archivar);

Cox Newspaper, insbesondere der Redaktion der Palm Beach »Post«, in der ein Verzeichnis sowie Zeitungsausschnitte der eingestellten Miami »Daily News« aufbewahrt werden;

Historical Newspaper Archives, Rahway in New Jersey, insbesondere Hy Gordon (der Besuchern anläßlich von Geburtstagen, Jubiläen und ähnlichen Anlässen die Titelseiten bedeutender Zeitungen mit dem jeweiligen Datum kopieren läßt; Mr. Gordon war so freundlich, mich die Sammelbände des »Chicago Tribune« durchsehen zu lassen); mein Dank gilt auch seinen entgegenkommenden Mitarbeitern Lemuel Blackwell, Alex Brown, Willie F. Davis, Patricia Elliott, José A. Espinal, Tyrone Franklin, Alex G. Heim, Hazel Ince, Tara M. Ladagon, Rajnikant Patel, Charles Peterson, Edward J. Phipps, Brendan Rhodes, Michael A. Robinson, Sonia Sanchez und Andrea E. Zambrano;

Historical Association of Southern Florida, insbesondere Rebecca A. Smith;

Historical Society of Pennsylvania, insbesondere den Mitarbeitern der Handschriftenabteilung;

Kings County Court House, Records Section, insbesondere Ralph Mancaruso und Frank Siclari;

Kommission zur Verbrechensbekämpfung in Chicago (Chicago Crime Commision);

Long Beach Public Library, insbesondere den Mitarbeitern der Mikrofilmstelle;

Los Angeles Public Library, insbesondere den Mitarbeitern der Mikrofilmstelle der Abteilungen Soziologie und Periodika in der Zentralbibliothek;

Miami »Herald«, insbesondere Nora Paul, Joyce Tullo und Edward Sorin;

National Archives, Great Lakes Region, insbesondere Susan H. Karren;

National Archives, Washington, D.C.;

New York Department of Health, Bureau of Vital Records, insbesondere Caroline Durant (Büroleiterin);

New York Police Department Museum, insbesondere Officer Dominick Palermo;

New York Public Library;

Philadelphia »Inquirer«, insbesondere M. J. Crowley (Chefbibliothekar);

Philadelphia Public Library, insbesondere den Mitarbeitern der Mikrofilmstelle, wo Exemplare des eingestellten Philadelphia »Public Ledger« archiviert sind;

Santa Monica Public Library, insbesondere den Mitarbeitern der Zeitungs- und Zeitschriftenabteilung;

»Sentinel-Record«, Hot Springs in Arkansas;

Temple University Library, insbesondere George Brightbili (Kurator); in dieser Bibliothek sind die eingestellten Zeitungen »Bulletin« und »Record« aus Philadelphia archiviert;

UCLA Library, insbesondere den Mitarbeitern der University Research Library und der Mikrofilmstelle;

Union Memory Hospital, Baltimore, insbesondere Carol Ristau;

US-Department of Justice:

– FBI, FOI Lesesaal;

– Bundesgefängnisbehörde, insbesondere John W. Roberts (Archivar) und Anne Diestel.

Dem Autor eines der Bücher, die in der Bibliographie unter der Rubrik »Grundlegende Literatur und wichtigste Quellen« bezeichnet werden, gebührt mein besonderer Dank. Wenn ich John Koblers »Capone« aus dem Jahre 1971 in den Anmerkungen nicht öfter zitiere, so liegt das daran, daß ich mich grundsätzlich auf die frühesten Berichte stütze, die zugänglich sind, also vorzugsweise zeitgenössische Quellen. Doch Mr. Kobler war der erste, der eine Vielzahl solcher frühen Quellen zusammengetragen und in seinem Buch verarbeitet hat, in dem er Aufstieg und Fall Capones chronologisch darstellt. In einigen Fällen bin ich nur deshalb in der Lage, Originalquellen zu zitieren, weil John Kobler sie aufgedeckt hat. Auch wenn wir bei verschiedenen Sachverhalten unterschiedlicher Auffassung sind, stehe ich in seiner Schuld.

Des weiteren gilt mein Dank drei Freunden: Bud Gobler, Besitzer des Book Buddy in Torrance in Kalifornien, der es immer wieder geschafft hat, mir Bücher zu beschaffen, die nur schwer aufzufinden sind; Tom Krebs, der mir bei Problemen mit meinem Computer stets aus der Klemme half, und Jack Langguth für seine konstruktive Kritik und seine wertvollen Ratschläge und Anregungen.

Dank auch an jene, deren Hilfe es mir — sowohl finanziell als auch psychisch — möglich gemacht hat, sehr viel Zeit auf Reisen zu verbringen: Anita Kane in Chicago; Burt und Shirley Wellenbach in Philadelphia; Nick und Janet Wedge (Ossining) in New York; Dorace Schwartz in Miami sowie Marty und Joan Conroy (Captiva) in Florida; Lois Ebeling Marcum in La Quinta, und, während eines halben Jahres in Los Angeles, Ted und Marj Schoenberg.

Meinen engsten Familienangehörigen möchte ich, wie immer, für ihre Liebe und Unterstützung danken: Shirley und Burt Wellenbach, Art und Jane Schoenberg und Ted und Marj Schoenberg.

Ein herzliches Dankeschön möchte ich auch an Tom Sheridan von der »Sun-Times«, an Sandra Spikes von dem »Tribune« und an Eileen Flanigan von der Chicago Historical Society richten, die mir Bildmaterial zur Verfügung gestellt haben.

Schließlich gelten mein Dank und meine Bewunderung Frank Mount, meinem Lektor, für sein scharfes Auge und seine sichere Hand; außerdem Eivind Allan Boe für die wohlüberlegteste und gewissenhafteste Fahnenkorrektur, die ich je gesehen habe; und — wie immer — Don Congdon, ohne den *gar nichts* gelaufen wäre.

Bibliographie

Grundlegende Literatur und wichtigste Quellen:

Allsop, Kenneth: The Bootleggers and Their Era. London 1961
Amfitheatrof, Erik: The Children of Columbus: An Informal History of the Italians in the New World. Boston 1973
Asbury, Herbert: Gem of the Prairie: An Informal History of The Chicago Underworld. Garden City, N.Y. 1942 (erstmals: New York 1940)

Balsamo, William/Carpozi Jr., George: Under the Clock: The Inside Story of the Mafia's First Hundred Years. Far Hills, N.J. 1988
Bennett, James O'Donnell: Chicago Gangland. Chicago 1929
Boettiger, John: Jake Lingle: Chicago on the Spot. New York 1931
Bright, John: Hizzoner Big Bill Thompson: An Idyll of Chicago. New York 1930
Burns, Walter Noble: The One-Way Ride: The Red Trail of Chicago Gangland from Prohibition to Jake Lingle. Garden City, N.Y., 1931

Dobyns, Fletcher: The Underworld of American Politics. New York 1932

Fitzgerald, Frank J.: I Saw a Century Blossom. New York 1983

Godwin, John: Alcatraz: 1863-1963. Garden City, N.Y., 1963

Irey, Elmer L.: The Tax Dodgers: The Inside Story of the T-Men's War with America's Political and Underworld Hoodlums. New York 1948

Johnston, James A.: Alcatraz Island Prison. New York 1949.

Kobler, John: Capone: The Life and World of Al Capone. New York 1971

Landesco, John: Organized Crime in Chicago: Part III of the Illinois Crime Survey 1929. Chicago 1929

Lyle, John H.: The Dry and Lawless Years. Eaglewood Cliffs, N.J., 1960 (Anm. d. Verf.: Dieses Buch stammt nicht von dem Richter John Lyle, sondern ist – ohne daß darauf hingewiesen würde – von John (Jack) McPhaul als Ghostwriter geschrieben worden.)

McPhaul, Jack: Johnny Torrio: First of the Gang Lords. New Rochelle, N.Y. 1970
Moquin, Wayne (Hrsg., unter Mitarbeit von Charles Van Doren): Documentary History of the Italian Americans. New York 1974
Murray, George (Jesse): The Legacy of Al Capone: Portraits and Annals of Chicago's Public Enemies. New York 1975

Ness, Eliot/Fraley, Oscar: The Untouchables. New York 1957

Pasley, Fred D.: Al Capone: The Biography of a Self-Made Man. Salem, N.H. 1987 (erstmals: 1930; Nachdruck 1971)
Peterson, Virgil W.: Barbarians in Our Midst: A History of Chicago Crime and Politics. Boston 1952
Pilat, Oliver/Ransom, Jo: Sodom by the Sea: An Affectionate History of Coney Island. Garden City, N.Y. 1941

Sinclair, Andrew: Prohibition: The Era of Excess. Boston 1962
Stuart, William H.: The Twenty Incredible Years. Chicago 1935
Sullivan, Edward D.: Rattling the Cup on Chicago Crime. New York 1929

Wendt, Lloyd/Kogan, Herman: Big Bill of Chicago. New York 1953
Dies.: Lords of the Levee: The Story of Bathhouse John and Hinky Dink. Garden City, N.Y. 1944 (erstmals: New York 1943.)
Weld, Ralph Foster: Brooklyn Is America. Columbia University Press; New York 1950
Wilson, Frank/Day, Beth: Special Agent: A Quarter Century with the Treasury Department and the Secret Service. New York 1965

Kleinere Darstellungen, Hintergrundinformationen, Anekdotisches:

Asbury, Herbert: The Gangs of New York: An Informal History of the Underworld. Garden City, N.Y., 1927/28
Audett, James Henry (Blackie): Rap Sheet. My Life Story. New York 1954

Barrymore, Ethel: Memories: An Autobiography. New York 1955
Bennett, James V.: I Chose Prison. New York 1970
Browne, Howard: Pork City. New York 1988 (Anm. d. Verf.: Ein Roman über den Lingle-Mord, der sich auf umfassende Recherchen stützt.)
Busch, Francis X.: Enemies of the State. New York 1954

Casey, Robert J./ Douglas, W.A.S. : The Midwesterner: The Story of Dwight H. Green. Chicago 1948

Cohn, Art: The Joker Is Wild: The Story of Joe E. Lewis. New York 1955

Condon, Eddie: We Called It Music. New York 1947

Cummings, Homer: Selected Papers of Homer Cummings: Attorney General of the United States, 1933 – 1939. New York 1939

Dedmon, Emmett: Fabulous Chicago. Atheneum; New York 1981 (Erweiterte Ausgabe der Erstveröffentlichung von 1953.)

Drury, John: Dining Out; New York 1931. (Anm: Ein zeitgenössischer Restaurantführer durch Chicago)

Feder, Sid/Joesten, Joachim: The Luciano Story. New York 1954

Fox, Stephen: Blood and Power: Organized Crime in Twentieth-Century America. New York 1989

Gosch, Martin A./Hamner, Richard: The Last Testament of Lucky Luciano. Boston 1974

Harris, Warren G.: Lucy and Desi. New York 1991

Helmer, William J.: The Gun That Made the Twenties Roar. New York 1969

Hostetter, Gordon L./Beesley, Thomas Quinn: It's a Racket! Chicago 1929

Hynd, Alan: The Giant Killers. New York 1945 (Anm. d. Verf.: Eine frühe, aber nahezu unbrauchbare Quelle über die Aktivitäten des Bundesschatzzamtes; aus unerfindlichen Gründen trägt Malone bei Alan Hynd den Namen »De Angelo«. Ein weiterer Agent namens »Graziano« ist eine Erfindung des Verfassers.)

Jessel, George: So Help Me. New York 1943

Karpis, Alvin/Trent, Bill: The Alvin Karpis Story. New York 1971

Kobler, John: Ardent Spirits. New York 1973

Kofoed, Jack: Moon over Miami. New York 1955

LeVell, Mark/Helmer, Bill: The Quotable Capone. Chicago 1990

Levi, Carlo: Christ stopped at Eboli. New York 1947

Lewis, Lloyd/ Smith, Henry Justin: Chicago: The History of Its Reputation. New York 1929 (Anm. d. Verf.: Nur der von Smith verfaßte Teil des Buches ist für diese Biographie von Bedeutung.)

Liebling, A.J.: Chicago: The Second City. New York 1952

Lombardo, Anthony: The Italians in America. Chicago 1975

Lynch, Denis Tilden: Criminals and Politicans. New York 1932

McCullough, Edo: Good Old Coney Island. A Sentimental Journey into the Past. New York 1957

McPhaul, John J.: Deadlines and Monkeyshines: The Fabled World of Chicago Journalism. Englewood Cliffs, N.J., 1962

Mariano, John Horace: The Italian Contribution to American Democracy. Boston 1921

Messick, Hank: The Silent Syndicate. New York 1967

Ders./Goldblatt, Burt: The Mobs and the Mafia: The Illustrated History of Organized Crime. New York 1972

Mezzrow, Milton/Wolfe, Bernard: Really the Blues. New York 1946

Meyer, George H.: Al Capone's Devil Driver. Dallas 1979

Miller, Rita Seiden (Hrsg.): Brooklyn, USA: Fourth Largest City in America. Brooklyn, N.Y., 1979

Muir, Helen: Miami, USA. New York 1953

Nelli, Humbert S. : Italians in Chicago, 1880 – 1930: A Study in Ethnic Mobility. New York 1970

Ders.: The Business of Crime: Italians and Syndicate Crime in the United States. New York 1976

Nickel, Steven: Torso: The Story of Eliot Ness and the Search for a Psychopathic Killer. Winston-Salem, N.C., 1989

Pasley, Fred D.: Muscling In. New York 1931

Reckless, Walter C.: Vice in Chicago. Montclair, N.J. 1969 (erstmals: Chicago 1933.)

Redford, Polly: Billion-Dollar Sandbar: A Biography of Miami Beach. New York 1970

Report of the Senate Vice Committee. Illinois 1916.

Richman, Harry/Gehman, Richard: A Hell of a Life. New York 1966

Riis, Jacob A.: How the Other Half Lives: Studies Among the Tenements of New York. New York 1957

Ross, Robert: The Trial of Al Capone. Chicago 1933

Rudensky, Morris (Red)/Riley, Don: The Gonif. Blue Earth, Minn. 1970

Schmidt, John R.: The Mayor Who Cleaned Up Chicago: A Political Biography of William E. Dever. Illinois 1989

Slayton, Robert A.: Back of the Yards: The Making of a Local Democracy. Chicago 1986

Smith, Robert P.: Brooklyn at Play. New York 1976

Snow, Richard: Coney Island: A Postcard Journey to the City of Fire. New York 1984

Spiering, Frank: The Man Who Got Capone. New York 1976

St. John, Robert: This Was My World. Garden City, N.Y., 1953

Stella, Antonio: Some Aspects of Italian Immigration to the United States: Statistical Data and General Considerations Based Chiefly Upon the United States Censuses and Other Official Publications. San Francisco 1970 (erstmals: New York 1924.)

Sullivan, Edward Dean: Chicago Surrenders. New York 1930

Touhy, Roger/Brennan, Ray: The Stolen Years. Cleveland 1959

Vanderbilt, Cornelius Jr.: Farewell to Fifth Avenue. New York 1935

Waller, Irle: Chicago Uncensored: Firsthand Stories About the Al Capone Era. New York 1965 (Anm. d. Verf.: Enthält kaum etwas, das den vielversprechenden Titel rechtfertigen würde. Einige Glas Bier für 5 Cent in Kenna's Bar sowie im Pekin Inn, in dem Morton und Miller die Polizisten-Morde begangen haben – und das war es auch schon.)

Wickersham Report (Seventy-First Congress; Enforcement of the Prohibition Laws): Official Records of The National Commission on Law Observance and Enforcement; A Prohibition Survey of the State of Illinois; Teil 2, Band 4; U.S. Washington, D.C. 1931. (Anm. d. Verf.: Bericht von Guy L. Nichols, Bureau of Prohibition, Treasury Department.)

Willensky, Elliott: When Brooklyn Was the World: 1920 – 1957. New York 1986

X Marks the Spot. 1930 (anonym)

Anmerkungen

Erläuterungen zu den Quellen und Anmerkungen

Al Capone wurde am 17. Januar 1899 geboren. Obwohl es im Personenstandsregister der Stadt New York keine Geburtsurkunde von ihm gibt – zur damaligen Zeit wurden viele Geburten, insbesondere bei Einwandererfamilien, nicht registriert –, ist Capones Geburtsdatum sicher belegt. Doch auch für drei andere Geburtstage gibt es Dokumente: einen Taufschein (mit der Angabe: 18. Januar 1899), eine Akte der US-Volkszählung von 1900 (mit der Angabe: Mai 1898) sowie einen Wehrpaß (mit der Angabe: 17. Januar 1896).

Wie können wir sicher sein, daß Capone am 17. Januar 1899 geboren wurde? Weil es das einzige Geburtsdatum ist, das schlüssig ist. Capone selbst hat den 17. Januar immer als seinen Geburtstag angegeben, auch in Situationen, in denen er erkennbare Vorteile gehabt hätte, ein anderes Datum zu nennen.

Der Grund für die falschen Angaben auf den drei anderen genannten Dokumenten ist leicht zu erklären.

Das Geburtsdatum auf dem Taufschein wurde einige Wochen nach der Taufe von Als Patentante angegeben (wie ich vermute), doch sie war bei der Geburt wahrscheinlich nicht dabei und hat sich möglicherweise um einen Tag geirrt. Der Fehler kann auch bei der Person zu suchen sein, die den Eintrag vornahm, denn zuerst wurde als Taufdatum der 5. Februar 1899 vermerkt und dann auf den 7. Februar korrigiert.

Was die Volkszählungen betrifft, so sahen sich die Befrager erheblichen Problemen gegenüber: Sprachbarrieren, unterschiedlichen Dialekten und lückenhaften Angaben. Sie mußten sich auf Informationen von Menschen stützen, die vermutlich nicht die genauen Angaben machen konnten, die auf den Fragebögen verlangt wurden (zumal diesen Menschen angesichts ihrer Lebensumstände solche Nebensächlichkeiten egal gewesen sein dürften). Vor allem bestand auf beiden Seiten eine völlige Gleichgültigkeit, was die Notwendigkeit betraf, solche Einzelheiten *präzise* festzuhalten. Die Aufgabe des Volkszählers bestand im wesentlichen darin, festzustellen, wie viele Personen in den Wohnungen des ihm zugewiesenen Bezirks lebten. Bei der nächsten Volkszählung, im Jahre 1910, wurde nicht nach den Geburtsdaten gefragt, sondern nur nach dem

Alter zum Zeitpunkt der Befragung. (Wer bei den Capones die Auskünfte gegeben hat, ist nicht mehr festzustellen. Jedenfalls wurde Alphonsos Alter im April 1910 mit zwölf statt mit elf Jahren angegeben. Außerdem notierte der Volkszähler, Harry R. Johnson, auf seinem Bogen den Namen »Capollia« statt »Capone«.)

Der Zufall, daß auf dem Wehrpaß zwar der richtige Geburtstag, aber ein falsches Geburtsjahr eingetragen wurde, ist erstaunlich. Doch aus welchem Grund hätte Capone Mitte des Jahres 1917, als der Wehrpaß ausgegeben wurde, einer Musterungskommission gegenüber erklären sollen, er sei im Jahre 1896 geboren? Hätte er der Armee beitreten wollen, hätte er sich freiwillig melden können, und hätte er dem Wehrdienst aus dem Weg gehen wollen, wäre es naheliegend gewesen zu warten, bis sein Jahrgang an der Reihe war – Ende 1918 –, statt sich früher als erforderlich zu melden.

Mit anderen Worten: es ist unschlüssig, daß der erwähnte Wehrpaß Al Capone gehörte. Und er gehörte auch nicht Capone, sondern einem Metzger aus Atlantic City.

Die Anmerkungen zu bestimmten Ereignissen, die in diesem Buch erzählt werden, mögen an manchen Stellen mit Einzelheiten aus anderen Quellen, auf die der Verfasser sich stützt, nicht übereinstimmen. Das bedeutet natürlich nicht, daß solche Quellen grundsätzlich unzuverlässig sind. In einem anderen Zusammenhang können sie zu neuen Erkenntnissen führen. Dies hängt immer davon ab, ob ein Sachverhalt schlüssig ist und ob die Quellen grundsätzlich verläßlich sind. Es ist eine Frage der Sorgfalt, alle verfügbaren Quellen zu sammeln, einer vergleichenden Auswertung zu unterziehen und dann zu berichten, was am wahrscheinlichsten wirklich passiert ist.

Elmer Davis hat einmal geschrieben, daß der Verfasser einer Biographie über Alexander den Großen mehrere schöne Episoden dadurch ruiniert habe, daß er ihnen schlichtweg jede Glaubwürdigkeit absprach; dafür könne man sich auf das, was nun übrig sei, durchaus verlassen. Ich wüßte keinen besseren Maßstab für jemanden, der über Vergangenheit schreiben will.

In den Anmerkungen wird bei Interviews immer der Name des Gesprächspartners genannt, zum Beispiel »Gespräch mit Balsamo« oder »Gespräch mit LeVell«. Eine Beschreibung jeder Person, mit der ich gesprochen habe, findet sich im Text, den Anmerkungen oder den Danksagungen.

Die von mir benutzten Bücher zitiere ich nach den Namen der Verfasser, wie ich sie in der Bibliographie aufgelistet habe, und nenne die entsprechenden Seitenzahlen. Wenn mehrere Bücher von einem Verfasser stammen, verwende ich ab dem zweiten Buch entsprechend der Reihenfolge in der Bibliographie eine Abkürzung. Drei Werke ohne Verfassernamen – *Reports of the Senate Vice Committee, X Marks the Spot* und den *Wickersham Report* – habe ich in alphabetischer Reihenfolge in die Bibliographie aufgenommen.

Abgesehen vom *Literary Digest*, für den ich die Abkürzung LD gewählt habe, da ich ihn sehr häufig zitiere, werden die Namen der zitierten Zeitschriften vollständig genannt. Artikel des LD geben die Meinung des jeweiligen Verfassers zu bestimmten Themen und aktuellen Ereignissen wieder sowie Pressezitate zum jeweiligen Thema, die aus überregionalen Zeitungen stammen. Zitaten, die ich anderen Zeitschriften entnommen habe, ist keine Seitenzahl zugeordnet, denn die entsprechenden Artikel können problemlos anhand der Inhaltsverzeichnisse nachgeschlagen werden.

Die von mir benutzten Abkürzungen für Zeitungen sind unten aufgelistet. Auch hier gebe ich keine Seitenzahlen an, sondern nur das Erscheinungsdatum. So bedeutet zum Beispiel die Anmerkung »T vom 7.1.1924«, daß das entsprechende Zitat aus dem »Chicagoer Tribune« vom 7. Januar 1924 stammt.

Außerdem sind in den Anmerkungen noch folgende Abkürzungen benutzt worden:

ABA: Unterlagen der American Bar Association (der amerikanischen Anwaltskammer), die im Sommer 1990 in Chicago ein (eintägiges) Verfahren wegen Al Capones Steuerhinterziehung nachstellte.

anon.: Jene Personen, die ich interviewt habe und die ungenannt bleiben möchten oder die (in selteneren Fällen) namentlich in bestimmten Akten, Unterlagen oder Artikeln genannt wurden, jedoch darauf bestanden haben, in diesem Buch anonym zu bleiben.

BES: Ein Artikel, der am 14. Februar 1988 im »Tribune« erschienen ist. Es handelt sich um die überarbeitete Fassung eines Artikels, in dem die Erlebnisse von Albert Besmanoff in Alcatraz geschildert werden. Der Artikel ist ursprünglich im Jahre 1937 im »Call Bulletin« in San Francisco erschienen.

BOP: Unterlagen in der Akte Capone des Federal Bureau of Prisons (Bundesgefängnisbehörde).

Browne, Notizen: Sehr detaillierte Randbemerkungen Howard Brownes in verschiedenen Standardwerken, vor allem von Burns und Wickersham. Browne, der während der Ära Capone in Chicago lebte, hat mir diese Bücher dankenswerterweise zur Verfügung gestellt. Howard Browne war später als Drehbuchautor tätig; unter anderem schrieb er die Bücher für die Capone-Filme von Gazzara und Robards und ist leidenschaftlicher Forscher auf diesem Gebiet.

Campbell Collection: Eine Sammlung verschiedener Unterlagen im Besitz der Philadelphia Historical Society.

FBI-Akte: Vermerke und andere Unterlagen, die sich in einer Akte im J. Edgar Hoover Building, der Zentrale des FBI, in Washington, D.C., befinden.

Fisher Collection: Unterlagen von Carl Fisher, im Besitz der Historical Association of Southern Florida in Miami.

»Lightnin'«: Mehrere eigenwillige Veröffentlichungen von Reverend Elmer L. Williams, in denen er die Verbindungen zwischen der Verbrecherwelt Chicagos und Politikern offenlegt. Williams nannte die »Lightnin'« die »bescheidenste Zeitung der Welt«, mit der Unterzeile: »Erscheinungsweise: in möglichst kurzen Abständen«. Die erste Ausgabe erschien am 20. Mai 1925; die darauffolgenden Ausgaben tragen kein Datum.

Abkürzungen der benutzten Zeitungen:

A: »American in Chicago«; während der Ära Capone die Abendzeitung des Hearst-Pressekonzerns.

BUL: »Bulletin« in Philadelphia

DN: »Chicago Daily News«; was die Qualität der Berichterstattung angeht, war diese Zeitung zu Capones Zeit der größte Konkurrent des »Tribune«.

DT: »Daily Times« in Chicago; eine reich bebilderte Boulevardzeitung; ausführliche Berichterstattung über Kriminalität und Verbrechen.

H-A: »Herald American« in Chicago; nach verschiedenen Fusionen gehörte die Zeitung auch zum Hearst-Konzern.

H&E: »Herald and Examiner« in Chicago; die Morgenzeitung des Hearst-Konzerns; sie bot oft die umfassendste Berichterstattung über Kriminalität und Verbrechen.

J: »Journal« in Chicago

LED: »Public Ledger« in Philadelphia

LD: »Literary Digest« (siehe oben)

MDN: »Daily News« in Miami

MH: »Herald« in Miami

NYT: »New York Times«

o.D.: Unter dieser Abkürzung habe ich all jene Zeitungsausschnitte zusammengefaßt, die sich heute in der Redaktion der »Sun-Times« in Chicago befinden (von den Redakteuren wird dieses Archiv die »Leichenhalle« genannt). Normalerweise sind die Ausschnitte mit einem handschriftlichen Vermerk oder einem Stempel versehen, aus dem das Erscheinungsdatum des jeweiligen Artikels hervorgeht. Die wenigen Ausschnitte, die keinen solchen Vermerk tragen, habe ich mit der Abkürzung »o.D.« (ohne Angabe des Erscheinungsdatums) gekennzeichnet.

o.Q.: Unter dieser Abkürzung habe ich all jene Zeitungsausschnitte zusammengefaßt, die im Archiv der »Sun-Times« aufbewahrt werden, ohne daß zu ermitteln war, in welcher Zeitung die Artikel erschienen sind, und die keine Besonderheiten aufweisen, die Rückschlüsse auf die Quelle erlauben (z. B. die Gestaltung der Datumszeile).

REC: »Record« in Philadelphia

S-T: »Sun-Times« in Chicago; diese Zeitung erschien in der Nachfolge der »Sun« und der »Daily Times« und hat das Archiv der »Daily News« übernommen.

SUN: »Sun« in Chicago; diese Zeitung kam kurz vor Ausbruch des Zweiten Weltkriegs auf den Markt – als Antwort auf Colonel McCormicks Politik des Isolationismus.

T: »Chicago Tribune«

TAX: Zeugenaussagen bei der Verhandlung gegen Capone wegen Steuerhinterziehung im Jahre 1931.

Anmerkungen zu Kapitel 1

1. Die Angaben der 12. und 13. Volkszählung in den Vereinigten Staaten, die 1900 bzw. 1910 stattfanden, stimmen mit denen auf Gabriel Capones Grabstein auf dem Mount Olivet sowie mit der Inschrift der Grabplatte auf dem Mount Carmel überein (vgl. Kapitel 31 und 32). Als Theresas Geburtsjahr wird bei beiden Volkszählungen 1870 angegeben; auf dem Mount Carmel wird jedoch das Jahr 1867 genannt. In diesem Falle wäre sie bei der Ankunft der Capones in New York 26 Jahre alt gewesen. Auf dem einzigen erhaltenen Geburtsschein eines Familienmitglieds (dem von Ermino, also John) wird Theresas Alter im Jahre 1901 mit sechsundzwanzig angegeben (wonach ihr Geburtsjahr 1868 oder 1867 wäre); diese Information hat mir Sophia Milo übermittelt. Ich halte mich jedoch an die Angaben der Volkszählung, da sie den Ereignissen zeitlich näher liegen, obwohl die Auskünfte, die den Volkszählern gegeben wurden, oft willkürlich waren. Zudem sind natürlich die sprachlichen Probleme zu berücksichtigen. Zum Beispiel wird in den Akten der Volkszählung von 1900 als Geburtsdatum des Sohnes Salvatore der Februar 1896 genannt, obwohl er laut Grabinschrift auf dem Mount Olivet sowie laut verschiedener schulischer Unterlagen am 16. Juli 1895 geboren wurde. Ebenso wird in der gleichen Volkszählung der Mai 1898 als Alphonso Capones Geburtsdatum genannt, obwohl er am 17. Januar 1899 geboren wurde. Die Unterlagen der Volkszählung befinden sich in den National Archives in Chicago; die Fotos des Familienmonuments der Capones und der Grabplatten stammen von Mark LeVell.
2. Kobler, S. 17 f., schreibt, daß Ralph einen Monat nach der Ankunft der Capones in New York geboren wurde. In den Akten der Volkszählung von 1900 wird allerdings als Geburtsdatum der Februar 1893 genannt und als Geburtsland Italien. Nach Koblers Angaben war der älteste Sohn der Capones, Vincenzo, bei der Ankunft in den Vereinigten Staaten sechs Jahre alt. In den Volkszählungen von 1900 und 1910 dagegen werden als Dauer der Ehe von Theresa und Gabriel Capone neun bzw. neunzehn Jahre genannt, die somit 1891 geschlossen wurde. Die Akten der Volkszählung von 1900 nennen den Mai 1892 als Vincenzos Geburtsdatum.
3. Bei Allsop, S. 295, findet sich der Ortsname »Castel Amara«.
4. Die Volkszählung von 1900 gibt 1894 als Jahr der Einwanderung an. In der Volkszählung 1910 finden sich Angaben, daß Gabriel im Jahre 1891, Theresa aber erst 1893 in New York eintraf. Dies würde bedeuten, daß Gabriel unmittelbar nach der Heirat auswanderte und seine Frau erst zwei Jahre später folgte, was aber nicht der Fall gewesen sein kann − jedenfalls dann nicht, wenn Ralphs Geburtsdaten bei der Volkszählung 1900 stimmen.
5. Amfitheatrof, S. 147
6. Nelli, S. 18
7. Angabe in den Akten der Volkszählung
8. Fitzgerald, S. 26
9. Amfitheatrof, S. 160
10. Moquin, S. 57 (der jedoch keine Summe nennt)
11. Amfitheatrof, S. 161
12. Fitzgerald, S. 15
13. Ebd., auf dem Titelbild
14. Ebd., S. 26
15. Ebd., S. 14
16. Ebd., S. 16
17. Gespräch mit Spirko
18. Gabriels Unterschrift auf der Einbürgerungsurkunde aus dem Jahre 1906 ist unverkennbar die eines Mannes, der das Schreiben beherrschte. In der Volkszählung 1900 werden sowohl Gabriel als auch Theresa als des Lesens und Schreibens kundig

aufgeführt, Dagegen werden sie 1910 als Analphabeten bezeichnet. Diese Angabe wird aber auch zu Ralph gemacht und gleichzeitig festgehalten, daß er »Drucker« in einer »Zeitungsdruckerei« sei. Falls Theresa tatsächlich nicht schreiben konnte, so hatte sie es bis zum Mai 1937 gelernt, wie sich an der deutlichen Unterschrift auf einer eidesstattlichen Aussage erkennen läßt.

19. Weld, S. 138
20. Kobler, S. 17; Gespräch mit Balsamo
21. Akten der Volkszählungen von 1900 und 1910; Einbürgerungsurkunde; Johns Geburtsurkunde aus dem Jahre 1901
22. Balsamo erhielt von der St. Michael's Church eine Abschrift des Taufscheins. Wie der jetzige Pfarrer, Pater Delendick, mitteilt, war damals normalerweise die Patin für die notwendigen Informationen verantwortlich: Milo gab als Theresas Namen »Teresina« – eine Verkleinerungsform, wie »Terry« – und als Mädchennamen Raiola an. Auch Theresa unterschrieb die oben erwähnte eidesstattliche Aussage mit diesem Namen, allerdings mit *h*. Gabriel unterzeichnete die Einbürgerungsurkunde mit *Gabriele* Capone, der italienischen Schreibweise seines Namens; Alfonsos Taufschein jedoch unterzeichnete er mit *Gabriel*. In verschiedenen Akten finden sich beide Schreibweisen.
23. Angabe auf dem Taufschein
24. Kobler, S. 23 f.; Willensky, S. 48 f. (»billiger Fusel und noch billigere Frauen«); die Namen der irischen Geschäfte: Weld, S. 117. Die Sands Street endet noch heute am Navy Yard, der jedoch mittlerweile geschlossen ist, während die Sands zu einer Wohnstraße geworden ist.
25. Volkszählung 1900; die Anschriften, die in den verschiedenen Volkszählungsakten genannt werden, sind zutreffend. Wann die Capones in die 69 Park Avenue zogen, läßt sich nicht mehr genau ermitteln; es muß irgendwann zwischen Als Geburt und 1900 gewesen sein.
26. Angaben zur Nachbarschaft: Volkszählung 1900.
27. Amfitheatrof, S. 140–149
28. Ebd., S. 6
29. Ebd., S. 19
30. Balsamo, S. 105; im Text heißt es nicht *figlio puttana,* sondern *skoongeel:* Balsamos Mitautor hat hier eigenständig geändert. Balsamo behauptet, daß *skoongeel* eine Verballhornung von *scungili* sei, eine Art Schellfisch, und auf italienisch keine Beleidigung darstelle. Die Episode, die geschildert wird, entspricht der Wahrheit. Balsamo meint, daß sein Großonkel, Don Battista Balsamo, höchstwahrscheinlich tatsächlich den Begriff *figlio puttana* benutzt hätte.
31. Amfitheatrof, S. 66
32. Ebd., S. 69–71
33. Ebd., S. 72–76
34. Die Einbürgerungsurkunde befindet sich heute im Kings County Court House.
35. Auf Johns Geburtsurkunde wird der 11. August 1901 genannt. Den Angaben der Volkszählung zufolge waren 1910 John neun und Albert sechs Jahre alt. In den Akten der Kommission zur Verbrechensbekämpfung in Chicago wird der 4. April 1904 als Johns Geburtstag genannt. Auf Alberts Grabstein auf dem Mount Carmel ist das Jahr 1906 angegeben. Demnach wäre er bei der Volkszählung 1910 vier Jahre alt gewesen. John ist nicht auf dem Mount Carmel beigesetzt.
36. Kobler, S. 26, gibt sein Alter zu diesem Zeitpunkt mit 16 Jahre an, was durchaus wahrscheinlich ist. In Zeitungsartikeln anläßlich seiner Rückkehr nach Chicago wird etwa das gleiche Alter genannt.
37. Moquin, S. 89
38. Der Volkszählung von 1910 zufolge wohnten die Capones zwar immer noch in Nummer 21, doch der Umzug in Nummer 38 ist durch Gespräche Balsamos mit ehemaligen Nachbarn verbürgt.

39. Gespräch mit Grodinski, das durch Schulakten bestätigt wird. Das Schulgebäude steht noch, die Schule wurde jedoch 1990 geschlossen.
40. Name und Anschrift der Schule: Gespräch mit Grodinski; was die Zeugnisse betrifft: Kobler, S. 26. Die entsprechenden Unterlagen sind nach Angaben der Leiterin der Schulverwaltung, Shirley Poch, verlorengegangen. Nur die Zeugnisse Frank Capones liegen noch vor. Koblers Behauptung, bei der William A. Butler handle es sich um die Public School 113, ist sicher ein Setzfehler; die Butler war und ist die Public School 133.
41. Was Matthews Geburtsjahr angeht, stimmt die Inschrift auf dem Mount Carmel mit den Angaben in den Akten der Kommission zur Verbrechensbekämpfung überein.
42. Laut Kobler, S. 26, befand sich die Poolhalle an der 20 Garfield. Balsamo behauptet, daß in dem Gebäude, das heute noch steht, niemals eine Poolhalle gewesen sei, wohingegen es an der Fourth Avenue eine ganze Reihe gegeben habe. Sullivan und die »North American Review« vom September 1929 bezeichneten Al als »Champ von Greenpoint«, was Allsop, S. 290, für »lächerlich« hält, ohne jedoch zu erläutern, weshalb.
43. Balsamo, S. 221
44. Als solcher wird er in einem Artikel in der »New Republic« vom 9. 9. 1931 von Daniel Fuchs hervorgehoben, der Capone aus seiner Zeit in Brooklyn kannte.
45. FBI-Akte, Washington
46. Kobler, S. 26
47. Weld, S. 138
48. »New Republic« vom 9. 9. 1931
49. Kobler, S. 28; er zitiert hier aus einer Studie des Soziologen Frederick M. Trasher über Bandenkriminalität aus dem Jahre 1929.
50. Weld, S. 138
51. Fitzgerald, S. 17
52. »New Republic« vom 9. 9. 1931
53. Fitzgerald, S. 30
54. Kobler, S. 26
55. Gespräch mit Balsamo
56. Archiv der Stadt New York
57. Luis Kutner, ein Rechtsanwalt aus Chicago, stiftete noch zu Lebzeiten seine Unterlagen der Chicago Historical Society. Die Glaubwürdigkeit von Kutners Angaben ist jedoch sehr umstritten: »Zu verschiedenen Zeiten erzählte er verschiedene Geschichten«, heißt es in einer Kurzbiographie der Chicago Historical Society. Im Dezember 1968 beabsichtigte Kutner, seine angeblich engen Beziehungen zu Capone zu schildern. Neil Elliott bot seine Hilfe an, was zu langen Gesprächen mit Kutner führte. Die Informationen faßte Elliott in einem maschinegeschriebenen Manuskript über seine Gespräche mit »Mr. X« zusammen, der nicht namentlich genannt werden wollte. Arlington House – der Verlag, der Elliotts Manuskript veröffentlichen sollte – schickte Kutner eine Kopie, der daraufhin sofort die Benutzung sämtlichen Materials verbot, das er Elliott zur Verfügung gestellt hatte. Damit war das Projekt natürlich gescheitert. Jahre später überarbeitete Elliott das Manuskript und änderte »Mr. X« in Jack Woodford. Das Buch wurde unter dem Titel *My Years with Capone* veröffentlicht (Woodford Memorial Edition, Seattle 1985) – von einem Mann, der Woodfords Gedächtnis in den höchsten Tönen lobt. Doch in dem Buch wimmelt es von Ungereimtheiten. Ein Beispiel: Kutner behauptet, daß er von Jack McGurn eingeladen worden sei, sich das Massaker am Valentinstag anzuschauen. Kutner sollte wohlgemerkt nicht als Revolvermann daran teilnehmen, sondern als Zeuge – ohne ersichtlichen Grund. McGurn habe sich gedacht, daß Kutner einmal »etwas Interessantes« anschauen solle, heißt es in dem Buch. Ohnehin behauptet Kutner, bei fast jedem wichtigen Ereignis dabeigewesen zu sein. Manchmal wird es sogar Elliott, der

Kutner bewunderte, des Guten zuviel. Kutner war eben immer dabei. Wie aber schon gesagt, sind sämtliche nachprüfbaren Behauptungen bestenfalls zweifelhaft, schlimmstenfalls unwahr. Ein weiteres Beispiel: Capone, so Kutner, habe in Chicago drei Psychiater aufgesucht, von denen er die ersten beiden umbringen ließ, da er der Meinung war, ihnen zuviel erzählt zu haben. Der dritte Psychiater sei nur deshalb mit dem Leben davongekommen, da Kutner Capone die geplante Ermordung ausgeredet habe. Nur lassen sich die beiden toten Psychiater in keinem Telefonbuch aus dieser Zeit, in keinem Einwohnerverzeichnis und in keiner sonstigen Akte auffinden, was nur den Schluß zuläßt, daß diese Psychiater niemals existiert haben. Das überzeugendste Argument liefert wahrscheinlich ein Informant, der ungenannt bleiben möchte. Er hat Kutner sehr gut gekannt und hatte vielfach Gelegenheit, die Leute um Capone kennenzulernen. Er berichtet, daß Kutner über viele Jahre hinweg nie damit geprahlt habe, Al Capone zu kennen – und genau dies hält der Informant für unmöglich, hätte Kutner Capone *tatsächlich* gekannt.

Kobler, S. 24 f., gibt zwei Kutner-Stories aus jenen Jahren wieder, die unglaubwürdig sind. In der einen Geschichte geht es um eine Frau, die sich lange Zeit später, als sechzigjährige Lehrerin, auf einmal daran erinnert, daß Capone bei ihr die erste Grundschulklasse besucht hat. Die Sache hat nur den Haken, daß die Frau außerdem behauptet, einer von Als Klassenkameraden sei Lucky Luciano gewesen – romantisch, aber mit Sicherheit Unsinn, denn Luciano war vierzehn Monate älter als Capone und ist außerdem in der Lower East Side in Manhattan aufgewachsen, so daß er schwerlich Als Klassenkamerad gewesen sein kann (vgl. Feder, S. 34 – 36 [Popular Library Edition, 1956]; Gosch, S. 4f.; beide Autoren machen unterschiedliche Angaben, welche Schule Luciano besucht hat, sind sich jedoch einig, daß sie sich in Manhattan befunden haben muß). In der zweiten Geschichte geht es um einen ehemaligen Corporal der Marine, der neun Monate nach Capones Tod einen Brief an den »Eagle« in Brooklyn schrieb. Er berichtet darin, daß Capone im Alter von ungefähr zehn Jahren einen Rekruten der Marine zu einer Schlägerei herausgefordert habe. Auch hier haben wir wieder den Fall, daß jemand sich Jahrzehnte später an einen kleinen Jungen erinnert, von dem er plötzlich »weiß«, daß es Capone gewesen ist. Im diesem Fall kommt erschwerend hinzu, daß die Capones mehr als eine Meile von jener Stelle entfernt gewohnt haben, an der die Schlägerei angeblich stattgefunden hat. Außerdem stellt sich die Frage, was Al nach Schulschluß am Navy Yard zu suchen hatte?

58. »New Republic« vom 9. 9. 1931
59. Über Torrios Geburt und Kindheit: McPhaul, S. 38–40
60. Ebd., S. 41–43; Irey, S. 155
61. Asbury, *Gangs,* S. 272
62. Asbury, S. 262; die im folgenden angeführten Namen der Gangs sind aus einem FBI–Bericht ergänzt (National Archives, Washington, D.C.).
63. Asbury, S. 5f.
64. Ebd., S. 26
65. Ebd., S. 252
66. McPhaul, S. 46
67. Ebd., S. 49f.
68. Amfitheatrof, S. 74
69. Ebd., S. 80
70. Ebd., S. 85
71. Amfitheatrof, S. 103
72. Ebd., S. 89
73. Moquin, S. 37
74. Ebd., S. 39
75. Vgl. Amfitheatrof, S. 89

76. Ebd., S. 140−149
77. Ebd., S. 160
78. Ebd., S. 155f.
79. Barzini, S. 150
80. Amfitheatrof, S. 158 f.
81. Moquin, S. 38
82. Amfitheatrof, S. 191
83. Ebd., S. 137
84. Moquin, S. 106
85. Amfitheatrof, S. 81
86. Moquin, S. 167−170
87. Ebd., S. 254
88. Amfitheatrof, S. 165
89. Ebd., S. 168
90. Gespräch mit Hanhardt. Obwohl sein Vater deutscher Immigrant war, waren seine Verwandten ausnahmslos italienischer Herkunft, und er selbst betrachtete sich auch als Italiener.
91. Amfitheatrof, S. 163
92. Stella, S. 73
93. Amfitheatrof, S. 154
94. Gespräch mit Balsamo
95. Kobler, S. 26
96. McPhaul, S. 53 f.
97. Gespräch mit Balsamo
98. Ebd.; Balsamo besitzt ein Foto des Grabsteins, aus dem das Geburtsdatum ersichtlich ist.
99. Die Beschreibung Yales findet sich bei Pilat, S. 274f.; Fotos bei Kobler, S. 260 f., und Balsamo, S. 62f.
100. Pilat, S. 273
101. Dokumente in der Ausstellung des New York City Police Museum
102. Gespräch mit Balsamo
103. Pilat, S. 274
104. Ebd.

Anmerkungen zu Kapitel 2

1. Pasley, S. 240; Kobler, S. 33; Balsamo beschäftigt sich am ausführlichsten mit Yales geschäftlichen Unternehmungen, so S. 96f. mit dem Sunrise Café.
2. Diese Studie befindet sich in den National Archives in Washington, D.C. In seinem Buch »Behind the Green Lights« (New York 1931) schreibt der ehemalige Captain Cornelius W. Willemse über die Rackets: »... damals waren das nur gemütliche Zusammenkünfte, die nichts mit kriminellen Aktivitäten zu tun hatten.« (S. 139 f.; Willemse bezieht sich mit dieser Feststellung auf die Zeit um 1910).
3. Kobler, S. 33
4. Balsamo, S. 97
5. Gespräch mit Balsamo
6. Ebd.
7. Willensky S. 173−187
8. McCullough, S. 233
9. Pilat, S. 113
10. Pilat, S. 98 u. 113
11. Gespräch mit Balsamo; ihm selbst wurde das Zimmer gezeigt.

12. Ebd.
13. Die Einzelheiten zu Galluccio entstammen einem Interview, das Balsamo mit diesem geführt hat. Es ist im März 1990 in der Illustrierten »Chicago« erschienen. Der Artikel wurde von mir durch Informationen aus Gesprächen mit Balsamo ergänzt.
14. Beschreibung der Narben: FBI-Akte, Washington.
15. Allsop, S. 297; Pasley, S. 240
16. Zum ›ungebührlichen Benehmen‹ Capones in Olean: BOP. Zu den Morden: o.Q. und o.D. aus verschiedenen Zeitungen, die in New Jersey erschienen sind und die Balsamo durchgesehen hat.
17. Kobler, S. 35 f.
18. Gespräch mit Balsamo; er hat das Standesregister eingesehen.
19. Kobler, S. 36, nennt als Datum der kirchlichen Trauung fälschlicherweise den 18. Dezember und verlegt Sonnys Geburt ins nächste Jahr.
20. Eine Abschrift der Geburtsurkunde Sonny Capones aus dem Kirchenregister der St. Mary Star of the Sea ist im Besitz Balsamos. In dieser Urkunde finden sich auch die Angaben zu den Geburtsjahren von Al und Mae sowie die Schreibweise »Albert« Capone.
21. Gespräch mit Balsamo
22. Zu Lovett: Balsamo, S. 31, ergänzt durch Gespräche mit ihm. Foto Lovetts: Balsamo, S. 63. Die Episode mit dem Mord wegen der Katze findet sich bei Berger, S. 315.
23. Gespräch mit Balsamo

Anmerkungen zu Kapitel 3

1. Asbury, S. 3
2. Ebd., S. 29
3. Ebd., S. 4
4. Ebd., S. 40 f.
5. Ebd., S. 30 f.
6. Nelli, S. 6
7. Peterson, der hier A.T. Andreas zitiert: »History of Chicago«, Bd. 1, S. 421 f.
8. Asbury, S. 39 f.
9. Ebd., S. 34−37
10. Ebd., S. 5
11. Ebd., S. 58
12. Ebd., S. 42−48
13. Peterson, S. 20
14. Zur Hochzeit: Asbury, S. 77; daß Jack Nelson stellvertretender Polizeichef war, findet sich bei Peterson, S. 34
15. Asbury, S. 61
16. Ebd., S. 28
17. Ebd., S. 61
18. Ebd., S. 54−58
19. Ebd., S. 144 f.
20. McPhaul, S. 65
21. Wendt/Kogan, *Lords,* S. 12−33
22. Ebd., S. 156
23. Ebd., S. 73−81
24. Ebd., S. 158 f.
25. Das Zitat (bei Kobler, S. 64) stammt von Charles E. Merriam, einem Reformer; Merriam war Professor an der University of Chicago. Sein Sohn vertrat dieselbe Meinung; als er von Liebling (*Chicago: The Second City,* S. 107 f.) darauf hingewiesen

wurde, daß es auch andere korrupte Städte gebe, erwiderte er: »Ja, aber sie sind nicht annähernd so groß.«

26. Asbury, S. 156 f.; Peterson, S. 76–79; Allsop, S. 253; Bright, S. 137
27. McPhaul, S. 65
28. Bright, S. XXII: Vorwort des Historikers Harry E. Barnes
29. Lyle, S. 26
30. T vom 22. 3. 1930; Pasley, S. 349 f.
31. anon.
32. Sullivan, *Surrenders,* S. 205
33. Asbury, S. 312–314; Kobler, S. 39, 42–44, 51; McPhaul, S. 69–71; Nelli, S. 52
34. Asbury, S. 122, 243 f., 246 f., 259
35. Wendt/Kogan, S. 18 f.
36. Zur Familiengeschichte der Thompsons: Wendt/Kogan, S. 13–19
37. Bright: Titel des 1. Kapitels
38. Bright, S. 10–12; Wendt/Kogan, S. 20. Es ist unglaubwürdig, daß Thompson bereits im Alter von 14 Jahren die väterliche Erlaubnis bekam, doch daß Thompsons Gegner diese Episode nicht zu Angriffen benutzt haben, spricht für ihren Wahrheitsgehalt.
39. Wendt/Kogan, S. 28–33
40. Bright, S. 14 f.
41. Wendt/Kogan, S. 42 f.
42. Nelli, S. 52
43. Asbury, S. 266
44. Ebd., S. 263; bei McPhaul, S. 84, heißt es: »grüne Livree«.
45. Asbury, S. 267
46. Reckless, S. 92f.
47. *Report,* S. 509
48. Ebd., S 117 f.
49. Ebd., S. 23
50. Asbury, S. 232f.; Nelli, *Business,* S. 80–82, zitiert weitere solche Briefe.
51. Asbury, S. 231
52. Burns, S. 6–8; McPhaul, S. 74–78
53. McPhaul, S. 24
54. Ebd., S. 104 f.
55. Asbury, S. 298–303; Wendt/Kogan, *Lords,* S. 315, bezeichnen die Einheit als ›Committee of 15‹, eine Gruppe von Zivilisten, die bei Asbury, S. 295 f., und bei McPhaul, S. 107, ausführlich beschrieben wird. Den vollständigen Namen Funkhousers habe ich der Rezension des Buches *Behind the Mask of Innocence* von Kevin Brownslow entnommen, die in der Sonntagsbeilage der *Los Angeles Times* vom 23. Dezember 1990 erschienen ist.
56. Wendt/Kogan, *Lords,* S. 302 f.
57. Reckless, S. 134
58. Pasley, S. 15
59. Bennett, S. 30 f.; McPhaul, S. 116 f.
60. *Report,* S. 503–509; Asbury, S. 304–306; Wendt/Kogan, *Lords,* S. 316–318; McPhaul, S. 11–114
61. Asbury, S. 307f.; Wendt/Kogan, *Lords,* S. 319–322
62. Asbury, S. 308; bei dem Kneipier handelte es sich um John Jordan, den Ehemann von Georgie Spencer.
63. Informationen zu Lundin: Wendt/Kogan, S. 82 f.; LD vom 3. 3. 1923
64. Wendt/Kogan, S. 103
65. Bright, S. 39–65; Wendt/Kogan, S. 84–115
66. Lewis, S. 374
67. Asbury, S. 309

68. Burns, S. 2 f.; Kobler, S. 33 f., gibt eine besonders lebendige Beschreibung.
69. Asbury, S. 312
70. Ebd., S. 322; McPhaul, S. 80; Reckless, S. 90
71. Asbury, S. 319; McPhaul, S. 121
72. LD vom 19. 4. 1919
73. Bright, S. 2
74. Barzini, S. 136
75. Wendt/Kogan, S. 127
76. Ebd., S. 135
77. Ebd., S. 168 f.
78. »Survey« vom 20. 11. 1920
79. LD vom 19. 4. 1919
80. Zitiert bei Kobler, S. 67, nach: Courtney Ryley Cooper: *Ten Thousand Public Enemies*
81. Balsamo, S. 42 f.
82. Pasley, S. 19

Anmerkungen zu Kapitel 4

1. Wendt/Kogan, S. 328–332
2. Peterson, S. 111; NYT vom 16. 9. 1920; Wendt/Kogan, S. 189.
3. NYT vom 20. 9. 1920 und Bright, S. 165, bezeichnen Lowden als einen »wirklich fähigen Mann«.
4. Bright, S. 102, 113; Wendt/Kogan S. 158 f.
5. Stuart, S. 111
6. Zur Person Crowes: Burns, S. 172; Kobler, S. 171–174. Daß Crowe ein »hervorragender Jurist« gewesen sei, hat Richter Marovitz im Gespräch mit mir geäußert, der seine Anwaltslaufbahn als Mitarbeiter von Crowe begann.
7. Zu Garrity und Fitzmorris: T vom 23. 10. 1920; NYT vom 11. 11. 1920; Wendt/Kogan, S. 192
8. Wendt/Kogan, S. 192
9. Ebd.; NYT vom 22. und 29. 11. 1920
10. Wendt/Kogan, S. 199
11. NYT vom 26. 11. 1919
12. NYT vom 8. 1. 1920
13. *Ladies Home Journal,* Mai 1919
14. Sinclair, S. 85f.
15. Ebd., S. 4
16. Ebd., S. 107–110
17. Notenblätter wurden bei einer Ausstellung der New York Public Library im Frühjahr 1990 gezeigt.
18. Sinclair, S. 20 u. S. 116–124; in Cincinnati wurden sogar die »pretzel« (Brezel) wegen ihres verhaßten deutschen Namens aus dem Verkehr gezogen.
19. NYT vom 1. 7. 1919; Sinclair S. 158 f.; der Krieg war zwar bereits vorüber, aber der Patriotismus hielt unvermindert an.
20. LD vom 27. 12. 1919; Sinclair, S. 159
21. Das Lied stammt von Irving Berlin; Notenblätter in der Ausstellung der New York Public Library
22. Slayton, S. 53
23. Sinclair, S. 231
24. T vom 4. 10. 1920
25. H&E vom 25. 1. 1925 [sic]

26. Nach dem Kongreßabgeordneten J. R. Mann benanntes Gesetz aus dem Jahre 1910, das die »Beförderung von Frauen über die Grenzen der Bundesstaaten« untersagt, sofern diese Beförderung »unmoralischen Zwecken (z. B. der Prostitution) dient«. (Anm. d. Übers.)
27. Sinclair, S. 180
28. Ebd., S. 183−186
29. NYT vom 26. 8. 1919
30. NYT vom 3. 2. 1920
31. Wendt/Kogan, S. 191; NYT vom 2. und 4. 4. 1919
32. Notenblätter in der Ausstellung der New York Public Library
33. »Survey« vom 26. 1. 1920; bei der Gruppe handelte es sich um die »Vereinigung zum Schutz der Jugend Chicagos«
34. NYT vom 25. 9. 1921
35. LD vom 22. 1. 1921
36. Allsop, S. 31; Lyle, S. 39
37. McPhaul, S. 158
38. DN vom 2. 7. 1943 u. 14. 8. 1947 (Chroniken)
39. NYT vom 26. 7. 1919 und Nat. Arch., Chicago
40. Nat. Arch., Chicago
41. Zu Dale Winters Herkunft und ihrem Verhältnis zu Colosimo finden sich ausführlichere Schilderungen bei Burns, S. 9−12; McPhaul, S. 131−136; Sullivan, S. 82−86; T vom 12.−19. 5. 1920
42. Burns, S. 11; McPhaul, S. 134, schreibt, daß es sich bei dem Geistlichen um Rev. John T. Birmingham gehandelt habe
43. McPhaul, S. 130 , der H&E vom 14. 5. 1920 zitiert
44. Burns, S. 11
45. McPhaul, S. 134
46. Asbury, S. 277; das vollständige Zitat findet sich bei Wendt/Kogan, S. 32.
47. Lyle, S. 49
48. Wendt/Kogan, *Lords,* S. 340
49. McPhaul, S. 123−126
50. Ebd., S. 125
51. Bennett, S. 28
52. Bei Burns, S. 23, wird das vollständige Zitat wiedergegeben (zitiert nach H&E vom 25. 1. 1925, nach dem Mordanschlag auf Torrio).
53. Kobler, S. 71
54. McPhaul, S. 146
55. Ebd., S. 149; Wendt/Kogan, *Lords,* S. 340 f.; es finden sich auch zwei andere Schreibweisen des Namens: »Villaini« (T vom 14. 5. 1920) und »Villani« (Kobler, S. 71).
56. McPhaul, S. 148 f.
57. Zum Mord an Colosimo: T vom 12.−16. 5. 1920 (besonders detaillierte Schilderungen finden sich in den Ausgaben vom 12. und 14. Mai); McPhaul, S. 148−153; Allsop, S. 43; Peterson, S. 108; Wendt/Kogan, *Lords,* S. 341
58. Kobler, S. 72
59. T vom 14. 5. 1920
60. Allsop, S. 299
61. McPhaul, S. 152
62. Ebd.
63. Ebd., S. 153
64. Landesco, S. 191−194
65. Zu Colosimos Beerdigung: Landesco, S. 191−194; T vom 14.−16. 5. 1920; Lyle, S. 47; Kobler, S. 74 und McPhaul, S. 154; Unterschiede sind insbesondere bei den Angaben der Zahlen von Sargträgern, Richtern, Kongreßabgeordneten, Stadträten

usw. unter den Trauergästen festzustellen, doch stimmen die Berichte überein, was den Ablauf der Beisetzung angeht; ich habe mich primär auf die zeitgenössischen Quellen gestützt.

66. Landesco, l.c.
67. McPhaul, L.c.; in der NYT vom 16. 5. 1920 ist von »Bronzebeschlägen« die Rede.
68. Die beiden Blaskapellen werden nur in der NYT vom 16. 5. 1920 erwähnt.
69. Pasley, S. 91
70. T vom 12. 5. 1920
71. T vom 17. und 18. 5. 1920; McPhaul, S. 154
72. Kobler, S. 76; McPhaul, S. 154
73. Burns, S. 19
74. Landesco, S. 192, der A vom 15. 5. 1920 zitiert

Anmerkungen zu Kapitel 5

1. NYT vom 3. 5. 1922
2. Barzini, S. 118f.
3. *X Marks*, S. 3; das Zitat stammt von Bundesstaatsanwalt Edwin A. Olson und ist aus dem Jahre 1926; es lautet weiter: ». . . und einen ausgeprägten Geschäftssinn besitzt.«
4. Murray, S. 19
5. Zum Mord an Dinny Meehan; Balsamo, S. 24–34
6. Kobler, S. 26
7. Pasley, S. 19
8. Bennett, S. 84
9. Gespräch mit Browne
10. Mattingly-Brief; siehe auch Kapitel 23 ff.
11. Kobler, S. 102
12. Ebd.; das Sterbedatum habe ich einem Foto des Grabsteins entnommen, das mir von Mark LeVell zur Verfügung gestellt wurde.
13. McPhaul, S. 167
14. Bei einem Gespräch teilte Balsamo mir mit, daß Rosalia *wahrscheinlich* ihr Name gewesen ist. Ihr Alter habe ich über das Alter von Matthew und Mafalda bestimmt, denn in diesen beiden Fällen sind die Geburtsdaten gesichert: sie gehen aus den Grabinschriften hervor (das entsprechende Foto hat LeVell mir zur Verfügung gestellt). Über Rose ist so gut wie nichts bekannt: Kobler, S. 321, behauptet, sie habe Frank Maritote geheiratet, ein Mitglied von Capones Gang und der ältere Bruder John Maritotes, der Mafalda heiratete. Die Ehe zwischen Rose und Frank ist allerdings unwahrscheinlich, da sie durch keine zeitgenössischen Quellen aus der Zeit belegt ist, als Mafalda und John Maritote heirateten. Diese Ehe wurde von den Zeitungen als »Zweckehe« bezeichnet, die dazu dienen sollte, die Beziehungen zwischen den beiden Familien zu festigen – was aber überflüssig gewesen wäre, wenn Rose und Frank breits verheiratet gewesen wären. Rose wird nur *einmal* – und dies auch nur indirekt – erwähnt, und zwar von einem Wächter, der einem Reporter sagte, daß »eine der beiden Schwestern, nicht Mafalda, sondern die andere« gekommen sei, um sich zusammen mit der Familie von Capone zu verabschieden, als dieser nach Atlanta verlegt wurde (H&E vom 5. 5. 1931).
15. Kobler, S. 103f.; hier finden sich auch nähere Angaben über die anderen Familienangehörigen und ihren Umzug von New York nach Chicago.
16. Zitat aus dem *Atlantic* vom Juli 1919.
17. Einführung Landesco, passim, sowie Zorbaugh, passim
18. Pasley, S. 89f.
19. Einführung Landesco

20. NYT vom 13. 1. 1920, 25.12.1920 u. 13. 1. 1921; *Current History,* Februarausgabe 1922 (hier wurde die Zahl von 321 Morden genannt, was einen Anstieg von 121 Prozent in zwölf Jahren bedeutete); die T vom 16. 3. 1922 hatte die Schlagzeile: »Crowe hält Bürgerwehr für notwendig.«

21. International Revenue Service, das Bundesfinanzamt. Im folgenden wird die Abkürzung IRS beibehalten (Anm. des Übersetzers).

22. DN vom 22. 7. 1921, 20. 6. 1922 u. 2. 7. 1943 (Chronik); »American« in Chicago vom 31. 8. 1922; T vom 19. 6. 1922

23. DN vom 22. 7. 1921; T vom 19. 6. 1922; Allsop, S. 41; *Lightnin',* Band 1; Lyle, S. 70, hält Dion O'Banion und Hymie Weiss für die Mittäter.

24. T vom 24. und 25. 8. 1990; Burns, S. 87

25. Lyle, S. 137

26. Murray, S. 27

27. DN vom 10. 11. 1924

28. T vom 22. 1. 1924

29. Murray, S. 37−39; Sullivan, S. 10

30. Fall 23893: Criminal Court, Cook County

31. Fall 28982: ebd.

32. Sullivan, S. 10

33. McPhaul, S. 154 f.

34. Irey, S. 156

35. McPhaul, S. 166 f.

36. Gespräch mit Balsamo

37. Asbury, S. 322 f.; Mezzrow, S. 22; Sullivan, S. 76, bezifferte den Nettogewinn von drei Bordellen mit je 50 Prostituierten auf 15 000 Dollar im Monat, was mir zu niedrig erscheint, selbst als Nettogewinn.

38. T vom 16., 19. 8. 1922

39. T vom 16. 8. 1922

40. Bennett, S. 30; Sullivan, S. 76

41. Asbury, S. 322 f.

42. McPhaul, S. 141

43. Stuart, S. 136 f., 141 f., 144 f., 158−162, 168; Bright, S. 179−191

44. LD vom 2. 7. 1921

45. NYT vom 7. 6. 1921 und (Leitartikel) vom 8. 6. 1921

46. LD vom 2. 7. 1921, zitiert nach dem »Plain Dealer«

47. McPhaul, S. 168, beruft sich auf eine Schätzung des »Tribune«, wonach 40 Prozent derjenigen, die Small begnadigte, zur Organisation von Torrio und Capone gehörten. Bei Pasley, S. 36 f., werden 950 Begnadigungen in einem Zeitraum von zwei Jahren und zehn Monaten genannt.

48. Stuart, S. 147−150; Landesco, S. 87; Bennett, S. 30

49. Der Boß der Einschüchterungstruppe war Walter Stevens, der als »Dekan der Chicagoer Revolvermänner« bekannt war (T vom 23. 10. 1923). Der Bestechungsspezialist war der erfahrene Geldeintreiber »Umbrella Mike« Boyle.

50. Die vollständige Geschichte dieser interessanten Episode aus der Stadtpolitik Chicagos und der Wahlkämpfe im Zusammenhang mit ethnischen Fragen in jener Epoche findet sich in: T. 24. 1. u. 11. 5. 1921; Nelli, S. 92−112; Landesco, S. 121−123, 200; Burns, S. 210. Der Name »Unione« wird vielfach unrichtig als »Unione Siciliano« oder »Siciliane« wiedergegeben. *Unione* ist ein Feminium, und dementsprechend muß das Adjektiv *Siciliana* lauten. Die Unione wurde in New York von Ignazio »Lupo« Saietta gegründet, der wegen Falschmünzerei zu dreißig Jahren Haft verurteilt wurde (McPhaul, S. 140), nachdem er eine lange Verbrecherlaufbahn hinter sich hatte (Nelli, *Business,* S. 74 f. und 78 f.).

51. Umstände des Mordes an Labriola: T vom 9.3., 11.5, 27.6., 7.7. und 21.12.1921; Dn

vom 29. 6. 1943 (Chronik); Burns, S. 204—213; Pasley, S. 96 f.; Landesco, S. 124 f.;
Bennett, S. 69
52. T vom 13. 5. 1921
53. McPhaul, S. 158—161; Kobler, S. 105 f.

Anmerkungen zu Kapitel 6

1. U.S. District Court, Fall 23256. Bei diesem Verfahren wurde 1931 eine Reihe von
   Delikten verhandelt, darunter auch die Gründung der World Motor Service Company
   und der Kauf der Lastwagen durch Capone.
2. Gespräch mit Meyer
3. Die Version des City News Bureau über den Vorfall findet sich bei Pasley, S. 20. Der
   Artikel der T erschien am 31. 8. 1921. Sofern nicht gesondert vermerkt, habe ich mich
   bei der Darstellung des Sachverhalts auf beide Schilderungen gestützt.
4. Gespräch mit Trilling
5. TAX: T vom 14. 10. 1931
6. Ich habe mich im wesentlichen auf die Karte gestützt, die bei Asbury, S. 239,
   abgebildet ist, und die wiederum offensichtlich auf eine Karte zurückgeht, die im
   »Tribune« erschienen ist. Allerdings gibt diese die Einteilung der Territorien zu einem
   etwas späteren Zeitpunkt wieder. Allsop, S. 45, liefert einen sehr interessanten
   Beitrag zur Frage der Gebietsabgrenzung; Kobler, S. 74—94, stellt die Zusammensetzung der verschiedenen Gangs ausführlich dar und geht auf deren Bosse ein; vgl. auch
   McPhaul, S. 160f.
7. Polizeichef Morgan Collins.
8. Bennett, S. 7
9. Pasley, S. 45
10. In verschiedenen Quellen taucht auch die Schreibweise Wajciechowski auf, z. B. bei
    Allsop, S. 89; daß Wojciechowski der klügste Kopf der Gang O'Banions gewesen sei,
    schreibt Lyle, S. 91; daß er im Alter von drei Jahren in die USA kam, hat mir Browne
    im Gespräch mitgeteilt.
11. Murray, S. 41, schreibt, daß »niemand sich an den Grund erinnern kann«, weshalb
    Wojciechowski sich Hymie Weiss nannte; allerdings traf Murray diese Feststellung
    mehr als fünfzig Jahre später.
12. Pasley, S. 24
13. Allsop, S. 89; Lyle, S. 118
14. Asbury, S. 352
15. Gespräch mit Balsamo
16. Pasley, S. 23
17. Kobler, S. 80
18. Murray, S. 69
19. Lyle, S. 91, beschreibt Alteries Waffen genauer: Es waren vernickelte Revolver mit
    Griffen aus Ahorn. Außerdem behauptet er, daß Alterie sich gern mit »Three Gun«
    anreden ließ, doch alle anderen Quellen halten an »Two Gun« fest.
20. T vom 17. 8. 1925
21. T vom 19. 6. 1922
22. Murray, S. 69
23. DN vom 12. 3. 1924
24. Allsop, S. 201: »Moran besaß mehr Muskeln als Hirn«; Berardi, der Moran ziemlich
    gut gekannt hat, fragte sich verwundert, wie »ein solcher Trottel an eine so charmante,
    intelligente Frau gekommen ist.«
25. Lyle, S. 201
26. Akten des Criminal Court, Cook County; Fall 24784 und 23893. Beide Fälle wurden

1921 verhandelt; in einer Akte wird nur der Name George Morrissey genannt, in der anderen steht: »George Morrissey oder auch . . . Moran«. Bei Pasley, S. 246, findet sich die Angabe, daß er im Alter von siebzehn Jahren wegen räuberischen Überfalls zum erstenmal zu einer Haftstrafe verurteilt wurde (1910), und zwar unter dem Namen George Miller; Lyle, S. 91, nennt als Delikt »Pferdediebstahl«, doch Pasley (vermutlich Lyles Quelle, denn beide nennen das gleiche Datum, den 17. September 1910) erwähnt nichts von Pferden.

27. Murray, S. 54
28. T vom 17. 5. 1922; O'Banion hatte einen mit Whiskey beladenen Lastwagen gekapert, den er für 22 500 Dollar an Morton verkaufte – ein Coup, den er gemeinsam mit Dan McCarthy ausführte. Auch dieses Hijacking war eine Blitzaktion, die nur zwanzig Minuten gedauert hat: Murray, S. 57 f.; Criminal Court, Cook County, Fall 28982.
29. T vom 14. 5. 1923
30. *X Marks,* S. 14
31. Kobler, S. 83
32. Pasley, S. 49, 92; Burns, S. 130–132
33. Burns, S. 130, meint, daß die Namen in dieser Reihenfolge dem Alter der Brüder entsprechen, während Bennett, S. 38, nur erwähnt, daß Angelo der jüngste der Genna-Brüder war, was den Tatsachen entspricht.
34. Pasley nennt als Jahr der Einwanderung 1910; Burns gibt kein Jahr an, schreibt aber, daß Sam zehn Jahre alt und Mike noch ein Säugling gewesen sei, als die Gennas in die Vereinigten Staaten kamen – was allerdings kaum zutreffen kann, falls Pasley recht hat; Kobler, S. 81, folgt Burns und nennt 1894 als Jahr der Einwanderung. Diese Angabe ist offensichtlich auf der Grundlage verschiedener Zeitungsberichte errechnet (auf Mike Gennas Totenschein wird als Geburtstag der 18. Januar 1895 genannt; der Name seines Vaters wird mit »Tony«, der seiner Mutter mit »Maria, geb. Lucari« angegeben). Kobler folgte Burns auch insoweit, daß er den Vater als »Hilfsarbeiter beim Schienenlegen« bezeichnet und berichtet, daß »beide Elternteile jung und in ärmlichen Verhältnissen« gestorben seien. Allerdings behauptet Clem Lane in einer Artikelserie (DN vom 29. 6. 1943), daß die Eltern der Gennas sowie ein siebenter Bruder und zwei Schwestern in Marsala auf Sizilien geblieben seien. In einem Artikel (T vom 2. 11. 1926), in dem über Jims Haftstrafe in Italien berichtet wird, schreibt der Verfasser, daß die Gennas »vor ungefähr fünfzehn Jahren in die USA gekommen seien« (was Pasleys Angabe stützt) und daß sie selbst und nicht ihr Vater als Helfer beim Schienenlegen gearbeitet hätten.
35. In keiner Quelle wird auch nur der Versuch unternommen, diesen Spitznamen zu erklären; Beschreibung »Klondikes« und seines Bruders Myles: DN vom 27. 5. 1926. Keine Quelle macht genauere Angaben zu Alter und Vergangenheit der beiden Männer.
36. Pasley, S. 146; weitere Einzelheiten finden sich bei: Allsop, S. 126 f.; Kobler, S. 99– 101. Das Zentrum des Territoriums lag nach Angaben Allsops ein Stück weiter im Osten, zwischen der Fourty-third und der Sixty-third Street, und habe sich in Ost-West-Richtung nur vom Cottage Grove bis zur Halstead Street im Westen erstreckt. Allsop behauptet zudem, daß die Colts neben Sheldons Gang weiter bestanden hätten.
37. DN vom 18. 5. 1943; in T vom 4. 10. 1925 wurde berichtet, daß die Colts eine Reise nach Oklahoma planten, um den Ku-Klux-Klan wegen »antikatholischer Aktivitäten« zu bestrafen.
38. Sullivan, S. 1
39. SUN vom 6. 6. 1944; in DN vom 11. 11. 1923 wird Sheldons Alter mit einundzwanzig Jahren angegeben.
40. DN vom 12. 12. 1928 sowie 7. und 18. 5. 1943 (Chroniken)
41. McPhaul, S. 160

42. Pasley, S. 24, 135; Burns, S. 58; Allsop, S. 122
43. T vom 4. 6. 1947
44. T vom 4. 6. 1947 u. 4. 2. 1931; im erstgenannten Artikel wird Saltis als »von österreichisch-ungarischer Herkunft« bezeichnet, im zweiten Artikel wird außerdem als Geburtsort Budapest genannt; in DN vom 2. 8. 1947 wird Saltis schlicht als »Ungar« bezeichnet.
45. Chicago »Times« vom 4. 6. 1941; in J vom 21. 8. 1925 wird von einem Überfall auf eine Kneipe der »Soltus-Brüder« berichtet; als Saltis' Witwe die Freigabe des Leichnams beantragte, benutzte auch sie die Schreibweise *Soltis* (DN vom 2. 8. 1947).
46. McPhaul, S. 160, behauptet, daß Saltis und McErlane damals Bier von einer Brauerei in Joliet bezogen, doch aus den Datumsangaben geht deutlich hervor, daß dies zeitlich nicht stimmen kann.
47. T vom 23. 4. 1926; DN vom 28. 6. 1943; Burns, S. 52
48. DN vom 17. 11. 1924
49. A vom 22. 1. 1926
50. Auf der Karte bei Asbury sind mehrere kleine Enklaven zu erkennen: die »De Courseys« und die »McGeoghegans« unmittelbar im Süden und Osten des Sheldon-Territoriums, sowie die »Murrays« nördlich des Genna-Territoriums. Diese drei Gangs werden in den Quellen nicht erwähnt, was aber kein Beweis dafür ist, daß sie nicht existiert haben. So wurde mir von zwei Gesprächspartnern – Santa Baldwin und einem weiteren, der anonym bleiben möchte – erklärt, daß es eine »Provenzano-Gang« gegeben habe, die Mitte der 20er Jahre ihr eigenes Little Sicily beherrscht habe. Maddox und Guilfoyle hatten an der North Street ihre Gangs. Das Zentrum von Maddox' befand sich auf der Höhe der Ashland Street, das von Guilfoyles westlich an der Kedzie Street. Es ist jedoch unwahrscheinlich, daß diese Gangs noch existierten, als Torrio mit der Verwirklichung seines Plans begann.
51. Asbury, S. 326f.; Burns, S. 54–58; die Altersangabe Edward »Spike« O'Donnells findet sich in T vom 27. 8. 1962, kurz nach seinem Tod.
52. Die Summe von 12 000 Dollar wird bei Burns genannt; Asbury macht keine Angaben; McPhaul, S. 170, nennt eine Summe von 10 000 Dollar, aber das ist genau jene Art von Details, bei denen er zu Ungenauigkeiten neigt.

Anmerkungen zu Kapitel 7

1. Die Schulbehörde ließ sich absichtlich die Chance entgehen, ein Grundstück für einen Schulneubau zum Preis von 60 000 Dollar zu erwerben, bis das Land »in befreundete Hände« übergegangen war, woraufhin die Schulbehörde es für 90 000 Dollar kaufte; Einzelheiten finden sich in NYT vom 10. 1. 1922; T vom 23. 3. 1923; Bright, S. 185–196.
2. NYT vom 27. 1. 1922; Wendt/Kogan, S. 206
3. Einzelheiten zu den Skandalen und zur Gerichtsverhandlung finden sich bei Wendt/Kogan, S. 207–213; Bright, S. 190–196.
4. Wendt/Kogan, S. 208
5. Bright, S. 191
6. Stuart, S. 182–184, behauptet, daß Dever einer von mehreren Kandidaten gewesen sei, die William L. O'Connell für das Amt des Bürgermeisters vorgeschlagen habe. O'Connell war ein Reformer, an den Brennan zuerst herangetreten war. Schmidt, S. 62–65, besteht hingegen darauf, daß niemand mit Bestimmtheit gewußt habe, wer den Vorschlag zuerst gemacht habe.
7. Schmidt, S. 42–44
8. So die abwertende Darstellung des Sachverhalts (wie bei Stuart, S. 185, und Bright, S. 202). Bei Schmidt, S. 64, heißt es, daß Brennan Dever nur gebeten habe, die

Ämterpatronage nicht zu mißbrauchen, um einen den Parteiinteressen konkurrierenden Apparat zu errichten. Mrs. Dever habe sich dazu mit den Worten geäußert: »Ich
bin sicher, so etwas würde er niemals tun.« Jedenfalls blieben die Auswirkungen die
gleichen, die oben im Text genannt werden.

9. Schmidt, S. XVI
10. Ebd., S. 88 (zitiert nach T vom 8. 10. 1923)
11. Daß Collins Medizinstudent gewesen sei, behauptet Schmidt, S. 76; daß ihm ein
    Saloon gehört habe, findet sich in *Lightnin'*, Band 1, S. X
12. Landesco, S. 74
13. T vom 7. 3. 1923
14. T vom 7. 5. 1923
15. NYT vom 23. 4. 1923
16. NYT vom 14. 5. 1923
17. Schmidt, S. 87
18. T vom 3. 10. 1923
19. T vom 16. 10. 1923
20. Landesco, S. 40
21. Meyer, S. 12, und Gespräch mit Meyer; auch Graham behauptet, von diesem Aus-
    weichquartier gewußt zu haben, obwohl es in keiner anderen Quelle erwähnt wird.
22. Wendt/Kogan, S. 237
23. Sullivan, S. 148
24. Landesco, S. 78
25. LD vom 15. 12. 1923
26. Pasley, S. 30 f.; Burns, S. 54−58; weitere Einzelheiten finden sich bei Allsop, S. 51 f.
    und McPhaul, S. 170 f.
27. Pasley, S. 36
28. Burns, S. 55
29. Allsop, S. 52
30. T vom 19. 10. 1923 und DN vom 11. 9. 1923
31. DN vom 11. 9. 1923; T vom 9. 10. 1923; Wolfe machte mindestens eine solche
    Aufforderung (im Juni 1923). Bei der Verhandlung, die bei Wolfes Suspendierung
    geführt wurde, widerrief der Zeuge der Anklage, der Kellner Joseph Jungman, seine
    Aussage und erklärte, daß Wolfe ihn nur davor gewarnt habe, »Bier von Highway-
    Polizisten zu kaufen«. Jungman erklärte weiter, daß sämtliche Aussagen, die er
    Polizeichef Collins gegenüber gemacht habe, aus dem Büro des Staatsanwalts stamm-
    ten (DN vom 25. 1. 1924).
32. DN vom 9. 9. 1923
33. T vom 14. 5. 1923
34. Ebd.; der Reitstall war im Besitz von Cornelius N. Shea; Con Shea war ein älterer
    Gewerkschafts-Racketeer.
35. DN vom 19. 11. 1925
36. DN vom 27. 9. 1923; Bennett, S. 30; Burns, S. 25 f.
37. Criminal Case 11548, 21st U.S. District Court; T und H&E vom 8. 4. 1924; Allsop,
    S. 48; McPhaul, S. 174−176
38. McPhaul, S. 176−179
39. Zu den Auseinandersetzungen zwischen O'Donnell und Torrio; T vom 8., 9., 19.,
    23. 9. und 10. 10. 1923; DN vom 9.−11. 9. 1923; Pasley, S. 31−33, nennt als
    Anschrift von Kvetons Saloon 2300 West Twenty-first Street − wahrscheinlich ein
    Druckfehler, denn aus dem Zeitungsbericht (T vom 9. 9. 1923) geht eindeutig hervor,
    daß der Saloon sich an der Fifty-first Street befand; die Twenty-first hätte *außerhalb*
    des Territoriums gelegen.
40. DN, o.D.; Sheldon wurde einige Monate später von der Polizei mit hinreichender
    Sicherheit identifiziert (die für das Gericht natürlich nicht hinreichend war).

41. T vom 23. 10. 1923
42. T vom 8. 9. 1923; in DN vom 10. 9. 1923 erschien eine leicht abweichende Version. Dort heißt es, daß Walter eine Waffe in den Leib gedrückt wurde, worauf er gesagt haben soll: »Bitte, gebt mir eine Chance.«
43. DN vom 9. 10. 1923; T vom 10. 10. 1923
44. Dies ist eine Vermutung: McErlane und McFall waren Revolvermänner, Hoban hingegen ein Handlanger.
45. T vom 18., 19. 9. 1923; Asbury, S. 324, präsentiert eine recht wirre Version der Vorfälle (die Morde seien in der »Wildnis des Cook County« verübt und die »gefesselten Leichen in einen Graben geworfen« worden).
46. Bericht der Grand Jury im Fall 31927 des Criminal Court, Cook County
47. Pasley, S. 33 f.
48. T vom 18. 9. 1923
49. Pasley, S. 39; Gespräch mit Murray; bei Asbury, S. 331, heißt es hingegen »mehr als fünfzigtausend Einwohner«.
50. Asbury behauptet, daß in Cicero nur Spielautomaten erlaubt gewesen seien, doch laut Klageschrift im Fall 14843 des 21st U.S. District Court war das »Ship« bereits am 1. Januar 1924 eröffnet worden. Man kann also bestimmt davon ausgehen, daß es nicht in den wenigen Monaten errichtet wurde, nachdem Torrio in Cicero Fuß gefaßt hatte. Außerdem gehörte es nicht Torrio und Capone (bis sie es übernahmen), sondern Vogel und dessen Partnern, zu denen die La Cava-Brüder, James V. Mondi (ein alter Spieler aus dem Levee) und Fred Ries gehörten.
51. McPhaul, S. 183
52. Daß es sich um ein und dieselbe Frau gehandelt hat, ist eine Vermutung: McPhaul, S. 183, beschrieb sie als »matronenhaft . . . mit leuchtend rotem Haar«.
53. Asbury, S. 332 f.; Lyle, S. 74–76; Landesco, S. 178 f.
54. Landesco, S. 240
55. Die Ereignisse am 1. Dezember werden ausführlich geschildert in: T vom 3., 4. 12. 1923; DN vom 28. 6. 1942 enthält Egans Bericht; Burns, S. 50 f., gibt diesen in erweiterter Form wieder, und es hat den Anschein, daß Burns selbst einiges dazu beigetragen hat. Daß Egan sich zum Palos Park Golf Club rettete, findet sich in: *X Marks, S. 9.*
56. Pasley, S. 35 f.
57. H&E vom 25. 1. 1925; Lyle, S. 87
58. Irey, S. 163

Anmerkungen zu Kapitel 8

1. So schildert etwa T vom 9. 9. 1923, wie Spike seinen Brüdern zu Hilfe kam, als es galt, »sich vor den Fotografen in Sicherheit zu bringen«; beim Verlassen des Gerichtssaals hielten sich die O'Donnells ihre Hüte vors Gesicht.
2. Berardi hat dieses Gespräch zwar nicht gehört, weiß aber, daß der Verleger Harry Read sich sinngemäß so geäußert hat.
3. Bennett, S. 82
4. William Dillon wird häufig mit Frank Dillon, genannt »Porky« verwechselt, einem bekannten Gangster. Möglicherweise liegt aber keine Verwechslung vor, und in diesem Fall hätte Dillon zu den Gangstern gehört, die Small begnadigt hatte. Dillon selbst hat zeitlebens dagegen protestiert, »Porky« genannt zu werden, was aber nichts daran ändert, daß er Verbrechen begangen hat.
5. Bei Kobler, S. 123–126, finden sich die Geschichte der Übernahme Forest Views sowie sämtliche Zitate Noseks; zur Gründung Forest Views: T vom 31. 5. 1926. Die Veteranen konnten niemanden um Hilfe bitten: wie aus H&E vom 8. April hervor-

geht, hatte sogar der vergleichsweise ehrenhafte Bezirksstaatsanwalt Edward Brundage Dreck am Stecken.

6. Pasley, S. 62 f., spricht von drei Stockwerken und stützt sich dabei auf ein zeitgenössisches Zeitungsfoto (erschienen in T vom 29. 4. 1926); die Anschrift habe ich Drury entnommen, die sich auch bei Asbury, S. 335, und bei Burns, S. 39, findet. In den Quellen ist oftmals vom Hawthorne *Inn* die Rede, doch auf dem Zeitungsfoto ist deutlich das Schild mit der Aufschrift »Hotel« zu erkennen; daß es sich um das Hawthorne Hotel gehandelt hat, wurde mir auch im Gespräch mit Nachtman bestätigt, der dort häufig verkehrte.

7. TAX: T vom 8. 10. 1931 (Zeugenaussagen von Angestellten)

8. Landesco, S. 180

9. Bennett, S. 32 f.

10. Ebd.

11. Pasley, S. 38 f.

12. T vom 2.−4. 4. 1924; NYT vom 2. 4. 1924; Landesco, S. 179 f.; Asbury, S. 333 f.; Burns, S. 40 f.

13. McPhaul, S. 190

14. Im Bericht des »Tribune« wird der Besitzer eines Bekleidungsgeschäfts zitiert, der aussagte, daß die drei Männer sich in seinem Geschäft befanden, als das Polizeifahrzeug hielt. Sie seien »einfach hinausgerannt, um sich anzuschauen, was draußen los ist«. Das ist unglaubwürdig, denn aus welchem Grund hätten die Polizisten gerade dort halten sollen, sofern sie nicht die drei Männer gesehen hätten? St. John, S. 179, behauptet, den Vorfall beobachtet zu haben: Franks Waffe habe noch in der Tasche gesteckt, die Hand am Revolverkolben, als »wir seine Leiche auf den Rücken gedreht haben«. Doch was die Vorfälle an diesem Tag betrifft, irrt St. John so häufig, daß er allenfalls als verläßliche Quelle betrachtet werden kann, wenn seine Aussagen von anderen Autoren bestätigt werden. Es finden sich einfach zu viele unrichtige Behauptungen. So will er etwa Zeuge gewesen sein, als Eddie Tancl »am gleichen Tag« ermordet wurde. Tancl wurde jedoch erst im darauffolgenden November getötet, wie oben aus dem Text hervorgeht, und unter Begleitumständen, die sich erheblich von denen unterscheiden, die St. John schildert.

15. St. John, S. 178

16. In dem kurzen Artikel der NYT vom 2. 4. 1924 ist zu lesen, daß »... Tony Camponi [sic], alias ›Scarface‹, ein Bruder des Toten und Besitzer des ›Four Deuces‹... entkam, nachdem er mit Schüssen auf ein halbes Dutzend Detectives die Trommeln von zwei Revolvern geleert hatte...«. Außerdem heißt es, daß »Frank Camponi« ein Mitglied der »Bierschmugglerbande von Johnny Terrio [sic]« gewesen sei − was zum einen beweist, daß bei der Übermittlung des Berichtes einiges durcheinander geraten ist, und zum anderen, daß Torrio und Capone außerhalb Chicagos noch relativ unbekannt waren. Jedenfalls wurde Al Capone in den Chicagoer Zeitungen *nicht* im Zusammenhang mit dem Schußwechsel genannt. Burns scheint der erste zu sein, der den Vorfall in einem Buch schildert. Bei ihm findet sich auch die richtige Identifizierung Dave Hedlins. Allerdings spricht er immer von *vier* statt von drei Revolvermännern − eine Behauptung, die andere Autoren übernommen haben. Franks »Aussehen war der Polizei bekannt«, wie der »Tribune« schrieb. Falls das auf Frank zutrifft, muß es um so mehr für Al gelten, der weitaus bekannter als sein Bruder war, beinahe schon eine lokale Berühmtheit. Die Polizei erkannte aber den dritten Revolvermann eben *nicht,* und schon gar nicht als Al Capone. Insofern ist die Behauptung, daß Al der unerkannte Revolvermann gewesen sei, völlig abwegig. Dennoch erschien am nächsten Tag in einem Artikel des »Tribune« wieder sein Name, wenn auch in falscher Schreibweise (»Tony ›Scarface‹ Caponi«). Allerdings diente dieser Artikel eher dazu, ihn als Bruder des Erschossenen mit dem »Four Deuces« in Verbindung zu bringen. Außerdem steht unter dem Foto, das jedoch nicht auf der Seite abgebildet ist, auf der

sich der Artikel befindet, der Name »Alphonse«. Einzelheiten zur Identifizierung Hedlins finden sich bei Landesco, Burns und Asbury.

17. Landesco, S. 179 f.; Kobler, S. 118
18. T vom 22. 9. 1926; Pasley, S. 66; Asbury, S. 335; Murray, S. 125 f.
19. Ebd.
20. Ebd., und Gespräch mit Murray. Der Zeitungsreporter war James Doheny, ein Angestellter des »Tribune«, der so etwas wie ein Vertrauter, beinahe ein Sprachrohr Capones geworden war. Doheny hat Murray sehr viel später von dem Gespräch mit Capone berichtet.
21. Criminal Case 14843, 21st U.S. District Court
22. T vom 21. 11. 1924
23. Ebd.
24. »John Doe« ist der amerikanische Slangausdruck für »Anzeige gegen Unbekannt« (Anm. des Übersetzers).
25. St. John, S. 171–174 und 181–196; Kobler, S. 151–157, stützte sich stark auf die Schilderungen St. Johns. Obwohl seine Darlegungen inhaltlich zusammenhängender sind als die St. Johns, bin ich einigen seiner Ausführungen gegenüber skeptisch. Das gilt etwa für die Annahme, daß eine Gruppe von Geistlichen unter Führung von Henry C. Hoover einem Mitglied der Gang von Hymie Weiss 1 000 Dollar zahlte, um das Maple Inn in Brand zu setzen: In diesem Fall sind die Informationen, die Kobler in Gesprächen von St. John bekommen hat, nachweislich falsch. Außerdem geht aus zeitgenössischen Quellen eindeutig hervor, daß Vigilanten aus Cicero die Verantwortlichen waren. Hingegen dürfte Koblers Vermutung zutreffen, daß es sich bei St. Johns »Freund bei der Polizei« um Polizeichef Theodore Svaboda gehandelt hat; bei der Anklageerhebung vor dem Bundesgericht wird sein Name zusammen mit Klenha und Kovalinka genannt.
26. McPhaul, S. 197, schreibt von »mindestens« 120 Kneipen; T vom 2. 4. 1924 nennt die Zahl 143; Bennett, S. 33, schreibt von 161; Asbury, S. 335, von 165. Vermutlich hängt die Zahl davon ab, wer die Zählung vornahm, und von dem genauen Zeitpunkt.
27. Kobler, S. 116
28. T vom 8. 10. 1931
29. TAX: Guy C. Baxton; T vom 13. 10. 1931
30. McPhaul, S. 198
31. Gespräch mit Dornfeld
32. Gespräch mit Meyer; nachdem er zweiunddreißig Jahre in verschiedenen Gefängnissen verbracht hatte, wurde er »wiedergeboren« und ist heute Mitarbeiter von Chaplain Ray, einem Prediger, der sich über einen eigenen Rundfunksender gezielt an Gefängnisinsassen wendet. Mit Meyers Buch als Prämie wird um Spenden für Chaplain Rays Programm geworben.
33. St. John, S. 187 f.
34. Gespräch mit Murray
35. Kobler, S. 12, ist der Ansicht, daß Guzik in Rußland geboren wurde; Murray, S. 122, behauptet, er sei einer von fünf Brüdern gewesen; auf S. 141 seines Buches ist ein Foto abgebildet, wie Guzik im St. Hubert's, einem Schnellimbiß, Chicagoer Beamten Umschläge überreicht. Ein Mann, der anonym bleiben will, hat Guzik in den 30er Jahren gekannt. Er bezeichnet ihn als »widerlich, äußerst grausam und aggressiv«. Guzik wurde häufig »Jake« genannt, obwohl er diesen Spitznamen haßte; er selbst nannte sich immer »Jack«. Verschiedentlich taucht in Zeitungsartikeln auch der Name »Greasy Thumb« (»schmieriger Daumen«) für Guzik auf, obwohl sein Bruder Harry diesen Spitznamen trug.
36. Howards Antwort ist insofern fiktiv, als die Zeugen den Wortwechsel zwischen Capone und Howard nicht exakt wiedergeben konnten. Alle Autoren, die sich mit dem Mord befaßt haben, berichten mit kleinen Variationen von dem Dialog. In MH

vom 6. 1. 1949 (Chronik) heißt es etwa: »Geh wieder zu deinen Mädchen.« Es ist allerdings sehr wahrscheinlich, daß die Verbindung der Begriffe »Nutten« und »Itakerlude« bei Capone eine solche Reaktion auslösen konnten. Zur Abwechslung wurde im Artikel des »Tribune« Capones Name einmal richtig geschrieben − »Alphonse Capone« −, während er im »Herald and Examiner« als »Tony ›Scarface‹ Caponi« bezeichnet wurde.

37. Einzelheiten zu dem Mord: T vom 9., 10. 5. 1924; H&E vom 9. 5. 1924; Pasley, S. 25−30; Burns, S. 28. In keiner der Quellen wird Guzik als mittelbarer Verursacher des Mordes bezeichnet. Statt dessen heißt es, daß Capone Howard wegen seiner Tätigkeit als Hijacker erschossen habe, was aber abwegig ist: Capone, der »keinen Ärger wollte«, hätte Howard sehr viel unauffälliger und diskreter beseitigen lassen können, was er ja auch in anderen Fällen getan hat. Von Luis Kutner stammt die Vermutung, daß Guzik sich an eins der Mädchen Howards herangemacht habe − eine Vermutung, die so glaubhaft ist wie jede andere. Allerdings hat Kutner sie Elliot gegenüber als Tatsache bezeichnet, denn er, Kutner, sei selbst dabeigewesen. Das ist durchaus möglich, denn einige Zeugen sagten später aus, daß Capone in Begleitung eines »kleineren Mannes« in den Saloon gekommen sei, und der anschließende Dialog zwischen Capone und Howard läßt erkennen, daß dieser Mann offensichtlich nicht Guzik gewesen ist.

38. T vom 12. 6. 1924; Pasley, S. 28 f.

39. Balsamo (Gespräch) teilt diese Meinung nicht; statt dessen ist er der Ansicht, daß die Ermordung Richard Lonergans (siehe Kapitel 13) die größte strategische Bedeutung gehabt habe, da sich Capone dadurch auch bei den Gangsterbossen außerhalb Chicagos Ansehen verschafft habe.

Anmerkungen zu Kapitel 9

1. Murray, S. 62; Landesco, S. 94, behauptet, daß »einige Gangsterbosse, beispielsweise O'Banion, verärgert über Torrios Führungsposition waren«.

2. Pasley, S. 45; Bennett, S. 7f.; Burns, S. 85. Pasley, der O'Banion gekannt hat, meint, sein rechtes Bein sei kürzer als das linke gewesen. Bei Burns ist es umgekehrt, ohne daß er Maße nennt. In T vom 11. November heißt es, daß »ein Bein 10 Zentimeter kürzer als das andere« sei, aber welches Bein, verschweigt der Verfasser.

3. Zum Privatleben der O'Banions: Murray, S. 41; T. vom 11. und 13. 11. 1924 (das Zitat Viola O'Banions stammt aus einem Gespräch, das der Verfasser der beiden Artikel während der Totenwache mit ihr führte: Sie behauptete außerdem, sie und ihr Mann hätten nur einen Wagen besessen, eine »bescheidene Limousine«, obwohl es in T vom 11. 11. 1924 heißt, daß es sechs Wagen im Wert von ca. 40 000 Dollar gewesen seien, darunter das Fahrzeug, mit dem O'Banion am Tag seiner Ermordung morgens zum Blumenladen gefahren ist). Die Anschrift »6081 Ridge Street« findet sich in DN vom 17. 5. 1922.

4. DN vom 10. 11. 1924

5. T vom 13. 11. 1924; O'Banions Vater behauptete, der Umsatz habe zwischen 200 000 und 300 000 Dollar im Jahr betragen.

6. DN vom 19. 11. 1924

7. DN vom 28. 7. 1924

8. H&E vom 15. 3. 1924

9. DN vom 24. 6. 1922

10. Die meisten Autoren geben die Geschichte wieder: Bennett, S. 9 f.; Pasley, S. 46; Burns, S. 87; Landesco, S. 92; DN vom 19. 11. 1924 ist die älteste Quelle.

11. Burns, S. 91 f.

12. Zur Kindheit in Maroa: Decatur »Daily Review« vom 8. 12. 1960. Zu O'Banions

Jugend in Chicago: DN vom 12. 11. 1924 (Interview mit Charles); Pasley, S. 43 f.; Burns, S. 80−82. Daß der Vater Farmer, dann Stukkateur gewesen ist, findet sich bei Murray, S. 40. Zu O'Banion und Chicago auch: Burns, S. 81 f.; Lyle, S. 89 f.; Pasley, S. 44; Murray, S. 41 f.; T vom 22. 1. 1924

13. T vom 13. 11. 1924; in nahezu sämtlichen Quellen findet sich die gleiche Geschichte mit unterschiedlichen Ausschmückungen; nur Murray, S. 40, nennt Pater O'Briens vollen Namen. Dem Archiv der Chicagoer Erzdiözese verdanke ich die Informationen über O'Banions Taufe, seine Kommunion und die Verfahrensweise, was Meßdiener betrifft.

14. NYT vom 30. 5. 1924; DN vom 9., 17. und 13. 11. 1924

15. DN vom 21. 1. 1924; H&E vom 22. 1. 1924; T vom 21., 22. 1. 1924

16. So H&E vom 14. 3. 1924; möglicherweise war es umgekehrt: In DN vom 10. 11. 1924 heißt es: »Die Millers hatten O'Banion angeblich beschuldigt, ihren Anteil um 60 000 Dollar ›gekürzt‹ zu haben.«

17. Burns, S. 87 f.

18. Ebd., S. 88; Burns stützt sich auf T vom 1. 3. 1924.

19. Sullivan schreibt, daß O'Banion ihm einmal einen Artikel über einen Mann namens Arthur Vadis gezeigt habe. Vadis war unter mysteriösen Umständen ins Bein geschossen worden, als er über eine Brücke ging, die über den Chicago River führte. O'Banion habe erklärt, er sei der Schütze gewesen. Er sei in letzter Zeit nervös, denn er vermute, daß jemand ihn beschatten ließe. Er habe die Fehlzündung eines Autos irrtümlich für einen Schuß gehalten, sofort einen seiner Revolver gezückt und auf den einzigen Menschen gefeuert, der weit und breit zu sehen war, auf den armen Arthur Vadis. Jetzt habe er beschlossen, dem Mann als Entschuldigung eine Schachtel Zigarren zu schicken. Wahrscheinlich hat Sullivan diese Geschichte erfunden, denn die eingehende Suche Mark LeVells, dem besten Kenner der Chicagoer Kriminalgeschichte, nach diesem Artikel blieb erfolglos; auch ich konnte im Archiv der »SunTimes« keinen entsprechenden Artikel finden. Sullivan, der sein Buch 1929 veröffentlicht hat − also für ein Publikum, das sich an O'Banion erinnern konnte −, war sicher, daß jedermann ihm glaubte. Bei Capone und Torrio war das bestimmt der Fall.

20. T vom 1., 2. und 8. 3. 1924; Burns, S. 88−91, schmückt die Geschichte zu sehr aus; bei Lyle, S. 92 f., heißt es, daß Duffy Maybelle Exley erwürgt habe.

21. T vom 12. 3. 1924

22. Allsop, S. 76

23. T vom 10. 7. 1925; Pasley, S. 92 f.

24. Pasley, S. 48 und 98

25. Murray, S. 51; seine Behauptung ist zwar unbewiesen, aber glaubhaft.

26. Pasley, S. 93; Bennett, S. 63

27. T vom 10. 7. 1925

28. Bennett, S. 69; die Information, daß auch Wasserleitungen angezapft wurden, habe ich von einem Mann, der anonym bleiben will und damals eine Destillieranlage im zweiten Stock seines Hauses betrieb.

29. T. vom 3. 11. 1925

30. J vom 9. 10. 1926

31. Diese Prämie wird in amtlichen Bekanntmachungen der Polizeibehörde genannt, die mir von Charles Trilling zur Verfügung gestellt wurden. Aus der Bekanntmachung vom 25. Januar 1926 geht hervor, daß einige Beamte eine Prämie in Höhe von 240 Dollar bekommen haben, die meisten aber nur 120 Dollar; die höchste Prämie betrug 300 Dollar. In einer Bekanntmachung vom 3. März 1928 werden in etwa die gleichen Beträge und die gleiche Verteilung der Prämien genannt.

32. J vom 9. 10. 1926

33. Burns, S. 93 f.; Bennett, S. 64−68, schildert auf interessante Weise, wie der Whiskey hergestellt, künstlich gealtert und geschmacksverfeinert wurde; Murray, S. 52,

behauptet, daß Geizhälse bei der Zubereitung der Maische statt Getreide Pferdemist verwendet hätten.

34. Gespräch mit Hanhardt; Pasley, S. 172 f.; Burns, S. 98 f.; Murray, S. 64 f.; Messick/ Goldblatt, S. 61, behaupten, daß Merlo »einer der wenigen Mafiabosse war, . . . dem die humanitäre Seite« der Organisation wichtiger gewesen sei als »Blut und Terror«.

35. »Liberty«, zitiert in: *Lightnin'*

36. Asbury, S. 47

37. Zu O'Banions Angebot an Torrio (und den darauffolgenden Ereignissen): Burns, S. 94 f.; Asbury, S. 48; McPhaul, S. 200−205; DN vom 19. und 27. 5. 1924; T vom 20., 21. 5. 1924

Anmerkungen zu Kapitel 10

1. Lyle, S. 96, behauptet, O'Banion habe öffentlich geprahlt: »Ich glaube, jetzt habe ich diesen Zuhälter ganz schön aufs Kreuz gelegt.« Eine derart grundlose Angeberei wäre jedoch untypisch gewesen. Außerdem war das angebliche Zitat nicht so öffentlich vorgebracht worden, daß es in einer Zeitung erschienen wäre.

2. Bennett, S. 9

3. Bennett versucht, diese Tatsache mit der Wendung zu umgehen, daß »alle hohen Tiere unter dem Sammelbegriff ›Sizilianer‹ zusammengefaßt wurden«.

4. Meyer, S. 13 f.; bestätigt durch Gespräch mit ihm.

5. Sullivan, S. 48 f.; bei Bennett, S. 9, findet sich eine Schilderung des Streitgesprächs, wieviel Bestechungsgeld gezahlt werden müsse.

6. T vom 8. 7. 1924

7. Darstellung des Prozesses: DN vom 9.−11. und 17. 7. 1924

8. Kobler, S. 96

9. T vom 11. 7. 1924

10. DN vom 12. 11. 1924; T vom 13. 11. 1924; Murray, S. 62; Pasley, S. 50, betont, daß O'Banion sich damit gebrüstet habe, Stimmen »je nach Bestellung« liefern zu können. Er berichtet über die Redensart: »Wer wird im zweiundvierzigsten Bezirk das Sagen haben?« − »O'Banion und seine Revolver.« (S. 43) und zitiert O'Banions angeblichen Ausspruch: »Wir machen die dicken Geschäfte, ohne den dicken Mann zu markieren.« (S. 46)

11. Peterson, S. 125 f., beruft sich auf Berichte im »Illinois Policeman« und im »Police Journal« von Mai und Juni 1947 und nennt die Namen der Personen, die im Ship zusammentrafen; McPhaul, S. 198 f., beziffert die Verluste Angelo Gennas auf 6500 Dollar Bargeld sowie einen Schuldschein über 5 000 Dollar und meint, O'Banions Anteil am Ship habe 15 Prozent betragen; bei anderen Autoren werden 50 Prozent genannt, doch 15 Prozent erscheinen mir glaubwürdiger. In keiner der älteren Quellen wird dieser Vorfall erwähnt (es erschien auch kein einziger Zeitungsbericht darüber), doch Pasley, S. 49, und nach ihm Asbury, S. 345, berichtet, daß O'Banion in Form einer Bierkonzession bezahlt worden sei, die sich als so einträglich erwies, daß Torrio einen Umsatzanteil forderte und O'Banion als Gegenleistung eine Beteiligung an den Bordellen anbot, die der sittsame Ire aber zurückwies. Ein solcher Handel wäre jedoch untypisch für Torrio gewesen: eine so einträgliche Konzession hätte er niemandem überlassen, und falls doch, hätte er versucht, das Abkommen rückgängig zu machen.

12. Balsamo, S. 188−192

13. DN vom 12., 13. 11. 1923; T vom 14. 11. 1923

14. Zu den Blumenbestellungen: Torrio sagte später gegenüber der Polizei, er habe die 10 000-Dollar-Bestellung als »Zeichen der Freundschaft« aufgegeben: DN vom 12. 11.

1924. Asbury, S. 350, erwähnt Capones 8000-Dollar- und Gennas 750-Dollar-Bestellung (die auch Burns mitteilt, ohne jedoch die Namen Torrios oder Capones zu nennen). Bennett, S. 11, erwähnt einen »Anruf von drei Männern, der dazu diente, O'Banions Mißtrauen einzuschläfern«, ohne die Namen der Betreffenden zu nennen; ebensowenig berichtet er von den Blumenbestellungen und den Preisen.

15. Gespräch mit Balsamo: die Blumenbestellung war im Bestellbuch des Ladens vermerkt.
16. Einzelheiten zum Mord an O'Banion: DN vom 10.−15., 17. 11. 1924; T vom 11.−19. 11. 1924; Bennett, S. 10−12; Burns, S. 99−103. Letzterer schreibt irrtümlicherweise Yales Rolle Mike Genna zu und bezeichnet Angelo Genna als den Fahrer. Scalise und Anselmi hätten jeder 10 000 Dollar sowie einen vierkarätigen Brillantring im Wert von 3000 Dollar bekommen; Anselmi habe den Ring ins heimatliche Italien geschickt. Burns behauptete außerdem, daß Scalise den sechsten, tödlichen Schuß abgefeuert habe, was man jedoch unmöglich wissen kann. Balsamo, S. 188−193, berichtet darüber, wie Yale nach Chicago gerufen wurde, sowie über dessen Blumenbestellung und sein Alibi.
17. NYT vom 12. 11. 1924
18. Gerüchte besagten, daß Alterie seine Herausforderung mit »überall, jederzeit« unterstrich. Es wurde auch behauptet, daß er sich an der Ecke State Street und Madison, der meistbefahrenen Kreuzung Chicagos, den Gegnern stellen wollte, doch ist dies eine Ausschmückung von Alteries Erklärung, wie sie verkürzt im Text zitiert wird.
19. T vom 19. 11. 1924; Balsamo, S. 192 f.
20. T vom 24. 11. 1924; 9. und 12. 5. 1925; H&E 2. 4. 1926; *Lightnin'*, Band 1, S VI; Burns, S. 72 f., nennt den richtigen Namen von Tancls Lokal, Hawthorne Park Café, das in den meisten Quellen, auch in den Zeitungen, fälschlicherweise »Hawthorne Inn« heißt; in *Ligthnin'* findet sich ein Foto des Lokals mit einem großen, deutlich sichtbaren Schild. In DN vom 25. 11. 1924 wird auch der richtige Name genannt.
21. T vom 22. 4. 1925

Anmerkungen zu Kapitel 11

1. Browne, Notizen
2. Pasley, S. 68 f.;
3. Das Verschwinden Torrios wird in T vom 25. 1. 1925 erwähnt, ebenso, daß die Polizei vermutete, unbekannte Killer aus O'Banions Gang wären hinter ihm her. Von einer Reise Torrios berichten Bennett, S. 21, Pasley, S. 75 und Lyle, S. 110. In der zehn Jahre nach Lyles Buch erschienenen Biographie Torrios von McPhaul, der Lyles Ghostwriter war, ist von einer solchen Reise nicht mehr die Rede. Ich vermute, daß ähnliche Gründe, wie ich sie im Text angebe, Lyle in diesen zehn Jahren davon überzeugt haben, daß die Reise − zumindest die »Verfolgungsjagd« − zweifelhaft ist; das Zitat »manchmal nur um Stunden« findet sich bei Kobler, S. 137.
4. DN vom 12. 1. 1925 veröffentlichte die Story noch am gleichen Tag. Es hieß, der Überfall sei »heute in den frühen Morgenstunden« verübt worden, ohne genaue Zeitangabe. Die Tatsache, daß die Story zu spät für die Morgenausgabe des »Tribune« kam, läßt den Schluß zu, daß der Überfall kurz nach der Dämmerung stattfand. Pasley, S. 75, nennt als Revolvermänner Drucci, Weiss und Moran, ohne zu sagen, woher er diese Information hat (im Zeitungsbericht steht, daß man die Täter wegen der zugezogenen Vorhänge vor den Fenstern des Wagens nicht habe sehen können); und nur bei Pasley ist davon die Rede, daß Capone seine Restaurants habe inspizieren wollen.
5. Pasley, S. 78; die Firma Cadillac hat mich informiert, daß Subunternehmer kugelsichere Kabinen auf normale Fahrgestelle montierten. Deshalb gibt es bei Cadillac keine Unterlagen über gepanzerte Pkws.

6. T vom 18. 1. 1925
7. Die besten und detailliertesten Quellen zum Mordanschlag auf Torrio sind: H&E vom 25. 1. 1925 (Anna Torrios Schilderung); McPhaul, S. 13–22 u. 212–217. In einigen Punkten ist der T vom 25. 1. 1925 genauer. Zwei Fragen sind strittig: zum einen, ob drei oder vier Revolvermänner den Anschlag verübten; zum anderen, ob der Cadillac um die Ecke, in der Seventieth Street, oder direkt gegenüber dem Haus geparkt war, in dem sich Torrios Wohnung befand. Anna Torrio behauptete, vier Männer gesehen zu haben, die aus einem Wagen sprangen, der parallel zu Torrios Lincoln geparkt habe. Die anderen Zeugen haben aber nur drei Männer gesehen, von denen zwei aus einem in der Seventieth geparkten Wagen zum Haus gerannt kamen. Die Zeugenaussagen sind glaubhafter: Hätten die Revolvermänner den Wagen gegenüber von Torrios Haus geparkt, wäre das Risiko, entdeckt zu werden, als Torrio vorfuhr, zu groß gewesen: die Clyde ist eine sehr enge Straße. Weitere Quellen (mit unterschiedlichen Schilderungen des Tathergangs): DN vom 25. 1.; T 26., 27.1.; A vom 27. 1; H&E vom 29.1; Bennett, S. 20–27; Burns, S. 109–112; Pasley, S. 8, 58, und 75–78.
8. J vom 26. 1. 1925
9. T vom 25. 1. 1925
10. In o. Q., 28. 1. 1925, wird von Dr. Byrnes Vermutung berichtet, die Entzündung der Halswunde könne auf die Wirkung einer mit Knoblauch eingeriebenen Kugel zurückzuführen sein.
11. H&E vom 26. 1. 1925
12. H&E vom 25. 1. 1925
13. H&E vom 26. 1. 1925
14. J vom 26. 1. 1925
15. H&E vom 29. 1. 1925; DN vom 30. 1. 1925
16. DN vom 17. 9. 1925; Bennett, S. 24
17. Asbury, S. 54; Burns, S. 112, nennt keinen bestimmten Zeitraum und bezeichnet es als »eine Transaktion, bei der es um Millionen Dollar ging«. Bei Browne, Notizen, findet sich die genannte Angabe »25 Prozent für 10 Jahre«. Murray äußerte in einem Gespräch: »Wenn man etwas besitzt, dann verkauft man es, statt es einfach herzugeben« – eine überzeugende Argumentation.

Anmerkungen zu Kapitel 12

1. Allsop, S. 41, nennt die Zahl von 703 Morden in 14 Jahren; Pasley, S. 9, schreibt von »mehr als 500« Opfern in den »wichtigsten Kriegen«, die zwischen den Gangs um die Vorherrschaft in Chicago geführt wurden. Was die Gesamtzahl der Opfer betrifft, nennen sowohl Allsop, S. 57, als auch Pasley, S. 34, für 1924 und 1925 die gleichen Zahlen, für 1926 hingegen nicht: Pasley schreibt von 64 Morden, Allsop von 76.
2. Angelo: Nat. Arch., Chicago, Fall 9064; James wurde um die gleiche Zeit (13. 5. 1920) wegen Besitzes von 60 Litern Alkohol verhaftet (Fall 9516).
3. Nat. Arch., Fall 8992
4. In T vom 22. 6. 1922 lautet der Name Paul Knotti; in DN vom 22. 6. 1922 John Notti; bei Burns, S. 113, Paul Natti
5. Nat. Arch., Chicago: Fall 10300; T vom 11. 8. 1922
6. Pasley, S. 97; Burns, S. 113
7. Pasley, S. 101f.
8. T vom 27. 5. 1925; 12. 1. 1926; Bennett, S. 40; Pasley, S. 98–100; Burns, S. 114 f.
9. T vom 8., 11. 4. 1925; DN vom 11. 4. 1925; o. Q., 11. 4. 1925
10. Kobler, S. 121 f.;
11. T vom 11. 4. 1925
12. Burns, S. 115–119; T vom 26. 5. 1925; Pasley, S. 102. Heute besteht die Kreuzung

Ogden/Hudson nicht mehr. Capones Rolle ist reine Spekulation, aber es erscheint seltsam, daß die alten North Siders so lange hätten warten sollen, jemanden umzubringen, dessen Beteiligung an der Ermordung O'Banions ohnehin fragwürdig gewesen ist, wohingegen Capones Geduld mit den Gennas erschöpft war.

13. Burns, S. 119; T vom 1. 6. 1925
14. Zum Hinterhalt und der Schießerei: T vom 14.,15. 6. 1925 und 6. 11. 1925 (darin auch Einzelheiten zum Prozeß, siehe Anm. 18); Pasley, S. 102–108 (darin die Story über den »prominenten« Italiener, wobei Pasley die T vom 10. 7. 1925 zitiert); Bennett, S. 35; Burns, S. 119 f.. Zu denen, die Scalise und Anselmi nach der Festnahme zusammenschlugen, gehörte Lieutenant Albert Winge, der als »härtester Cop Chicagos« bekannt war (T vom 26. 10. 1925) und später Bootlegger wurde.
15. Zum Mord an Tony Genna: T vom 9., 10., 12. 7. 1925; die Angabe »50 Dollar die Woche«: T vom 18. 2. 1926; Pasley, S. 108–110; Bennett, S. 21; Burns, S. 132–135
16. Pasley, S. 111; Burns, S. 131
17. Pasley, S. 23
18. Zu Ammatuna: Burns, S. 141–144; Bennett, S. 46; Sullivan, S. 101 f.
19. T vom 9. 7. 1925
20. NYT vom 12. 1. 1924: Der Bankkassierer William Perrin hatte auf Detectives geschossen, die ihn verfolgten, da er sich in deren Augen verdächtig benahm, während Perrin die Detectives für Gangster hielt, die ihn verfolgten.
21. Gespräch mit Dornfeld
22. Zum Prozeß gegen Scalise und Anselmi: T vom 1. – 8., 11., 12. 11. 1925; Bennett, S. 35–43; Allsop, S. 88; Burns, S. 136–141; Sullivan, S. 66
23. Zum Walsh-Prozeß: T vom 19. 3. 1926; Bennett, S. 42 f.
24. T vom 16. 3. 1926
25. T vom 11., 12. 11. 1925

Anmerkungen zu Kapitel 13

1. DN vom 17. 1. 1925
2. Zu Hoovers Razzia: TAX: T vom 18. 10. 1931
3. Kobler, S. 159
4. NYT vom 4. 4. 1925
5. NYT vom 7. 10. 1925
6. Lyle, S. 115
7. T vom 8. 6. 1925
8. Ebd. und T vom 10. 6. 1925
9. Allsop, S. 56; Helmer, S 82; zu den anschließenden Schießereien: DN vom 5. und 20. 10. 1925, 2. 12. 1925 und 5. 2. 1926; A vom 26. 1. 1926; T vom 4. und 17. 10. 1925
10. T vom 23. und 24. 12. 1925
11. Kobler, S. 146; Philip D'Andrea war nicht verwandt mit jenem Anthony D'Andrea, der Stadtrat werden wollte.
12. NYT vom 21. 10. 1923
13. DN vom 20. 10. 1925
14. H&E vom 26. 9. 1925, zitiert nach Helmer, S. 82
15. Angaben zur Maschinenpistole: Helmer, Kapitel I, sowie S. 25, 32, 36, 70, 74–81; zur Feuergeschwindikeit von 1000 Schuß pro Minute und zum Einsatz im Zweiten Weltkrieg vgl. Kobler, S. 98; die im Text erwähnte Vorschrift während des Zweiten Weltkriegs, kurze Feuerstöße abzugeben, basiert auf den eigenen Erfahrungen des Autors.
16. Balsamo, S. 200; der anschließende Bericht Capones: Kobler, S. 98.
17. Balsamo, S. 170–173

18. Ebd., S. 70−71; dem »Eagle« in Brooklyn vom 26. 12. 1925 zufolge hatte Lonergan den Unfall mit zehn oder elf Jahren, und es handelte sich um das rechte Bein. Balsamo versicherte dagegen, er sei zwölf gewesen und habe das linke Bein verloren.
19. Balsamo, S. 181−188 und 195−198
20. Vgl. Ausstellung des New York Police Museums
21. Balsamo, S. 202−204
22. Woher dieser eigenartige, völlig ungebräuchliche Spitzname stammt, scheint sich nicht klären zu lassen.
23. Balsamo, S. 21−22; aus dem Adonis stammte auch der beliebte *maître,* den Yale sich in sein neues Café geholt hatte. Die Schilderung des folgenden Gemetzels basiert auf Artikeln des »Brooklyn« vom 25.−29. und 31. 12. 1925 sowie Balsamo, S. 206−209.
24. Gespräch mit Balsamo
25. In seinem Artikel vom 26. 12. gab der »Eagle« ihren Vornamen mit »Christine« an, schrieb aber − wahrscheinlich auf den Irrtum aufmerksam gemacht − am nächsten Tag »May«.
26. Kobler, S. 168; May Wilson ließ sich allerdings dadurch nicht vertreiben: Als die Schießerei begann, saß sie an einem der Tische.
27. »Eagle« vom 26. 12.
28. Ebd., Artikel vom 28. 12.
29. Kobler, S. 169
30. Ebd.
31. A vom 26. 1. 1926; in dem Artikel wurde er als »einer von McErlanes Männern« bezeichnet. Tatsächlich war er aber einer von Capones Killern und gehörte wahrscheinlich eher zu Sheldon als zu McErlane.
32. T vom 10. 2. 1926 und 30. 3. 1926; Helmer, S. 83
33. Helmer, S. 84
34. T vom 20. und 23. 4. 1926; o.Q. vom 20. 4. 1926; Allsop, S. 127

Anmerkungen zu Kapitel 14

1. Burns, S. 145; zu Einzelheiten über die anschließenden Morde in Little Italy: Burns, S. 145−157; T vom 11.−14. 1. 1926 (Seignola), T vom 16.−18. 2. 1926 (Tropea), T vom 22. 1. 1926 (Bascone), 8. 3. 1926
2. Vgl. z. B. Burns, S. 165; Kobler, S. 176
3. T vom 2. 5. 1926 (auch Burns, S. 164 und Pasley, S. 131); im Archiv der »Sun-Times« befindet sich die Abschrift eines Grand-Jury-Berichts, demzufolge ein nicht näher identifizierter »Angestellter« behauptete, der Croupier sei »ein gewisser Green« gewesen und habe ihm die Geschichte erzählt. Wie sich noch zeigen wird, ist diese Schilderung der Vorgänge in einigen Punkten recht unwahrscheinlich, wenn auch nicht völlig unglaubwürdig. Um Beweise zu sammeln, bat die Polizei ihre Kollegen in Kansas City, W.M. Owens ausfindig zu machen, einen Handelsreisenden, der an dem fraglichen Abend angeblich in dem Restaurant gegessen hatte (H&E vom 5. 5. 1926).
4. Als Hausnummer wird verschiedentlich 5615 angegeben (vgl. Pasley, S. 128, und H&E vom 5. 5. 1926). Das Gebäude, das auf einem großen, ansonsten unbebauten Grundstück lag, hatte zwei Hausnummern: 5615 war die Nummer der oberen Wohnung.
5. T vom 29. 1. 1926
6. Der Name wurde immer wieder anders buchstabiert (der H&E z. B. schrieb in einem Artikel vom 30. 4. 1926 »Wendell«, am 5. 5. 1926 dagegen »Wendle«). Ich folge der Schreibweise, die später allgemein gebraucht wurde (vgl. z. B. J vom 2. 6. 1926) und sich auch in einer Anklageschrift findet (vgl. Criminal Case 14843 des 21. U.S. District Court).

7. Wickersham, S. 305; LeVell, S. 41
8. Warum Sammons so genannt wurde, läßt sich nur vermuten: Vielleicht war er besonders behaart. 1903 war er wegen Mordes verurteilt worden (T vom 19. 3. 1926); O'Donnell schätzte ihn, hielt ihn aber gleichzeitig auch für verrückt (Pasley, S. 24).
9. H&E vom 23. 1. 1927
10. T vom 29. 4. 1926
11. H&E vom 30. 4. 1926
12. H&E vom 3. 5. 1926
13. Pasley, S. 124
14. Landesco, S. 22; Heeney wurde später Capones Sekretär (Gespräch mit Murray).
15. DN vom 6. 4. 1926
16. H&E vom 21. 1. 1927
17. H&E vom 30. 4. 1926, 3. 5. 1926, 4. 6. 1926 und 31. 8. 1926; J vom 8. 5. 1926
18. Das Datum dieses Treffens läßt sich aus der Bemerkung Capones erschließen (T vom 28. 7. 1926), es habe »zehn Tage« vor der Ermordung Bill McSwiggins stattgefunden.
19. Burns, S. 171
20. Zu McSwiggins Herkunft und Einzelheiten über seine Familie vgl. den Artikel des H&E vom 28. 4. 1926; zu seiner Vorliebe fürs Boxen: J vom 3. 12. 1925.
21. Bennett, S. 74; Burns, S. 159, zählt siebzig Bezirksstaatsanwälte.
22. J vom 3. 12. 1925
23. Zu dem Spitznamen »Little Mac«: Burns, S. 159; zu »Specks«: DN vom 3. 7. 1943; zu »Harold«: T vom 29. 4. 1926.
24. T vom 8. 4. 1926; Bennett, S. 74
25. DN vom 28. 4. 1926; als »gutgelaunt und geistreich« charakterisierte der Kolumnist Ferdinand Lundberg McSwiggin.
26. Gespräch mit Marovitz; Marovitz kam zwar erst nach McSwiggins Tod zu Crowe, hörte aber, daß er bei den anderen in der Behörde einen guten Ruf hatte.
27. DN vom 28. 4. 1926
28. Ebd. und J vom 28. 4. 1926
29. T vom 29. 4. 1926
30. H&E vom 29. 4. 1926 und 5. 5. 1926
31. Dem Artikel des T vom 30. 4. 1926 zufolge saßen in dem Wagen neben den O'Donnells noch Doherty und Duffy in dem Wagen; der H&E vom 30. 4. 1926 dagegen vermutete lediglich, daß es sich um diese vier handelte, »eindeutig identifiziert« sei nur Klondike. In fast allen späteren Schilderungen wird davon ausgegangen, daß sich zum Zeitpunkt der Schießerei nicht mehr als fünf Männer in dem Wagen befanden (z. B. Pasley, S. 128−129) − eine Vermutung, die auch durch die Zeitungsberichte (s. u.) bestätigt wird. Wenn das zutrifft, dann ist wohl davon auszugehen, daß Klondike sich inzwischen zu Hause aufhielt. Warum sonst hätten Myles und Hanley später die Leichen dorthin bringen sollen? Kobler, S. 176−177, behauptet, Klondike habe als sechster mit im Wagen gesessen, ohne dafür allerdings Belege anzuführen. Außerdem stiegen die Männer seiner Schilderung zufolge erst in den anderen Wagen um, nachdem sie McSwiggin abgeholt hatten. Daß Klondike der Besitzer des Lincolns gewesen sei, wie Kobler schreibt, ist eindeutig widerlegt: Das Nummernschild identifizierte Doherty als Halter des Wagens (H&E vom 29. 4. 1926). Auch in allen anderen Punkten wird die oben im Text geschilderte Version der Ereignisse durch zeitgenössische Berichte bestätigt. Zu dem Umstand, daß Klondike der Stimmauszählung als offizieller Beobachter beiwohnte, vgl. Burns, S. 163.
32. Daß es Duffy gewesen sei, meint z. B. T vom 11. 12. 1949
33. T vom 29. 4. 1926; in dem Artikel des H&E vom 28. 4. 1926 heißt es, er sei »vom Tisch aufgestanden«, ohne daß eine Zeitangabe gemacht wurde. Burns, S. 162, zufolge war es 18.00 Uhr und McSwiggin saß gerade beim Abendessen; der Großteil der zeitgenössischen Quellen gibt eine Zeit zwischen 19.00 Uhr und 19.30 Uhr an: Der

»Tribune« schrieb »kurz nach sieben« und konnte sich bei dieser Zeitangabe auf Anthony McSwiggin berufen, während in dem ersten Artikel des H&E keine Quelle genannt wurde.

34. T vom 29. 4. 1926: »Bekannte zu treffen« ist am wahrscheinlichsten, da durch Anthony belegt. (Es ist natürlich auch möglich, daß er seiner Familie etwas anderes erzählte.) Er nannte den Namen des Freundes, »Eddie Moore« – der Sohn eines Polizisten, der offensichtlich nicht mit dem Moore identisch ist, der für Capone arbeitete.

35. Daß es höchstwahrscheinlich Heeney war, der den Wagen erkannte, geht aus dem rückblickenden Bericht Anthony McSwiggins hervor (vgl. DN vom 3. 7. 1943); Browne stimmte dieser Annahme im Gespräch mit mir zu.

36. Kobler, S. 178; Pasley, S. 131, erwähnt die fünf Wagen und beruft sich dabei auf ein »offizielles Dokument«. Allerdings gaben alle Zeugen an, lediglich einen, nämlich den Wagen gesehen zu haben, aus dem geschossen wurde, als McSwiggin und die anderen am Pony Inn eintrafen. Eine Planung, die vorsah, McSwiggin erst beim Verlassen des Pony Inn aufzulauern, ihn zu verfolgen und dann anzugreifen, dürfte wohl kaum durchführbar gewesen sein. In dem »Dokument«, das Pasley zitiert, wird behauptet, Capone und seine Leute wären McSwiggin »stundenlang geduldig auf den Fersen geblieben«.

37. Landesco, S. 13; H&E vom 5. 5. 1926; Captain Stege wiederholte Mrs. Bachs Aussage vor einer Grand Jury, ohne ihren vollen Namen zu nennen; mit dem »Telefonhörer« war einer von den alten länglichen Hörern gemeint, die man senkrecht einhängte.

38. T vom 28. 4. 1926

39. H&E vom 28. 4. 1926

40. H&E vom 5. 5. 1926

41. Darüber, daß Hanley den Wagen gefahren hatte, sind sich die Berichte weitgehend einig. Lediglich in einem Artikel des J vom 5. 5. 1926 wird behauptet, daß die Polizei ihn nicht für den Fahrer halten würde.

42. J vom 4. 5. 1926; H&E vom 5. 5. 1926; nur Misek behauptete, daß zwei Männer, die auf dem Trottoir gelegen hatten, aufstanden und zwei andere in den Wagen zerrten. Allen anderen Quellen zufolge befanden sich Myles und Hanley dagegen während der Schießerei noch im Wagen.

43. H&E vom 28. 4. 1926

44. Pasley, S. 130

45. H&E vom 28. und 29. 4. 1926; Landesco, S. 13

46. T vom 28. 4. 1926

47. Landesco, S. 10–12; Bennett, S. 74; Allsop, S. 107

48. H&E vom 29. 4. 1926

49. T vom 30. 4. 1926

50. Landesco, S. 10–12, gibt eine gute Zusammenfassung der möglichen Antworten auf diese Frage.

51. Landesco, S. 10–11

52. J vom 28. 4. 1926

53. Bennett, S. 70

54. H&E vom 29. 4. 1926

55. T vom 2. 5. 1926

56. T vom 28. 7. 1926

57. Burns, S. 176; das ist nur eine Vermutung, die aber zutreffend sein dürfte, wenn man sich vor Augen hält, wie groß bereits zum damaligen Zeitpunkt Capones Imperium war und auf welche Summen sich die Einnahmen daraus beliefen.

58. Pasley, S. 132

59. T vom 2. 5. 1926

60. H&E vom 5. 5. 1926
61. T vom 31. 5. 1926
62. H&E vom 29. 4. 1926; T vom 30. 4. 1926; Allsop, S. 108; Bennett, S. 74; Landesco, S. 12; der ganze Streit war zwar eine Schande für das Rechtswesen, entbehrte aber auch nicht einer gewissen Komik.
63. H&E vom 3. 5. 1925; Allsop, S. 108−109 weist darauf hin, daß der »Tribune« glaubte, dieser Schachzug habe Crowes Kritiker matt gesetzt, da dadurch die Einsetzung einer anderen, wirklich unabhängigen Jury verhindert wurde.
64. T vom 1. 5. 1926
65. T vom 2. 5. 1926
66. Landesco, S. 16; später wurde von verschiedenen Seiten in Frage gestellt, ob sie sich wirklich hatten festnehmen lassen oder festgenommen wurden. Der T vom 27. 5. 1926 berichtete jedenfalls, sie hätten sich »nach Absprache« von einem Lieutenant Ryan um sechs Uhr morgens in der Nähe von Cicero verhaften lassen.
67. T vom 29. 5. 1926; H&E vom 31. 5. 1926
68. H&E vom 5. 6. 1926; Landesco, S. 17−18 (Abdruck des vollständigen Berichts der Jury)
69. Landesco, S. 19
70. T vom 28. 7. 1926; in dem Artikel des H&E vom 28. 7. 1926 wird hervorgehoben, daß er sich nur der Bundespolizei stellen wollte, weil er fürchtete, von der Chicagoer Polizei bzw. von Crowe in Einzelhaft gehalten zu werden. Das folgende lange Zitat von Capone ist ein Zusammenschnitt aus diesen beiden Artikeln und einem Bericht des J vom 28. 7. 1926.
71. T vom 29. 7. 1926
72. T vom 29. und 30. 7. 1926; H&E vom 30. 7. 1926, wo sich alle folgenden Zitate und der Bericht über Steges Razzia finden; Einzelheiten über die Sitzung der Grand Jury wurden einem maschinenschriftlichen Bericht aus dem Archiv der »Sun-Times« entnommen.
73. Burns, S. 172 f.
74. Zitiert nach einer Abschrift der Associated Press vom 1. 12. 1930, die sich im »Sun-Times«-Archiv befindet und bei Capones Tod veröffentlicht werden sollte. Auch Pasley, S. 131 f., erwähnt diese Geschichte, ohne ihr allerdings den geringsten Wahrheitsgehalt beizumessen.
75. A vom 8. 3. 1950
76. J vom 9. 9. 1926
77. DN vom 21. 5. 1928

Anmerkungen zu Kapitel 15

1. Sullivan, S. 120
2. Pasley, S. 73−74
3. H&E vom 29. 1. 1926; DN vom 30. 1. 1926
4. Asbury, S. 352, bezeichnet ihn als »zurückhaltender und weitsichtiger« als O'Banion.
5. Bennett, S. 54; dort findet sich auch das folgende Zitat von Weiss' Bruder.
6. H&E vom 25. 6. 1926; der Gast war Eddie Vogel, Spielautomatenkönig in Cicero, bevor Torrio das Geschäft übernahm; zu dem von Weiss angestrengten Prozeß um seine Hemden: Bennett, S. 54.
7. Bennett, S. 53
8. T vom 4. 8. 1926; Lyle, S. 116
9. Bei Burns, S. 185−186 findet sich eine detailliertere Beschreibung der Foltermerkmale: Der Körper wies Brandwunden von Zigarren und Streichhölzern auf. Lyle, S. 116, behauptet, es seien nicht die Jungen gewesen, die die Leiche fanden, sondern

der Polizist Nicholas Van Hanxleden, dem sie erzählt hatten, daß ihre Pferde sich nicht tränken lassen wollten. Lyle schreibt weiter, daß die Leiche mit Draht an Händen und Füßen an einen Betonklotz gefesselt worden war – diese Informationen hatte er wahrscheinlich von Hanxleden, der später Manager des Henrici wurde, in dem Lyle regelmäßig zu Mittag aß. In den Zeitungen wurde über den Fund der Jungen berichtet und darüber, daß die Leiche mit Ziegelsteinen beschwert worden war.

10. Burns, S. 186; Zitate Capones, die sich bei Burns finden, werden hier nur selten und mit Zurückhaltung wiedergegeben, da Burns offenbar nicht die geringsten Skrupel hatte, sie frei zu erfinden. Dagegen klingt diese Bemerkung Capones durchaus authentisch.

11. T vom 11. und 13. 8. 1926; Pasley, S. 120–124; Allsop, S. 114–115; das Ausmaß der Korruption in der Stadtreinigung war legendär. Dobyns, S. 16, zitiert Eller mit den Worten: »Warum wollen Sie mich da mit reinziehen? Nur weil ein paar Rumtreiber sich ausgerechnet vor unserem Büro eine Schießerei liefern?« Allsop, S. 115, berichtet von einem weiteren Angriff, der eine Woche später stattgefunden haben soll: Weiss' Wagen sei von einer Limousine gerammt worden, es habe eine Schießerei gegeben und Weiss und Drucci hätten Deckung in dem Standard Oil-Gebäude gesucht. Da sich keine Zeitungsmeldung über diesen Vorfall findet, ist anzunehmen, daß Allsop aufgrund eines Artikels in der »Tribune« vom 18. 8. 1926, in dem die Schießerei vom 10. 8. erwähnt wird, irrtümlicherweise von einem zweiten Angriff ausgeht.

12. T vom 21. 9. 1926; H&E vom 21. 9. 1926; Pasley, S. 113–120; Allsop, S. 116–118; Pasley gibt die Breite der zweiundzwanzigsten Straße mit etwa vierundzwanzig Meter an, aber Klenha bestand darauf, sie sei stolze dreißig Meter breit. Außerdem schreibt Pasley, es seien acht Wagen gewesen, die vor dem Hawthorne auffuhren, während es allen anderen Quellen zufolge zehn waren, den ersten Wagen, aus dem mit Platzpatronen geschossen wurde, nicht mitgerechnet.

13. J vom 13. 10. 1926; Pasley zufolge betrugen die Kosten für die ärztliche Behandlung von Anna Freeman 10 000 Dollar, während alle anderen Quellen sie mit 5 000 Dollar angeben.

14. T vom 22. 9. 1926

15. McPhaul, S. 226, der aus Ed Reid, *Mafia* (New York 1954, S. 37) zitiert.

16. Dies zumindest läßt sich aus einem Artikel der DN vom 26. 9. 1926 schließen, in dem es hieß, Capone habe in Miami mit einem »jungen Bierbaron« gesprochen, »der sich aus dem Geschäft zurückgezogen hat«.

17. Burns, S. 195; es ist zwar möglich, daß auch diese Äußerungen Capones lediglich Burns Erfindung sind. Aber der Stil und die Haltung, die aus den Worten hervorgeht, passen zu Capone. Den Rest dieses Capone-»Zitats« hat Burns aus den Äußerungen zusammengeschrieben, die Capone einigen Reportern gegenüber nach dem Tod von Weiss machte (vgl. NYT vom 23. 10. 1926; DN vom 13. 10. 1926; Pasley, S. 126–127; Allsop, S. 122–123).

18. DN vom 13. 10. 1926

19. Die Quellenlage ist hier außerordentlich verworren: Z.B. schrieb die NYT in ihrem Artikel vom 12. 10. 1926, es habe »in der letzten Woche Gerüchte gegeben« von einem Vermittlungsgespräch, das im Sherman Hotel stattgefunden habe und daran gescheitert sei, daß als Bedingung für einen Frieden der Tod »Al Browns« gefordert worden sei. Asbury, S. 362, schreibt ebenfalls, das Treffen habe im Sherman stattgefunden, bringt aber nur indirekt zum Ausdruck, daß Capone selbst nicht anwesend war, wenn er formuliert, Capone »sei über die Bedingungen (von Weiss) unterrichtet worden«. Auch Burns, S. 188–189, siedelt das Treffen im Sherman an, liefert aber genauere Informationen zu Capones Abwesenheit: Lombardo hatte die Aufgabe, ihn anzurufen und ihm Weiss Bedingungen mitzuteilen. In einem Artikel der DN vom 13. 10. 1926 wird Capone mit den Worten zitiert, er habe Lombardo als Unterhändler zu dem Treffen ins Schofield geschickt. Allsop, S. 115, behauptet, das Treffen habe im

Morrison stattgefunden und folgt in seiner Darstellung Landesco, S. 102 (Fußnote), der schreibt, jemand von der Polizei sei als Vermittler anwesend gewesen. Auch Kobler, S. 192, siedelt die Zusammenkunft im Morrison an und gibt als Datum den 4. Oktober an. Die Information, die Bedingung für einen Friedensschluß seien die Köpfe der beiden Männer gewesen, die vor dem Standard Oil-Gebäude auf Drucci geschossen hatten, stammt aus einem Artikel des T vom 12. 10. 1926.

20. Asbury, S. 362
21. T vom 13. 10. 1926
22. DN vom 13. 10. 1926
23. T vom 12. 10. 1926; Burns, S. 190, zufolge hieß der Mann Langdon; in den Zeitungsartikeln dagegen wird er übereinstimmend Lundin genannt. Lediglich der T vom 14. 10. 1927 weicht ab und schreibt »Landon«.
24. T vom 20. 10. 1926; Burns, S. 190, zufolge hieß sie »Mrs. Theodore Schultz« und kam aus Mitchell in South Dakota.
25. Burns, S. 190; es ist gut möglich, daß sich mehr als zwei Personen in den Zimmern aufhielten: Pasley, S. 125, zufolge standen an jedem Fenster drei Stühle. In den meisten anderen Quellen (vgl. Sullivan, S. 54 und Burns) wird von zwei Stühlen ausgegangen. In den Zeitungsberichten wird die Zahl der Stühle nicht genannt.
26. Burns, S. 193
27. In Zeitungsartikeln und bei Bennett, S. 56, wird Murray als unbedeutender Bootlegger (und Bruder eines Straßenräubers) beschrieben, der sich »mit Weiss verbündet« habe. Burns, S. 191, bezeichnet ihn als Leibwächter − wahrscheinlich weil er davon ausgeht, daß nur so zu erklären ist, daß ein so unbedeutender Mann Weiss begleitete.
28. Kobler, S. 194
29. Einzelheiten zu dem Mord an Weiss und den polizeilichen Vernehmungen: T vom 12., 13. und 20. 10. 1926; J vom 12. 10. 1926
30. T vom 12. 10. 1926
31. T vom 13. 10. 1926
32. Pasley, S. 127
33. DN vom 13. 10. 1926
34. Capones Ausführungen schildert Sullivan, S. 55 f. Seine Wiedergabe der Pressekonferenz, die er möglicherweise selbst besucht hat, stützt sich auf zwei Zeitungsartikel: DN und NYT vom 13. 10. 1926. Sullivan verschmilzt die beiden Artikel, um unnötige Wiederholungen zu vermeiden, trotzdem aber einen vollständigen Eindruck dessen zu vermitteln, was Capone sagte.
35. T vom 13. 10. 1926
36. Zum Begräbnis von Weiss: Allsop, S. 121; die Angaben über die Zahl der Trauernden sowie die Namen der ehrenamtlichen Sargträger werden zitiert nach NYT vom 16. 10. 1926.
37. T vom 12. 10. 1926
38. McErlanes Mord an Faucher: T vom 23. und 25. 4. 1926, 11. 9. 1926 und 4. 3. 1927; zu der Herausforderung, seine Schießkünste unter Beweis zu stellen: Kobler, S. 97; zu McErlanes Erscheinen vor Gericht in betrunkenem Zustand (s.u.): NYT vom 24. 7. 1926.
39. DN vom 14. 7. 1926; NYT vom 15. 7. 1926. Daß Saltis der Mörder war, ist nur eine Vermutung. Dafür spricht aber, daß Jules Portuguese zwar offiziell nicht für Sheldon arbeitete, dafür aber sein Bruder Alex (vgl. DN vom 14. 5. 1927).
40. T vom 7., 8. und 9. 8. 1926, 12. 10. 1926 und 5. 11. 1926
41. T vom 11. 10. 1926
42. T vom 21. 10. 1926; Pasley, S. 138−146; Allsop, S. 121−125; der »Tribune« bezeichnete diese Vorgespräche spöttisch als »pourparlers« (Arbeitsgespräche), und der Begriff wurde in späteren Darstellungen übernommen (man fand es wohl besonders amüsant, die Sprache der internationalen Diplomatie auf das Verbrechen zu übertra-

gen). Aber diese Vorgespräche für einen Friedensschluß waren genauso ernst zu nehmen wie jede Verhandlung in Genf. Es ging das Gerücht, daß diese Verhandlungen nur geführt wurden, weil Politiker einen Waffenstillstand bis zu den Wahlen gefordert hatten (NYT vom 17. 10. 1926).

43. Allsop, S. 124; der nächste Satz wird zitiert nach Asbury, S. 263.
44. Diese Vermutung stützt sich auf die Mehrheit der verfügbaren Angaben. Asbury, S. 62, und Landesco, S. 102, gehen davon aus, daß das Treffen im Morrison stattfand. Das behauptet auch Murray, S. 129; allerdings ist sein Bericht der Ereignisse wenig glaubwürdig. Im Gespräch erklärte er, »der Manager des Sherman, Ernie Byfield« habe »Gangster nicht gemocht, er wollte sie nicht in seinem Hotel haben«.
45. Pasley, S. 142, nennt seinen vollen Namen; alle anderen Zeitzeugen bezeichnen ihn nur als »Barney Bertsche«.
46. Zitiert nach Sullivan, S. 57, dem Capone wiederholte, was er auf dem Treffen gesagt hatte und was hier in wörtlicher Rede wiedergegeben wird.
47. Bennett, S. 59 f.
48. H&E vom 23. 10. 1926
49. T vom 18. 12. 1926
50. T vom 10. 11. 1926
51. In einem Artikel des T vom 23. 10. 1923 wurde er als Spieler bezeichnet; daß er seit dem 28. November vermißt wurde, schrieb der T in einem Artikel vom 5. 12. 1926
52. Pasley, S. 68
53. DN vom 9. 7. 1943 und 21. 1. 47
54. Jerome Nachtman aus Brookfield in Illinois arbeitete als Pianist, um sich sein Zahnmedizinstudium zu verdienen; vgl. »Suburban Life Citizen« vom 13. 9. 1989; Nachtmans bestätigte mir seine Angaben in einem Telefongespräch.
55. Gespräch mit LeVell; einer seiner Freunde bei der Polizei fand den Bericht, als er in Unterlagen »stöberte, die ihn nichts anzugehen hatten«.
56. T vom 31. 12. 1926
57. NYT vom 12. 12. 1926
58. T vom 29. 12. 1926

Anmerkungen zu Kapitel 16

1. H&E vom 22. 1. 1927; Capone sagte auch: »Ich habe langsam genug von Leuten wie Hughes, die mich dazu benutzen, um sich mit Ruhm zu bedecken.«
2. Pasley, S. 68−69 und 165; T vom 13. 10. 1931
3. T vom 6. 3. 1927 und 13. 3. 1927
4. Pasley, S. 147, und Allsop, S. 127−128, schreiben den Namen »Hubacek«, Bennett, S. 60, und Burns, S. 61−63, dagegen »Hrubeck«; das war auch der Name, der in den ersten Zeitungsberichten über den Mord an ihm genannt wurde (z. B. T vom 12. 3. 1927, NYT vom 13. 3. 1927), in den folgenden Berichten aber zu »Hubacek« korrigiert wurde (T vom 13. und 14. 3. 1927; NYT vom 14. 3. 1927).
5. Burns und etlichen Zeitungsberichten zufolge; z. B. T vom 4. 2. 1931; DN vom 22. 6. 1943.
6. »Tribune« in Chicago o.D. zitiert nach LD vom 5. 11. 1927
7. Stuart, S. 206−208; Wendt/Kogan S. 216−218, zufolge hatte Thompson gesagt, er wolle einen Film über den Fisch drehen; er sprach aber auch über Aquarien. Stuart, selbst ein Anhänger Thompsons, schreibt, dieser habe versprochen, den Fisch mitzubringen. Elmer Davis wies im »Harpers Magazine« vom Juli 1927 darauf hin, daß es in Chicago bereits sowohl Filme über diesen Fisch als auch ein paar lebende Exemplare gab.
8. DN vom 6. 4. 1926; T vom 4. und 7. 4. 1926; H&E vom 7. 4. 1926.

9. Bright, S. 250
10. LD vom 5. 11. 1927
11. Bright, S. 231
12. Ebd., S. 256
13. Stuart, S. 297
14. LD vom 16. 4. 1927; den Wählern gefiel es ganz und gar nicht, wenn sie sahen, daß die Polizei demonstrativ den in kleinen Hinterhofdestillen beschlagnahmten Whiskey wegschüttete, während doch jeder wußte, daß der Alkohol für die großen Tiere in Strömen floß. Ein Priester sagte: »Sie gießen den guten Stoff in den Gulli, und geben den Leuten das schlechte Zeug« (Slayton, S. 104). Einer der Schwarzbrenner warf Dever vor, daß er mit seinem Vorgehen den Bootleggern »ein Weihnachtsgeschenk« mache, indem er die Konkurrenz ausschalte (»Century« vom November 1927).
15. Bright, S. 252
16. Wendt/Kogan, S. 248; seine Gegner bezeichnete Thompson als »trocken« und behauptete, Robertson sei so trocken, »daß er nicht einmal ein Bad nimmt«. Pasley, S. 159, zitiert Thompsons Worte so: »Ich bin nasser als der Atlantik an seiner tiefsten Stelle.«
17. Stuart, S. 298; Wendt/Kogan, S. 244; sein Anhänger Stuart behauptet, Thompson habe damit Fabriken und ähnliches gemeint. Aber jedem war klar, was er wirklich damit meinte: Dever hatte schließlich keine Fabriken geschlossen.
18. Wendt/Kogan, S. 249 f.
19. Ebd., S. 268 f.; Pasley, S. 153, bezeichnet die geschätzte Summe als übertrieben und zitiert den Vorsitzenden der Association for Criminal Justice in Illinois, der lediglich sagte, Capone habe einen »nicht unerheblichen« Betrag zugesteuert.
20. Stuart, S. 311
21. Wendt/Kogan, S. 268
22. NYT vom 19. 2. 1927
23. T vom 5. 4. 1927; Pasley, S. 159−162; Stuart, S. 315 f.; Wendt/Kogan, S. 269−270
24. Stuart, S. 315
25. »Harpers« vom Juli 1927
26. Bright, S. XXI; Einleitung des Historikers Harry Elmer Barnes
27. Pasley, S. 155; Wendt/Kogan, S. 271 f.
28. »Harpers« vom Juli 1927
29. Stuart, S. 235−243; Wendt/Kogan, S. 272 f.
30. H&E vom 6. 8. 1927
31. J vom 6. 8. 1927; T vom 6. 8. 1927
32. NYT vom 7. 4. 1927
33. Vgl. Pasley, S. 82, zur Rolle Capones bei dem Empfang, die in den Zeitungsberichten nicht erwähnt wird: T vom 15.−17., 22. und 25. 5. 1927
34. Pasley schreibt lediglich, daß Capone sich auf der Yacht eines Radiomagnaten befand. Daß es sich dabei um die Yacht des Geschäftsgründers der Zenith handelte, läßt sich daraus schließen, daß Berardi im Gespräch erwähnte, er habe Capone bei einer anderen Gelegenheit auf dieser Yacht getroffen.
35. Pasley, S. 11
36. Asbury, S. 364
37. TAX: Samuel J. Steinberg vom Juweliergeschäft B. Weinstein; T vom 13. 10. 1931
38. T vom 10. 7. 1927
39. Bennett, S. 85
40. Burns, S. 33; das Zitat ist bei ihm wesentlich länger, aber so, wie es hier wiedergegeben wird, klingt es eher nach Capone, der 1929 in Philadelphia Emil Ludwigs berühmte Napoleon-Biographie gelesen hatte.
41. T vom 22. 3. 1930
42. Bennett, S. 83

43. Ebd.
44. »Liberty« vom 17. 10. 1931, Interview mit Vanderbilt; aus letzterer Quelle stammt auch die Information über Capones Ablehnung der Empfängnisverhütung.
45. Gespräch mit Meyer
46. Gespräch mit Browne
47. Allsop, S. 309
48. Murray, S. 97
49. T vom 18. 10. 1931; DT vom 14. 3. 1939 (wo die Erläuterung zu »snorky« des *Dictionary of American Slang* zitiert wird); MDN vom 20. 4. 1959.
50. Pasley, S. 62
51. Pasley, S. 78−79; Bennett, S. 80
52. Pasley, S. 79
53. Zu Details von Capones Kleidung vgl. TAX: Oscar D. de Feo; Ira Gay, Earl A. Corbett, Peter M. Arl, J. Pankan und M. A. Oles von Marshall Field & Co.; T vom 13. 10. 1931.
54. Pasley, S. 78 f.; Burns, S. 32, zufolge hatte der Stein nur elf Karat.
55. Pasley, S. 10; Bennett, S. 80; Burns, S. 31. Daß jeweils vier Männer vor und hinter ihm gingen, schrieb das »Forum« in einem Artikel vom Oktober 1927. Anderen Quellen zufolge waren es immer mindestens je zwei.
56. Lyle, S. 146
57. Meyer, S. 9 und 19; Bennett, S. 80, schreibt, daß Leibwächter »etwa 100 Dollar in der Woche« erhielten; Fox, S. 112, zitiert Capone (aus einem Interview mit Arthur Brisbane), demzufolge das Mindestgehalt zwischen 150 und 200 Dollar gelegen habe. Meyer behauptet, 500 Dollar bekommen zu haben. Allerdings hatte er sich auch als geschickter Fahrer verdient gemacht und später, wie er es formuliert, Probleme für Capone »erledigt«; Capone sei ihm »etwas schuldig« gewesen.
58. Sullivan, S. 33
59. H&E vom 3. 5. 1926
60. Bennett, S. 84
61. Peterson, S. 131, der Elmer Irey vom Schatzamt in der November-Ausgabe des »Coronet« von 1947 zitiert.
62. Biographisches Material der United Press, im »Sun-Times«-Archiv, datiert vom 28. 12. 1942.
63. T vom 5. 5. 1932
64. Sullivan, S. 33
65. TAX: Anklageschrift
66. Bennett, S. 84
67. Pasley, S. 63 f.; Bennett, S. 84 f.; Asbury, S. 364 f.
68. T vom 3. 11. 1924
69. Bennett, S. 85
70. H&E vom 19. 4. 1927
71. Bennett, S. 84; Sullivan, S. 106, schreibt, Capone habe seine Verluste mit 5 Millionen Dollar angegeben, fügt aber auch hinzu, daß Capone »alles andere als ein Angeber« war. Es sei also davon auszugehen, daß die Summe um einiges höher lag.
72. Sullivan, S. 106; Bennett, S. 84
73. Condon, S. 123 f. und 135; Shapiro & Hentoff, »Hear Me Talkin' to Ya«, S. 130
74. Burns, S. 32
75. Mezzrow, S. 63
76. T vom 12. 10. 1931; Zeugenaussage während des Prozesses wegen Steuerhinterziehung
77. Fox, S. 85, der Waller-Calabrese, »Fats Waller«, S. 62 f. zitiert.
78. Pasley, S. 63−64
79. Fox, S. 91, der aus Dempseys Autobiographie zitiert.

80. Allsop, S. 291
81. Pasley, S. 67
82. Dafür existieren zahlreiche Belege; vgl. MDN vom 9. 3. 1930
83. Gespräch mit Trilling
84. Burns, S. 32; Gespräch mit Browne; aus einem Gespräch mit Murray stammt die anschließend wiedergegebene Information, daß Capone die ersten Suppenküchen eröffnete, und auch der Hinweis auf die ergaunerten Lebensmittel.
85. Liebling, S. 134
86. Gespräch mit Mrs. Baldwin; ihr Mädchenname war Russo, und sie lebte mit ihrer Familie in der North Side von Little Sicily. Ihr Sohn ist Detective Sergeant William Baldwin vom Police Department in Cicero.
87. Ebd.; Spirko und Staley haben in Gesprächen ähnliche Erinnerungen mitgeteilt.
88. Bennett, S. 81 f.
89. Gespräche mit Murray und Berardi; daß Capone neun Telefone auf seinem Schreibtisch hatte, schreibt Bennett, S. 85.
90. »Eagle« in Brooklyn vom 10. 7. 1929
91. Bennett, S. 85 f.; Pasley, S. 81 f., erzählt die Geschichte ein wenig anders: Capone hatte einem Richter aufgetragen, dafür zu sorgen, daß einer seiner Männer, der aus irgendeinem Grund unter Anklage stand, freigesprochen wurde; der Richter hatte eine entsprechende Notiz gemacht und sie dem Gerichtsdiener gegeben, der dann allerdings vergaß, sie an den Richter weiterzugeben, der den Prozeß leitete.
92. Gespräch mit Mrs. Baldwin
93. Murray, S. 126 f.
94. Pasley, S. 81
95. Gespräche mit Murray und Spirko
96. Meyer, S. 15
97. Gespräch mit LeVell, der diese Episode von der Frau selbst erfahren hat.
98. Mezzrow, S. 23–24
99. Fox, S. 87; Sullivan und Kobler in der »Sports Illustrated« vom 6. 11. 1972
100. TAX: Paul H. Miner von der Firma »Peck and Hills«
101. Bennett, S. 81; Pasley, S. 90
102. T vom 15. 10. 1932; S-T vom 15. 4. 1951
103. Pasley, S. 90
104. T vom 17. 3. 1930
105. Sullivan, S. 106
106. Kobler, S. 104
107. Mezzrow, S. 64, der fälschlicherweise »Mitzi« statt »Mimi« schreibt.

Anmerkungen zu Kapitel 17

1. Zu weiteren Einzelheiten über Aiellos Familie und deren Kampf mit Capone vgl. Pasley, S. 169–173; Burns, S. 225 f. und 232–235; Landesco, S. 80.
2. Gespräch mit LeVell; die Information, daß das Haus drei Stockwerke besaß, findet sich bei Kobler, S. 209.
3. Pasley, S. 60; Lucky Luciano nannte Chicago eine »verflucht verrückte Stadt. Auf den Straßen kann sich kein Mensch sicher fühlen« (Feder, S. 61).
4. T vom 26. 5. 1927 und vom 18. 7. 1927; Pasley, S. 164 f., beschreibt ihn als elegant und teuer gekleidet. In den Zeitungsberichten dagegen stand, er habe einen blauen »Arbeiteranzug« und ein altes Armeehemd getragen. Von einem Bündel Geldscheine im Wert von 1200 Dollar, von dem Pasley schreibt, ist genausowenig die Rede wie von einem Nickel, den der Ermordete in der Hand hielt (s.u. im Text). Die einzige Geschichte dieser Art, die ich habe ausfindig machen können, ist ein Artikel der MDN

vom 30. 6. 1930 über die Leiche eines mysteriösen Chicagoer Gangster, der angeblich eine Münze in der Hand hielt.

5. Zu McGurn: Balsamo, S. 139–164, der einige seiner Angaben im Gespräch korrigierte. LeVell wies im Gespräch darauf hin, daß Gibaldi in seinem Namen nur zwei Buchstaben austauschte, als er sich Gebardi nannte. Pasley, S. 164–170, hält fälschlicherweise De Mora für den richtigen Namen, da er offensichtlich nichts über McGurns Kindheit in Brooklyn wußte. Lyle, S. 206, informiert über den Boxmanager, Nachtman im Gespräch über McGurns Spagat.

6. Er ist wahrscheinlich identisch mit dem Lieutenant, der O'Banion beim Hijacking nach der Schießerei mit den Millers festnahm.

7. NYT vom 17. 8. 1927

8. NYT vom 18. 8. 1927

9. NYT vom 26. 8. 1927

10. NYT vom 28. 8. 1927

11. DN vom 21. und 22. 11. 1927

12. DN vom 21. 11. 1927; T vom 21. 11. 1927; Wendt/Kogan *Lords,* S. 344 f., berichten, daß Capone erklärte, Coughlin und Kenna würden ihre Macht verlieren, wenn sie sich nicht aus allem raushielten. »Mein Gott«, habe der Stadtrat gestöhnt, aschfahl nach dieser Eröffnung, »was soll ich dazu sagen?« Capone konnte ihre gesamte Organisation übernehmen. »Wir können uns eigentlich über nichts beklagen.« Nachdem das also geklärt war, behandelte Capone sie beide wie Freunde.

13. Pasley, S. 170 f. und 174 f.

14. Allsop, S. 135; der dort wiedergegebene Dialog ist ein Zusammenschnitt von Pasley und dem Artikel in den DN vom 22. 11. 1927.

15. DN vom 22. 11. 1927

16. DN vom 5. 1. 1928; T und H&E am selben Tag

17. Kobler, S. 213

18. DN vom 22. 11. 1927

19. LD vom 5. 11. 1927

20. Pasley, S. 182

21. T vom 6. 12. 1927

22. o.Q. vom 13. 12. 1927

23. T vom 6. 12. 1927; die folgenden Sätze Capones wurden der größeren Kohärenz halber umgestellt.

24. T vom 17. 12. 1927

25. »Examiner« in Los Angeles vom 13. 12. 1927

26. Ebd. vom 14. 12. 1927

27. Ebd.

28. Ebd.; nach diesem Artikel werden auch die im Text folgenden Äußerungen Capones zu seinem Besuch im Filmstudio und der Besichtigung von Mary Pickfords Haus zitiert.

29. o.Q. vom 14. 12. 1927

30. Berichte aus J vom 16. und 17. 12. 1927; T vom 17. 12. 1927; H&E vom 17. 12. 1927

31. J vom 22. 12. 1927; T vom 23. 12. 1927

32. NYT vom 18. 12. 1927

33. NYT vom 17. 8. 1927 und vom 23. 10. 1927

Anmerkungen zu Kapitel 18

1. o.Q. vom 11. 1. 1928

2. Titel des Buches von Redford

3. Gespräch mit Detective Tom Hoolahan

4. Diese und auch die folgende Geschichte über das Bootlegging basieren auf Material aus dem Fisher-Archiv.
5. o.Q. vom 11. 1. 1928
6. H&E vom 9. 1. 1928
7. T vom 10. 1. 1928
8. TAX: T vom 10. 10. 1931; auf diesen Artikel stützt sich auch die Darstellung von Hendersons Verhältnis zu Capone und den Kauf des Hauses in Palm Island weiter unten. Details der Beschreibung des Ponce de Leon verdanke ich einem Gespräch mit Koivu.
9. T vom 8. 10. 1931
10. H&E vom 21. 1. 1928
11. Ebd.
12. o.Q. vom 21. 1. 1928
13. H&E vom 22. 1. 1928
14. Pasley, S. 180
15. H&E vom 30. 1. 1928
16. T vom 3.–5. 1. 1928 und vom 15. 2. 1928
17. In der oben zitierten TAX-Zeugenaussage wird der Name Circellas mit »Sorello« wiedergegeben.
18. »Tribune« in Tampa vom 26. 1. 1969: Der Artikel basiert auf einer UPI-Meldung, die sich im Kutner-Archiv der Chicago Historical Society befindet; vgl. auch Kobler, S. 222.
19. Am 20. August 1927 hatte er gesagt: »Ich bedaure es zutiefst, daß sich das Gerücht hält, ich wolle kandidieren . . .« (Pasley, S. 186). Trotzdem reiste er durch die Lande und hielt Wahlkampfreden. Noch am 22. Februar 1928 sprach er in Washington, D.C. über Möglichkeiten des Hochwasserschutzes (Pasley, S. 185). Sein Gefolgsmann Stuart schreibt dazu: »Selbst wenn Chicagos Bürgermeister tatsächlich nicht kandidieren wollte . . ., benahm er sich doch ganz wie ein Kandidat . . .« (S. 337).
20. Stuart, S. 337 f.; T vom 9. 2. 1928; Pasley, S. 211 f.
21. T vom 19. und 22. 2. 1928; Pasley, S. 183 f.; Landesco, S. 126; Asbury, S. 241 f.; Allsop, S. 218.
22. Pasley, S. 207–210; Allsop, S. 221
23. T vom 22.–24. 3. 1928; Pasley, S. 198; zu Espositos Person vgl. auch Bennett, S. 76–79; Pasley, S. 193–197; Burns, S. 216–221.
24. T vom 27. 3. 1928
25. Zu den Bombenattentaten vgl. T vom 27. und 28. 3. 1928; das Zitat »Wie ich sehe, sind Sie mit dem Leben davongekommen« stammt aus einem Artikel der T vom 23. 2. 1928, die Information, daß Versicherungen das Risiko von Swansons Wahlkampfveranstaltungen nicht mehr decken wollten, aus einem Artikel der gleichen Zeitung vom 30. 3. 1928; vgl. auch Bennett, S. 73 und Pasley, S. 201. Thompsons Parteigänger Stuart, S. 373 f., behauptet, die Bombenanschläge seien − zwar wahrscheinlich ohne Deneens Wissen, aber auf Anweisung seiner Berater − von Ben Newmark arrangiert worden. Ausgeführt hätten sie ein paar von Capones Männern − sozusagen »freiberuflich« und möglicherweise ohne daß Capone selbst darüber informiert war. Stuart weist darauf hin, daß Newmark einen Monat später ermordet wurde, und deutet an, daß die mittlerweile in die Flucht geschlagene Organisation von Thompson und Crowe haßerfüllt genug gewesen sein könnte, um »hundert Newmarks auszulöschen«. Aber das scheint wenig überzeugend: Als ursächlich für die Wahlniederlage sind die Reaktionen Thompsons und Crowes anzusehen und nicht die Bombenattentate selbst, und die hatten Deneens Strategen nicht voraussehen können. Außerdem ist Swansons Widerlegung der These, die Anschläge seien von seinen eigenen Leuten verübt worden (s.u.), plausibel. Zu der Tatsache, daß Thompson dagegen sich diese These zu eigen machte, vgl. T vom 30. 3. 1928.

26. T vom 27. 3. 1928; aus diesem Artikel stammt auch das folgende Zitat von Swanson.
27. T vom 16. 7. 1927
28. Pasley, S. 204;
29. Ebd., S. 214.
30. T vom 27. 3. 1928
31. T vom 28. 3. 1928; Octavius R. Granady, ein schwarzer Rechtsanwalt, hatte es gewagt, als Mitglied des Wahlkomitees des zwanzigsten Bezirks gegen Morris Eller anzutreten. Kurz nachdem die Wahllokale geschlossen wurden, wurde er erschossen (Pasley, S. 217; Landesco, S. 128, Anmerkung). Stuart, S. 375 f., behauptet, Eller habe nichts damit zu tun gehabt. Dennoch wurde er wegen Mittäterschaft und sieben weitere Personen – unter ihnen vier Polizisten und James Belcastro, der Bombenspezialist Capones – wegen Mordes angeklagt. Alle wurden freigesprochen. Vgl. T vom 4. 8. 1928.
32. Kobler, S. 226f.
33. Stuart, S. 369 f.; Pasley, S. 217 f.
34. Pasley, S. 221 f.
35. DN vom 15. 3. 1928
36. Pasley, S. 219 f.; Landesco, S. 127
37. TAX: verschiedene Zeugenaussagen; MDN vom 11. 6. 1930 und 13. 2. 1952.
38. Einem Gespräch mit Koivu zufolge, dem diese Geschichte von dem Arbeiter erzählt wurde.
39. »Tribune« in Tampa vom 26. 1. 1969
40. o.Q. vom 25. 2. 1929
41. Asbury, S. 369; Kobler, S. 145–147; Meyer, S. 10 und 16 f.; zu Humphrey vgl. Murray, S. 88.
42. Meyer, S. 19
43. T vom 22. 3. 1928
44. T vom 31. 3. 1928; an einem Rekordtag wurden 4 890 000 Aktien gehandelt. RCA stieg um 25,50 Dollar auf 195 Dollar und General Motors um 7 Dollar auf 192 Dollar.
45. Pasley, S. 64
46. T vom 7. 8. 1928
47. T vom 15. 3. 1928
48. T vom 20. 9. 1928
49. T vom 1. 12. 1927
50. Lyle, S. 187, Anmerkung
51. Murray, passim; Hostetter, passim
52. Murray, S. 87
53. Asbury, S. 366; Lyle, S. 187
54. Zu Becker: T vom 27. 5. 1928; H&E vom 28. 5. 1928. Bei Hostetter, S. 30–41, wird der Brief Beckers an Crowe vom 13. 12. 1927 in voller Länge zitiert; dort findet sich auch die Bemerkung des stellvertretenden Staatsanwalts, er sei »kein Hilfssheriff«; Landesco, S. 156–160; Murray, S. 155–159; Pasley, S. 248–250
55. Pasley, *Muscling In*, S. 73
56. McPhaul, S. 243
57. Capones Ablehnung des Drogenhandels wurde in Gesprächen mit Murray und Baldwin bestätigt; Baldwin sagte mir, vor allem unter den Italienern habe jeder Capones Einstellung gekannt. Zu Capones Mißbilligung von Entführungen vgl. Pasley, *Muscling In*, S. 93 und »Liberty« vom 17. 10. 1931: »Es gibt Verbrechen, von denen Al Capone Abstand nimmt, und Entführungen gehören dazu.«
58. o.Q. vom 1. 11. 1929
59. Murray, S. 159
60. »New Yorker« vom 2. 3. 1929; Sullivan, S. 45 f., und Pasley, S. 85, haben diese Geschichte noch ausgeschmückt. Pasley gibt zwar an, er habe sie von dem Freund

eines Freundes des Eigentümers gehört, aber da der Artikel des »New Yorker« vor den Berichten von Pasley und Sullivan erschien, ist davon auszugehen, daß er die authentische Version der Geschichte wiedergibt. Der Name des Eigentümers der Villa wird auch in dem Zeitschriftenartikel nicht genannt, der von einem Cousin des Eigentümers geschrieben wurde.

61. Alle Quellen stimmen darin überein, daß Yale Lombardos Ernennung mißfiel, und das würde auch sein äußerst riskantes Vorgehen erklären. Trotzdem bleiben einige Ungereimtheiten bestehen: So ist etwa nicht einsichtig, warum Lombardo überhaupt irgendwelche Anteile an den Gewinnen der Unione an Yale hätte weiterleiten sollen. Dieses Argument macht sich auch Balsamo (vgl. *Clock*) zu eigen und betont, daß die Unione keineswegs identisch war mit dem, was wir heute als Cosa Nostra bezeichnen; innerhalb dieser Organisation war Yale für Brooklyn verantwortlich und unterstand Joe Masseria (»the Boss«).

62. »Eagle« in Brooklyn vom 8. 7. 1927

63. Allgemein zu dem Mord an Yale: »Eagle« in Brooklyn vom 2., 3., 5., 6. und 10. 7. 1928; Balsamo, S. 211–218, teilweise korrigiert und weiter ausgeführt im Gespräch. Von ihm stammt auch die Information, daß das Sunrise Yale gehörte. Zu den gefundenen Waffen vgl. die Ausstellung des New York Police Department Museum, die auf den Aufzeichnungen der Asservatenkammer des New York Police Department basiert. Vgl. weiter: DN vom 3. 7. 1928; Pasley, S. 242 f.; Burns, S. 224–228.

64. Dem Artikel des »Eagle« vom 6. 7. 1928 zufolge wurde der Wagen an einen gewissen »Cox« in Memphis verkauft, während Pasley, S. 243, schreibt, der Wagen sei in Knoxville gekauft worden (und habe 1050 Dollar gekostet). Für letztere Angabe spricht, daß Knoxville auf dem Weg von Miami nach Chicago liegt, Memphis dagegen nicht.

65. Gespräch mit Balsamo; in der Nacht vor dem Mord an Yale stiegen sie im Bossert Hotel ab. Balsamo zufolge gingen sie auch in eine Bar, die dem Schwiegervater von Yales rechter Hand und Erben gehörte, nämlich »Little Augie« Pisano. Balsamo glaubt, daß Pisano Yale verraten habe. Auch die folgende Beschreibung der Flucht der Leute von Capone stützt sich auf das Gespräch mit Balsamo.

66. T vom 8. 7. 1928 und 10. 7. 1928; H&E vom 10. 7. 1928

67. TAX: T vom 10. 10. 1931

68. T vom 13. 10. 1931

69. T vom 29. 1. 1962 (Chronik)

70. H&E vom 7. 8. 1928

71. Asbury, S. 367 f.; Burns, S. 42; Kobler, S. 234 f.; Murray, S. 31.

72. Kobler, S. 235

73. Zu Loesch vgl. Fox, S. 131, 133 f., S. 148; Allsop, S. 279 f., zitiert Loesch mit einer Äußerung, in der er seiner Bewunderung für Mussolinis Bekämpfung der Mafia Ausdruck verleiht. Bei der Wiedergabe des Gesprächs zwischen Loesch und Capone folgt Dobyns, S. 1–3, einem Artikel des T vom 25. 3. 1931, in dem Loeschs Darstellung dieses Gesprächs vor der Southern California Academy of Criminology zitiert wird. Die Zusammenfassung des Gesprächs hier folgt der weniger ausgeschmückten und – wie im Text erwähnt – beeidigten Version, die Loesch vor dem Senatskomitee gab und auf die sich auch Fox stützt; vgl. auch die Anhörung beim Ernennungsverfahren von James Wilkerson (Teil 2, 1., 3., und 8. März 1932).

74. Alle Quellen gehen übereinstimmend davon aus, daß Aiello mit den Black Hands zusammenarbeitete, obwohl ein tatsächlicher Beweis dafür nie erbracht wurde. Die im folgenden geschilderten Morde wurden wesentlich genauer geplant und ausgeführt, als man es von Aiello und seinen Leuten kannte.

75 Pasley, S. 226 f.

76. T vom 8. 9. 1928; Pasley, S. 229–232; Burns, S. 229–232

77. Bei Bennett, S. 65, findet sich ein Foto dieses Schildes.

78. T vom 11. 9. 1928
79. T vom 9. 1. 1929; Pasley, S. 236–238; Burns, S. 235–239,
80. DN vom 17. 6. 1929
81. Browne, Notizen; daß der dritte Killer James Clark war, hat zuerst Pasley festgehalten; in späteren Zeitungsberichten wird dies bestätigt.
82. In einem Artikel des T vom 15. 1. 1929 wird berichtet, Capone habe »die letzten zehn Tage« im Bett verbringen müssen; im T vom 21. 1. 1929 heißt es, Capone befinde sich auf dem Weg der Genesung.

Anmerkungen zu Kapitel 19

1. Gespräch mit Spirko
2. Zu den Ereignissen des Valentinstags vgl. allgemein Pasley, S. 251–263; Sullivan, S. 191–199; Burns, S. 258–276. Die Darstellung hier stützt sich allerdings in der Hauptsache auf die Zeitungsberichte in T, DN, J und NYT. Anmerkungen werden im folgenden nur dann gemacht, wenn der dargestellte Sachverhalt umstritten ist bzw. Details erwähnt werden, die sich in den bekannten Schilderungen der Ereignisse nicht finden.
3. Pasley zufolge war das Gebäude 12 Meter breit und 45 Meter tief, Burns gibt die Maße 18 mal 36 Meter an; die hier genannten Maße basieren auf den Angaben des Artikels des J vom 14. 2. 1929, die verläßlicher erscheinen – besonders, wenn man die in verschiedenen Zeitungen veröffentlichten Fotografien des Gebäudes heranzieht: Nimmt man die darauf abgebildeten Menschen und Autos als Vergleichsmaßstab, zeigt sich deutlich, daß die Front etwa acht Meter breit war.
4. J vom 14. 2. 1929; auf den Fotos zu diesem Artikel ist das Schild deutlich zu erkennen.
5. Ebd.
6. Ebd.
7. DN vom 4. 12. 1930; erst der nächste Mieter des Gebäudes entdeckte das Versteck, in dem sich ein Lastenaufzug befand, mit dem die Gang Whiskeyfässer in das Lager transportierte.
8. Lyle, S. 202
9. Pasley, S. 252, und Sullivan, S. 196 f. Beide liefern mehr Details als die zeitgenössischen Zeitungsberichte, wie z. B. die T vom 15. 2. 1929 und vom 19. 2. 1929.
10. T vom 15. 2. 1929
11. Der »Eagle« in Brooklyn vom 24. 2. 1929 zitiert den stellvertretenden Bezirksstaatsanwalt von New York, der bestätigte, daß dieses Treffen stattgefunden habe. Eidesstattliche Erklärungen von Personen, die an diesem Treffen teilgenommen hatten, belegen den Zeitpunkt (vgl. Nat. Arch., Washington D.C., im Zusammenhang mit dem Verfahren gegen Capone wegen Mißachtung des Gerichts).
12. Vgl. den Bericht des Coroners, in dem das ungefähre Alter mit fünfundreißig angegeben und festgestellt wird, daß er der Bruder von James May war.
13. NYT vom 15. 2. 1929
14. T vom 15. 2. 1929
15. Einigen Berichten zufolge (z. B. Pasley, S. 254) soll der Hund Heyer gehört haben; Herbert Asbury hat dagegen in einem 1947 erschienenen Artikel erklärt, es sei eindeutig Mays Hund gewesen. Die von Kobler, S. 249 f., angeführten Details belegen das gleichfalls.
16. T vom 15. 2. 1929
17. Ebd.
18. Die Angaben über Clarks Alter, seine Herkunft und seinen Decknamen finden sich im Bericht des Coroners; zu den Vorstrafen: T vom 15. 2. 1929.
19. Altersangaben der beiden älteren Brüder: Bericht des Coroners (dort auch die

Nennung des jüngeren Bruders Henry); zu den Vorstrafen: T vom 15. 2. 1929. Daß Henry sich als Filmvorführer betätigte, schreibt Murray, S. 233 f.; dem Bericht des Coroner ist zu entnehmen, daß er sich selbst als »Kinobesitzer« bezeichnete.

20. Vgl. den Bericht des Coroners, in dem auch der Name der Mutter genannt wird; das Foto, das Schwimmer bei der Beerdigung O'Banions zeigt, wurde im T vom 16. 2. 1929 wieder abgedruckt.

21. Zur Altersangabe: Bericht des Coroners.

22. Einzelheiten dieses Vorfalls werden nach LeVell zitiert. LeVell hat den unveröffentlichten Polizeibericht eingesehen, der die Aussage Lewis enthält.

23. In den meisten Berichten wird entweder der Besitzer der Waffe nicht genannt (z. B. T vom 15. 2. 1929; J vom 14. 2. 1929) oder die Pistole Weinshank zugeschrieben (z. B. Burns, S. 262). LeVell dagegen berichtet, daß ein Bekannter von ihm, Ron Kovar, den Polizeibericht ausfindig gemacht hat, aus dem eindeutig hervorgeht, daß die Waffe Gusenberg gehörte. Daraus läßt sich schließen, daß die Waffe nicht während der Durchsuchung herunterfiel, sondern möglicherweise gar nicht entdeckt worden war. Es könnte sein, daß Gusenberg sie erst nach der Schießerei verlor, als er zur Tür kroch.

24. Zu Anzahl und Art der Waffen: Bericht des Coroners; der Ballistikexperte Calvin Goddard (s.u.) schloß aus den Patronenhülsen, die gefunden wurden, daß die Killer zwei Thompsons und zwei Schrotflinten benutzt hatten. LeVell weist darauf hin, daß Lieutenant Loftus (s.u.) aussagte, er habe »etwa 85« leere Patronenhülsen gefunden. Allerdings geht aus seiner Aussage nicht eindeutig hervor, ob er die Patronenhülsen wirklich gezählt oder ihre Zahl nur geschätzt hat. Goddard dagegen hat genau siebzig Hülsen gezählt, von denen zwanzig aus der einen und fünfzig aus der anderen Waffe stammten. Daß lediglich vier Waffen benutzt wurden, beantwortet auch die viel diskutierte Frage, ob an dem Massaker vier oder fünf Killer beteiligt waren.

25. Dies wurde bei der Autopsie anhand der Schußkanäle festgestellt (Bericht des Coroners).

26. J vom 15. 2. 1929; in dem Artikel der T vom 15. 2. 1929 wird sie mit den Worten zitiert, vor den zwei uniformierten Männern seien »zwei oder drei Männer . . . mit erhobenen Händen« gegangen. Diese Aussage dürfte der Grund dafür sein, daß in der Folge Verwirrung darüber herrschte, wie viele Killer tatsächlich an dem Massaker in der Garage beteiligt waren.

27. J vom 14. 2. 1929

28. J vom 15. 2. 1929

29. Loftus Polizeibericht, zitiert nach LeVell; Pasley, S. 256 f., und Sullivan, S. 193, zufolge war es ein gewisser Sergeant Sweeney, der Gusenberg befragte. LeVell hat allerdings in den von ihm eingesehenen Polizeiberichten keinen einzigen Hinweis auf diesen Mann gefunden. Darüber hinaus läßt sich aus den abweichenden Darstellungen schließen, daß Pasley und Burns das Gespräch zwischen Gusenberg und diesem Sergeant frei erfunden haben. Ich zitiere im folgenden das Gespräch wörtlich nach Loftus Bericht, der selbstverständlich auch nur eine Wiedergabe dessen ist, woran er sich erinnern konnte.

30. Bericht des Coroners

Anmerkungen zu Kapitel 20

1. »Eagle« in Brooklyn vom 24. 2. 1929

2. Das folgende Gespräch ist ein Zusammenschnitt der während des Steuerprozesses erschienenen Berichte; vgl. TAX: T, DN und NYT, alle vom 10. 10. 1931. In diesen Artikeln wird allerdings nicht deutlich, ob die Zitate tatsächlich auf die Unterredung zwischen Taylor und Capone am 14. 2. 1929 zurückgehen oder ob sie sich auf die

Vernehmung im Jahr zuvor beziehen. Der Artikel der DN legt nahe, daß es sich um die Wiedergabe des Gesprächs aus dem Vorjahr handelt. Einzig im T wird das Datum der Unterredung vom 14. 2. 1929 erwähnt, allerdings nur, um darauf hinzuweisen, daß die Stenographin dieses Gesprächs, die vor Gericht die Echtheit der Mitschrift bestätigte, aussagte, sie sei Capone an diesem Tag das erste Mal begegnet. Lediglich der Artikel in der NYT ist eindeutig: Es wird zunächst berichtet, daß der Bezirksstaatsanwalt Vernon Hawthorne seine Aussage zu dem Treffen des Vorjahres machte; der Korrespondent der NYT fährt fort: »Die Staatsanwaltschaft legte dann als Beweisstück die Mitschrift einer weiteren Unterredung vor . . .«, aber das Datum dieses zweiten Treffens wird nicht genannt. Im T wird das Gespräch in Dialogform wiedergegeben und dadurch der Eindruck erweckt, als habe der Redaktion eine Kopie der Mitschrift vorgelegen. Daß das nicht so war, läßt sich anhand einer entscheidenden Abweichung belegen: Sowohl in der NYT als auch in den DN wird Taylors Warnung zitiert, die Mitschrift des Gesprächs könne gegen Capone verwendet werden, während im T dieser entscheidende Passus fehlt. In Koblers Darstellung, S. 247–253, die in ihrer Schnittechnik geradezu filmisch wirkt, werden die Ereignisse in Chicago und das Treffen in Miami so gegenübergestellt, daß der Eindruck entsteht, als habe beides gleichzeitig stattgefunden. Den Beginn des Gesprächs zwischen Capone und Taylor setzt Kobler für »kurz nach neun« an, was bedeuten würde, daß das Massaker in Chicago bereits um kurz nach acht stattgefunden haben müßte. Wie im Text angegeben, begann das Gespräch in Miami dagegen um 12.30 Uhr Eastern Standard Time, also eine Stunde nach den Morden in Chicago.

3. J vom 15. 2. 1929
4. NYT (vgl. Anm. 2); auch der Journalist der DN war dieser Ansicht.
5. 1. 11. 1929
6. Casey, S. 114 und 118
7. TAX: T vom 10. 10. 1929
8. Der NYT zufolge fragte Taylor nach einem gewissen »Sorello«, der Vorname wird in diesem Artikel nicht genannt. Mit der Schreibweise »Seritella« folge ich dem Artikel des T, allerdings nicht bei der Wiedergabe von Capones Antwort (»er ist ein Bekannter«), sondern zitiere sie nach der NYT. Es ist allerdings möglich, daß beide Reporter sich bei der Nennung des Namens verhört haben: Taylor hatte Capone vorher nach seinem Leibwächter Nick Circella gefragt, dessen Namen sowohl der T als auch die NYT mit »Sorello«, die DN mit »Serello« wiedergaben.
9. DN; im T findet sich die weniger plausible Antwort: »Er kämpft«.
10. Ausschließlich die NYT zitiert diese Antwort.
11. Die Version des T dieser Stelle ist wenig einleuchtend: demzufolge soll Capone zunächst geantwortet haben »Ich kann mich nicht daran erinnern, ich werde versuchen, es herauszufinden«, dann aber die Antwort gegeben haben, die ich hier nach der NYT zitiere.
12. Diese Lüge war so unnötig, daß sie den Schluß zuläßt, Capone habe möglicherweise vergessen, daß er Henderson 10 000 Dollar gegeben und für die restlichen 30 000 Dollar eine Hypothek aufgenommen hatte.
13. In der Wiedergabe dieses Teils des Gesprächs weichen die drei Berichte leicht voneinander ab. Capones Antwort »Das ist meine persönliche Angelegenheit« wird nach der NYT zitiert und scheint in dieser Situation nur einleuchtend und folgerichtig.
14. Die Versionen des T und der DN dieser Stelle stimmen im wesentlichen überein (NYT läßt diese Passage aus); Capones Antwort wird nach DN zitiert, da die im T wiedergegebene − »Was hat Geld damit zu tun« − wenig Sinn macht.
15. Sinngemäß geben fast alle Quellen Russel so wieder; ich zitiere hier die NYT vom 15. 2. 1929.
16. Polizeibericht nach LeVell
17. T vom 15. 2. 1929

18. Polizeibericht nach LeVell
19. T vom 16. 2. 1929; J vom 15. 2. 1929 und NYT vom 16. 2. 1929 zitieren leicht voneinander abweichend Silloways Behauptung in voller Länge.
20. NYT vom 16. 2. 1929
21. Burns, S. 268
22. NYT vom 19. 2. 1929
23. Zu Silloways Versetzung: NYT vom 27. 2. 1929; zu seiner Entlassung: NYT vom 13. 3. 1929
24. NYT vom 18. 2. 1929;
25. T vom 18. und 24. 2. 1929
26. T vom 17. 2. 1929
27. T vom 18. 2. 1929
28. T vom 19. 2. 1929; in seiner Kolumne im MH vom 14. 2. 1963 schreibt Jack Kofoed, die Party habe am Abend des Massakers stattgefunden, während aus den zeitgenössischen Zeitungsberichten eindeutig hervorgeht, daß der Termin der darauffolgende Sonnabend war. Außerdem wird in einer Besprechung des Films »The St. Valentines Day Massacre« im MH vom 23. 7. 1967 darauf hingewiesen, daß eine Presseparty am Nachmittag des Massakers, wie sie in dem Film gezeigt wird, durch keinen einzigen Zeitungsbericht belegt ist. Es ist kaum vorstellbar, daß eine solche Party, sollte sie am 14. 2. 1929 stattgefunden haben, nicht in der Presse erwähnt worden wäre.
29. Gespräch mit Purdue
30. Eidesstattliche Erklärung von Light, Nat. Arch., DC
31. Eidestattliche Erklärungen der Polizisten J. M. Coroneas und M. C. Wood (und anderer)
32. Nirmaiers Aussage, TAX: T vom 26. 2. 1931; H&E vom 26. 2. 1931
33. Eidestattliche Erklärungen von Captain William P. Tremblay und anderen
34. T vom 22. und 23. 2. 1929
35. NYT vom 23. 2. 1929; im T erschien am gleichen Tag ein zurückhaltenderer, weniger enthusiastischer Artikel, in dem es hieß, daß durch den Fund des Wagens der Verdacht der Mittäterschaft von Polizisten im wesentlichen haltlos geworden sei.
36. T vom 22. 2. 1929; NYT vom 23. 2. 1929
37. o.Q., o.D.
38. T und NYT, beide vom 25. 2. 1929
39. T vom 26. 2. 1929
40. T vom 28. 2. 1929; die NYT vom 28. 2. 1929 berichtete, er sei in dem Hotel als »Al Rubenstein« angemeldet gewesen, was aber nicht stimmte.
41. o.Q. vom 14. 8. 1931
42. T vom 20. 3. 1921
43. T vom 28. 2. 1929
44. DN vom 25. 2. 1931: Aussage in dem Prozeß gegen Capone wegen Mißachtung des Gerichts
45. H&E vom 1. 3. 1929
46. T vom 5. und 6. 3. 1929; NYT vom 6. 3. 1929; DN vom 7. 3. 1929
47. NYT vom 16. 3. 1929
48. T vom 1. 3. 1929
49. T vom 27. 2. 1929
50. Nat. Arch., DC
51. Pasley, S. 48
52. T vom 10. 3. 1929
53. Ebd.
54. J vom 11. 3. 1929
55. H&E vom 19. 3. 1929
56. T vom 20. 3. 1929

57. NYT vom 27. 3. 1929
58. o.Q. vom 22. 3. 1929; Berichte mit ähnlichem Inhalt im T vom 26. und 27. 3. 1929
59. T vom 20. 3. 1929
60. T vom 28. 3. 1929; NYT vom 28. 3. 1929 zufolge handelte es sich um 6000 Dollar; der im J vom 27. 3. 1929 genannte Betrag von 50000 Dollar dürfte übertrieben sein.
61. Wenn nicht anders vermerkt, beziehe ich mich in der folgenden Darstellung auf das Protokoll der Sitzungen der Jury.
62. Einem Artikel des »Journal« in Milwaukee vom 11. 5. 1930 zufolge stammte die Idee von dem Geschworenen Massee, dessen Rechtsanwalt ihm den Namen Goddards genannt habe; die Darstellung der NYT, auf die ich mich im folgenden beziehe, scheint glaubhafter.
63. NYT vom 3. 5. 1929
64. »Journal« in Milwaukee vom 11. 5. 1930; »Northwestern University Bulletin« vom 6. 4. 1931
65. NYT vom 20. 4. 1929
66. Pasley, S. 244; Kobler, S. 257, informiert auch über die Tatsache, daß Thompson ein ehemaliger Gangster war, der von der Polizei gesucht wurde, weil er »versucht hatte, seine Frau und deren Liebhaber mit einer Maschinenpistole zu erschießen«. Im Protokoll der Jury wird das Vorstrafenregister Thompsons nicht erwähnt.
67. NYT vom 16.−18.12.1929 und vom 24.12.1929
68. Kobler, S. 260
69. Pasley, S. 260−261
70. o.Q. vom 2. 11. 1929
71. Gespräch mit Berardi: der Herausgeber war Harry Read.
72. T vom 21. 10. 1931
73. T vom 11. 7. 1949; TAX: T vom 15. 10. 1931 zufolge saß er eine lebenslängliche Haftstrafe in Marquette ab, wo ihn Phil D'Andrea mit einem Anwalt besuchte.
74. Kobler, S. 260
75. Ebd., S. 261 (Anmerkung)
76. NYT vom 31. 3. 1929
77. Burns, S. 273
78. Zitiert nach *Robbing Banks Was My Business* von J. Evetts Haley, Canyon/Texas: Palo Duvo Press, 1973, S. 85.
79. LD vom 2. 3. 1929; dort auch die folgenden Zitate aus dem »Globe« und dem »Record«

Anmerkungen zu Kapitel 21

1. MacCarthy und Mulroy betonten beide in Gesprächen die Bedeutung, die die Entscheidung im Fall Sullivan hatte; Irey, besonders S. XI, und Casey, S. 114, beschreiben Einzelheiten des Prozesses.
2. Casey, S. 118f.
3. Ebd., S. 135
4. Irey, S. 28−30
5. Zum Nettowertverfahren: Gespräch mit MacCarthy; Gespräche mit Mulroy und Marshall
6. Kobler, S. 286; Gespräch mit Mulroy
7. DN vom 24. und 25. 2. 1936 (Chronik)
8. H&E vom 17. 3. 1930; Kobler, S. 262 f.; Burns, S. 275
9. Peterson, S. 213, der sich auf Asburys Artikel in *Colliers* vom 19. 4. 1947 bezieht.
10. Allsop, S. 213; gegen Lombardo und Guinta war, kurz nachdem Capone 1927 ins »Exil« gegangen war, Anklage wegen des verdeckten Tragens einer Waffe erhoben worden: H&E vom 13.12.1927.

11. Burns, S. 281
12. Gespräch mit Browne; Pasley, S. 329–332; Burns, S. 276–282; Allsop, S. 147 f.; Murray, S. 113–118
13. DN vom 8. 7. 1943 (Chronik); bei Allsop wird als Bühne für Capones inszenierten Racheakt (s. u.) ein »Rasthaus mit Club in Hammond in Indiana« erwähnt, das Murray als das »Plantation« identifizierte; Meyer bestätigte diese Angaben im Gespräch.
14. NYT vom 9. 5. 1929
15. Daß diese Konferenz bis zum 16. Mai dauerte, ist unbestritten; wann sie allerdings genau begann, ist unklar. In dem Artikel der NYT vom 18. 5. 1929 wird berichtet, die Konferenz habe drei Tage gedauert. Pasley, S. 326, zufolge hielt Capone sich »eine Woche« lang in Atlantic City auf; Murray, S. 137, scheint sich auf Pasley zu beziehen, wenn er behauptet, die Konferenz habe am 9. Mai begonnen. Allsop, S. 281, spezifiert das Datum nicht weiter, sondern schreibt lediglich, das Treffen habe im Mai stattgefunden, obwohl sein Bericht (S. 306 f.) ansonsten außerordentlich detailreich ist. Auch bei M&G, S. 105, und McPhaul, S. 250 und S. 256, wird kein genaues Datum angegeben. *Colliers* vom 19. 4. 1947 erwähnt eine Fotografie von Capone, Nucky Johnson und Frank Costello, die in verschiedenen Lokalzeitungen erschien.
16. Kobler, S. 265; bei Allsop findet sich eine kürzere Fassung, die bei ihm mit den Worten beginnt: »Wir einigten uns darauf, einen Schlußstrich unter die Vergangenheit zu ziehen.« Allsop geht allerdings davon aus, daß das Gespräch, auf das sich Capone bezieht, nicht zwischen Capone und allen versammelten Gangsterbossen, sondern zwischen Capone und Moran stattfand, der aber nicht an dem Treffen in Atlantic City teilnahm.
17. Die folgende Schilderung ist ein Zusammenschnitt aus verschiedenen Zeitungsberichten: BUL vom 17. und 18. 5. 1929 und vom 26. 6. 1929; REC vom 17. und 18. 5. 1929; LED vom 17. und 18. 5. 1929.
18. BUL vom 17. 5. 1929
19. REC vom 17. 5. 1929; LED vom 17. 5. 1929 zufolge rief Capone »Hallo, Shooey . . . ganz recht, wir haben Waffen bei uns«, bevor die Polizisten überhaupt ein Wort gesagt hatten.
20. REC vom 19. 5. 1929
21. BUL vom 18. 5. 1929
22. LED vom 17. 5. 1929
23. Das Folgende ist ein Zusammenschnitt von Artikeln aus: DN vom 17. 5.; LED vom 18. 5.; T vom 18. 5.; NYT vom 18. 5. – alle 1929
24. Die ausführlichsten Berichte finden sich in BUL und DN, beide vom 17. 5. 1929.
25. DN vom 17. 5. 1929
26. Wenn nicht anders angemerkt, wird im folgenden nach BUL vom 18. 5. 1929 zitiert.
27. BUL vom 29. 5. 1929
28. 21. 5. 1929
29. Der LED vom 18. 5. 1929 formulierte vorsichtig »so gut wie noch nie dagewesen«; in diesem Sinne auch der T vom 18. 5. 1929.
30. 18. 5. 1929
31. DN vom 17. 5. 1929
32. BUL vom 18. 5. 1929; (in leicht abweichender Fassung auch in REC vom 19. 5. 1929)
33. o.Q. vom 18. 5. 1929, BUL vom 18. 5. 1929, REC vom 18. 5. 1929 und T vom 20. 5. 1929 wiesen darauf hin, daß Capone normalerweise keine Waffe mehr bei sich trug.
34. NYT vom 19. 5. 1929; leicht abweichende Fassung in T vom 19. 5. 1929
35. BUL vom 4. 6. 1929
36. LED vom 18. 5. 1929
37. REC vom 21. 7. 1929
38. T vom 19. 5. 1929
39. T vom 20. 5. 1929

40. BUL vom 20. 5. 1929
41. BUL vom 4. 6. 1929
42. T vom 19. 5. 1929
43. BUL vom 18. 5. 1929
44. T vom 19. 5. 1929
45. BUL vom 18. 5. 1929
46. H&E vom 18. 5. 1929

Anmerkungen zu Kapitel 22

1. NYT vom 7. 11. 1928
2. H&E vom 15. 6. 1931; vgl. Irey, S. 36, zu näheren Einzelheiten und den folgenden Zitaten.
3. Irey, S. 25 f.
4. Kobler, S. 237
5. 26. 5. 1929
6. 3. 5. 1931
7. H&E vom 30. 4. 1931
8. Irey, S. 27
9. Ebd., S. 20
10. Ebd., S. IX−X
11. Irey, S. 29−31; DN vom 26. 2. 1936: Dort wird auch über die Aufdeckung der unter verschiedenen Namen geführten Konten von Ralph Capone berichtet; zu näheren Einzelheiten vgl. Irey, S. 31−33, der die fragliche Summe mit 3200 Dollar beziffert. Der DN zufolge lautete der Name des letzten Kontoinhabers »James Carson«, die anderen Namen wurden allerdings nicht genannt. In dem Bericht des T vom 10. 10. 1929 wurden zwar die Decknamen, einschließlich »James Carson«, veröffentlicht, aber keine Angaben über den Scheck oder über »Harry White« gemacht. Da der Artikel der DN in bezug auf den Scheck am gründlichsten recherchiert zu sein scheint (z. B. Datierung auf den 27. Juni 1928), folge ich bei Angabe der Summe diesem Bericht, bei Nennung der Decknamen aber Irey, der in diesem Punkt zuverlässiger ist.
12. BUL vom 29. 5. 1929
13. LED vom 16. 6. 1929
14. T vom 19. 8. 1929
15. REC vom 21. 6.; BUL vom 26. 6.; LED vom 27. 6; T vom 27. und 30. 6. 1929
16. T vom 5. 6. 1929
17. BUL vom 6. 6. 1929; H&E vom 6. 7. 1929
18. Vgl. z. B. J und NYT, beide vom 9. 8. 1929; REC vom 7. 9. 1929
19. Campbell Collection, Philadelphia Historical Society
20. H&E vom 18. 3. 1930
21. REC vom 21. 8. 1929
22. Ebd. und T vom 20. 8. 1929
23. LED vom 10. 8. 1929; auch BUL vom 9. 8. 1929
24. BUL vom 18. 7. 1929
25. REC vom 21. 9. 1929
26. BUL vom 7. 9. 1929; Capone war wegen einer Nebenhöhlenentzündung operiert worden, vgl. T vom 17. 3. 1930
27. T vom 9. und 10. 10. 1929; Irey berichtet noch genauer, Ralph sei aus der ersten Reihe heraus verhaftet worden. Zur Verhaftung durch Converse: Kobler, S. 262; zur Erhebung der Anklage: T vom 2. 11. 1929; zum Prozeß: T vom 9. 4. 1930.
28. Irey, S. 34
29. REC vom 4. 10. 1929

30. H&E vom 17. 3. 1930
31. Pasley, S. 352
32. Abendausgabe des LED vom 25. 11. 1929
33. REC vom 11. 12. 1929
34. T vom 20. 8. 1929
35. Nat. Arch., Chicago, Cert. 1944
36. Gespräch mit Meyer
37. DN vom 25. 2. 1936
38. H&E vom 23. 3. 1930
39. DN vom 7. 2. 1930
40. CN vom 25. 2. 1936; auch Irey, S. 45 f.
41. H&E vom 23. 3. 1930; DN vom 22. 3. 1930 nannte die gleiche Summe für Nittis Einkommen, aber einen höheren Betrag, den Nitti dem Staat schuldete. Wahrscheinlich wurden hier die Zinsen und die Geldstrafe hinzugezählt, obwohl auch diese Summe von der in H&E aufgeführten abweicht. Ich folge den Angaben des H&E, weil nur in diesem Artikel der genaue Betrag der von Nitti zu zahlenden Einkommenssteuer genannt wird.
42. Irey, S. 36
43. Wilson, S. 35
44. Spiering, S. 60
45. Die folgende Schilderung stützt sich auf: Wilson, S. 29−31 und S. 46−49; Irey, S. 46−48; DN vom 26. 2. 1936
46. Pasley, *Muscling In,* S. 63; Allsop, S. 312; Lyle, S. 197.
47. Irey, S. 45
48. BUL vom 15. 3. 1930
49. BUL vom 17. 3. 1930; LED vom 18. 3. 1930
50. BUL vom 17. 3. 1930
51. H&E vom 16. 3. 1930
52. BUL vom 15. 3. 1930; Chicagoer Zeitungen schrieben, Fisher befände sich auf den Bermudainseln (z. B. H&E vom 16. 3. 1930); Zeitungen in Philadelphia dagegen, die vermutlich besser informiert waren, berichteten, er sei zu den Westindischen Inseln gereist.
53. H&E vom 17. 3. 1930
54. LED vom 17. 3. 1930
55. Ebd.
56. H&E vom 17. 3. 1930
57. BUL vom 17. 3. 1930
58. LED vom 17. 3. 1930
59. BUL vom 17. 3. 1930
60. BUL vom 17. 3. 1930; LED vom 18. 3. 1930
61. T vom 18. 3. 1930; H&E vom 18. 3. 1930
62. BUL vom 18. 3. 1930
63. LED vom 18. 3. 1930
64. Gespräch mit Meyer
65. T vom 18. 3. 1930; dieser Vorfall wird durch keine andere Quelle belegt.

Anmerkungen zu Kapitel 23

1. DT vom 18. 3. 1930
2. H&E vom 20. 3. 1930
3. H&E vom 19. 3. 1930
4. T vom 16. 3. 1930

5. DN vom 21. 3. 1930
6. Nach einer Kopie der Anklageschrift im Archiv des »Herald« in Miami, in der der Telegrammtext zitiert wird; das Telegramm ist vom 19. 3. 1930 datiert.
7. BUL vom 22. 3. 1930; H&E vom 22. 3. 1930. Capone hatte zuvor verschiedene Erklärungen abgegeben, weshalb er eine Brille brauche: weil die »blendend weißen Wände« im Gefängnis ihm die Augen ruiniert hätten (T vom 17. 3. 1930) bzw. das Lesen in der schlecht beleuchteten Zelle (DN vom 21. 3. 1939).
8. Zu Eliot Ness vgl. Ness, S. 11−21
9. Ness, S. 129−130, schreibt, dieses Telefongespräch habe am 18. März, also am Tag nach Capones Entlassung stattgefunden. Dagegen sagte Capone Stege, er sei von Philadelphia nach Chicago mit dem Auto gefahren und habe die Stadt erst am 20. März erreicht. Einer der Zeugen dieses Gesprächs in Steges Büro behauptete, Capone habe ihm anvertraut, er sei seit dem 19. März in Chicago. Beide von Capone genannten Termine scheinen wahrscheinlicher als der 18., wenn man bedenkt, daß es damals noch keine Schnellstraßen gab. Noch dazu hatte Capone angegeben, er habe die Nacht vom 17. auf den 18. März gemeinsam mit Rio in Philadelphia verbracht.
10. T vom 22. 3. 1930; ich stütze mich bei meiner Darstellung im folgenden, wenn nicht anders angemerkt, auf diesen Bericht.
11. DN vom 21. 3. 1930
12. Im Bericht des T wird erwähnt, daß Stege und Ditchburne das Gespräch mit Capone später rekonstruiert haben.
13. DN vom 21. 3. 1930
14. Das Interview, das Herrick mit Capone führte, erschien im T vom 22. 3. 1930
15. T vom 23. 3. 1930
16. MDN vom 28. 3. 1930
17. T vom 28. und 29. 3. 1930; DN vom 29. 3. 1930
18. o.Q. vom 2. 4. 1930
19. Kobler, S. 281 f.
20. T vom 21. 12. 1930
21. Gespräch mit MacCarthy
22. Diesen Schluß läßt die Darstellung des Sachverhalts durch Marshall, MacCarthy und Mulroy zu.
23. T vom 19. und 20. 11. 1930
24. Die der ABA angegliederte Section of Litigation trug für die Rekonstruktion des Steuerprozesses gegen Capone das im folgenden zitierte Material zusammen; ich danke der ABA für die Überlassung einer Kopie.
25. Wilson, S. 43
26. Wilson, S. 43 f.
27. T vom 16. und 17. 4. 1930; zum Urteil: T vom 26. 4. 1930 und Irey, S. 35
28. Dieser Brief wird in der Literatur zu Capone häufig, allerdings auch in verschiedenen Versionen zitiert; ich stütze mich hier auf die vollständige und beglaubigte Kopie, die mir die »Sun-Times« freundlicherweise zur Verfügung stellte.

Anmerkungen zu Kapitel 24

1. 11. 3. 1930
2. MDN vom 20. 3. 1930
3. Zu biographischen Daten vgl. Fisher Collection, Florida Historical Society
4. Redford, S. 153
5. Fisher Collection, Brief datiert vom 20. 3. 1930
6. Ebd., Telegramm datiert vom 26. 3. 1930
7. Ebd., Telegramm datiert vom 12. 4. 1930

8. MDN vom 8. 3. 1930
9. Ebd.
10. MDN vom 11. 3. 1930
11. MDN vom 13. 3. 1930
12. Fisher Collection; Redford, S. 112, 120−122
13. Redford, S. 52 und 59
14. Ebd., S. 196
15. Telefongespräch mit Sosin
16. Gespräch mit Sosin
17. Muir, S. 199; zu Pine: MH vom 26. 11. 1957, 26. 4. 1960 und 26. 2. 1966
18. Zu McCreary als Hotelmanager: Zeugenaussage im Verfahren zur Schließung von Capones Anwesen auf Palm Island (Chancery Case 301110); zum Prozeß von 1935: Zeugenaussage im Criminal Case 5027 − die Numerierung folgt derjenigen, die die Prozeßprotokolle im Archiv der Bezirksverwaltung von Dade County haben; das gilt auch für alle folgenden Fallnummern in diesem Kapitel.
19. MDN vom 11. 6. 1930
20. MDN vom 15. 3. 1930
21. Zu Capones geschäftlichen Aktivitäten in Miami: Gespräche mit Koivu und Sosin; zu »Capones Tower«: Manager des Westside Country Club; Ivan Rodriguez von der Forschungsstelle für Regionalgeschichte des Dade County; anon. über Capones Landhaus in den Everglades, von dem nur noch die Grundmauern stehen.
22. MDN vom 21. 3. 1930
23. MH vom 23. 6. 1968 (Chronik)
24. MDN vom 23. 5. 1930
25. MDN vom 5., 9., 11. und 15. 3. 1930, vom 6. 5. 1930 und 11. 6. 1930
26. MH vom 21. 3. 1930
27. MDN vom 21. 3. 1930
28. MDN vom 23. 3. 1930
29. MDN vom 10. 6. 1930; zur Einstellung des Verfahrens: MDN vom 1. 8. 1930
30. MDN vom 23. 4. 1930
31. MDN vom 1. 4. 1930; zur Verurteilung: MDN vom 26. 6. 1930 und 3. 7. 1930
32. MH vom 12. 4. 1930; MDN vom 12. und 16. 4. 1930
33. MH vom 21. 4. 1930
34. »Gerichtliche Verfügung zur Aufrechterhaltung der öffentlichen Ordnung«, Chancery Case 30110
35. MDN vom 30. 4. 1930
36. Wenn nicht anders angemerkt, stützt sich die folgende Darstellung auf eine Abschrift der Zeugenaussagen im Chancery Case 30276; die Anhörung war anberaumt worden, um über Capones Klage gegen die Stadt Miami und James Cox wegen Verschwörung und Freiheitsberaubung zu entscheiden.
37. MDN vom 9. 5. 1930
38. MH vom 14. 5. 1930
39. MDN vom 14. 5. 1930
40. MH vom 15. 5. 1930
41. Ebd.
42. MDN vom 16. 5. 1930; Case 30110
43. Fisher Collection, Brief datiert vom 27. 5. 1930
44. MH vom 25. 5. 1930
45. Ebd.
46. Fisher Collection, Brief an Fisher, datiert vom 29. 5. 1930
47. Case 30276
48. MH vom 30. 5. 1930
49. In dem Artikel des MH vom 18. 5. 1930 heißt es, es seien fünfzig Kinder gewesen;

nach dem Bericht eines bei der Party Anwesenden waren es etwa sechzig bis fünfundsiebzig (MDN vom 11. 6. 1930)

50. MDN vom 27. und 28. 5. 1930
51. Fisher Collection, Brief datiert vom 27. 5. 1930
52. Die folgende Wiedergabe der Zeugenaussagen: MDN vom 10.–14. 6. 1930
53. MH vom 15. 6. 1930
54. MH vom 20. 6. 1930; zu McCaskills Niederlage in dem Prozeß: MH vom 25. 6. 1930
55. MDN vom 12., 13. und 15. 7. 1930
56. Zeugenaussage im Verfahren wegen Schließung von Capones Anwesen
57. Hinweis von Rodney Dillon von der Broward County Historical Society

Anmerkungen zu Kapitel 25

1. DN vom 24. 4. 1930, die im Februar bereits eine ausführlichere Liste veröffentlicht hatte.
2. Biographische Daten zu Lingle: T vom 10. 6., 30. 6. und 1. 7. 1930; Boettiger, S. 25–40.
3. Browne, S. 9; die Summe von zwölf Dollar, die Lingle in Brownes Roman verdient, klingt glaubwürdig, wenn man in Betracht zieht, daß Spirko zufolge der Durchschnittslohn fünfzehn Dollar betrug. Lingles Beförderung zum Reporter auf Probe entsprach, wie Browne schreibt, der üblichen Geschäftpolitik des »Tribune« und war keine besondere Auszeichnung. Das Motto hieß: Entweder, man hatte sich in vier Monaten hochgearbeitet, oder man konnte gehen. Alle Fakten, die ich im folgenden aus dem Roman übernehme, wurden mit Browne abgeklärt, um die Ergebnisse seiner umfangreichen Recherchen von dem zu trennen, was seine schriftstellerische Phantasie hinzugefügt hat.
4. Gespräch mit Spirko
5. Der T vom 10. 6. 1930 schrieb, die Freundschaft zwischen Lingle und Russell bestehe schon seit zwanzig Jahren und hatte begonnen, als Russell noch ein einfacher Streifenpolizist war. Laut Boettiger, S. 27f., lernten sie sich erst kennen, als Russell schon Lieutenant war. Sullivan (»Surrender«, S. 8f.) behauptet, Lingle habe zu verhindern versucht, daß Russell Hughes Nachfolger als Polizeichef wurde, was allerdings vom »Tribune« und der Stadtverwaltung vehement bestritten wurde.
6. T vom 11. 6. 1930
7. Dem T vom 1. 7. 1930 zufolge kostete diese Suite acht Dollar am Tag. Browne, S. 5, dagegen gibt den Preis auf der Grundlage seiner Recherchen bei der Hotelleitung mit 300 Dollar pro Woche an. Wie Browne im Gespräch mitteilte, hatte Lingle eine Geliebte, die für einen Börsenmakler arbeitete.
8. T vom 21. 6. 1930; in einem Artikel vom 10. 6. 1930 hatte der T noch berichtet, das Haus befände sich in Grand Beach in Michigan, diese Angabe aber in dem späteren Artikel, der Swansons offizielle Schilderung der finanziellen Verhältnisse Lingles enthält, korrigiert. In einem Artikel des T vom 30. 6. 1930 berichtete Lingles direkter Vorgesetzter, daß dieser wie viele seiner Freunde bei der Polizei, seine Sommerferien in Holland in Michigan zu verbringen pflegte, bevor er das Haus in Long Beach kaufte.
9. T vom 10. 6. 1930
10. Ness, S. 130f.
11. T vom 10. 6. 1930 und 1. 7. 1930; Boettiger, S. 42–45; das Telefongespräch zwischen McLaughlin und Swanson hörte einer von Lingles Kollegen mit.
12. T vom 1. 7. 1930 (Zitat aus H&E)
13. Ebd. (Zitat aus DN und H&E)
14. Browne, S. 4

15. T vom 29. 6. 1930
16. T vom 10. 6. 1930
17. Zum Mord an Lingle: T vom 10. 6. 1930; Boettiger, S. 16−25; Browne, S. 23 f.; Boettiger behauptete später, die Aufforderung, auf Hy Schneider zu setzen, habe nicht Lingle gegolten. Browne hält dagegen, aus seiner Befragung des Zeitungsverkäufers gehe eindeutig hervor, daß dieser Satz an »Jake« gerichtet war und daß Lingle auch darauf antwortete. Kurz nach dem Mord war man davon ausgegangen, daß Lingle angesprochen worden war, damit der Killer wußte, auf wen er zu schießen hatte − eine Theorie, die Boettiger widerlegen wollte. Boettiger arbeitete zu dem Zeitpunkt für den »Tribune« und versuchte in seinen Artikeln zu belegen, daß der verurteilte Leo Brothers tatsächlich der Mörder Lingles war und daß er die Tat allein verübt hatte, worüber keineswegs Einigkeit herrschte (s.u.). Der Herausgeber des »Tribune«, McCormick, hatte geschworen, den Mörder Lingles zu finden, und die Zeitung vertrat den Standpunkt, daß mit der Verurteilung Brothers der Mord an ihrem Mitarbeiter gerächt war. Wenn es dagegen stimmte, daß der Killer Komplizen gehabt hatte und diese noch frei herumliefen, dann war der Mord keineswegs gesühnt. Boettiger verließ später den »Tribune«, weil er mit der ablehnenden Haltung der Zeitung zum New Deal nicht einverstanden war und es ihm mißfiel, als Korrespondent in Washington Franklin Roosevelt feindselige Fragen stellen zu müssen. Hinzu kam, daß er sich in die Tochter des Präsidenten, Anna, verliebt hatte, die er später heiratete. Boettiger ging zu Hearst, der ihn zum Herausgeber des »Post-Intelligencer« in Seattle machte (McPhaul, »Deadlines«, S. 275−277).
18. T vom 31. 7. 1930
19. T vom 26. 6. 1930
20. T vom 16. 6. 1930; Boettiger, S. 60 f.
21. T vom 18. 6. 1930; schon in einem Artikel der DN vom 13. 6. 1930 hatten verschiedene Mitglieder des Stadtrats Russells und auch Steges Absetzung gefordert; Stege wurde später wieder in sein Amt eingesetzt.
22. T vom 30. 6. 1930
23. T vom 18. 6. 1930
24. Boettiger, S. 46−49; DN vom 5. 7. 1930
25. Gespräch mit Browne
26. H&E vom 3. 7. 1930; Newberry war nach dem Kauf der Waffen noch einmal zu von Frantzius gekommen, um die Seriennummer der Mordwaffe entfernen zu lassen.
27. DN vom 1. 7. 1930
28. DN vom 2. 7. 1930
29. DN und H&E, beide vom 12. 7. 1930; Sullivan, *Surrenders,* S. 17 f., schreibt: »Es war von Anfang an offensichtlich, daß die Polizei es ablehnte, in Foster den Mörder zu sehen . . . Damit hätte sie ihre Fahndung und die ersten Erfolgsmeldungen in Frage gestellt, die sie unter dem Druck der Öffentlichkeit, den Fall so schnell wie möglich aufzuklären, bekanntgegeben hatte.«
30. Zuta hatte sich als Schrotthändler betätigt, bevor er sein Geld in billige Hotels und Pensionen investierte, die er dann in einträgliche Bordelle umwandelte; vgl. dazu Boettiger, S. 103, der auch darüber informiert, daß Zuta russischer Herkunft gewesen ist, sein Nachname ursprünglich »Zoota« lautete und Bratz sein Cousin war; sein richtiger Name war Eli Zoota.
31. DN vom 1. 7. 1930; T vom 1. 7. 1930; Sullivan, *Surrenders,* S. 21−22; Boettiger, S. 94
32. Quellen wie in Anm. 30.
33. T vom 2. und 3. 7. 1930; DN vom 14. 7. 1930; H&E vom 15. 7. 1930
34. Der Bericht der DT vom 2. 7. 1930 weicht von dem des T gleichen Datums leicht ab; ich habe im folgenden beide Darstellungen zugrunde gelegt. Pasley, S. 302−305, schreibt, daß Barkers Wagen ein Pontiac war; bei ihm findet sich auch die Angabe, daß der Benzintank des Wagens zerschossen wurde. In dem Bericht des T dagegen

hieß es lediglich, der Tank sei leer gewesen, während die DT schrieb, Barker habe den Wagen der Killer in den Qualmwolken des Auspuffs aus den Augen verloren. Zu Barkers Zeit als Marineinfanterist: T vom 3. 7. 1930.

35. Allsop, S. 161
36. Brundidge hatte sich bereit erklärt, vor einer Grand Jury die Namen derer zu nennen, die die Verbindungen zwischen der Presse und der Unterwelt aufrechterhielten; in seinen Artikeln wollte er sie allerdings nicht abdrucken. Sie wurden schließlich u. a. von Boettiger, S. 91, aber auch schon im T vom 20. und 25. 7. 1930 und bei Sullivan, *Surrender,* S. 84 und 95 f. veröffentlicht.
37. Das folgende Interview: T vom 19. und 20. 7. 1930; H&E vom 19. 7. 1930
38. Z.B. T vom 13. 7. 1930
39. T vom 25. 7. 1930
40. DT vom 30. 7. 1930; T vom 1. 8. 1930
41. Zum folgenden vgl. Boettiger, S. 179−81; für das Stattfinden dieses Treffens gibt es keine offiziellen Belege, allerdings läßt sich rekonstruieren, daß der Termin wahrscheinlich der 21. 10. 1930 war.
42. Boettiger, S. 189
43. Ebd., S. 202
44. Zu den verschiedenen Namen: ebd., S. 109, 221 und 251
45. Ebd., S. 282
46. T vom 31. 7. 1930
47. Browne, S. 228 f.
48. H&E vom 4. 4. 1931; Allsop, S. 173, behauptet, Capone habe Brothers »der Justiz übergeben«, nachdem Roche erklärt hatte, er wolle den Mörder lebend; es existieren allerdings weder *Beweise* dafür, daß Brother wirklich das Opfer eines Kuhhandels wurde, noch daß Capone diesen inszeniert hat.
49. Boettiger, S. 298 f.
50. Browne, S. 263
51. Siehe z. B. die Schlagzeile des H&E vom 3. 8. 1930: POLIZEI IST ÜBERZEUGT: REPORTER-KILLER WURDE VON SPIELKÖNIG ANGEHEUERT
52. Zum Mord an Zuta: DT vom 2. 8. 1930; H&E vom 3., 4. und 9. 8. 1930; T vom 2. 8. 1930; der Titel des Liedes, das Zuta gerade spielte, wird allgemein nur als »Good for You, Bad for Me« angegeben. In voller Länge wird er hier nach Allsop, S. 170, zitiert, der als echter Kenner und Liebhaber hinzufügt, daß der Schlager aus der Show »Flying High« stammt; zur Anzahl der Kugeln, die Zuta trafen: Pasley, S. 305.
53. DN vom 24. 10. 1930; T vom 15.12.1930
54. T vom 2. 8. 1930
55. H&E vom 16.−20. 8.; T vom 16., 17., 19. und 20. 8.; DT vom 18. und 19. 8. − alle aus dem Jahr 1930
56. Sullivan, *Surrenders,* S. 141; Pasley, S. 312

Anmerkungen zu Kapitel 26

1. anon.
2. Gespräch mit McNichols
3. Gespräch mit Refke
4. Gespräch mit Ristig
5. H&E vom 9. 6. 1931
6. DN vom 25. 2. 1930
7. DN vom 6. 3. 1930
8. T vom 20. und 26. 4. 1930; DN vom 25. 4. 1930; die NYT vom 19. 4. 1930 berichtet über seinen wachsenden politischen Einfluß.

9. T vom 2. 9. 1930
10. Murray, S. 150; ursprünglich war die Weltausstellung erst für das Jahr 1937 geplant, in dem auch das hundertjährige Jubiläum der städtischen Verfassung zu feiern war. Um die durch die Depression geschwächte Wirtschaft anzukurbeln, wurde der Termin auf 1933 vorgezogen. Als Anlaß diente in diesem Jahr das hundertjährige Jubiläum der Stadtgründung.
11. Libonati erklärte sich nicht zu einem Gespräch mit mir bereit; offenbar war er immer noch verärgert über einen Journalisten aus Texas, von dem er sich hintergangen fühlte. Richter Marovitz äußerte, er habe Libonati als einen vernünftigen und umgänglichen Mann kennengelernt, als er selbst noch Anwalt war.
12. NYT vom 5. 7. 1931
13. H&E vom 13. 5. 1930
14. T vom 7. 2. 1931
15. o.Q. vom 16. 5. 1931
16. T vom 2. 10. 1931
17. Murray, S. 163−167
18. DT vom 28. 5. 1930
19. T vom 6. 12. 1930
20. o.Q. vom 31. 3. 1931
21. DT vom 15. 6. 1932
22. o.Q. vom 18. 3. 1932
23. »Eagle« in Brooklyn vom 22. 7. 1931
24. DN vom 26. 2. 1931
25. o.Q. vom 7. 2. 1933
26. DN vom 14. 6. 1964 schreibt, der Reformer Saul Alinsky sei auch anwesend gewesen; Allsop, S. 293, zufolge waren etwa zehntausend Pfadfinder bei dieser Veranstaltung, die seiner Meinung nach kein Footballspiel mehr war, sondern schon eher einer »Kundgebung« ähnelte.
27. T vom 5. 8. 1930
28. T vom 13. 12. 1931
29. Murray, S. 124 f.
30. Die »Post« in Chicago vom 14. 11. 1930 berichtete, es seien lediglich 1100 Menschen täglich; in der Mehrzahl der Artikel wird dagegen von 3000 gesprochen, die mit einem Kostenaufwand von etwa 2000 Dollar pro Woche in den Suppenküchen verpflegt wurden; vgl. z. B. Los Angeles Examiner vom 16. 11. 1930; NYT vom 14. 11. 1930.
31. Burns, S. 311 f.
32. S-T vom 15. 4. 1951
33. BUL vom 20. 5. 1979
34. Kobler, S. 215, zitiert diese Sätze im Zusammenhang der Pressekonferenz, die Capone Ende 1927 gab, bevor er nach Los Angeles fuhr; diese Äußerungen finden sich allerdings in keinem der Zeitungsberichte, die nach dem Interview erschienen sind.
35. NYT vom 29. 12. 1929; zu Vallee und Holtz: Jessel, S. 100
36. Richman, S. 6−13
37. Barrymore, S. 264
38. Cohn, S. 3−25 und 89 f.; es ist fraglich, ob McGurn wirklich hinter dem Anschlag auf Lewis steckte: McGurn schickte normalerweise keine Killer, sondern erledigte seine »Arbeit« meistens selbst. Außerdem ließ er seine Opfer nicht zurück, ohne sicherzustellen, daß sie wirklich tot waren. Lewis hatte zahlreiche Feinde, unter ihnen auch eine Reihe betrogener Ehemänner; Berardi bezweifelt, daß McGurn der Drahtzieher war.
39. Hecht, S. 486 f.
40. Zu Capones frenetischem Applaus: »Examiner« in Los Angeles vom 15. 11. 1930; zu

den Dementis: »Times« in Los Angeles vom 16. 11. 1930; David Stenn fand diese Geschichte offenbar so faszinierend, daß er sie − allerdings ohne die Dementis zu erwähnen − in seine Biographie der Schauspielerin aufnahm (vgl. Clara Bow: *Runnin' Wild,* New York 1988, S. 204 f.).

41. Zu O'Hare: DN vom 20. 5. 1943 (Chronik); zu dem Vorfall mit George Remus: T vom 16. 11. 1939; daß O'Hare »der beste Polizeispitzel« war, schrieb DN vom 16. 11. 1939, daß er der »wichtigste Einzelfaktor« war, Wilson, S. 42. MacCarthy machte im Gespräch auf den eigenartigen Umstand aufmerksam, daß O'Hare offenbar glaubte, nur mäßig einflußreiche Beamte der Finanzbehörde könnten seinem Sohn eher einen Platz in Annapolis verschaffen als Capone. Es ist denkbar, daß O'Hare sich dadurch selbst vor der Verfolgung durch die Behörden schützen und gleichzeitig in dem lukrativen Geschäft mit den Hunderennen bleiben wollte.

42. Wilson, S. 33; zu Malone vgl. ebd., S. 33−35; Irey, S. 38−44 und 58−60

43. Wilson, S. 33−34; Irey, S. 38

44. Irey, S. 40; zur Tarnung als »Gangster aus Philadelphia«: Wilson, S. 34. Irey versucht dem möglichen Einwand des Lesers, die Organisation hätte sich darüber wundern müssen, daß keiner »Lepito« aus Brooklyn oder Philadelphia von früher her kannte, zu entkräften, indem er dagegenhält, Gangster seien »nie besonders gesellig« (Irey, S. 43).

45. Irey, S. 58

46. Wilson, S. 35; Irey berichtet in seinem Buch ausführlich über Malones Teilnahme an diesem Dinner: Wilson habe vorgeschlagen, daß Malone bewaffnet zu der Party gehen sollte. Als man ihm sagte, daß alle Gäste ihre Waffen an der Tür abliefern mußten, habe Wilson Malone angewiesen, zwei Revolver mitzunehmen und nur einen abzugeben (Meyer berichtete, daß die Gäste bei solchen Gelegenheiten nach Waffen abgeklopft wurden, das Verstecken eines Revolvers am Körper also kaum Zweck gehabt hätte). Als man Malone ein Pfeffersteak servierte, habe er einen solchen Hustenanfall bekommen, daß ihm die Waffe vom Gürtel in die Hose gerutscht sei. Es sei ihm allerdings gelungen, sie unauffällig wieder an ihren Platz zu schieben, wobei er seinerseits »Blut und Wasser« geschwitzt habe. Wilson erwähnt in seiner Darstellung zwar das Pfeffersteak, aber nicht die Waffe.

47. Wilson, S. 44 f.

48. anon.

49. Ness, S. 218, S. 240

50. Ebd., S. 83 f.

51. Ebd., S. 27

52. MDN vom 20. 4. 1959

53. Ness, S. 148; weitere Beispiele für die Heraufbeschwörung einer »Großen Bedrohung« finden sich auf S. 141 f. und 185 f..

54. Wilson, S. 44 f.

55. Ness, S. 168−177

56. Ebd., S. 159 f.

57. Ebd., S. 189 f.

58. MDN vom 20. 4. 1959

59. Die anschließende Schilderung folgt Wilson, S. 36−39, sowie Irey, S. 52−55

60. Kobler, S. 326 f.

61. T und NYT, beide vom 17. 9. 1930

62. T vom 4. 2. 1922

63. DN und H&E, beide vom 25. 10. 1930

64. DN und H&E schreiben den Namen irrtümlich »Prestigiacoma«, geben aber richtig die Kurzform »Presto« an; im T vom 1. 4. 1931 u.ö. dagegen wird der Name korrekt − so wie auch hier im Text − geschrieben.

65. Mord an Aiello: Zusammenfassung der Artikel des T, DN und des H&E, alle vom

24. 10. 1930; DN zufolge wurde Aiellos Körper von sechzig Kugeln durchsiebt; Boettiger, S. 182, und Browne, S. 214, schreiben, er sei bei der ersten auf ihn abgefeuerten Salve »mehrfach«, bei der zweiten von siebunddreißig Geschossen getroffen worden. In dem Artikel des T vom 25. 10. 1930 hieß es, seine Leiche habe fünfundsiebzig durch »Gewehrkugeln und Maschinenpistolengeschosse« verursachte Einschußlöcher aufgewiesen.

66. H&E vom 13. 2. 1931; T vom 24. 2. 1931
67. DN vom 3. 11. 1930; T vom 4. 11. 1931
68. H&E vom 18. 11. 1930; T vom 19. 11. 1930
69. »Post« in Chicago vom 21. 11. 1930;
70. Vgl. T und DT, beide vom 15. 12. 1930, wo sich eine überschwengliche Beschreibung aller Einzelheiten der Hochzeitsfeierlichkeiten findet, die eine Reporterin als »sehr elegant, aber nicht übertrieben« schildert.
71. SUN vom 25. 9. 1945.

Anmerkungen zu Kapitel 27

1. Das folgende Interview: H&E vom 18. 1. 1931
2. Gespräch mit Meyer
3. Kobler, S. 242 f., zitiert Serritellas Brief an Bürgermeister Thompson, den dieser in einer Wahlkampfschrift verwenden wollte; vgl. auch Murray, S. 125
4. Barrymore, S. 255
5. T vom 22. 2. 1931
6. Dobyns, S. 106; auch NYT vom 24. 2. 1931
7. DN vom 25. 2. 1931
8. T vom 26. 2. 1931
9. DN vom 25.–27. 2., T vom 26.–28. 2., H&E vom 26.–28. 2., alle 1931
10. H&E vom 26. 2. 1931
11. Kobler, S. 316, nennt insgesamt sieben Bücher, die von Capone handeln, und berichtet, Capone habe hundert Exemplare von »Al Capone on the Spot« gekauft. McPhaul, S. 247, schreibt, Capone habe einen seiner Kollegen gefragt, ob er nicht seine Biographie schreiben wolle – allerdings unter der Voraussetzung, daß er die Morde ausließ. Frank Mount, der das vorliegende Buch redigiert hat, hält es für undenkbar, daß ein Verlag 1931 zwei Millionen Dollar für die Autobiographie angeboten haben könnte: »Noch 1960«, schreibt er, »sorgten Vorabhonorare von 20 000 Dollar in den Redaktionskonferenzen für ehrfürchtiges Schweigen«.
12. T vom 26. 2. 1931; DN vom 25. 2. 1931
13. Phillips ließ sich anscheinend von allen herumschubsen: Als Maes Bruder, Danny Coughlin, einen Autounfall hatte, schrieb Phillips eine Rechnung über 2 000 Dollar, die Behandlung durch einen Spezialisten eingeschlossen, gab sich dann aber mit der Hälfte zufrieden, als Capone ablehnte, die Summe zu zahlen. Die Rechnung für Capones Behandlung belief sich bis zu diesem Zeitpunkt auf drei- bis vierhundert Dollar, von denen Phillips allerdings noch nicht einen Cent gesehen hatte; statt dessen hatte Capone ihm eine Reihe von Patienten vermittelt. Ein Memo von George Johnson an den Generalstaatsanwalt vom 24. 7. 1929 (dem Zeitpunkt, zu dem sich Capone in Philadelphia aufhielt) belegt, daß die Bundesbehörden in Erwägung gezogen hatten, auch Phillips anzuklagen, dann aber davon abgesehen hatten, weil sie voraussahen, daß er als Zeuge gegen Capone von größerem Nutzen sein würde. Phillips wurde wegen seiner falschen eidestattlichen Erklärung nie vor Gericht gestellt.
14. T vom 28. 2. 1931; in den DN vom 27. 2. 1931 wird Capone mit den Worten zitiert: »Wir werden in die nächste Instanz gehen«; daß er damit allerdings wenig Aussicht auf Erfolg hatte, dürften seine Anwälte ihm klar gemacht haben.

15. T vom 28. 2. 1931 (Zitat des Stellvertretenden Bezirksstaatsanwalt Harry Ditch-burne).
16. DT vom 20. 3. 1931
17. NYT vom 4. 4. 1931
18. DT vom 3. 4. 1931; Lyle, S. 262 f., behauptet, Capone habe so lange gewartet, sich der Polizei zu stellen, »bis ich an ein anderes Gericht versetzt wurde«, um vor einem Richter zu erscheinen, »der ein Gegner meiner Politik der juristischen Härte und Unbestechlichkeit war«. Dazu ist zum einen anzumerken, daß sich Capone den Termin für den Prozeß wegen Mißachtung des Gerichts nicht aussuchen konnte, sondern das Datum von der Regierung bestimmt worden ist. Capone war somit gar nicht in der Lage, den Termin gerade in die Zeit zu legen, in der Lyle nicht am Gericht war. Zum anderen, und das ist noch entscheidender, mag Padden zwar tatsächlich korrupt gewesen sein – das waren viele Richter. (Paddens Bruder wurde ein paar Monate später wegen eines Fälschungsdelikts verurteilt, was selbstverständlich nicht gegen Padden selbst ausgelegt werden kann.) Aber Padden konnte in dem Prozeß wegen Landstreicherei gar nicht anders verfahren: Der Staat als Kläger hatte keinen Fall vorzuweisen. Wenn Lyle also andeutet, Padden habe aus dubiosen Gründen Capone eines Vergehens nicht für schuldig befunden, das er, Lyle, ihm hätte nachweisen können, dann ist das nicht nur billig, sondern auch eine Verleumdung. Abgesehen davon ist es nicht die Aufgabe eines Richters, dem Angeklagten Vergehen »anzuhängen« – was als Beleg dafür gelten mag, daß die Kritik an Lyles juristischer Kompetenz durchaus berechtigt war.
19. T vom 8. 4. 1931
20. Zu Einzelheiten der verschiedenen Anklageerhebungen vgl. unten im Text.
21. T vom 18. 9. 1931
22. T vom 3. 5. 1931
23. T vom 3. 5. 1931
24. T vom 2. 5. 1931
25. Ebd.
26. T vom 4. 5. 1931
27. Ebd.
28. T vom 17. 9. 1931
29. Ebd.
30. T vom 18. 9. 1931
31. T vom 17. 9. 1931
32. NYT vom 5. 6. 1931; T vom 6. und 7. 6. 1931 und vom 17. 10. 1931
33. T vom 6. 6. 1931; ein Dollar pro Jahr wurde abgezogen, um auf das in der Steuererklärung geforderte »angepaßte Einkommen« zu kommen.
34. 8. 6. 1931
35. Criminal Case 23256; Nat. Arch., Chicago; T vom 13.–14. 6. 1931
36. o.Q. vom 16. 6. 1931
37. REC vom 3. 8. 1931
38. TAX: T vom 31. 7. 1931
39. ». . . auf mir unerfindliche Weise«, wie Johnson sagte.
40. NYT vom 16. 6. 1931; der Anwalt war Billy Waugh, der Capone offenbar später nicht mehr vertrat.
41. o.Q. vom 7. 6. 1931
42. DT vom 16. 6. 1931
43. Ebd.
44. T vom 16. 6. 1931; H&E vom 16. und 17. 6. 1931; die Capone begleitenden Anwälte waren Ahern und Leopold B. Melnick, Waugh war nicht anwesend.
45. T vom 16. 6. 1931
46. LD vom 27. 6. 1931

47. »Colliers« vom 10. 10. 1931
48. »Outlook« vom 17. 6. 1931
49. LD vom 27. 6. 1931; dort auch die folgenden Zitate aus dem »Courier-Journal« und der »News«.
50. 1. 7. 1931
51. Anhörung beim Ernennungsverfahren Wilkersons, Teil 3 (vgl. Kap. 18, Anmerkung 73); Ross, S. 42
52. Busch, S. 201; NYT-Archiv: Materialsammlung für Wilkersons Nachruf
53. »Inquirer« in Philadelphia vom 30. 6. 1931; ausführlicher Bericht auch bei Busch, S. 199.
54. MDN vom 7. 6. 1931; Einzelheiten zu den mitgenommenen Möbeln: Materialien im Archiv des County Clerk, Dade County.
55. Kobler, S. 291
56. MH vom 23. 6. 1968
57. T vom 24. 6. 1931; 10 000 Dollar waren ein großzügiges Honorar: Capones Anwälte in Philadelphia hatten 15 000 Dollar dafür berechnet, daß sie Capone in dem Prozeß und in sechs schwierigen Berufungsverhandlungen vertreten hatten. Giblins und Gordons Leistungen erstreckten sich dagegen lediglich auf drei Auftritte vor Gericht und eine Kautionsverhandlung mit der Polizei (vgl. ABA-Dokumentation).
58. H&E vom 21. 6. 1931
59. BUL vom 15. 3. 1930

Anmerkungen zu Kapitel 28

1. Das folgende ist ein Zusammenschnitt der Artikel in H&E, DT, NYT und des United Press-Berichts in REC, alle vom 30. 7. 1931; das Interview mit dem H&E fand offenbar am Nachmittag statt; trotzdem erwähnt auch Ted Tod den in dem Artikel der NYT beschriebenen Pyjama; der UP-Reporter sprach am Abend mit Capone, der ein »Polohemd« und »unförmige braune Hosen« trug.
2. F.E. Blankenship in der DT vom 30. 7. 1931
3. DN vom 30. 7. 1931
4. H&E vom 31. 7. 1931
5. T vom 31. 7. 1931: Mitschrift der Verhandlung
6. DN vom 30. 7. 1931: Mitschrift der Eingangserklärung; Wilkerson brach die Verhandlung sofort nach seiner Eingangserklärung ab.
7. T vom 31. 7. 1931
8. DT vom 31. 7. 1931; T vom 1. 8. 1931
9. H&E vom 11. 9. 1931
10. Vanderbilt, S. 168–174; in einer wesentlich längeren Fassung dieses Interviews, die im »Liberty« vom 17. 10. 1931 erschien, werden Ausführungen Capones zitiert, in denen er darauf hinweist, wie wichtig es sei, die Armen zu versorgen, um eine rote Revolution zu verhindern. Kobler, S. 339, wendet dagegen zu Recht ein: »Es hat den Anschein, als ob Vanderbilt hier Capone seine eigenen Gedanken und Worte in den Mund legt«. Die Zitate klingen in der Tat nicht nach Capone, und es ist wohl bezeichnend, daß Vanderbilt selbst diese Passagen in seinem vier Jahre später erschienenen Buch nicht abdruckt.
11. T vom 13. 10. 1931
12. T; o.Q., o.D.; NYT, alle vom 4. 10. 1931. Der Herausgeber einer Studentenzeitung schrieb einen Anti-Capone-Leitartikel; die NYT vom 16. 10. 1931 druckte eine gekürzte Fassung dieses Leitartikels ab.
13. Grundlegende Berichte über den Steuerprozeß finden sich in den Nummern der DN vom jeweils gleichen Tag und in den Nummern des T und des H&E vom jeweils

folgenden Tag. Im folgenden werden Anmerkungen nur dann gemacht, wenn ein Sachverhalt in verschiedenen Berichten abweichend dargestellt wird. Wenn andere Quellen benutzt wurden, sind sie aufgeführt. Das Erscheinungsjahr aller Zeitungsartikel ist 1931.

14. Irey, S. 57 f.
15. Wilson, S. 50 f.
16. Der stellvertretende Staatsanwalt, Dwight Green, machte die Sache als erster publik, als er darüber im Presseklub sprach: o.Q. vom 8. 12.; Irey, S. 62, behauptet, er habe schon vorher, und zwar durch Malone, davon erfahren.
17. DN vom 6. 10.; H&E vom 7. 10; die Verteidigung konnte nur einwenden, daß eine ganze Reihe von ihnen erst vor kurzem Geschworene in anderen Bundesgerichtsverfahren gewesen waren.
18. NYT vom 7. 10.
19. H&E vom 12. 10.
20. H&E vom 7. 10.
21. DN vom 7. 10.
22. 8. 10.; Berger wurde als Autor erst in einer späteren Nummer genannt, aber aus dem einheitlichen Stil der Artikel über den Steuerprozeß geht deutlich hervor, daß er der Korrespondent der NYT war, der über den Prozeßverlauf berichtete.
23. Gespräch mit Mulroy
24. T vom 8. 10.
25. Gespräch mit Busch, durch Nashs Sohn bestätigt
26. Zu Ahern und Fink: NYT vom 8. und 9. 10., dort auch ein Bild von Ahern; ein Bild von beiden Verteidigern veröffentlichten H&E und DN, beide vom 8. 10.
27. NYT vom 9. 10.; der Ausruf findet sich allerdings in keiner der Mitschriften des Prozesses
28. H&E vom 9. 10.
29. T vom 9.10.
30. Im T vom 9. 10. hieß es, daß dies »eine nicht recht verständliche Anspielung« gewesen sei, »die einige für einen technischen Ausdruck aus dem Ringsport hielten«. Mein Bruder, Ted Schoenberg, der während seiner Schulzeit Mitte der dreißiger Jahre in einer Ringermannschaft und 1941 Mannschaftskapitän seines College-Teams war, hat diesen Ausdruck noch nie gehört. Auch zwei Promoter des Profi-Ringens, die ich am Telefon befragte, konnten mit dem Begriff nichts anfangen.
31. H&E vom 10. 10.
32. Ross, S. 69
33. T vom 10. 10.
34. Ebd.
35. Kobler, S. 344; in Wilsons Buch und in dem Artikel des »Colliers« wird dieser Wortwechsel zwar nicht erwähnt, aber er könnte eine Erklärung dafür sein, daß Phil D'Andrea am nächsten Tag tatsächlich von SIU-Agenten durchsucht wurde (s.u.).
36. In Ergänzung zu den Zeitungsberichten enthalten die ABA-Unterlagen eine skrupulös genaue Liste, in der für jeden vor Gericht genannten Posten Zeugen und Belege aufgeführt sind.
37. H&E vom 11. 10.
38. T vom 11. 10.; H. F. Ryder brachte vor, daß Capone ihm noch 125 Dollar für Baumaterialien schulde. Als er die Summe bei Capone, der allerdings nicht zu Hause war, habe eintreiben wollen, sei er von ein paar Schlägertypen äußerst unfein behandelt worden. Capone wurde nervös, als er das im Gerichtssaal hörte, beruhigte sich dann aber wieder, als Ryder im Kreuzverhör schließlich sagte, er sei sicher, »Mr. Al wird bezahlen« und hinzufügte, Capone sei »ein wirklich guter Mann«: DN vom 10. 10.; H&E und T vom 11. 10.
39. Wilson, S. 52, behauptet, er habe gesehen, daß D'Andreas Jacke von einer darunter

getragenen Pistole ausgebeult war und ihn in einer Gerichtspause dazu aufgefordert, mit ihm aus dem Saal zu gehen; die Agenten Tessem und Sullivan hätten ihm bei der Verhaftung geholfen. In zeitgenössischen Zeitungsberichten heißt es dagegen übereinstimmend, daß die Verhaftung »nach Ende der Gerichtssitzung« (T vom 11. 10.) stattgefunden habe und nicht während einer Pause.

40. NYT vom 13. 10.
41. T vom 13. 10.; das folgende wird nach dem Artikel der DN vom 10. 12. zitiert, der diese Szene ausführlicher wiedergibt.
42. T vom 14. 10.; der Rest des Zitats lautet: »oder an Pete Penovich« (den Manager).
43. Dem T vom 15. 10. zufolge erklärte Penovich, daß er mit dem »Smoke Shop« zu tun habe, was allerdings auf einer Verwechslung der Namen beruhte: Der Smoke Shop befand sich im Anton Hotel, gleich neben dem Hawthorne. Nach einer Razzia wurde Capones Zentrale ein paar Blocks weiter in die zweiundzwanzigste Straße verlegt und entweder »Subway« oder »Radio« genannt. Gleichzeitig wurde der Name »Smoke Shop« zu einem Oberbegriff für beide Lokale. Im T vom 14. 10. z. B. wird Ries Aussage zitiert, er habe mit Penovich im Subway gearbeitet.
44. H&E vom 15. 10.; alle Zeitungen hatten Kolumnen, in denen über Ereignisse, Stimmungen und Klatschgeschichten am Rande des Prozesses berichtet wurde; vgl. Kobler, S. 340−349, der eine besonders umfangreiche Sammlung dieser Meldungen zusammengestellt hat.
45. T vom 16. 10.
46. T vom 16. 10.
47. H&E vom 17. 10.

Anmerkungen zu Kapitel 29

1. »Post« in Chicago vom 24. 10. 1931
2. T vom 25. 10. 1931
3. »Post« vom 24. 10. 1931
4. Ebd.; DN vom 24. 10. 1931
5. H&E vom 25. 10.
6. Ebd.
7. »Post« vom 24. 10.
8. T vom 25. 10.
9. T vom 27. 10. 1931
10. T vom 29. 10. 1931
11. Gespräch mit Dornfeld, der sich auf den Bericht eines ehemaligen Häftlings beruft, welcher D'Andrea in seiner Zelle sah. Der Gefängnisdirektor erklärte, Capone und D'Andrea seien auf der Krankenstation untergebracht worden, weil er den anderen Insassen den Umgang mit den Bandenbossen ersparen wollte, der einen demoralisierenden Effekt auf sie haben würde (DT vom 26. 10. 1931). Capone und D'Andrea aßen nicht das Mittagessen aus der Gefängniskantine, sondern ließen sich diese Mahlzeit von draußen kommen (T vom 26. 10. 1931)
12. H&E vom 18. 12. 1931; zu weiteren Einzelheiten: DN vom 17. 12. 1931
13. T vom 18. 12. 1931
14. DT vom 26. 12. 1931; T vom 26. 1. 1932; DT vom 27. 1. 1932; T vom 26. 2. 1932
15. Kobler, S. 352
16. H&E vom 19. 10. 1931
17. Ross, S. 118−123; T vom 28. 2. 1932; o.Q. vom 1. 5. 1932
18. T vom 28. 2. 1932
19. o.Q. vom 3. 3. 1932
20. DN vom 9. 7. 1943 (Chronik)

21. Kobler, S. 353
22. Telefongespräch mit Thomas De Feo, dem Kurator des New Jersey State Police Archivs
23. Wilson, S. 57 f.
24. T vom 23. 4. 1932
25. BOP-Akte: Brief vom 12. 6. 1943 mit Einzelheiten zu den Urteilen, verbüßten Strafen und Entlassungsdaten prominenter Mitglieder aus Capones Organisation.
26. T vom 27. 10. 1931
27. H&E vom 4. 5. 1932
28. H&E vom 3. und 4. 5. 1932; T vom 5.5.
29. T vom 4. 5. 1932
30. Ebd.; Einzelheiten zu Morici: DT vom 3. 5. 1932
31. T vom 4. 5. 1932; H&E vom 4. 5. 1932 zufolge sagte Capone: »Ich wette, Mussolini ist noch nie so pompös verabschiedet worden«.
32. DT vom 4. 5. 1932; T und H&E vom 5. 5. 1932
33. T und H&E vom 5. 5. 1932
34. T vom 6. 5. 1932
35. DT vom 6. 7. 1936, Serie des Ex-Häftlings William S. Bolton
36. A vom 18. 11. 1932
37. H&E vom 4. 5. 1932
38. Rudensky, S. 57
39. T vom 1. 5. 1932 und 22. 9. 1932
40. A vom 22. 9. 1932
41. H&E vom 27. 4. 1933. Ursprünglich war die Verhandlung für den 19. Oktober 1932 angesetzt, dann auf November verschoben worden. In den Zeitungsberichten findet sich keine Erklärung dafür, warum der Prozeß mehrfach auf Betreiben der Bundesstaatsanwaltschaft vertagt wurde.
42. Rudensky, S. 58
43. Gespräch mit MacCarthy
44. Sinclair, S. 386–392
45. H&E vom 24. 1. 1933; Rudensky, S. 56
46. H&E vom 24. 1. 1933; der Gefängnisdirektor schrieb einen Brief, der in das Protokoll des Kongresses aufgenommen wurde: o.Q. vom 26. 1. 1933, AP-Meldung. Aus den BOP-Unterlagen geht im übrigen hervor, daß der Drehbuchautor Homer Croy für seine Sammlung »humoristischer Grabinschriften«, von denen einige prämortem geschrieben wurden, auch Capone um einen Beitrag bat. Capone verfaßte ein paar Sprüche, wie z. B. »Wenigstens muß ich jetzt keine Steuern mehr zahlen«, die jedoch von der Gefängnisleitung nicht an Croy weitergeleitet wurden, da man der Ansicht war, daß ein Gefängnis kein Ort sei, um Witze zu machen.
47. DT vom 15. 2. 1938
48. BOP-Aktenvermerke vom 18. 1. 1934 bis 20. 4. 1934 über Reparaturen an den Schuhen, die ein Jahr vorher angefertigt worden waren.
49. BOP-Akte: 18. 10. 1933
50. BOP-Akte: 15. 12. 1932
51. BOP-Akte: 31. 10. 1933
52. BOP-Unterlagen über persönliche Besitztümer des Häftlings vom 25. 8. (wahrscheinlich 1934, da dies Gegenstände waren, die Capone in Alcatraz nicht erlaubt waren) und vom 7. 10. 1934; als er nach Alcatraz verlegt wurde, ließ Capone alles bis auf die »Encyclopaedia Britannica«, die an Mae in Palm Island ging, an seine Mutter schicken.
53. Bennett, *Prison*, S. 99 f.
54. Ebd., S. 100
55. Kobler, S. 358; diese Episode wird von Rudensky, *Goniff*, nicht erwähnt; Kobler

bezieht seine Informationen aus einem Gespräch mit Rudensky und einem unveröffentlichten Manuskript Rudenskys.
56. DT vom 6. 7. 1936
57. Akten des FBI, Washington, D.C.
58. Bennett, *Prison*, S. 99

Anmerkungen zu Kapitel 30

1. Cummings, S. 29 f.
2. Godwin, S. 35–37
3. Zur Geschichte von Alcatraz vgl. Godwin, S. 15–27, 30 und 32–35; Johnston, S. 2–8 und 12 f.
4. Johnston, S. 13–15
5. Godwin, S. 79; in BES wird die erniedrigende Durchsuchung Theresas beschrieben.
6. Johnston, S. 12; zu Johnstons Person: Godwin, S. 76 f.
7. Rudensky, S. 61 f.; dort wird der Wärter als »S.O.B.« (Son of a bitch = Hurensohn) bezeichnet
8. Johnston, S. 18–21; Godwin, S. 83 f.
9. Zur Zensur der Post und zum Besuchsrecht in Alcatraz vgl. Johnston, S. 31–33; BES; Godwin, S. 80.
10. Zu den Mahlzeiten und zur Versorgung mit Tabak vgl. Godwin, S. 84 f.; Johnston, S. 245
11. BOP-Akte
12. Johnston, S. 35
13. Godwin, S. 77; Angaben korrigiert von Anne Diestel, BOP-Akte
14. Die exakten Zeiten des Tagesablaufs wurden von Anne Diestel auf der Grundlage von BOP-Unterlagen angegeben; vgl. auch: »Herald Tribune« in New York vom 6. 9. 1936: Interview mit einem Ex-Gefangenen; Kobler, S. 370 f.; Bennett, *Prison,* S. 20; Godwin, S. 80, und den Artikel des H&E vom 16.12.1934, in dem der Bericht John Stadigs zitiert wird, einem Häftling, der auf dem Rückweg von einem Gerichtstermin in Oregon floh; BES behauptet, es seien nur zwei Rasuren pro Woche gestattet gewesen.
15. Godwin, S. 121 f.
16. Johnston, S. 31
17. Bennett, *Prison,* S. 99
18. Johnston, S. 26 f.
19. Cummings, S. 33 f.
20. Johnston, S. 33–36
21. Bennett, *Prison,* S. 99
22. Godwin, S. 121
23. Johnston, S. 39
24. »Herald Tribune« in New York vom 6. 9. 1936
25. Johnston, S. 24
26. Den ausführlichsten Bericht über die Schlägerei und die folgende Bestrafung gibt Kobler, S. 374; Johnston, S. 36, der den Vorfall kaum erwähnt, schreibt, daß Capone mit acht Tagen im »Loch« bestraft wurde. T und H&E, beide vom 15. 3. 1936, zufolge waren es vier Tage; beide Artikel basieren auf einer AP-Meldung, in der ein »Gefängnismitarbeiter« zitiert wird, der nicht namentlich genannt werden wollte. BES schreibt den Namen von Capones Gegner »Collyer« und liefert Hintergrundinformationen über ihn. Daß allerdings, wie dort angegeben, Capone derjenige gewesen sein soll, der die nasse Wäsche warf, scheint angesichts des Tathergangs unwahrscheinlich. H&E vom 16. 2. 1937 schreibt den Namen »Collier«.

27. Godwin, S. 78 und 122
28. DT vom 9. 2. 1936; bei Audett, S. 217 f., findet sich eine dramatische, eher einseitige und daher nicht unbedingt zuverlässige Schilderung von Allens Tod.
29. Kobler, S. 374
30. DT vom 9. 2. 1936; Godwin, S. 127
31. BES
32. DT vom 23. und 24. 6.; T vom 24. und 26. 6.; H&E vom 25. 6. – alle 1936
33. Zu Zeitungsberichten über Prügeleien vgl. T vom 26. 6. 1936 und vom 24. 6. 1936; Johnston, S. 61; H&E vom 16. 2. 1937; zur Schlägerei mit Gardner: H&E vom 27. 6. 1938; Dementis der Gefängnisleitung in verschiedenen Artikeln: Godwin, S. 105, versichert, daß nur die Auseinandersetzungen mit Collier (dessen Namen er nicht nennt) und Lucas tatsächlich stattgefunden haben; vgl. auch T vom 26. 6. 1936; zu Cleaver: Gespräch mit Meyer; zur Bezeichnung »Desperado«: T vom 6. 5. 1932
34. DT vom 2. 7. 1936; DT und H&E, beide vom 26. 6. 1936; DT vom 15. 2. 1938
35. Johnston, S. 36
36. T vom 13. 2. 1936
37. Johnston, S. 27
38. Godwin, S. 105
39. Ebd., S. 123 f.
40. Johnston, S. 203 f.
41. Godwin, S. 86–89
42. »Herald Tribune« in New York vom 6. 9. 1936
43. H&E vom 27. 6. 1938
44. DT vom 10. 3. 1939; Koblers Schilderung, S. 378 f., enthält wesentlich mehr Details, darunter auch die Erwähnung Sullivans und Capones Bemerkung, er habe Torrios Waffe getragen.
45. Vgl. z. B. den Bericht des »National Enquirer« vom 22. 3. 1977 über den Arzt Edmund J. Ryan, der behauptete, er habe noch in Chicago an Capone einen Wassermanntest durchführen wollen. Capone habe sich aber geweigert, weil er »Angst vor dem Einstich der Nadel hatte«. Kobler, S. 357, zitiert D. Ossenfort aus Atlanta, der dringend zu einer Rückenmarkspunktion geraten habe, nachdem der Wassermanntest des Blutserums, »den Capone nur unter Protest über sich ergehen ließ, negativ ausgefallen war«, da das Testverfahren auf der Grundlage von Blutproben noch immer »einigermaßen ungenau« gewesen sei – aber Capone habe sich nicht einverstanden erklärt. Wie im Text dargestellt wird, war das Ergebnis dieses ersten Wassermanntests in Wirklichkeit positiv und Capone wurde bereits in Atlanta wegen Syphilis und einer Prostatitis behandelt.
46. BOP-Akte: Krankenbericht vom 7. 9. 1932
47. BOP-Akte: beide Briefe unter dem im Text angebenen Datum.
48. BOP-Akte: Krankenbericht vom 18. 11. 1939, in dem auch die Ergebnisse der Lumbalpunktion vom 12. 2. 1938 noch einmal aufgeführt werden.
49. Zusammenfassende Darstellung der Artikel in DN vom 8. 2.; T vom 10. 2., DN vom 16. 2. – alle 1939; vgl. auch Johnston, S. 37, der einen sachlicheren Bericht gibt; T vom 10. 2. bemerkt, daß die Berichte über den Einsatz einer Zwangsjacke übertrieben seien.
50. BOP-Akte: beide Telegramme unter dem im Text genannten Datum.
51. BOP-Akte: Bericht vom 4. 6. 1938
52. Die übliche Verkürzung der Haftzeit wegen guter Führung hätte zu einer vorzeitigen Entlassung am 19. 1. 1939 geführt; offensichtlich wurden Capone noch ein paar zusätzliche Tage erlassen.
53. BOP-Akte: Notiz vom 3. 11. 1938
54. T vom 29. 3. 1935; H&E vom 8. 11. 1936 zufolge belief sich Capones Steuerschuld ursprünglich auf die Summe von 386 406,52 Dollar, die dann aufgrund eines Kompro-

misses zwischen Behörde und Schuldner auf 220 980 Dollar reduziert wurde; die erste Anzahlung, um die Pfändung des Anwesens in Palm Island abzuwenden, betrug laut H&E 51 298 Dollar.

55. Kobler, S. 377, der einen Brief von Ralph zitiert.
56. Ebd., vgl. auch DN vom 10. 9. 1937, wo die Zahlung von 17 194 Dollar (s.u.) erwähnt wird. Die Höhe des Pfändungsbetrags stieg im Laufe der Zeit aufgrund der anfallenden Zinsen. Der Staat erhob zu unterschiedlichen Zeitpunkten verschiedene Forderungen: So betrug z. B. der am 19. 4. 1935 erhobene Pfändungsbetrag für die Steuerschuld aus dem Jahr 1924 9443,55 Dollar, der sich um 2082,67 Dollar Strafzuschlag und um 5719,55 Dollar Zinsen erhöhte. Am 9. 11. 1939 war dieser Betrag aufgrund der anfallenden Zinsen auf die Summe von 28 314,30 Dollar angestiegen: vgl. BOP-Akte: Vermerk über Pfändungsbeschluß wegen Steuerschuld vom 25. 10. 1939; BOP-Akte: Brief des IRS an die Gefängnisleitung von Terminal Island vom 9. 11. 1939; T vom 27. 8. 1940 zufolge betrug die vom Staat geforderte Gesamtsumme 265 887 Dollar.
57. A vom 5. und 8. 1. 1939
58. Zu Capones Transport: Johnston, S. 38; zu den sechs Gewichten: DT vom 9. 1. 1939; zu weiteren Details: A vom 8. 1. 1939; zu dem geplanten Anschlag von Vigilantengruppen: A vom 14. 11. 1939 in einem Artikel über Capones bevorstehende Entlassung aus dem Gefängnis Terminal Island.
59. BOP-Akte: Brief vom 16. 1. 1939
60. DT vom 9. 1. 1939
61. A vom 17. 1. 1939
62. A vom 28. 2. 1939
63. T vom 30. 3. 1939
64. BOP-Akte: Brief vom 31. 10. 1939
65. T vom 9. und 11. 11. 1939; A vom 11. 11. 1939; DN vom 20. 5. 1943 (Serie über unaufgeklärte Mordfälle); DT vom 10. 11. 1939 brachte Fotografien von einigen der Gegenstände, die in O'Hares Taschen gefunden wurden, darunter ein italienisches Gedicht (mit dem leicht veränderten Text des populären Liedes »Oi Mari, Oi Mari«: den Hinweis auf die Originalfassung verdanke ich anon. vom Italy-American Chamber of Commerce West, Inc.). Auf O'Hares Uhr waren die Worte *Amor Sempiternus* und die Namen *Ed-Sue* eingraviert: Ursula Suzanne Granata war O'Hares Verlobte. Außerdem fand man ein Gedicht über die Flüchtigkeit der Zeit und die Notwendigkeit, den Augenblick zu genießen.
66. DN vom 20. 5. 1939; A vom 29. 11. 1939
67. DN vom 20. 5. 1943 (Chronik)
68. DT vom 16. 11. 1939
69. BOP: Aktennotiz vom 19. 11. 1939

Anmerkungen zu Kapitel 31

1. Gespräch mit den Ärzten Lydia Bayne, Robert Rolfs und Roger Simon
2. H-A vom 16. 11. 1939
3. MH vom 17. 11. 1939
4. BOP-Akte: Brief vom 21. 12. 1939
5. Carol Ristau vom Union Memorial
6. DN vom 23. 1. 1940; MH vom 24. 1. 1940
7. MH vom 22. und 23. 3. 1940
8. Zu Coughlin als Gewerkschaftsfunktionär: DN vom 3. 4. 1940; zu Coughlin als Fahrer von Capone: Gespräch mit Purdue.
9. Kobler, S. 382

10. Ebd., S. 382
11. Ebd.
12. T vom 1. 8. 1940; MH vom 3. 8. 1940
13. Gespräch mit Saxe
14. H-A vom 26. 8. 1940
15. DT vom 6., 12. und 17. 2. 1941; T vom 13. 2. 1941; H-A vom 18. 2. 1941
16. DT vom 27. 1. 1947
17. Telefongespräch mit Kassoff
18. Kobler, S. 383 f., gibt das Jahr 1940 an. Zeitungsberichten zufolge war es 1941: In der DT vom 11. 9. 1941 hieß es, er sei vor »etwa einem Monat« angekommen (der Artikel enthielt aber auch falsche Angaben wie die, Vincenzo habe als »respektabler Geschäftsmann« in Omaha gelebt). Vgl. auch T vom 20. 9. 1951 und DN vom 21. 9. 1951 (Korrektur des DN-Artikels vom 19. 9. 1951, in dem das Jahr 1939 angeben worden war). Anlaß für beide Artikel war die Vorladung, die Vincenzo erhalten hatte, um in Ralphs Steuerprozeß vor einer Federal Grand Jury auszusagen.
19. DN vom 20. 9. 1951
20. T vom 20. 9. 1951
21. S-T vom 20. 9. 1951
22. Kobler; in dem Nachruf der DN vom 1. 10. 1952 wurde berichtet, er habe das Auge bei einer Schlägerei in Sioux City verloren; weder Gangster noch irgendwelche Verwandten wurden erwähnt.
23. Akten der St. Patrick's School; Gespräch mit dem Kaplan der Kirche, John Ingraham, der sich noch gut an die beiden erinnert. Der jetzige Priester, Reverend James P. Murphy, berichtete, daß Arnaz bei einem Besuch seiner ehemaligen Schule über seine Freundschaft mit Sonny sprach. Purdue bestätigte im Gespräch, daß die beiden »sehr gute Freunde waren«. Zur Flucht der Familie Arnaz aus Kuba: Harris, S. 39–42.
24. Zu Geschwindigkeitsüberschreitung: MH vom 23. 4. 1939; zum Unfall: MDN vom 3. 11. 1936
25. Kobler, S. 383
26. Gespräch mit Saxe
27. Besonders ausführlicher Bericht in MDN vom 31. 12. 1941
28. Gespräch mit Purdue
29. Brief von Casey an den Autor; auf Vermittlung von Officer Tom Hoolahan aus Miami Beach leitete Casey meine Bitte um ein Gespräch an Sonny weiter, der seine Adresse geheimhält. Casey schrieb in seinem Antwortbrief, daß Sonny nicht mehr an die Vergangenheit erinnert werden will, und daß er selbst aus Respekt und Loyalität seinem Schwager gegenüber nicht bereit sei, mit mir über Sonny zu reden.
30. MH vom 28. 6. 1946; Kobler, S. 385
31. Kobler, S. 385
32. DT vom 10. 9. 1941
33. T vom 13. 4. 1942
34. T vom 13. 8. 1943; DT vom 16. 8. 1943
35. DN vom 25. und 26. 6. 1946
36. MH vom 28. 6. 1946
37. MH vom 29. 6. 1946
38. SUN vom 3. 7. 1946
39. H-A vom 27. 6. 1946
40. MH vom 28. 6. 1946
41. MH vom 29. 6. 1946
42. MH vom 28. 6. 1946
43. Purdue sagte im Gespräch, daß Monsignore William Barry ihm erzählte, Capone habe bis zu seinem letzten Krankheitsschub beinahe jeden Morgen die Frühmesse

besucht. Anders ist wohl kaum zu erklären, daß Barry sich so kooperativ verhielt, wie unten im Text beschrieben.

44. NYT vom 21. 1. 1947; Nachruf: NYT vom 22. 1. 1947
45. Berichte über die letzten Tage und den Tod Capones: MH vom 22.–26. 1. 1947; SUN vom 26. 1. 1947
46. DT vom 25. 1. 1947
47. Es existieren Fotografien, auf denen man Ralph mit Speisen und Getränken beladen durch das Tor kommen sieht; daß er sich nicht helfen lassen wollte und keinen Korb benutzte, berichtete Sosin im Gespräch.
48. anon.: ein alter Bekannter von Monsignore Barry.
49. Gespräch mit Spirko
50. SUN 5. 2. 1947; Kobler, S. 386
51. Murray, S. 14
52. Die SUN vom 5. 2. 1947 war offenbar davon ausgegangen, daß die Grabinschrift Capones genauso aussehen würde wie die seines Vaters und Bruders und berichtete daher in ihrem Artikel, auf dem Stein stünden die italienischen Worte »QUI RIPOSA« (hier ruht), »NATO« und »MORTO« etc. LeVell besuchte und fotografierte das Grab. Er bezeichnete den Grabstein als Täuschungsmanöver und vermutete (wie sich später herausstellte, hatte er recht), daß die Familie von Anfang an vorhatte, die sterblichen Überreste nicht auf dem Mount Olivet Cemetery zu belassen. LeVell geht davon aus, daß der Grabstein nur dazu dienen sollte, die Neugier derer zu befriedigen, die noch jahrelang in Scharen zu dem Grab pilgerten.

Anmerkungen zu Kapitel 32

1. DN vom 24. 6. 1943 (Chronik)
2. Ebd.; T vom 18. 3. 1943
3. o.Q. vom 27. 10. 1933
4. DN vom 25. 6. 1943
5. DN vom 29. 6. 1943
6. DN vom 24. 6. 1943
7. DN vom 8. 10. 1931
8. DN vom 24. 6. 1943
9. T vom 16. 9. 1936
10. Gespräch mit Meyer
11. T vom 15., 16. und 18. 2. 1936
12. Kobler, S. 376
13. T vom 3. und 4. 3. 1936; H&E vom 3. 3. 1936; DT vom 2. 3. 1941 [sic]
14. Zu dem Unfall: DN vom 8. 10. 1936; DT vom 4. 12. 1936; zu weiteren Eheschließungen: SUN vom 24. 10. 1945; o.Q. vom 26. 11. 1951 (die erste Ehe wurde 1940, die zweite 1949 geschieden); zu Waffenbesitz: DT vom 12. 2. 1940; zu »Es ist doch seltsam«: DT vom 3. 3. 1943; zu Nordkalifornien: Gespräch mit Graham, der während seiner Recherchen für eine Fernsehdokumentation auf diese Information stieß, den genauen Aufenthaltsort von Louise Rolfs aber nicht ausfindig machen konnte.
15. MDN vom 11. 4. 1951
16. Browne, Notizen; obwohl Joe, wie Meyer im Gespräch behauptete, möglicherweise von den drei Brüdern Capone am nächsten stand, blieben die Umstände seines Lebens im dunkeln; über seinen Tod ist nichts bekannt.
17. T vom 14. 7. 1951
18. S-T vom 4. 6. 1955
19. S-T vom 22. 6. 1958
20. MH vom 4. 10. 1954

21. Zu »nettester Kerl«: Gespräch mit Meyer; MDN vom 20. 8. 1962; zu seinem Herzinfarkt: MH vom 25. 11. 1965
22. »Philadelphia Inquirer« vom 11. 8. 1961 [sic].
23. DN vom 24. 6. 1943; SUN 17. 8. 1946
24. Zur Verbüßung der Haftstrafe im Staatsgefängnis von Ohio: SUN vom 28. 8. 1946; A vom 11. 2. 1954; zur Verbüßung der Haftstrafe in Leavenworth und Tod: S-T vom 14. 2. 1967 [sic]
25. Zum Scheidungsprozeß: H&E vom 26. 4. 1939; zum Leugnen der Vaterschaft: T vom 26. 5. 1939; S-T vom 11. 6. 1943; zu »starb mittellos«: DN vom 2. 8. 1947
26. T vom 27. 8. 1962
27. Zum Bruch zwischen Druggan und Lake: S-T vom 12. 1. 1947; zu Druggans Magengeschwüren: T vom 3. 3. 1954; zu Druggans Tod: DN vom 3. 5. 1954; zu Lakes Umzug nach Detroit und Tod: S-T, DT und T, alle vom 12. 1. 1947
28. Anklageschrift 68043, Criminal Court, Chicago; Gespräch mit Marrovitz bei Murray, S. 175−179; zu den Schußwunden: T vom 18. 3. 1943 [sic]
29. Murray, S. 177
30. NYT vom 16.−19. 2. 1933, 7., 10., 21. und 31. 3. 1933, 27. 9. 1933; außer Cermak wurden noch vier weitere Personen verwundet, eine von ihnen schwer, aber nur Cermak starb an den Folgen seiner Verletzung.
31. S-T vom 22. 1. 1956
32. S-T vom 8. 5. 1957
33. Zu Thompsons Parteinahme für den Faschismus: SUN vom 14. 3. 1947; zu Thompsons Tod und der Eröffnung der Bankschließfächer: NYT vom 19.−21. 3. und 9. 4. 1944
34. A vom 19. 2. 1958; Casey, S. 202−208
35. S-T vom 31. 3. 1975
36. Who Was Who
37. Nachruf in der NYT
38. Ebd.
39. S-T vom 12. 7. 1955
40. Zu Cleveland: Nickel, passim; Messick, *Syndicate,* S. 29, 109, 139 f.; zu Ness' Tod: S-T vom 17. 5. 1957.
41. Zu Millers Verkaufpreis: MH vom 24. 5. 1955; zum Tausch gegen Flugplatz: MH vom 25. 8. 1955; zu den späteren Besitzern: MH vom 13. 10. 1967 und 18. 8. 1971
42. S-T und NYT, beide vom 30. 11. 1952; DN vom 1. 4. 1952
43. T vom 14. 4. 1989; »Defender« in Chicago und S-T, beide vom 20. 4. 1989; S-T vom 28. 10. 1988
44. Zu dem Verkauf nach England: Allsop, S. 15 f.; zum Preis von 510 Dollar: S-T vom 23. 1. 1958; zu »Beleidigung«: INQ vom 16. 2. 1975; zu »brannte aus«: T vom 3. 8. 1957
45. DN vom 17. 2. 1970
46. T vom 18. 6. 1981 und 14. 7. 1989
47. Zu »Es verging kaum ein Tag . . .«: DN vom 14. 2. 1964; zur Bebauung des Grundstücks: NYT vom 30. 11. 1967; zur Wand als Attraktion in einem Einkaufszentrum, dann in einem Nachtclub: T vom 14. 2. 1972; zu dem Verkauf an einen kanadischen Geschäftsmann: INQ vom 5. 8. 1978
48. DT vom 11. 8. 1941
49. S-T vom 20. 9. 1951; S-T vom 22. 9. 1951 und DN vom 26. 9. 1951;
50. A vom 26. 4. 1936; DN vom 7. 5. 1938
51. Zu dem Spitznamen »Risky«: S-T vom 10. 11. 1950; zu der Ehe von Ralph Capone Jr.: SUN vom 20. 9. 1947; zum Abschiedsbrief: DN und S-T vom 10. 11. 1950; daß Ralph nicht wußte, warum sein Sohn sich »Ralph Gabriel« nannte: DN vom 10. 11. 1950. Der T vom 10. 11. 1950 bezeichnete Ralph Junior zunächst nur als Neffen von Al Capone und machte ihn erst später als Ralphs Sohn kenntlich.
52. NYT vom 24. 11. 1974

53. DN vom 1. 10. 1952
54. Zum Mordverdacht: SUN vom 27. 8. 1946; zu Matts Tod: DN vom 1. 2. 1967; zur Beerdigung: DN vom 2. 2. 1967
55. Zu Alberts Decknamen: T vom 19. 1. 1969; BUL vom 19. 6. 1980; zum Nachnamen Rayola: S-T vom 15. 10. 1942; zur Lizenzvergabe an Berufsspieler: S-T vom 23. 4. 1953; zum Bußgeld von 25 Dollar: DN vom 15. 12. 1958; zu Alberts Tod: BUL vom 19. 6. 1980.
56. Zur Namensänderung in »John Martin«: MH vom 7. 3. 1956; in einer Meldung des MH vom 19. 6. 1980 zu Alberts Tod wird berichtet, daß die einzigen Geschwister, die ihn überlebten, Mafalda und John Martin seien.
57. Kobler, S. 384 f.
58. Abraham Teitelbaum sagte, daß er, als letzter Anwalt Capones, darüber informiert gewesen wäre, wenn es ein Testament gegeben hätte, und daß außerdem der Staat Ansprüche geltend gemacht hätte, wenn Capone etwas hinterlassen hätte: H-A vom 27. 1. 1947.
59. Gespräch mit Balsamo, dem diese Episode von einem Verwandten des Arbeitskollegen von Sonny erzählt wurde.
60. Kobler, S. 390; MH vom 7. 3. 1956 ist die einzige Quelle, in der das Restaurant »Ted's Grotto« genannt wird; ansonsten findet sich nur der Name »Grotto«, auch neun Jahre später im MH vom 7. 8. 1965. Da aber nur in dem ersten Artikel des MH auch die Adresse und die Nachbarschaft von Johns Restaurant erwähnt wird, ist davon auszugehen, daß der Verfasser des Artikels von 1956 besser informiert war.
61. Gespräch mit Purdue
62. S-T und T, beide vom 17. 6. 1964
63. Kobler, S. 393; im Besitz der Southern Florida Historical Society befinden sich Fotografien, die Sonny und Diana, ebenfalls eine gute Schützin, mit ihren Gewehren in der Hand zeigen.
64. Gespräch mit Purdue; es war Detective Jim Casey, Sonnys Schwager, der ihn über das Angebot und die Bedingungen der Firma informierte.
65. MH und MDN, beide vom 7. 8. 1965
66. S-T vom 8. 8. 1965
67. MH vom 16. 11. 1965
68. T vom 10. 5. 1966
69. S-T vom 7. 3. 1959
70. DN vom 26. 6. 1957
71. DN vom 8. 3. 1958
72. Fotografie von LeVell
73. Gespräche mit LeVell, Balsamo und Graham, in denen sie berichteten, was sie von anderen über Mae gehört hatten.
74. NYT vom 28. 11. 1940
75. BUL vom 5. 1. 1959
76. Diesen Hinweis verdanke ich Sebastião Santos
77. Telefongespräch mit einem Gewerkschafter (anon.)
78. Brief, den ich von Robert Faherty erhalten habe.
79. »Harpers« vom Juni 1931
80. Fotografie von LeVell

BILDNACHWEIS

Balsamo, William: 1, 2
Berardi, Anthony: 4, 5, 12, 15, 18, 33, 35, 36, 39, 41, 47, 52, 54, 56, 63, 71, 73, 84
Chicago Sun-Times: 6, 7, 8, 9, 10, 16, 17, 20, 21, 22, 23, 24, 27, 30, 37, 38, 40, 42, 44, 45, 48, 62, 72, 79, 80, 86, 87, 88, 89
Chicago Tribune: 14, 25, 26, 43, 53, 57, 58, 59, 74, 75, 76, 77, 78, 83, 85
Di Iacova, Angelo: 55
Goddard Collection: 31, 32, 46, 50, 64, 65, 66, 67, 68, 69, 82
Graham, Michael: 3, 13, 19, 29, 34, 49, 51, 81
Historical Association of Southern Florida: 60, 61
LeVell, Mark: 90, 91
Schoenberg, David/Dick Duffin: 28, 70
Schullo, Emil, Cicero PD: 11

Register

Accardo, Anthony 232, 419, 423
Adams, Fred D. 224
Addams, Jane 202
Aderholt, A.C. 389, 393
Agoglia, Angelo »Fury« 165
Agoglia, Sylvester 166, 312, 314
Ahern, Michael J. 132 f., 155, 180, 363,
  366 f., 370 f., 375 ff., 380 f., 387, 391, 407
Ahlstrom, Edwin 146
Aiello, Dominic 219
Aiello, Joseph 215, 217–220, 237, 242,
  247, 261, 268, 274, 322, 354 f., 422
Aiello, Sam 261
Aiello, Tony 216, 219, 242
Aiuppa, Joseph (O'Brien, Joey) 232 f.,
  419, 423, 426
Alcock, John H. 327, 360
Allen, Jack 401
Alterie, Louis (Varain, Leland) 90, 99 f.,
  129, 137, 183
Altierri, Willie 216
Ammatuna, Salvatore »Samoots« 82 f.,
  138, 154, 156, 160 f., 169, 237
Anderson, Louis B. 56
Annenberg, Max 123 f.
Annenberg, Moses L. 124, 417
Annenberg, Walter 124
Anselmi, Albert 136 f., 151–156, 169,
  176, 179, 188, 196, 209, 238, 262, 265–
  269, 274 ff.
Ansonio, Robert 419
Anton, Theodore 196 f., 209
Armstrong, Brice F. 100 f.
Arnaz, Desi 415, 429
Arndt, Charles W. 373
Arresso, Antonio 285
Arvey, Jacob M. 261

Arvidson, Mrs. Frank 246

Bagwell, Gladys 153
Bailey, J. Harvey 267
Baldelli, Ecola 169
Baldwin, Santa Russo 210
Balsamo, William 28
Barasa, Bernard P. 204, 229, 231
Barker, George »Red« 232, 329 ff., 421
Barko, Louis 186 f.
Barnes, John P. 372
Barns, Paul D. 315, 318 ff.
Barry, William 418
Barrymore, Ethel 345 f.
Barton, Robert 142 f.
Barton, Sylvester 141, 184
Barzini, Luigi 73
Bascone, Vito 169
Bates, Sanford 398
Bauman, William 244
Bayne, Lydia 405, 417
Beck, Dorothy 145
Becker, Morris 234 ff.
Belcastro, James 232, 261
Belice, Joseph 106 f.
Bennett, James V. 393, 398 f., 406, 413
Berardi, Anthony C. 109, 208, 210 f.,
  296, 324, 432
Berger, Meyer 373, 378
Berlin, Irving 61
Bernstein, Abe 275
Bernstein, Leona 329 f.
Bertsche, Christian P. »Barney« 195, 217,
  227
Bican, Anton 112
Birmingham, Edward 149
Birns, Stanley J. 51

515

Bloom, Ike 51, 72, 74, 77
Boettiger, John 327, 334
Bolton, Byron 267
Bow, Clara 346
Bower, William F. 46
Bragg, Chester 158 f., 373
Brandl, Martin 106 f.
Bratz, Albert 329 f.
Brennan, George E. 96 f., 201 f., 231
Brennan, Leo J. 311
Briand, Aristide 342
Brichetti, George 261
Bright, John 55
Brisbane, Arthur 388
Brooks, John 139, 160
Brothers, Leo V. 334 f.
Brothers, William V. 177
Brown, »Roughhouse« 222
Brown, Daniel J. »Brownie« 232, 318, 412
Brown, Stephen T. 404
Browne, Howard 127, 247, 268, 335
Bruna, Ferdinand s. Foster, Frank
Brundage, Edward J. 261
Brundidge, Harry T. 331 ff.
Bucher, George »Spot« 102, 108
Bundesen, Herman M. 244 f., 259, 264 f.
Burdine, Rodney 314, 318 f.
Burgall, Patrick 87
Burke, Frederick R. 262, 266 ff.
Burnett, W.R. 346
Burns, Walter 267
Busch, Clarence M. 228

Caesarino, Antonio 69
Caldwell, H. Wallace 258
Callabrese, Andrea 15
Callaghan, Christopher 424
Callahan, Elvira 165
Campbell, Snooks 316
Camilla, Frank 69
Campagna, Louis 219, 422
Campagnini, Cleofonte 66
Canini, Italo 204
Capezio, Tony 419, 422
Capone, Albert (Umberto) 17, 22, 299, 307, 311, 422, 428
Capone, Diana 429 f.
Capone, Frank (Salvatore) 15, 18, 113, 155, 297
Capone, Gabriel 13 ff., 17 f., 26, 74
Capone, Jimmy (Vincenzo) 15, 414, 427 f.
Capone, John (Amadeo Ermino) 17, 213, 299, 311 f., 388, 407, 409, 411, 422, 428 f.

Capone, Mae (Mary) 34, 75, 163, 212, 227 f., 237, 280, 285, 298, 343 ff., 405–408, 411 f., 417 f., 425 f., 429 f.
Capone, Mafalda 75, 213, 280, 285, 298, 304, 355, 405, 429 f.
Capone, Matthew 18, 304, 418, 420, 428
Capone, Ralph (Raffalo) 15, 18, 20, 110, 115 f., 170, 179, 212, 224, 227, 232, 255, 270 ff., 284–287, 289, 296, 301, 304, 310, 322, 324, 341, 343, 352, 355, 379 f., 388, 407, 411, 413 f., 416, 418, 427 f.
Capone, Ralph Jr. 295, 428
Capone, Rose (Rosalia) 75
Capone, Sonny (Albert Francis) 34, 74, 163, 213, 227, 304, 317 f., 344, 412, 415, 418, 429 f.
Capone, Theresa 13, 15, 17, 75, 285, 304, 391, 411, 414, 418 f., 426 f.
Caponi, James »Sham« 238
Capra, Frank 9
Caputo, Salvatore 20 f., 101, 108
Carlstrom, Oscar 177 f.
Carlton, Doyle, E. 295, 297, 299, 307, 320
Carney, Edward P. 277
Carozza, George 166
Carr, Charles 167
Caruso, Enrico 66
Casey, Diana Ruth 415
Casey, Jim 415
Cavaretta, Antoinette M. 410
Cermak, Anton J. 134, 231, 362, 378, 423 ff.
Channell, William 106 f.
Chase, John Paul 401
Circella, Nick 228, 314
Clark, Louis 412
Clark, Muriel 412
Clark, James (Kachellek, Albert) 243, 247, 250 f., 266
Clawson, Samuel G. 373, 376
Cleaver, Charles 402
Clements, Hillary 197 f.
Cliffe, Adam C. 141 f.
Clyne, Charles 63
Cohen, Louis 130
Collier, William 400
Collins, E.C. 321
Collins, Morgan A. 97 ff., 104, 129 f., 134, 138, 149, 177, 188, 190, 192, 201
Colosimo, Dale s. Winter, Dale
Colosimo, James »Big Jim Colosimo« 42, 46–52, 54, 57 f., 60, 62, 65-74, 79, 134, 138, 268

Colosimo, Luigi 72
Colosimo, Victoria 42, 46, 48, 66 ff., 70, 72
Conley, Thomas J. 143
Converse, Clarence W. 180, 203, 287
Conway, Michael J. 151 ff.
Coolidge, Calvin 220, 231
Cooney, Dike »Duke« 218, 232
Corcoran, John J. 224
Corrigan, Phillip 139
Costello, Frank 273, 275
Costner, Kevin 425
Coughlin, Anna 34
Coughlin, Bridget 34
Coughlin, Daniel 412 f.
Coughlin, John J. »Bathhouse John« 39 f., 42 f., 45, 49, 58, 66, 71 f., 79, 98, 142
Coughlin, Kathleen 34
Coughlin, Michael 34
Coughlin, Winnie 412
Court, Genevieve 148
Cowan, »Diamond Lou« 311, 421
Cowan, Louis 118
Cox, James M. 306 ff., 313, 317, 418
Creeden, John J. 276 f., 279
Crespi, Frank 31
Cristiani, Alfredo 9
Crowe, Dorsey R. 204
Crowe, Robert E. 59, 96, 107 f., 119, 130, 133 f., 155, 159, 172 f., 175, 178, 192, 201, 229 ff., 235, 424
Crowley, F.W. 235
Crutchfield, William 135 f., 138
Cummings, Homer S. 394 f.
Cuneo, Lawrence 229
Cunningham, Bill 259
Curinglone, Anthony s. Ross, Thomas
Cusack, William 113
Cutten, Arthur 323
Czarnecki, Anthony 112, 204

D'Andrea, Anthony 81–84, 91 f., 128, 148
D'Andrea, Joie 49
D'Andrea, Phil 161, 219, 232, 374, 377 f., 386, 422
Daley, Richard J. 93
Darrow, Clarence 96, 235
Davis, Elmer 203
Davis, James E. 222
de Lucia, Felice s. Ricca, Paul
De Niro, Robert 426

de Pinedo, Francesco 203 f.
De Stefano, Rocco 71 f.
De Voe, Daisy 346
DeAmato, James 164, 237
Delander, Albion F. 225
Delassandro, Nick 138
Demory, Angelo 216 f.
Demory, Anthony 422
Dempsey, Jack 209, 262, 344, 377
Deneen, Charles S. 229 f.
Desso, Anthony 166
Dever, William E. 96–99, 104, 112, 134, 136 f., 149, 198, 200-203
DeVico, James 34
Dillon, William 110
Ditchburne, Harry F. 260, 266, 296 f., 362
Doherty, James J. 92 f., 139, 170–175, 178 f., 182, 292
Doney, Duke 228
Doody, Mrs. Michael 246
Doremus, Harry 211
Dornfeld, A. A. 216
Drucci, Vincent (Di Ambrosio, Vincent) 90, 100, 143, 145, 150 f., 183 ff., 187, 192, 194 f., 201 f., 224, 246
Druggan, Terence J. 63 f., 67, 76, 85, 90, 92, 141, 196, 255, 270 f., 281, 287, 301, 322, 423
Duffy, John 126
Duffy, Thomas »Red« 173 ff., 178, 182, 292
Durkin, Martin 175

Eastman, Monk 21 f.
Echeles, Julius Lucius 9
Egan, John 258
Egan, William »Shorty« 106 f.
Eisen, Maxie 183, 192, 194, 234
Eller, Morris 184, 189, 193
Ellis, Oliver J. 273, 284
Emanuel, Andrew 279
Engelke, William 126
Epstein, Benjamin 180, 361
Esposito, Joseph »Diamond Joe« 148, 195, 229 f.
Ettelson, Samuel 231
Exley, Maybell 126

Fabri, Arthur 65, 70
Fagan, Ann 361
Fancher, Thaddeus S. 193
Feretti, Sylvio 211
Ferry, Cornelius »Needles« 164, 166

Fink, Albert 375 f., 379 ff., 385, 387, 391
Finnegan, Arthur 34 f.
Fischetti, Charles 75, 113, 141, 159, 232,
238, 257, 419 f., 422
Fischetti, Joseph 75, 274, 419
Fischetti, Rocco 75, 419, 422
Fisher, Carl 306 f., 315 f., 318
Fisher, John S. 293
Fitts, Buron A. 342
Fitzmorris, Charles C. 54, 59 f., 63, 80, 229
Fitzpatrick, Mack 49, 51
Fitzsimmons, Bob 368
Foley, John »Mitters« 167, 193, 196
Foley, Natt 331
Ford, Henry 284
Ford, Wallace 344
Foster, Frank (Bruna, Ferdinand) 194,
328 f., 331, 334, 337
Fotre, John 377
Frank, George 129
Franks, Bobby 130, 212
Frantzius, Peter von 238, 265, 328, 337
Freeman, Bill 337, 372
Froelich, William J. 373
Fullerton Gerould, Katherine 431 f.
Funkhouser, Metellus Lucullus Cice-
ro 49 ff., 54
Fusco, Joe 232, 387, 423

Gabrela, Joseph 70 f.
Galli, Ugo M. 204
Galluccio, Frank »Galluch« 31 ff., 423
Galluccio, Lena 31 f.
Galvin, Michael J. 355
Gambino, Frank 82 f.
Ganusch, Hattie 363
Gardner, Roy 402
Garofalo, Joseph 15
Garrity, John 59
Gaskin, Ruth 255, 360
Gaudino, John 83
Gaxton, William 344
Gazzar, Ben 426
Geis, Jacob 102
Genaro, Joseph 232, 322
Genna, Angelo 82 ff., 91 f., 127 ff., 131 f.,
134 f., 147 – 150
Genna, Antonio 82 ff., 91 f., 127 ff., 134 f.,
147 ff., 153, 216
Genna, James 82 ff., 91 f., 127 ff., 131 f.,
134 f., 137, 147 ff., 153 f., 421
Genna, Michael 82 ff., 91 f., 127 ff., 131 f.,
134 ff., 147 ff., 151 ff.

Genna, Peter 82 ff., 91 f., 127 ff., 131 f.,
134 f., 147 ff., 154, 421
Genna, Samuel 82 ff., 91 f., 127 ff., 131 f.,
134 f., 147 ff., 150, 153 f., 421
Gershman, Isaac 244 f., 252 f.
Giambastiano, Louis M. 241 f.
Giancana, Sam »Mooney« 233
Gibaldi, Vincenzo s. McGurn, Jack
Giblin, Vincent C. 311, 313, 315 ff., 320,
367 f.
Glenn, Michael J. 316 ff.
Gnolfo, Philip 169
Goddard, Calvin 264 f., 266, 328, 336
Goddard, Herbert M. 287, 292, 294
Goldberg, Isadore 227
Golder, Benjamin M. 285 f.
Goldstein, Abraham »Bummy« 154, 156
Goldstein, Louis 254
Gordon, J. Fritz 311, 313
Gorman, George E. 155 f., 180
Gorman, William J. 420
Gorysko, Nicholas 102
Grady, Michael 124
Graham, Mike 268
Grazio, Nick de 419, 422
Green, Dwight H. 373, 377, 391, 425
Grogan, Lyle 113
Grossman, Jacob I. 360 f., 373, 378 f., 380,
425
Guilfoyle, Martin 95, 195
Guinta, Joseph 273 – 276, 354
Gunther, Charles F. 43, 45
Gunther, John 342
Gusenberg, Frank 150, 243, 247, 250, 252,
257 f.
Gusenberg, Henry 248, 250
Gusenberg, Peter 187, 243, 247, 250 f.,
257 f.
Gutter, Oscar 380
Guzik, Anna 100
Guzik, Harry 100, 105
Guzik, Jack 67, 118 f., 140, 142, 149, 194,
232, 238, 256, 275, 286, 288, 290 ff., 301,
322, 364, 377, 379, 381, 383, 387 f., 417,
419, 424
Guzik, Sam 377, 388

Haas, Joseph H. 229
Hagen, John 334
Haggarty, Cornelius 277, 280
Hanley, Edward 173 f., 178
Hanna, Francis D. 54
Harbin, Tom 316

Harding, Warren G.   59
Harmening, Edward   161
Harmon, George   316
Harms, Aaron   164, 166
Harrison Jr., Carter   43, 45, 49, 51,
   53 f.
Hart, James   164, 167
Hassmiller, Henry C.   160
Hawkins, Nora   361
Hawthorne, N. Vernon   312, 318
Hayes, Arthur   s. Heyer, Adam
Hayes, Howard   149
Healy, Daniel   201 f., 224
Hecht, Ben   346
Hedlin, David   113
Heeney, William   171, 174, 181 f., 349,
   419, 422
Heflin, J. Thomas   259
Heinan, Jack   218
Heitler, Mike   59, 363 f.
Henderson, Parker A.   228, 238, 254,
   256 f., 310, 377
Hennessy, William E.   77
Henshaw, Claude A.   226 f.
Herbert, Edward   193 f.
Herrick, C.W.   301 ff.
Herrick, Genevieve   297 ff., 308, 310
Hess, George   408
Heyer, Adam   247, 250, 252
Hildebrandt, Walter   142 f.
Hoban, Thomas   104, 108
Hoff, Max   275
Hoffman, Peter B.   105 f., 108, 141,
   146,158, 196
Hogan, Pat   334
Holtz, Lou   344
Hooks, Red   316
Hoover, Henry C.   159, 373 f., 353
Hoover, Herbert C.   283 f., 305, 365 f.
Hoover, J. Edgar   284, 393
Hopkins, John P.   40
Howard, »Ragtime«   166
Howard, Joseph L.   118 f., 130, 164,
   173
Hoy Jr. Francis H.   293
Hruby, Pearl   173
Hubacek, Charles   198
Hughes, Michael   104, 138, 198, 220 f.,
   223, 225, 230 f.
Hughes, William J.   391
Humphreys, Murray L. »The Ca-
   mel«   232, 341, 365, 387, 419, 422
Hunt, Sam »Golfbag«   232, 419, 422

Ickes, Harold   202
Insull, Samuel   291
Ioele, Francesco   s. Yale, Frank
Irey, Elmer L.   271, 283 f., 290, 292,
   347 f., 351, 372

Jacobs, Benjamin   189 f.
Jacobs, George Riley   130
Jacobs, Henry   118
Jacobs, Tom   142
Jamie, Alexander   296
Jarecki, Edmund K.   112 f.
Jeffries, Jim   18
Johnson, Enoch J.   273
Johnson, George E. Q.   197, 284, 349,
   363, 365−368, 370−373, 381 f., 386, 425
Johnson, Jack   54
Johnson, Nucky   282
Johnston, James A.   395−399, 401, 403,
   405 f.
Jordan, Frank   380
Juffra, Nick   141

Kachellek, Albert   s. Clark, James
Karl, George   94
Karpis, Alvin   267, 310
Kassoff, Norman   413
Kaufman, Julian »Potatoes«   195
Kavanaugh, Fred   166
Keane, Thomas Morris   106 f.
Keller, Henry H.   378
Kelly, Harry Eugene   177
Kelly, Paul (Vaccarelli, Paolo Antoni-
   ni)   22, 57
Kenna, Michael »Hinky Dink«   39 f.,
   42 f., 45, 49, 58, 71, 79, 98, 142, 218
Kerin, Jean   428
King, Paddy   257
Klein, Seymour M.   404
Klenha, Joseph Z.   112, 114 f., 176
Klepka, John   103
Klimas, Leo   139
Knight, John   315, 317
Knight, Robert   308
Knisie, John   36, 38
Knox, Frank   283
Koernitzer, Curt Otto   378
Kolb, Matt   341, 384
Koncil, Frank »Lefty«   189 f., 193 f., 196,
   198
Korecek, Alex   167, 178
Korngold, Joey   419
Kovalinka, Edward G.   111 f., 114

Krause, Fred 87
Kveton, Frank 102

La Cava, Louis 365, 379
Labriola, Paul A. 82 f., 148
Lake, Frank 63 f., 67, 76, 85, 92, 141,
 196, 255, 270 f., 281, 287, 301, 322, 345,
 423
Landesman, Jeanette 251 f.
Lang, Harry 423 f.
Lansky, Meyer 187, 275
Laspisa, Joseph 84
Laubenheimer, Henry C. W. 385 ff.,
 389 f.
Laurentius, Frank de 168
Laval, Pierre 342
Lazarus, Izzy 60
Leahy, William E. 391
Lehman, M. P. 311
Lemisch, Bernhard L. 277, 280, 285
Lepke, Louis 413
LeVell, Marc 215, 268
Levin, Charles 132 f.
Levin, Hyman »Loud Mouth« 232
Lewis, Elmer R. 249, 258
Lewis, Joe E. 345 f.
Libonati, Roland V. 341
Liebling, A. J. 210
Liebowitz, Samuel 167
Light, Samuel D. 259
Lindbergh, Charles A. 204, 284, 388
Lingle, Alfred J. 320−336, 339, 364, 380
Lingle, Helen 323
Lipschultz, Louis 291
Litsinger, Edward R. 229 f.
Lloyd, Edwin J. 409
Loesch, Frank J. 201, 239 f., 280, 322
Loftus, Thomas 252
Logan, Helen 165
Logie, Arthur J. 418
Lolordo, Aleina 242 f.
Lolordo, Joseph 241 ff., 261 f., 266
Lolordo, Pasqualino »Patsy« 242 f., 247,
 273 f.
Lombardo, Anthony 148, 154, 157, 188,
 194, 215, 218, 237, 240, 242
Lonergan, Richard »Pegleg« 164 ff., 268,
 312
Lovett, Anna 167
Lovett, William »Bill« 34 f., 56, 74, 164,
 216 f.
Lowden, Frank O. 58 f.
Lucas, James C. 401 f.

Luciano, Charles »Lucky« 187, 275, 387
Lummus Jr., J. Newton 227
Lummus, Newt 228
Lundin, Fred 52 ff., 59, 80 f., 96, 199
Lusader, Elbert 330
Lyle, John H. 353−356, 359 f., 362
Lynch, Eddy 164 f.
Lynch, Thomas J. 180

MacCarthy, Terence F. 300, 303
Mackey, Harry A. 280
Madden, Arthur P. 284, 349, 388
Maddox, Claude (Moore, John E.) 94 f.,
 248, 260 f., 267, 322, 422
Madigan, Henry 170, 174
Mahoney, Daniel 306 ff., 316
Malaga, Sam 340
Malone, James H. »Shooey« 276 f., 279,
 281
Malone, Michael F. 347 ff.
Maloney, George 264
Maloney, Parick 164
Mangano, Lawrence 219, 232, 363 f.
Mann, Archie 284
la Mantio, Angelo 218
Marcos, Imelda 9
Marcus, Sam 219
Maritote, Frank »Diamond« 134, 181,
 232, 261, 341, 422
Maritote, John 355 f.
Maritote, Mafalda s. Capone, Mafalda
Markovitz, Samuel s. Morton, Samuel
Marks, Willie 249
Marovitz, Abraham L. 424
Marshall, Prentice H. 302, 375, 379,
 383
Martino, Michael 15
Mason, William 66
Massee, Burt A. 264
Masseria, Joseph 33
Mastro, Earl 287
Mattingly, Lawrence P. 301-305, 352,
 365, 374 ff.
May, John 247, 250 f.
McAdoo, William 130
McAllister, Charles 252
McCabe, Alex 193
McCarthy, Daniel J. »Dapper Dan« 91,
 183
McCarthy, Terry 374
McCaskill, George E. 320 f.
McCormick, Robert Rutherford 88, 321,
 327 ff., 332, 334, 336, 357

McCreary, Samuel D. 308, 312 f., 315, 317, 320
McCue, William »Rags« 171 f.
McCullough, Robert L. 167 f., 181, 196
McDonald, Charles 189, 192, 194
McDonald, Charles A. 178, 181
McDonald, D.L. 123
McDonald, Michael Cassius 38
McErlane, Elfrieda 421
McErlane, Frank 94, 96, 103 f., 106 ff., 160 f., 163, 167 f., 184, 192 ff., 217, 322, 339 f., 421
McFall, Daniel 103, 108
McGlynn, Phillip J. 113
McGoorty, John P. 355
McGurn, Jack (Gibaldi, Vincenzo) 197, 216 ff., 232, 238, 243, 261 f., 266–270, 287, 299, 311, 322, 345, 372, 421
McLaughlin, John J. 324 f.
McNichols, Edwin F. 338
McSwiggin, Anthony 172, 174, 176, 180 f.
McSwiggin, William H. »Bill« 119, 149, 155, 169, 171–176,178 f., 182, 192, 196, 268, 292, 324, 352
Medill, Joseph 38
Meeghan, George 102 ff., 108
Meehan, Dennis 30, 34 f., 74
Meigs, Merrill C. 343
Merlo, Mike 128, 132, 134 f., 137 f., 148
Merriam, Charles E. 202
Meyer, George 117 f., 267 f., 274 f., 288 f., 349
Mezzrow, Milton 213 f.
Milano, Frank 232
Miller, Davy 124 ff., 423
Miller, Harry 423
Miller, Herschel 63, 77, 90, 124 ff., 423
Miller, Max 124 f.
Miller, Thomas W. 426
Milo, Sophia 15
Mischka, Joseph 104
Molotow, Wjatscheslaw 342
Monaghan, John 285
Mondi, James V. 232, 379
Moneypenny, David 380, 386
Mongoven, Leo 322
Moore, Edward F. 171, 181
Moore, John E. s. Maddox Claude
Moore, Joseph E. 409, 411, 413, 415, 417
Mope, Frank 232
Moran, George »Bugs« 90, 100, 143 ff., 150 f., 183, 187, 192, 194 f., 217 f., 243,

245–250, 257 ff., 268 f., 275 f., 322, 339 f., 354, 423
Morano, Richard 166
Moreau, Pierre 36
Moresco, José 70
Moresco, Louis 70
Moresco, Victoria s. Colosimo, Victoria
Morgan, David 159, 373
Morici, Agostino 169
Morici, Antonio 169
Morici, Vito 389
Morin, Mrs. Joseph 251
Morrison, Henry T. 426
Morton, Samuel »Nails« (Markovitz, Samuel) 77 f., 90, 99 f., 121, 124
Mulcahy, James A. 77
Mulcher, Emily 363 f.
Mulroy Jr., Thomas R. 302, 305, 379 f., 383
Mulvihill, Timothy 76
Mundelein, George 71, 137
Muni, Paul 346
Murphy, James 331
Murray, Jesse George 118
Murray, Patrick 189

Nash, Thomas D. 155, 180, 296, 375
Nelson, Edward 99
Nerone, Joseph »Il Cavaliere« 153, 216
Ness, Eliot 296, 324, 347, 349 f., 365, 425
Nettles, Edward 387
Newberry, Ted 249, 328, 331, 336, 423 f.
Newcomb, Warren L. 317, 320
Newton, Frank 311
Niemoth, William 322
Nimerick, Clyde N. 410
Nirmaier, Edward 259
Nitti, Frank (Nitto, Francesco Raffaele) 134, 232, 274 f., 288 ff., 292, 300, 322, 388, 410, 423 f.
Nootbaar, Max 51, 54
Norris, George W. 231
Norton, Paul 246
Nosek, Joseph W. 110
Notti, Paul 148
Nugent, Raymond »Crane Neck« 267, 310 f.

O'Banion, Charles Dion »Deany« 77 ff., 89 f., 99 f., 109, 111 ff., 120–137, 140, 144, 173, 183, 248, 268, 344
O'Banion, Charles H. 122 f.
O'Banion, Emma 122

O'Banion, Floyd   123
O'Banion, Ruth   123
O'Banion, Viola   121, 138
O'Brien, Joey   s. Aiuppa, Joseph
O'Brien, Willam D.   123
O'Brien, William W.   189 f.
O'Conner, Daniel J.   130
O'Conner, Jerry   98, 102, 108
O'Conner, William   217, 219, 223 f.
O'Donnell, Bernard   92, 139
O'Donnell, Edward   141
O'Donnell, Edward »Spike«   91, 95,
   98 ff., 102 f., 108, 136, 160 f., 163, 168,
   195 f., 322, 423
O'Donnell, James   195
O'Donnell, Myles   92, 106, 139, 170 f.,
   173 ff., 177 ff., 182, 184, 194 f., 421
O'Donnell, Patrick   155
O'Donnell, Steven   95, 98, 102, 106
O'Donnell, Thomas   95, 98, 102, 106, 160
O'Donnell, Walter   95, 98, 102, 106, 160
O'Donnell, William »Klondike«   92,
   105 f., 139, 163, 169 ff., 173 ff., 177 ff.,
   182, 184, 194 f., 198, 292
O'Hare, Edward H. »Butch«   347, 425
O'Hare, Edward J.   347, 349, 353, 372,
   409 f., 425
O'Leary, Jim   68
O'Reilly, John   193
Oberta, John »Dingbat«   168, 193 f., 217,
   340
Olson, Edwin A.   149, 197, 207
Olson, Harold F.   151, 154, 156
Olson, Harry   52 f.
Olson, Walter A.   264
Omens, David V.   239, 259, 361
Ossenfort, William F.   392

Pacellli, William V.   341
Padden, Frank M.   360, 362
Pancost, Thomas J.   319
Pasley, Fred   87, 196
Patterson, Eleanor Medill »Cis-
   sie«   357 ff., 368, 431
Patterson, Joseph   357
Patton, John »Boy Major«   50, 54, 232
Paul, Isidore   156
Payne, Orval W.   155
Peck, Joe »Kid«   314
Pecorara, Rose   156
Peller, Sam   189 f.
Penovitch Jr., Peter P.   232, 351, 379 f.
Perry, Frank   219

Pflaum, William K.   112
Phillips, Kenneth   259, 263, 360 f., 413,
   417 f.
Pike, Gene   45
Pine, Fred   308, 320
Pope, Frank   331, 363, 380
Popham, James   228
Pork City   335
Portuguese, Jules   193
Powers, John   82 ff., 91 f., 98, 148
Presto, Patsy (Prestogiacoma, Pasqua-
   le)   354 f.
Prignano, Albert J.   312, 314
Purdue, Pat   416, 429
Putnam, Mrs. James   142 f.

Quayle, Dan   9
Quigg, Leslie H.   226, 308
Quinlan, Walter   171, 182

Ragen, Frank   93
Ragen, James M.   417
Rahn, William A.   343
Raimondi, Harry   83
Raiola, Theresa   s. Capone, Theresa
Randolph, Robert Isham   291
Rathbun, Charles   328, 333 f., 353
Ray, James   262
Read, Harry   296, 311 f., 331, 333
Reese, Leland   331
Reeve, Guy C.   312 ff.
Refke, Joseph A.   211, 339
Reid, William H.   229
Reiser, Charles   123
Remus, George   347
Reutlinger, Harry   333
Ricca, Paul »The Waiter« (Lucia, Felice
   de)   233
Richman, Harry   344 f.
Ries, Fred   290 f., 353, 379 f., 383
Rio, Frank   134, 181, 185 f., 218, 232, 274,
   276–279, 281, 286, 292 ff., 296, 364, 388,
   421
Ristig, Arthur T.   339, 352
Ritchey, Romney   407
Ritter, Halstead L.   299
Robards, Jason   426
Robertson, John Dill   199 f.
Robinson, Edward   319
Robinson, Edward G.   380
Robsky, Paul W.   350
Roche, Patrick J.   180, 203, 280, 325, 327,
   329, 333 ff., 337, 349, 352, 363 f., 425

Roderick, Ike 130
Rogers, Edward H. 347
Rogers, John T. 331, 347
Rogers, Roy 344
Rogers, Will 202
Rohm, Vitus 81
Rolfe, Louise 261 f., 266, 287, 311, 422
Rolfs, Robert 405
Romfh, Edward C. 315 f.
Roosevelt, Franklin 391, 424
Roosevelt, Theodore 52
Rosenheim, Julius 331
Ross(i), Thomas (Curinglone, Anthony) 174, 184 f.
Rotariu, Anna 188 f.
Rothschild, Samuel 380
Ruane, James 354 f.
Rubin, Sam 235
Rudensky, Morris 393, 395
Ruffo, Tito 66
Russell, William F. »Bill« 231, 257 f., 260, 323 ff., 327
Ruthy, Anthony L. 326, 328, 334, 380
Ryan, John 171
Ryan, Michael J. 49, 51

Saab, Boogie 316
Saltis, Joe 93, 102, 160, 168, 184, 189 f., 193 f., 196, 199, 201, 322, 340, 423
Sammons, James »Fur« 170, 173, 182, 198
Sandburg, Carl 75
Savage, Joseph P. 172, 193, 229
Sbarbaro, John 137, 144, 173, 184, 192 f., 229
Scalise, John 136 f., 150–156, 169, 176, 179, 188, 196, 209, 238, 262, 265–269, 274 ff.
Scarface (Film) 346, 426
Scarface (Roman) 346
Schneider, Samuel 251
Schoefield, Lemuel B. 277 ff.
Schoen, Julian A. 392
Schofield, Bill 121, 135
Schultz, Dutch 275, 387
Schwartz, Julius »Yankee« 124 ff.
Schwarzkopf, H. Norman 388
Schwimmer, Reinhart H. 248 ff., 257, 266
Serritella, Daniel A. 201, 238, 255, 341, 357
Sewell Ev G. 310, 315
Sewell, Jack 310, 315, 368
Sewell, John 310

Sharkey, Jack 259, 262
Sheldon, Ralph 93 f., 102 f., 160, 167 f., 193 ff., 197 f., 322
Shoemaker, William H. »Bill« 104, 136 f., 176, 180, 186, 190, 202
Shumway, Leslie Adelbert »Lew« 159, 352 f., 363, 373 f., 379, 383
Shutts, Frank 308
Silloway, Frederick D. 257 f.
Simmet, Martin 139
Simon, John 10
Sinacola, Joseph 84
Skelly, Charles 265 ff.
Skidmore, Billy 130, 194 f., 217 f., 227, 364
Sledge, William H. 308
Small, Len 59, 81, 98, 100, 110 f., 193, 229, 231
Smith, Alfred E. 283
Smith, Bernard 218
Smith, Frank L. 229, 231
Smith, Herbert B. 286, 293 f.
Smith, Owen P. 347
Smith, William 330
Solomon, Charles 275
Spencer, Otis 363
Spignola, Henry 92, 127, 148, 169
Spignola, Lucille 148, 150
Spirko, Walter 244 f., 252 f., 353
Spivey, Jimmy 314
St.John, Robert 114 ff., 117 f., 212
Stabile, John 165
Staley, Mack 202
Stansbury, David N. 262
Stanton, Daniel 93, 160, 289, 322, 336, 341, 364, 423
Stege, John 167, 176 f., 180, 188, 193, 243, 260, 263, 281, 295 ff., 323
Steiger, Rod 426
Stella, Antonio 25
Stenson, Joseph 64, 101
Stevens, Walter 160
Stevenson, Adlai 425
Stewart, Bill 331
Stokes, John 361
Strack, Robert 425
Stribling, William »Young« 259, 262
Stupe, James »Bozo« 265
Styne, Jule 344
Sullivan, James N. 404
Sullivan, Manley 270
Sullivan, Roger 53, 56
Svaboda, Theodore 115

Svenste, Olaf 330
Swanson, John A. 230 f., 259, 297, 324 f.,
 337, 364
Sweeney, William 152
Sweitzer, Robert M. 53 f., 56

Tacker, Loyal 258
Taft, William Howard 52, 60
Tancl, Eddy 139, 161, 173
Tanzio, Maria 31 f.
Taylor, Robert R. 239, 254−257, 320
Teitelbaum, Abraham 407 ff., 413
Temple, Shirley 398
Tessem, Nels 284, 289
Thompson, Frank 265
Thompson, John T. 162
Thompson, Uly O. 313, 315
Thompson, William Hale »Big Bill« 43-
 46, 52-56, 58 f., 80 f., 85, 96, 120, 197−
 203, 214, 220, 229 ff., 240, 256, 283, 355,
 359, 362, 425
Thweat, Silas A. 409
Tod, Ted 331
Torchio, Antonio 216
Torrio, Anna 67 f., 121, 130, 140, 142−46
Torrio, John 20−109 passim, 111, 117,
 122, 125, 127 ff., 128−149, 153, 157 f.,
 160, 168, 176, 187 f., 212, 217, 273,
 275 f., 281, 301, 305, 365, 369, 379, 387,
 404, 424
Torrio, Maria 20, 101, 108
Touhy, Robert 181
Tracey, John 196
Tracy, Spencer 9
Triebel, Edward 106
Trilling, Charles 88
Tropea, Orazio 169
Tuccello, John 168
Tucker, Sophie 61
Tunney, Gene 209, 344, 368, 377
Twitchell, Edward D. 405
Tylor, Bud 287

Underwood, E. Marvin 391
The Untouchables (Film) 288, 426
The Untouchables (Eliot Ness) 349, 425,
 429

Vaccarelli, Paolo Antonini s. Kelly, Paul
Vacco, Carmen 134 f.
Vallee, Rudy 344
Van Bever, Maurice 46,47
Vanderbilt, Cornelius 371 f.

Varain, Leland s. Alterie, Louis
Veesaert, Peter 142, 144
Venillo, Rocco »Roxy Vanilla« 49, 51
Villano, Antonio 68
Vinci, Sam 327
Vision, Solly 329
Vogel, Edward D. 105 f., 112, 195
Volpe, Anthony 232
Volstead, Andrew J. 62, 417

Waller, Fats 209
Walsh, Charles B. 151, 155 f., 169
Walsh, John E. 279, 285
Waters, Eddie 88, 270 f.
Waugh, William F. 130, 263
Weinshank, Albert T. 248, 250
Weiss, Hymie (Wojciechowski, Earl) 90,
 100, 124 f., 131 f., 134, 137, 143, 145,
 150, 171, 182−185, 187−194, 246, 274,
 344
Wentworth, John 38
Werner, Charles 427
Werner, Thelma 427
West, Mae 344
Weston, Fred 267
Whaley, Harmon 402
Wharton, Frank H. 311, 314 f., 317
White, William J. »Three Finger
 Jack« 232, 421
Wilkerson, James H. 263, 361 f., 366 ff.,
 370-373, 375, 377 ff., 383, 386 f., 391, 425
Willard, Jess 54
Wilson, Ed 165
Wilson, Frank J. 290 ff., 303 f., 331, 347-
 353, 363, 372, 374, 377, 388, 404, 409,
 425
Wilson, Louis H. 304, 376
Wilson, Mary 165 f.
Wilson, William 167
Wilson, Wodrow 52
Winch, Kathleen 414
Windle, Michael J. 170
Winkler, Gus 267
Winter, Dale 65−68, 70 ff.
Wisbrod, Louis 265 f.
Wisniewski, Steven 76
Wojciechowski, Earl s. Weiss, Hymie
Wolfe, Thomas C. 99, 104
Wolfson, Abraham 83
Woltz, George 410
Workman, Charles »The Bug« 413

Yale, Angelo   31
Yale, Frank (Ioele, Francesco)   26 ff., 31,
    33 ff., 56 f., 68, 70 f., 74, 79, 134–138,
    164 f., 167, 216, 234, 237 f., 242, 254,
    262, 265 f., 268
Yale, Isabella   27, 238
Yale, Lucy   238
Yale, Maria   27, 238
Yale, Rosa   27, 238
Yates, E.W.   392
Yerkes, Charles T.   40

Zangara, Guiseppe   424
Ziegler, George   267
Zimmer, Michael   129
Zion, Edward   154, 156
Zunini, Leopoldo   204
Zuta, Frank   201
Zuta, Jack   194 f., 217, 227, 322, 329 ff.,
    336 ff., 364
Zwillman, Abner   275